中國國家圖書館編

國家圖書館藏敦煌遺書

第一百三十九冊　北敦一五〇九八號——北敦一五一四九號

北京圖書館出版社

圖書在版編目(CIP)數據

國家圖書館藏敦煌遺書·第一百三十九册/中國國家圖書館編;任繼愈主編. —北京:北京圖書館出版社,2011.2

ISBN 978-7-5013-3701-9

Ⅰ.國… Ⅱ.①中…②任… Ⅲ.敦煌學-文獻 Ⅳ.K870.6

中國版本圖書館 CIP 數據核字(2010)第 223973 號

書　名　國家圖書館藏敦煌遺書·第一百三十九册
著　者　中國國家圖書館編　任繼愈主編
責任編輯　徐　蜀　孫　彦
封面設計　李　璀

出　版　北京圖書館出版社　(100034　北京西城區文津街 7 號)
發　行　010-66139745　66151313　66175620　66126153
66174391(傳真)　66126156(門市部)
E-mail　btsfxb@nlc.gov.cn(郵購)
Website　www.nlcpress.com → 投稿中心
經　銷　新華書店
印　刷　北京文津閣印務有限責任公司

開　本　八開
印　張　57.25
版　次　2011 年 3 月第 1 版第 1 次印刷
印　數　1-250 册(套)

書　號　ISBN 978-7-5013-3701-9/K·1664
定　價　990.00 圓

目錄

北敦一五〇九八號　法王經……一
北敦一五〇九九號　妙法蓮華經卷五……一三
北敦一五一〇〇號　注維摩詰經卷四……二四
北敦一五一〇一號一　妙法蓮華經卷三……五五
北敦一五一〇一號二　妙法蓮華經（八卷本）卷八……五七
北敦一五一〇二號　金光明最勝王經卷一〇……五九
北敦一五一〇三號　大般若波羅蜜多經卷三三六……六九
北敦一五一〇四號　大乘百法明門開宗義記……八〇
北敦一五一〇四號背　慈童女緣（擬）……八二
北敦一五一〇五號　增壹阿含經（三十三卷本）卷三〇……八四
北敦一五一〇六號　思益梵天所問經卷二……九八
北敦一五一〇七號　灌頂章句拔除過罪生死得度經……一〇四
北敦一五一〇八號　金光明最勝王經卷七……一〇七

北敦一五一〇九號　大般若波羅蜜多經卷四九七……一一〇
北敦一五一一〇號一　大般若波羅蜜多經卷四七七……一一五
北敦一五一一〇號二　金剛般若波羅蜜經……一一五
北敦一五一一一號　妙法蓮華經卷四……一二一
北敦一五一一二號一　賢劫十方千五百佛名經卷下……一三四
北敦一五一一二號二　佛名經卷下……一四四
北敦一五一一三號　大般若波羅蜜多經卷二〇六……一四七
北敦一五一一四號　妙法蓮華經卷七……一五六
北敦一五一一五號　妙法蓮華經卷三……一六三
北敦一五一一六號　妙法蓮華經（八卷本）卷五……一七一
北敦一五一一七號　金剛般若波羅蜜經……一八一
北敦一五一一八號　妙法蓮華經（八卷本）卷七……一八四
北敦一五一一九號　金剛般若波羅蜜經……一九四
北敦一五一二〇號　大般若波羅蜜多經卷三一……二〇二
北敦一五一二一號　金剛般若波羅蜜經……二一四
北敦一五一二二號　佛名經（十六卷本）卷一六……二二〇
北敦一五一二三號A　十誦比丘波羅提木叉戒……二三六
北敦一五一二三號B　大方廣佛華嚴經（晉譯六十卷本）卷三三……二四一
北敦一五一二三號C　大方廣佛華嚴經（晉譯六十卷本）卷三三……二四一
北敦一五一二三號D　大方廣佛華嚴經（晉譯六十卷本）卷二四……二四一

北敦一五一二三號E　大方廣佛華嚴經（晉譯六十卷本）卷二四……二四一
北敦一五一二三號F　大方廣佛華嚴經（晉譯六十卷本）卷六……二四二
北敦一五一二三號G　大方廣佛華嚴經（晉譯六十卷本）卷三九……二四二
北敦一五一二三號H　增壹阿含經卷二六……二四三
北敦一五一二三號I　增壹阿含經卷一九……二四三
北敦一五一二三號J　大般涅槃經（北本）卷二八……二四四
北敦一五一二四號　阿毗曇心論卷上……二四四
北敦一五一二五號　法句經卷上……二四七
北敦一五一二六號　大般涅槃經（北本　思溪本）卷一七……二五〇
北敦一五一二七號A　妙法蓮華經卷六……二六五
北敦一五一二七號B　大佛頂如來密因修證了義諸菩薩萬行首楞嚴經卷七……二七九
北敦一五一二八號　摩訶般若波羅蜜經（異卷）卷一八……二八一
北敦一五一二九號　妙法蓮華經卷五……二八三
北敦一五一三〇號一　大般若波羅蜜多經第十會般若理趣分序……二九四
北敦一五一三〇號二　大般若波羅蜜多經卷五七八……二九五
北敦一五一三一號　大乘稻芊經……三〇六
北敦一五一三二號　大般若波羅蜜多經卷二八〇……三一二
北敦一五一三三號　妙法蓮華經卷二……三一六
北敦一五一三四號　大佛頂如來密因修證了義諸菩薩萬行首楞嚴經卷九……三二〇
北敦一五一三五號　大般若波羅蜜多經卷一八九……三三二

佛說法王經一卷
尒時佛在娑羅雙樹間臨般涅槃時一切衆
生百千万億衆皆在樹下遶佛而坐瞻仰尊
顔目不暫捨於時如來以神通力放大光明遍
照虚空於其光中現一切法尒時衆中有一
菩薩名曰虚空藏菩薩即從坐起遶佛三
匝却住一面五體投地悲泣流涕而白佛言
天中尊如來欲入涅槃時欲将至若滅度後
千五百歲五濁衆生多作惡業專行十惡
如此衆生福德力薄於佛所說十二部經甚

BD15098號　法王經

（24–1）

匝却住一面五體投地悲泣流涕而白佛言
天中尊如來欲入涅槃時欲将至若滅度後
千五百歲五濁衆生多作惡業專行十惡
如此衆生福德力薄於佛所說十二部經甚
深妙法多文廣義意趣難解於其法中不能
披攬願佛慈悲為說大乘決定真實令此衆
生得真妙藥療諸毒病悉令得愈佛告虚
空藏菩薩善哉善哉善男子汝能為諸衆生
問如是事得大利益不可思議我當為汝分別宣
說真實大乘決定了義何以故度衆生故令
諸衆生離煩惱故出地獄苦生淨土故決定解
脫超生死故汝等皆當一心為汝宣說尒時
大衆皆大歡喜踊躍異口同音俱發聲言
願佛慈悲為我宣說佛言諸善男子欲求
解脫當斷攀緣一心无二捨有相心性體空
於心性中无染无捨若无取捨即无所得若
无所得即名菩提何以故衆多煩惱皆一心
生心若不生煩惱不生於諸境界即无取捨
若无取捨即離諸著若離諸著即不攀緣
虚空藏菩薩白佛言世尊衆生境界能生善惡
是緣起處内外二邊諸法相入云何於中而
不取捨佛告虚空藏菩薩言善男子入一禪
衆觀諸内外畢竟不有何以故觀内願内真
性不生觀外願外无明不起无生无起即无涅
槃是為清淨是妙良藥虚空藏菩薩白佛
言世尊如來所說大乘實相甚深微妙无上

BD15098號　法王經

（24–2）

衆觀諸內外必竟不有何以故觀內顧內真
性不生觀外顧外无明不起无生无起即无湦
槃是為清淨是妙良藥虛空藏菩薩白佛
言世尊如來所說大乘實相甚深微妙无上
良藥入一乘諦而後衆生三業不淨作十惡業
行闡提行根甚狭劣難可措心藥病差別住
何方便令入大乘佛告虛空藏菩薩我有方
便令入大乘虛空藏菩薩白佛言世尊我從昔
聞如來為大乘人說六波羅蜜法為中乘人
說十二因緣法為小乘人說四諦法為闡提人
說十善法皆對病根為說良藥云何今日說一
乘法以救四人佛告虛空藏菩薩言我說一乘
道法猶如一地能生万物長養一切猶如大雨普
潤一切在地生者皆得潤澤猶如一味之飯
在世衆生人及非人皆以為食食者悉能長
養身命譬皆令得生如藥王善合妙丹衆生病熱服者
清涼衆生病冷服者溫熱諸下痢者服之即
斷諸下閉者服之即通无病不愈我說一乘
法於彼四人療諸疾病亦復如是虛空藏菩
薩白佛言世尊以何方便令彼十惡闡提衆
生入一乘道佛告虛空藏菩薩善男子我一乘
法即具三乘更无別說而作三乘汝當諦聽為
汝宣說善男子妙道深體一相无二以方便
故而說三乘諸法三乘皆符一觀一切衆生
雖有四種而於佛性亦无有二何以故一切
佛一切衆生同一性相一體无異衆生之心

汝宣說善男子妙道深體一相无二以方便
故而說三乘諸法三乘皆符一觀一切衆生
雖有四種而於佛性亦无有二何以故一切
佛一切衆生同一性相一體无異衆生之心
自起分別佛是衆生衆生是佛一切衆生皆
有佛性佛性衆生性皆同一性一性平等等
諸法故我有方便令入一乘善男子令彼衆
生牢固心城勿令賊入六識大門金剛守護觀
心住處知心住處於心住處即不住心若不住
心心則不住不住諸惡及以境界即不攀緣
離攀緣故心即无求心若无求心則无住若
若无住處即名住心善男子衆生之心住諸
煩惱皆為心神所起不住故其心若住即
无煩惱若无煩惱即是菩提虛空藏菩薩白
佛言世尊一切衆生住諸煩惱其心不住從
何力起而作攀緣願佛慈悲為衆宣說佛
言一切衆生住諸緣起有二性力何等為二一
者緣外境界起是緣性力二者不緣境界起
自心自起是自性力善男子令諸衆生不起二
性則无煩惱則无菩提若无煩惱若无菩提
入真實處是真菩提汝等菩薩若化衆生
當令心住虛空藏菩薩白佛言世尊化度
衆生令其心住住在何處而得菩提佛告虛
空藏菩薩言善哉善哉善男子汝能善問
如是心義是大菩薩摩訶薩不可思議汝當諦

當令心住虛空藏菩薩白佛言世尊化度
衆生令其心住住在何處而得菩提佛告虛
空藏菩薩言善哉善哉善男子汝能善問
如是心義是大菩薩摩訶薩不可思議汝當諦
聽為汝宣說善男子若化衆生令其心住住
不在內住不在外住不中間諸佛乘法亦不
在內亦不在外亦不在中間住一心神於无
住處故得菩提若得菩提亦无菩提可得是
名如如何以故煩惱妄生為妄空故諸法不
自生法亦空故此心但有空名心亦不可得
心亦空故諸善男子若知心空不應於一空
心中妄見一切若見一切即名心垢心垢若无
即名漏盡眼色與心界三空常淨虛空藏
菩薩白佛言世尊諸法若然一切衆生應於
一身一心一世界能入一佛世界一佛世界能
入遍滿虛空一切佛法世界佛告虛空藏
菩薩善男子如是如是一切世界入一世界一
一世界有一一蓮華座一一蓮華中各有一如
来座一一如来身充滿一切世界亦現一切世
界皆悉虛空諸佛莊嚴一切世界有一一菩
薩一一菩薩身充滿一切世界有大神力於一
毛孔中安置一切世界一切世界入一衆生身
一一衆生身一一世界數一一世界即是一佛世
世界一佛道場一菩提樹一菩提樹下各有
一佛座一一佛身亦充滿一切世間一一佛妙聲

BD15098號　法王經

（24–5）

薩一一菩薩身充滿一切世界有大神力於一
毛孔中安置一切世界一切世界入一衆生身
一一衆生身一一世界數一一世界即是一佛世
世界一佛道場一菩提樹一菩提樹下各有
一佛座一一佛身亦充滿一切世間一一佛妙聲
亦充滿一切世界一切世界皆隨所應无不
聞皆為歡喜諸行者知法在其身中不應
而於他方一切世界之處而求佛身應於一
心一世界處而求佛身於一身中能生一切
身於一切身中能生一身何以故一身一佛
身故一切衆生身及諸佛身皆從一
心生一心若善諸法善盡一心若惡諸法惡
盡若作惡業則生惡衆生之身若作善業
則生天人諸身若於一心離一心想於心相中
空无所得復離空心果於无取地能生佛
身於佛身中一身无二一佛性故一佛性中即
一心性於一心外更无他求若作他求即為
顛倒何以故一切心法无由外請於外請處
即名為他若求他處即名虛妄虛空藏菩
薩白言世尊於一心中而得佛者一切心中皆
有佛性一切衆生皆有佛性若各各能定
身心即得成佛離此之外更无求佛處佛
告虛空藏菩薩言男子如是如是如汝所
言一切衆生皆有佛性諸如来皆以一心法令
諸一切衆生一切之心於一心中而求佛法而

BD15098號　法王經

（24–6）

身心即得成佛離山之外更无求佛處佛
告虛空藏菩薩言善男子如是如是如汝所
言一切衆生皆有佛性諸如來皆以一心法令
諸一切衆生一切之心於一心中而求佛法而
得佛身虛空藏菩薩白佛言世尊若諸衆
生有佛性於佛性中而求得佛一切衆生皆
有心亦有佛性是爲可得是爲可見佛告
虛空藏菩薩言善男子入佛性妙實相之
際亦不可得非不可得亦不可見非不可見何
以故菩薩說佛性有即名謗佛說佛性无亦爲
謗佛說佛性亦有亦无亦爲謗佛說佛性非
有非无亦爲謗佛何以故菩薩衆生佛性非
有如虛空非无如兔角兔角无故虛空常故
非有質相非有空相離諸形相无所著故不
在生處是故垢不住滅處是故不斷衆生
佛性妙相如是說佛性有即增益謗說佛性
无損減謗說佛性非有非无戲論謗說佛性
似有似无相違謗虛空藏菩薩白佛言世尊
衆生佛性若妙如是離諸境界則无所染由
如虛空體性常淨云何衆生作諸煩惱若作
煩惱心則是垢是心之垢從何而生唯願世
尊爲衆宣說令諸衆生皆悉聞知令諸衆
生破諸煩惱除蕩心垢永離蓋纏佛即嬉怡
微咲以左手摩菩薩頂放大光明普照一切
尒時大衆一切衆生皆大歡喜踊躍佛言菩
薩爲諸衆生所作如是問是名正問是度衆

尊爲衆宣說令諸衆生皆悉聞知令諸衆
生破諸煩惱除蕩心垢永離蓋纏佛即嬉怡
微咲以左手摩菩薩頂放大光明普照一切
尒時大衆一切衆生皆大歡喜踊躍佛言菩
薩爲諸衆生所作如是問是名正問是度衆
生若作他問是名耶問是滅衆生菩薩汝能
正問是度衆生汝等衆生皆當一心專念諦
聽除散亂想无營物外生性堅志爲汝宣說
若聞說者一切十惡衆生皆得解脫虛空藏
菩薩白佛言世尊我等大衆一切衆生皆以
一心无餘亂想唯願世尊爲衆宣說佛告菩
薩大衆等一切煩惱從顛倒生一切顛倒從
妄妄想生一切妄想從有我生一切有我從无
本生一切无本即是无住无住无本即爲不
生有則爲垢无則爲淨於其淨處是常波羅
蜜是樂波羅蜜是我波羅蜜是淨波羅蜜
若作是見名爲正見若作餘見名爲耶見如
是見者是人有患作他見者是人无患若有
患者則方便解若无患者則方便縛虛空藏
菩薩白佛言世尊於其淨處若有衆生常起
常想常起樂想常起我想常起淨想即是有
患即非顛倒也佛言菩薩若有衆生如是想者
則名正想是人正見是人有患何以故如來法身
常波羅蜜樂波羅蜜我波羅蜜淨波羅蜜
清淨處諸佛法身作是見者是人是佛真

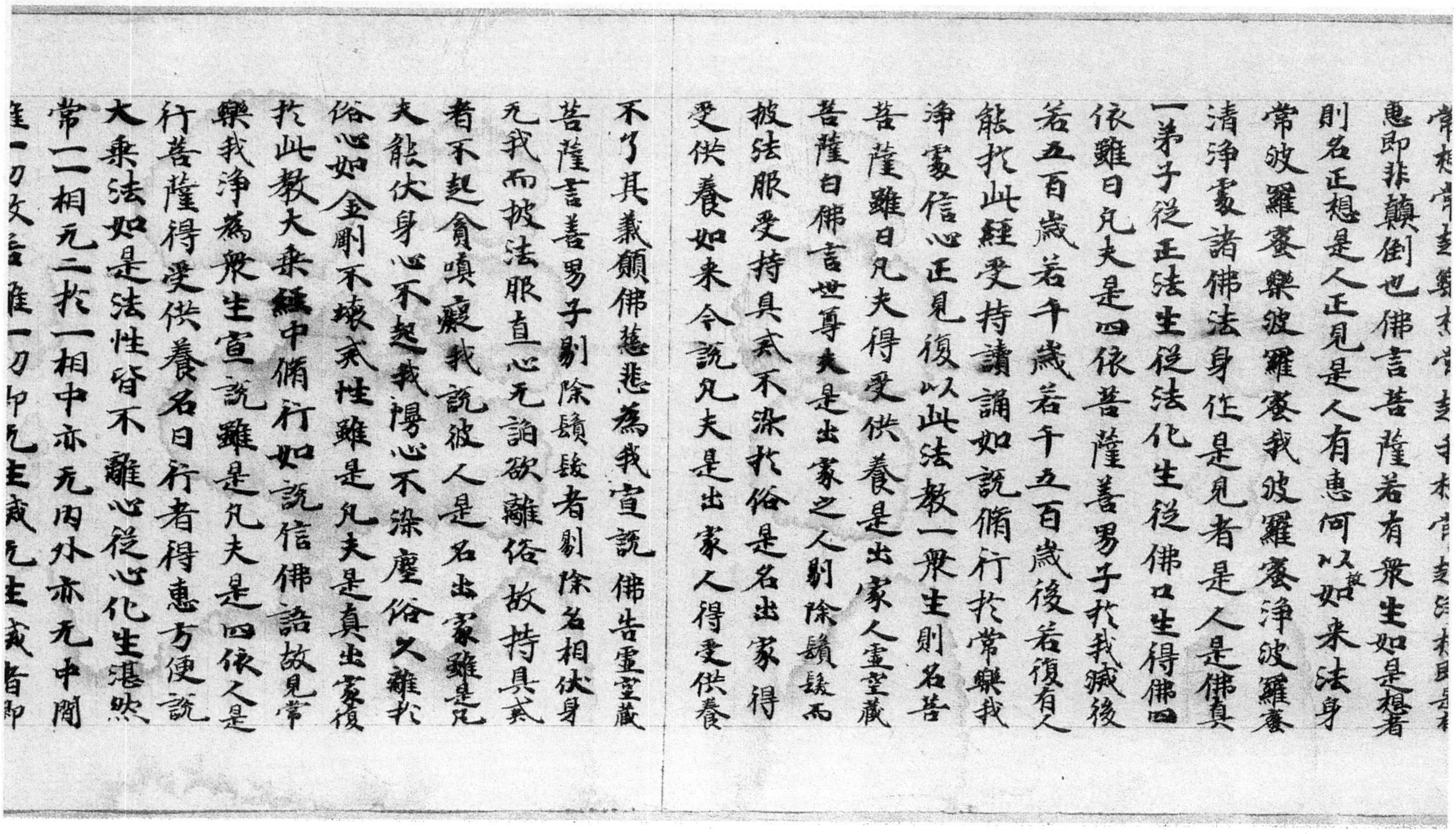

惠即非顛倒也佛言菩薩若有衆生如是想者
則名正想是人正見是人有惠何以故如来法身
常波羅蜜樂波羅蜜我波羅蜜淨波羅蜜
清淨處諸佛法身作是見者是人是佛真
一弟子從正法生從法化生從佛口生得佛四
依雖曰凡夫是四依菩薩善男子於我滅後
若五百歲若千歲若千五百歲後若復有人
能於此經受持讀誦如說脩行於常樂我
淨處信心正見復以此法教一衆生則名菩
菩薩雖曰凡夫得受供養是出家人虛空藏
菩薩白佛言世尊夫是出家之人剃除鬚髮而
披法服受持具戒不染於俗是名出家得
受供養如来今說凡夫是出家人得受供養
不了其義願佛慈悲為我宣說佛告虛空藏
菩薩言善男子剃除鬚髮者剃除名相伏身
无我而披法服直心无諂欲離俗故持具戒
者不起貪嗔癡我說彼人是名出家雖是凡
夫能伏身心不起我慢心不染塵俗又離於
俗心如金剛不壞戒性雖是凡夫是真出家復
於此教大乘經中脩行如說信佛語故見常
樂我淨為衆生宣說雖是凡夫是四依人是
行菩薩得受供養名曰行者得惠方便說
大乘法如是法性皆不離心從心化生湛然
常一一相无二於一相中亦无内外亦无中間

BD15098 號　法王經

（24–9）

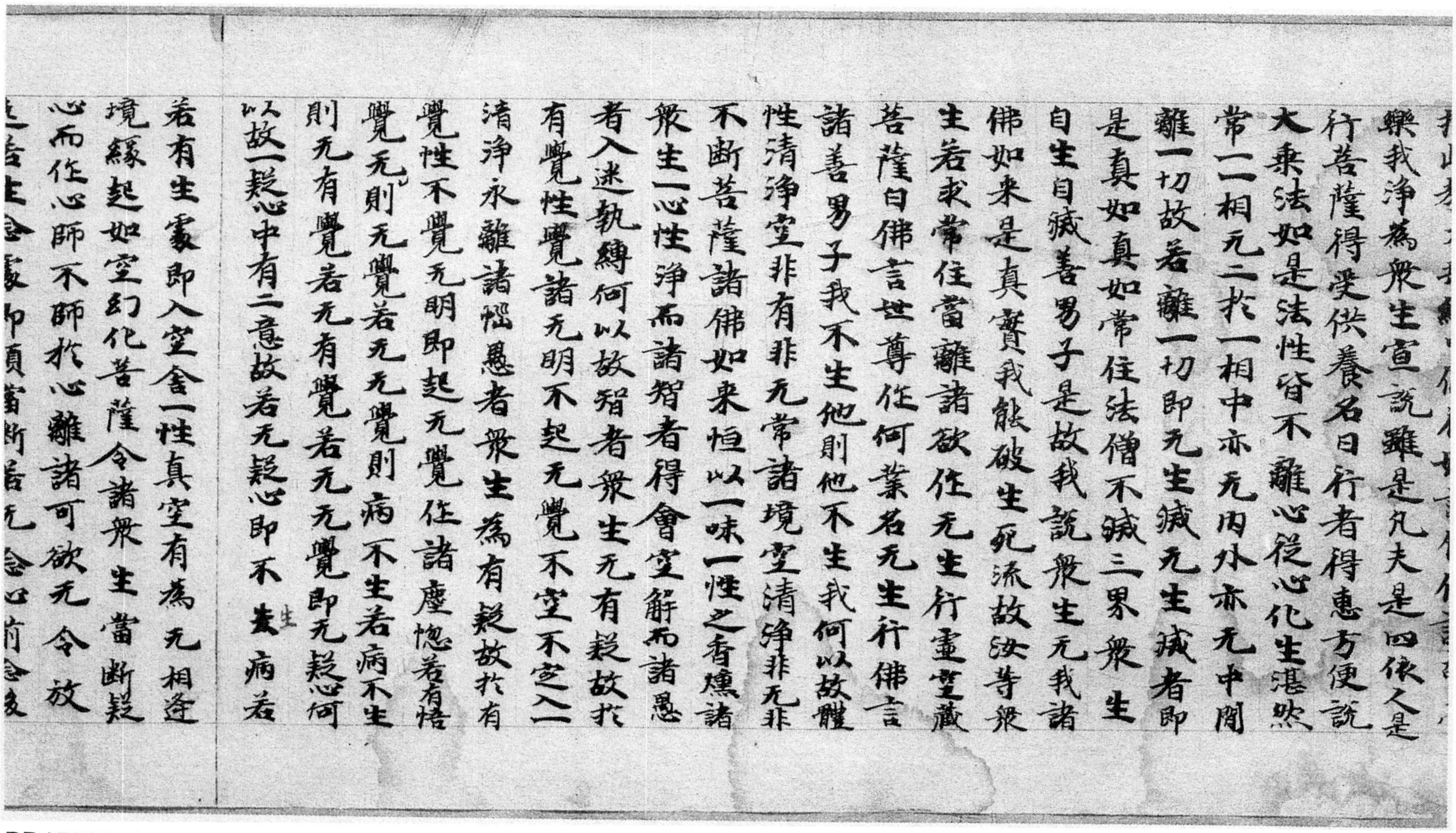

樂我淨為衆生宣說雖是凡夫是四依人是
行菩薩得受供養名曰行者得惠方便說
大乘法如是法性皆不離心從心化生湛然
常一一相无二於一相中亦无内外亦无中間
離一切故若離一切即无生滅无生滅者即
是真如真如常住法僧不滅三界衆生
自生自滅善男子是故我說衆生无我諸
佛如来是真實我能破生死流故汝等衆
生若求常住當離諸欲作无生行虛空藏
菩薩白佛言世尊作何業名无生行佛言
諸善男子我不生他則他不生我何以故體
性清淨空非有非无常諸境空清淨非无非
不斷菩薩諸佛如来恒以一味一性之香熏諸
衆生一心性淨而諸智者得會空解而諸愚
者入迷執縛何以故智者衆生无有疑故於
有覺性覺諸无明不起无覺不空不空入一
清淨永離諸惱愚者衆生為有疑故於有
覺性不覺无明即起无覺作諸塵惚若有惜
覺无則无覺若无无覺則病不生若病不生
則无有覺若无有覺若无无覺即无疑心何
以故一疑心中有二意故若无疑心即不生病若
若有生處即入空舍一性真空有為无相逢
境緣起如空幻化菩薩令諸衆生當斷疑
心而作心師不師於心離諸可欲无令放

BD15098 號　法王經

（24–10）

若有生處即入空舍一性真空有為无相迷
境緣起如空幻化菩薩令諸衆生當斷疑
心而作心師不師於心離諸可欲无令放
逸若生念處即須當斷若无念心前念後
念不相違即得順理不起无明不定有覺
本來不動若故起念時止念前起虛空藏菩薩白
佛言世尊念前若起作何法覺而能止之佛言
菩薩令諸行者每觀心住處知心住處即不住
心以是覺故覺則止之念欲不起即无止觀若有
起處要住虛空一性空中深淨俱滅自性清淨
不舉不捨念亦不生无生无行心行處滅言語
道斷一佛性覺更无餘覺妙性常存猶如虛
空不着一切菩薩若行此行猶如執杖以打
虛空不染而着是名法行若有染處即入方
外遊行淨地一心无二入空正性觀一實諦而
以懺悔尒時衆中有一闡提名曰多欲從
昔以來多作惡業專行十惡為諸憎恚嫉
妬四蛇牽引為諸妄想二鼠嚙斷心根猶如有
人繩懸在樹四蛇在下吐毒向之樹上二鼠
嚙繩欲斷若心滅即三業淨若心不滅眼色
與嚙繩欲斷若心滅即三業淨若心不滅心
俱為妄想為見所縛将墮地獄尒時一闡
提曰佛聞法於一念中心生慚愧欲問如来
懺悔之法心懷慚愧不能發問如来神通即
知其意欲令是人離諸苦惱出地獄苦語虛
空藏菩薩言於我涅槃後若有闡提之人

俱為妄想為見所縛将墮地獄尒時一闡
提曰佛聞法於一念中心生慚愧欲問如来
懺悔之法心懷慚愧不能發問如来神通即
知其意欲令是人離諸苦惱出地獄苦語虛
空藏菩薩言於我涅槃後若有闡提之人多
作惡業滅佛三寶謗正法作五逆必當墮落
於諸地獄乃至十二大劫由不得出汝等菩
薩當發慈心令此衆生發露懺悔皆得解脫
虛空藏菩薩白佛言世尊作何法悔而得罪
除願佛慈悲為分別說佛言菩薩若欲懺
悔當觀實諦若見實諦諸罪悉除佛說語
已尒時衆中百千万億一切衆生人及非人皆悉
一心觀一實諦觀見見已罪垢皆滅唯闡提人
不見其一闡提多欲即從座起五體投地而
白佛言世尊我心无明雖復學觀不見實諦
從无始以來乃至今日純行十惡作何方便
令我得見實諦令罪消除佛告多欲汝等闡
提皆悉一心為汝分別解說多欲汝等衆生
當觀身心一佛性法身佛性即一无二若此
二種能作一觀是名正觀亦名一相正見若
見有二即名為耶若作耶見即煩惱起若无
耶見煩惱不生煩惱若斷即名清淨佛言
汝等衆生皆當一心觀一佛性佛性之外更
无所見若有所見皆為虛妄作是虛妄則為
顛倒多欲一心淨則多法淨一心垢則多法垢

耶見煩惱不生煩惱若斷即名清淨佛言
汝等衆生皆當一心觀一佛性佛性之外更
无所見若有所見皆爲虛妄作是虛妄則爲
顛倒多欲一心淨則多法淨一心垢則多法垢
垢則爲罪淨則爲真心若離垢罪即不生多
欲白佛言世尊我從昔來乃至今日作諸惡
業无量无邊歷千万劫今日發心觀一佛性
實諦无邊之罪皆悉除不願佛世尊爲我解
說令我一心无疑佛言多欲若觀實諦諸罪
悉除何以故多欲昔日垢心今日淨心一心无二
更无別心今日心淨昔心亦淨是故當知從
无數劫來諸罪盡滅辟如千年塵鏡以衣
一拂其鏡即明諸塵皆盡无有遺餘又
如千年闇室然一炬燈諸闇皆盡汝等衆生
常應一心觀一實諦於諸法內作諸法行去
離世間一切諸法何以故多欲世間動不動
法皆敗。是壞其法若壞行亦无常行若无
常法則生滅離生滅法即名真諦多欲辟如
凡師作諸凡器隨心所欲其器无量其器相貝
及以名字皆悉生滅唯有凡性一性是常諸餘
體段悉皆生滅是生滅體即不自生若不自
生即是不有多欲佛性如凡衆生性如器是
生滅法若離諸業即是佛身觀一佛身即
无他業多欲白佛言世尊我觀實諦諸罪
已滅復作何業而生法身佛告多欲若觀實

生即是不有多欲佛性如凡衆生性如器是
生滅法若離諸業即是佛身觀一佛身即
无他業多欲白佛言世尊我觀實諦諸罪
已滅復作何業而生法身佛告多欲若觀實
諦諸病不起罪垢俱息心如金剛必竟不壞
善能持戒心如虛空內外清淨善入禪衆心
如風火諸行悉散善依智惠即名解脫以解
脫故則能知見多欲汝能脩行是事即得五
分法身多欲白佛言世尊五分法身有何用
果佛言多欲佛性常因法身常果何以故因
佛性緣法得果離因離果則无因果若无因果
是佛真身多欲於心淨國當住稱淨當觀實
念則此念中即生淨國可爲衆生如如說法
入心真空離諸動說三識一性金剛不壞
尒時衆中復有菩薩名曰无行即從座起偏
袒右肩右膝着地合掌向佛而白佛言世尊
若佛滅後五百歲若千歲若千五百歲後若
爲衆生說法當何法說願佛慈悲爲我宣
說令我无疑佛告无行菩薩善男子若一千五
百歲後爲衆生說法者說體不說相說義不
說文如是說者是真說法若說文相動口動
心皆是誹謗善男子若於一切衆生虛妄說法
當如如相說平等相說何以故當時一切衆
生皆同一病一心一佛性一性平等等諸法

心皆是誹謗善男子若於一切眾生處說法當如如相說平等相說何以故當時一切眾生皆同一病一心一佛性一性平等等諸法故於中若說高下即名耶說其口當破其舌當烈何以故一切眾生心垢同一垢一切眾生心淨同一淨何以故一切眾生一心淨則同一十善法淨一切眾生一心垢則同一十惡垢眾生若病應同一病眾生須藥應須一藥若說多法即名顛倒何以故為妄分別善惡法破一切法故隨甚說法斷佛道故菩薩若當說法當如如相說无行菩薩白佛言世尊云何如如相說佛告无行菩薩言善男子說一體真法是如如說直心具說是如如說无偏執說是如如說无分別說是如如說住心一淨處說是如如說諸說不可說是如如說尒時无行菩薩欲令大眾一切眾生悉皆明了重白佛言世尊云何說不可說是如如說佛告无行菩薩言善男子一切諸法自相空說則不可說一切諸法无相說即不可說一切諸法无住說即不可說善男子若如是說即不可說是如如說无行菩薩白佛言世尊法若如是說云何直心具說佛告无行菩薩言善男子直以心信如來義說不以自心說具者具十善義具四諦義具十二因緣義具六波羅蜜義具三解脫門義

BD15098 號　法王經　（24–15）

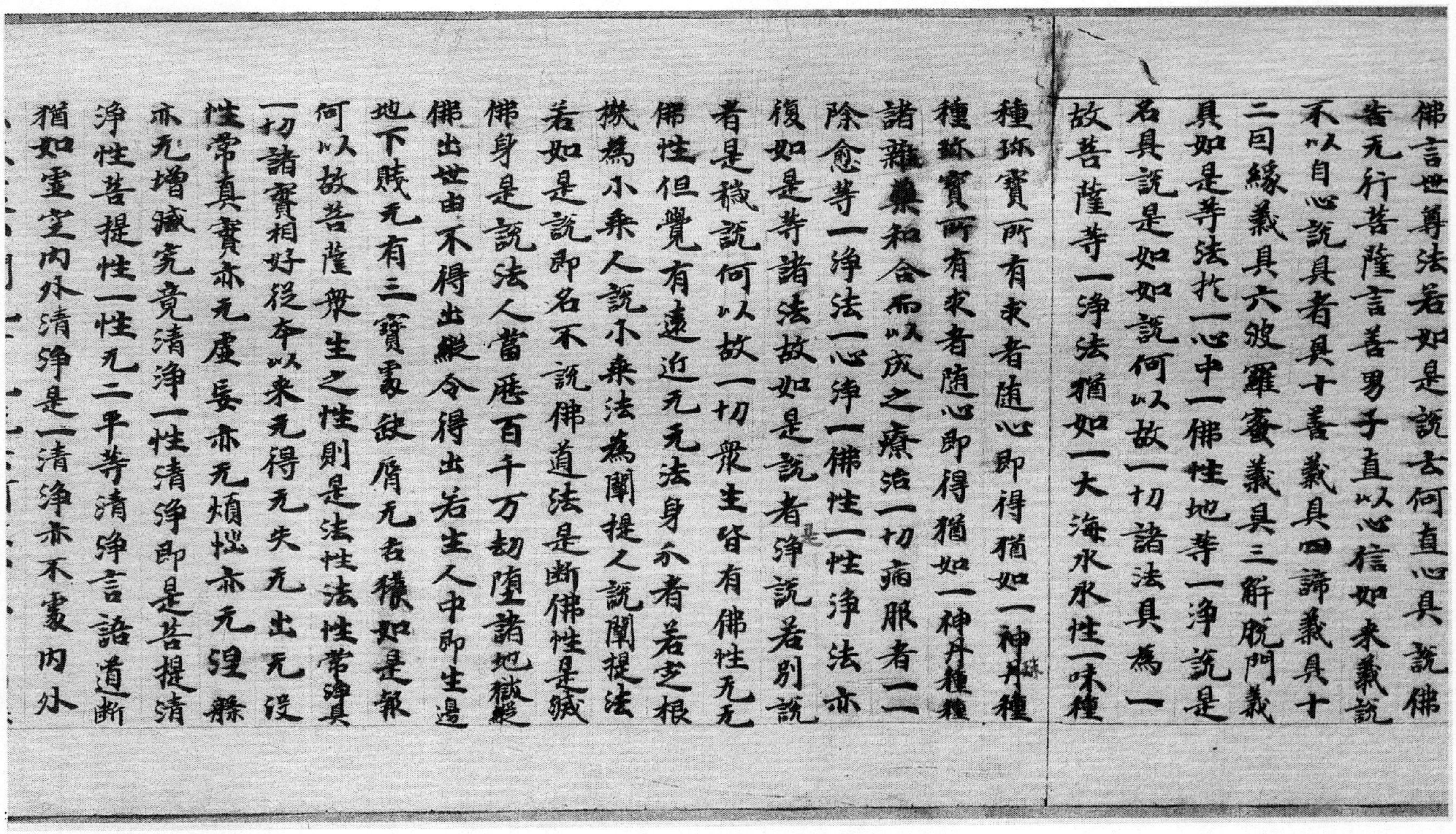
佛言世尊法若如是說云何直心具說佛告无行菩薩言善男子直以心信如來義說不以自心說具者具十善義具四諦義具十二因緣義具六波羅蜜義具三解脫門義具如是等法於一心中一佛性地等一淨說是名具說是如如說何以故一切諸法具為一故菩薩等一淨法猶如一大海水水性一味種種珎寶所有求者隨心即得猶如一神丹種種雜藥和合而以成之療治一切病服者一一諸病除愈等一淨法一心淨一佛性一性淨法亦復如是等諸法故如是說者淨說若別說者是穢說何以故一切眾生皆有佛性无无佛性但覺有遠近无无法身分者若定根機為小乘人說小乘法為闡提人說闡提法若如是說即名不說佛道法是斷佛性是賊佛身是說法人當歷百千万劫墮諸地獄縱佛出世由不得出縱令得出若生人中即生邊地下賤无有三寶處設有无者猶如是報何以故菩薩眾生之性則是法性法性常淨具一切諸寶相好從本以來无得无失无出无沒性常真實亦无虛妄亦无煩惱亦无涅槃亦无增減究竟清淨一性清淨即是菩提清淨性菩提性一性无二平等清淨言語道斷猶如虛空內外清淨是一清淨亦不處內外

BD15098 號　法王經　（24–16）

性常真實亦无虚妄亦无煩惱亦无涅槃
亦无增減究竟清淨一性清淨即是菩提清
淨性菩提性一性无二平等清淨言語道斷
猶如虚空內外清淨是一清淨亦不處內外
亦不處中間无言无說云何於中分別病藥
若无分別是无分別猶善男子離一心外一
清淨外一佛性外即无佛可求即无法可說
即无僧可得何以故佛是法故法是僧故僧
是无為无為則是佛性佛性則是法身是故
我說此經唯說一衆生身一心一清淨一佛性
一佛道場一菩提樹充滿一切世界入一切
生衆生身善男子一切佛從此經生一切法
從此經生一切僧從此經見受持是經者即
名受持三寶念此經者即名念三寶供養
此經者即名供養三寶无行菩薩白佛言世
尊云何念三寶若念三寶得幾多福佛告
无行菩薩善男子若念三寶猶如虚空其福
无量不可思議若念三寶安住虚空心中乃至
不見佛法僧是則不見諸法不見諸法則於法
中无疑惑於清淨處念一實相一體三寶
是念三寶无行菩薩白佛言世尊於三寶
中一心正念於煩惱處自心不起對緣不起於
諸善法亦復如是住一淨心依一佛性不動
不住不為法體救衆生如己身化諸衆生如
化一身愛諸衆生由如護眼是菩薩行非菩

是念三寶无行菩薩白佛言世尊於三寶
中一心正念於煩惱處自心不起對緣不起於
諸善法亦復如是住一淨心依一佛性不動
不住不為法體救衆生如己身化諸衆生如
化一身愛諸衆生由如護眼是菩薩行非菩
薩行願佛世尊為我宣說佛告无行菩薩
是菩薩行若化衆生當令衆生持心不持語
持行不持法若為說法說文不說字說義不
說文何以故佛性是義故何以故離文相故
若取文相是為虚妄若捨佛性是為失本善
男子若失佛性而求佛者由如獸中為人治病
由如攢冰而以求火由如无翼鳥意欲高飛終
无得法善男子於此經中調心取義不得
隨文當取其理若不取理即名虚妄亦復不
得於其理上還取空相而化衆生即名空見
一闡提但令衆生於一心中一佛性相觀知實
有是實有相亦不在有亦不在无觀此妙
有如如實相當即住心依此相處若住相
處即名清淨是清淨處住即无本住即是動
是故諸佛如來從无本處建立一切法尒特
无行菩薩欲重宣此義而說偈言
大聖大佛尊　欲入涅槃時　為度衆生故　說實一乘經
我住慈悲地　怜愍衆生故　於諸了義處　闡揚一乘心
如來所說法　皆離於世間　入實說佛性　諸法皆清淨
離文離相處　亦不中內外　說即不可說　故名說如如
是故平等法　住在於一生　一生清淨法　本來不生滅

大聖大佛[illegible]　[illegible]入涅槃[illegible]　為度衆生故　說實[illegible]
我住慈悲地　於隐衆生故　於諸了義處　開佛一乘心
如來所說法　皆離於世間　入實說佛性　諸法皆清淨
離文離相處　亦不中内外　說即不可說　故名說如如
是故平等法　住在於一性　一性清淨法　本來不生藏
於空不空中　妙性常无體　解脫非解脫　本淨不染故
諸染本不着　妄着如塗污　是塗自為污　妙性常淨故
淨即无所淨　污亦无所污　塗性是為垢　垢性本相空
垢性似狂花　落樹還如故　樹性无生藏　狂花自來去
佛性本无生　離諸生滅處　无有動不動　性本常尒故
二不一一　不名不可說　亦復離諸見　不見處可見
常樂我淨故　見則是菩提　菩提妙覺性　不動无所覺
即是衆生身　一心一佛性　一佛一道場　一大菩提樹
能滿虛空界　普入衆生身　於真三寶中　同一无有二
不住形質處　亦不住空邊　入於妄有所　必竟空寂舍
本來无本處　遣立一切法　教化諸衆生　使如來藏
尒時佛見无行菩薩說偈說即以神力故
放大光明遍于三千大千世界其光明中現
十方淨土具諸國土皆悉嚴淨具有一切園
林池沼其池水中皆有五色蓮華臺座其
一一華上各有一大城其一一城内皆有一清淨大
摩尼寶其一一寶内有一如來一千二百五十人
俱其諸佛等皆為大衆說一乘法悉令衆生於一
身中一佛一性一清淨處住心不動不緣諸境
不入諸智心如虛空不染一切心如金剛不壞
[illegible]

BD15098號　法王經

(24–19)

摩尼寶其一一寶内有一如來一千二百五十人
俱其諸佛等皆為大衆說一乘法悉令衆生於一
身中一佛一性一清淨處住心不動不緣諸境
不入諸智心如虛空不染一切心如金剛不壞
諸貳心如海水恒流智惠皆悉解脫解脫
知見得五分法身尒時无行菩薩及諸大衆
一切衆生見是事已心大歡喜皆住一心不緣
一切入清淨處佛即放光語諸大衆言諸行
者我欲入涅槃舜時欲将至若我滅後五濁
惡世於此經中如說脩行觀一身心不住諸
惡不離菩提必得解脫得一乘道无行菩
薩若我滅後五濁惡世得見此經得聞此
義其人即如值佛若我滅後若有一人能
於此經受持讀誦如說脩行其心不動諸
塵不觸過无塵跡復以此經令諸衆生受持
讀誦復說其義而以教之是人雖是凡夫即
是菩薩如師子吼尒時衆中復有菩薩名曰
法王即從座起繞佛三匝却住一面五體投地
而白佛言世尊我於如來滅後五濁惡世閻
浮提中教化衆生說此良藥療治衆病悉
令除愈復以此經金剛惠力翦諸衆生无明
之意復以此經清淨法杖鞭除衆生三毒之
垢復以此經大智力士解脫衆生十纏之縛復
以此經大智法船運度衆生令至彼岸復以
此經一性清淨法令諸衆生皆得一身一心
[illegible]

BD15098號　法王經

(24–20)

垢復以此經大智力士解脫衆生十纏之縛復
以此經大智法舡運度衆生令至彼岸復以
此經一性清淨法令諸衆生皆得一身一心
一佛一性一清淨決定入一乘決定出地獄
世尊若我不能救衆生令諸衆生入諸地獄
即爲是我殘沒佛身唯願世尊以此佛法付
囑於我爲我更說廣度衆生令諸衆生少
聞多解少見多知不求多文以取證義於少
法中必定解脫无餘疑悶願佛慈悲爲我重
說佛告大衆是法王菩薩已曾供養百千
万億劫諸佛善能方便救度衆生是菩薩
能以一味常風接續衆生之命汝等衆生及未
來者若當受持是菩薩名者復令大善知識
轉讀此經廣說其義若有疾病皆悉得除
惡獸神无能近者菩薩汝有如是利益衆生
我以此經付囑於汝亦爲汝說救度衆生之
法少聞多解少見多知不求多文以取證義
汝等菩薩皆悉一心諦聽爲汝宣說一切衆
生皆一心一佛一性一切煩惱皆一心生皆從境
智二處緣起何以故以緣性自性二種性
力起二種力性從一念妄心生是妄心无本
若一念動時煩惱即起當觀此念知念妄
心妄心无本无本即无住若知无住即覺
心生由於本覺淨心无念若心无念心即不動

BD15098號　法王經

(24–21)

力起二種力性從一念妄心生是妄心无本
若一念動時煩惱即起當觀此念知念妄
心妄心无本无本即无住若知无住即覺
心生由於本覺淨心无念若心无念心即不動
心若不動亦无住心是名清淨清淨空心體
性清淨无淨可證離諸清淨故說清淨菩
薩於清淨心中无住无起无垢无淨无增无
減必竟不染不在一處離名數故常尒不尒
由如金剛不壞一性猶如虛空容受一切由如
蓮華不著愛水若行此行必定解脫生死
流出地獄者菩薩此一心法一名懺悔解脫覺
寶體故二名法解脫住一處故三名无行解
脫无住著故此三解脫皆一心生一切衆生
无二心故一切衆生皆一乘故佛言法王
菩薩善男子能知一法即當知一切法一
法不知一切法不知何以故无法不一相
菩薩聞是一者即是少聞无法不知是名
多解何以故一切法性歸一淨故見是一者
即見一切佛身何以故一切佛身從一清淨
處生一淨之地是一切佛身一切佛道場一切
佛菩提樹善男子於此法中斷諸煩惱由如
伐樹唯斷一根不斷枝葉何以故譬如有人
身中毒箭於身受痛當即拔箭其痛即
除若不拔箭痛則不除問箭毛羽是何鳥翼
復問其竹是何山出復問其箭是誰之射是

BD15098號　法王經

(24–22)

身中毒箭於身受痛當即拔箭其痛即
除若不拔箭痛則不除問箭毛羽是何鳥翼
復問其竹是何山出復問其箭是誰之射是
人苦痛其命已終然拔其箭終知无益善
男子心若有垢當即淨心心若在淨即名
清淨諸說清淨離諸有取能入无取何以
故无本无住處常樂我淨故无本无住真如
實不離一切本離離故性不離道處住无
住故与心等一无異不共故不在常處不斷
故不動不住性常一故一亦不一離名數故
善男子六風不動大樹恒安一性金剛二見
不起有无不在住欲常空惠網无生剪諸
煩惱空解无㝵降伏自心魔王不生惡賊善
男子於此法中求實體者如種一莖不種枝
葉但養其根若得生者花葉自出我此大
法亦復如是由如一阿摩勒菓種此一菓即得
无窮之菓我說此法於諸法中最為第一於
諸乘中最為大乘王是故此經名為法王
又以此經付囑法王菩薩故名法王汝等大
眾持是經者即脫諸難若當持者如在
在處處持何以故佛性常於心中豁寥空
寂內禪真實清淨金剛六入城門常如如界
在不在處在空處中汝等大眾皆悉勿語
時欲將至欲入涅槃是經名涅槃莊嚴般
若波羅蜜无㝵解脫佛說語已尒時大眾皆

BD15098號　法王經

（24–23）

法亦復如是由如一阿摩勒菓種此一菓即得
无窮之菓我說此法於諸法中最為第一於
諸乘中最為大乘王是故此經名為法王
又以此經付囑法王菩薩故名法王汝等大
眾持是經者即脫諸難若當持者如在
在處處持何以故佛性常於心中豁寥空
寂內禪真實清淨金剛六入城門常如如界
在不在處在空處中汝等大眾皆悉勿語
時欲將至欲入涅槃是經名涅槃莊嚴般
若波羅蜜无㝵解脫佛說語已尒時大眾皆
得涅槃般若波羅蜜空脫无㝵尒時法王
菩薩從投地起即於本處入大涅槃會空解
脫於无著地舉足下足皆遊清淨合掌向
佛作礼而去

佛說法王經一卷

BD15098號　法王經

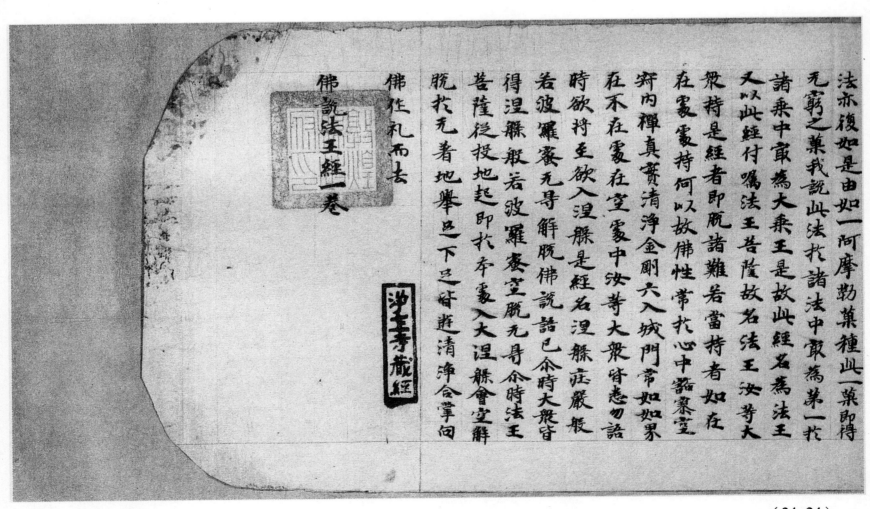

（24–24）

妙法蓮華經從地踊出品第十五
尒時他方國土諸來菩薩摩訶薩過八恒河
沙數於大衆中起立合掌作礼而白佛言世
尊若聽我等於佛滅後在此娑婆世界勤加
精進護持讀誦書寫供養是經典者當於此
土而廣說之尒時佛告諸菩薩摩訶薩衆止
善男子不須汝等護持此經所以者何我娑
婆世界自有六万恒河沙等菩薩摩訶薩一
一菩薩各有六万恒河沙眷屬是諸人等能
於我滅後護持讀誦廣說此經佛說是經時
娑婆世界三千大千國土地皆震裂而於其中
有无量千万億菩薩摩訶薩同時踊出是諸菩
薩身皆金色三十二相无量光明先盡在此
娑婆世界之下此界虛空中住是諸菩薩聞
釋迦牟尼佛所說音聲從下發來一一菩薩
皆是大衆唱導之首各將六万恒河沙眷
屬況將五万四万三万二万一万恒河沙等眷
屬者況復乃至一恒河沙半恒河沙四分
之一乃至千万億那由他分之一況復千万

BD15099 號　妙法蓮華經卷五　（21–1）

娑婆世界之下此界虛空中住是諸菩薩聞
釋迦牟尼佛所說音聲從下發來一一菩薩
皆是大衆唱導之首各將六万恒河沙眷
屬況將五万四万三万二万一万恒河沙等眷
屬者況復乃至一恒河沙半恒河沙四分
之一乃至千万億那由他分之一況復千万
億那由他眷屬況復億万眷屬況復千万百
万乃至一万況復一千百乃至一十況復將
五四三二一弟子者況復單己樂遠離行
如是等比无量无邊筭數譬喻所不能知是
諸菩薩從地出已各詣虛空七寶妙塔多寶
如來釋迦牟尼佛所到已向二世尊頭面礼
足及至諸寶樹下師子座上佛所亦皆作礼
右遶三帀合掌恭敬以諸菩薩種種讚法而
以讚嘆住在一面欣樂瞻仰於二世尊是諸
菩薩摩訶薩從初踊出以諸菩薩種種讚法
而讚於佛如是時閒逕五十小劫是時釋迦牟
尼佛默然而坐及諸四衆亦皆默然五十小
劫佛神力故令諸大衆謂如半日尒時四衆
亦以佛神力故見諸菩薩遍滿无量百千万
億國土虛空是菩薩衆中有四導師一名
上行二名无邊行三名淨行四名安立行是
四菩薩於其衆中最為上首唱導之師在大
衆前各共合掌觀釋迦牟尼佛而問訊言世
尊少病少惱安樂行不所應度者受教易不
不令世尊生疲勞耶尒時四大菩薩而說偈
言

BD15099 號　妙法蓮華經卷五　（21–2）

上行二名无邊行三名淨行四名安立行是
四菩薩於其衆中最為上首唱導之師在大
衆前各共合掌觀釋迦牟尼佛而問訊言世
尊少病少惱安樂行不所應度者受教易不
不令世尊生疲勞耶尒時四大菩薩而說偈
言
世尊安樂　少病少惱　教化衆生　得无疲倦
又諸衆生　受化易不　不令世尊　生疲勞耶
尒時世尊於菩薩大衆中而作是言如是如
是諸善男子如來安樂少病少惱諸衆生
等易可化度无有疲勞所以者何是諸衆生
世世已來常受我化亦於過去諸佛供養尊重
種諸善根此諸衆生始見我身聞我所說即
皆信受入如來慧除先脩習學小乘者如是
之人我今亦令得聞是經入於佛慧尒時諸大
菩薩而說偈言
善哉善哉　大雄世尊　諸衆生等　易可化度
能問諸佛　甚深智慧　聞已信行　我等隨喜
於時世尊讚歎上首諸大菩薩善哉善哉善
男子汝等能於如來發隨喜心尒時彌勒菩
薩及八千恒河沙諸菩薩衆皆作是念我等
從昔已來不見不聞如是大菩薩摩訶薩衆
從地踊出住世尊前合掌供養問訊如來時
彌勒菩薩摩訶薩知八千恒河沙諸菩薩等
心之所念并欲自決所疑合掌向佛以偈問曰
无量千万億　大衆諸菩薩　昔所未曾見　願兩足尊說

BD15099號　妙法蓮華經卷五　（21–3）

從地踊出住世尊前合掌供養問訊如來時
彌勒菩薩摩訶薩知八千恒河沙諸菩薩等
心之所念并欲自決所疑合掌向佛以偈問曰
无量千万億　大衆諸菩薩　昔所未曾見　願兩足尊說
是從何所來　以何因緣集　巨身大神通　智慧叵思議
其志念堅固　有大忍辱力　衆生所樂見　為從何所來
一一諸菩薩　所將諸眷屬　其數无有量　如恒河沙等
或有大菩薩　將六万恒沙　如是諸大衆　一心求佛道
是諸大師等　六万恒河沙　俱來供養佛　及護持是經
將五万恒沙　其數過於是　四万及三万　二万至一万
一千一百等　乃至一恒沙　半及三四分　億万分之一
千万那由他　万億諸弟子　乃至於半億　其數復過上
百万至一万　一千及一百　五十與一十　乃至三二一
單己无眷屬　樂於獨處者　俱來至佛所　其數轉過上
如是諸大衆　若人行籌數　過於恒沙劫　猶不能盡知
是諸大威德　精進菩薩衆　誰為其說法　教化而成就
從誰初發心　稱揚何佛法　受持行誰經　脩習何佛道
如是諸菩薩　神通大智力　四方地震裂　皆從中踊出
世尊我昔來　未曾見是事　願說其所從　國土之名号
我常遊諸國　未曾見是衆　我於此衆中　乃不識一人
忽然從地出　願說其因緣　今此之大會　无量百千億
是諸菩薩等　皆欲知此事　是諸菩薩衆　本末之因緣
无量德世尊　唯願決衆疑
尒時釋迦牟尼分身諸佛從无量千万億他方
國土來者在於八方諸寶樹下師子座上結
跏趺坐其佛侍者各各見是菩薩大衆

BD15099號　妙法蓮華經卷五　（21–4）

是諸菩薩等 皆欲知此事 是諸菩薩衆 本末之因緣
无量德世尊 唯願決衆疑
尒時釋迦牟尼分身諸佛從无量千万億他方
國土來者在於八方諸寶樹下師子座上結
加趺坐其佛侍者各各見是菩薩大衆於
三千大千世界四方從地踊出住於虛空各白
其佛言世尊此諸无量无邊阿僧祇菩薩大
衆從何所來尒時諸佛各告侍者諸善男子
且待須臾有菩薩摩訶薩名曰弥勒釋迦牟
尼佛之所受記次後作佛已問斯事佛今荅
之汝等自當因是得聞尒時釋迦牟尼佛告
弥勒菩薩善哉善哉阿逸多乃能問佛如
是大事汝當共一心被精進鎧發堅固意如
來今欲顯發宣示諸佛智慧諸佛自在神通
之力諸佛師子奮迅之力諸佛威猛大勢之
力尒時世尊欲重宣此義而說偈言
當精進一心 我欲說此事 勿得有疑悔 佛智叵思議
汝今出信力 住於忍善中 昔所未聞法 今皆當得聞
我今安慰汝 勿得懷疑懼 佛无不實語 智慧不可量
所得第一法 甚深叵分別 如是當今說 汝等一心聽
尒時世尊說此偈已告弥勒菩薩我今於此大
衆宣告汝等阿逸多是諸大菩薩摩訶薩
无量无數阿僧祇從地踊出汝等昔所未見
者我於是娑婆世界得阿耨多羅三藐三菩
提已教化示導是諸菩薩調伏其心令發道

BD15099號　妙法蓮華經卷五　（21–5）

衆宣告汝等阿逸多是諸大菩薩摩訶薩
无量无數阿僧祇從地踊出汝等昔所未見
者我於是娑婆世界得阿耨多羅三藐三菩
提已教化示導是諸菩薩調伏其心令發道
意此諸菩薩皆於是娑婆世界之下此界虛
空中住於諸經典讀誦通利思惟分別正憶
念阿逸多是諸善男子等不樂在衆多有所
說常樂靜處勤行精進未曾休息亦不依止
人天而住常樂深智无有鄣㝵亦常樂於諸
佛之法一心精進求无上慧尒時世尊欲重宣
此義而說偈言
阿逸汝當知 是諸大菩薩 從无數劫來 脩習佛智慧
悉是我所化 令發大道心 此等是我子 依止是世界
常行頭陁事 志樂於靜處 捨大衆憒閙 不樂多所說
如是諸子等 學習我道法 晝夜常精進 為求佛道故
在娑婆世界 下方空中住 志念力堅固 常勤求智慧
說種種妙法 其心无所畏 我於伽耶城 菩提樹下坐
得成最正覺 轉无上法輪 尒乃教化之 令初發道心
今皆住不退 悉當得成佛 我今說實語 汝等一心信
我從久遠來 教化是等衆
尒時弥勒菩薩摩訶薩及无量諸菩薩等心
生疑惑怪未曾有而作是念云何世尊於少
時間教化如是无量无邊阿僧祇諸大菩薩
令住阿耨多羅三藐三菩提即白佛言世尊
如來為太子時出於釋宮去伽耶城不遠坐
於道場得成阿耨多羅三藐三菩提從是已

BD15099號　妙法蓮華經卷五　（21–6）

生疑惑怪未曾有而作是念云何世尊於少
時間教化如是无量无邊阿僧祇諸大菩薩
令住阿耨多羅三藐三菩提即白佛言世尊
如来為太子時出於釋宮去伽耶城不遠坐
於道場得成阿耨多羅三藐三菩提從是以
来始過四十餘年世尊云何於此少時大作佛
事以佛勢力以佛功德教化如是无量大菩
薩衆當成阿耨多羅三藐三菩提世尊此
大菩薩衆假使有人於千万億劫數不能盡
不得其邊斯等久遠以来於无量无邊諸佛
所殖諸善根成就菩薩道常脩梵行世尊如
此之事世所難信譬如有人色美髮黑年廿
五指百歲人言是我子其百歲人亦指年少
言是我父生育我等是事難信佛亦如是
得道以来其實未久而此大衆諸菩薩等已
於无量千万億劫為佛道故勤行精進善入出
住无量百千万億三昧得大神通久脩梵行
善能次第集諸善法巧於問荅人中之寶一
切世間甚為希有今日世尊方云得佛道時
初令發心教化示導令向阿耨多羅三藐三
菩提世尊得佛未久乃能作此大功德事我
等雖復信佛隨宜所說佛所出言未曾虚妄
佛所知者皆悉通達然諸新發意菩薩於
佛滅後若聞是語或不信受而起破法罪業因
緣唯然世尊願為解說除我等疑及未来世
諸善男子聞此事已亦不生疑尒時弥勒菩

BD15099號　妙法蓮華經卷五　（21-7）

佛所知者皆悉通達然諸新發意菩薩於
佛滅後若聞是語或不信受而起破法罪業因
緣唯然世尊願為解說除我等疑及未来世
諸善男子聞此事已亦不生疑尒時弥勒菩
薩欲重宣此義而說偈言
佛昔從釋種　出家近伽耶　坐於菩提樹　尒来尚未久
此諸佛子等　其數不可量　久已行佛道　住神通智力
善學菩薩道　不染世間法　如蓮華在水　從地而踊出
皆起恭敬心　住於世尊前　是事難思議　云何而可信
佛得道甚近　所成就甚多　願為除衆疑　如實分別說
譬如少壯人　年始二十五　示人百歲子　髮白而面皺
是等我所生　子亦說是父　父少而子老　舉世所不信
世尊亦如是　得道来甚近　是諸菩薩等　志固无怯弱
從无量劫来　而行菩薩道　巧於難問荅　其心无所畏
忍辱心決定　端正有威德　十方佛所讚　善能分別說
不樂在人衆　常好在禪定　為求佛道故　於下空中住
我等從佛聞　於此事无疑　願佛為未来　演說令開解
若有於此經　生疑不信者　即當墮惡道　願今為解說
是无量菩薩　云何於少時　教化令發心　而住不退地
妙法蓮華經如来壽量品第十六
尒時佛告諸菩薩及一切大衆諸善男子汝
等當信解如来誠諦之語復告大衆汝等當
信解如来誠諦之語又復告諸大衆汝等當
信解如来誠諦之語是時菩薩大衆弥勒為
首合掌白佛言世尊唯願說之我等當信受
佛語如是三白已復言唯願說之我等當信

BD15099號　妙法蓮華經卷五　（21-8）

等當信解如來誠諦之語復告大衆汝等當
信解如來誠諦之語又復告諸大衆汝等當
信解如來誠諦之語是時菩薩大衆彌勒爲
首合掌白佛言世尊唯願說之我等當信受
佛語如是三白已復言唯願說之我等當信
受佛語尒時世尊知諸菩薩三請不止而告
之言汝等諦聽如來秘密神通之力一切世
間天人阿脩羅皆謂今釋迦牟尼佛出釋
氏宮去伽耶城不遠坐於道場得阿耨多羅
三藐三菩提然善男子我實成佛已來无量
无邊百千万億那由他劫譬如五百千万億
那由他阿僧祇三千大千世界假使有人末
爲微塵過於東方五百千万億那由他阿僧
祇國乃下一塵如是東行盡是微塵諸善
男子於意云何是諸世界可得思惟校計知其
數不彌勒菩薩等俱白佛言世尊是諸世界
无量无邊非筭數所知亦非心力所及一切
聲聞辟支佛以无漏智不能思惟知其限數
我等住阿惟越致地於是事中亦所不達世
尊如是諸世界无量无邊尒時佛告大菩薩
衆諸善男子今當分明宣語汝等是諸世界
若著微塵及不著者盡以爲塵一塵一劫我
成佛已來復過於此百千万億那由他阿僧
祇劫自從是來我常在此娑婆世界說法
教化亦於餘處百千万億那由他阿僧祇國
導利衆生諸善男子於是中間我說燃燈佛

BD15099 號　妙法蓮華經卷五　（21–9）

若著微塵及不著者盡以爲塵一塵一劫我
成佛已來復過於此百千万億那由他阿僧
祇劫自從是來我常在此娑婆世界說法
教化亦於餘處百千万億那由他阿僧祇國
導利衆生諸善男子於是中間我說燃燈佛
等又復言其入於涅槃如是皆以方便分別諸
善男子若有衆生來至我所我以佛眼觀其
信等諸根利鈍隨所應度處處自說名字不
同年紀大小亦復現言當入涅槃又以種種
方便說微妙法能令衆生發歡喜心諸善男
子如來見諸衆生樂於小法德薄垢重者爲
是人說我少出家得阿耨多羅三藐三菩提
然我實成佛已來久遠若斯但以方便教化
衆生令入佛道作如是說諸善男子如來所
演經典皆爲度脫衆生或說已身或說他身
或示已身或示他身或示已事或示他事諸
所言說皆實不虛所以者何如來如實知見
三界之相无有生死若退若出亦无在世及滅
度者非實非虛非如非異不如三界見於三
界如斯之事如來明見无有錯謬以諸衆
生有種種性種種欲種種行種種憶想分別
故欲令生諸善根以若干因緣譬喻言辭種
種說法所作佛事未曾暫廢如是我成佛
已甚大久遠壽命无量阿僧祇劫常住不滅
諸善男子我本行菩薩道所成壽命今猶未
盡復倍上數然今非實滅度而便唱言當

BD15099 號　妙法蓮華經卷五　（21–10）

種說法所作佛事未曾暫廢如是我成佛
已甚大久遠壽命无量阿僧祇劫常住不滅
諸善男子我本行菩薩道所成壽命今猶未
盡復倍上數然今非實滅度而便唱言當
取滅度如來以是方便教化衆生所以者何若
佛久住於世薄德之人不種善根貧窮下賤
貪著五欲入於憶想妄見網中若見如來常
在不滅便起憍恣而懷猒怠不能生難遭之
想恭敬之心是故如來以方便說比丘當知
諸佛出世難可值遇所以者何諸薄德人過
无量百千万億劫或有見佛或不見者以此事
故我作是言諸比丘如來難可得見斯衆
生等聞如是語必當生於難遭之想心懷戀
慕渴仰於佛便種善根是故如來雖不實滅
而言滅度又善男子諸佛如來法皆如是為
度衆生皆實不虛譬如良醫智慧聰達明練
方藥善治衆病其人多諸子息若十二十乃
至百數以有事緣遠至餘國諸子於後飲他
毒藥藥發悶亂宛轉于地是時其父還來歸
家諸子飲毒或失本心或不失者遥見其父
皆大歡喜拜跪問訊善安隱歸我等愚癡誤
服毒藥願見救療更賜壽命父見子等苦惱
如是依諸經方求好藥草色香美味皆悉具
足擣篩和合與子令服而作是言此大良藥
色香美味皆悉具足汝等可服速除苦惱
无復衆患其諸子中不失心者見此良藥色

BD15099號　妙法蓮華經卷五　(21–11)

如是依諸經方求好藥草色香美味皆悉具
足擣篩和合與子令服而作是言此大良藥
色香美味皆悉具足汝等可服速除苦惱
无復衆患其諸子中不失心者見此良藥色
香俱好即便服之病盡除愈餘失心者見其
父來雖亦歡喜問訊求索治病然與其藥
而不肯服所以者何毒氣深入失本心故於此
好色香藥而謂不美父作是念此子可愍為毒
所中心皆顛倒雖見我喜求索救療如是好
藥而不肯服我今當設方便令服此藥即作
是言汝等當知我今衰老死時已至是好良
藥今留在此汝可取服勿憂不差作是教已
復至他國遣使還告汝父已死是時諸子聞
父背喪心大憂惱而作是念若父在者慈愍
我等能見救護今者捨我遠喪他國自惟孤
露无復恃怙常懷悲感心遂醒悟乃知此藥
色味香美即取服之毒病皆愈其父聞子悉
已得差尋便來歸咸使見之諸善男子於意
云何頗有人能說此良醫虛妄罪不不也
世尊佛言我亦如是成佛已來无量无邊百
千万億那由他阿僧祇劫為衆生故以方便
力言當滅度亦无有能如法說我虛妄過者
尒時世尊欲重宣此義而說偈言
自我得佛來　所經諸劫數　无量百千万　億載阿僧祇
常說法教化　无數億衆生　令入於佛道　尒來无量劫
為度衆生故　方便現涅槃　而實不滅度　常住此說法

BD15099號　妙法蓮華經卷五　(21–12)

尒時世尊欲重宣此義而說偈言
自我得佛來 所經諸劫數 无量百千万 億載阿僧祇
常說法教化 无數億衆生 令入於佛道 尒來无量劫
為度衆生故 方便現涅槃 而實不滅度 常住此說法
我常住於此 以諸神通力 令顛倒衆生 雖近而不見
衆見我滅度 廣供養舍利 咸皆懷戀慕 而生渴仰心
衆生既信伏 質直意柔軟 一心欲見佛 不自惜身命
時我及衆僧 俱出靈鷲山 我時語衆生 常在此不滅
以方便力故 現有滅不滅 餘國有衆生 恭敬信樂者
我復於彼中 為說无上法 汝等不聞此 但謂我滅度
我見諸衆生 沒在於苦惱 故不為現身 令其生渴仰
因其心戀慕 乃出為說法 神通力如是 於阿僧祇劫
常在靈鷲山 及餘諸住處 衆生見劫盡 大火所燒時
我此土安隱 天人常充滿 園林諸堂閣 種種寶莊嚴
寶樹多華菓 衆生所遊樂 諸天擊天鼓 常作衆伎樂
雨曼陀羅華 散佛及大衆 我淨土不毀 而衆見燒盡
憂怖諸苦惱 如是悉充滿 是諸罪衆生 以惡業因緣
過阿僧祇劫 不聞三寶名 諸有脩功德 柔和質直者
則皆見我身 在此而說法 或時為此衆 說佛壽无量
久乃見佛者 為說佛難值 我智力如是 慧光照无量
壽命无數劫 久脩業所得 汝等有智者 勿於此生疑
當斷令永盡 佛語實不虛 如醫善方便 為治狂子故
實在而言死 无能說虛妄 我亦為世父 救諸苦患者
為凡夫顛倒 實在而言滅 以常見我故 而生憍恣心
放逸著五欲 墮於惡道中 我常知衆生 行道不行道
隨應所可度 為說種種法 每自作是意 以何令衆生
得入无上道 速成就佛身

BD15099號　妙法蓮華經卷五　　（21–13）

實在而言死 无能說虛妄 我亦為世父 救諸苦患者
為凡夫顛倒 實在而言滅 以常見我故 而生憍恣心
放逸著五欲 墮於惡道中 我常知衆生 行道不行道
隨應所可度 為說種種法 每自作是意 以何令衆生
得入无上道 速成就佛身
妙法蓮華經分別功德品第十七
尒時大會聞佛說壽命劫數長遠如是无量
无邊阿僧祇衆生得大饒益於時世尊告
弥勒菩薩摩訶薩阿逸多我說是如來壽命
長遠時六百八十萬億那由他恒河沙衆生得
無生法忍復千倍菩薩摩訶薩得聞持陀羅
尼門復有一世界微塵數菩薩摩訶薩得樂
說无导辯才復有一世界微塵數菩薩摩訶
薩得百萬億無量旋陀羅尼復有三千大千
世界微塵數菩薩摩訶薩能轉不退法輪復
有二千中國土微塵數菩薩摩訶薩能轉清
淨法輪復有小千國土微塵數菩薩摩訶薩
八生當得阿耨多羅三藐三菩提復有四四
天下微塵數菩薩摩訶薩四生得阿耨多
羅三藐三菩提復有三四天下微塵數菩薩
摩訶薩三生當得阿耨多羅三藐三菩提復
有二四天下微塵數菩薩摩訶薩二生當得
阿耨多羅三藐三菩提復有一四天下微塵數
菩薩摩訶薩一生當得阿耨多羅三藐三
菩提復有八世界微塵數衆生皆發阿耨多
羅三藐三菩提心佛說是諸菩薩摩訶薩得
大法利時於虛空中雨曼陀羅華摩訶曼陀

BD15099號　妙法蓮華經卷五　　（21–14）

耨阿多羅三藐三菩提復有一四天下微塵數
菩薩摩訶薩一生當得阿耨多羅三藐三
菩提復有八世界微塵數衆生皆發阿耨多
羅三藐三菩提心佛說是諸菩薩摩訶薩得
大法利時於虛空中雨曼陀羅華摩訶曼陀
羅華以散无量百千万億衆寶樹下師子座上
諸佛幷散七寶塔中師子座上釋迦牟尼佛
及久滅度多寶如來亦散一切諸大菩薩及
四部衆又雨細末栴檀沈水香等於虛空中
天鼓自鳴妙聲深遠又雨千種天衣垂諸瓔
珞真珠瓔珞摩尼珠瓔珞如意珠瓔珞遍於
九方衆寶香爐燒无價香自然周至供養大
會一一佛上有諸菩薩執持幡蓋次第而上
至于梵天是諸菩薩以妙音聲歌无量頌讚
歎諸佛尒時弥勒菩薩從座而起偏袒右肩
合掌向佛而說偈言
佛說希有法　昔所未曾聞　世尊有大力　壽命不可量
无數諸佛子　聞世尊分別　說得法利者　歡喜充遍身
或住不退地　或得陀羅尼　或无礙樂說　万億旋揔持
或有大千界　微塵數菩薩　各各皆能轉　不退之法輪
或有中千界　微塵數菩薩　各各皆能轉　清淨之法輪
復有小千界　微塵數菩薩　餘各八生在　當得成佛道
復有四三二　如是四天下　微塵諸菩薩　隨數生成佛
或一四天下　微塵數菩薩　餘有一生在　當成一切智
如是等衆生　聞佛壽長遠　得无量无漏　清淨之果報
復有八世界　微塵數衆生　聞佛說壽命　皆發无上心
世尊說无量　不可思議法　多有所饒益　如虛空无邊
雨天曼陀羅　摩訶曼陀羅　釋梵如恒沙　无數佛土來

BD15099號　妙法蓮華經卷五　（21–15）

復有四三二　如是四天下　微塵數菩薩　隨數生成佛
或一四天下　微塵數菩薩　餘有一生在　當成一切智
如是等衆生　聞佛壽長遠　得无量无漏　清淨之果報
復有八世界　微塵數衆生　聞佛說壽命　皆發无上心
世尊說无量　不可思議法　多有所饒益　如虛空无邊
雨天曼陀羅　摩訶曼陀羅　釋梵如恒沙　无數佛土來
雨栴檀沈水　繽紛而亂墜　如鳥飛空下　供散於諸佛
天鼓虛空中　自然出妙聲　天衣千万種　旋轉而來下
衆寶妙香爐　燒无價之香　自然悉周遍　供養諸世尊
其大菩薩衆　執七寶幡蓋　高妙万億種　次第至梵天
一一諸佛前　寶幢懸勝幡　亦以千万偈　歌詠諸如來
如是種種事　昔所未曾有　聞佛壽无量　一切皆歡喜
佛名聞十方　廣饒益衆生　一切具善根　以助无上心
尒時佛告弥勒菩薩摩訶薩阿逸多其有衆
生聞佛壽命長遠如是乃至能生一念信解
所得功德无有限量若有善男子善女人為
阿耨多羅三藐三菩提於八十万億那由他
劫行五波羅蜜檀波羅蜜尸羅波羅蜜羼提
波羅蜜毗梨耶波羅蜜禪波羅蜜除般若波
羅蜜以是功德比前功德百分千分百千万
億分不及其一乃至筭數譬喻所不能知若
善男子有如是功德於阿耨多羅三藐三菩
提退者无有是處尒時世尊欲重宣此義
而說偈言
若人求佛慧　於八十万億　那由他劫數　行五波羅蜜
於是諸劫中　布施供養佛　及緣覺弟子　幷諸菩薩衆
珎異之飲食　上服與卧具　栴檀立精舍　以園林莊嚴

BD15099號　妙法蓮華經卷五　（21–16）

提退者无有是處尒時世尊欲重宣此義

而說偈言

若人求佛慧　於八十万億　那由他劫數　行五波羅蜜

於是諸劫中　布施供養佛　及緣覺弟子　并諸菩薩衆

珎異之飲食　上服與卧具　栴檀立精舍　以園林莊嚴

如是等布施　種種皆微妙　盡此諸劫數　以迴向佛道

若復持禁戒　清淨无缺漏　求於无上道　諸佛之所歎

若復行忍辱　住於調柔地　設衆惡來加　其心不傾動

諸有得法者　懷於增上慢　為此所輕惱　如是亦能忍

若復勤精進　志念常堅固　於无量億劫　一心不懈息

又於无數劫　住於空閑處　若坐若經行　除睡常攝心

以是因緣故　能生諸禪定　八十億万劫　安住心不亂

持此一心福　願求无上道　我得一切智　盡諸禪定際

是人於百千　万億劫數中　行此諸功德　如上之所說

有善男女等　聞我說壽命　乃至一念信　其福過於彼

若人悉无有　一切諸疑悔　深心須臾信　其福為如此

其有諸菩薩　无量劫行道　聞我說壽命　是則能信受

如是諸人等　頂受此經典　願我於未來　長壽度衆生

如今日世尊　諸釋之中王　道場師子吼　說法无所畏

我等未來世　一切所尊敬　坐於道場時　說壽亦如是

如是諸人等　頂受此經典　願我於未來　長壽度衆生

如今日世尊　諸釋之中王　道場師子吼　說法无所畏

我等未來世　一切所尊敬　坐於道場時　說壽亦如是

若有深心者　清淨而質直　多聞能捴持　隨義解佛語

如是諸人等　於此无有疑

又阿逸多若有聞佛壽命長遠解其言趣是

我等未來世　一切所尊敬　坐於道場時　說壽亦如是

若有深心者　清淨而質直　多聞能捴持　隨義解佛語

如是諸人等　於此无有疑

又阿逸多若有聞佛壽命長遠解其言趣是

人所得功德无有限量能起如来无上之慧何

况廣聞是經若教人聞若自持若教人持

若自書若教人書若以華香瓔珞幢幡繒蓋

香油蘇燈供養經卷是人功德无量无邊能

生一切種智阿逸多若善男子善女人聞我

說壽命長遠深心信解則為見佛常在耆闍

崛山共大菩薩諸聲聞衆圍繞說法又見此

娑婆世界其地瑠璃坦然平正閻浮檀金以

界八道寶樹行列諸臺樓觀皆悉寶成其

菩薩衆咸處其中若有能如是觀者當知是

為深信解相又復如来滅後若聞是經而不

毀呰起隨喜心當知已為深信解相何况讀

誦受持之者斯人則為頂戴如来阿逸多是

善男子善女人不須為我復起塔寺及作僧

防以四事供養衆僧所以者何是善男子善女

人受持讀誦是經典者為已起塔造立僧坊

供養衆僧則為以佛舍利起七寶塔高廣

漸小於梵天懸諸幡蓋及衆寶鈴華香瓔

珞末香塗香燒香衆鼓伎樂簫笛箜篌種

種舞戲以妙音聲歌唄讚頌則為於无量千

万億劫作是供養已阿逸多若我滅度聞是經典

有能受持若自書若教人書則為起立僧坊

珞末香塗香燒香衆鼓伎樂簫笛箜篌種
種舞戲以妙音聲歌唄讚頌則為於无量千
万億劫作是供養已阿逸多若我滅度聞是經典
有能受持若自書若教人書則為起立僧坊
以赤栴檀作諸殿堂三十有二高八多羅樹
高廣嚴好百千比丘於其中止園林浴池經
行禪窟衣服飲食床褥湯藥一切樂具充滿
其中如是僧坊堂閣若干百千万億其數无
量以此現前供養於我及比丘僧故我說
如來滅後若有受持讀誦為他人說若自
書若教人書供養經卷不須復起塔寺及造
僧坊供養衆僧况復有人能持是經兼行布
施持戒忍辱精進一心智慧其德最勝无量
无邊譬如虛空東西南北四維上下无量无邊
是人功德亦復如是无量无邊疾至一切種
智若人讀誦受持是經為他人說若自書若
教人書復能起塔及造僧坊供養讚歎聲
聞衆僧亦以百千万億讚歎之法讚歎菩
薩功德又為他人種種因緣隨義解說此法
華經復能清淨持戒與柔和者而共同止忍
辱无瞋志念堅固常貴坐禪得諸深定
精進勇猛攝諸善法利根智慧善答問難
阿逸多若我滅後諸善男子善女人受持讀誦
是經典者復有如是諸善功德當知是人已趣道
場近阿耨多羅三藐三菩提坐道樹下阿逸
多是善男子若坐若立若行處此中便應起

阿逸多若我滅後諸善男子善女人受持讀誦
是經典者復有如是諸善功德當知是人已趣道
場近阿耨多羅三藐三菩提坐道樹下阿逸
多是善男子若坐若立若行處此中便應起
塔一切天人皆應供養如佛之塔尒時世尊
欲重宣此義而說偈言
若我滅度後　能奉持此經　斯人福无量　如上之所說
是則為具足　一切諸供養　以舍利起塔　七寶而莊嚴
表刹甚高廣　漸小至梵天　寶鈴千万億　風動出妙音
又於无量劫　而供養此塔　華香諸瓔珞　天衣衆伎樂
燃香油蘇燈　周帀常照明　惡世法末時　能持是經者
則為已如上　具足諸供養　若能持此經　則如佛現在
以牛頭栴檀　起僧坊供養　堂有三十二　高八多羅樹
上饌妙衣服　床臥皆具足　百千衆住處　園林諸浴池
經行及禪窟　種種皆嚴好　若有信解心　受持讀誦書
若復教人書　及供養經卷　散華香末香　以須曼瞻蔔
阿提目多伽　薰油常燃之　如是供養者　得无量功德
如虛空无邊　其福亦如是　况復持此經　兼布施持戒
忍辱樂禪定　不瞋不惡口　恭敬於塔廟　謙下諸比丘
遠離自高心　常思惟智慧　有問難不瞋　隨順為解說
若能行是行　功德不可量　若見此法師　成就如是德
應以天華散　天衣覆其身　頭面接足礼　生心如佛想
又應作是念　不久詣道樹　得无漏无為　廣利諸人天
其所住止處　經行若坐臥　乃至說一偈　是中應起塔
莊嚴令妙好　種種以供養　佛子住此地　則是佛受用
其在於其中　經行及坐臥

阿提目多伽　薰油常燃之　如是供養者　得无量功德
如虛空无邊　其福亦如是　況復持此經　兼布施持戒
忍辱樂禪定　不瞋不惡口　恭敬於塔廟　謙下諸比丘
遠離自高心　常思惟智慧　有問難不瞋　隨順為解說
若能行是行　功德不可量　若見此法師　成就如是德
應以天華散　天衣覆其身　頭面接足禮　生心如佛想
又應作是念　不久詣道樹　得无漏无為　廣利諸人天
其所住止處　經行若坐臥　乃至說一偈　是中應起塔
莊嚴令妙好　種種以供養　佛子住此地　則是佛受用
其在於其中　經行及坐臥

妙法蓮華經卷第五

BD15099號　妙法蓮華經卷五　（21–21）

BD15100號背　護首

（1–1）

勤不堪□起命之……命能人者將以一
雖不堪衆不可抑故亦求能廣命之也亦
欲命各稱所聞以冥維摩詰之美也釋僧肇
曰彌勒南天生婆羅門姓生此即以爲稱
汝行詣維摩詰問疾釋僧肇曰五百弟子皆已不任故復命菩
薩者將備顯淨名難訓德也空道生曰彌勒
者婆羅門姓也雖生兜率爲諸天師猶以本
姓釋焉以其親承佛弟
子使亦宜在衆菩薩先彌勒白佛言世尊
我不堪任詣彼問疾所以者何憶念我
昔爲兜率天王及其眷屬羅什曰是人中說法也此天以
此天以彌勒將上爲天師豫像宗敬故常來聽法也說不退轉地之
行羅什曰即無生法忍也維摩不先遣心而先遣受記者良由諸天見彌勒受記
有補處之尊遂係心成得希想受記故先明
無受記受記必由心成生故發生以求記生
據則記云故推世以去生也釋僧肇曰下呵
云貴無發心亦無退者此而推之似存不退
之行以勸發無上之心也雖勝期猶未免
乎累教迹不泯故致斯呵然經云補處大士
心無不一智無不周應物而動何關之有是
由得失同壞滑□是應利彼而動見計諸見

有補處之尊遂係心成得希想受記故先明
无受記受記必由心成生故示生以求記生
讓則記云故推世以去生也釋僧肇曰下呵
云實无發心亦无退者此而推之似存不退
之行以勸發无上之心也雖日勝期猶未免
乎累教迹不泯故致斯呵然經云補處大士
心无不一智无不同應物而動何關之有是
由得失同懷脩短迭應利彼而動无計諸己
故弥勒假有以啓始淨名居宗以濟終乎為
鄙近器彼淳朴雖復迹同儒默致教不一然
相成之美實存乎其中矣竺道生曰體如之
行不復退轉也弥勒躬有此行而現得受記

令說之者將以引之使見利樂也時維摩詰来謂我言弥
勒世尊授仁者記一生當得阿耨多羅
三藐三菩提竺道生曰阿耨多羅者无上也三藐三菩提者正遍也菩
提者彼語有之此无名也實則體極居終智
慧也然有三品聲聞也辟支佛也佛也二乘
各於其道為菩提耳非所謂菩提也唯佛菩
提為无上正遍菩提也一生者无復无量生
餘一生也則有兩向義也為用何生得受記乎竺道生曰弥勒
向說行意以受記引之耳不為說受記也而
彼生著情便貪記以存行斯即復是見菩提
可見也是以維摩詰即推弥勒受記為无以
呵其說行之意遣彼著也然後乃更釋其見
菩提心為夫受記者要以四事合成一以一
推之皆无也四事者一以人受記為主二以
體如本三无无量生四在一生中得佛文在
一生中而以之受記要應先推一生也一生
者舉八万歲生八万歲生唯一念現在餘皆
過去未来也故言為用何生得弥勒記乎
過去耶未来耶現在耶釋僧肇曰發无上心脩不退行受記
戒道弥勒致教之本意也今將明平等大道
以无行為因无上正覺以无得為果故先質
弥勒明无記无得然後大齊群生一万物之
致以和菩提莫二之道也夫有生則有記无

過去耶未来耶現在耶釋僧肇曰發无上心脩不退行受記
成道弥勒致教之本意也今將明平等大道以无行爲因无上正覺以无得爲果故先質
弥勒明无記无得然後大齊群生一万物之致以知菩提莫二之道也夫有生則有記无
生則无記故推斥三世以何生而得記乎
若過去生過去生已
滅釋僧肇曰別推三世明无生也過去生已滅滅法不可謂之生也空道生曰无復有也若
未来生未来未来生未至釋僧肇曰未来生未至則无法无法以何
爲生也空道生曰竟未有若現在生現在生无住釋僧肇曰
現法流速不住以何爲邪若生滅一時二相俱壞若生滅異時則生時无滅生時无滅則
法无三相法无三相則非有也盡有三相則有无窮之名與无生之說亦備之諸論矣三
世无生於何而得記乎空道生曰生時已去未始暫停豈可得於中成佛邪如佛
所說比丘汝今即時亦生亦老亦滅釋僧肇曰
證无住義也新新生滅交臂已謝豈待白首然後爲變乎空道生曰引佛語證不住也即
時者不待變也若以无生得受記者无生即是正
位羅什曰實相常定故名正位正位以因緣明生非真實故无受記令明生既非真則无
生无生則常定常定中无受記也於正位中亦无受記亦
无得阿耨多羅三藐三菩提空道生曰次推无无量生
也夫无无量生者體生是无故得之矣苟體生是无而无量生者无无量生復可有哉斯
乃爲正位者也正位者永与邪判也則既以无爲正位者无有受記理自明也以
得菩提故有受記復云无得菩提耳前推生直推其體今推无无量生以正位推之者生
本根於癡愛是有者之所或故宜於外推其體也无无量生原在悟理是者之所達自應

無有受記理自明也以…
無無量生為正位者無有受記理自明也以
得菩提故有受記復云無得菩提耳前推生
直推其體令推無無量生以正位推之者生
本根於癡愛是有者之所惑故宜於外推其
體也無無量生原在悟理是者之所達自應
以正位於
內明之也 云何弥勒受一生記乎 釋僧肇
日上推
有生無記此推無生亦無也無無生即七住無
住真正法住也此住為理無記無成弥勒於
何受一生記乎 竺道
生日并質之者也 為從如生得受記耶
為從如滅得受記耶 釋僧肇日如雖無生
滅而生滅不異如然
記莂起于生滅實會獨于即真故假如之生
滅以明記莂之不殊也竺道生日復次推體
如也生者雖如之時我本無如如今始出為
生也如是始悟中名義盡菩薩冣後心為滅
也夫為得佛之因既在於始又在其終故言
為從如生滅得受記耶別本云從如起滅羅
什日此亦因其所存而遣之也夫受記要由
得如本末得而今得似若有起如則累滅亦
似有物於如中滅故先問其起滅以明無起
滅一切人皆如以下更明如理無二無受記
也
若以如生得受記者如無有生若以如
滅得受記者如無有滅 釋僧肇日如非不
生滅非有生滅非
不生滅欲假以言記非有生滅以知無記竺
道生日如是悟理之法故即以明也理既以
如豈復有如之生滅哉苟無生滅与夫未體
不容有異何得獨以為無上道之因耶若非
因者不得
以之受記 一切衆生皆如也一切法亦如
也衆賢聖亦如也至於弥勒亦如也 釋僧
肇日
万品雖殊未有不如如者將齊是非一愚智
以成無記無得義也竺道生日復次推人受
記也受記識非悟之法已有體如在前故
復取其所體怡之以事事既如然後推為
若
弥勒得受記者一切衆生亦當受記所以

也衆賢聖亦如也至於彌勒亦如也釋僧肇曰
万品雖殊未有不如如者將齊是非一愚智
以成无記无得義也空道生曰復次推人受
記也受記識非悟之法已有體如在前故
復取其所體怡之以事事既如然後推焉若
彌勒得受記者一切衆生亦當受記所以
者何夫如者不二不異釋僧肇曰凡聖一如
豈有得失之殊哉生
道生曰夫如者无得与不得異也既无得与
不得異而彌勒得者是假以不得爲得也若
彌勒以不得爲得者一切衆生不得便應亦
是此得之理矣然則言衆生亦應受記者以
明无彌勒實受記也二者直二事也異者二
相殊也其事既二然後相与爲異故先言不
二後言不異也已取如事
在上是以釋但舉如義也若
彌勒得阿耨
多羅三藐三菩提者一切衆生皆亦應
得所以者何一切衆生即菩提相釋僧肇曰
无相之相是菩提相空道生曰菩提既是无
相理極之慧言得之者得是菩提相也果是
其相則非實実得菩提非實一切衆生亦是此
之得理也所以然者菩提本无不同衆生即
是其相故也夫授記言得菩提者懸指之耳
令云彌勒得者說語之也既說得時而无得
相豈懸指有得乎所指菩提
已驗无爲指理自實矣若彌勒滅度者
一切衆生亦當滅度所以者何諸佛知
一切衆生畢竟寂滅即涅槃相不復更
滅釋僧肇曰本性常滅今復何滅空道生曰
既得菩提至於滅度於滅度中又无滅度
也故復極就其終以驗之爲滅度非慧事心
於滅故不得如菩提釋也然終既至滅始滅
驗實始若果滅終豈滅哉終菩提不滅衆生亦
此滅也唯驗終以悟始者知其然滅耳舉佛

一切衆生畢竟寂滅即涅槃相不復更
滅釋僧肇曰本性常滅今復何滅空道生曰
既得菩提至於滅度於滅度中又无滅度
也故復極就其終以驗之焉滅度非慧事心
於滅故不得如菩提釋也然終既至滅始滅
驗矣始若果滅終豈滅我終苟不滅衆生亦
此滅也唯驗終以悟始者知其然滅耳槃佛
明之者佛既親得滅度又爲悟之極必可以
定之也且佛終日滅度衆生然知衆生即涅
槃相不復更滅是
盡爲滅而不滅也是故彌勒无以此法誘
諸天子羅什曰胡本云誑也空道生曰既无
受記豈得以受記引之耶引之以爲
虛誘
誑也實无發阿耨多羅三藐三菩提心
者亦无退者釋僧肇曰平等之道實无發
心亦无退者而以不退之行
誘其發心亦其美記者何耶空道生曰明不
應存行也於發有退故須不退行耳既无發
退何用行爲若惡發中有退而須不
退行者猶未免退矣非所以不退也彌勒當
令此諸天子捨於分別菩提之見釋僧肇
曰菩提
以寂滅爲相生死同相而諸天甲生死尊菩
提雖曰勝求更生塵累宜開以正路令捨分
別見爲亦以道記增其見乎空道生曰釋諸
天見菩提心也免呵然後教矣呵以遣着教
以釋見着爲吝累宜以呵遣所以者何菩提
之見謂涉理須以教釋之焉
者不可以身得不可以心得釋僧肇曰自
此下大明菩
提義也道之極者稱曰菩提秦无言以譯之
菩提者蓋是正覺无相之真智乎其道虛玄
妙絕常境聽者无以容其聽智者无以運其
智辯者无以措其言像者无以狀其儀故其
爲道也微妙无相不可爲有用之彌勤而不可
爲无故能幽鑒万物而不曜玄軌超駕而弗
表大苞天地而因寄曲濟群或而无私至能
導達殊方開物成務玄機必察无思无慮然
則无知而无不知无爲而无不爲无者其唯

智辯者无以措其言像者无以狀其儀故其
為道也微妙无相不可為有用之弥勤不可
為无故能幽鑒万物而不曜玄軌超駕而弗
表大范天地而因寄曲濟群或而无私至能
導達殊方開物成務玄機必察无思无慮然
則无知而无不知无為而无不為无者其唯
菩提大覺之道乎此无名之法固非名也不
知所以言故強名曰菩提斯无為之道豈可
以身心而得乎筌道生曰若見有菩提可得
者則有相情也苟以相為情者豈能不以之
起身心行乎若以身心行求菩提者則乖之
逾遠矣 寂滅是菩提滅諸相故 羅什曰菩提有三種
羅漢緣覺如來三人漏盡慧通達无閡乃名
菩提此以下歎菩提真解妙同實相欲擬心
乖解亦當如是亦明菩提即是實相以遣其
著也實相是菩提因亦名菩提也餘句類可
尋知也釋僧肇曰妙會真性滅諸法相故名菩
提之道与法俱寂筌道生曰既不以相菩提
則无菩提相矣若不能滅諸相者豈得以寂滅為體哉 不觀是菩提
離諸緣故 釋僧肇曰觀生於緣離緣則无觀也 不行是菩提
无憶念故 釋僧肇曰行生於念无念故无行也 斷是菩提捨
諸見故 離是菩提離諸妄想故 釋僧肇曰諸見
斷妄想離乃名菩提也 鄣是菩提鄣諸願故 釋僧肇曰
真道无欲鄣諸願求也 不入是菩提无貪著故 釋僧
肇曰入謂受入可欲 順是菩提順於如故 住是菩提
住法性故 至是菩提至實際故 釋僧肇曰不異三空
菩提義也隨順本相謂之如故繫之順常住不變謂之性故繫之以住到實相彼岸謂之
際故繫之以至也 不二是菩提離意法故 羅什曰六識對
於六塵未始相離菩提所解起出六塵之表故言離也釋僧肇曰意与法相為二菩提无

菩提義也隨順本相謂之如故槃之順常住不變謂之性故槃之以住到實相彼岸謂之
際故槃之以至也不二是菩提離意法故羅什曰六識對
於六塵未始相離菩提所解起出六塵之表故言離也釋僧肇曰意与法相為二菩提无
心何法之有也等是菩提等虛空故釋僧肇曰无心於等
而无不等故謂若虛空无為是菩提无生住滅故知
是菩提了衆生心行故羅什曰智慧菩提知他心也實相是
知之因亦名知他心也釋僧肇曰菩提不有故无生滅菩提不无故了知衆生心也不
會是菩提諸入不會故釋僧肇曰諸入內外六入也內外俱
空故諸入不會諸入不會即菩提相不合是菩提離煩惱習
故釋僧肇曰生死所以合煩惱之所纏離惱故无合无合即菩提也无處是
菩提无形色故假名是菩提名字空故
釋僧肇曰外无形色之處內无可名之實也如化是菩提无取
捨故釋僧肇曰菩提无取捨猶化人之无心也无亂是菩提
常自靜故釋僧肇曰內既常靜外亂无由生也善寂是菩
提性清淨故釋僧肇曰性无不淨故寂无不善善寂謂善順寂滅常淨之道
无取是菩提離攀緣故釋僧肇曰情有所取故攀於前緣若
離緣則无所取也无異是菩提諸法等故釋僧肇曰万法
同體是非一致不異於異者其唯菩提乎无比是菩提无可喻
故釋僧肇曰第一大道无有兩正獨絕群方故无以喻也微妙是菩提
諸法難知故釋僧肇曰諸法幽遠難測非有知之所知以菩提无知故

BD15100號　注維摩詰經卷四

向體是非一致不異於異者其唯菩提乎　无比是菩提无可喻
故　釋僧肇曰第一大道无有兩正獨絶群方故无以喻也　微妙是菩提
諸法難知故　釋僧肇曰諸法幽遠難測非有知之所知以菩提无知故
无所不知无知而无不知者微妙之極也　竺道生曰種種明之者美而詠之也豈曰為美以
發人情矣　世尊維摩詰說是法時二百天子
得无生法忍　竺道生曰称勒光引使樂法然後維摩詰除其病情所以得忍
斯則相与成化有何屈哉　故我不任詣彼問疾

佛告光嚴童子汝行詣維摩詰問疾光
嚴白佛言世尊我不堪任詣彼問疾所以
者何憶念我昔出毗耶離大城　竺道生曰說在常出
實有以也　時維摩詰方入城我即為作礼　竺道生曰城門是人所湊處故得因廣化
功也作礼者跡同鄉黨現脩長幼禮也　而
問言居士從何所來　竺道生曰交從外來故可寄問以取其來
自有從也　荅我言吾從道場來　羅什曰以光嚴心樂道場故言
從道場來以發悟其心也光嚴雖欲得道場
而來知所以得必由因故為廣說万行万行
是道場因而言道場者是因中說果也復次
佛所坐處於中成道故名道場善心道場復
如是廣積衆善故佛道得成是以万善為一
切智地乃真道場也釋僧肇曰閑宴脩道之
處謂之道場也光嚴志好閑獨每以靜處為
心故出毗耶將求道場淨名懸鑒故現從外
來將示以真場啓其封累故逆云吾從道場
來吾從道場來者以明道无不之場无不在
若能懷道場於胸中遺万累於身外者雖復
形處憒鬧迹与事隣乘動所遊无非道場也
竺道生曰得[illegible]釋僧

BD15100號　注維摩詰經卷四

(30–9)

切智地乃真道場也釋僧肇曰夫要假道之處謂之道場也光嚴志好閑獨每以靜處為心故出毗邪將求道場淨名懸鑒故現從外來將示以真場啓其封累故遂云吾從道場來吾從道場來者以明道无不之場无不在若能懷道場於內中遺万累於身外者雖復形處憒閙迹与事隣乘動所遊无非道場也竺道生曰得佛之處也**我問道場者何所是**釋僧肇曰會其所求故尋問也竺道生曰夫得佛由行乃是道之場矣然寄在地成地有其名耳既據吾於常是從地來也又跡在不閙故復得問何所是以指下**答曰直心是道場无虛假故**釋僧肇曰脩心進道无亂之境便是道場耳若能標心為主万行為場不越方寸道自脩者乃真道場易為近捨閙境而遠求空地乎直心者謂內必真直外无虛假斯乃基万之坦進道之場也自此以下備列諸行盡是脩心之閙地知道之靜場也竺道生曰以无虛假為懷者必得佛也**發行是道場能辦事故**釋僧肇曰心既真直則能發迹造行發迹造行則事業斯辯也**深心是道場增益功德故**釋僧肇曰既能發行則樹心彌深樹心彌深則功德彌增也**菩提心是道場无錯謬故**羅什曰道心明正不隨異路不錯也釋僧肇曰直心入行轉深則變為菩提心也此心直正故所見不謬凡知道者要始四心四心既生則六度衆行无不成也**布施是道場不望報故**釋僧肇曰施不望報无想行也夫言有不失无言无不失有有无異說而不乖其本者其唯大乘道乎何則言有以明非无不言有也言无以明非有不言无也然則万行雖殊以无相為體无而不无故即有為實有而不有故施戒為一然此經前後至於辯列衆行有无不同者能領其所同則无異而不同也**持戒是道場得願具故**釋僧肇曰未有戒具而願不具

也言无以明非有不言无也然則万行虽殊
以无相為體无而不无故即有為會有而不
有故施戒為一然此經前後至於辯列衆行
有无不同者能領其所同則无異而不同也
持戒是道場得願具故釋僧肇曰未有戒具而願不具
者也忍辱是道場於諸衆生心无閡故釋僧
肇曰懐忿則心寻精進是道場不懈退故禪定
是道場心調柔故智慧是道場現見諸
法故釋僧肇曰万法弥廣現若目前智慧之能也慈是道場等
衆生故釋僧肇曰等心怨親欲其安樂慈行也悲是道場忍
疲苦故釋僧肇曰見苦必赴不避湯炭悲行也喜是道場悅
樂法故羅什曰慈雖假想与衆生樂從慈悲起還見其受苦其心悲惻則入悲心
欲令常得此樂次入喜心喜雖是假想而作意欲令常樂故異於慈心也復次慈心心与
樂喜心直觀其得樂心歡喜耳釋僧肇曰以已法樂彼同悅喜行也捨是道場
憎愛斷故釋僧肇曰人慈生愛愛生着着生累悲生憂憂生惱惱生憎慈悲雖
善而累想已生故而捨以平觀謂之捨行也神通是道場成就
六通故解脫是道場能背捨故釋僧肇曰解脫
八解脫也觀青為黃觀黃為青捨背境界從心所觀謂之背捨方便是道
場教化衆生故四攝是道場攝衆生故
羅什曰一惠施有二種施下人以財施上人以法二愛語愛語復有二種於下人則以濡言
将悅於上人則以法語慰喻皆以愛心作愛語三利語利語亦有二種下人則為說方便
令得俗利上人則為作方便令得法利四同事亦有二種同惡人則訪以善法令增善根
隨類而入事与彼同故名同事也釋僧

BD15100號　注維摩詰經卷四

(30–11)

羅什曰一惠施有二種施下人以財施上人
以法二愛語復有二種於下人則以濡言
將悦於上人則以法語慰喻皆以愛心作愛
語三利語利語亦有二種下人則為說方便
令得俗利上人則為作方便令得法利四同
事亦有二種同惡人則訪以善法令增善根
隨類而入事与彼同故名同事也釋僧
肇曰方便起乎知化四攝生乎來衆也多聞
是道場如聞行故釋僧肇曰聞不能行与禽獸同聽也伏心
是道場正觀諸法故羅什曰或以事伏心或以理伏心今正觀
則以无常等觀制伏其心也釋僧肇曰心之性也强梁則觀耶調伏則觀正也三十
七品是道場捨有為法故羅什曰道品新受生故名捨有
為亦以空空三昧等捨三三昧及一切善法故名捨也釋僧肇曰三十七品无為之因也諦
是道場不誑世間故羅什曰小乘中說四諦大乘中說一諦今言諦
是則一諦一諦實相也俗數法虛妄謂言有而
更无謂言无而更有是誑人也見餘諦謂言必
除我或而不免妄想亦是誑也今一諦无此衆
過故不誑人也從一諦乃至諸法无我是諸法
實相即一諦中異句異味也由此一諦故佛道
得成一諦即是佛因故名道場也釋僧肇曰四
諦真實无虛誑也緣起是道場无明乃至老死
皆无盡故釋僧肇曰十二緣起因緣相生无窮盡也悟其所由則智心自
明智心既明則道心自成然則道之成也乃以緣起為地故即以為道場也諸煩
惱是道場知如實故衆生是道場知无
我故一切法是道場知諸法空故釋僧肇曰煩惱之實性衆生之无我諸法
之空義皆道之所由生也降魔是道場不
傾動故三果是道場无所趣故師子吼
……釋僧肇曰此即是佛所

我故一切法是道場知諸法空故釋僧肇曰煩惱
之實性衆生之无我諸法之空義皆道之所由生也降魔是道場不
傾動故三果是道場无所趣故師子吼
是道場无所畏故釋僧肇曰此即是佛所得也離則非佛名為場力无畏
也極名為佛佛即道也以菩薩行滿場今果中以佛為道衆事為場也
不共法是道場无諸過故三明是道場无
餘閡故釋僧肇曰降魔兵而不為所動遊三果而不隨其趣演无畏法音而无難
具佛二業而无一閡明通達而无陰斯皆大道之所由生也一念知一切
法是道場成就一切智故羅什曰三乘法以卅四心成道
大乘中唯以一念則確然大悟具一切智也釋僧肇曰一切智者智之極也朗若晨義衆
寘俱照澄若靜淵群像並鑒无知而无所不知者其唯一切智乎何則夫有心則有封有
封則有壃封壃既形則其智有其智有崖則所照不普至人无心无心則无封无封則
无壃封壃既无則其智无崖其智无崖則所照无際故能以一念一時畢知一切法也一
切智雖曰行標蓋亦万行之一耳會万行之所成者其唯无上道乎故所列衆法皆為場
也生道生曰一念无不知者始乎大悟時也以向諸行終得此事故以名焉以直心為行
初義極一念知一切法不亦是得佛之處乎如是善男子菩薩若
應諸波羅蜜教化衆生諸有所作舉足
下足當知皆從道場来生道生曰若行上諸行皆使應諸波
羅蜜者无復生死往来也然有之者隨應出出若為應豈非道場来邪推向所明便知其
然矣住於佛法矣釋僧肇曰若能應上諸度以化天下者其人行則遊

下足當知皆從道場来生道生日若行上諸行皆使應諸波
羅蜜者无復生死往来也然有之者隨應出
出若為應豈非道場来邪推向所明使知其
然矣
任於佛法矣釋僧肇曰若能應上諸度以化天下者其人行則遊
道場止則住佛法舉動所之无非道場也生
道生日悟群生為佛義矣既從行来而理極
於斯故云住也說是法時五百天人皆發阿耨
多羅三藐三菩提心故我不任詣彼問
疾
佛告持世菩薩汝行詣維摩詰問疾持世
白佛言世尊我不堪任詣彼問疾所以者
何憶念我昔住於静室時魔波旬羅什曰波旬秦
言斂者常欲斷人慧命故名斂者亦名為惡
中惡惡有三種一日惡二日大惡三日惡中惡
惡者若以惡加已已還以惡報是名為惡若
人不侵已无故加害是名大惡若人来供養
恭敬不念報而反害之是惡中惡魔王㝡甚
也諸佛常欲令衆生安隱而反壞乱故言甚
也釋僧肇曰波旬秦或名殺者或名極惡斷
人善根因名殺者違佛乱僧罪莫之大故名
極惡
也
從万二千天女狀如帝釋羅什曰釋是佛弟子
知其不疑故作釋形来也持世不作意觀他
心故不見也生道生日魔者害人智慧命之
釋之惡中之惡謂之波旬也夫善惡理偏无
相干之道況乎至善之与極惡得相惱哉而
有其事者皆大權菩薩託以為化然也誠以
為託要使跡全是世跡是為何此善交是
人彼雖惡居為天天可以惡降跡人亦標善
致改可設之良不其然乎狀若帝釋者帝釋
是佛弟子常宗有道故以其狀使持世不覺
也持世跡在沙門而沙門以化人為體住有

有其事者皆大權菩薩記以爲化然也誠以
爲說要使跡全是也跡是爲何此雖善交是
人彼雖惡居爲天天可以惡降跡人亦標善
致改可餧之良不其然乎狀若帝釋者帝釋
是佛弟子常宗有道故以其狀使持世不覺
也持世跡在沙門而沙門以化人爲體住有
非法必致教矣可得 鼓樂絃歌來詣我所
因之有女或事焉
與其眷屬稽首我足合掌恭敬於一面

立我意謂是帝釋 釋僧肇曰魔以持世宴靜欲化其心若現本形
恐不与言故變爲釋像時持世不以通觀故
謂是帝釋也生道生曰欲事是帝釋持世據
人言之故可云尒也 而語之言善來憍尸迦 羅什曰憍尸迦
姓也字摩迦陀釋僧肇曰憍尸迦帝釋姓也 雖福應有不當自
恣 生道生曰以供養而來故善之也從爰絃歌是自恣法也福有而自恣者覆爲罪之
根者也 當觀五欲无常以求善本 生道生曰五欲
者五情所欲也夫用爲自恣實之必深 於身若覺其无常然後能以之求善本矣
命財而脩堅法 羅什曰若雖有命而不能行道无異禽狩之命若於今能
不惜身命脩行善者則來世所命必能脩善行道是名清淨之命非爲使生也釋僧肇曰
堅法三堅法身命財寶也若忘身命棄財寶去封累而脩是者必獲无極之身无窮之命
无盡之財也此三天地焚而不燒劫數終而不盡故名堅法以天帝樂著五欲不慮无常
故勸脩堅法也生道生曰以求善本事也身既无常便應運使爲善命既危脆便應盡以
行道財有五家便應用爲施与此皆无常所不能壞謂之堅法也 即語我言
正士受是万二千天女可備掃灑 生道生曰田其
說法故可以從善實欲以女亂之矣 我言憍尸迦无以此非
……釋僧肇曰持世菩

[…]皆无常所不能壞謂之堅法也即語我言
正士受是万二千天女可備掃灑竺道生曰因其
說法故可以從善實欲以女亂之矣我言憍尸迦无以此非
法之物要我沙門釋子釋僧肇曰持世菩薩時為比丘竺道
生曰向教其行施彼既從之理應為受然非所宜夫施者之懷唯欲人取故言勿以向語
於要我使受也言沙門釋子者明己理不應非苟道人善此非我宜所
言未訖維摩詰來謂我言非帝釋也是
為魔来嬈固汝耳竺道生曰因其不覺故復可得說語以明魔不
能隱於己也斯則力能制之矣將欲使魔懼有不得不与之跡因者非虛也即語
魔言是諸女等可以與我如我應受釋僧
肇曰以持世未覺故發其狀也將化諸女故現從其索我為白衣應受此女曷為以与沙
門釋子乎竺道生曰施本唯欲捨物不應擇主既能行之便應与我我是受此物者魔
即驚懼念維摩詰將无惱我竺道生曰既不能隱
於維摩詰知力必不如復得發斯念也欲隱形去而不能隱
盡其神力亦不得去釋僧肇曰淨名神力之所制也竺道生曰
現盡魔之神力也即聞空中聲曰波旬以女與
之乃可得去釋僧肇曰淨名以魔迷固故化導之竺道生曰非維摩詰即
是持世也亦可魔自作之耳魔以畏故俛仰而與竺道生曰
權軽重由女故當時自不得去也尒時維摩詰語諸女
言魔以汝等與我汝今皆當發阿耨多
羅三藐三菩提心羅什曰女人從主爲心屬魔則受魔耶教屬菩薩則

權輕重由女故當時自不得去也 尒時維摩詰語諸女
言魔以汝等與我汝今皆當發阿耨多
羅三藐三菩提心 羅什曰女人從主爲心屬魔則受魔耶教屬菩薩則
從道化故受而論之釋僧肇曰在魔故從欲在我宜從道教也竺道生曰既以与我便屬
於我不得不從我教也 即隨所應而爲說法令發道
意復言汝等以發道意 竺道生曰發道意不可苟從於人故
復爲說法使其悟然後爲發也 有法樂可以自娛不應復
樂五欲樂也 羅什曰夫魚之爲性唯水是依女人之性唯樂是欲初發道心
自廣脩善未能樂也積德既深則欣樂弥深經難不變厭苦愈篤實心愛樂外无餘歡令
其以此自娛則厭天樂自此以下列万法者旨取法中之樂不取法也釋僧肇曰女人之
性唯欲是樂以其初捨天樂故亦以法樂夫能以和道爲美積德爲欣者雖復經苦厭難
而不改其樂天地所重无易其欣以此自娛樂之極也豈五欲之足存自此下備列諸行
以明超世之道至歡之所由生也竺道生曰入理亦深不能无樂若无有代必思舊樂而
退矣故說法樂以易其昔五欲樂也 天女即問何謂法樂答
樂當信佛 竺道生曰魔天以不信正爲本故令信佛也夫理本无定
苟能樂之則爲樂矣既樂而恒又益樂也 樂欲聽法樂供養衆
羅什曰三寶中生信也釋僧肇曰信而後悅莫若三寶 樂離五欲 羅什
曰是信貳也得四信時先信法次信佛後信僧及貳也問曰四信云何先信法次信佛後
信僧及貳耶荅曰譬人重病服藥若病愈則信藥妙藥妙必由師也則信師也雖師妙藥
良要由善看病人則信看病人也三事雖妙要由我能消息則信我也法中四信亦復如
是觀實相見諦時煩惱即除則信法妙也三

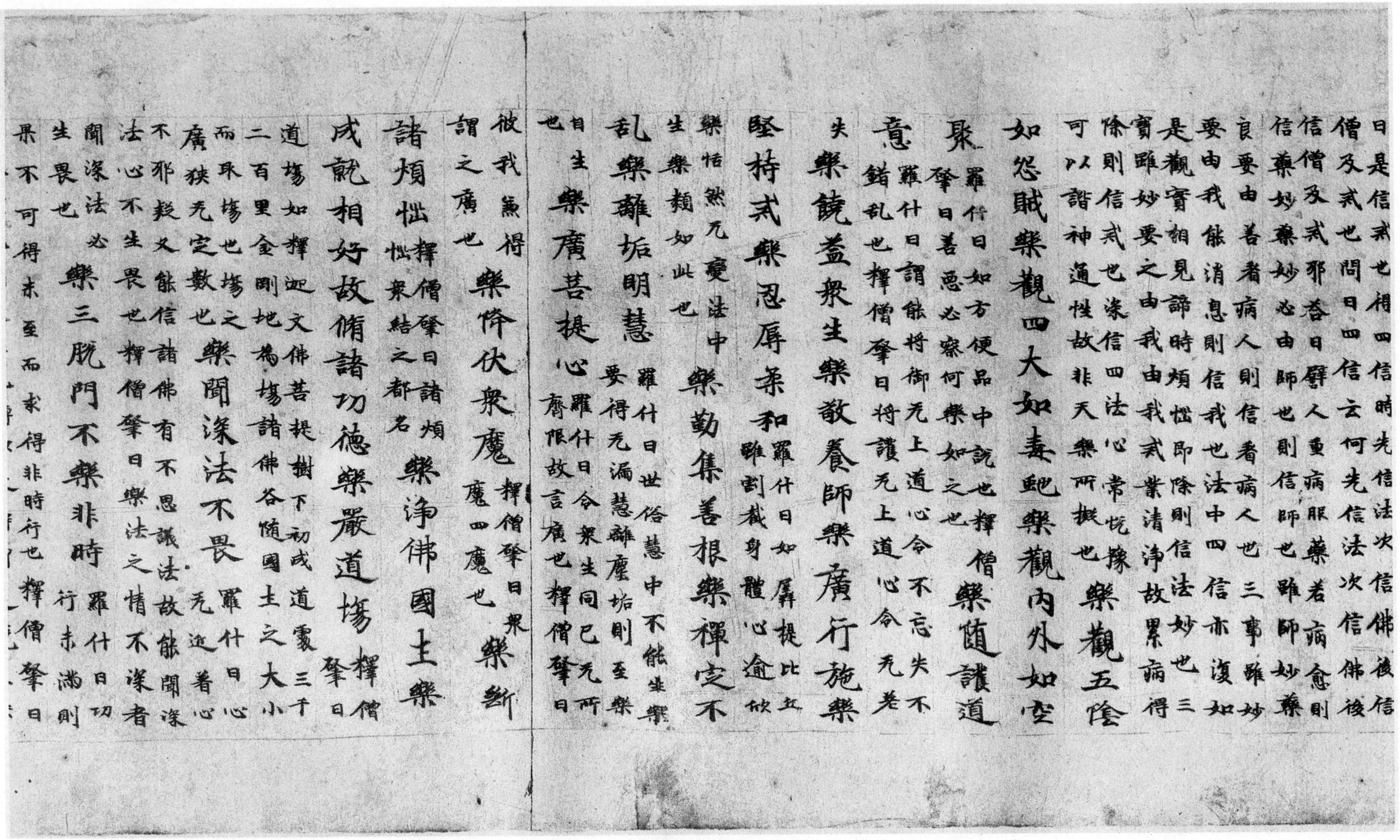
日是信戒也得四信時先信法次信佛後信僧及戒也問日四信云何先信法次信佛後
信僧及戒邪荅日譬人重病服藥者病愈則信藥妙藥妙必由師也則信師師也雖師妙藥
良要由善看病人則信看病人也三事雖妙要由我能消息則信我也法中四信亦復如
是觀寶相見諦時煩惱即除則信法妙也三寶雖妙要之由我由我戒業清淨故累病得
除則信戒也深信四法心常悅豫可以諧神通性故非天樂所擬也樂觀五陰
如怨賊樂觀四大如毒虵樂觀內外如空
聚羅什曰如方便品中說也釋僧肇曰善惡必察何樂如之也樂隨護道
意羅什曰謂能將御无上道心令不忘失不錯亂也釋僧肇曰將護无上道心令无差
失樂饒益眾生樂敬養師樂廣行施樂
堅持戒樂忍辱柔和羅什曰如羼提比丘雖割截身體心逾欣
樂恬然无變法中生樂賴如此也樂勤集善根樂禪定不
亂樂離垢明慧羅什曰世俗慧中不能生樂要得无漏慧離塵垢則至樂
自生也樂廣菩提心羅什曰令眾生同已无所齊限故言廣也釋僧肇曰
彼我兼得謂之廣也樂降伏眾魔釋僧肇曰眾魔四魔也樂斷
諸煩惱釋僧肇曰諸煩惱眾結之都名樂淨佛國土樂
成就相好故脩諸功德樂嚴道場釋僧肇曰
道場如釋迦文佛菩提樹下初成道處三千二百里金剛地為場諸佛各隨國土之大小
而取場也場之廣狹无定數也樂聞深法不畏羅什曰心无近着心
不邪疑又能信諸佛有不思議法故能聞深法心不生畏也釋僧肇曰樂法之情不深者
聞深法必生畏也樂三脫門不樂非時羅什曰切行未滿則
果不可得未至而求得非時行也釋僧肇曰

BD15100號　注維摩詰經卷四　（30–18）

而取塲也塲之廣狹无定數也樂聞深法不畏羅什日心无近着心
不邪疑又能信諸佛有不思議法故能聞深法心不生畏也釋僧肇日樂法之情不深者
聞深法必生畏也樂三脫門不樂非時羅什日功行未滿則
界不可得未至而求得非時行也釋僧肇日三脫空无相无作也縛以之解謂之脫三乘
所由謂之門二乘入三脫門不盡其極而中路取證謂之非時此大士之所不樂也樂
近同學於非同學中心无恚閡羅什日我學大
乘彼亦以是是名同學不習不同名不同學處同則樂處異亦羨其心平等无增減也釋
僧肇日異我自彼曷爲生恚非同學外道黨也樂將護惡知識近
善知識樂心喜清淨羅什日於諸禪定及實法中清淨喜也釋
僧肇日清淨實相真淨法也樂脩无量道品之法羅什日是
上所說之餘一切善法也釋僧肇日法樂无量上略言之耳笁道生日始於信終於道品
皆隨魔所病而明義焉是爲菩薩法樂於是波旬
告諸女言我欲與汝俱還天宮釋僧肇日先聞
空聲畏而言与非其真心故欲俱還笁道生日本不實与故可得喚其還去也復恐其不
去以天宮誘之也夫本同而變文化耳易將女還宮實在斯矣諸女言人以
我等與此居士笁道生日既已屬人不得自在若欲竊去彼自有力
俱不得脫也荅其喚還之語有法樂我等甚樂不復
樂五欲樂也釋僧肇日已屬人矣兼有法樂何由而反也笁道生日明
已自更有樂不樂五欲樂也其以天宮誘之之語也魔言居士可捨
此女羅什日先无真与心見維摩詰教化已畢知其不惜故請之也一切所

樂五欲樂也釋僧肇曰已屬人矣兼有法樂何由而反也竺道生曰明

已自更有樂不樂五欲樂也其以天宮誘之之語也魔言居士可捨

此女羅什曰先无真与心見維摩詰教化已畢知其不惜故請之也一切所

有施於彼者是為菩薩釋僧肇曰浄名化導既訖魔知其不

惜故從請也菩薩之道一切无惜想能見還也竺道生曰女誠不樂天宮故不去菩主遣

之亦不得自在故還乞之也恐不必得是以說法也維摩詰言我以

捨矣汝便將去令一切衆生得法願具足

羅什曰居士以女還魔則魔願具足故因發願令衆生得法願具足此是維摩願也釋僧

肇曰因事与願菩薩常法也以女還魔願具滿故因以生願一切衆生得法願具足若魔

之願滿是於是諸女問維摩詰我等云何止

於魔宮釋僧肇曰昔在魔宮以五欲為樂今在菩薩以法樂為樂復還魔天

當何所業邪竺道生曰既不復樂於魔宮當復有理使樂之不耶維摩詰

言諸姉有法門名无盡燈汝等當學釋僧

肇曰將之流大法之明以照魔宮癡冥之室故說此門也竺道生曰以此法門便得樂魔

宮也无盡燈者譬如一燈燃百千燈冥者

皆明明終不盡如是諸姉夫一菩薩開

導百千衆生令發阿耨多羅三藐三菩

提心於其道意亦不滅盡隨所說法而

自增益一切善法是名无盡燈也釋僧肇曰

自行化彼則功德彌增法光不絶名无盡燈也汝等雖住魔宮以

BD15100號　注維摩詰經卷四

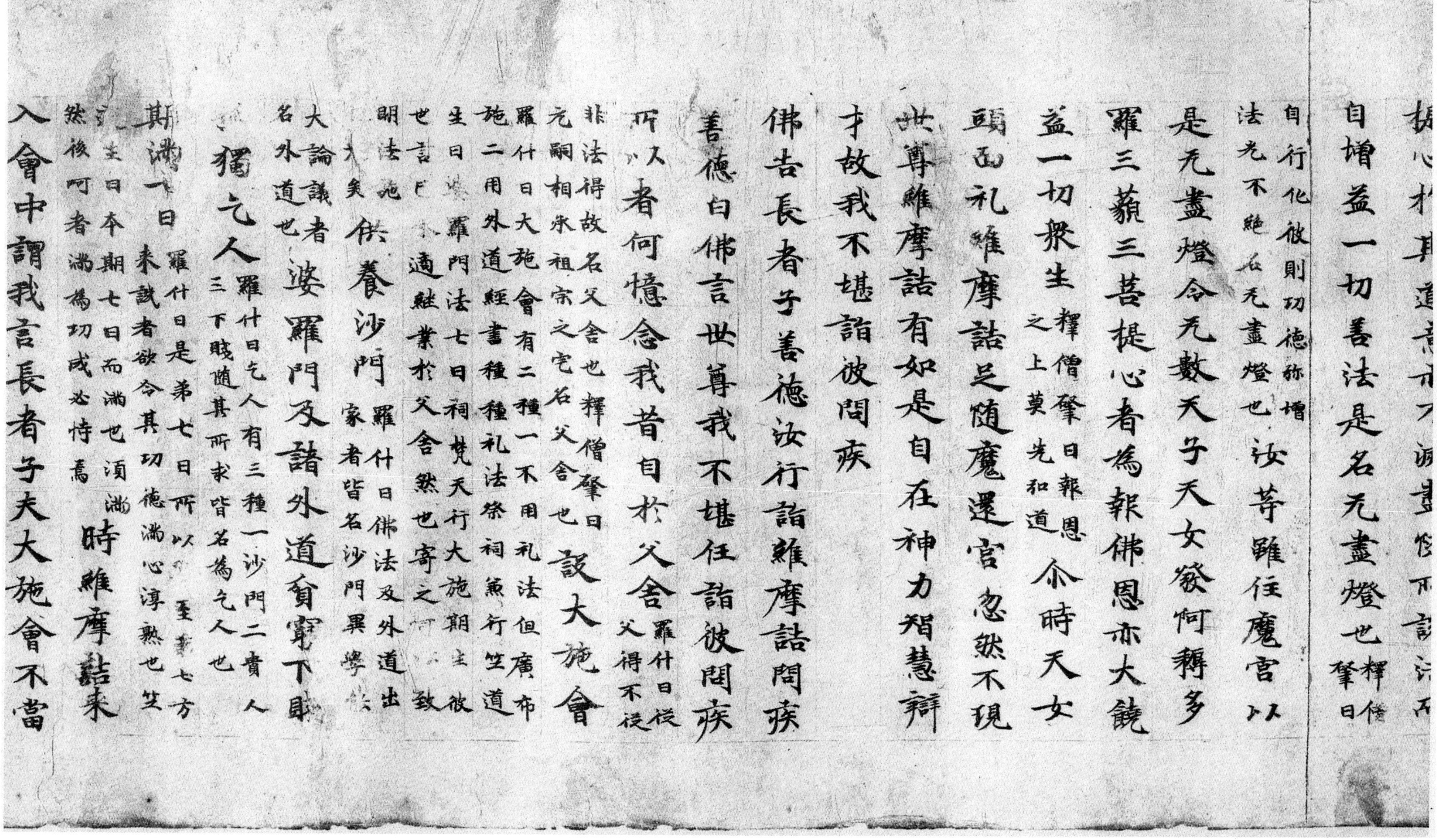
攝心於其道意亦不減盡隨所說法
自增益一切善法是名无盡燈也 釋僧肇曰
自行化彼則功德彌增法光不絶名无盡燈也 汝等雖住魔宮以
是无盡燈令无數天子天女發阿耨多
羅三藐三菩提心者為報佛恩亦大饒
益一切衆生 釋僧肇曰報恩之上莫先和道 尒時天女
頭面礼維摩詰足隨魔還宮忽然不現
世尊維摩詰有如是自在神力智慧辯
才故我不堪詣彼問疾
佛告長者子善德汝行詣維摩詰問疾
善德白佛言世尊我不堪任詣彼問疾
所以者何憶念我昔自於父舍 羅什曰從父得不從非法得故名父舍也 釋僧肇曰无嗣相承祖宗之宅名父舍也 設大施會
羅什曰大施會有二種一不用礼法但廣布施二用外道經書種種礼法祭祠兼行笁道生曰婆羅門法七日祠梵天行大施期生彼世言□適継業於父舍然世寄之□□致明法施大矣
供養沙門 羅什曰佛法及外道出家者皆名沙門異學然
大論議者名外道也 婆羅門及諸外道貧窮下賤
孤獨乞人 羅什曰乞人有三種一沙門二貴人三下賤隨其所求皆名為乞人也
期滿七日 羅什曰是第七日所以至于七方來試者欲令其功德滿心淳熟也笁生曰本期七日而滿也須滿然後可者滿為功成必恃焉 時維摩詰來
入會中謂我言長者子夫大施會不當

BD15100號　注維摩詰經卷四

（30–21）

其滿一日 羅什曰是第七日所以至第七方來識者欲令其功德滿心淳熟也生
曰本期七日而滿也須滿然後可者滿為功成必待焉
時維摩詰來
入會中謂我言長者子夫大施會不當
如汝所設 釋僧肇曰天竺大施會法於父舍開四門立高幢告天下諸有所須
皆詣其舍於七日中傾家而施以求梵福時
淨名以其俗施既滿將進以法施故先譏其
所設以明為施之殊也
生道生曰非謂大也 當為法施之會 道
生曰施從理出為法施 何用是財施會為
也為會謂辯具之也
羅什曰其布施不行隨喜而反嫌一財施
二心施三法施以財施人為布施慈心等心
與人衆名為心施說法利人名為法施亦昔
薩所行衆善皆為饒益衆生饒益衆生有二
種一即時饒益二為饒益因此二者皆名法
施令欲令善得行法施心施故去其財施也
釋僧肇曰夫形必有所尋財必有所窮故會
人以形者不可普集施人以財者不可周給
且施既不善財不益神未若會群生於十方
而即之本土懷法施於圖中而惠無不普以
此而會會無不均以此而施施不遺人為
置殊方而集近實捨心益而獨閔身才竺
生曰財是有限之物施從此出理曰不得普而等也 我言居士何謂
法施之會 生道生曰音聞法施會為大之理也 法施會者無
前無後 羅什曰財施不能一時周則有前後若法施之者一時普至若一起慈心
則十方同緣施中之等莫先於此故曰無前後 一時供養一切衆
生 生道生曰佛為真梵天也行法以供養則福之美終必生其境也又此為施理無不
與亦無等無等者不先此而後彼也無不周者一時與也 是名法施之
會 釋僧肇曰夫以方會人不可一息期以財濟物不可一時周是以會通無竭者於

生
生道生曰佛爲真梵天也行法以供養則
袒之美終必生其境也又此爲施理无不
反亦无不等无等者不先此而
後被也无不周者一時与也是名法施之
會釋僧肇曰夫以方會人不可一息期以財
濟物不可一時周是以會通无嵎者務緣
而不漏法澤寔被者不易時而周霞故能即
凡彊爲一會而道无不閏重心懷德而物自
實爲吝濡沫之小惠捨夫江海之大于何謂
益置一時之法養而設前後之俗施乎
也釋僧肇曰群生无際而受化不俱欲无前
无後一時而養者何謂邪笠道生曰閏爲
會之方也謂以菩提起於慈心羅什曰起慈心也有三種凡夫
爲生梵天二乘則爲求功德菩薩則爲求佛
度脫衆生今欲令其爲求佛道而起慈心自
此以下隨文求義不必盡類但令不乖法施
耳釋僧肇曰夫財養養身法養養神養神之
道存于寔益寔益之義豈待前後經曰一人
出世天下蒙慶何則群生流轉以无窮爲路
寔寔相承莫能自反故大士達德不自爲身
一念之善皆爲群生以爲群生故願行俱果
行果則已功立顯果則群生益已功立則有
濟物之能群生益則有反流之分然則菩薩
如達德於內群生已蒙益於外矣何必待哺
養啓導然後益乎菩提者和濟之道也是以
爲菩提而起慈者一念一時所益无際矣笠
道生曰施是救物之懷以四等爲主故先明
焉然要在行實四等也重則不成法施會矣
慈本所念在彼理不得偏念者惟欲普益也
菩提既无不等又能實益者以此理爲慈豈重也哉以救衆生起大
悲心羅什曰若起悲而不爲救物者亦於悲
也當爲救物而起悲心釋僧肇曰大悲
之興救彼而起所以悲生於我而天下同益
也於道生曰悲本所念在苦欲拔之也若以
賁悲
之大者也悲以持正法起於喜心羅什曰凡夫及
小乘則見衆生樂故起喜心令欲令持法
故起喜心於法中生喜也釋僧肇曰令
彼我俱持正法喜以之生也笠道生曰善本

之興教欲而起所以悲生於我而天下同益
也於道生曰悲本所念在苦欲救之也若以
之實大者也悲 以持正法起於喜心羅什曰凡夫及
小乘則見衆生樂故起喜心令欲令持法
故起喜心心於法中生喜也釋僧肇曰令
彼我俱持正法喜以之生也生道生曰喜本
所彼得離非法是意存法也若以正法為喜
喜之實 攝智慧行於捨心羅什曰凡夫及小乘為捨怨親
故行捨心令欲令其為平等智慧一切捨
離以行捨心復次捨心中唯見衆生無分別
想同於無相欲令其捨心中行智慧也釋僧
肇曰小捨捨怨親大捨捨万有者正智之性
也故行捨心以攝智慧生道生曰以捨憎愛
為懷也攝智慧慧無不攝也若以無不攝慧
為捨者捨亦 以攝慳貪起檀波羅蜜以化
無不捨也
犯戒起尸波羅蜜以無我法起羼提波

羅蜜釋僧肇曰忍生於我無我無競則本云
以無我法起忍羅什曰初行忍時則為
我求福習行既深則忘我而忍復次若能即
我無我則無受苦者故能無事不忍若無
行忍則其福無盡譬如水以離身心相羅什
中生火無能滅盡者也曰遠
離有二種身栖事表名身遠離心無累
相名遠離於身心不著亦名為離也
毗梨耶波羅蜜釋僧肇曰精進之相起于身
心而云離身心相者其唯
相精以菩提相起禪波羅蜜羅什曰令
進乎其為
故以起禪不為樂及受福復次胡本中菩提
相亦云寂滅相當為此相起禪也釋僧肇曰
菩提之相無定無亂以一切智起般若波
以此起禪亦同相也
羅蜜羅什曰欲令其標心大覺不為
也釋僧肇曰在佛名一切智在
名般若因果異名也然一切智以無相為相
以此起般若般若亦無相因果雖異名其揆

菩提之相无定无乱以此起禪亦同相也以一切智起般若波
羅蜜羅什曰欲令其標心大覺不為下也釋僧肇曰在佛名一切智在
名般若因果異名也然一切智以无相為相以此起般若般若亦无相因果雖異名其相
不殊也教化眾生而起於空羅什曰是乘眾生法也當為化
眾生而起空也釋僧肇曰存眾生則乖義則捨眾生善通法相空重其懷者終眾
生終曰不亦空也不捨有為法而起无相羅什曰
絶為故誨令不捨也釋僧肇曰即有而无故能起无相即无而有故能不捨不捨故万法
兼備起无故美惡齊旨也示現受生而起无相羅什曰无作不
作受生行也无作則絶於受生故誨令為示現起无作也釋僧肇曰作謂造作生死也
為彼受生者非作生而生也是以大士受生常起无作護持正法起
方便力羅什曰无方便則取相取相則定法有方便慧則无取相无取相乃是
持正法之以度眾生起四攝法釋僧肇曰非方便无以諸法
非四攝无以濟群生以敬事一切起除慢法於身
命財起三堅法於六念中起思念法釋僧肇曰
念佛法僧施天六念也於六和合敬起質直心羅什曰
命眾和要由六法一以慈心起身業二以慈起口業三以慈心起意業四若得食時減鉢中
飯供養上坐一人下坐一人五持戒清淨六漏盡智慧若行此六法則眾常和順无有乖諍
因二眾共行諍佛因是說六和敬也釋僧肇曰以慈心起身口意業為三世四得重養与人共
之五持戒清淨修漏盡慧非直心无以具上法六法无以和群眾群眾不和非敬順之道
正行善法起於淨命釋僧肇曰凡所善不以耶心為命心

因二衆共行諍佛因是說六和敬也釋僧肇曰
以慧心起身口意業爲三世四得重養与人共
之五持式清淨脩漏盡慧非直心无以具法
六法无以和群衆群衆不和非敬順之道也
正行善法起於淨命
釋僧肇曰凡所
善不以耶心爲命
淨歡喜起近賢聖不憎惡人起調伏心
釋僧肇曰近聖生淨
喜見惡无憎心也
以出家法起於深心
羅什曰出家則能深入佛法具行淨戒人
釋僧肇曰出家之法非淺心所能知也以
說行起於多聞
釋僧肇曰聞不
能行非多聞也
以无諍去
起空閑處
羅什曰与物无逆又不乖法是
无諍當爲此而起閑居也釋僧
趣向佛慧起於宴坐
日忿競生乎衆聚
无諍出乎空閑
肇日佛慧深遠
非空不趣也
解衆生縛起脩行地
羅什
日謂
脩禪定道品法也當爲煞解衆縛起脩行地
不應自爲而脩行也釋僧肇日已行不脩安
能解
彼
以具相好及淨佛土起福德業
羅什
日一
切善法分爲二業謂福德慧明業也六度中
前三度屬福德後三度屬慧明業二業具足
必至佛道辟如兩輪能有所生福業則致相
好淨土諸果報也慧明業得一切智業也
知一切衆生心念如應說法起於智業
釋僧肇曰大乘万行分爲二業以智爲行標
故別立智業諸行隨從故摠立德業凡所脩
立非一業所成而衆經脩相淨土繫以德業
知念說法繫以智業此蓋取其功用之所多
耳未始
相无也
知一切法不取不捨入一相門起於慧業
釋僧肇曰決定審理謂之智造心
分別謂之慧上決衆生念定諸法
相然後說法故繫之以智令造心分別法相
令入一門繫之以慧也別本云智業慧業羅
什曰二業中慧明勝故有二種分別內自見

BD15100 號　注維摩詰經卷四

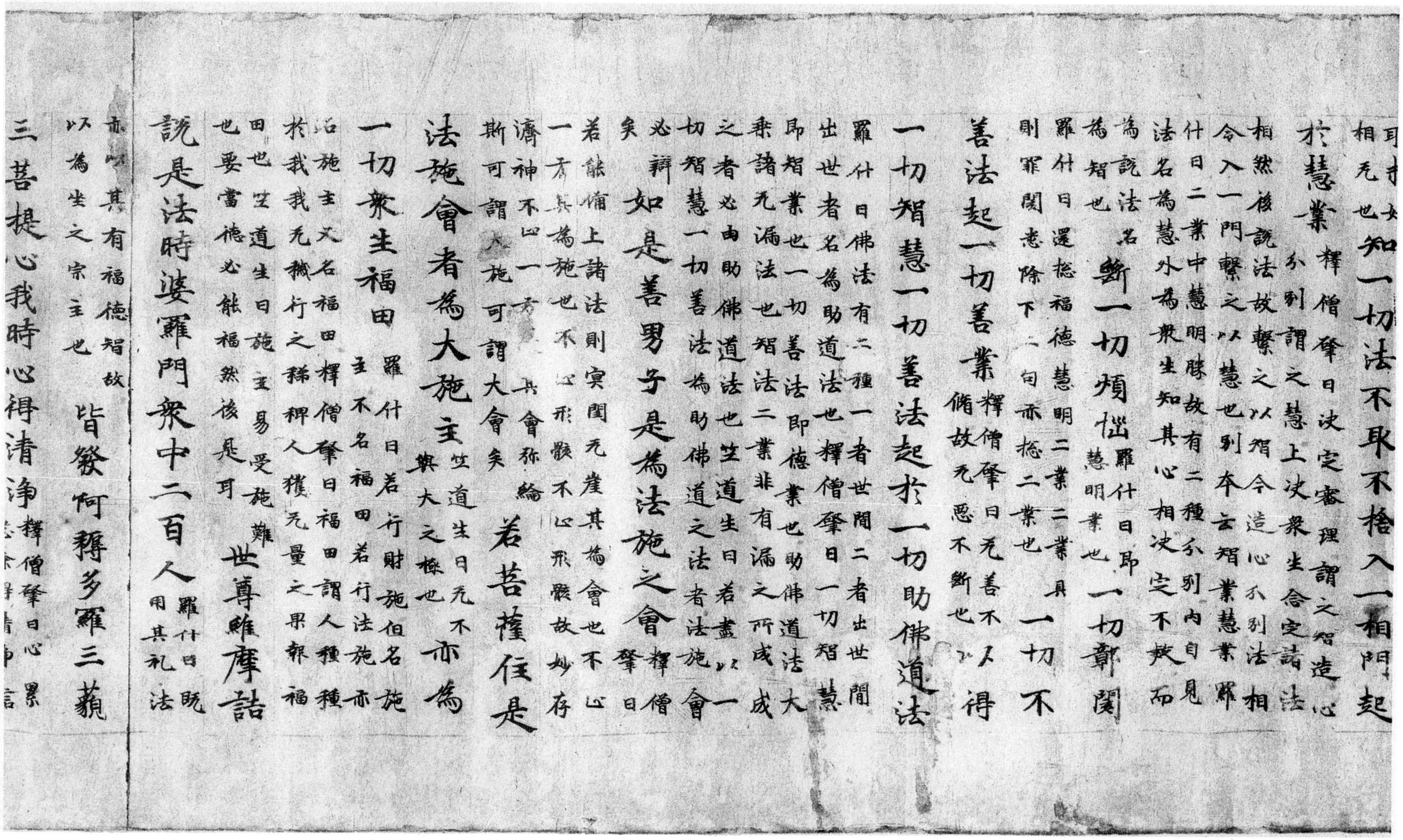

BD15100號　注維摩詰經卷四　　　（30–27）

說是法時婆羅門衆中二百人羅什曰既用其礼法
亦以其有福德智故以為生之宗主也皆發阿耨多羅三藐
三菩提心我時心得清淨釋僧肇曰心累悉除得清淨信
也未曾有稽首礼維摩詰足即解瓔
珞價直百千以上之竺道生曰七日施而此物在者衆所重也
而以上維摩詰者現苦施情也不肯取羅什曰本來意為說法故亦為識財
施故懷此二心所以不受也我言居士願必納受隨意
所與維摩詰乃受瓔珞分作二分持一
分施此會中一最下乞人持一分奉彼難
勝如來釋僧肇曰上直進以法施末等致施之心故卷極上窮下明施心平等以
成善德為就之意也一切衆會皆見光明國土難
勝如來羅什曰以彼佛威德殊勝國土清淨將欲發起衆會令生勝求故先奉後
使其見也又見珠瓔在彼佛上變成四柱寶
臺羅什曰為善得現將來果報如此之妙也四面嚴飾不相
鄣蔽竺道生曰分作二分者欲以明等也現神力驗法施也變成四柱寶臺豈財施
能為之乎是法施會然也故能无不周耳時維摩詰現神變
又作是言若施主等心施一最下乞人
猶如如來福田之相羅什曰施佛以地勝故心濃施貧以地若故悲
深是以福田同相致報一也无所分別等于大悲不求
果報是則名曰具足法施釋僧肇曰若能齊尊卑一行報

然也故能无不周耳　時維摩詰現神變

已作是言若施主等心施一最下乞人

猶如如来福田之相羅什曰施佛以地勝故心濃施乞以地若故悲

深是以福田同相致報一也　无所分別等于大悲不求

果報是則名曰具足法施　釋僧肇曰若能齊尊卑一行報

以平等悲而為施者乃具足法施可生道生日用心如此非財之施也乃所以具足法施

會也

城中乞人見是神力聞其所說皆發

阿耨多羅三藐三菩提心故我不任詣

彼問疾如是諸菩薩各各向佛說其本

緣稱述維摩詰所言皆曰不任詣彼問

疾　僧肇曰三万二千菩薩皆說不任之緣文不備載之耳

維摩經卷第四

緣稱述維摩詰所言皆曰不任詣彼問疾〃僧肇曰三万二千菩薩皆說不任之緣文不備載之耳

維摩經卷第四

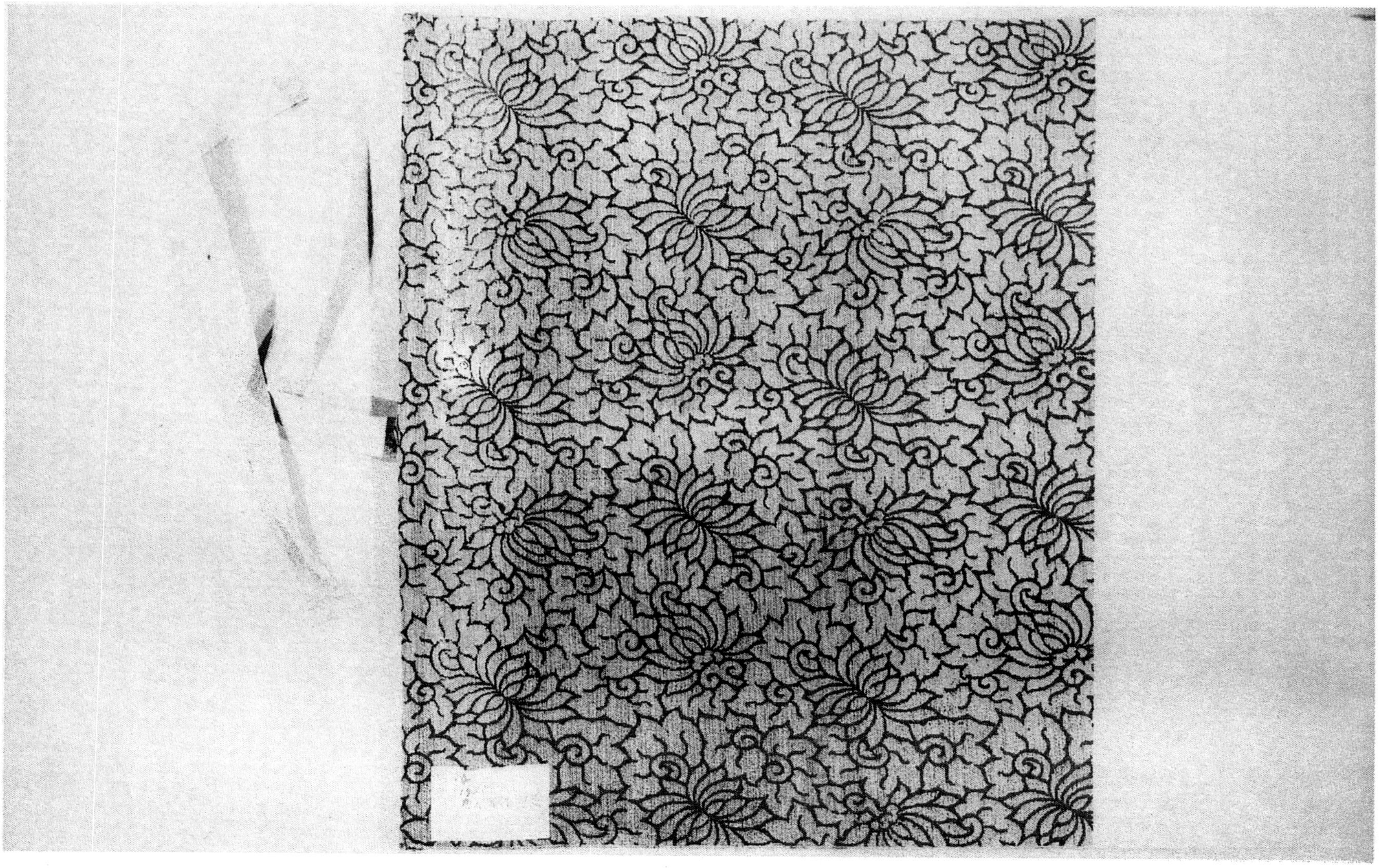

BD15101 號背　護首　　　　（1–1）

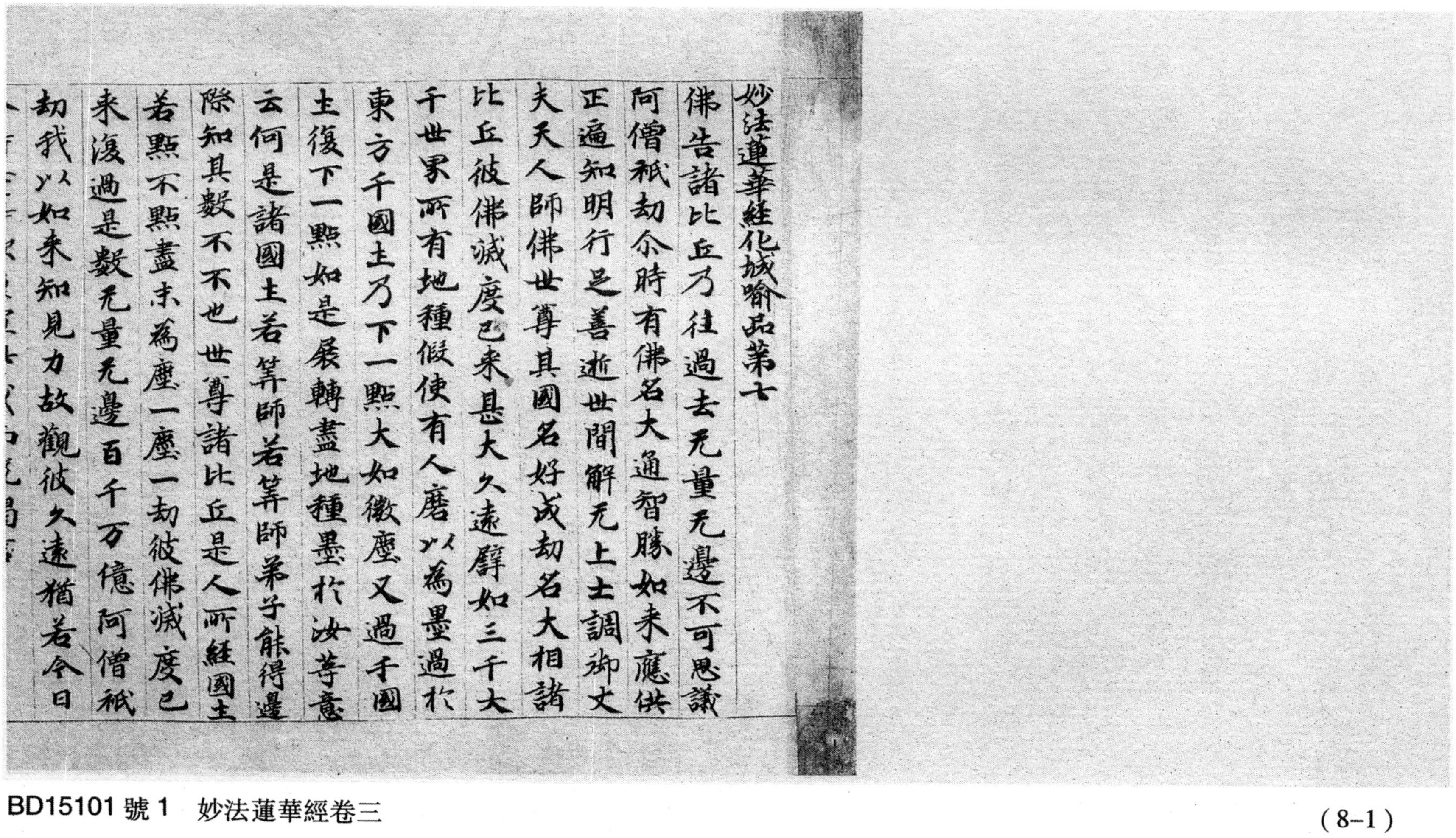

妙法蓮華經化城喻品第七
佛告諸比丘乃往過去无量无邊不可思議
阿僧祇劫尒時有佛名大通智勝如来應供
正遍知明行足善逝世間解无上士調御丈
夫天人師佛世尊其國名好成劫名大相諸
比丘彼佛滅度已来甚大久遠譬如三千大
千世界所有地種假使有人磨以爲墨過於
東方千國土乃下一點大如微塵又過千國
土復下一點如是展轉盡地種墨於汝等意
云何是諸國土若筭師若筭師弟子能得邊
際知其數不不也世尊諸比丘是人所經國土
若點不點盡末爲塵一塵一劫彼佛滅度已
来復過是數无量无邊百千万億阿僧祇
劫我以如来知見力故觀彼久遠猶若今日

BD15101 號 1　妙法蓮華經卷三　　　　（8–1）

云何是諸國土若筭師若筭師弟子能得邊
際知其數不不也世尊諸比丘是人所經國土
若點不點盡末為塵一塵一劫彼佛滅度已
来復過是數无量无邊百千万億阿僧祇
劫我以如来知見力故觀彼久遠猶若今日
介時世尊欲重宣此義而說偈言
我念過去世　无量无邊劫　有佛兩足尊　名大通智勝
如人以力磨　三千大千土　盡此諸地種　皆悉以為墨
過於千國土　乃下一塵點　如是展轉點　盡此諸塵墨
如是諸國土　點與不點等　復盡末為塵　一塵為一劫
此諸微塵數　其劫復過是　彼佛滅度來　如是无量劫
如来无礙智　知彼佛滅度　及聲聞菩薩　如見今滅度
諸比丘當知　佛智淨微妙　无漏无所礙　通達无量劫
佛告諸比丘大通智勝佛壽五百四十万億
那由他劫其佛本坐道場破魔軍已垂得阿
耨多羅三藐三菩提而諸佛法不現在前如
是一小劫乃至十小劫結跏趺坐身心不動而
諸佛法猶不在前介時忉利諸天先為彼佛
於菩提樹下敷師子座高一由旬佛於此
座當得阿耨多羅三藐三菩提適坐此座時
諸梵天王雨衆天華面百由旬香風時來吹
去萎華更雨新者如是不絕滿十小劫供養
於佛乃至滅度常雨此華四王諸天為供養
佛常擊天鼓其餘諸天作天伎樂滿十小劫
至于滅度亦復如是諸比丘大通智勝佛過
十小劫諸佛之法乃現在前成阿耨多羅三藐
三菩提其佛未出家時有十六王子其第一

BD15101 號 1　妙法蓮華經卷三　（8–2）

佛常擊天鼓其餘諸天作天伎樂滿十小劫
至于滅度亦復如是諸比丘大通智勝佛過
十小劫諸佛之法乃現在前成阿耨多羅三藐
三菩提其佛未出家時有十六王子其第一
者名曰智積諸子各有種種珍異玩好之具聞
父得成阿耨多羅三藐三菩提皆捨所珍往
詣佛所諸母涕泣而隨送之其祖轉輪聖王
與一百大臣及餘百千万億人民皆共圍繞
隨至道場咸欲親近大通智勝如來供養
恭敬尊重讚歎到已頭面礼足繞佛畢已一
心合掌瞻仰世尊以偈頌曰
大威德世尊　為度衆生故　於无量億歲　介乃得成佛
瑙真珠玫瑰七寶合成衆華瓔珞塗香末香
燒香繒蓋幢幡供養塔廟過是已後當復
供養二万億佛亦復如是供養是諸佛已具
菩薩道當得作佛号曰閻浮那提金光如來應
供正遍知明行足善逝世間解无上士調御丈
夫天人師佛世尊其土平正頗梨為地寶樹
莊嚴黃金為繩以界道側妙華覆地周遍清
淨見者歡喜无四惡道地獄餓鬼畜生阿脩
羅道多有天人諸聲聞衆及諸菩薩无量万
億莊嚴其國佛壽十二小劫正法住世二十小
劫像法亦住二十小劫介時世尊欲重宣此
義而說偈言
諸比丘衆　皆一心聽　如我所說　真實无異
是迦栴延　當以種種　妙好供具　供養諸佛
諸佛滅後　起七寶塔　亦以華香　供養舍利

BD15101 號 1　妙法蓮華經卷三　（8–3）

劫像法亦住二十小劫尒時世尊欲重宣此
義而說偈言
諸比丘衆　皆一心聽　如我所說　真實无異
是迦栴延　當以種種　妙好供具　供養諸佛
諸佛滅後　起七寶塔　亦以華香　供養舍利
其冣後身　得佛智慧　成等正覺　國土清淨
度脫无量　万億衆生　皆為十方　之所供養
佛之光明　无能勝者　其佛号曰　閻浮金光
菩薩聲聞　斷一切有　无量无數　莊嚴其國
尒時世尊復告大衆我今語汝是大目揵連
當以種種供具供養八千諸佛恭敬尊重諸
佛滅後各起塔廟高千由旬縱廣正等五百
由旬以金銀琉璃車𤦲馬瑙真珠玫瑰七寶
合成衆華瓔珞塗香末香燒香繒蓋幢幡以
用供養過是已後當復供養二百万億諸佛
亦復如是當得成佛号曰多摩羅跋栴檀香
如來應供正遍知明行足善逝世間解无上
土調御丈夫天人師佛世尊劫名喜滿國名
意樂其土平正頗梨為地寶樹莊嚴散真
珠華周遍清淨見者歡喜多諸天人菩薩聲
聞其數无量佛壽二十四小劫正法住世四十
小劫像法亦住四十小劫尒時世尊欲重宣此
義而說偈言
我此弟子　大目揵連　捨是身已　得見八千
二百万億　諸佛世尊　為佛道故　供養恭敬
於諸佛所　常脩梵行　於无量劫　奉持佛法
諸佛滅後　起七寶塔　長表金刹　華香伎樂

BD15101 號 1　妙法蓮華經卷三

（8–4）

我此弟子　大目揵連　捨是身已　得見八千
二百万億　諸佛世尊　為佛道故　供養恭敬
於諸佛所　常脩梵行　於无量劫　奉持佛法
諸佛滅後　起七寶塔　長表金刹　華香伎樂
而以供養　諸佛塔廟　漸漸具足　菩薩道已
於意樂國　而得作佛　号多摩羅　栴檀之香
其佛壽命　二十四劫　常為天人　演說佛道
聲聞无量　如恒河沙　三明六通　有大威德
菩薩无數　志固精進　於佛智慧　皆不退轉
佛滅度後　正法當住　四十小劫　像法亦尒
我諸弟子　威德具足　其數五百　皆當授記
於未來世　咸得成佛　我及汝等　宿世因緣
吾今當說　汝等善聽
天上是時八万四千天女作衆伎樂而來迎
之其人即著七寶冠於婇女中娛樂快樂何
况受持讀誦正憶念解其義趣如說脩行若
有人受持讀誦解其義趣是人命終為千佛
授手令不恐怖不墮惡趣即往兜率天上弥
勒菩薩所弥勒菩薩有三十二相大菩薩衆
所共圍繞有百千万億天女眷屬而於中生
有如是等功德利益是故智者應當一心自
書若使人書受持讀誦正憶念如說脩行世
尊我今以神通力故守護是經於如來滅後
閻浮提內廣令流布使不斷絕尒時釋迦牟
尼佛讚言善哉善哉普賢汝能護助是經令
多所衆生安樂利益汝已成就不可思議功

BD15101 號 1　妙法蓮華經卷三
BD15101 號 2　妙法蓮華經（八卷本）卷八

（8–5）

尊我今以神通力故守護是經於如來滅後
閻浮提内廣令流布使不斷絶尒時釋迦牟
尼佛讚言善哉善哉普賢汝能護助是經令
多所衆生安樂利益汝已成就不可思議功
德深大慈悲從久遠来發阿耨多羅三藐三
菩提意而能作是神通之願守護是經我當以
神通力守護能受持普賢菩薩名者普賢若
有受持讀誦正憶念脩習書寫是法華經者
當知是人則見釋迦牟尼佛如從佛口聞此
經典當知是人供養釋迦牟尼佛當知是人
佛讚善哉當知是人爲釋迦牟尼佛手摩其
頭當知是人爲釋迦牟尼佛衣之所覆如是
之人不復貪著世樂不好外道經書手筆亦
復不憙親近其人及諸惡者若屠兒若畜猪
羊雞狗若獵師若衒賣女色是人心意質直
有正憶念有福德力是人不爲三毒所惱亦
不爲嫉妬我慢邪慢增上慢所惱是人少欲
知足能脩普賢之行普賢若如来滅後後五
百歲若有人見受持讀誦法華經者應作是
念此人不久當詣道場破諸魔衆得阿耨多
羅三藐三菩提轉法輪擊法鼓吹法螺雨法
雨當坐天人大衆中師子法座上普賢若於
後世受持讀誦是經典者是人不復貪著衣
服卧具飲食資生之物所願不虚亦於現世
得其福報若有人輕毀之言汝狂人耳空作

BD15101 號 2　妙法蓮華經（八卷本）卷八　（8–6）

羅三藐三菩提轉法輪擊法鼓吹法螺雨法
雨當坐天人大衆中師子法座上普賢若於
後世受持讀誦是經典者是人不復貪著衣
服卧具飲食資生之物所願不虚亦於現世
得其福報若有人輕毀之言汝狂人耳空作
是行終无所獲如是罪報當世世无眼若有
供養讚嘆之者當於今世得現果報若復見
受持是經者出其過惡若實若不實此人現
世得白癩病若輕咲之者當世世牙齒踈缺
醜脣平鼻手脚繚戾眼目角睞身體臭穢惡
瘡膿血水腹短氣諸惡重病是故普賢若見
受持是經典者當起遠迎當如敬佛説是普
賢勸發品時恒河沙等无量无邊菩薩得百
千万億旋陁羅尼三千大千世界微塵等諸
菩薩具普賢道佛説是經時普賢等諸菩薩
舍利弗等諸聲聞及諸天龍人非人等一切
大會皆大歡喜受持佛語作礼而去

妙法蓮華經卷第八

BD15101 號 2　妙法蓮華經（八卷本）卷八　（8–7）

世得白癩病若輕咲之者當世世牙齒踈缺
醜脣平鼻手脚繚戾眼目角睞身體臭穢惡
瘡膿血水腹短氣諸惡重病是故普賢若見
受持是經典者當起遠迎當如敬佛說是普
賢勸發品時恒河沙等无量无邊菩薩得百
千万億旋陁羅尼三千大千世界微塵等諸
菩薩具普賢道佛說是經時普賢等諸菩薩
舍利弗等諸聲聞及諸天龍人非人等一切
大會皆大歡喜受持佛語作礼而去

妙法蓮華經卷第八

BD15101 號 2　妙法蓮華經（八卷本）卷八　　　　（8–8）

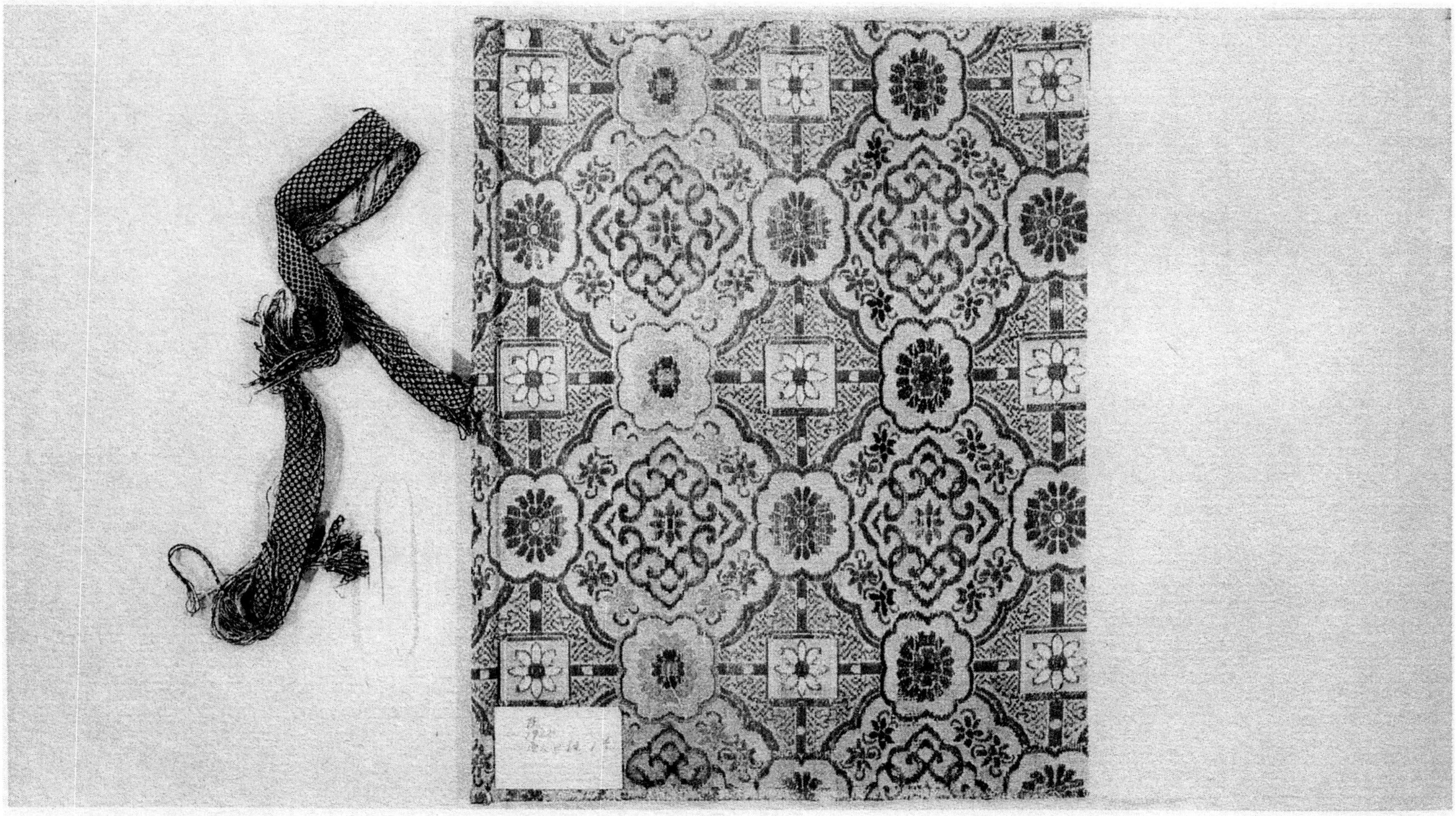

BD15102 號背　護首　　　　（1–1）

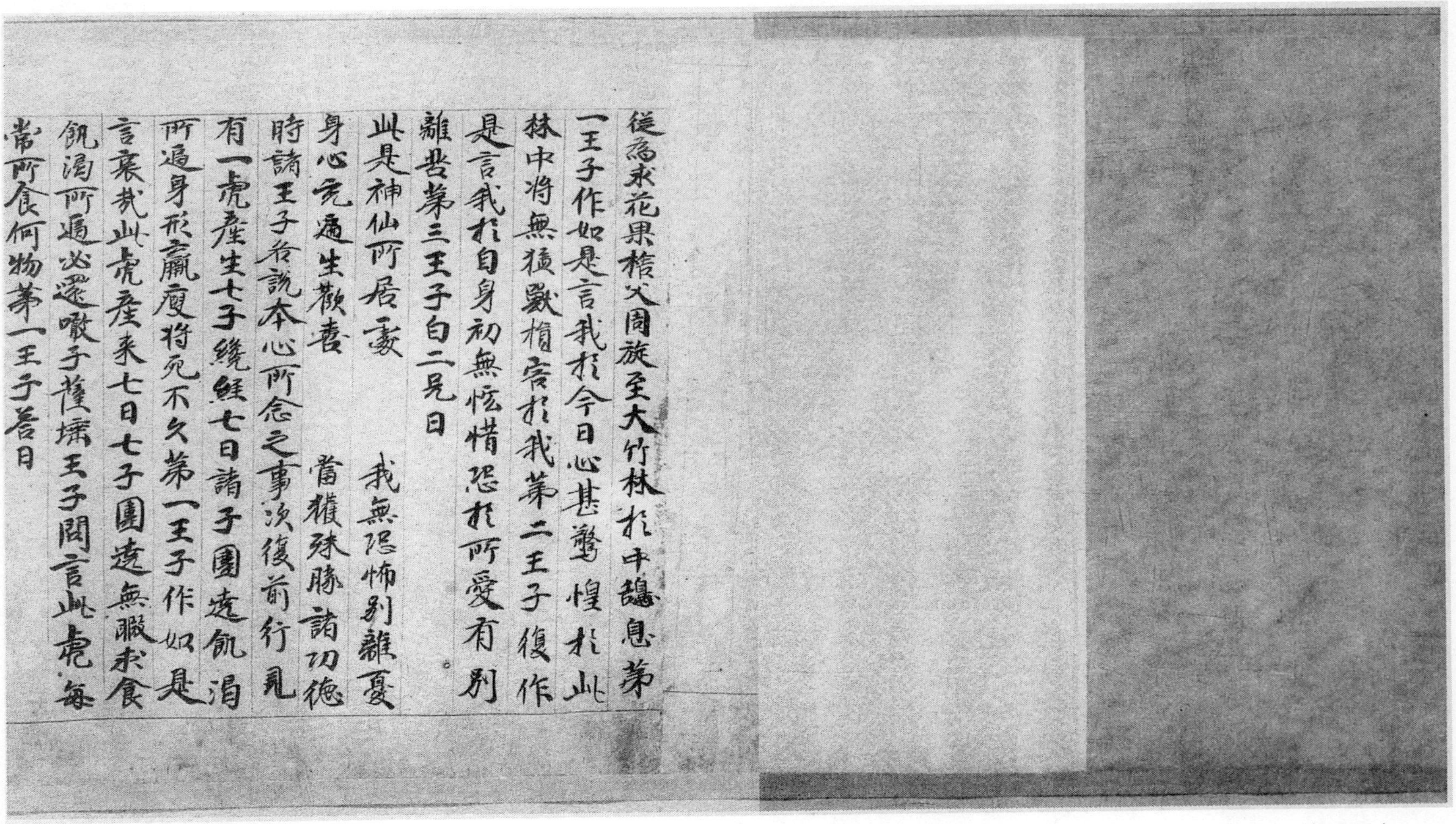

從爲求花果捨父周旋至大竹林於中憩息第
一王子作如是言我於今日心甚驚惶於此
林中將無猛獸損害於我第二王子復作
是言我於自身初無悋惜恐於所愛有別
離苦第三王子白二兄曰
此是神仙所居處　我無恐怖別離憂
身心充遍生歡喜　當獲殊勝諸功德
時諸王子各說本心所念之事次復前行見
有一虎產生七子纔經七日諸子圍遶飢渴
所逼身形羸瘦將死不久第一王子作如是
言哀哉此虎產來七日七子圍遶無暇求食
飢渴所逼必還噉子薩埵王子問言此虎每
常所食何物第一王子答曰

BD15102號　金光明最勝王經卷一〇　（18–1）

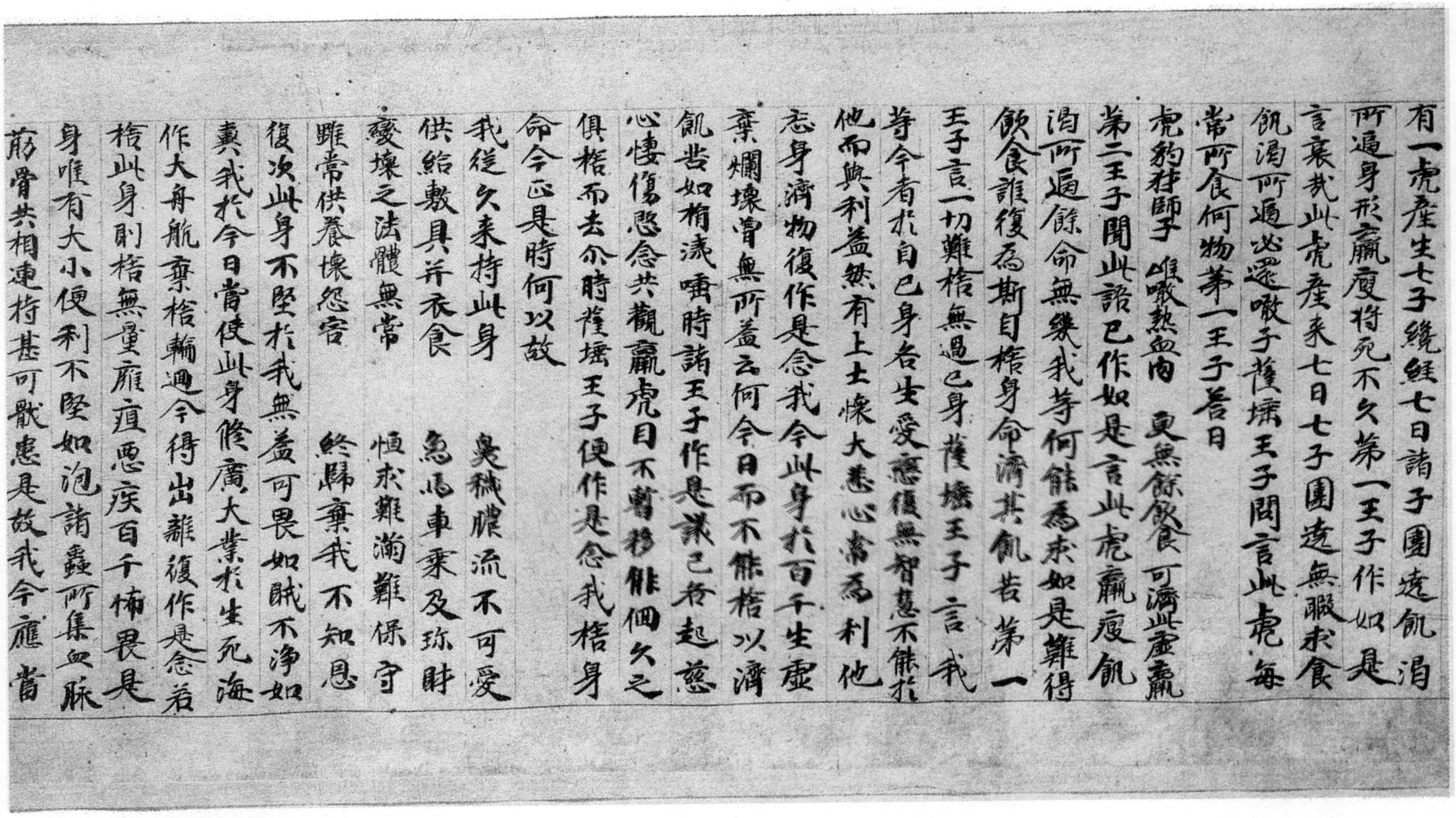

有一虎產生七子纔經七日諸子圍遶飢渴
所逼身形羸瘦將死不久第一王子作如是
言哀哉此虎產來七日七子圍遶無暇求食
飢渴所逼必還噉子薩埵王子問言此虎每
常所食何物第一王子答曰
虎豹豺師子　唯噉熱血肉　更無餘飲食　可濟此虛羸
第二王子聞此語已作如是言此虎羸瘦飢
渴所逼餘命無幾我等何能爲求如是難得
飲食誰復爲斯自捨身命濟其飢苦第一
王子言一切難捨無過己身薩埵王子言我
等今者於自己身各生愛戀復無智慧不能於
他而興利益然有上士懷大悲心常爲利他
忘身濟物復作是念我今此身於百千生虛
棄爛壞曾無所益云何今日而不能捨以濟
飢苦如棄涕唾時諸王子作是議已各起慈
心悽傷愍念共觀羸虎目不暫捨徘徊久之
俱捨而去尒時薩埵王子便作是念我捨身
命今正是時何以故
我從久來持此身　臭穢膿流不可愛
供給敷具并衣食　象馬車乘及珍財
變壞之法體無常　恒求難滿難保守
雖常供養懷怨害　終歸棄我不知恩
復次此身不堅於我無益可畏如賊不淨如
糞我於今日當使此身修廣大業於生死海
作大舟航棄捨輪迴令得出離復作是念若
捨此身則捨無量癰疽惡疾百千怖畏是
身唯有大小便利不堅如泡諸蟲所集血脉
筋骨共相連持甚可猒患是故我今應當

BD15102號　金光明最勝王經卷一〇　（18–2）

復次此身不堅於我無益可畏如賊不淨如
糞我於今日當使此身修廣大業於生死海
作大舟航棄捨輪迴令得出離復作是念若
捨此身則捨無量癰疽惡疾百千怖畏是
身唯有大小便利不堅如泡諸蟲所集血脈
筋骨共相連持甚可厭患是故我今應當
棄捨以求無上究竟涅槃永離憂患無常
苦惱生休息斷諸塵累以定慧力圓滿熏脩
百福莊嚴成一切智諸佛所讚微妙法身既證得
已施諸眾生無量法樂是時王子興大勇猛
發弘誓願以大悲念增益其心慮彼二兄情
懷怖懼共為留難不果所祈即便白言二兄前
去我且於後尒時王子摩訶薩埵還入林
中至其虎所脫去衣服置於竹上作是誓言
我為法界諸眾生　志求无上菩提處
起大悲心不傾動　當捨凡夫所愛身
菩提無患無熱惱　諸有智者之所樂
三界苦海諸眾生　我今拔濟令安樂
是時王子作是言已於餓虎前委身而臥由
此菩薩慈悲威勢虎无能為菩薩見已即
上高山投身于地復作是念虎今羸瘦不能
食我即起求刀竟不能得即以乾竹刺頸出血
漸近虎邊是時大地六種震動如風激水涌
沒不安日无精明如羅睺障諸方闇蔽无復
光耀天雨名花及妙香末繽紛亂墜遍滿林
中尒時虛空有諸天眾見是事已生隨喜
心歎未曾有咸共讚言善哉大士即說頌曰
大士救護運悲心　等視眾生如一子

BD15102號　金光明最勝王經卷一〇　（18–3）

沒不安日无精明如羅睺障諸方闇蔽无復
光耀天雨名花及妙香末繽紛亂墜遍滿林
中尒時虛空有諸天眾見是事已生隨喜
心歎未曾有咸共讚言善哉大士即說頌曰
大士救護運悲心　等視眾生如一子
勇猛歡喜情无悋　捨身濟苦福難思
定至真常勝妙處　永離生死諸纏縛
不久當獲菩提果　寂靜安樂證无生
是時餓虎既見菩薩頸下血流即便舐血噉
肉皆盡唯留餘骨尒時第一王子見地動已
告其弟曰
大地山河皆震動　諸方闇蔽日无光
天花亂墜遍空中　定是我弟捨身相
第二王子聞兄語已說伽他曰
我聞薩埵作悲言　見彼餓虎身羸瘦
飢苦所纏恐食子　我今疑弟捨其身
時二王子生大愁苦啼泣悲歎即共相隨還
至虎所見弟衣服在竹枝上骸骨及髮在處
縱橫流血成泥霑汙其地見已悶絕不能自
持投身骨上久乃得蘇即起舉手哀號大
哭俱時歎曰
我弟貌端嚴　父母偏愛念　云何俱共出　捨身而不歸
父母若問時　我等如何答　寧可同捐命　豈復自存身
時二王子悲泣懊惱漸捨而去時小王子所
將侍從互相謂曰王子何在宜共推求
尒時國大夫人寢高樓上便於夢中見不祥
相被割兩乳牙齒墮落得三鴿鶵一為鷹奪
二被驚怖地動之時夫人遂覺心大愁惱作

BD15102號　金光明最勝王經卷一〇　（18–4）

時二王子悲泣懊惱漸捨而去時小王子所
將侍從叉相謂曰王子何在宜共推求
尒時國大夫人寢高樓上便於夢中見不祥
相被割兩乳牙齒墮落得三鴿鶵一為鷹奪
二被驚怖地動之時夫人遂覺心大愁惱作
如是言
何故今時大地動　江河林樹皆搖震
日無精光如覆蔽　目瞤乳動異常時
如箭射心憂苦逼　遍身戰掉不安隱
我之所夢不祥徵　必有非常災變事
夫人兩乳忽然流出念此必有變恠之事時
有侍女聞外人言求覓王子今猶未得心大
驚怖即入宮中白夫人曰大家知不外聞諸
人散覓王子遍求不得時彼夫人聞是語已
生大憂惱悲淚盈目至大王所白言大王我
聞外人作如是語失我最小所愛之子王聞
語已驚惶失所悲哽而言苦哉今日失我愛
子即便抆淚慰喻夫人告言賢首汝勿憂
感吾今共出求覓愛子王与大臣及諸人衆
即共出城各各分散隨處求覓未久之傾有
一大臣前白王曰聞王子在願勿憂愁其最小
者今猶未見王聞是語悲歎而言苦哉苦哉
失我愛子
初有子時歡喜少　後失子時憂苦多
若使我兒重壽命　縱我身亡不為苦
夫人聞已憂惱纏懷如被箭中而嗟歎曰
我之三子并侍從　俱往林中共遊賞

失我愛子
初有子時歡喜少　後失子時憂苦多
若使我兒重壽命　縱我身亡不為苦
夫人聞已憂惱纏懷如被箭中而嗟歎曰
我之三子并侍從　俱往林中共遊賞
最小愛子獨不還　定有乖離災厄事
次第二臣來至王所王問臣曰愛子何在第
二大臣懊惱啼泣喉舌乾燥口不能言竟无
所答夫人問曰
速報小子今何在　我身熱惱遍燒然
悶亂荒迷失本心　勿使我胷今破裂
時第二臣即以王子捨身之事具白王知王
及夫人聞其事已不勝悲噎望捨身處驟
駕前行詣竹林所至彼菩薩捨身之地見其
骸骨隨處交橫俱時投地悶絕將死猶如猛
風吹倒大樹心意失緒都无所知時大臣等以
水遍灑王及夫人良久乃蘇舉手而坐啼嗟
歎曰
禍哉愛子端嚴相　因何死苦先來逼
若我得在汝前亡　豈見如斯大苦事
尒時夫人迷悶稍止頭髮蓬亂兩手推胷宛
轉于地如魚處陸若牛失子悲泣而言
我子誰屠割　餘骨散于地　失我所愛子　憂悲不自勝
苦哉誰殺子　致斯憂惱事　我心非金剛　云何而不破
我夢中所見　兩乳皆被割　牙齒悉墮落　今遭大苦痛
又夢三鴿鶵　一被鷹擒去　今失所愛子　惡相表非虛
尒時大王及於夫人并二王子盡哀號哭瓔珞
不御與諸人衆共收菩薩遺身舍利為於

我夢中所見　兩乳皆被割　牙齒悉墮落　今遭大苦痛
又夢三鴿鶵　一被鷹擒去　今失所愛子　惡相表非虛
爾時大王及於夫人并二王子盡哀號哭瓔珞
不御與諸人衆共收菩薩遺身舍利為於
供養置窣覩波中阿難陀汝等應知此即是
彼菩薩舍利復告阿難陀我於昔時雖具煩
惱貪瞋癡等能於地獄餓鬼傍生五趣之中
隨緣救濟令得出離何況今時煩惱都盡無
復餘習号天人師具一切智而不能為一一
衆生經於多劫在地獄中及於餘處代受衆
苦令出生死煩惱輪迴尒時世尊欲重宣此
義而說頌言
我念過去世　無量無數劫　或時作國王　或復為王子
常行於大施　及捨所愛身　願出離生死　至妙菩提處
昔時有大國　國主名大車　王子名勇猛　常施心無悋
王子有二兄　号大渠大天　三人同出遊　漸至山林所
見虎飢所逼　便生如是心　此虎飢火燒　更無餘可食
大士覩如斯　恐其將食子　捨身無所顧　救子不令傷
大地及諸山　一時皆震動　江海皆騰躍　驚波水逆流
天地失光明　昏冥無所見　林野諸禽獸　飛奔失所依
二兄恠不還　憂慼生悲苦　即与諸侍從　林藪遍尋求
兄弟共籌議　復往深山處　四顧無所有　見虎處空林
其母并七子　口皆有血汙　殘骨并餘髮　縱橫在地中
復見有流血　散在竹林所　二兄既見已　心生大恐怖
悶絕俱躄地　荒迷不覺知　塵土坌其身　六情皆失念
王子諸侍從　啼泣心憂惱　以水灑令蘇　舉手號咷哭
菩薩捨身時　慈母在宮內　五百諸婇女　共受於妙樂

其母并七子　口皆有血汙　殘骨并餘髮　縱橫在地中
復見有流血　散在竹林所　二兄既見已　心生大恐怖
悶絕俱躄地　荒迷不覺知　塵土坌其身　六情皆失念
王子諸侍從　啼泣心憂惱　以水灑令蘇　舉手號咷哭
菩薩捨身時　慈母在宮內　五百諸婇女　共受於妙樂
夫人之兩乳　忽然自流出　遍體如針刺　苦痛不能安
欻生失子想　憂箭苦傷心　即白大王知　陳斯苦惱事
悲泣不堪忍　哀聲而王說　大王今當知　我生大苦惱
兩乳忽流出　禁止不隨心　如針遍刺身　煩冤胸欲破
我先夢惡徵　必當失愛子　願王濟我命　知兒存與亡
夢見三鴿鶵　小者是愛子　忽被鷹擒去　悲愁難具陳
我今沒憂海　趣死將不久　恐子命不全　願為速求覓
又聞外人語　小子求不得　我今意不安　願王哀愍我
夫人白王已　舉身而躄地　悲痛心悶絕　荒迷不覺知
婇女見夫人　悶絕在於地　舉聲皆大哭　憂惶失所依
王聞如是語　懷憂不自勝　因命諸群臣　尋求所愛子
皆共出城外　隨處而追覓　涕泣問諸人　王子今何在
今者為存亡　誰知所去處　云何令得見　遣我憂惱心
諸人悉共傳　咸言王子死　聞者皆傷悼　悲歎苦難裁
尒時大車王　悲號從座起　即就夫人處　以水灑其身
夫人蒙水灑　久乃得醒悟　悲啼以問王　我兒今在不
王告夫人曰　我已使諸人　四向求王子　尚未有消息
王又告夫人　汝莫生煩惱　且當自安慰　可共出追尋
王即与夫人　嚴駕而前進　號啼聲哽咽　憂心若火然
士庶百千万　亦隨王出城　各欲求王子　悲號聲不絕
王求愛子故　目視於四方　見有一人來　被髮身塗血
遍體蒙塵土　悲哭逆前來　王見是惡相　倍復生憂惱
王便舉兩手　哀號不自裁　初有一大臣　急行至王所

王即与夫人　嚴駕而前進　號哭聲悽感　憂心若火然
士庶百千万　亦隨王出城　各欲求王子　悲號聲不絕
王求愛子故　目視於四方　見有一人來　被髮身塗血
遍體蒙塵土　悲哭逆前來　王見是惡相　倍復生憂惱
王便舉兩手　哀號不自裁　初有一大臣　忽忙至王所
進白大王曰　幸願勿悲哀　王之所愛子　今雖求未獲
不久當來至　以釋大王憂　王復更前行　見次大臣至
其臣詣王所　流淚白王言　二子今現存　被憂火所逼
其第三王子　已被无常吞　見餓虎初生　將欲食其子
彼薩埵王子　見此起悲心　願求无上道　當度一切眾
繫想妙菩提　廣大深如海　即上高山頂　投身餓虎前
虎羸不能食　以竹自傷頸　遂噉王子身　唯有餘骸骨
時王及夫人　聞已俱悶絕　心沒於憂海　煩惱火燒然
臣以栴檀水　灑王及夫人　俱起大悲號　舉手椎胸臆
第三大臣來　白王如是語　我見二王子　悶絕在林中
臣以冷水灑　今乃暫蘇息　顧視於四方　如猛火周遍
暫起而還伏　悲號不自勝　舉手以哀言　稱歎弟希有
王聞如是說　倍增憂火煎　夫人大號咷　高聲作是語
我之小子偏鍾愛　已為无常羅剎吞
餘有二子今現存　復被憂火所燒逼
我今速可至山下　安慰令其保餘命
即便馳駕望前路　一心詣彼捨身崖
路逢二子行啼泣　搥胸懊惱失容儀
父母見已抱憂悲　俱往山林捨身處
既至菩薩捨身地　共聚悲號生大苦
脫去瓔珞盡哀心　收取菩薩身餘骨
与諸人眾同供養　共造七寶窣覩波

BD15102號　金光明最勝王經卷一〇

（18–9）

父母見已抱憂悲　俱往山林捨身處
既至菩薩捨身地　共聚悲號生大苦
脫去瓔珞盡哀心　收取菩薩身餘骨
与諸人眾同供養　共造七寶窣覩波
以彼舍利置函中　勒駕懷憂趣城邑
復告阿難陀　往時薩埵者　即我牟尼是　勿生於異念
王是父淨飯　后是母摩耶　太子謂慈氏　次曼殊室利
虎是大世主　五兒五苾芻　一是大目連　一是舍利子
我為汝等說　往昔利他緣　如是菩薩行　成佛因當學
菩薩捨身時　發如是弘誓　願我身餘骨　來世益眾生
此是捨身處　七寶窣覩波　以經无量時　遂沉於厚地
由昔本願力　隨緣興濟度　為利於人天　從地而涌出
尒時世尊說是往昔因緣之時无量阿僧企
耶人天大眾皆大悲喜歎未曾有悉發阿耨
多羅三藐三菩提心復告樹神我為報恩故
致礼敬佛攝神力其窣覩波還沒于地

金光明最勝王經十方菩薩讚歎品第廿七

尒時釋迦牟尼如來說是經時於十方世界
有无量百千万億諸菩薩眾各從本土詣
鷲峯山至世尊所五輪著地礼世尊已一心合
掌異口同音而讚歎曰
佛身微妙真金色　其光普照等金山
清淨柔軟若蓮花　无量妙彩而嚴飾
三十二相遍莊嚴　八十種好皆圓備
光明炳著无与等　離垢猶如淨滿月
其聲清徹甚微妙　如師子吼震雷音
八種微妙應群機　超勝迦陵頻伽等
百福妙相以嚴容　光明具足淨无垢

BD15102號　金光明最勝王經卷一〇

（18–10）

三十二相遍莊嚴　八十種好皆圓備
光明晒著无与等　離垢猶如淨滿月
其聲清徹甚微妙　如師子吼震雷音
八種微妙應群機　超勝迦陵頻伽等
百福妙相以嚴容　光明具足淨无垢
智慧澄明如大海　功德廣大若虛空
圓光遍滿十方界　隨緣普濟諸有情
煩惱愛染習皆除　法炬恒然不休息
哀愍利益諸衆生　現在未來能与樂
常為宣說第一義　令證涅槃真寂靜
佛說甘露殊勝法　能与甘露微妙義
引入甘露涅槃城　令受甘露无為樂
常於生死大海中　解脫一切衆生苦
令彼能住安隱路　恒与難思如意樂
如來德海甚深廣　非諸譬喻所能知
於衆常起大悲心　方便精勤恒不息
如來智海无邊際　一切人天共測量
假使千万億劫中　不能得知其少分
我今略讚佛功德　於德海中唯一渧
迴斯福聚施群生　皆願速證菩提果
尒時世尊告諸菩薩言善哉善哉汝等
善能如是讚佛功德利益有情廣興佛事
能滅諸罪生无量福
金光明最勝王經妙幢菩薩讚歎品第廿八
尒時妙幢菩薩即從座起偏袒右肩右膝
著地合掌向佛而說讚曰
牟尼百福相圓滿　无量功德以嚴身

能滅諸罪生无量福
金光明最勝王經妙幢菩薩讚歎品第廿八
尒時妙幢菩薩即從座起偏袒右肩右膝
著地合掌向佛而說讚曰
牟尼百福相圓滿　无量功德以嚴身
廣大清淨人樂觀　猶如千日光明照
焰彩无邊光熾盛　如妙寶聚相端嚴
如日初出映虛空　紅白分明間金色
亦如金山光普照　悉能周遍百千土
能滅衆生无量苦　皆与无邊勝妙樂
諸相具足悉嚴淨　衆生樂觀无猒足
頭髮柔耎紺青色　猶如黑蜂集妙花
大喜大捨淨莊嚴　大慈大悲皆具足
衆妙相好為嚴飾　菩提分法之所成
如來能施衆福利　令彼常蒙大安樂
種種妙德共莊嚴　光明普照千万土
如來光明極圓滿　猶如赫日遍空中
佛如須弥功德具　示現能周於十方
如來金口妙端嚴　齒白齊密如珂雪
如來面貌无倫匹　眉間毫相常右旋
光潤鮮白等頗梨　猶如滿月居空界
佛告妙幢菩薩汝能如是讚佛功德不可思
議利益一切令未知者隨順修學
金光明最勝王經菩提樹神讚歎品第廿九
尒時菩提樹神亦以伽他讚世尊曰
敬礼如來清淨慧　敬礼常求正法慧
敬礼能離非法慧　敬礼恒无分別慧
希有世尊无邊行　希有難見如優曇

金光明最勝王經菩提樹神讚歎品第廿九
尒時菩提樹神亦以伽他讚世尊曰
敬礼如來清淨慧　敬礼常求正法慧
敬礼能離非法慧　敬礼恒无分別慧
希有世尊无邊行　希有難見比優曇
希有如海鎮山王　希有善逝光无量
希有調御弘慈願　希有釋種明喻日
能說如是經中寶　哀愍利益諸群生
牟尼寂靜諸根定　能入寂靜涅槃城
能住寂靜等持門　能知寂靜深境界
兩足中尊住空寂　聲聞弟子身亦空
一切法體性皆无　一切衆生悉空寂
我常憶念於諸佛　我常樂見諸世尊
我常發起慇重心　常得值遇如來日
我常頂礼於世尊　願常渴仰心不捨
悲泣流淚情无間　常得奉事不知猒
唯願世尊起悲心　和顏常得令我見
佛及聲聞衆清淨　願常普濟於人天
佛身本淨若虛空　亦如幻焰及水月
願說涅槃甘露法　能生一切功德聚
世尊所有淨境界　慈悲正行不思議
聲聞獨覺非所量　大仙菩薩不能測
唯願如來衰愍我　常令覩見大悲身
三業无倦奉慈尊　速出生死歸真際
尒時世尊聞是讚已以梵音聲告樹神曰
善哉善哉善女天汝能於我真實无妄清淨
法身自利利他宣揚妙相以此功德令汝速證
最上菩提一切有情同所脩習若得聞者皆

BD15102號　金光明最勝王經卷一〇　　（18–13）

唯願如來衰愍我　常令覩見大悲身
三業无倦奉慈尊　速出生死歸真際
尒時世尊聞是讚已以梵音聲告樹神曰
善哉善哉善女天汝能於我真實无妄清淨
法身自利利他宣揚妙相以此功德令汝速證
最上菩提一切有情同所脩習若得聞者皆
入甘露无生法門
金光明最勝王經大辯才天女讚歎品第卅
尒時大辯才天女即從座起合掌恭敬以直
言詞讚世尊曰
南无釋迦牟尼如來應正等覺身真金色咽
如螺貝面如滿月目類青蓮脣口赤好如頗
梨色鼻高脩直如截金鋌齒白齊密如枸物
頭花身光普照如百千日光彩暎徹如贍部
金所有言詞皆无謬失示三解脫門開三菩
提路心常清淨意樂亦然佛所住處及所行
境亦常清淨離非威儀進止无謬六年苦行
三轉法輪度苦衆生令歸彼岸身相圓滿如拘
陀樹六度薰脩三業无失具一切智自他利
滿所有宣說常爲衆生言不虛設於釋種
中爲大師子堅固勇猛具八解脫我今隨力
稱讚如來少分功德猶如蚊子飲大海水願以
此福廣及有情永離生死成无上道
尒時世尊告大辯天曰善哉善哉汝久修習
具大辯才今復於我廣陳讚歎令汝速證无
上法門相好圓明普利一切
金光明最勝王經付囑品第卅一
尒時世尊普告无量菩薩及諸人天一切大

BD15102號　金光明最勝王經卷一〇　　（18–14）

具大辯才令讃於我廣陳讃歎令汝速證无
上法門相好圓明普利一切

金光明最勝王經付囑品第卅一

尒時世尊普告无量菩薩及諸人天一切大
衆汝等當知我於无量无數大劫勤脩苦行
獲甚深法菩提正因已爲汝說汝等誰能發
勇猛心恭敬守護我涅槃後於此法門廣宣流
布能令正法久住世間尒時衆中有六十
俱胝諸大菩薩六十俱胝諸天大衆異口同
音作如是語世尊我等咸有欣樂之心於佛
世尊无量大劫勤脩苦行所獲甚深微妙之
法菩提正因恭敬護持不惜身命佛涅槃後
於此法門廣宣流布當令正法久住世間尒
時諸大菩薩即於佛前說伽他曰
世尊真實語　安住於實法　由彼真實故　護持於此經
大悲爲甲冑　安住於大慈　由彼慈悲力　護持於此經
福資粮圓滿　生起智資粮　由資粮滿故　護持於此經
降伏一切魔　破滅諸邪論　斷除惡見故　護持於此經
護世并釋梵　乃至阿蘇羅　龍神藥叉等　護持於此經
地上及虛空　久住於斯者　奉持佛教故　護持於此經
四梵住相應　四聖諦嚴飾　降伏四魔故　護持於此經
虛空成質礙　質礙成虛空　諸佛所護持　无能傾動者
尒時四大天王聞佛說此護持妙法各生隨喜
護正法心一時同聲說伽他曰
我今於此經　及男女眷屬　皆一心擁護　令得廣流通
若有持經者　能作菩提因　我常於四方　擁護而承事
尒時天帝釋合掌恭敬說伽他曰

BD15102號　金光明最勝王經卷一〇　（18–15）

護正法心一時同聲說伽他曰
我今於此經　及男女眷屬　皆一心擁護　令得廣流通
若有持經者　能作菩提因　我常於四方　擁護而承事
尒時天帝釋合掌恭敬說伽他曰
諸佛證此法　爲欲報恩故　饒益菩薩衆　出世演斯經
我於彼諸佛　報恩常供養　護持如是經　及以持經者
尒時覩史多天子合掌恭敬說伽他曰
佛說如是經　若有能持者　當住菩提位　來生覩史天
世尊我慶悅　捨天殊勝報　住於贍部洲　宣揚是經典
時索訶世界主梵天王合掌恭敬說伽他曰
諸靜慮无量　諸乘及解脫　皆從此經出　是故演斯經
若說是經處　我捨梵天樂　爲聽如是經　亦常爲擁護
尒時魔王子名曰商主合掌恭敬說伽他曰
若有受持此　正義相應經　不隨魔所行　淨除魔惡業
我等於此經　亦當勤守護　發大精進意　隨處廣流通
尒時魔王合掌恭敬說伽他曰
若有持此經　能伏諸煩惱　如是衆生類　擁護令安樂
若有說是經　諸魔不得便　由佛威神故　我當擁護彼
尒時妙吉祥天子亦於佛前說伽他曰
諸佛妙菩提　於此經中說　若持此經者　是供養如來
我當持此經　爲俱胝天說　恭敬聽聞者　勸至菩提處
尒時慈氏菩薩合掌恭敬說伽他曰
若人住菩提　必爲不請友　乃至捨身命　爲護此經王
我聞如是法　當往覩史天　由世尊加護　廣爲人天說
尒時上坐大迦攝波合掌恭敬說伽他曰
佛於聲聞乘　說我少智慧　我今隨自力　護持如是經
若有持此經　我當攝受彼　授其詞辯力　常隨讃善哉
尒時具壽阿難陁合掌向佛說伽他曰

BD15102號　金光明最勝王經卷一〇　（18–16）

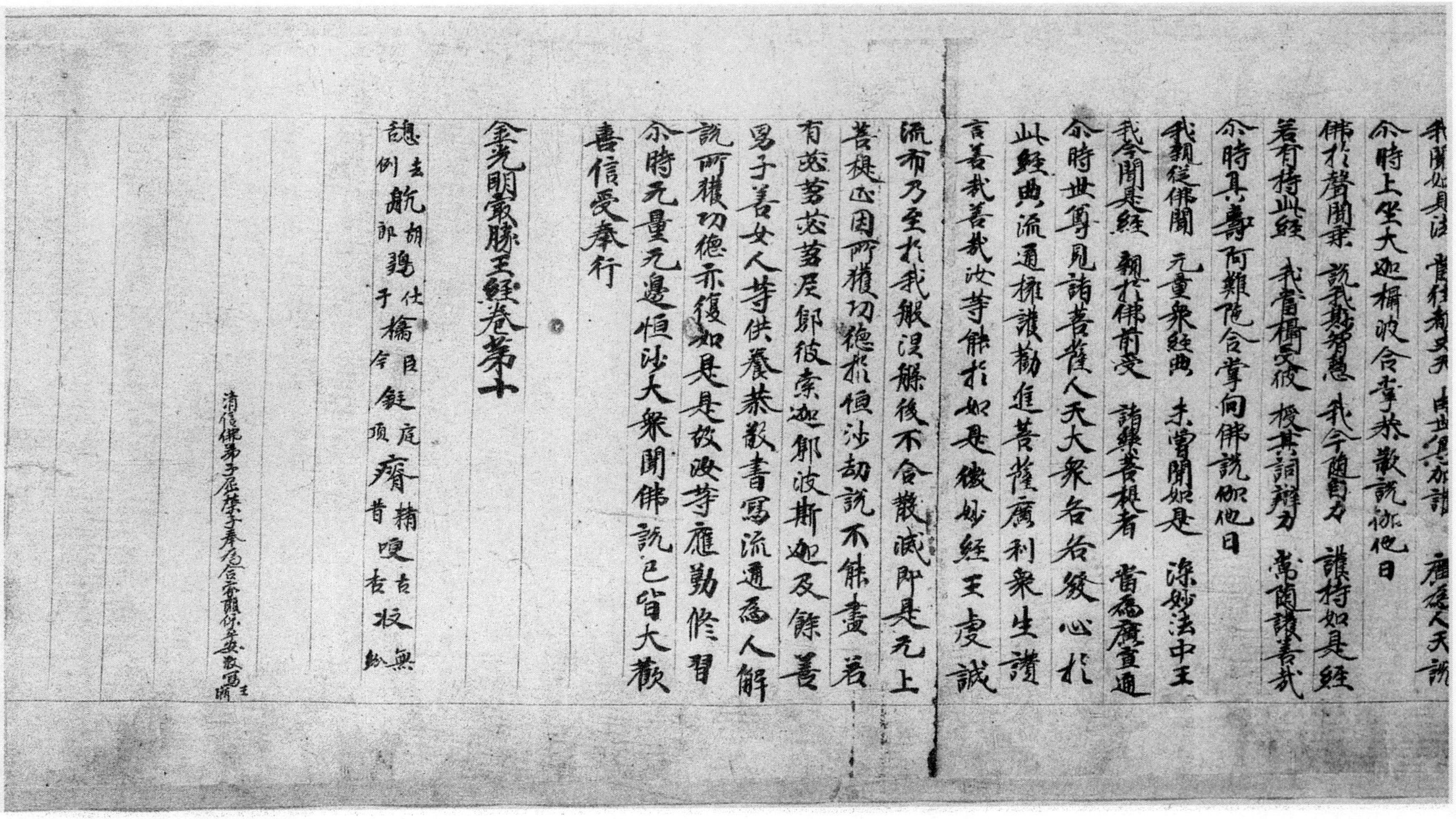
我聞如是法 當[illegible] [illegible] 廣[illegible]人天說
尒時上坐大迦攝波合掌恭敬說伽他曰
佛於聲聞眾 說我有智慧 我今隨自力 護持如是經
若有持此經 我當攝受彼 授其詞辯力 常讚言善哉
尒時具壽阿難陀合掌向佛說伽他曰
我親從佛聞 无量眾經典 未曾聞如是 深妙法中王
我今聞是經 親於佛前受 諸樂菩提者 當為廣宣通
尒時世尊見諸菩薩人天大眾各各發心於
此經典流通擁護勸進菩薩廣利眾生讚
言善哉善哉汝等能於如是微妙經王虔誠
流布乃至於我般涅槃後不令散滅即是无上
菩提正因所獲功德於恒沙劫說不能盡若
有苾芻苾芻尼鄔波索迦鄔波斯迦及餘善
男子善女人等供養恭敬書寫流通為人解
說所獲功德亦復如是是故汝等應勤修習
尒時无量无邊恒沙大眾聞佛說已皆大歡
喜信受奉行
金光明最勝王經卷第十
謥 去例 航 胡郎 鵄 仕子 橋 巨令 鋌 庭頂 瘠 精昔 嗅 香 妝 無鈔
清信佛弟子[illegible]子奉為合家願保平安敬寫 [illegible]

BD15102號　金光明最勝王經卷一〇　（18–17）

尒時无量无邊恒沙大眾聞佛說已皆大歡
喜信受奉行
金光明最勝王經卷第十
謥 去例 航 胡郎 鵄 仕子 橋 巨令 鋌 庭頂 瘠 精昔 嗅 香 妝 無鈔
清信佛弟子[illegible]子奉為合家願保平安敬寫 [illegible]

BD15102號　金光明最勝王經卷一〇　（18–18）

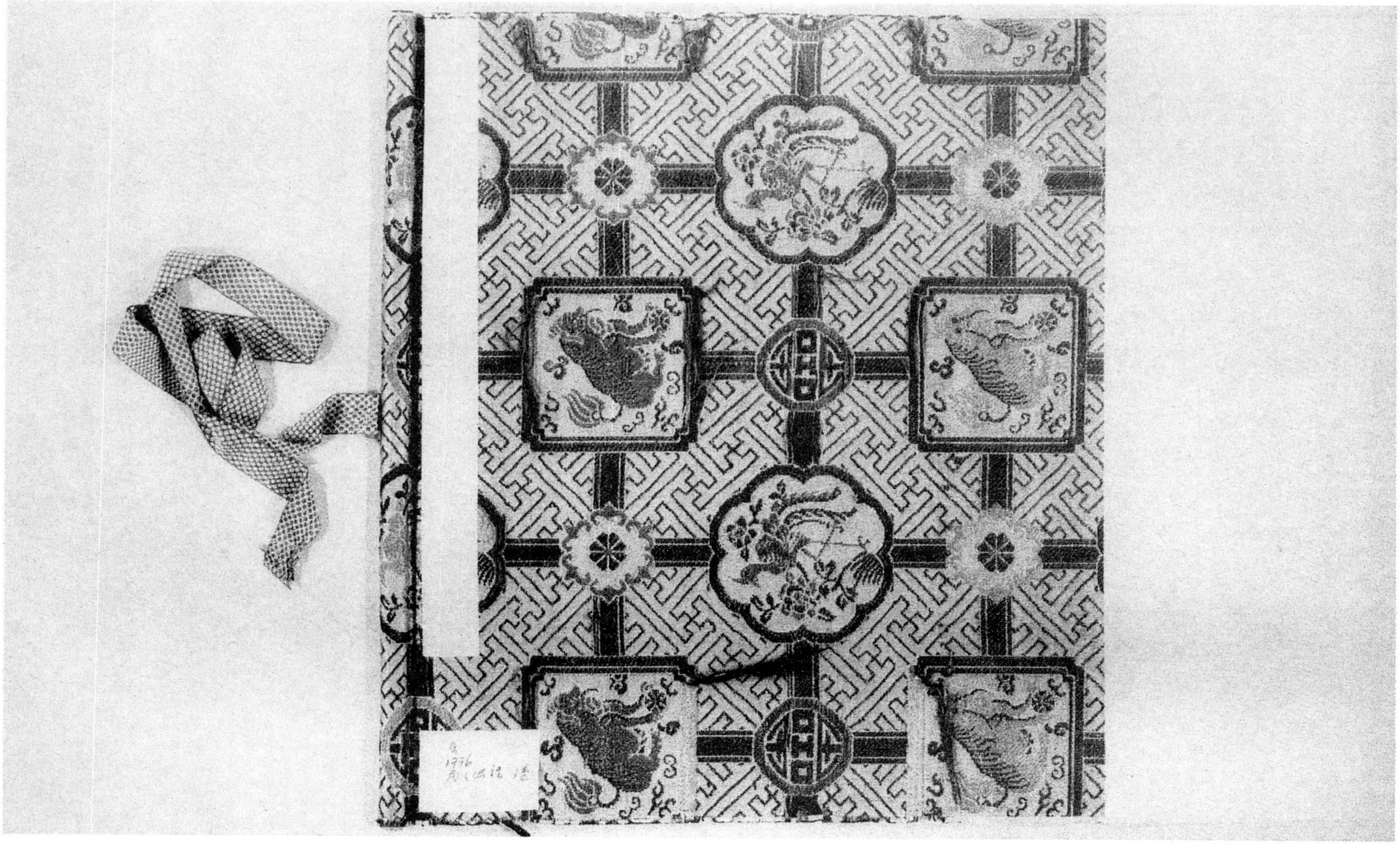

BD15103 號背　護首　（1–1）

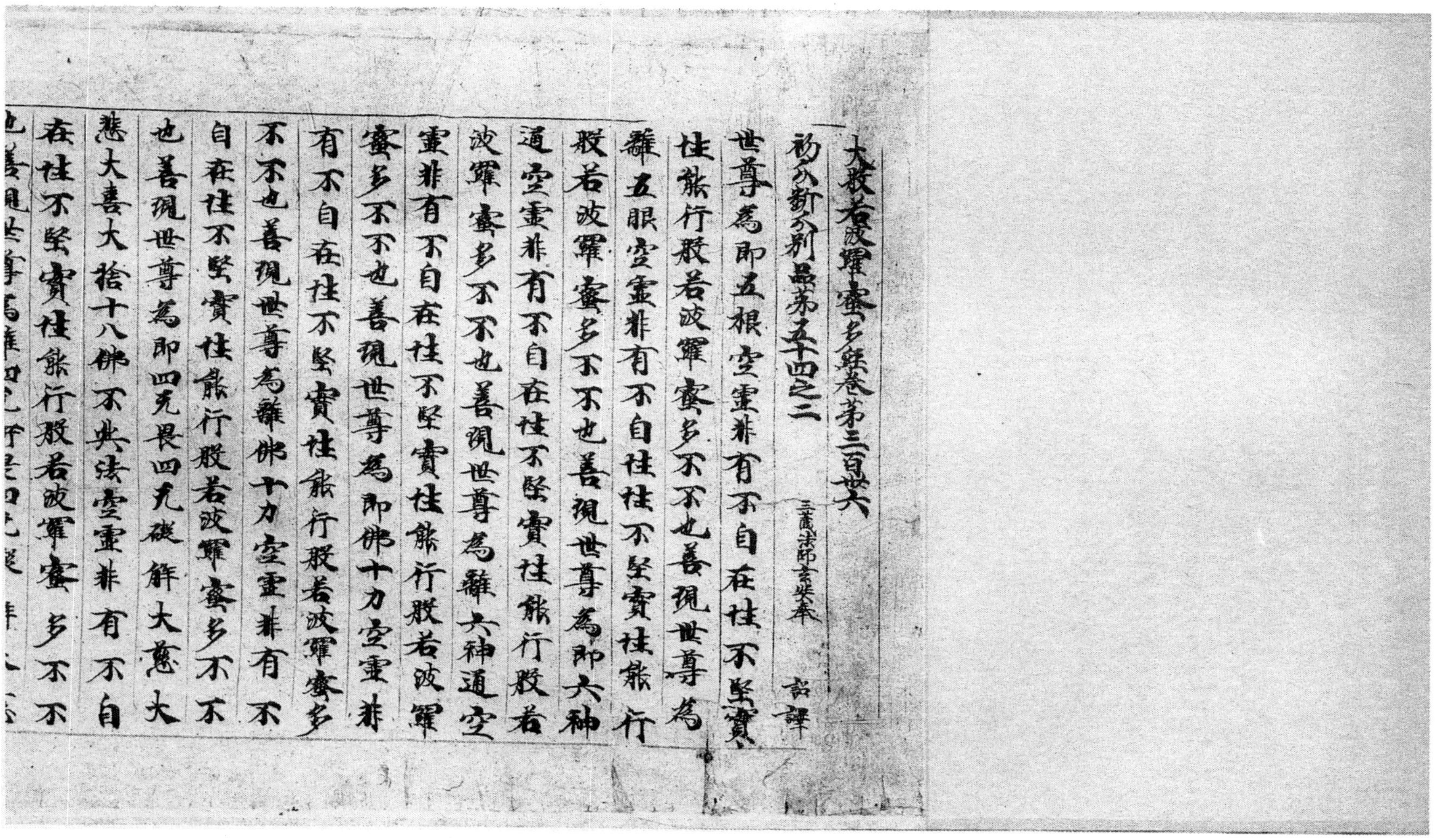

大般若波羅蜜多經卷第三百卅六
初分難信解品第五十四之二
三藏法師玄奘奉　詔譯
世尊為即五根空盡非有不自在性不堅實
性能行般若波羅蜜多不不也善現世尊為
離五眼空盡非有不自在性不堅實性能行
般若波羅蜜多不不也善現世尊為即六神
通空盡非有不自在性不堅實性能行般若
波羅蜜多不不也善現世尊為離六神通空
盡非有不自在性不堅實性能行般若波羅
蜜多不不也善現世尊為即佛十力空盡非
有不自在性不堅實性能行般若波羅蜜多
不不也善現世尊為離佛十力空盡非有不
自在性不堅實性能行般若波羅蜜多不不
也善現世尊為即四無畏四無礙解大慈大
悲大喜大捨十八佛不共法空盡非有不自
在性不堅實性能行般若波羅蜜多不不
也善現世尊為離……

BD15103 號　大般若波羅蜜多經卷三三六　（21–1）

自在住不堅實住能行般若波羅蜜多不不
也善現世尊為即四无畏四无礙解大慈大
悲大喜大捨十八佛不共法空虛非有不自
在住不堅實住能行般若波羅蜜多不不
也善現世尊為離四无所畏四无礙解大慈
大悲大喜大捨十八佛不共法空虛非有不
自在住不堅實住能行般若波羅蜜多不不
也善現世尊為即无忘失法空虛非有不自
在住不堅實住能行般若波羅蜜多不不也
善現世尊為離无忘失法空虛非有不自在
住不堅實住能行般若波羅蜜多不不也善
現世尊為即恒住捨性實虛空非有不自在
不堅實住能行般若波羅蜜多不不也善現
世尊為離恒住捨性空虛非有不自在住不
堅實住能行般若波羅蜜多不不也善現世
尊為即一切智空虛非有不自在住不堅實
住能行般若波羅蜜多不不也善現世尊為
離一切智空虛非有不自在住不堅實住能
行般若波羅蜜多不不也善現世尊為即道
相智一切相智空虛非有不自在住不堅實
住能行般若波羅蜜多不不也善現世尊為
離道相智一切相智空虛非有不自在住不
堅實住能行般若波羅蜜多不不也善現世
尊為即一切陁羅尼門空虛非有不自在住
不堅實住能行般若波羅蜜多不不也善現
世尊為離一切陁羅尼門空虛非有不自在
住不堅實住能行般若波羅蜜多不不也善

堅實住能行般若波羅蜜多不不也善現世
尊為即一切陁羅尼門空虛非有不自在住
不堅實住能行般若波羅蜜多不不也善現
世尊為離一切陁羅尼門空虛非有不自在
住不堅實住能行般若波羅蜜多不不也善
現世尊為即一切三摩地門空虛非有不自
在住不堅實住能行般若波羅蜜多不不也
善現世尊為離一切三摩地門空虛非有不
自在住不堅實住能行般若波羅蜜多不不
也善現世尊為即預流果空虛非有不自在
住不堅實住能行般若波羅蜜多不不也善
現世尊為離預流果空虛非有不自在住不
堅實住能行般若波羅蜜多不不也善現世
尊為即一來不還阿羅漢果空虛非有不自
在住不堅實住能行般若波羅蜜多不不也
善現世尊為離一來不還阿羅漢果空虛非
有不自在住不堅實住能行般若波羅蜜多
不不也善現世尊為即獨覺菩提空虛非有
不自在住不堅實住能行般若波羅蜜多不
不也善現世尊為離獨覺菩提空虛非有不
自在住不堅實住能行般若波羅蜜多不不
也善現世尊為即一切菩薩摩訶薩行空虛
非有不自在住不堅實住能行般若波羅蜜
多不不也善現世尊為離一切菩薩摩訶薩
行空虛非有不自在住不堅實住能行般若
波羅蜜多不不也善現世尊為即諸佛无上
正等菩提空虛非有不自在住不堅實住能

多不不也善現世尊為離一切菩薩摩訶薩
行空虛非有不自在性不堅實性能行般若
波羅蜜多不不也善現世尊為即諸佛無上
正等菩提空虛非有不自在性不堅實性能
行般若波羅蜜多不不也善現世尊為離諸
佛無上正等菩提空虛非有不自在性不堅
實性能行般若波羅蜜多不不也善現世
尊為即色真如法界法性不虛妄性不變
異性平等性離生性法定法住實際虛空界
不思議界能行般若波羅蜜多不不也善現
世尊為離色真如法界法性不虛妄性不變
異性平等性離生性法定法住實際虛空界
不思議界能行般若波羅蜜多不不也善現
世尊為即受想行識真如法界法性不虛妄
性不變異性平等性離生性法定法住實際
虛空界不思議界能行般若波羅蜜多不不
也善現世尊為離受想行識真如法界法性
不虛妄性不變異性平等性離生性法定法
住實際虛空界不思議界能行般若波羅蜜多
不不也善現世尊為即眼處真如法界法
性不虛妄性不變異性平等性離生性法定
法住實際虛空界不思議界能行般若波羅
蜜多不不也善現世尊為離眼處真如法界
法性不虛妄性不變異性平等性離生性法
定法住實際虛空界不思議界能般若波
羅蜜多不不也善現世為即耳鼻舌身意

BD15103 號　大般若波羅蜜多經卷三三六　（21–4）

法性不虛妄性不變異性平等性離生性法
定法住實際虛空界不思議界能般若波
羅蜜多不不也善現世為即耳鼻舌身意
處真如法界法性不虛妄性不變異性平等
性離生性法定法住實際虛空界不思議界能
行般若波羅蜜多不不也善現世尊為離耳
鼻舌身意處真如法界法性不虛妄性不變
異性平等性離生性法定法住實際虛空界
不思議界能行般若波羅蜜多不不也善
現世尊為即色處真如法界法性不虛妄性
不變異性平等性離生性法定法住實際虛
空界不思議界能行般若波羅蜜多不不也
善現世尊為離色處真如法界法性不虛
妄性不變異性平等性離生性法定法住實際
虛空界不思議界能行般若波羅蜜多不不
也善現世尊為即聲香味觸法處真如法界
法性不虛妄性不變異性平等性離生性法
定法住實際虛空界不思議界能行般若波
羅蜜多不不也善現世尊為離聲香味觸法
處真如法界法性不虛妄性不變異性平等
性離生性法定法住實際虛空界不思議界
能行般若波羅蜜多不不也善現世尊為即
眼界真如法界法性不虛妄性不變異性平
等性離生性法定法住實際虛空界不思議
界能行般若波羅蜜多不不也善現世尊為
離眼界真如法界法性不虛妄性不變異性

BD15103 號　大般若波羅蜜多經卷三三六　（21–5）

等性離生性法定法住實際虛空界不思議
界能行般若波羅蜜多不不也善現世尊為
離眼界真如法界法性不虛妄性不變異性
平等性離生性法定法住實際虛空界不思
議界能行般若波羅蜜多不不也善現世尊
為即耳鼻舌身意界真如法界法性不虛妄
性不變異性平等性離生性法定法住實際
虛空界不思議界能行般若波羅蜜多不不也
善現世尊為離耳鼻舌身意界真如界法
性不虛妄性不變異性平等性離生性法定
法住實際虛空界不思議界能行般若波羅
蜜多不不也善現世尊為即色界真如法界
法性不虛妄性不變異性平等性離生性法
法住實際虛空界不思議界能行般若波羅
蜜多不不也善現世尊為離色界真如法
界法性不虛妄性不變異性平等性離生性法
定法住實際虛空界不思議界能行般若波
羅蜜多不不也善現世尊為即聲香味觸法
界真如法界法性不虛妄性不變異性平等
性離生性法定法住實際虛空界不界識界
能行般若波羅蜜多不不也善現世尊為離
聲香味觸法界真如法界法性不虛妄性不變
異性平等性離生性法定法住實際虛空
界不思議界能行般若波羅蜜多不不也
善現世尊為即眼識界真如法界法性不虛
妄性不變異性平等性離生性法定法住實
際虛空界不思議界能行般若波羅蜜多不

BD15103號　大般若波羅蜜多經卷三三六　（21–6）

異性平等性離生性法定法住實際虛空
界不思議界能行般若波羅蜜多不不也
善現世尊為即眼識界真如法界法性不虛
妄性不變異性平等性離生性法定法住實
際虛空界不思議界能行般若波羅蜜多不
不也善現世尊為離眼識界真如法界法
法不虛妄性不變異性平等性離生性法定
法住實際虛空界不思議界能行般若波羅蜜
多不不也善現世尊為即耳鼻舌身意識界
真如法界法性不虛妄性不變異性平等性
離生性法定法住實際虛空界不思議界能
行般若波羅蜜多不不也善現世尊為離耳
鼻舌身意識界真如法界法性不虛妄性不
變異性平等性離生性法定法住實際虛空
界不界識界能行般若波羅蜜多不不也
善現世尊為即眼觸真如法界法性不虛妄
性不變異性平等性離生性法定住法實際虛
空界不思議界能行般若波羅蜜多不不也
善現世尊為離眼觸真如法界法性不虛妄
性不變異性平等性離生性法定法住實際
虛空界不界識界能行般若波羅蜜多不不
也善現世尊為即耳鼻舌身意觸真如法界
法性不虛妄性不變異性平等性離生性法
定法住實際虛空界不思議界能行般若波
羅蜜多不不也善現世尊為離耳鼻舌身意
觸真如法界法性不虛妄性不變異性平等
性離生性法定法住實際虛空界不思議界

BD15103號　大般若波羅蜜多經卷三三六　（21–7）

定法住實際虛空界不思議界能行般若波
羅蜜多不不也善現世尊為離耳鼻舌身意
觸真如法界法性不虛妄性不變異性平等
性離生性法定法住實際虛空界不思議界
能行般若波羅蜜多不不也善現世尊為即
眼觸為緣所生諸受真如法界法性不虛妄性
不變異性平等性離生性法定法住實際虛
空界不思議界能行般若波羅蜜多不 不
也善現世尊為離眼觸為緣所生諸受真如
法界法性不虛妄不變異性平等性離生
性法定法住實際虛空界不思議界能行般
若波羅蜜多不不也善現世尊為即耳鼻舌
身意觸為緣所生諸受真如法界法性不虛
妄性不變異性平等性離生性法定法住實
際虛空界不思議界能行般若波羅蜜多不
不也善現世尊為離耳鼻舌身意觸為緣所
生諸受真如法界法性不虛妄性不變異性
平等性離生性法定法住實際虛空界不思
議界能行般若波羅蜜多不不也善現世尊
為即地界真如法界法性不虛妄性不變
異性平等性離生性法定法住實際虛空界不
思議界能行般若波羅蜜多不不也善現世
尊為離地界真如法界法性不虛妄性不變
異性平等性離生性法定法住實際虛空界
不界識界能行般若波羅蜜多不不也善現
世尊為即水火風空識界真如法界法性不虛
妄性不變異性平等性離生性法定法住

BD15103號　大般若波羅蜜多經卷三三六　（21–8）

異性平等性離生性法定法住實際虛空界
不界識界能行般若波羅蜜多不不也善現
世尊為即水火風空識界真如法界法性不虛
妄性不變異性平等性離生性法定法住
實際虛空界不思議界能行般若波羅蜜多
不不也善現世尊為離水火風空識界真如
法界法性不虛妄性不變異性平等性離生
性法定法住實際虛空界不思議界能行般
若波羅蜜多不不也善現世尊為即无明真
如法界法性不虛妄性不變異性平等性離
生性法定法住實際虛空界不思議界能行
般若波羅蜜多不不也善現世尊為離无 明
真如法界法性不虛妄性不變異性平等性
離生性法定法住實際虛空界不思議界能
行般若波羅蜜多不不也善現世尊為即行
識名色六處觸受愛取有生老死真如法界
法性不虛妄性不變異性平等性離生性法
定法住實際虛空界不思議界能行般若波
羅蜜多不不也善現世尊為離行識名色六
處觸受愛取有生老死真如法界法性不虛
妄性不變異性平等性離生性法定法住實
際虛空界不思議界能行般若波羅蜜多不
不也善現世尊為即布施波羅蜜多真如法
界法性不虛妄性不變異性平等性離生性
法定法住實際虛空界不思議界能行般若
波羅蜜多不不也善現世尊為離布施波羅

BD15103號　大般若波羅蜜多經卷三三六　（21–9）

界法性不虛妄性不變異性平等性離生性
法定法住實際虛空界不思議界能行般若
波羅蜜多不不也善現世尊為離布施波羅
蜜多真如法界法性不虛妄性不變異性平
等性離生性法定法住實際虛空界不思議
界能行般若波羅蜜多不不也善現世尊為
即淨戒安忍精進靜慮般若波羅蜜多真如
法界法性不虛妄性不變異性平等性離生
性法定法住實際虛空界不思議界能行般若
波羅蜜多不不也善現世尊為離淨戒安忍
精進靜慮般若波羅蜜多真如法界法性不
虛妄性不變異性平等性離生性法定法住
實際虛空界不思議界能行般若波羅蜜多
不不也善現世尊為即內空真如法界法性
不虛妄性不變異性平等性離生性法定法
住實際虛空界不思議界能行般若波羅蜜
多不不也善現世尊為離內空真如法界法
性不虛妄性不變異性平等性離生性法定
法住實際虛空界不思議界能行般若波羅
蜜多不不也善現世尊為即外空內外空空
空大空勝義空有為空無為空畢竟空無
際空散空無變異空本性空自相空共相空
一切法空不可得空無性空自性空無性自
性空真如法界法性不虛妄性不變異性平
等性離生性法定法住實際虛空界不思議
界能行般若波羅蜜多不不也善現世尊為
離外空內外空空空大空勝義空有為空無

BD15103號　大般若波羅蜜多經卷三三六　（21–10）

一切法空不可得空無性空自性空無性自
性空真如法界法性不虛妄性不變異性平
等性離生性法定法住實際虛空界不思議
界能行般若波羅蜜多不不也善現世尊為
離外空內外空空空大空勝義空有為空無
為空畢竟空無際空散空無變異空本性空
自相空共相空一切法空不可得空無性空自
性空無性自性空真如法界法性不虛　妄
性不變異性平等性離生性法定法住實
際虛空界不思議界能行般若波羅蜜多不不
也善現世尊為即苦聖諦真如法界法性不
虛妄性不變異性平等性離生性法定法住
實際虛空界不思議界能行般若波羅蜜多
不不也善現世尊為離苦聖諦真如法界法
性不虛妄性不變異性平等性離生性法定
法住實際虛空界不思議界能行般若波羅
蜜多不不也善現世尊為即集滅道聖諦真
如法界法性不虛妄性不變異性平等性離
生性法定法住實際虛空界不思議界能行
般若波羅蜜多不不也善現世尊為離集滅
道聖諦真如法界法性不虛妄性不變異性
平等性離生性法定法住實際虛空界不思
議界能行般若波羅蜜多不不也善現世尊
為即四靜慮真如法界法性不虛忘性不變
異性平等性離生性法定法住實際虛空界
不思議界能行般若波羅蜜多不不也善現
世尊為離四靜慮真如法界法性

BD15103號　大般若波羅蜜多經卷三三六　（21–11）

平等性離生性法定法住實際虛空界不思
議界能行般若波羅蜜多不不也善現世尊
為即四靜慮真如法界法性不虛妄性不變
異性平等性離生性法定法住實際虛空界
不思議界能行般若波羅蜜多不不也善現
世尊為離四靜慮真如法界法性不虛妄性不
變異性平等性離生性法定法住實際虛空
界不思議界能行般若波羅蜜多不不也
善現世尊為即四无量四无色定真如法界
法性不虛妄性不變異性平等性離生
性法定法住實際虛空界不思議界能行
般若波羅蜜多不不也善現世尊為離四无
量四无色定真如法界法性不虛妄性不
變異性平等性離生性法定法住實際虛
空界不思議界能行般若波羅蜜多不不也
善現世尊為即八解脫真如法界法性不虛
妄性不變異性平等性離生性法定法住實
際虛空界不思議界能行般若波羅蜜多不
不也善現世尊為離八解脫真如法界法性
不虛妄性不變異性平等性離生性法定法
住實際虛空界不思議界能行般若波羅蜜
多不不也善現世尊為即八勝處九次第定十
遍處真如法界法性不虛妄性不變異性
平等性離生性法定法住實際虛空界不思
議界能行般若波羅蜜多不不也善現世尊
為離八勝處九次第定十遍處真如法界法
性不虛妄性不變異性平等性離生性法定

BD15103號　大般若波羅蜜多經卷三三六

（21–12）

遍處真如法界法性不虛妄性不變異性
平等性離生性法定法住實際虛空界不思
議界能行般若波羅蜜多不不也善現世尊
為離八勝處九次第定十遍處真如法界法
性不虛妄性不變異性平等性離生性法定
法住實際虛空界不思議界能行般若波羅
蜜多不不也善現世尊為即四念住真如法界
法性不虛妄性不變異性平等性離生性
法定法住實際虛空界不思議界能行般若
波羅蜜多不不也善現世尊為離四念住真
如法界法性不虛妄性不變異性平等性離
生性法定法住實際虛空界不思議界能行
般若波羅蜜多不不也善現世尊為即四正斷
四神足五根五力七等覺支八聖道支真
如法界法性不虛妄性不變異性平等性離
生性法定法住實際虛空界不思議界能行
般若波羅蜜多不不也善現世尊為離四正
斷四神足五根五力七等覺支八聖道支真
如法界法性不虛妄性不變異性平等性離
生性法定法住實際虛空界不思議界能行
般若波羅蜜多不不也善現世尊為即空解
脫門真如法界法性不虛妄性不變異性平
等性離生性法定法住實際虛空界不思議
界能行般若波羅蜜多不不也善現世尊為
離空解脫門真如法界法性不虛妄性不變
異性平等性離生性法定法住實際虛空界
不思議界能行般若波羅蜜多不不也善現

BD15103號　大般若波羅蜜多經卷三三六

（21–13）

界能行般若波羅蜜多不不也善現世尊爲
離空解脫門真如法界法性不虛妄性不變
異性平等性離生性法定法住實際虛空界
不思議界能行般若波羅蜜多不不也善現
世尊爲即无相无願解脫門真如法界法性不
虛妄性不變異性平等性離生性法定法
住實際虛空界不思議界能行般若波羅蜜
多不不也善現世尊爲離无相无願解脫門
真如法界法性不虛妄性不變異性平等性
離生性法定法住實際虛空界不思議界能
行般若波羅蜜多不不也善現世尊爲即極
喜地真如法界法性不虛妄性不變異性平
等性離生性法定法住實際虛空界不思議
界能行般若波羅蜜多不不也善現世尊爲
離極喜地真如法界法性不虛妄性不變異
性平等性離生性法定法住實際虛空界不
思議界能行般若波羅蜜多不不也善現世
尊爲即離垢地發光地焰慧地極難勝地現
前地遠行地不動地善慧地法雲地真如法
界法性不虛妄性不變異性平等性離生性
法定法住實際虛空界不思議界能行般若
波羅蜜多不不也善現世尊爲離離垢地發
光地焰慧地極難勝地現前地遠行地不動
地善慧地法雲地真如法界法性不虛妄性不
變異性平等性離生性法定法住實際虛空
界不思議界能行般若波羅蜜多不不也善

BD15103 號　大般若波羅蜜多經卷三三六　（21–14）

地善慧地法雲地真如法界法性不虛妄性不
變異性平等性離生性法定法住實際虛空
界不思議界能行般若波羅蜜多不不也善
現世尊爲即五眼真如法界法性不虛妄性
不變異性平等性離生性法定法住實際虛
空界不思議界能行般若波羅蜜多不不也
善現世尊爲離五眼真如法界法性不虛妄
性不變異性平等性離生性法定法住實際
虛空界不思議界能行般若波羅蜜多不不
也善現世尊爲即六神通真如法界法性不
虛妄性不變異性平等性離生性法定法住
實際虛空界不思議界能行般若波羅蜜多
不不也善現世尊爲離六神通真如法界法
性不虛妄性不變異性平等性離生性法定
法住實際虛空界不思議界能行般若波羅
蜜多不不也善現世尊爲即佛十力真如法
界法性不虛妄性不變異性平等性離生性法
定法住實際虛空界不思議界能行般若波
羅蜜多不不也善現世尊爲離佛十力真如
法界法性不虛妄性不變異性平等性離
生性法定法住實際虛空界不思議界能行
般若波羅蜜多不不也善現世尊爲即四无
所畏四无礙解大慈大悲大喜大捨十八佛不
共法真如法界法性不虛妄性不變異性平
等性離生性法定法住實際虛空界不思議
界能行般若波羅蜜多不不也善現世尊
爲離四无所畏四无礙解大慈大悲大喜大

BD15103 號　大般若波羅蜜多經卷三三六　（21–15）

所畏四无礙解大慈大悲大喜大捨十八佛不
共法真如法界法性不虛妄性不變異性平
等性離生性法定法住實際虛空界不思議
界能行般若波羅蜜多不不也善現世尊
為離四无所畏四无礙解大慈大悲大喜大
捨十八佛不共法真如法界法性不虛妄性
不變異性平等性離生性法定法住實際虛
空界不思議界能行般若波羅蜜多不不也
善現世尊為即无忘失法真如法界法性不
虛妄性不變異性平等性離生性法定法住
實際虛空界不思議界能行般若波羅蜜多
不不也善現世尊為離无忘失法真如法界
法性不虛妄性不變異性平等性離生性法
定法住實際虛空界不思議界能行般若波
羅蜜多不不也善現世尊為即恒住捨性真
如法界法性不虛妄性不變異性平等性離
生性法定法住實際虛空界不思議界能行
般若波羅蜜多不不也善現世尊為離恒
住捨性真如法界法性不虛妄性不變異性
平等性離生性法定法住實際虛空界不思
議界能行般若波羅蜜多不不也善現世尊
為即一切智真如法界法性不虛妄性不變
異性平等性離生性法定法住實際虛空界
不思議界能行般若波羅蜜多不不也善現
世尊為離一切智真如法界法性不虛妄性
不變異性平等性離生性法定法住實際虛
空界不思議界能行般若波羅蜜多不不也

BD15103 號　大般若波羅蜜多經卷三三六　（21–16）

異[illegible]
不思議界能行般若波羅蜜多不不也善現
世尊為離一切智真如法界法性不虛妄性
不變異性平等性離生性法定法住實際虛
空界不思議界能行般若波羅蜜多不不也
善現世尊為即道相智一切相智真如法界
法性不虛妄性不變異性平等性離生性法
定法住實際虛空界不思議界能行般若波
羅蜜多不不也善現世尊為離道相智一切
相智真如法界法性不虛妄性不變異性平
等性離生性法定法住實際虛空界不思議
界能行般若波羅蜜多不不也善現世尊為
即一切陀羅尼門真如法界法性不虛妄性
不變異性平等性離生性法定法住實際虛
空界不思議界能行般若波羅蜜多不不也
善現世尊為離一切陀羅尼門真如法界法
性不虛妄性不變異性平等性離生性法定
法住實際虛空界不思議界能行般若波羅
蜜多不不也善現世尊為即一切三摩地門
真如法界法性不虛妄性不變異性平等性
離生性法定法住實際虛空界不思議界能行
般若波羅蜜多不不也善現世尊為離一
切三摩地門真如法界法性不虛妄性不
變異性平等性離生性法定法住實際虛空
界不思議界能行般若波羅蜜多不不也善
現世尊為即預流果真如法界法性不虛妄性
不變異性平等性離生性法定法住實際虛
空界不思議界能行般若波羅蜜多不不也

BD15103 號　大般若波羅蜜多經卷三三六　（21–17）

變異性平等性離生性法定法住實際虛空
界不思議界能行般若波羅蜜多不不也善
現世尊為即預流果真如法界法性不虛妄性
不變異性平等性離生性法定法住實際虛
空界不思議界能行般若波羅蜜多不不也
善現世尊為離預流果真如法界法性不虛
妄性不變異性平等性離生性法定法住實
際虛空界不思議界能行般若波羅蜜多不
不也善現世尊為即一來不還阿羅漢果真
如法界法性不虛妄性不變異性平等性離
生性法定法住實際虛空界不思議界能行
般若波羅蜜多不不也善現世尊為離一來不
還阿羅漢果真如法界法性不虛妄性不變
異性平等性離生性法定法住實際虛空界不
思議界能行般若波羅蜜多不不也善現
世尊為即獨覺菩提真如法界法性不虛妄
性不變異性平等性離生性法定法住實際
虛空界不思議界能行般若波羅蜜多不不
也善現世尊為離獨覺菩提真如法界法性
不虛妄性不變異性平等性離生性法定法
住實際虛空界不思議界能行般若波羅蜜
多不不也善現世尊為即一切菩薩摩訶薩
行真如法界法性不虛妄性不變異性平等
性離生性法定法住實際虛空界不思議界
能行般若波羅蜜多不不也善現世尊為離一
切菩薩摩訶薩行真如法界法性不虛妄性
不變異性平等性離生性法定法住實際虛空

行真如法界法性不虛妄性不變異性平等
性離生性法定法住實際虛空界不思議界
能行般若波羅蜜多不不也善現世尊為離一
切菩薩摩訶薩行真如法界法性不虛妄性
不變異性平等性離生性法定法住實際虛空
界不思議界能行般若波羅蜜多不不也善
現世尊為即諸佛无上正等菩提真如法界
法性不虛妄性不變異性平等性離生性法
定法住實際虛空界不思議界能行般若波
羅蜜多不不也善現世尊為離諸佛无上正
等菩提真如法界法性不虛妄性不變異性
平等性離生性法定法住實際虛空界不思
議界能行般若波羅蜜多不不也善現
尒時具壽善現白佛言世尊若如是諸法皆不
能行般若波羅蜜多者云何菩薩摩訶薩能
行般若波羅蜜多佛告善現於意云何汝見
有法能行般若波羅蜜多不善現答言不也
世尊佛告善現於意云何汝見般若波羅
蜜多是菩薩摩訶薩所行處不善現答言不
也世尊佛告善現於意云何汝所不見法是
法可得不善現答言不也世尊佛告善現於意
云何不可得法有生滅不善現答言不也世
尊佛告善現如汝所見諸法實性即是菩薩
摩訶薩无生法忍若菩薩摩訶薩成就如是
无生法忍便為如來應正等覺受與无上正
等菩提不退轉記善現若菩薩摩訶薩於佛
十力四无所畏四无礙解大慈大悲大喜大捨

摩訶薩无生法忍若菩薩摩訶薩成就如是
无生法忍便爲如來應正等覺受與无上正
等菩提不退轉記善現若菩薩摩訶薩於佛
十力四无所畏四无礙解大慈大悲大喜大捨
十八佛不共法等殊勝功德精進脩行常无
懈惓不證无上正等菩提一切智智大乘妙
智无有是處所以者何善現是菩薩摩訶
薩必已獲得无生法忍乃至无上正等菩提
於所得法无退无滅
具壽善現復白佛言世尊諸菩薩摩訶薩以
一切法无生住得佛无上正等菩提不退轉
記不世尊告言不也善現世尊諸菩薩摩訶
薩以一切法生住得佛无上正等菩提不退
轉記不不也善現世尊諸菩薩摩訶薩以一
切法生无生住得佛无上正等菩提不退轉
記不不也善現世尊菩薩摩訶薩以一切
法非生非无生住得佛无上正等菩提不退
轉記不不也善現時具壽善現白佛言世尊
云何菩薩摩訶薩得佛无上正等菩提不退
轉記佛告善現於意云何汝見有法得佛无
上正等菩提不退轉記不善現言不也世
尊我不見法得佛无上正等菩提不退轉記
亦不見法於佛无上正等菩提有能證者證
處證時及由此證皆不可得佛言善現如是
如是如汝所說善現若菩薩摩訶薩於一切
法无所得時不作是念我於无上正等菩提當

BD15103號　大般若波羅蜜多經卷三三六　（21–20）

云何菩薩摩訶薩得佛无上正等菩提不退
轉記佛告善現於意云何汝見有法得佛无
上正等菩提不退轉記不善現言不也世
尊我不見法得佛无上正等菩提不退轉記
亦不見法於佛无上正等菩提有能證者證
處證時及由此證皆不可得佛言善現如是
如是如汝所說善現若菩薩摩訶薩於一切
法无所得時不作是念我於无上正等菩提當
能證得我用是法證得无上正等菩提我由
此法於如是時於如是處證得无上正等菩
提所以者何善現諸菩薩摩訶薩行深般若
波羅蜜多无如是等一切分別何以故善現
甚深般若波羅蜜多无分別故

大般若波羅蜜多經卷第三百卅六

BD15103號　大般若波羅蜜多經卷三三六　（21–21）

[illegible]
忿等唯意識俱，害雖久然而數現起損惱他故，障无上乘勝因悲故
名了知彼增上過失，翻立不害。失念散亂及不正知，翻入別境善中
不說。淨无翻淨，掉少染淨勝，染方少散多故。又解理通說多同
體迷事，廣隨无分多故，亡於染淨不應齊責。見十與五受皆得无癡。
二除憂苦，所謂輕安有適悅受，无調暢故。此与別境皆得无應信等欲
等不亡遍，故輕安非欲，餘通三界，皆學等三，非見所斷，諍唯修斷，非非所
斷。數餘門分別，如理應思。　論：根煩惱六者，一貪二瞋三癡四慢五疑六
不正見。　開曰：此顯六種根本煩惱，以此六種自性尤重，煩擾惱亂有情
身心，能生忿等諸隨煩惱，是故名為根本煩惱。俱舍論說為大煩
惱地法，唯癡一種，与此論同。餘五是此大隨或中，放逸懈怠不信
惛掉，以遍染心，煩雜熱惱，是故名為大煩惱。諸貪瞋慢疑不中
獨惡見是惠不別立，故是大小乘宗義差別。所言貪者，於有
有具染著為性，能障无貪，生苦為業，謂由愛力取蘊生故。所言瞋
者，於苦苦具增恚為性，能障无瞋，不安隱惡所依為業，謂瞋必令身心
熱惱，起諸惡業，不善性故。所言癡者，於諸理事迷闇為性，能障无

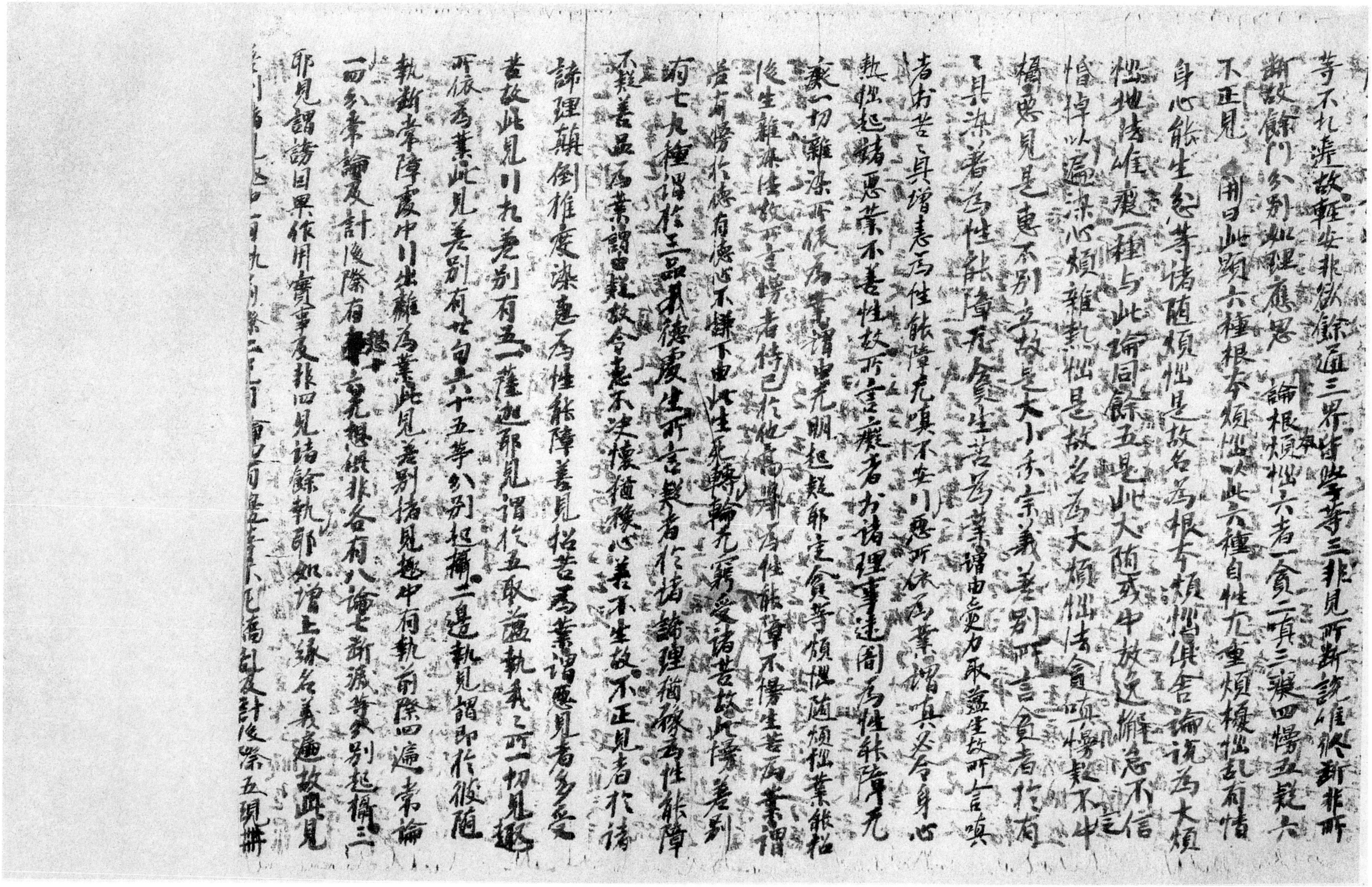

BD15104號　大乘百法明門開宗義記　（2-2）

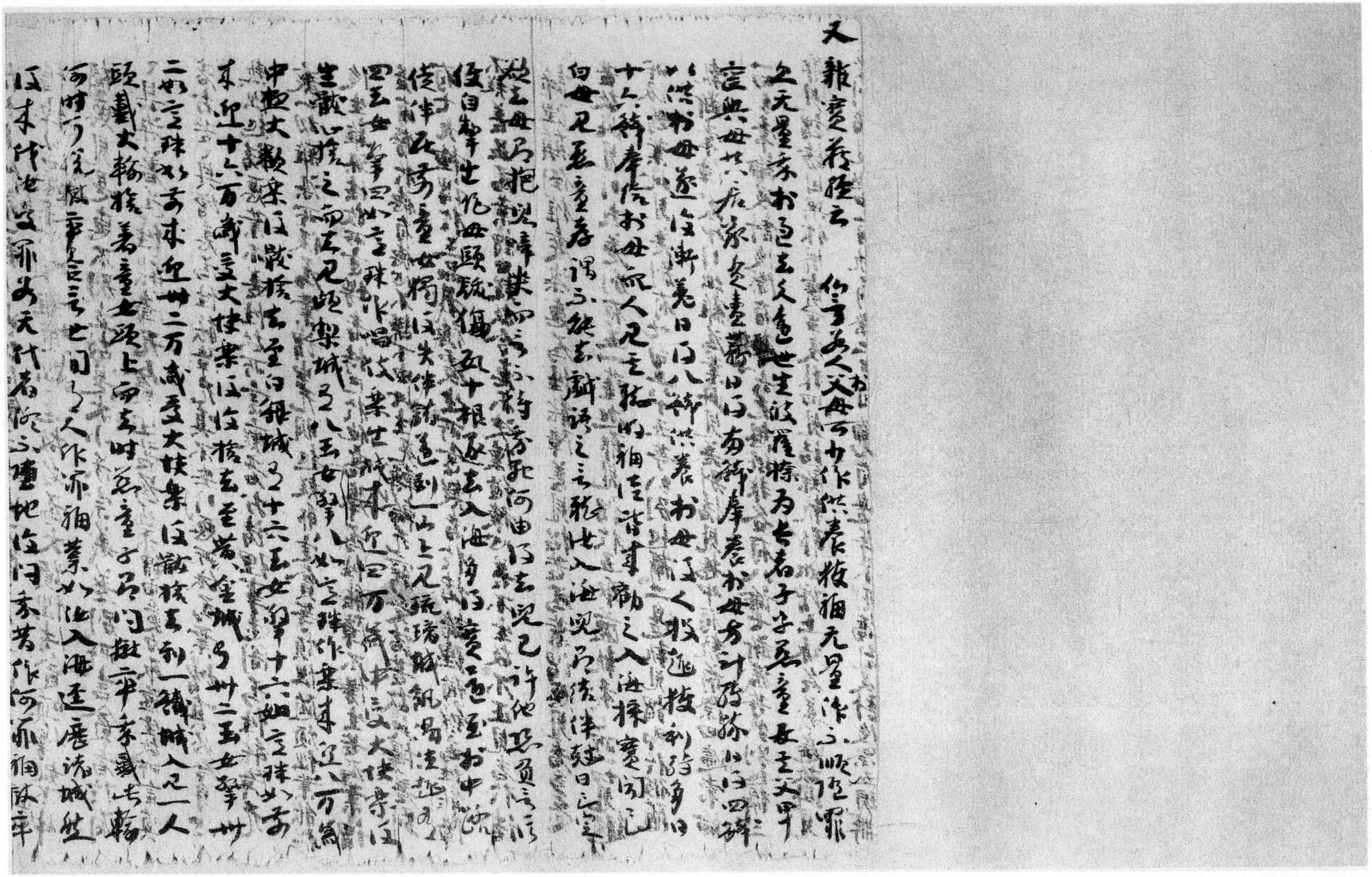

BD15104 號背　慈童女緣（擬）　（2–1）

生歡心，復更前進，見頗梨城，有八玉女，擎八如意珠，作衆伎樂，來迎，八萬歲
中受大歡樂。復欲捨去，至白銀城，有十六玉女，擎十六如意珠，亦
來迎，十六萬歲受大快樂。復捨去，至黃金城，有卅二玉女，擎卅
二如意珠，亦來迎，卅二萬歲受大快樂。復欲捨去，到一鐵城，入見一人
頭戴火輪，轉著童女頭上，而去時，慈童子即問獄卒：我戴此輪，
何時可免？獄卒答言：世間有人，作汝所作業，如汝入海，逕歷諸城，然
後來代汝受罪，如有代者，汝乃墮地。復問獄卒：作何福業？獄卒
答言：汝若供養母，得琉璃城四如意珠及四玉女，四萬歲中受
五伎樂；四歲供母，得頗梨城八如意珠及八玉女，八萬歲中受諸伎樂；
八歲供母，得白銀城十六如意珠十六玉女，十六萬歲受於快樂；以
十六歲供養母故，得黃金城卅二如意珠卅二玉女，卅二萬歲受大快
樂；以惱母故，今得鐵城火輪之報。須人代汝，乃可得脫。復問獄卒：今
此獄中頗有受罪如我以不？獄卒答言：無量千萬，不可稱計。聞已念言：我今會
不免，願使一切應受罪者，盡集我身。作是念已，鐵輪落地。
獄卒見已，鐵叉打頭，尋即命終，生兜率天。以是當知，爾時慈童女
今我身是。是因緣於父母所少作善惡，獲報無量，是故應
勤供養父母

BD15104號背　慈童女緣（擬）

…者身出大光長卅
時比丘當知来法梨教无數衆生使行耶見
顛倒之想計有无之想舍愚人者斷諸聖衆
應器遺餘提婆達兜愚者鬪乱衆僧致阿羅
漢比丘尼起害意向於如来瞿波離罪人者
誹謗舍利弗目揵連又復比丘未法梨罪人
教无數衆生使行耶見身壞命終墮夷光遥
梨中帝舍罪人斷聖衆應器遺餘身壞命終
墮等害地獄中提婆達兜罪人者起謀害心
向於如来身壞命終墮阿鼻地獄中瞿波離
罪人者由其誹謗舍利弗目揵連身壞命終
墮鉢投摩地獄中末法離罪人者是時獄卒
生拔其舌著背脊上所以然者由其曩昔教
无數衆生使行耶見帝舍大罪人者是時獄
卒生擗其身融銅灌壞其心又以熱鐵丸使

BD15105號　增壹阿含經（三十三卷本）卷三〇　（27–1）

向於如来身壞命終墮阿鼻地獄中瞿波離
罪人者由其誹謗舍利弗目揵連身壞命終
墮鉢投摩地獄中末法離罪人者是時獄卒
生拔其舌著背脊上所以然者由其曩昔教
无數衆生使行耶見帝舍大罪人者是時獄
卒生擗其身融銅灌壞其心又以熱鐵丸使
令呑之所以然者由其斷應器遺餘故提婆
達兜罪人者以熱鐵輪轢壞其身又以鐵杵
吹咀其體群暴惡鳥𪄗蹹其身又復大熱鐵
山弥押面上擧身爲熱銅葉所裹所以然者
由其曩昔鬪乱聖衆壞和合僧故致鐵輪轢
斷其頭又此提婆達兜愚人教被太子使害
父王由是果報故使鐵杵破壞其身又被提
婆達兜愚癡之人飲鳥使醉往害如来由是
果報群鳥𪄗蹹其體又被提婆達兜惡人上
者闍崛山頂熱石擲佛由斯果報故使熱鐵
鐵山弥押其面然被提婆達兜愚人致阿羅
漢比丘尼由斯果報使熱銅鐵葉纏裹其身
比丘當知瞿波離罪人者在被蓮華地獄
中千具犁牛以黎其舌所以然者由其誹謗
舍利弗目連故由此因緣果報使千具犁牛
而壞其舌又復比丘未法離罪人者身出火
光長六十肘若有衆生興起此念當拔濟饑
釜此人平大海水高卌肘洗灌其身然被海

BD15105號　增壹阿含經（三十三卷本）卷三〇　（27–2）

舍利弗目連故由此可緣果報使千具犁牛
而壞其舌又復比丘末怯離罪人者身出火
光長六十肘若有衆生興起此念當拔濟餓
鬼此人平大海水高卌肘澆灌其身然被海
水尋時消盡炭不增減由如熱鐵葉火燒四
日有人來以四渧水澆然水尋時消盡此亦
如是若有人來以大海水澆彼人身欲令无
爲終不可果所以然者由彼罪過極深重故
然彼帝舍罪人身出火光長卌肘設有衆生
興念此人以三大海水澆灌其身然彼海水
尋消盡火炎不減其由有人以三渧水著熱
鐵上水尋消減不得久停此亦如是若以三
大海水澆帝舍身上水尋時減火終不增減
提婆達兜罪人身出火光長卌肘若有衆生
興起憂念之心欲使提婆達兜身永處无爲
以二大海水澆灌其身水尋時盡火終不減
由如以渧水著熱鐵上終无增減提婆達兜
惡人亦如是以二大海水澆灌其身水尋時
盡火終不減提婆達兜身體苦痛如斯瞿波
離罪人身出火光長廿肘設有衆生興念斯
人平一大海水澆灌其身然被海水尋時消
盡火終不減猶如一渧水著熱鐵上尋時消
盡不得久停瞿波離比丘亦復如是罪報所
牽故受斯罪是謂比丘此四種人受罪極重

人平一大海水澆灌其身然被海水尋時消
盡火終不減猶如一渧水著熱鐵上尋時消
盡不得久停瞿波離比丘亦復如是罪報所
牽故受斯罪是謂比丘此四種人受罪極重
當自盡意遠離斯患承諸賢聖等梵行者如
是仁者當作斯學尒時諸比丘聞佛所說歡
喜奉行

聞如是一時佛在舍衛國祇樹給孤獨園尒
時世尊告諸比丘我今明曉地獄亦知趣地
獄之徑亦復知彼地獄衆生之本設復衆生
造諸惡无不善之行身壞命終入地獄中我
亦知之又復比丘我亦知明曉畜生亦知趣
畜生之道亦復知畜生之本作諸惡无生彼
者亦悉曉了我今亦知餓鬼之道其有作惡
根无者墮餓鬼中我亦知之我今亦知人道
向人之趣其有衆生得人身者我亦知之我
亦知趣天之道其有衆生作諸德本生彼天
上我亦知之我亦知涅槃之趣其有衆生有
漏盡成无漏心解脫智慧解脫於現法中而
自證果我亦知之比丘當知我知地獄之趣
以何因緣而說斯言乎佛告諸比丘我今觀
察衆生心意所謂此人身壞命終應入地獄
中然後時觀此人以入地獄中受苦酸酷考

[illegible]
耶證果我亦知之比丘當知我知地獄之趣
以何因緣而說斯言乎佛告諸比丘我今觀
察衆生心意所謂此人身壞命終應入地獄
中然後時觀此人以入地獄中受苦酸酷考
掠无數愁憂苦惱不可稱記猶如一大火坑
无有煙烟設有人來逢趣斯處又且有目之
士觀此人所趣必當墮火終不虛也然復後
時觀此人以墮大坑吾所謂此人者以墮火
坑今觀察衆生心意所念必入地獄不疑如
我後時觀察此人以定入地獄受苦酸酷不
可稱記云何斯人以入地獄是謂我觀趣地
獄衆生作諸惡行不善之業身壞命終入地
獄中我悉知之吾所說者正謂此有我知畜
生之道亦知趣畜生者以何緣本而說此
乎於是比丘我觀察衆生心中所念此人身
壞命終生畜生中有我後時觀察此人以生
畜生中愁憂苦惱不可稱計云何斯人以墮
畜生中乎猶如村落有大清廁屎滿其中設
有斯人徑趣斯處有目之士見斯人來逢趣
耶處[illegible]人不久徑墮乎廁然後時觀此人以
墮乎廁受厄窮困不可稱記云何斯人以墮
乎廁我今觀衆生類亦復如是斯人命終應
生畜生中又復時觀已生畜生中受苦无量
我今觀畜生衆生皆悉明了我所說者正謂

BD15105號　增壹阿含經（三十三卷本）卷三〇　（27–5）

耶處[illegible]人不久徑墮乎廁然後時觀此人以
墮乎廁受厄窮困不可稱記云何斯人以墮
乎廁我今觀衆生類亦復如是斯人命終應
生畜生中又復時觀已生畜生中受苦无量
我今觀畜生衆生皆悉明了我所說者正謂
此耳我亦知餓鬼衆生餓鬼之道其身壞命
終生餓鬼者我亦知之其有衆生身壞命終
趣餓鬼之道我悉知之我復於後時觀見此
衆生以入餓鬼苦痛樂痛云何斯人以入餓
鬼中乎猶如大村落側有一大樹生危嶮之
處枝葉彫落設有人來徑趣斯處有目之士
遙觀此人必趣樹不疑復後時觀此人或坐
或卧受其苦樂之報云何斯人以至樹下坐
卧乎今我觀衆生之類亦復如是身壞命終
必趣餓鬼不疑受其苦樂之報不可稱記我
知餓鬼趣餓鬼之道皆悉分明我所說者正
謂此耳我知人道亦知趣人道其有造行身
壞命終生人中者我亦知之於是比丘我觀
衆生類心中所念此人應當身壞命終應生
人中我復於後時觀此人已生人中云何斯
人以生人中猶如村落側有一大樹在平正
處多諸陰涼若有人直從一道來有目之士
見已便知之斯人所趣向定至此樹不疑我
復於後時觀此已至此樹受樂无量云何斯
[illegible]

BD15105號　增壹阿含經（三十三卷本）卷三〇　（27–6）

人以生人中猶如村落側有一大樹在平正
處多諸陰涼若有人直從一道來有目之士
見已便知之斯人所趣向定至此樹不疑我
復於後時觀此已至此樹受樂无量云何斯
人得至斯處此亦如是我觀衆生心意所念
亦如是身壞命終必生人中不疑我復於後
時觀此人以生人中受樂无量我知人趣亦
知趣人之道今生人中者我亦知之我所說
者正謂此耳我亦知天亦知趣天道之其有
衆生作諸功德生天者我亦知之以何因緣
而說此乎我今觀衆生之類心中所念此人
必當身壞命終生善處天上然後時觀此人
身壞命終生善處天上於彼受自然之福快
樂无比是謂斯人以生天上於彼受自然之
福快樂无比由如村落側有好高廣講堂彫
文刻鏤懸繒幡蓋香汁灑地敷好坐具氍毹
毾㲪文繡綩綖若有人直從一道來有目之
士直從一道來此人所趣向定至高廣講堂
必不疑復於後時觀見此人以到講堂上或
坐或卧於中受福快樂无比此亦如是吾今
觀衆生類身壞命終應生善處天上於彼受
樂快不可計云何斯人以生善處天上乎我
知天道趣天之路乎我所說者正謂此耳我
今知涅槃亦知涅槃之道亦知衆生應般涅

BD15105號　增壹阿含經（三十三卷本）卷三〇　（27–7）

觀衆生類身壞命終應生善處天上於彼受
樂快不可計云何斯人以生善處天上乎我
知天道趣天之路乎我所說者正謂此耳我
今知涅槃亦知涅槃之道亦知衆生應般涅
槃者或有衆生盡有漏成无漏心解脫智慧
解脫現身取證而自遊化我悉知之由何因
緣而說此乎於是比丘我觀衆生類心中所
念此人盡有漏成无漏心解脫智慧解脫是
謂斯人以盡有漏成无漏猶如去村落不遠
有大池水極清徹若有人直從一道來有目
之士遥見斯人來知此人必至池水不疑又
後時觀此人已至池水沐浴澡洗除諸穢汙
去諸垢坏在側而坐亦不与人共相諍競我
今觀衆生類亦復如是盡有漏成无漏心解
脫智慧解脫生死已盡梵行已立所作以辦
名色知如真是謂斯人以至此處我知涅槃
之道亦知衆生般涅槃者皆悉知之如來至
真等正覺有此之智无畏力具皆悉成就如
來智无有量如來能觀過去无限无量不可
計事皆悉知之將來現在无限无量皆悉分
別是故比丘當求方便具足十力无畏如是
比丘當作是學尒時諸比丘聞佛所說歡喜
奉行
聞如是一時佛在舍衛國祇樹給孤獨園尒

BD15105號　增壹阿含經（三十三卷本）卷三〇　（27–8）

别是故比丘當求方便具足十力无畏如是
比丘當作是學尒時諸比丘聞佛所說歡喜
奉行
聞如是一時佛在舍衛國祇樹給孤獨薗尒
時世尊告諸比丘依雪山上有大高廣之樹
五事長大云何為五根不移動皮極厚大枝
節遠蔭靡所不覆葉極茂盛是諸比丘依雪
山上有此大樹極為俊好今善男子善女人
亦復如是依豪族之家五事長益云何為五
所謂信長益戒長益聞長益施長益慧長益
是謂比丘信善男子善女人依豪族家成就
信戒聞施智慧尒時世尊便說斯偈
猶如雪山樹　五事功德成　根皮枝節廣　陰葉極茂盛
有信善男子　五事功德成　信戒聞慧施　智慧遂益增
如是比丘當作是學尒時諸比丘聞佛所說
歡喜奉行
聞如是一時佛在舍衛國祇樹給孤獨薗尒
時茂羅破群比丘与諸比丘尼共相遊處然
諸比丘尼亦復好樂共相遊處其有人民稱
譏茂羅破群比丘者是時諸比丘尼極懷瞋
恚愁憂不悅若復有人毀呰諸比丘尼者是
時破群比丘亦復愁憂不悅是時衆多比丘
告破群比丘曰汝今云何親近諸比丘尼諸
比丘尼亦復与汝交接破群報曰我今解如

BD15105號　增壹阿含經（三十三卷本）卷三〇　（27–9）

譏茂羅破群比丘者是時諸比丘尼極懷瞋
恚愁憂不悅若復有人毀呰諸比丘尼者是
時破群比丘亦復愁憂不悅是時衆多比丘
告破群比丘曰汝今云何親近諸比丘尼諸
比丘尼亦復与汝交接破群報曰我今解如
來所說教戒其有犯婬者罪不足言衆多比
丘復告曰止止比丘勿作斯言莫誹謗如來
言教其誹謗如來言教者罪咎不少又復世
尊无數方便說婬之穢其有習婬使无罪者
終无此理汝今可捨此惡見脩於長夜受苦
无量然此破群比丘故与交通而不改其行
尒時衆多比丘往至世尊所頭面禮足而白
世尊言舍衛城中有一比丘名曰破群与諸
比丘尼共相交接然諸比丘尼亦与破群比
丘交接往來我等往彼勸喻使改其行然彼
二人遂更增益亦不捨此顛倒之見亦不順
正法之業尒時世尊告一比丘汝往至彼破
群比丘所云何如來喚尒時比丘受如來教
即往到破群比丘所汝當知之如來喚卿破
群比丘聞彼比丘語即往到世尊所頭面禮
足在一面坐尒時世尊問彼比丘曰汝審親
近諸比丘尼耶彼比丘對曰如是世尊佛告
比丘汝為比丘云何与比丘尼共相交接汝
今是族姓子剃除鬚髮著三法衣以信堅固

BD15105號　增壹阿含經（三十三卷本）卷三〇　（27–10）

之在一面坐尒時世尊問彼比丘曰汝審親
近諸比丘尼耶彼比丘尼對曰如是世尊佛告
比丘汝為比丘云何与比丘尼共相交接汝
今是族姓子剃除鬚髮著三法衣以信堅固
出家學道破群比丘白佛言唯然世尊我是
族姓子以信堅固出家學道佛告比丘非汝
之法云何与比丘尼共相交接破群比丘白
佛言我聞如來所說其習婬者其罪盖不足
言佛告比丘汝愚人云何說如來習婬无罪
我无數方便說婬之穢汙汝今云何作是語
如來說婬无罪汝好守護口過无令長夜恒
受其罪佛告之曰汝今且止須吾更問諸比
丘
尒時世尊告諸比丘曰汝等頗聞吾与諸比
丘說婬无罪乎諸比丘對曰唯然世尊不聞
如來說婬无罪所以然者如來无數方便說
婬之穢汙設言无罪此義不然佛告諸比丘
善哉善哉諸比丘如汝所言我无數方便說
婬之穢汙尒時世尊重告諸比丘曰汝等當
知若有愚人習於法行所謂契經祇夜偈授
決因緣本末譬喻生方等未曾有說廣普難
誦斯法不解其義以不觀察其義亦不順從
其法所應順法終不從其行所以誦斯法者
欲与人共競諍意計勝負亦不自為己有所

BD15105號　增壹阿含經（三十三卷本）卷三〇　（27–11）

知若有愚人習於法行所謂契經祇夜偈授
決因緣本末譬喻生方等未曾有說廣普難
誦斯法不解其義以不觀察其義亦不順從
其法所應順法終不從其行所以誦斯法者
欲与人共競諍意計勝負亦不自為己有所
濟及彼誦法已則犯制限由如有人出彼村
落欲求惡虵彼著見極大之虵到已以左手
摩技其尾然彼虵迴頭螫其手由此緣報
便致命終此亦如是若有愚人玩習其法十
二部經靡不斟酌亦不觀察其義所以然者
由不究竟正法義故於是若有善男子將護
玩習其法契經祇夜偈授決因緣本末譬喻
生方等未曾有說廣普彼人誦此法已深解
其義以解彼深義之法順從其教无所違失
所以誦法者不以勝負之心与彼競諍所以
誦習法者欲自纂脩有察及所以誦法者果
有所願由此因緣漸至涅槃由如有人出彼
村落求覓惡虵彼見虵已手執鐵鉗先鏶其
頭後便捉項不令動搖設彼惡虵迴尾欲害
彼人終无所至所以然者比丘由其捉項故
此善男子亦復如是誦習誦讀靡不周遍觀
察其義順從其法終无違失漸漸由此因緣
得至涅槃所以然者由其執正法故是故諸
比丘其有解吾義者當念奉行其不解者重

BD15105號　增壹阿含經（三十三卷本）卷三〇　（27–12）

此善男子亦復如是誦習諷讀靡不周遍觀
察其義順從其法終无違失漸漸由此因緣
得至涅槃所以然者由其執正法故是故諸
比丘其有解吾義者當念奉行其不解者重
来問我勇今如来現在後悔无益尒時佛告
諸比丘設有比丘在大衆中而作是說如来
所說禁戒我悉解了其習婬者罪蓋不足言
彼比丘當語斯比丘曰曰莫作斯言莫誹謗
如来言說斯語如来終不說此言若此比丘
改其所犯者善若不改其行者復當舉三諫
之當改者善設不改者若復比丘隱匿其事
不使露現者諸人皆墮是謂比丘我之禁戒
尒時諸比丘聞佛所說歡喜奉行
聞如是一時佛在舍衛國祇樹給孤獨薗尒
時生漏梵志往至世尊所共相問訊在一面
坐尒時生漏梵志白世尊曰為有幾劫過去
佛告梵志過去諸劫不可稱計梵志白佛為
可計數不乎沙門瞿曇恒說三世云何為三
所謂過去將来現在沙門瞿曇亦知過去當
来現在之世唯願沙門演說劫數之義佛告
梵志若當我說曰此劫復次此劫我既摠戾
汝耶命終不知劫數之義所以然者如今人
壽短促極壽不過百年計百年中數劫者我

BD15105 號　增壹阿含經（三十三卷本）卷三〇　（27–13）

梵志若當我說曰此劫復次此劫我既摠戾
汝耶命終不知劫數之義所以然者如今人
壽短促極壽不過百年計百年中數劫者我
耶摠戾汝既命終終不知劫數之義梵志當
知如来亦有此知具足分別劫數衆生壽命
長短受其苦樂皆悉分明今當与汝引譬喻
智者以譬喻得解猶如恒沙之數亦无有限
无有量不可計筭過去劫者其數如是不可
稱計不可稠量梵志曰佛當来劫頗有幾數
佛告梵志亦恒沙之數无有齊畔不可稱計
非筭所及梵志復問佛頗有現在劫成敗劫
乎佛告梵志有此成劫敗劫非一劫百劫猶
如器皿在危地終不安住設當住者要當顛
倒諸世界方域亦復如是或有劫成或有劫
敗此數亦復叵計為幾劫成為幾劫敗所以
然者生死長遠无有邊際衆生以无明結覆
蓋漸涙流滞從今世至後世從後世至今世
長夜受苦惱當可厭患去離此惱是故梵志
當作是學尒時生漏梵志白世尊言沙門瞿
曇甚奇甚特知過去當来劫數之義我今重
復自歸沙門瞿曇唯願沙門瞿曇聽為優婆
塞盡其形壽不敢復殺尒時生漏梵志聞佛
所說歡喜奉行
聞如是一時佛在羅閱城耆闍崛山中与大

BD15105 號　增壹阿含經（三十三卷本）卷三〇　（27–14）

復白歸沙門瞿曇唯願沙門瞿曇聽為優婆
塞盡其形壽不敢復殺尒時生漏梵志聞佛
所說歡喜奉行
聞如是一時佛在羅閱城耆闍崛山中与大
比丘衆五百人俱尒時有一異比丘白世尊
言劫頗有邊際乎佛告比丘方便引譬然劫
數无窮盡過去久遠於此賢劫中有佛出号
曰俱屢孫至真等正覺尒時此耆闍崛山更
有姓号尒時人民之類上此耆闍崛山中四
日四夜行乃徹頭又復比丘拘那含牟尼佛
時此耆闍崛山更有姓号尒時羅閱城人民
之類三日三夜行乃至此山頂迦葉如来出
現於世此耆闍崛山更有姓号時羅閱城人
民之類二日二夜行乃至此山頂如我今日
釋迦文佛出現於世此山名耆闍崛山須臾
之頃乃到此山頂若弥勒如来出現於世此
山名亦耆闍崛山所以然者諸佛神感使出
此山在比丘當以方便知劫有襄盡不可稱
計然劫有二種大劫小劫若於劫中无佛出
世尒時復有辟支佛出世此名為劫若如来
於劫中出世尒時彼劫中无有辟支佛出現
於世此名為大劫比丘當以此方便知劫數
長遠不可稱計是故比丘當憶此劫數之義
尒時異比丘聞佛所說歡喜奉行

BD15105號　增壹阿含經（三十三卷本）卷三〇　（27–15）

於劫中出世尒時彼劫中无有辟支佛出現
於世此名為大劫比丘當以此方便知劫數
長遠不可稱計是故比丘當憶此劫數之義
尒時異比丘聞佛所說歡喜奉行
增壹阿含經非常品第卅九
聞如是一時佛在舍衛國祇樹給孤獨薗尒
時世尊告諸比丘云何比丘汝等流轉生死
經歷苦惱於中悲哭涕泣淚出為多耶為恒
水多乎尒時比丘前白佛言我等觀察如来
所說義經歷生死涕泣之淚多於恒水佛告
比丘善哉善哉諸比丘如汝所說无有異汝
等在生死淚多於恒水所以然者於生死中
亦更父母終亡於中墮淚不可稱計長夜之
中父兄女妹妻子五親及諸恩愛追慕悲不
可稱計是故比丘當猒患生死去離此法如
是比丘當作此學當說此法時六十餘比丘
漏盡意解尒時諸比丘聞佛所說歡喜奉行
聞如是一時佛在舍衛國祇樹給孤獨薗尒
時世尊告諸比丘云何汝等在生死中身體
毀壞流血多耶為恒水多乎尒時諸比丘白
佛言如我等觀察如来所說者流血多於恒
水佛告諸比丘善哉善哉比丘如汝所言流
血多於恒水所以然者在生死中或作牛羊
猪犬鹿馬鳥獸及餘无數所經歷苦惱實可

BD15105號　增壹阿含經（三十三卷本）卷三〇　（27–16）

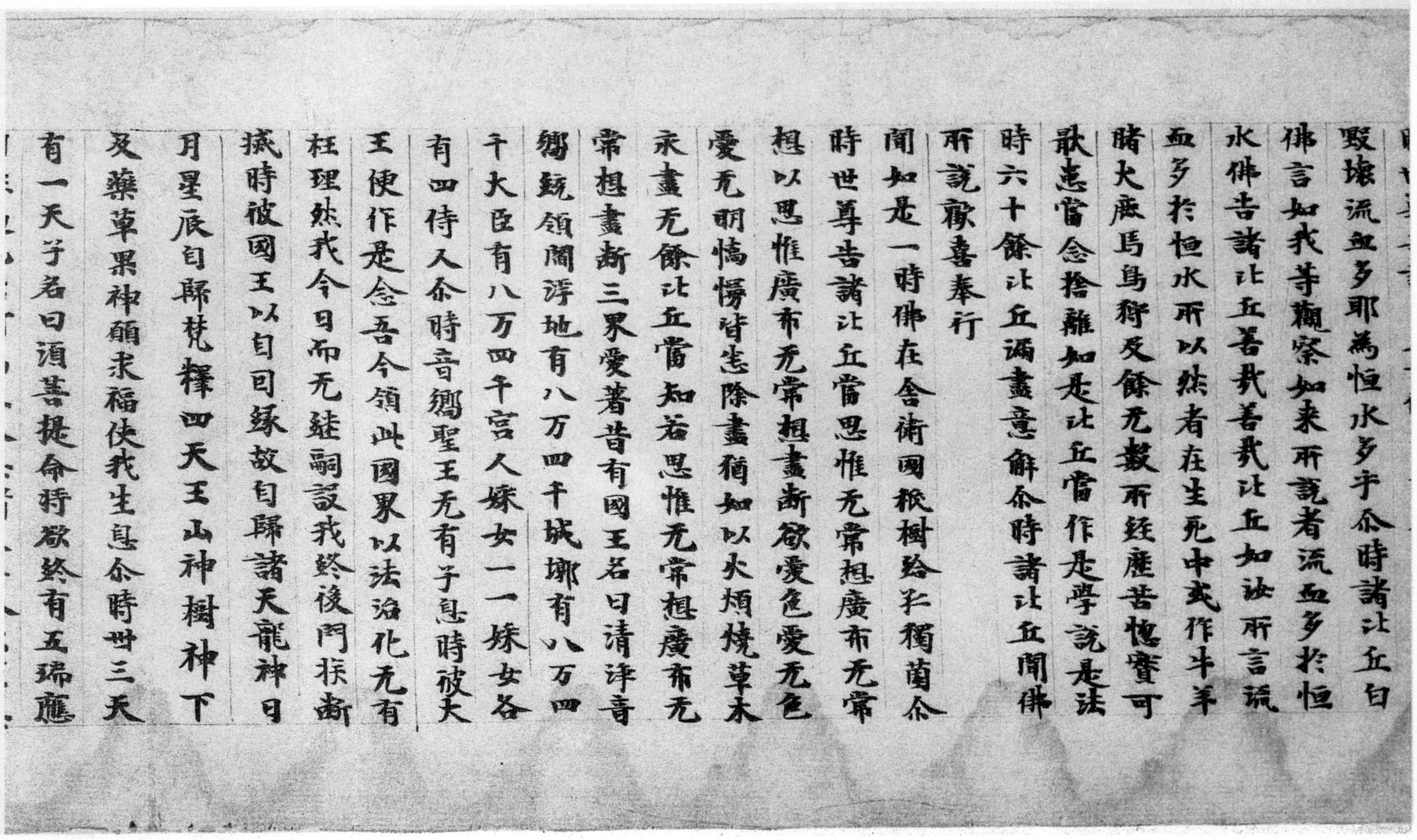

毀壞流血多耶為恒水多乎尒時諸比丘白
佛言如我等觀察如來所說者流血多於恒
水佛告諸比丘善哉善哉比丘如汝所言流
血多於恒水所以然者在生死中或作牛羊
豬犬麋馬鳥獸及餘无數所經歷苦惱實可
猒患當念捨離如是比丘當作是學說是法
時六十餘比丘滿盡意解尒時諸比丘聞佛
所說歡喜奉行
聞如是一時佛在舍衛國祇樹給孤獨薗尒
時世尊告諸比丘當思惟无常想廣布无常
想以思惟廣布无常想盡斷欲愛色愛无色
愛无明憍慢皆悉除盡猶如以火燒草木
永盡无餘比丘當知若思惟无常想廣布无
常想盡斷三界愛著昔有國王名曰清淨音
嚮統領閻浮地有八万四千城郭有八万四
千大臣有八万四千宮人婇女一一婇女各
有四侍人尒時音嚮聖王无有子息時彼大
王便作是念吾今領此國界以法治化无有
枉理然我今日而无繼嗣設我終後門族斷
滅時彼國王以自已緣故自歸諸天龍神日
月星辰自歸梵釋四天王山神樹神下
及藥草果神顧求福使我生息尒時卅三天
有一天子名曰須菩提命將欲終有五瑞應

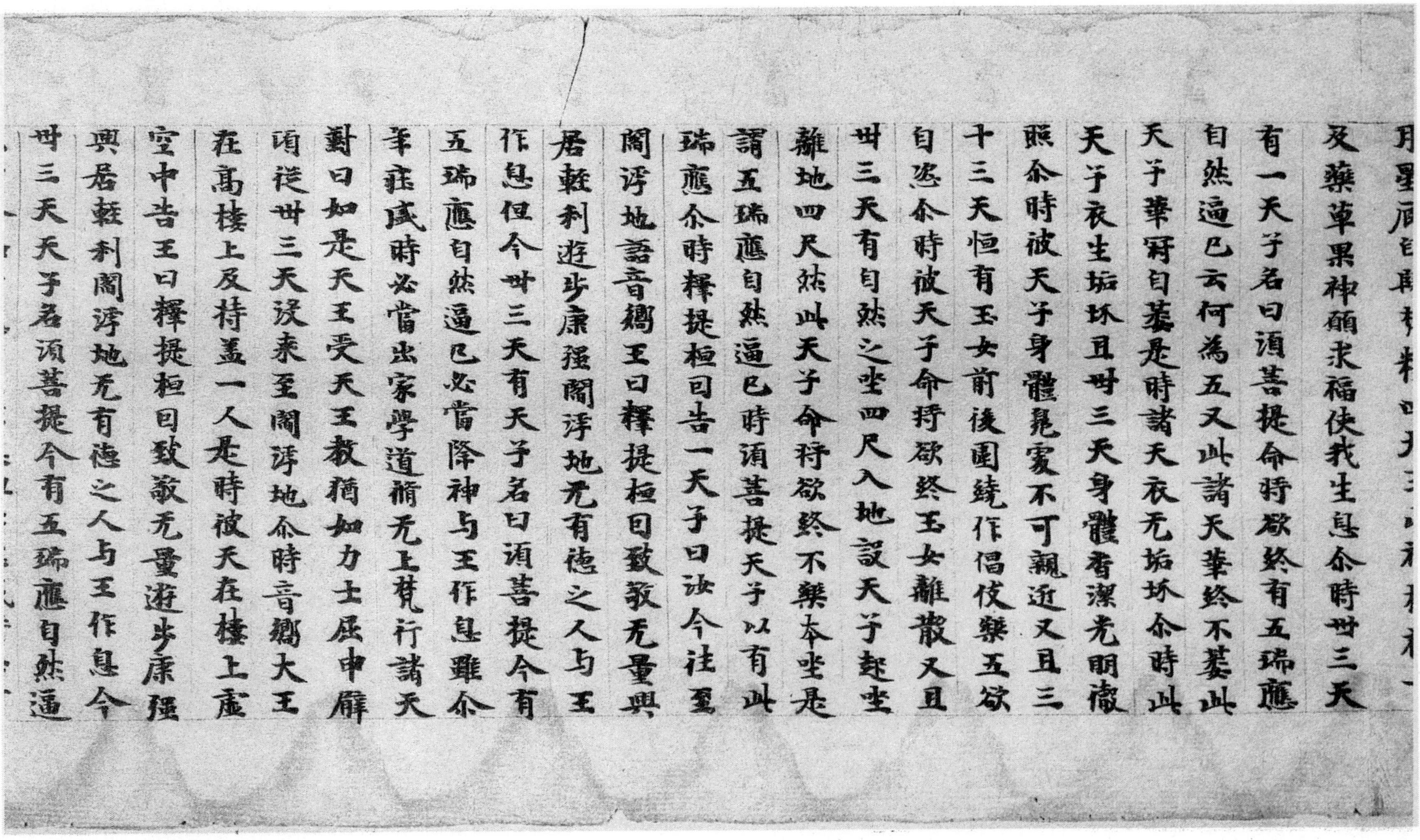

及藥草果神顧求福使我生息尒時卅三天
有一天子名曰須菩提命將欲終有五瑞應
自然逼已云何為五又此諸天華終不萎此
天子華冠自萎是時諸天衣无垢坋尒時此
天子衣生垢坋且卅三天身體香潔光明徹
照尒時彼天子身體臭處不可親近又且三
十三天恒有玉女前後圍繞作倡伎樂五欲
自娛尒時彼天子命將欲終玉女離散又且
卅三天有自然之坐四尺入地設天子起坐
離地四尺然此天子命將欲終不樂本坐是
謂五瑞應自然逼已時須菩提天子以有此
瑞應尒時釋提桓因告一天子曰汝今往至
閻浮地語音嚮王曰釋提桓因致敬无量與
居輕利遊步康强閻浮地无有德之人与王
作息但今卅三天有天子名曰須菩提今有
五瑞應自然逼已必當降神与王作息雖尒
年莊盛時必當出家學道脩无上梵行諸天
對曰如是天王受天王教猶如力士屈申臂
頃從卅三天沒來至閻浮地尒時音嚮大王
在高樓上及持蓋一人是時彼天在樓上虛
空中告王曰釋提桓因致敬无量遊步康强
興居輕利閻浮地无有德之人与王作息今
卅三天天子名須菩提今有五瑞應自然逼

在高樓上居樓臺一人是時彼天在樓上虚
空中告王曰釋提桓因致敬无量遊步康強
興居輕利閻浮地无有德之人与王作息今
卅三天天子名須菩提今有五瑞應自然逼
已當降神下應与王作息但年孫感時必當
出家學道循无上梵行時音嚮王聞此語已
歡喜踊躍不能自勝即報天曰今來所告甚
過大幸但降神与我作息欲求出家終不違
逆是時彼天還至釋提桓因所即白天王音
嚮王者甚憂所白音嚮王言但使降神欲出
家者終不違逆時釋提桓因使往至須菩提
天子所語須菩提天子言汝今發擕願生音
嚮人王宮中所以然者音嚮人王无有子息
恒以正法治化汝昔有福造衆功德今應降
神生彼宮中須菩提天子曰正正天王我不
樂願生人王宮中意欲出家學道在王宮中
者學道甚難釋提桓因告曰汝但發願生彼
王宮中我當將護令汝出家學道比丘當知
尒時須菩提天子即發擕願生王宮中是時
音嚮人王与第一夫人共相交接覺身懷任
是時夫人白音嚮王曰大王當知我今覺身
懷任時王聞已踊躍歡喜不能自勝更以殊
特帝好坐具食以甘美如王无異是時夫人
經八九月生一男兒極為端政顏狠奇特世
之希有時音嚮王召諸外道梵志群臣使令

BD15105 號　增壹阿含經（三十三卷本）卷三〇　（27–19）

懷任時王聞已踊躍歡喜不能自勝更以殊
特帝好坐具食以甘美如王无異是時夫人
經八九月生一男兒極為端政顏狠奇特世
之希有時音嚮王召諸外道梵志群臣使令
占相以此因緣本末具向諸相師說諸婆羅
門報曰唯願大王當察此理今生太子世之
殊特昔為天子名須菩提今尋前号名須菩
提時諸相師立姓号已各從坐起而去時王
子須菩提為王所敬重未嘗離目前是時音
嚮王便作是念我昔日以來无有子息緣子
息故禱謝諸天使有一子經歷尒許時今方
生子然天帝所記當出家學道我今要設巧
便使不出家學道是時音嚮王為太子故設
三時宮殿寒時當設溫殿熱時設涼殿不寒
不熱時設適時宮殿与設四種宮女居處一
宮有六万婇女第二有六万婇女第三有六
万婇女第四六万婇女各有給侍四人作轉
關坐具令彼太子於上而臥若須菩提王子
意欲在前遊戲是時諸婇女轉在前立是時
彼坐具隨身迴轉前有六万婇女及侍者有
四若彼意欲在後遊戲是時坐牀輙隨身迴
轉若復欲与諸婇女共相娛樂是時坐具隨
身迴轉使王子須菩提意在五欲不樂出家
是時釋提桓因夜半非人之時便往至王子

BD15105 號　增壹阿含經（三十三卷本）卷三〇　（27–20）

轉若復欲与諸婇女共相娛樂是時出具隨
身迴轉使王子須菩提意在五欲不樂出家
是時釋提桓因夜半非人之時便往至王子
須菩提所在虛空中告須菩提王子曰王子
昔日豈不作是念乎若我在家年在盛時當
出家學道今日何故在五欲中而自娛樂意
不復顧出家學道乎然我亦有斯言勸樂王
子使出家學道今正是時設不出家學道者
後悔无益釋提桓因說斯語已便退而去時
王子須菩提在宮人中便生此念音響王者
以与我作愛欲羅网因緣此愛欲羅网故不
得出家學道我今可斷此羅网不与穢濁所
拘事以信堅固出家學道在空靜之處熟脩
學業使今日新是時王子須菩提重作是念
音響父王有此六万婇女前後圍遶我今當
觀察頗有斯理在世永存乎尒時王子須菩
提遍觀宮裏无有女人久存世者時須菩提
復作是念我今何故觀於外物當觀身內因
緣所起今此身中頗有髮毛爪齒骨髓之屬
久存於世乎從頭至足觀卅六物汙穢不淨
然自觀察无一可貪亦无真实為非真皆歸
於空不久存於世是時王子須菩提復作是
念我今當斷此羅网出家學道是須菩提觀
此五受陰身所謂此色苦此色習此色盡此

於空不久存於世是時王子須菩提復作是
念我今當斷此羅网出家學道是須菩提觀
此五受陰身所謂此色苦此色習此色盡此
色出要痛想行識苦識習識盡識出要尒時
觀此五陰身已所謂習法皆是盡法即於坐
上得辟支佛時須菩提辟支佛以學成佛便
說斯偈
欲我知汝本　意以思想生　不我思想汝　則汝而不有
是時辟支佛說此偈已飛在虛空而去在一
山中獨在樹下於无餘涅槃界而般涅槃尒
時音響王告傍臣曰汝往觀須菩提宮內王
子為寤寐安隱乎尒時大臣受王教令即往
至王子宮內然所侵內室門戶牢固時被大
臣還至王所前白王言王子寤寐安隱門戶
牢固時王再三問汝往看王子為善眠乎尒
時彼臣復至宮門然門戶牢固復白王王子
在宮眠寐不覺門戶牢固至今不開時音響
王復作是念我息王子少時猶不眠寐何況
今日年在盛時有眠寐乎宜自往看知子吉
凶我子將不得疾病也是時音響王即往至
須菩提宮內至門外立告一人曰汝今施梯
踰牆入內与吾開門彼人受王教勅即施梯
踰牆入內与王開門時王入內觀內宮中所
臥牀空不見王子不見以告婇女曰王子須

踰嬉入內与吾開門彼入受王教勅即施務
踰嬉入內与王開門時王入內觀內宮中所
卧牀空不見王子不見以告妹女曰王子須
菩提今為所在諸妹女曰我等亦不知王子
所在時音嚮王聞斯語已自投乎地良久乃
蘇是時音嚮王告群臣曰我息小時稱生斯
念設我長大當剃除鬚髮著三法衣以信堅
固出家學道然今王子必捨出家學道汝等
各各四面求索王子竟為所在即時群臣乘
駕流馳處處求索尒時大臣逕往至彼山中
中道復作是念若王子須菩提出家學道者
必當在此學道尒時大臣逢見王子須菩提
在一樹下結跏趺坐時臣便生斯念此是王
子須菩提耶視察之還詣王所前白王言王
子須菩提近在山中樹下結跏趺坐時音嚮
王聞斯語已即往至彼山中逢見須菩提在
山樹下結跏趺坐復自投乎地我息昔日自
誓願曰設我向廿當出家學道今將不謬又
且天告我言汝子必當學道時音嚮王直前
語須菩提曰汝今何故捨我出家學道時辟
支佛嘿然不對王復告曰汝安𢘥懷愁憂須
見汝乃食時起詣宮時辟支佛不言不語嘿
然而住時音嚮王即前捉手亦不動搖王復
告群臣曰王子今日以取命終釋提桓因先

語須菩提曰汝今何故捨我出家學道時辟
支佛嘿然不對王復告曰汝安𢘥懷愁憂須
見汝乃食時起詣宮時辟支佛不言不語嘿
然而住時音嚮王即前捉手亦不動搖王復
告群臣曰王子今日以取命終釋提桓因先
來告我汝應得息但當出家學道然今王子
以出家學道今舉此舍利詣王國界當句虵
之時彼山中諸神祇現半身白王曰此是辟
支佛非是王子句虵舍利法不如王子法所
以然者我是過去諸佛弟子諸佛亦有此教
世有四人應与起偷婆云何為四如來至真
等正學應起偷婆辟支佛應起偷婆如來弟
子漏盡阿羅漢應起偷婆當句虵轉輪聖
王身時句虵如來辟支佛身亦復如是尒時
音嚮王復語天曰當云何供養句虵轉輪王
身樹神報曰轉輪聖王与作鐵椁盛滿香油
沐浴轉輪聖王身以白淨劫波育衣纏裹其
身復以搽畫之衣而覆其上而著椁中復以
鐵蓋而蓋其上處處施釘復以百張白疊而
裹其椁以種種雜香移在乎地以鐵椁安著
其中七日七夜之中華香供養懸繒幡蓋作
倡伎樂過七日後復取王身而句虵之以取
舍利句虵復逐七日七夜不絕於四衢道中
而起偷婆復以香華幡蓋種種供養大王當

倡伎樂過七日後復耶王身而旬虵之以耶
舍利旬虵復逐七日七夜不絶於四徼道中
而起偷婆復以香華幡蓋種種供養大王當
知供養轉輪聖王舍利其事如是諸佛如來
辟支佛阿羅漢亦復如是時音嚮王語彼天
曰以何因緣供養轉輪聖王身以何因緣供
養佛辟支佛阿羅漢身天鞞王曰轉輪聖王
以法王治自不致生復教他人使不行致自
不与不取復教他人使不竊盜已不婬妷復
教他人不犯他妻己不妄言綺語惡口兩舌
鬪亂彼此嫉妬恚癡己意專正恒行正見亦
使他人習其正見是謂大王由此因緣轉輪
聖王應起偷婆王問天曰復以何因緣滿盡
阿羅漢應起偷婆天鞞王曰滿盡阿羅漢比
丘欲愛以盡瞋恚愚癡已除以度有至无為
是世間良祐福田由此因緣滿盡阿羅漢應
起偷婆王復問曰以何因緣辟支佛應起偷
婆天鞞王曰辟支佛者无師自覺出世甚難
得現法報皆於惡趣令人生天上由此因緣
如來應起偷婆天鞞王曰如來十力具足此
十力者非聲聞辟支佛所能及還轉輪聖王
所及世間群萌所能及逮也如來四无所畏
在大衆中能師子吼轉於梵輪如來不度者
度不脫者脫不般涅槃者令般涅槃无救護
者与作覆蔭盲者作眼目与諸疾病作大醫

所及世間群萌所能及逮也如來四无所畏
在大衆中能師子吼轉於梵輪如來不度者
度不脫者脫不般涅槃者令般涅槃无救護
者与作覆蔭盲者作眼目与諸疾病作大醫
王天及世人魔若魔天廉不宗奉可敬可貴
迴於惡趣令至善處是謂大王由此因緣如
來應起偷婆是謂大王由此因緣本末四種
之人應起偷婆尒時音嚮王語彼天曰善哉
善哉神天我今受汝教令供養此舍利當如
供養辟支佛尒時音嚮王告諸人曰汝等各
舉酒菩提辟支佛舍利往王國界群臣聞王
教已卧著金牀舉詣國界是時音嚮王即勸
使作鐵槨盛滿香油沐浴辟支佛身以劫波
育衣纏裹其身復以雜抹好衣而覆其上安
處鐵槨中復以鐵蓋而蓋其上處處安釘極
令牢固以百張白疊而覆其上耶種種好香
以辟支佛身而著其中七日七夜香華供養
過七日後旬虵辟支佛舍利復供養七日作
倡伎樂於四衢道頭起一偷婆復以香華繒
綵幡蓋作倡伎樂而供養之比丘當知其有
衆生恭敬供養辟支佛舍利者命終之後即
生卅三天上其有衆生思惟无常之想迴三
惡趣生天人中諸比丘汝等莫作斯觀尒時
音嚮王者豈異人乎則我身是其思惟无常
[illegible]

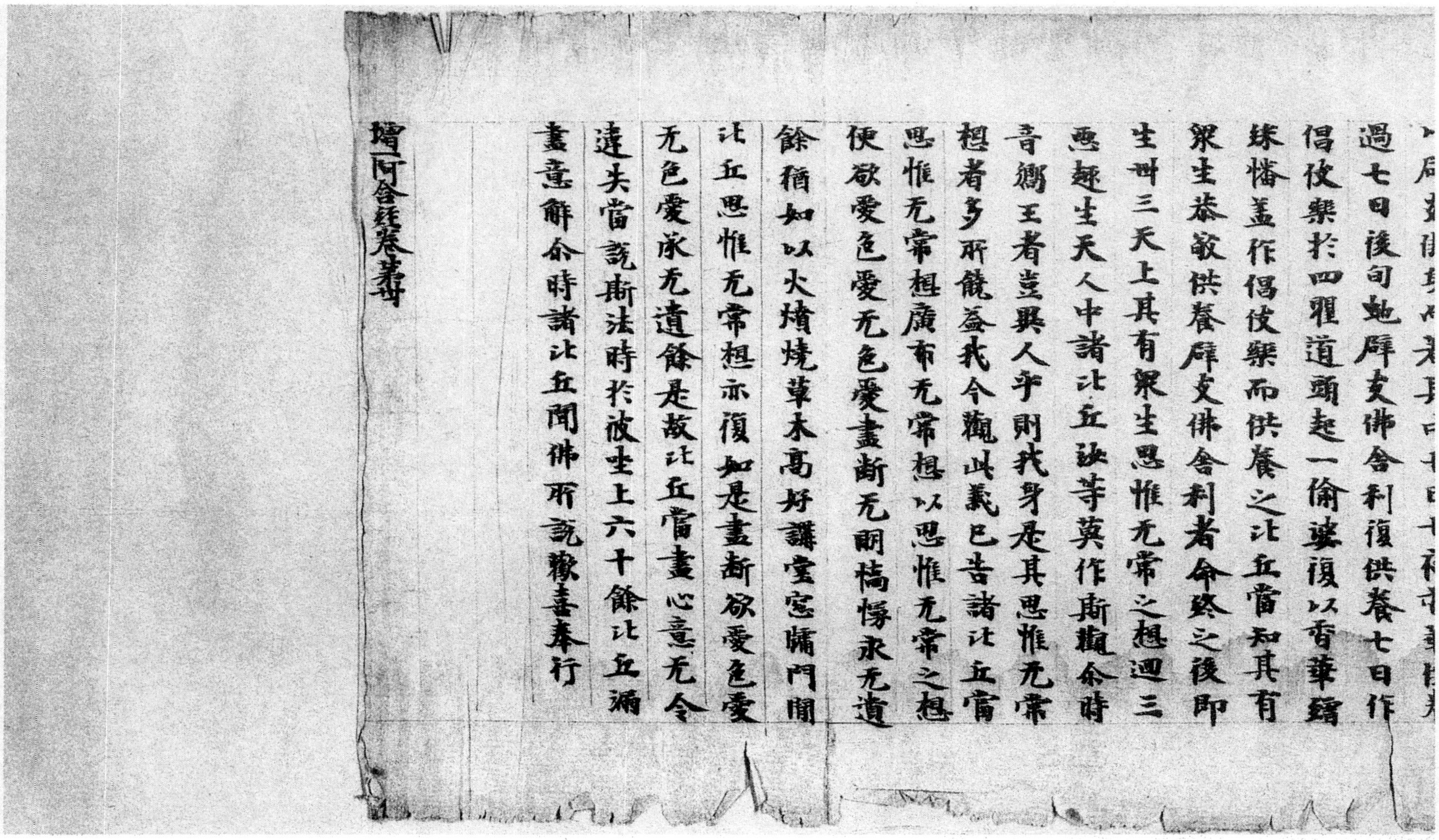

[illegible]
過七日後句勉辟支佛舍利復供養七日作
倡伎樂於四衢道頭起一偷婆復以香華繒
綵幡蓋作倡伎樂而供養之比丘當知其有
衆生恭敬供養辟支佛舍利者命終之後即
生卅三天上其有衆生思惟无常之想迴三
惡趣生天人中諸比丘汝等莫作斯觀尒時
音嚮王者豈異人乎則我身是其思惟无常
想者多所饒益我今觀此義已告諸比丘當
思惟无常想廣布无常想以思惟无常之想
便欲愛色愛无色愛盡斷无明憍慢永无遺
餘猶如以火燒燒草木高好講堂窓牖門閣
比丘思惟无常想亦復如是盡斷欲愛色愛
无色愛永无遺餘是故比丘當盡心意无令
違失當說斯法時於彼坐上六十餘比丘漏
盡意解尒時諸比丘聞佛所說歡喜奉行

增阿含經卷第卅

BD15105 號　增壹阿含經（三十三卷本）卷三〇　　（27–27）

BD15105 號背　雜寫　　（2–1）

BD15105 號背　勘記　　（2–2）

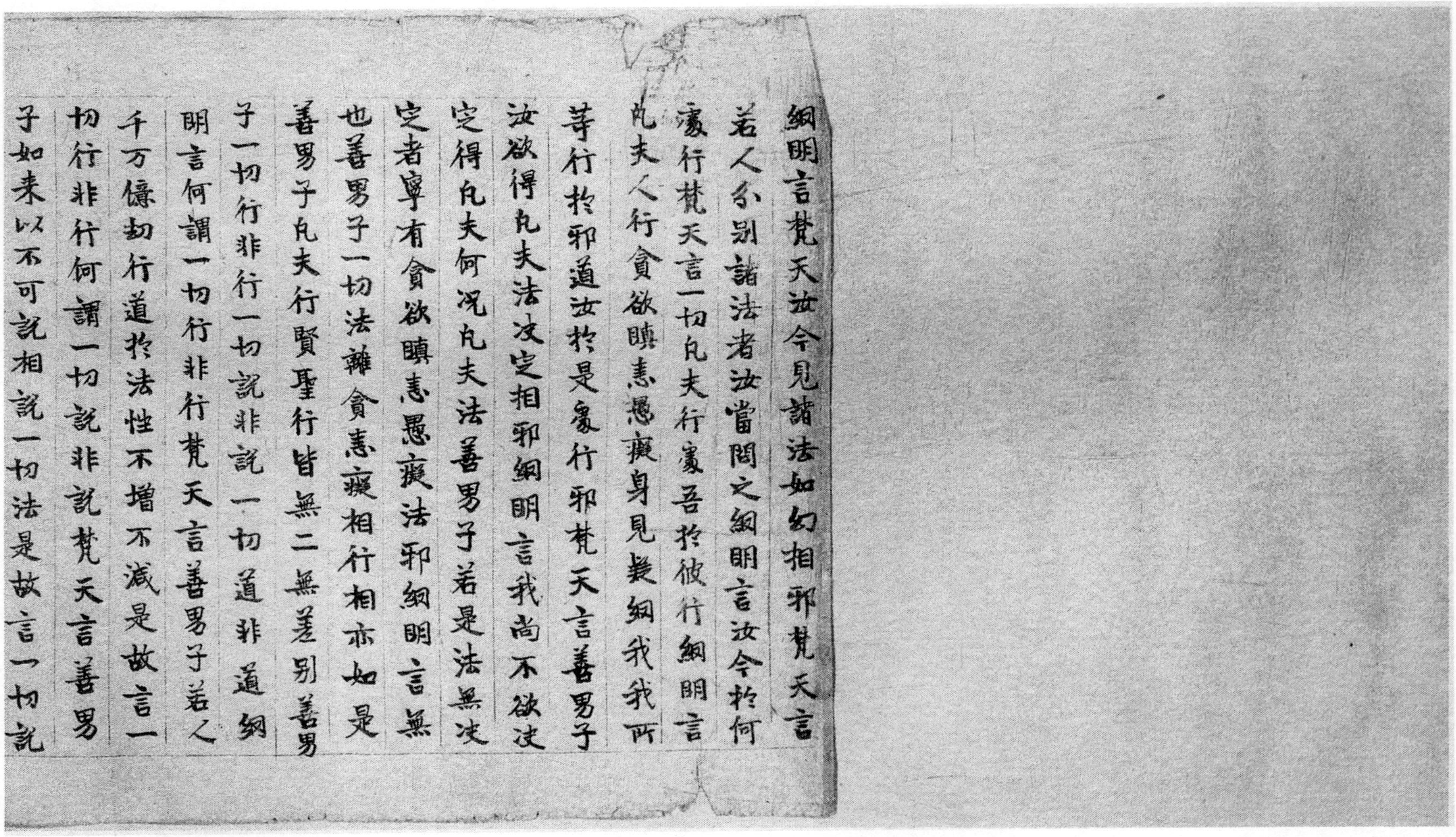

網明言梵天汝今見諸法如幻相邪梵天言
若人分别諸法者汝當問之網明言汝今於何
處行梵天言一切凡夫行處吾於彼行網明言
凡夫人行貪欲瞋恚愚癡身見疑網我我所
等行於邪道汝於是處行邪梵天言善男子
汝欲得凡夫法決定相邪網明言我尚不欲決
定得凡夫何況凡夫法善男子若是法無決
定者寧有貪欲瞋恚愚癡法邪網明言無
也善男子一切法離貪恚癡相行相亦如是
善男子凡夫行賢聖行皆無二無差别善男
子一切行非行一切說非說一切道非道網
明言何謂一切行非行梵天言善男子若人
千万億劫行道於法性不增不減是故言一
切行非行何謂一切說非說梵天言善男
子如來以不可說相說一切法是故言一切說

BD15106 號　思益梵天所問經卷二　　（10–1）

子一切行非行一切說非說一切道非道網
明言何謂一切行非行梵天言善男子若人
千万億劫行道於法性不增不減是故言一
切行非行何謂一切說非說梵天言善男
子如來以不可說相說一切法是故言一切說
非說何謂一切道非道梵天言以无所至故
一切道非道
尒時世尊讚思益梵天言善哉善哉說法
相應當如是網明菩薩謂梵天言汝說一切
凡夫行處吾於彼行者則有行相梵天言若
我有所生處應有行處網明言汝若不生云
何教化衆生梵天言佛所化生吾如彼生
網明言佛所化生無有生處梵天言寧可見
不網明言以佛力故見梵天言我生亦如是以
業力故網明言汝於起業中行耶梵天言我
不起於業中行網明言云何言以業力故梵
天言如業性力亦如是二是不出於如
尒時舍利弗白佛言世尊若有能入是菩薩
隨冝所說法中者得大功德所以者何世尊
乃至聞是上人名字尚得大利何况聞其所
說譬如其樹不依於地在虛空中而現根莖
枝葉華菓甚為希有此人行相亦復如是不
住一切法而於十方現有行有生死亦有如是
智慧辯才世尊若有善男子善女人聞是智
慧自在力者其誰不發阿耨多羅三藐三
菩提心

BD15106號　思益梵天所問經卷二　(10–2)

枝葉華菓甚為希有此人行相亦復如是不
住一切法而於十方現有行有生死亦有如是
智慧辯才世尊若有善男子善女人聞是智
慧自在力者其誰不發阿耨多羅三藐三
菩提心
尒時有一菩薩名曰普華在會中坐謂長者
舍利弗仁者已得法性佛亦稱汝於智慧人
中為最第一何以不能現如是智慧辯才自
在力耶舍利弗言普華佛諸弟子隨其智
力能有所說普華言舍利弗法性有多少耶
舍利弗言無也普華言汝何以佛諸弟子隨
其智力能有所說舍利弗言隨所得法而有
所說普華言汝證法性無量相耶舍利弗言
然普華言汝云何言隨所得法而有所說如
法性無量相得亦如是如得說亦如是何以故
法性無量故舍利弗言法非得相普華言若
法性非得相者汝出法性得解脫耶舍利弗
言不也普華言何故尒耶舍利弗言若出法
性得解脫者則壞法性普華言是故舍利
弗如仁者得道法性亦尒舍利弗言我為聽來
非為說也普華言一切法皆入法性此中寧
有說有聽者不舍利弗言不也普華言若然
者汝何故言我為聽來非為說耶舍利弗
言佛說二人得福無量一者專精說法二者
一心聽受是故汝今應說我當聽受普華言
汝入滅盡定能聽法耶舍利弗言入滅盡定
無有二行而聽法也普華言汝信佛說一切

BD15106號　思益梵天所問經卷二　(10–3)

者汝何故言我為聽來非為說耶舍利弗
言佛說二人得福無量一者專精說法二者
一心聽受是故汝今應說我當聽受普華言
汝入滅盡定能聽法耶舍利弗言入滅盡定
無有二行而聽法也普華言汝信佛說一切
法是滅盡相不舍利弗言然一切法皆滅盡
相我信是說普華言若然者舍利弗常不
能聽法所以者何一切法常滅盡相舍利弗言
汝能不起于定而說法耶普華言頗有一法
非是定耶舍利弗言無也普華言是故當知
一切凡夫常在於定舍利弗言以何定故一
切凡夫常在定耶普華言以不壞法性三昧
故舍利弗言若然者凡夫聖人無有差別普
昧故舍利弗言若然者凡夫聖人無有差別
普華言如是如是我不欲令凡夫聖人有差
別也所以如何聖人無所斷凡夫无所生是二
法不出法性平等之相舍利弗言何等是諸
法平等相普華言如舍利弗所得知見舍
利弗汝生賢聖法耶答言不也汝滅凡夫法
耶答言不也汝得賢聖法耶答言不也汝見
凡夫法耶答言不也舍利弗汝何知見說言
得道耶答言汝不聞凡夫如即是漏盡解脫
如漏盡解脫如即是無餘涅槃如舍利弗是
知名不異如不壞如應以是如知一切法
尒時舍利弗白佛言世尊譬如大火一切諸
炎皆是燒相如是諸善男子所說法皆入
法性佛告舍利弗如汝所言是諸善男子所說

知名不異如不壞如應以是如知一切法
尒時舍利弗白佛言世尊譬如大火一切諸
炎皆是燒相如是諸善男子所說法皆入
法性佛告舍利弗如汝所言是諸善男子所說
法皆入法性尒時網明菩薩謂舍利弗佛說
仁者於智慧人中為最第一以何智慧得第
一耶舍利弗言所謂聲聞因緣得解以是智
慧說我於中為第一耳非謂菩薩網明言智
慧是戲論相耶答言不也網明言智慧非平
等相耶答言是也網明言今仁者得平等智
慧云何說智慧有量答言善男子以法性相
故智慧無量隨入法性多少故智慧有量網
明言無量法終不作有量仁者何故說智慧
有量即時舍利弗嘿然不答
尒時長老大迦葉承佛聖旨白佛言世尊是
網明菩薩以何因緣号網明乎佛告網明善男
子現汝福報光明令諸天人一切世間皆得
歡喜其有福德因緣者當發菩提心於是
網明即受佛教偏袒右肩從右手赤白莊嚴
抓指間放大光明普照十方無量無邊阿僧
祇佛國皆悉通達其中地獄畜生餓鬼盲
聾瘖啞手足拘躄老病苦痛貪欲瞋恚愚
癡裸形醜陋貧窮飢渴囹圄繫閉困厄垂
死慳貪破戒瞋恚懈怠妄念無慧少於聞見
無慚無愧墮耶疑網如是等眾生遇斯光者
皆得快樂無有眾生為貪欲瞋恚愚癡惱惕
[illegible]

瘦裸形醜陋貧窮飢渴囹圄繫閉困厄垂
死慳貪破戒瞋恚懈怠妄念無慧少於聞見
無慚無愧墮耶疑網如是等衆生遇斯光者
皆得快樂無有衆生爲貪欲瞋恚愚癡憍慢
憂愁懷恨等之所惱也其在佛前大會之衆
菩薩摩訶薩天龍夜叉乾闥婆等及比丘比丘
尼優婆塞優婆夷衆是諸衆生同一金色與
與佛無異有卅二相八十隨形好無見頂者皆
坐寶蓮華坐寶文露蓋覆其上等無差別
諸會衆生皆得快樂譬如菩薩入發喜莊嚴三
昧時諸大衆得未曾有各各相見如佛無異
不見佛身爲大已身爲小又以光明力故尋
時下方有四菩薩從地踊出合掌而立欲共礼
佛作是念言何者真佛我欲礼敬即聞空
中聲曰是網明菩薩光明之力一切大衆同一金
色與佛無異時四菩薩發希有心作如是言
今此衆會具色无異一切諸法亦復如是若
我此言誠實無虛世尊釋迦牟尼當現異相
令我今得供養礼事即時佛以蓮華寶師子
坐上昇虛空高一多羅樹於是四菩薩頭面礼
佛足作如是言如來智慧不可思議網明菩
薩福德本願亦不可思議能放如是無量
光明
尒時佛告網明菩薩言善男子汝今已作佛
事令無量衆生住於佛道可攝光明於是網
明即受佛教還攝光明攝光明已此諸大衆

BD15106號　思益梵天所問經卷二　（10–6）

光明
尒時佛告網明菩薩言善男子汝今已作佛
事令無量衆生住於佛道可攝光明於是網
明即受佛教還攝光明攝光明已此諸大衆
威儀色相還復如故見佛坐本師子坐上
尒時長老大迦葉白佛言世尊此四菩薩從
何所來四菩薩言我等從下方世界來迦葉
言其國何名佛号何等四菩薩言國名現諸
寶莊嚴佛号一寶蓋今現在說法大迦葉言
其佛國土去此幾何四菩薩言佛自知之大迦
葉言汝等何故來此四菩薩言是網明菩薩
光明照彼我等遇之即聞釋迦牟尼佛名及
網明菩薩是故我等今來見佛并網明上人
大迦葉白佛言世尊一寶蓋佛現諸寶莊嚴
世界去此幾何佛言去此七十二恒河沙佛土
大迦葉言世尊是四菩薩從彼發來幾時
至此佛言如一念頃於彼不現忽然而至大
迦葉言世尊此諸菩薩光明遠照神通速
疾甚爲希有今是網明菩薩光遠照是四
菩薩發來速疾佛言迦葉如汝所說菩薩摩
訶薩所行不可思議一切聲聞辟支佛所不
能及
尒時長老大迦葉謂網明菩薩言善男子汝
現光明照此大會皆作金色以何因緣網明
言長老大迦葉可問世尊當爲汝說即時大迦
葉以此白佛言迦葉是網明菩薩成佛時其

BD15106號　思益梵天所問經卷二　（10–7）

能及
尒時長老大迦葉謂網明菩薩言善男子汝
現光明照此大會皆作金色以何因緣網明
言長老大迦葉可問世尊當為汝說即時大迦
葉以此白佛言迦葉是網明菩薩成佛時其
會大衆同一金色成共信樂一切智慧佛國
土乃至無聲聞辟支佛名唯有清淨諸菩薩
摩訶薩會大迦葉白佛言世尊生彼菩薩
當知如佛佛言如汝所說生彼菩薩當知如佛
於是會中四万四千人皆發阿耨多羅三藐
三菩提心已願生彼國白佛言世尊若網明
菩薩得成佛時我等當生其國
尒時長老大迦葉白佛言世尊網明菩薩幾
時當得阿耨多羅三藐三菩提佛言迦葉汝
自問網明幾時當得阿耨多羅三藐三菩提
於是大迦葉問網明菩薩言善男子仁者幾
時當得阿耨多羅三藐三菩提網明言大迦
葉若有問幻所化人汝幾時當得阿耨多羅三
藐三菩提是幻人當云何答大迦葉言善男
子幻所化人无决定相當何所答網明言大迦
葉一切諸法亦如幻所化人无决定相誰可問
言汝幾時當成阿耨多羅三藐三菩提大迦
葉言善男子幻所化人離於自相无異无別
无所志願汝亦如是耶若如是者汝云何能
利益无量衆生網明言阿耨多羅三藐三
菩提即是一切衆生性一切衆性即是幻性幻
性即是一切法性於是法中我不見有利不

BD15106號　思益梵天所問經卷二　（10-8）

无所志願汝亦如是耶若如是者汝云何能
利益无量衆生網明言阿耨多羅三藐三
菩提即是一切衆生性一切衆性即是幻性幻
性即是一切法性於是法中我不見有利不
見无利大迦葉言善男子汝今不令衆生作
菩提耶網明言諸佛菩提有住相耶大迦葉
言无也網明言是故我不令衆生住於菩提
亦不住聲聞辟支佛道大迦葉言善男子汝今
欲趣何所網明言我所趣如如趣大迦葉言如
无所趣亦无有轉網明言如无趣无轉一切
法性如相故我无趣无轉大迦葉言若无趣无
轉汝云何教化衆生網明言大迦葉若人發願
則是不能教化衆生若人於法有轉是亦不能
教化衆生大迦葉言善男子汝不轉衆生生
死耶網明言我尚不得衆生生死何况於生
死中而轉衆生大迦葉言汝不令衆生得涅槃
耶網明言我尚不見涅槃何况教化衆生令
住涅槃大迦葉言善男子若汝不得生死不得
涅槃何故令无量衆生行於菩提此豈不為
滅度衆生耶網明言若菩薩得生死分別涅槃
因衆生行菩提此則不應說為菩薩大迦葉言
善男子汝今於何處行網明言我非生死中行
非涅槃中行亦不以衆生相行大迦葉如汝所
問汝何處行者如佛所化人行處吾於彼行
大迦葉言佛所化人无有行處網明言當知
一切衆生所行亦如是相大迦葉言佛所化

BD15106號　思益梵天所問經卷二　（10-9）

滅度衆生耶網明言若菩薩得生死分別涅槃
回衆生行菩提此則不應說為菩薩大迦葉言
善男子汝今於何處行網明言我非生死中行
非涅槃中行亦不以衆生相行大迦葉如汝所
問汝何處行者如佛所化人行處吾於彼行
大迦葉言佛所化人无有行處網明言當知
一切衆生所行亦如是相大迦葉言佛所化
人无貪无恚无癡若一切衆生所行如是相
者衆生貪恚癡從何所起網明言我今問汝
隨意答我大迦葉汝今寧有貪恚癡不答言
无也網明言是貪恚癡盡滅耶答不也網明
言若大迦葉今无貪恚癡亦不盡滅者汝豈
貪恚癡於何所耶答言善男子凡夫從顛倒
起妄相分別生貪恚癡耳賢聖法中善知
顛倒實性故无妄想分別是以无貪恚癡大
迦葉於汝意云何若法從顛倒起是法為實為
虛妄耶答言是法虛妄非是實耶網明言若
法非實可令實耶答言不耶網明言若法非
實仁者欲於是中得貪恚癡耶答言不也網
明言若然者何所是貪恚癡能惱衆生者答

BD15106 號　思益梵天所問經卷二　（10–10）

BD15106 號背　勘記　（2–1）

BD15106號背　勘記　　　　　　　　　　　　　　　　（2–2）

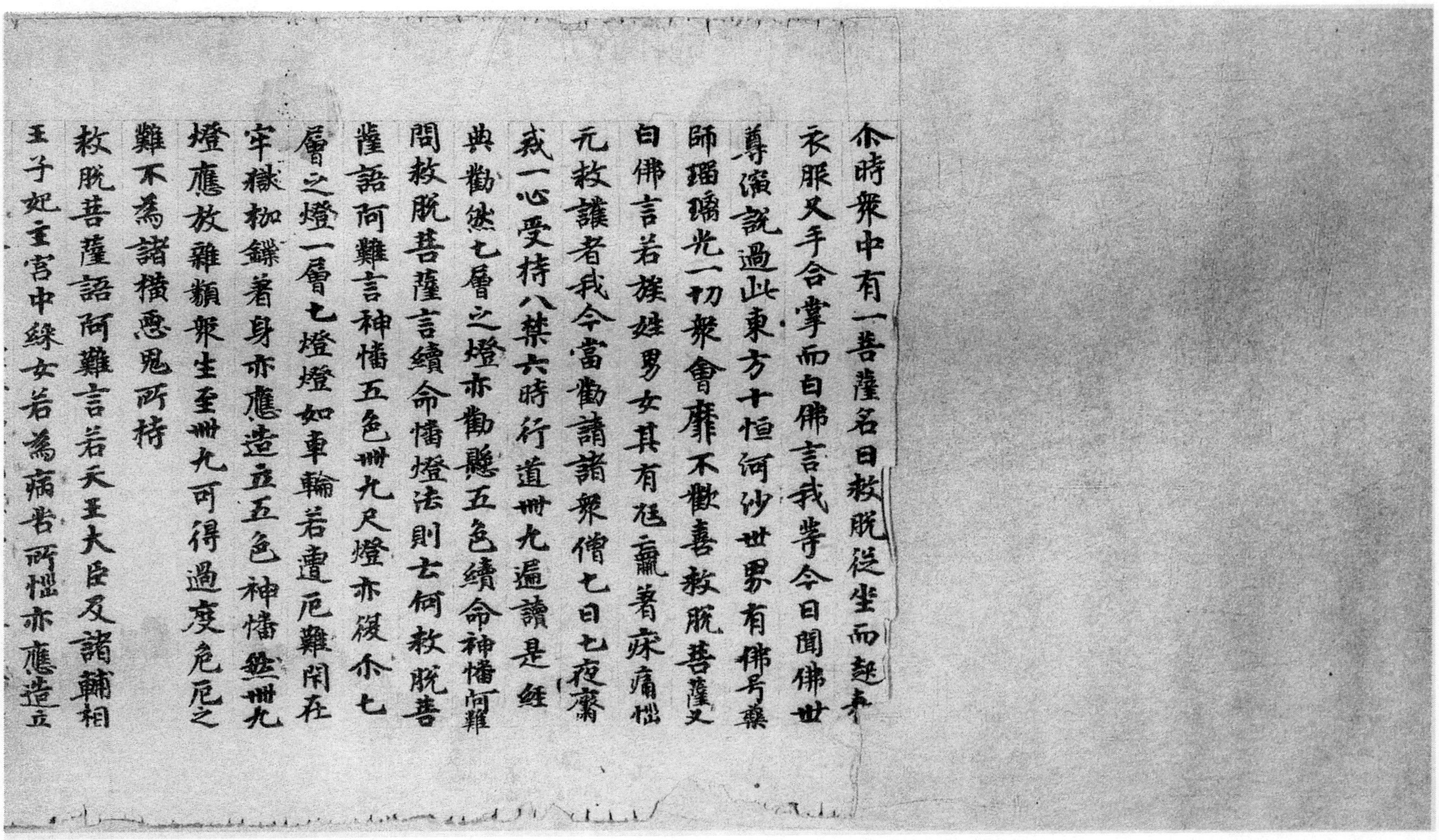

尒時衆中有一菩薩名曰救脫從坐而起右
衣服叉手合掌而白佛言我等今日聞佛世
尊演說過此東方十恒河沙世界有佛号藥
師瑠璃光一切衆會靡不歡喜救脫菩薩又
白佛言若族姓男女其有尫羸著床痛惱
无救護者我今當勸請諸衆僧七日七夜齋
戒一心受持八禁六時行道卌九遍讀是經
典勸然七層之燈亦勸懸五色續命神幡阿難
問救脫菩薩言續命幡燈法則云何救脫菩
薩語阿難言神幡五色卌九尺燈亦復尒七
層之燈一層七燈燈如車輪若遭厄難閉在
牢獄枷鏁著身亦應造立五色神幡然卌九
燈應放雜類衆生至卌九可得過度危厄之
難不為諸橫惡鬼所持
救脫菩薩語阿難言若天王大臣及諸輔相
王子妃主宮中綵女若為病苦所惱亦應造立

BD15107號　灌頂章句拔除過罪生死得度經　　　　　　　　（5–1）

燈應放雜類衆生至卌九可得過度危厄之
難不為諸横惡鬼所持
救脱菩薩語阿難言若天王大臣及諸輔相
王子妃主宮中綵女若為病苦所惱亦應造立
五色續命神幡然燈續明救諸生命散雜
色華燒衆名香王當放赦苦厄之人枷鎖解
脱王得其福天下太平雨澤以時人民歡樂
惡龍攝毒无病苦者四方夷狄不生逆害國
土通同慈心相向无諸惡害四海歌詠稱王之
德乘此福禄在意所生見佛聞法信受教
誨從此福報至无上道
阿難又問救脱菩薩言命可續也救脱菩薩
答阿難言我聞世尊説有諸横勸造幡蓋
令其脩福又言阿難昔沙称救蟻以脩福故盡
其壽命不更苦患身體安寧福德力强使之
然也阿難回復問救脱菩薩言横有幾種世尊
説言横乃无數略而説之大横有九一者横
病二者横有口舌三者横遭縣官四者身
羸无福又持戒不完横為鬼神之所得便五
者横為劫賊所剥脱六者横為水火焚漂七
者横為雜類禽獸所噉八者横為怨讎符書
厭禱邪神夢引未得其福但受其殃先亡亭
引亦名横死九者有病不治又不脩福湯藥不
順針灸失度不值良醫為病所困於是滅
亡又信世間妖孽之師為作恐動寒熱言語妄
説禍福所犯者多心不自正不能自定卜問

BD15107 號　灌頂章句拔除過罪生死得度經　（5–2）

厭禱邪神夢引未得其福但受其殃先亡亭
引亦名横死九者有病不治又不脩福湯藥不
順針灸失度不值良醫為病所困於是滅
亡又信世間妖孽之師為作恐動寒熱言語妄
説禍福所犯者多心不自正不能自定卜問
覓禍殺猪狗牛羊種種衆生解奏神明呼諸
邪妖魍魎鬼神請乞福祚欲望長生終不能
得愚癡迷惑信邪倒見死入地獄展轉其中
无解脱時是名九横
救脱菩薩語阿難言世間人痿黄之病困篤
着床求生不得求死不得考楚万端此病人
者或其前世造作惡業罪過所招殃咎所引
故使然也救脱菩薩語阿難言閻羅王者主
領世間名籍之記若人為惡作諸非法无孝
順心造作五逆破滅三寶无君臣法又有衆
生不持五戒不信正法設有受者多所毀犯
於是地下鬼神及伺候者奏上五官五官料
簡除死定生或駈録精神未判是非若已定
者奏上閻羅閻羅監察随罪輕重考而治之
世間人痿黄之病困篤不死一絶一生猶其
罪福未得料簡録其精神在彼王所或七日
二七日三七日乃至七七日名籍定者放其精
神還其身中如從夢中見其善惡其人若明
了者信驗罪福是故我今勸諸四輩造續
命神幡然卌九燈放諸生命以此幡燈放生功
德拔彼精神令得度苦今世後世不遭厄難

BD15107 號　灌頂章句拔除過罪生死得度經　（5–3）

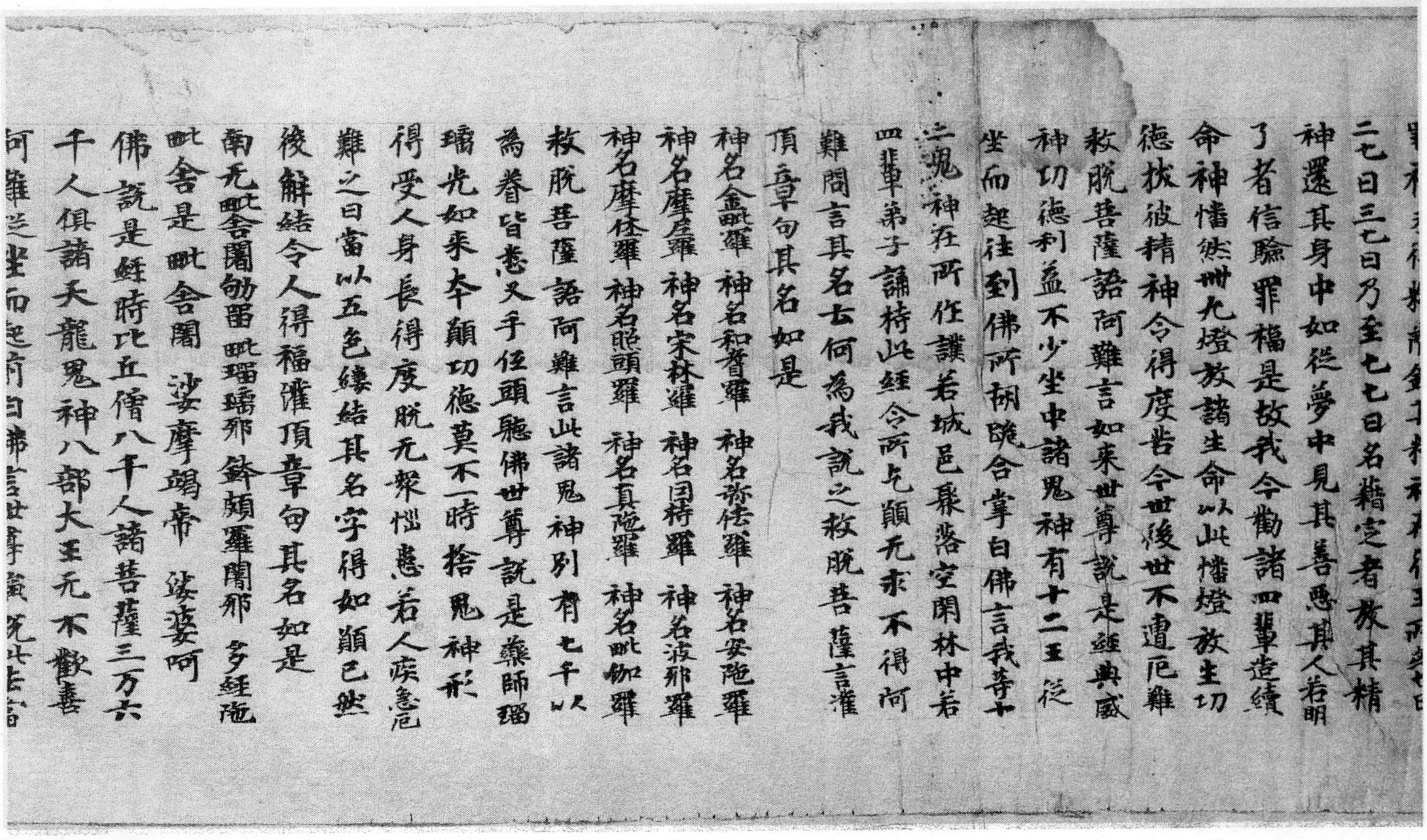
二七日三七日乃至七七日名籍定者放其精
神還其身中如從夢中見其善惡其人若明
了者信驗罪福是故我今勸諸四輩造續
命神幡然卌九燈放諸生命以此幡燈放生功
德拔彼精神令得度苦令世後世不遭厄難
救脫菩薩語阿難言如來世尊說是經典威
神功德利益不少坐中諸鬼神有十二王從
坐而起往到佛所胡跪合掌白佛言我等十
二鬼神在所作護若城邑聚落空閑林中若
四輩弟子誦持此經令所乞願无求不得向
難問言其名云何為我說之救脫菩薩言灌
頂章句其名如是
神名金毗羅　神名和耆羅　神名彌佉羅　神名安陁羅
神名摩尼羅　神名宋林羅　神名因持羅　神名波耶羅
神名摩休羅　神名照頭羅　神名真陁羅　神名毗伽羅
救脫菩薩語阿難言此諸鬼神別有七千以
為眷皆悉叉手低頭聽佛世尊說是藥師瑠
璃光如來本願功德莫不一時捨鬼神形
得受人身長得度脫无衆惱患若人疾急厄
難之曰當以五色縷結其名字得如願已然
後解結令人得福灌頂章句其名如是
南无毗舍闍勒留　毗瑠璃耶　鍮頻羅闍耶　多經陁
毗舍是　毗舍闍　娑摩竭帝　婆婆阿
佛說是經時比丘僧八千人諸菩薩三万六
千人俱諸天龍鬼神八部大王无不歡喜
阿難從坐而起前白佛言世尊演說此法當

BD15107 號　灌頂章句拔除過罪生死得度經　　（5–4）

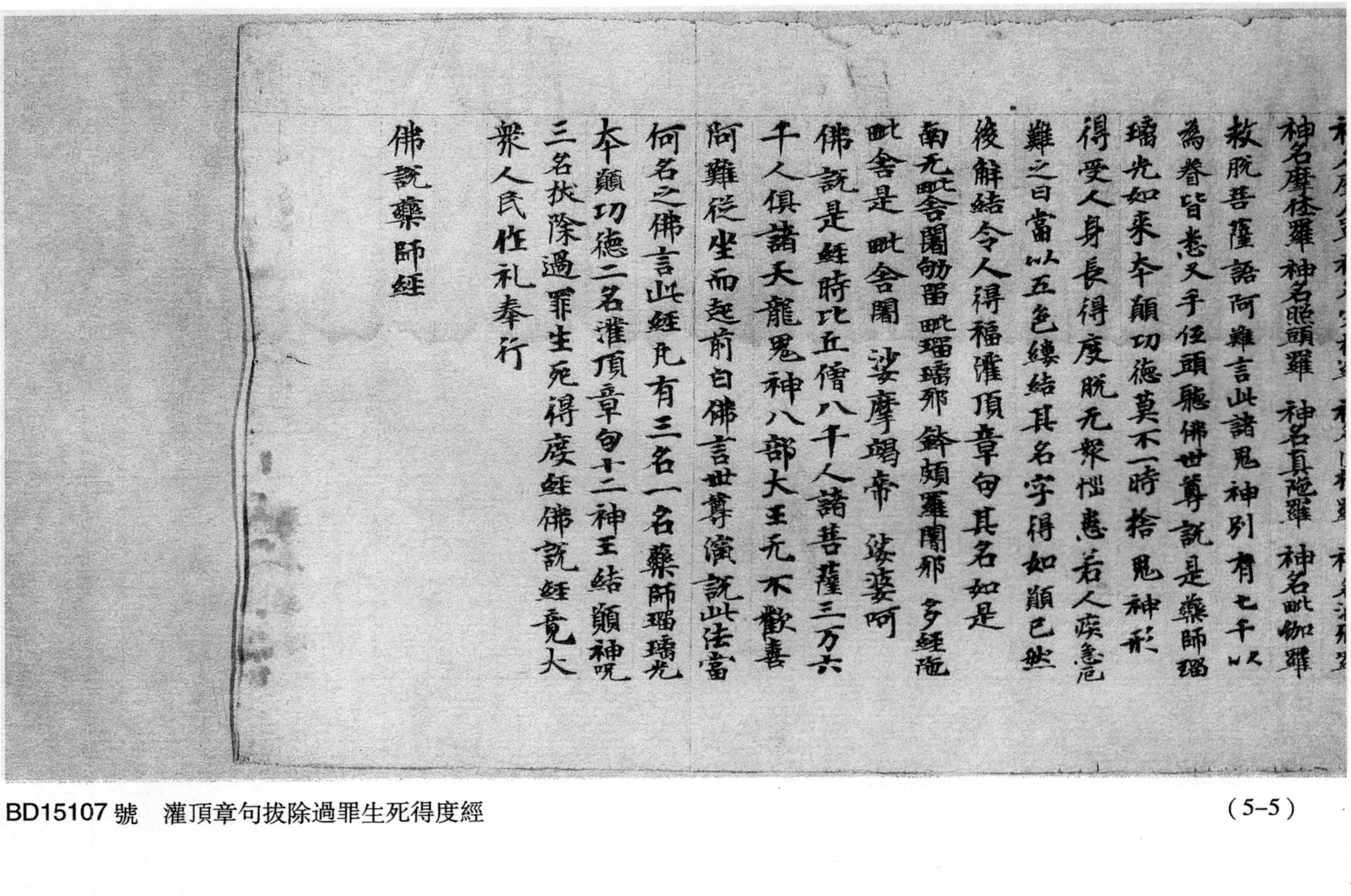
神名摩休羅　神名照頭羅　神名真陁羅　神名毗伽羅
救脫菩薩語阿難言此諸鬼神別有七千以
為眷皆悉叉手低頭聽佛世尊說是藥師瑠
璃光如來本願功德莫不一時捨鬼神形
得受人身長得度脫无衆惱患若人疾急厄
難之曰當以五色縷結其名字得如願已然
後解結令人得福灌頂章句其名如是
南无毗舍闍勒留　毗瑠璃耶　鍮頻羅闍耶　多經陁
毗舍是　毗舍闍　娑摩竭帝　婆婆阿
佛說是經時比丘僧八千人諸菩薩三万六
千人俱諸天龍鬼神八部大王无不歡喜
阿難從坐而起前白佛言世尊演說此法當
何名之佛言此經凡有三名一名藥師瑠璃光
本願功德二名灌頂章句十二神王結願神呪
三名拔除過罪生死得度經佛說經竟大
衆人民作礼奉行
佛說藥師經

BD15107 號　灌頂章句拔除過罪生死得度經　　（5–5）

BD15107 號背　勘記　（1–1）

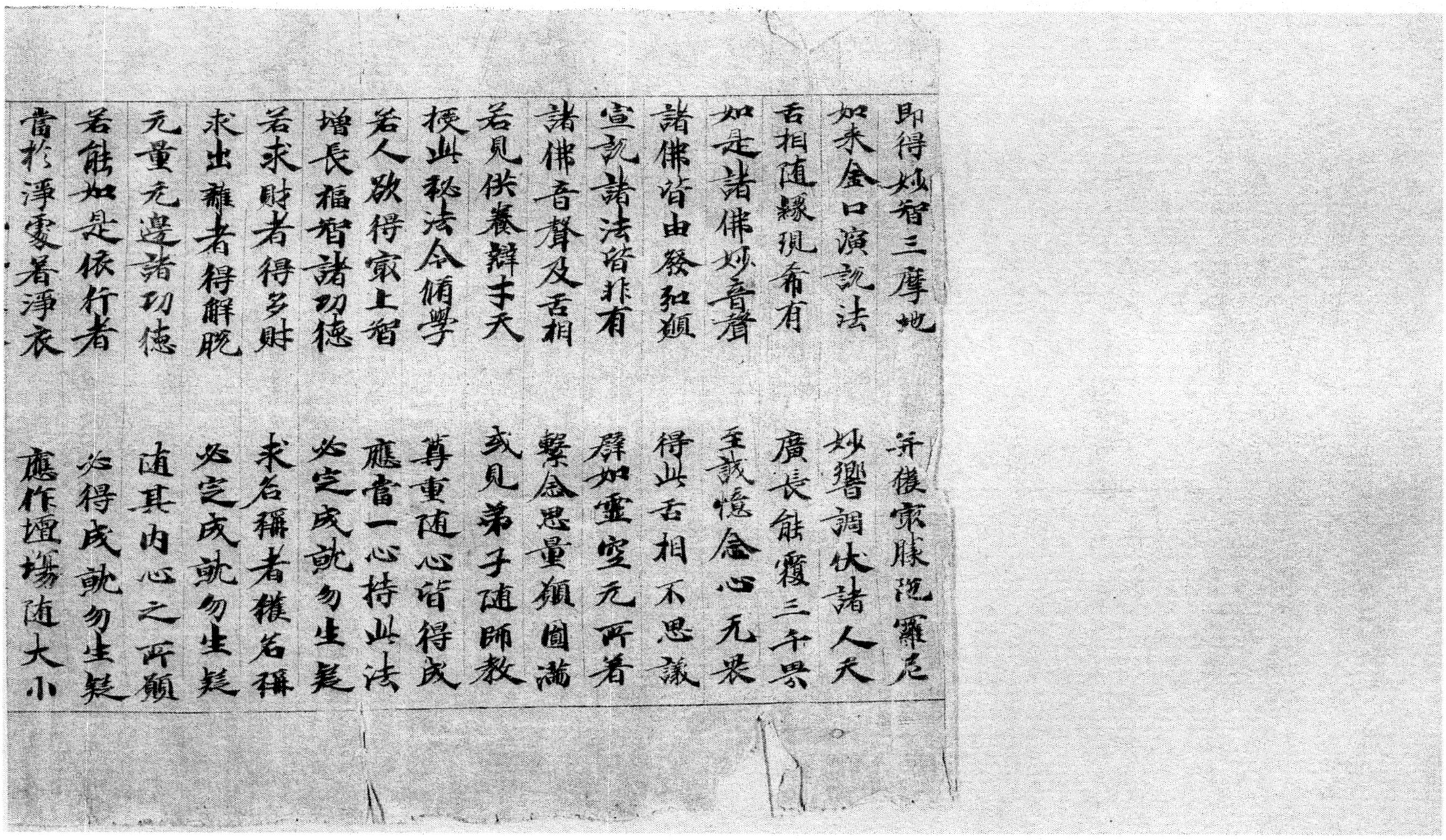

即得妙智三摩地　并獲最勝陀羅尼
如來金口演說法　妙響調伏諸人天
舌相隨緣現希有　廣長能覆三千界
如是諸佛妙音聲　至誠憶念心无畏
諸佛皆由發弘願　得此舌相不思議
宣說諸法皆非有　譬如虛空无所著
諸佛音聲及舌相　繫念思量願圓滿
若見供養辯才天　或見弟子隨師教
授此秘法令脩學　尊重隨心皆得成
若人欲得最上智　應當一心持此法
增長福智諸功德　必定成就勿生疑
若求財者得多財　求名稱者獲名稱
求出離者得解脫　必定成就勿生疑
无量无邊諸功德　隨其內心之所願
若能如是依行者　必得成就勿生疑
當於淨處著淨衣　應作壇場隨大小

BD15108 號　金光明最勝王經卷七　（6–1）

求出離者得解脫　必定成就勿生疑
无量无邊諸功德　隨其内心之所願
若能如是依行者　必得成就勿生疑
當於淨處著淨衣　應作壇場隨大小
以四淨瓶盛美味　香花供養可隨時
懸諸繒綵并幡蓋　塗香抹香遍嚴飾
供養佛及辯才天　求見天身皆遂願
應三七日誦前呪　可對大辯天神前
若其不見此天神　應更用心經九日
於後夜中猶不見　更求清淨勝妙處
如法應盡辯才天　供養誦持心无捨
晝夜不生於懈怠　自利利他无窮盡
所獲果報施群生　於所求願皆成就
若不遂意經三月　六月九月或一年
慇懃求請心不移　天眼他心皆悉得
介時憍陳如婆羅門聞是說已歡喜踊躍
歎未曾有告諸大衆作如是言汝等人天一切
大衆如是當知皆一心聽我今更欲依世諦
法讚彼勝妙辯才天女即說頌曰
敬礼天女那羅延　於世界中得自在
我今讚歎彼尊者　皆如往昔仙人說
吉祥成就心安隱　聰明慚愧有名聞
為母能生於世間　勇猛常行大精進
於軍陣處戰恒勝　長養調伏心慈忍
現為閻羅之長姊　常著青色野蠶衣

BD15108 號　金光明最勝王經卷七　（6–2）

吉祥成就心安隱　聰明慚愧有名聞
為母能生於世間　勇猛常行大精進
於軍陣處戰恒勝　長養調伏心慈忍
現為閻羅之長姊　常著青色野蠶衣
好醜容儀皆具有　眼目能令見者怖
无量勝行超世間　歸信之人咸攝受
或在山巖深險處　或居坎窟及河邊
或在大樹諸叢林　天女多依此中住
假使山林野人輩　亦常供養於天女
以孔雀羽作幢旗　於一切時常護世
師子虎狼恒圍遶　牛羊雞等亦相依
振大鈴鐸出音聲　頻陁山衆皆聞響
或執三戟頭圓髻　左右恒持日月旗
黑月九日十一日　於此時中當供養
或現婆藪大天妹　見有鬪戰心常愍
觀察一切有情中　天女最勝无過者
權現牧牛歡喜女　與天戰時常得勝
能久安住於世間　亦為和忍及暴惡
大婆羅門四明法　幻化呪等悉皆通
於天仙中得自在　能為種子及大地
諸天女等集會時　如大海潮必來應
於諸龍神藥叉衆　咸為上首能調伏
於諸女中最梵行　出言猶如世間主
於王住處如蓮花　若在河津喻橋栰

BD15108 號　金光明最勝王經卷七　（6–3）

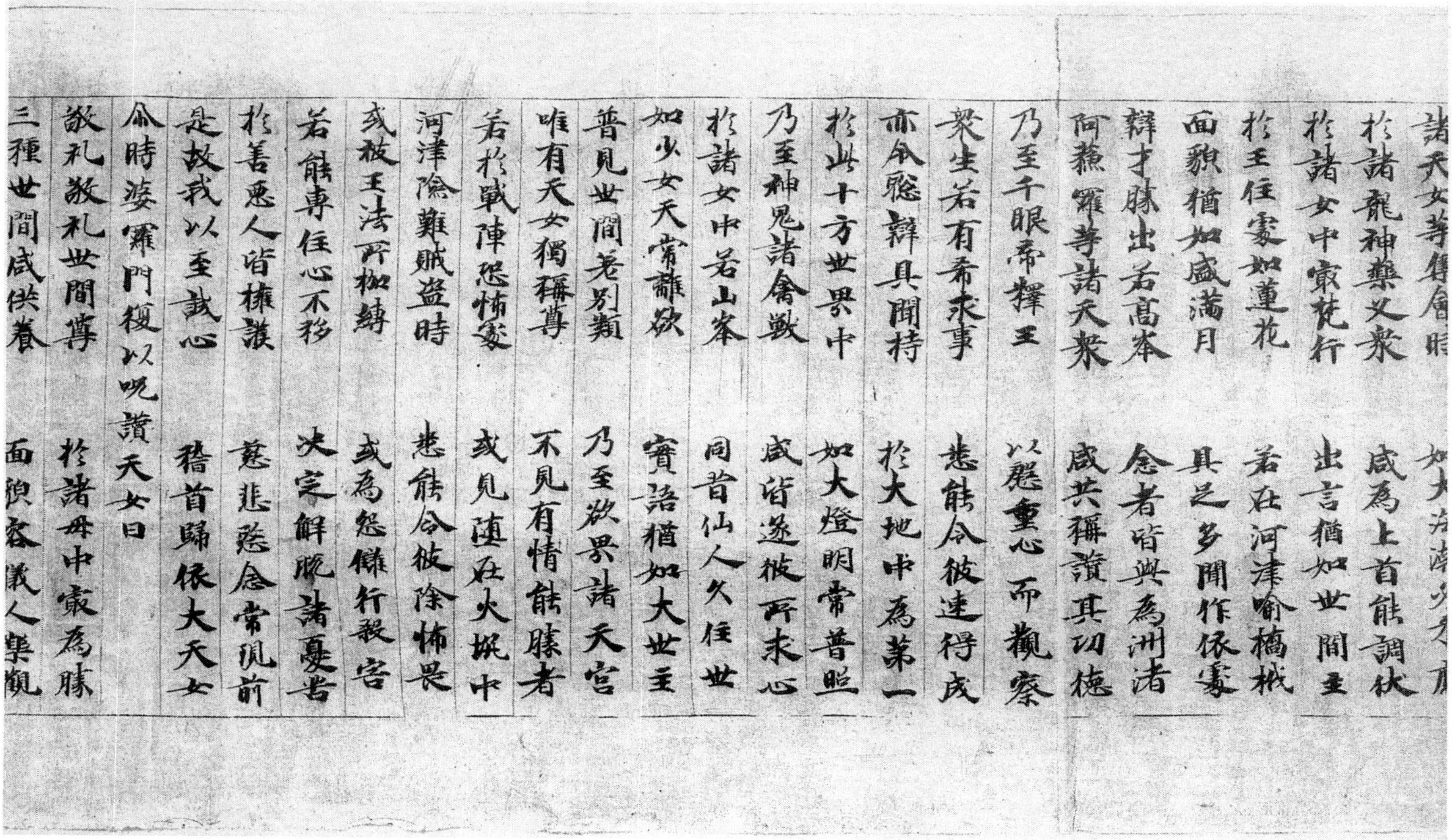

諸天女等集會時　如大海潮必來應
於諸龍神藥叉衆　咸為上首能調伏
於諸女中最梵行　出言猶如世間主
於王住處如蓮花　若在河津喻橋梯
面貌猶如盛滿月　具足多聞作依處
辯才勝出若高峯　念者皆與為洲渚
阿蘇羅等諸天衆　咸共稱讚其功德
乃至千眼帝釋主　以慇重心而觀察
衆生若有希求事　悉能令彼速得成
亦令聰辯具聞持　於大地中為第一
於此十方世界中　如大燈明常普照
乃至神鬼諸禽獸　咸皆遂彼所求心
於諸女中若山峯　同昔仙人久住世
如少女天常離欲　實語猶如大世主
普見世間差別類　乃至欲界諸天宮
唯有天女獨稱尊　不見有情能勝者
若於戰陣恐怖處　或見墮在火坑中
河津險難賊盜時　悉能令彼除怖畏
或被王法所枷縛　或為怨讎行殺害
若能專注心不移　決定解脫諸憂苦
於善惡人皆擁護　慈悲愍念常現前
是故我以至誠心　稽首歸依大天女
爾時婆羅門復以呪讚天女曰
敬禮敬禮世間尊　於諸母中最為勝
三種世間咸供養　面貌容儀人樂觀

BD15108號　金光明最勝王經卷七　（6–4）

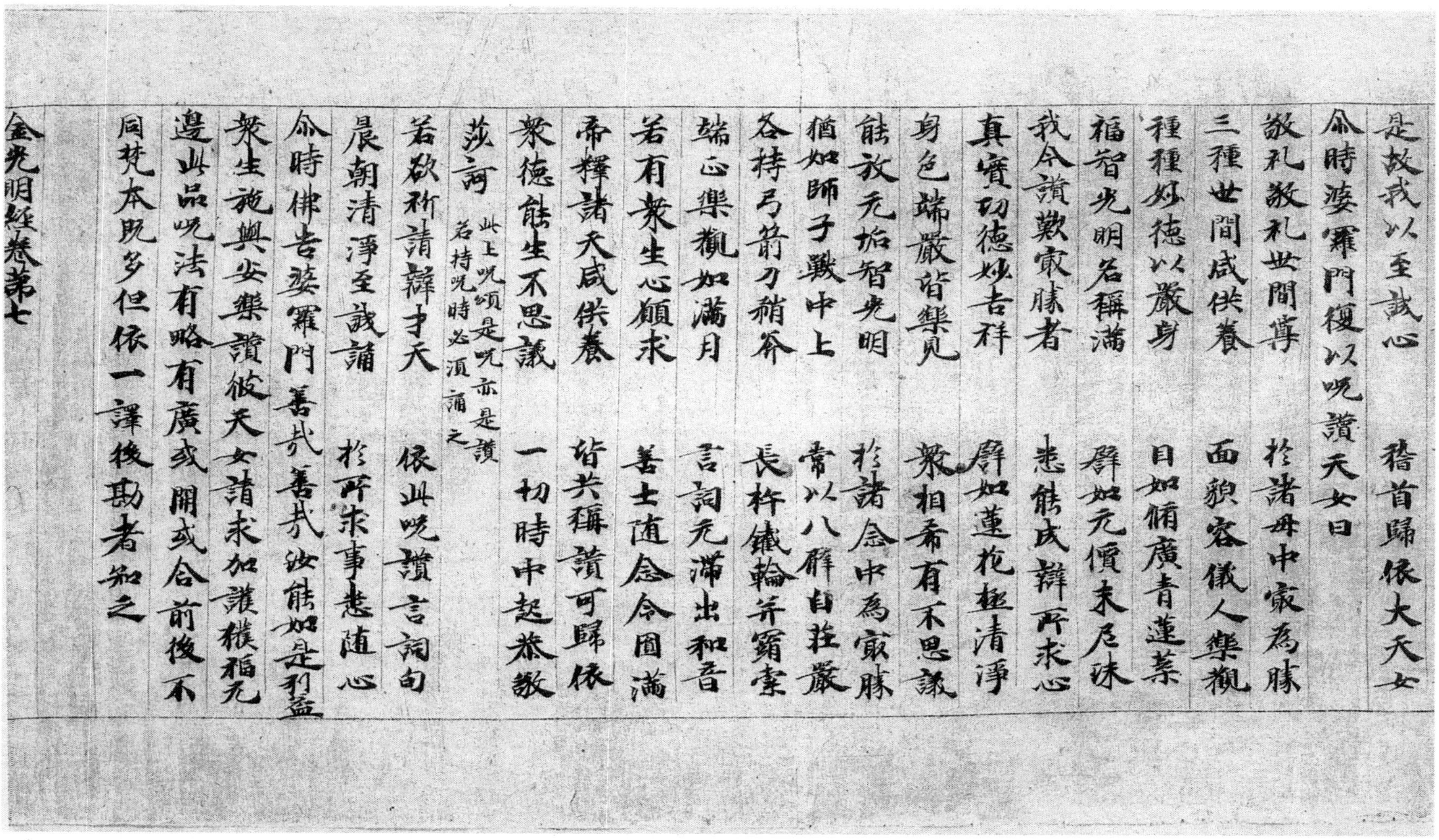

是故我以至誠心　稽首歸依大天女
爾時婆羅門復以呪讚天女曰
敬禮敬禮世間尊　於諸母中最為勝
三種世間咸供養　面貌容儀人樂觀
種種妙德以嚴身　目如脩廣青蓮葉
福智光明名稱滿　譬如无價末尼珠
我今讚歎最勝者　悉能成辦所求心
真實功德妙吉祥　譬如蓮花極清淨
身色端嚴皆樂見　衆相希有不思議
能放无垢智光明　於諸念中為最勝
猶如師子獸中上　常以八臂自莊嚴
各持弓箭刀矟斧　長杵鐵輪并羂索
端正樂觀如滿月　言詞无滯出和音
若有衆生心願求　善士隨念令圓滿
帝釋諸天咸供養　皆共稱讚可歸依
衆德能生不思議　一切時中起恭敬
莎訶　此上呪頌是呪亦是讚　若持呪時必須誦之
若欲祈請辯才天　依此呪讚言詞句
晨朝清淨至誠誦　於所求事悉隨心
爾時佛告婆羅門　善哉善哉汝能如是利益
衆生施與安樂讚彼天女請求加護獲福无
邊此品呪法有略有廣或開或合前後不
同梵本既多但依一譯後勘者知之
金光明經卷第七

BD15108號　金光明最勝王經卷七　（6–5）

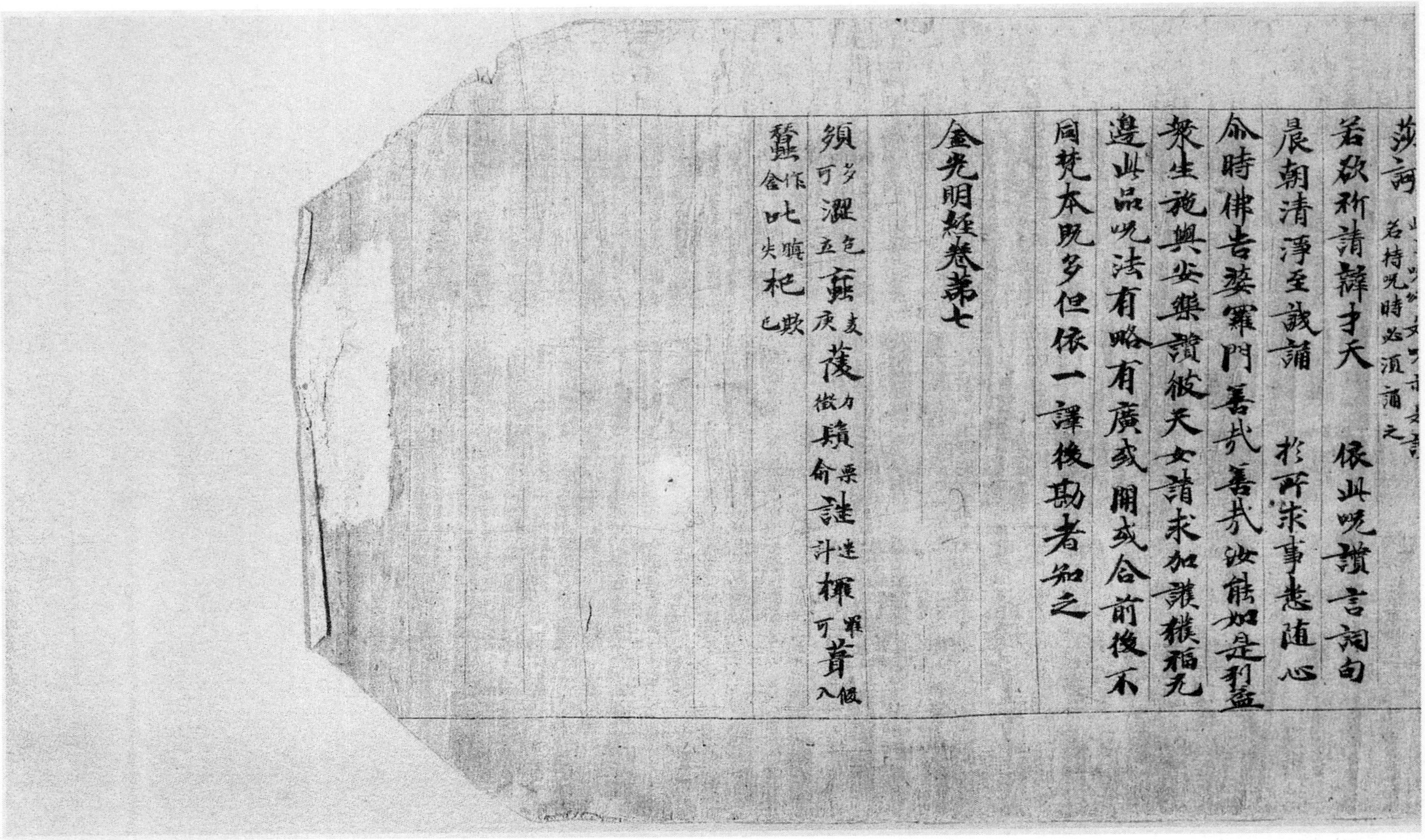

娑訶 若持呪時必須誦之

若欲祈請辯才天　依此呪讚言詞句

晨朝清淨至誠誦　於所求事悉隨心

介時佛告婆羅門善哉善哉汝能如是利益

衆生施與安樂讚彼天女請求加護獲福無

邊此品呪法有略有廣或開或合前後不

同梵本既多但依一譯後勘者知之

金光明經卷第七

頞多可 澀色立 蘇麦庚 薩力徹 蹟粟命 謎迷計 㮇羅可 葺假入

蠶作含 叱瞋失 杷欺巳

BD15108號　金光明最勝王經卷七　（6–6）

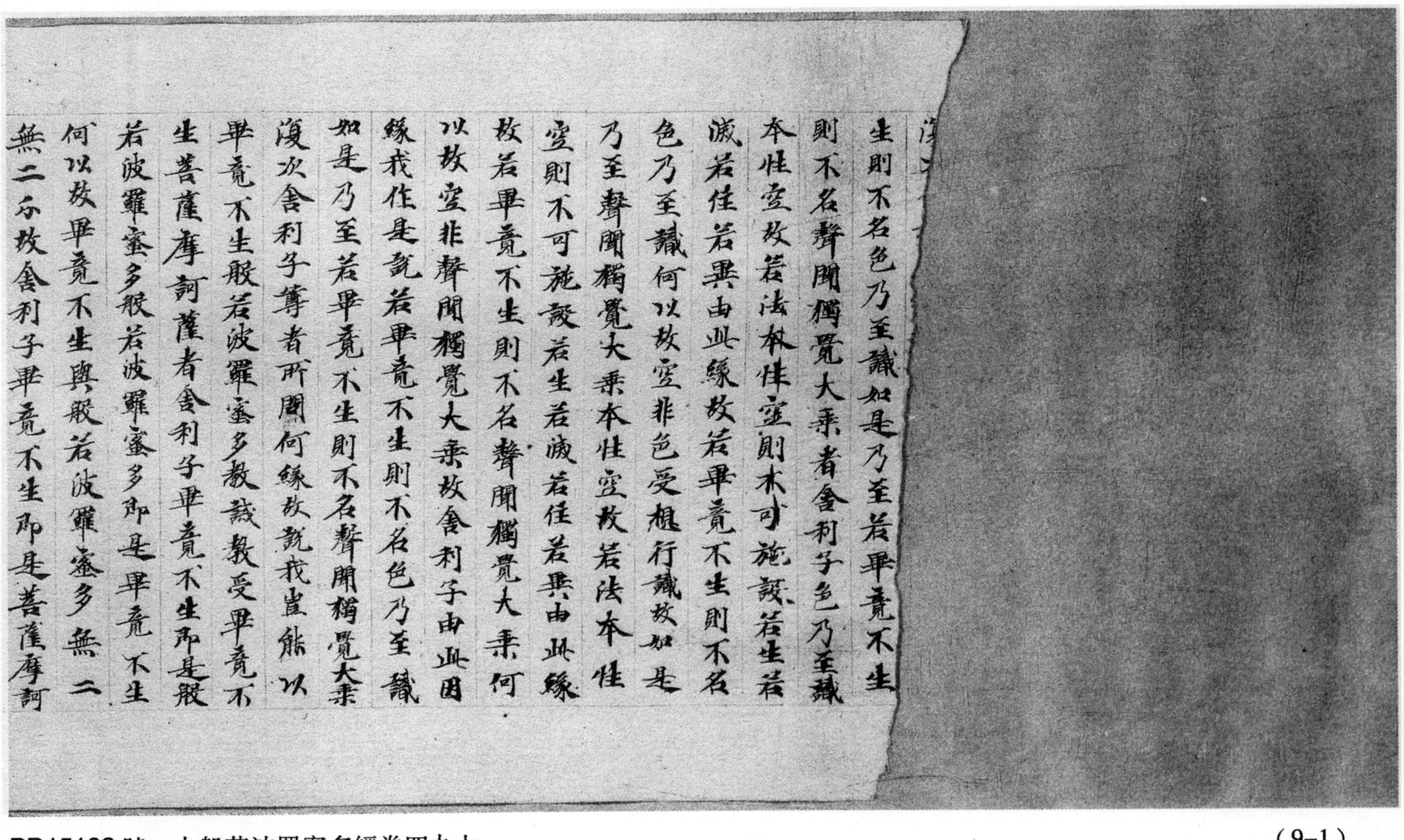

復

生則不名色乃至識如是乃至若畢竟不生

則不名聲聞獨覺大乘者舍利子色乃至識

本性空故若法本性空則不可施設若生若

滅若住若異由此緣故若畢竟不生則不名

色乃至識何以故空非色受想行識故如是

乃至聲聞獨覺大乘本性空故若法本性

空則不可施設若生若滅若住若異由此緣

故若畢竟不生則不名聲聞獨覺大乘何

以故空非聲聞獨覺大乘故舍利子由此因

緣我作是說若畢竟不生則不名色乃至識

如是乃至若畢竟不生則不名聲聞獨覺大乘

復次舍利子尊者所問何緣故說我豈能以

畢竟不生般若波羅蜜多教誡教受畢竟不

生菩薩摩訶薩者舍利子畢竟不生即是般

若波羅蜜多般若波羅蜜多即是畢竟不生

何以故畢竟不生與般若波羅蜜多無二

無二分故舍利子畢竟不生即是菩薩摩訶

BD15109號　大般若波羅蜜多經卷四九七　（9–1）

畢竟不生般若波羅蜜多教誡教受畢竟不
生菩薩摩訶薩者舍利子畢竟不生即是般
若波羅蜜多般若波羅蜜多即是畢竟不生
何以故畢竟不生與般若波羅蜜多無二
無二分故舍利子畢竟不生即是菩薩摩訶
薩菩薩摩訶薩即是畢竟不生何以故畢竟
不生與菩薩摩訶薩亦無二無二分故舍
利子由此因緣我作是說我豈能以畢竟不
生般若波羅蜜多教誡教受畢竟不生菩薩
摩訶薩
復次舍利子尊者所問何緣故說離畢竟不
生亦無菩薩摩訶薩能行無上正等菩提
者舍利子諸菩薩摩訶薩行深般若波羅蜜
多時不見離畢竟不生有深般若波羅蜜
多亦不見離畢竟不生有菩薩摩訶薩何以故
若畢竟不生若深般若波羅蜜多若 菩
薩摩訶薩皆無二無二分故舍利子諸菩薩
摩訶薩行深般若波羅蜜多時不見離畢竟
不生有色乃至識何以故若畢竟不生若色
乃至識皆無二無二分故如是乃至諸菩薩
摩訶薩行深般若波羅蜜多時不見離畢竟
不生有聲聞獨覺大乘何以故若畢竟不生
若聲聞獨覺大乘皆無二無二分故舍利子
由此因緣我作是說離畢竟不生亦無菩薩
摩訶薩能行無上正等菩提
復次舍利子尊者所問何緣故說若菩薩摩

BD15109 號　大般若波羅蜜多經卷四九七　（9–2）

不生有聲聞獨覺大乘何以故若畢竟不生
若聲聞獨覺大乘皆無二無二分故舍利子
由此因緣我作是說離畢竟不生亦無菩薩
摩訶薩能行無上正等菩提
復次舍利子尊者所問何緣故說若菩薩摩
訶薩聞如是說心不沉沒亦不憂悔其心不
驚不恐不怖當知是菩薩摩訶薩能行般若
波羅蜜多者舍利子諸菩薩摩訶薩行深般
若波羅蜜多時不見諸法有覺有用觀一切
法如幻如夢如響如像如光影如陽焰如變化
事如尋香城雖現似有而無其實聞說
諸法本性皆空踊躍歡喜深心信樂舍利子
由此因緣我作是說若菩薩摩訶薩聞如是
說心不沉沒亦不憂悔其心不驚不恐不怖
當知是菩薩摩訶薩能行般若波羅蜜多爾
時具壽善現白佛言世尊若時菩薩摩訶薩
行深般若波羅蜜多觀察諸法是時菩薩摩
訶薩於色乃至識都無所得無受無取無住無
著亦不施設為色蘊乃至識蘊於眼處乃至
意處於色處乃至法處於眼界乃至意界於
色界乃至法界於眼識界乃至意識界於眼
觸乃至意觸於眼觸為緣所生諸受乃至意
觸為緣所生諸受於地界乃至識界於因緣
乃至增上緣於無明乃至老死亦復如是是
時菩薩摩訶薩於布施波羅蜜多乃至般
若波羅蜜多都無所得無受無取無住無著
亦不施設為布施波羅蜜多乃至般若波羅

BD15109 號　大般若波羅蜜多經卷四九七　（9–3）

乃至增上緣於無明乃至老死亦復如是是
時菩薩摩訶薩於不施波羅蜜多乃至般
若波羅蜜多都無所得無受無取無住無著
亦不施設為布施波羅蜜多乃至般若波羅
蜜多於內空乃至無性自性空於苦聖諦乃
至道聖諦於四念住乃至八聖道支於四靜
慮四無量四無色定於八解脫九次第定於空
無相無願解脫門於淨觀地乃至如來地於
極喜地乃至法雲地於五眼六神通於如來
十力乃至十八佛不共法於無忘失法恒住
捨性於一切陀羅尼門三摩地門於諸菩薩
摩訶薩行諸佛無上正等菩提於真如乃至
不思議界於斷界乃至無為界於一切智道
相智一切相智亦復如是何以故世尊是菩
薩摩訶薩行深般若波羅蜜多時不見色蘊
乃至識蘊如是乃至不見一切智道相智一
切相智故所以者何以色性空無生無滅受
想行識性空無生無滅如是乃至以一切智
性空無生無滅道相智一切相智性空無生
無滅世尊色無生無滅即非色受想行識
無生無滅即非受想行識如是乃至一切智無
生無滅即非一切智道相智一切相智無生
無滅即非道相智一切相智所以者何色乃
至識與無生無滅無二無二分如是乃至一
切智道相智一切相智與無生無滅無二無
二分何以故世尊以無生無滅法非一非二

BD15109號　大般若波羅蜜多經卷四九七　（9–4）

無滅即非道相智一切相智所以者何色乃
至識與無生無滅無二無二分如是乃至一
切智道相智一切相智與無生無滅無二無
二分何以故世尊以無生無滅法非一非二
非多非異是故色乃至識無生無滅即非色
乃至識如是乃至一切智道相智一切相智
無生無滅即非一切智道相智一切相智
世尊色不二即非色受想行識不二即非受
想行識如是乃至一切智不二即非一切智道
相智一切相智不二即非道相智一切相智
世尊色入無二法數受想行識入無二法數
是故名色乃至識如是乃至一切智入無二
法數道相智一切相智入無二法數是故名
一切智道相智一切相智
爾時舍利子問具壽善現言仁者所說若
時菩薩摩訶薩行深般若波羅蜜多觀察
諸法者何謂菩薩摩訶薩何謂般若波羅蜜多
云何觀察諸法善現答言尊者所問何謂菩
薩摩訶薩者舍利子為欲利樂諸有情故勤
求無上正等菩提故名菩薩具如實覺雖遍了
知一切法相而無所執故復名摩訶薩時舍
利子問善現言云何菩薩摩訶薩具如實
覺雖遍了知一切法相而無所執善現答言
舍利子諸菩薩摩訶薩雖如實知一切色相
而無所執雖如實知一切受想行識相而無
所執如是乃至雖如實知一切一切智相而無

BD15109號　大般若波羅蜜多經卷四九七　（9–5）

覺雖通了知一切法相而無所執善現荅言
舍利子諸菩薩摩訶薩雖如實知一切色相
而無所執雖如實知一切受想行識相而無
所執如是乃雖如實知一切一切智相而無
所執雖如實知一切道相智一切相智相而
無所執時舍利子問善現言何等名為一切
法相善現荅言若由如是諸行相狀表知諸
法是色是聲是香是味是觸是法是內是外
是有漏是無漏是有為是無為此等名為一
切法相復次舍利子尊者所問何謂般若波
羅蜜多者舍利子有勝妙慧於一切法能如
實覺遠有所離故名般若波羅蜜多時舍利
子問善現言此於何法而能遠離善現荅言
此於諸蘊諸處諸界緣起等法皆能遠離
故名般若波羅蜜多又舍利子有勝妙慧於
一切法能如實覺遠有所到故名般若波羅
蜜多時舍利子問善現言此於何法而能遠到
善現荅言此於布施波羅蜜多乃至般若波
羅蜜多皆能遠到如是乃至此於一切智道
相智一切相智皆能遠到故名般若波羅
蜜多舍利子由此因緣說為般若波羅蜜多
復次舍利子尊者所問云何觀察諸法者舍利
子諸菩薩摩訶薩行深般若波羅蜜多時觀
察色乃至識非常非無常非樂非苦非我非
無我非淨非不淨非空不非不空非有相非無
相非有願非無願非寂靜非不寂靜非遠離

子諸菩薩摩訶薩行深般若波羅蜜多時觀
察色乃至識非常非無常非樂非苦非我非
無我非淨非不淨非空不非不空非有相非無
相非有願非無願非寂靜非不寂靜非遠離
非不遠離如是乃至觀察一切智道相智一
切相智非常非無常非樂非苦非我非無我
非淨非不淨非空非不空非有相非無相非
有願非無願非寂靜非不寂靜非遠離非不
遠離舍利子此等名為觀察諸法舍利子諸
菩薩摩訶薩行深般若波羅蜜多時應作如
是觀察諸法
尒時舍利子問具壽善現言仁者何緣作如
是說色乃至識無生無滅即非色乃至識如
是乃至一切智道相智一切相智無生無滅
即非一切智道相智一切相智善現荅言舍
利子色乃至識色乃至識性空此性空中無
生無滅亦無色乃至識由斯故說色乃至識
無生無滅即非色乃至識如是乃至一切智
道相智一切相智一切智道相智一切相智
性空此性空中無生無滅亦無一切智道相
智一切相智由斯故說一切智道相智一切
相智無生無滅即非一切智道相智一切相
智
尒時舍利子問具壽善現言仁者何緣作如
是說色乃至識不二即非色乃至識如是乃
至一切智道相智一切相智不二即非一切智

智
尒時舍利子問具壽善現言仁者何緣作如
是說色乃至識不二即非色乃至識如是乃
至一切智道相智一切相智不二即非一切
智道相智一切相智善現答言舍利子若色
若不二乃至若識若不二如是乃至若一切
智若不二若道相智一切相智若不二如是
一切非合非散無色無見無對一相所謂無
相由斯故說色乃至識不二即非色乃至識
如是乃至一切智道相智一切相智不二即
非一切智道相智一切相智
尒時舍利子問具壽善現言仁者何緣作如
是說色乃至識入無二法數是故名色乃至
識如是乃至一切智道相智一切相智入無
二法數是故名一切智道相智一切相智善
現答言舍利子色乃至識不異無生無滅無
生無滅不異色乃至識色乃至識即是無生
無滅無生無滅即是色乃至識如是乃至一
切智道相智一切相智不異無生無滅無生
無滅不異一切智道相智一切相智一切智
道相智一切相智即是無生無滅無生無滅
即是一切智道相智一切相智由斯故說色
乃至識入無二法數是故名色乃至識如是
乃至一切智道相智一切相智入無二法數
是故名一切智道相智一切相智

BD15109號　大般若波羅蜜多經卷四九七　（9–8）

現答言舍利子色乃至識不異無生無滅無
生無滅不異色乃至識色乃至識即是無生
無滅無生無滅即是色乃至識如是乃至一
切智道相智一切相智不異無生無滅無生
無滅不異一切智道相智一切相智一切智
道相智一切相智即是無生無滅無生無滅
即是一切智道相智一切相智由斯故說色
乃至識入無二法數是故名色乃至識如是
乃至一切智道相智一切相智入無二法數
是故名一切智道相智一切相智

大般若波羅蜜多經卷第四百九十七

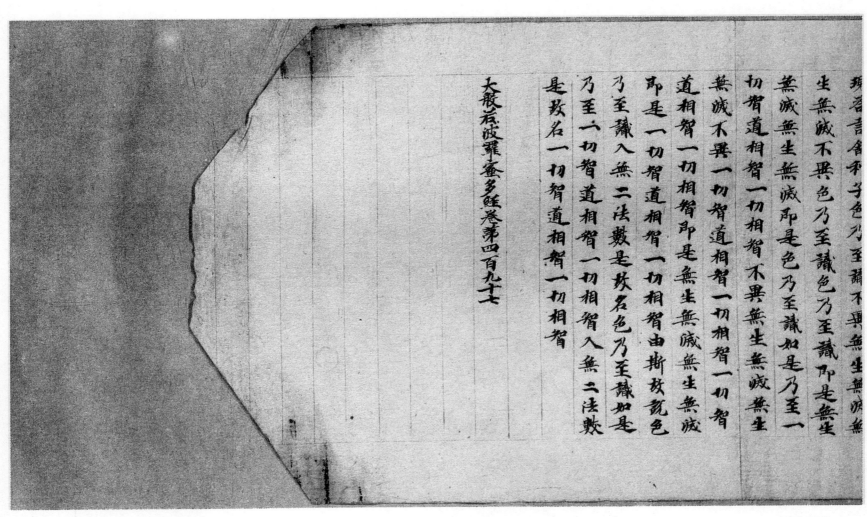

BD15109號　大般若波羅蜜多經卷四九七　（9–9）

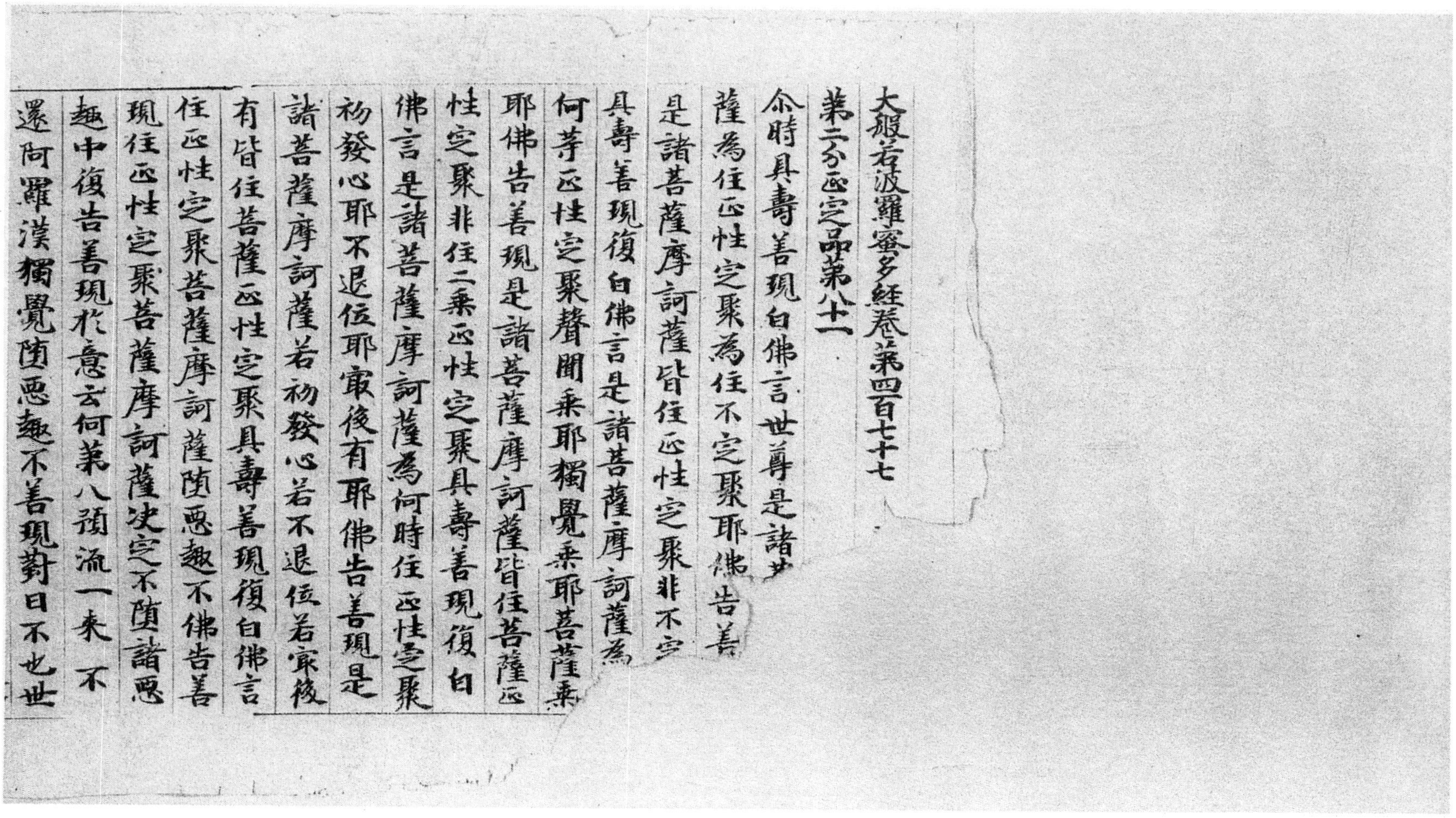

大般若波羅蜜多經卷第四百七十七
第二分正定品第八十一
尒時具壽善現白佛言世尊是諸
薩為住正性定聚為住不定聚耶佛告善
是諸菩薩摩訶薩皆住正性定聚非不定
具壽善現復白佛言是諸菩薩摩訶薩為
何等正性定聚聲聞乘耶獨覺乘耶菩薩乘
耶佛告善現是諸菩薩摩訶薩皆住菩薩正
性定聚非住二乘正性定聚具壽善現復白
佛言是諸菩薩摩訶薩為何時住正性定聚
初發心耶不退位耶最後有耶佛告善現是
諸菩薩摩訶薩若初發心若不退位若最後
有皆住菩薩正性定聚具壽善現復白佛言
住正性定聚菩薩摩訶薩隨惡趣不佛告善
現住正性定聚菩薩摩訶薩決定不墮諸惡
趣中復告善現於意云何第八預流一來不
還阿羅漢獨覺隨惡趣不善現對曰不也世

BD15110 號 1　大般若波羅蜜多經卷四七七　（12–1）

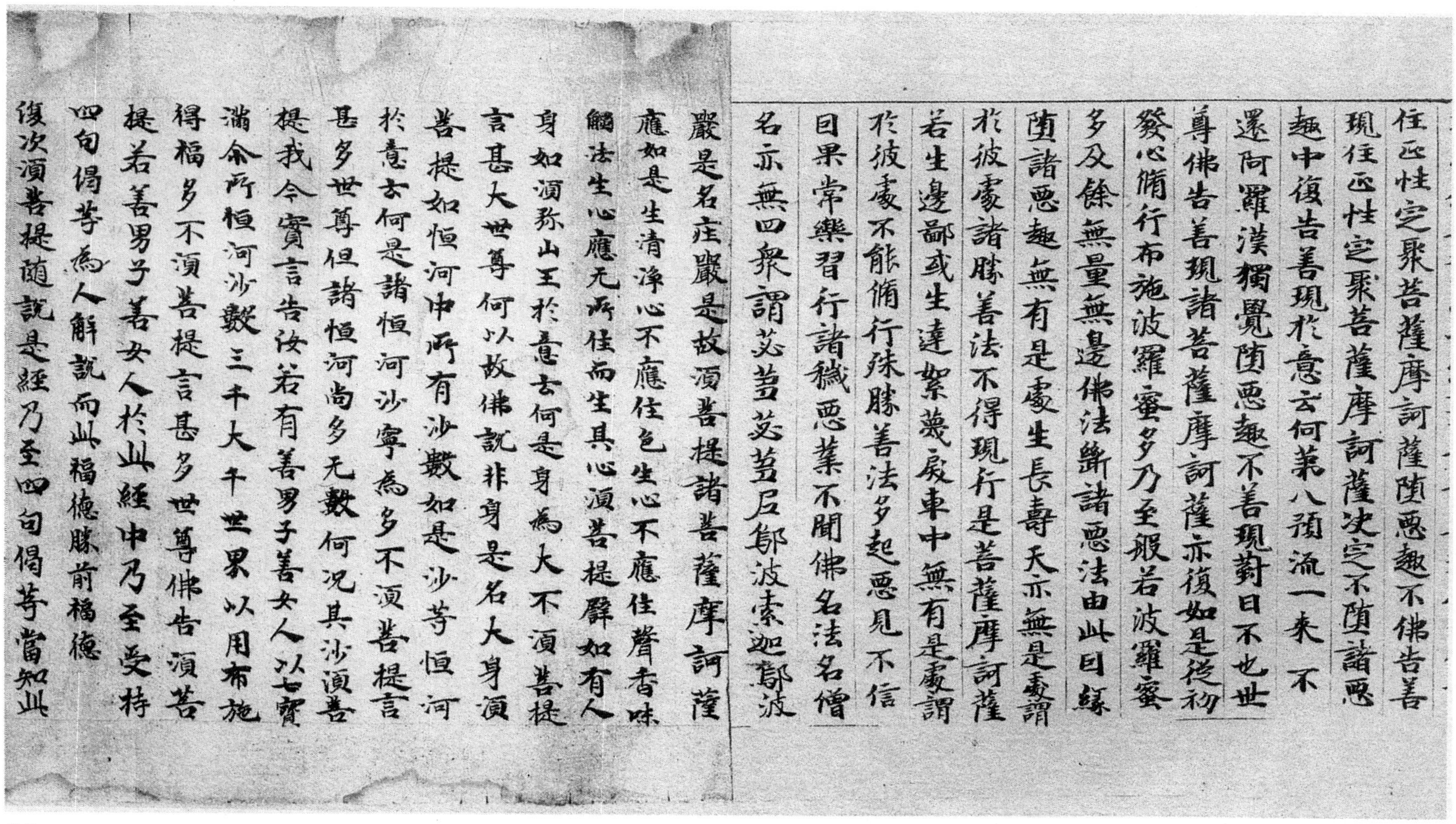

住正性定聚菩薩摩訶薩隨惡趣不佛告善
現住正性定聚菩薩摩訶薩決定不墮諸惡
趣中復告善現於意云何第八預流一來不
還阿羅漢獨覺隨惡趣不善現對曰不也世
尊佛告善現諸菩薩摩訶薩亦復如是從初
發心脩行布施波羅蜜多乃至般若波羅蜜
多及餘無量無邊佛法斷諸惡法由此因緣
墮諸惡趣無有是處生長壽天亦無是處謂
於彼處諸勝善法不得現行是菩薩摩訶薩
若生邊鄙或生達絮蔑戾車中無有是處謂
於彼處不能脩行殊勝善法多起惡見不信
因果常樂習行諸穢惡業不聞佛名法名僧
名亦無四衆謂苾芻苾芻尼鄔波索迦鄔波

嚴是名莊嚴是故須菩提諸菩薩摩訶薩
應如是生清淨心不應住色生心不應住聲香味
觸法生心應无所住而生其心須菩提譬如有人
身如須弥山王於意云何是身為大不須菩提
言甚大世尊何以故佛說非身是名大身須
菩提如恒河中所有沙數如是沙等恒河
於意云何是諸恒河沙寧為多不須菩提言
甚多世尊但諸恒河尚多无數何況其沙須菩
提我今實言告汝若有善男子善女人以七寶
滿尒所恒河沙數三千大千世界以用布施
得福多不須菩提言甚多世尊佛告須菩
提若善男子善女人於此經中乃至受持
四句偈等為人解說而此福德勝前福德
復次須菩提隨說是經乃至四句偈等當知此

BD15110 號 1　大般若波羅蜜多經卷四七七　（12–2）
BD15110 號 2　金剛般若波羅蜜經

滿尒所恒河沙數三千大千世界以用布施
得福多不須菩提言甚多世尊佛告須菩
提若善男子善女人於此經中乃至受持
四句偈等為人解說而此福德勝前福德
復次須菩提隨說是經乃至四句偈等當知此
處一切世間天人阿脩羅皆應供養如佛塔廟
何況有人盡能受持讀誦須菩提當知是人
成就最上第一希有之法若是經典所在之處
則為有佛若尊重弟子
尒時須菩提白佛言世尊當何名此經我等
云何奉持佛告須菩提是經名為金剛般若
波羅蜜以是名字汝當奉持所以者何須
菩提佛說般波羅蜜則非般若波羅蜜須
菩提於意云何如來有所說法不須菩提白佛
言世尊如來无所說須菩提於意云何三
千大千世界所有微塵是為多不須菩
提言甚多世尊須菩提諸微塵如來說非微
塵是名微塵如來說世界非世界是名世界須菩
提於意云何可以三十二相見如來不不也世尊
不可以三十二相得見如來何以故如來說三十
二相即是非相是名三十二相
須菩提若有善男子善女人以恒河沙等身
命布施若復有人於此經中乃至受持四句
偈等為他人說其福甚多
尒時須菩提聞說是經深解義趣涕淚悲泣
而白佛言希有世尊佛說如是甚深經典我
從昔來所得慧眼未曾得聞如是之經世尊

BD15110號2　金剛般若波羅蜜經　　(12–3)

偈等為他人說其福甚多
尒時須菩提聞說是經深解義趣涕淚悲泣
而白佛言希有世尊佛說如是甚深經典我
從昔來所得慧眼未曾得聞如是之經世尊
若復有人得聞是經信心清淨則生實相當知
是人成就第一希有功德世尊是實相者則
是非相是故如來說名實相世尊我今得聞
如是經典信解受持不足為難若當來世
後五百歲其有眾生得聞是經信解受持
是人則為第一希有何以故此人无我相人
相眾生相壽者相所以者何我相即是非相人
相眾生相壽者相即是非相何以故離一切諸
相則名諸佛
佛告須菩提如是如是若復有人得聞是經
不驚不怖不畏當知是人甚為希有何以故須
菩提如來說第一波羅蜜非第一波羅蜜是
名第一波羅蜜須菩提忍辱波羅蜜如來說
非忍辱波羅蜜何以故須菩提如我昔為歌
利王割截身體我於尒時无我相无人相无眾
生相无壽者相何以故我於往昔節節支解時
若有我相人相眾生相壽者相應生瞋恨須菩
提又念過去於五百世作忍辱仙人於尒所世
无我相无人相无眾生相无壽者相是故須
菩提菩薩應離一切相發阿耨多羅三藐三
菩提心不應住色生心不應住聲香味觸法
生心應生无所住心若心有住則為非住是故
佛說菩薩心不應住色布施須菩提菩薩為利

BD15110號2　金剛般若波羅蜜經　　(12–4)

菩提心不應住色生心不應住聲香味觸法
生心應生无所住心若心有住則為非住是故
佛說菩薩心不應住色布施須菩提菩薩為利
益一切衆生應如是布施如來說一切諸相即
是非相又說一切衆生則非衆生須菩提如來
是真語者實語者如語者不誑語者不異
語者須菩提如來所得法此法无實无虛
須菩提若菩薩心住於法而行布施如人入闇
則无所見若菩薩心不住法而行布施如人有目
日光明照見種種色須菩提當來之世若有
善男子善女人能於此經受持讀誦則為如來
以佛知慧悉知是人悉見是人皆得成就无量
无邊功德
須菩提若有善男子善女人初日分以恒河沙
等身布施中日分復以恒河沙等身布施後日
分亦以恒河沙等身布施如是无量百千万億劫
以身布施若復有人聞此經典信心不逆其福
勝彼何況書寫受持讀誦為人解說
須菩提以要言之是經有不可思議不可稱无
量无邊功德如來為發大乘者說為發最上乘
者說若有人能受持讀誦廣為人說如來悉
知是人悉見是人皆得成就不可量不可稱无
有邊不可思議功德如是人等則為荷擔如來
阿耨多羅三藐三菩提何以故須菩提若
樂小法者著我見人見衆生見壽者見則於
此經不能聽受讀誦為人解說須菩提在在處
處若有此經一切世間天人阿脩羅所應

BD15110 號 2　金剛般若波羅蜜經

(12–5)

阿耨多羅三藐三菩提何以故須菩提若
樂小法者著我見人見衆生見壽者見則於
此經不能聽受讀誦為人解說須菩提在在處
處若有此經一切世間天人阿脩羅所應
供養當知此處則為是塔皆應恭敬作礼圍
遶以諸華香而散其處
復次須菩提善男子善女人受持讀誦此經若
為人輕賤是人先世罪業應墮惡道以今世人
輕賤故先世罪業則為消滅當得阿耨多羅
三藐三菩提須菩提我念過去无量阿僧祇
劫於然燈佛前得值八百四千万億那由
他諸佛悉皆供養承事无空過者若復有
人於後末世能受持讀誦此經所得功得於
我所供養諸佛功德百分不及一千万億分乃至
筭數譬喻所不能及須菩提若善男子善女
人於後末世有受持讀誦此經所得功德我
若具說者或有人聞心則狂亂狐疑不信須菩
提當知是經義不可思議果報亦不可思議
尒時須菩提白佛言世尊善男子善女人發阿
耨多羅三藐三菩提心云何應住云何降伏其
心佛告須菩提善男子善女人發阿耨多羅
三藐三菩提者當生如是心我應滅度一切
衆生滅度一切衆生已而无有一衆生實
滅度者何以故若菩薩有我相人相衆生相
壽者相則非菩薩所以者何須菩提實无有
法發阿耨多羅三藐三菩提者
須菩提於意云何如來於然燈佛所有法得阿

BD15110 號 2　金剛般若波羅蜜經

(12–6)

殺度者何以故若菩薩有我相人相衆生相
壽者相則非菩薩所以者何須菩提實无有
法發阿耨多羅三藐三菩提者
須菩提於意云何如來於然燈佛所有法得阿
耨多羅三藐三菩提不不也世尊如我解佛
所說義佛於然燈佛所无有法得阿耨多羅三
藐三菩提佛言如是如是須菩提實无有法如
來得阿耨多羅三藐三菩提須菩提若有
法如來得阿耨多羅三藐三菩提者然燈佛
則不與我受記汝於來世當得作佛号釋迦牟
尼以實无有法得阿耨多羅三藐三菩提
是故然燈佛與我受記作是言汝於來世
當得作佛号釋迦牟尼何以故如來者即諸
法如義若有人言如來得阿耨多羅三藐三菩
提須菩提實无有法佛得阿耨多羅三藐三
菩提須菩提如來所得阿耨多羅三藐三菩
提於是中无實无虛是故如來說一切法皆是
佛法須菩提所言一切法者即非一切法是故
名一切法
須菩提譬如人身長大須菩提言世尊如來
說人身長大則為非大身是名大身須菩提
菩薩亦如是若作是言我當滅度无量衆生
則不名菩薩何以故須菩提實无有法名
為菩薩是故佛說一切法无我无人无衆生
无壽者須菩提若菩薩作是言我當莊嚴
佛土是不名菩薩何以故如來說莊嚴佛土
者即非莊嚴是名莊嚴須菩提若菩薩通

BD15110號2　金剛般若波羅蜜經　（12–7）

則不名菩薩何以故須菩提實无有法名
為菩薩是故佛說一切法无我无人无衆生
无壽者須菩提若菩薩作是言我當莊嚴
佛土是不名菩薩何以故如來說莊嚴佛土
土者即非莊嚴是名莊嚴須菩提若菩薩通
達无我法者如來說名真是菩薩
須菩提於意云何如來有肉眼不如是世尊
如來有肉眼須菩提於意云何如來有天眼
不如是世尊如來有天眼須菩提於意云何
如來有慧眼不如是世尊如來有慧眼須菩
提於意云何如來有法眼不如是世尊如來有
法眼須菩提於意云何如來有佛眼不如是世
尊如來有佛眼須菩提於意云何恒河中所
有沙佛說是沙不如是世尊如來說是沙須
菩提於意云何如一恒河中所有沙有如
是等恒河是諸恒河所有沙數佛世界如是
寧為多不甚多世尊佛告須菩提尒所國土
中所有衆生若干種心如來悉知何以故如來
說諸心皆為非心是名為心所以者何須菩提
過去心不可得現在心不可得未來心不可
得須菩提於意云何若有人滿三千大千
世界七寶以用布施是人以是因緣得福多不
如是世尊此人以是因緣得福甚多須菩提
若福德有實如來不說得福德多以福德无
故如來說得福德多
須菩提於意云何佛可以具足色身見不不
也世尊如來不應以色身見何以故如來說
具足色身即非具足色身是名具足色身須

BD15110號2　金剛般若波羅蜜經　（12–8）

故如來說得福德多
須菩提於意云何佛可以具足色身見不不
也世尊如來不應以色身見何以故如來說
具足色身即非具足色身是名具足色身須
菩提於意云何如來可以具足諸相見不不
也世尊如來不應以具足諸相見何以故如來
說諸相具足即非具足是名諸相具足
須菩提汝勿謂如來作是念我當有所說法
莫作是念何以故若人言如來有所說法即為
謗佛不能解我所說故須菩提說法者无法
可說是名說法
須菩提白佛言世尊佛得阿耨羅三藐三
菩提為无所得耶如是如是須菩提我於阿
耨多羅三藐三菩提乃至无有少法可得是
名阿耨多羅三藐三菩提
復次須菩提是法平等无有高下是名阿耨
多羅三藐三菩提以无我无人无衆生无壽
者脩一切善法則得阿耨多羅三藐三菩提
須菩提所言善法者如來說非善法是名善法
須菩提若三千大千世界中所有諸須弥山
王如是等七寶聚有人持用布施若人以此
般若波羅蜜經乃至四句偈等受持為他人
說於前福德百分不及一百千万億分乃至
筭數譬喻所不能及
須菩提於意云何汝等勿謂如來作是念我
當度衆生須菩提莫作是念何以故實无有
衆生如來度者若有衆生如來度者如來則

筭數譬喻所不能及
須菩提於意云何汝等勿謂如來作是念我
當度衆生須菩提莫作是念何以故實无有
衆生如來度者若有衆生如來度者如來則
有我人衆生壽者須菩提如來說有我者則
非有我而凡夫之人以為有我須菩提凡夫者
如來說則非凡夫
須菩提於意云何可以三十二相觀如來不須
菩提言如是如是以三十二相觀如來佛言須
菩提若以三十二相觀如來者轉輪聖王則是
如來須菩提白佛言世尊如我解佛所說義不
應以三十二相觀如來尒時世尊而說偈言
若以色見我　以音聲求我　是人行耶道　不能見如來
須菩提汝若作是念如來不以具足相故得阿耨
多羅三藐三菩提須菩提莫作是念如來不以
具足相故得阿耨多羅三藐三菩提須菩提
汝若作是念發阿耨多羅三藐三菩提者說
諸法斷滅相莫作是念何以故發阿耨多羅
三藐三菩提者於法不說斷滅相
須菩提若菩薩以滿恒河沙等世界七寶布施
若復有人知一切法无我得成於忍此菩薩勝
前菩薩所得功德須菩提以諸菩薩不受福德故
須菩提白佛言世尊云何菩薩不受福德須
菩提菩薩所作福德不應貪著是故說不受
福德須菩提若有人言如來若來若去若坐若
臥是人不解我說所義何以故如來者无所
從來亦无所去故名如來

須菩提白佛言世尊云何菩薩不受福德
菩提菩薩所作福德不應貪著是故說不受
福德須菩提若有人言如來若來若去若坐若
卧是人不解我說所義何以故如來者无所
從來亦无所去故名如來
須菩提若男子善女人以三千大千世界碎
為微塵於意云何是微塵衆寧為多不甚
多世尊何以故若是微塵衆實有者佛則
不說是微塵衆所以者何佛說微塵衆則
非微塵衆是名微塵衆世尊如來所說三
千大千世界則非世界是名世界何以故若世
界實有者則是一合相如來說一合相則非
一合相是名一合相須菩提一合相者則是不可
說但凡夫之人貪著其事須菩提若人言佛說
我見人見衆生見壽者見須菩提於意云何是
人解我所說義不世尊是人不解如來所
說義何以故世尊說我見人見衆生見壽者
見即非我見人見衆生見壽者見是名我見
人見衆生見壽者見
須菩提發阿耨多羅三藐三菩提心者於一切
法應如是知如是見如是信解不生法相須菩
提所言法相者如來說即非法相是名法相須
菩提若有人以滿无量阿僧祇世界七寶持
用布施若有善男子善女人發菩薩心者持
於此經乃至四句偈等受持讀誦為人演說其
福勝彼云何為人演說不取於相如如不動
何以故
一切有為法　如夢幻泡影　如露亦如電　應作如是觀

BD15110 號 2　金剛般若波羅蜜經　（12–11）

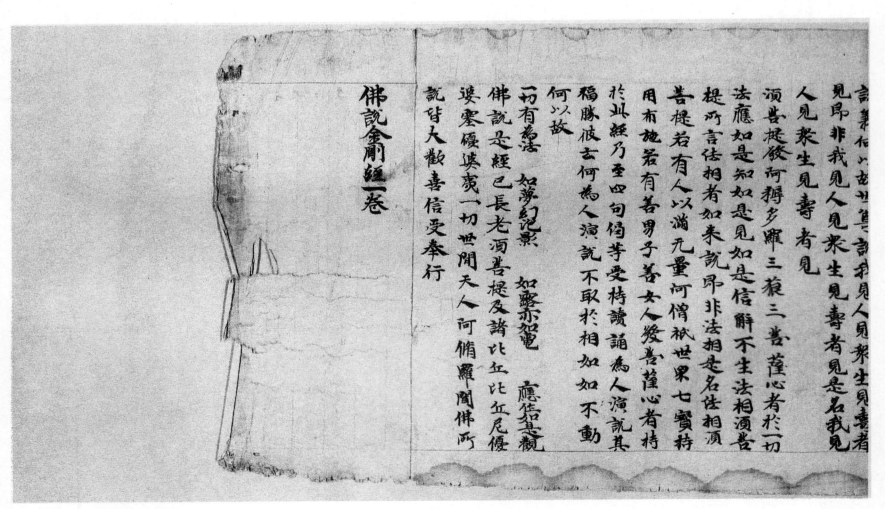

說義何以故世尊說我見人見衆生見壽者
見即非我見人見衆生見壽者見是名我見
人見衆生見壽者見
須菩提發阿耨多羅三藐三菩提心者於一切
法應如是知如是見如是信解不生法相須菩
提所言法相者如來說即非法相是名法相須
菩提若有人以滿无量阿僧祇世界七寶持
用布施若有善男子善女人發菩薩心者持
於此經乃至四句偈等受持讀誦為人演說其
福勝彼云何為人演說不取於相如如不動
何以故
一切有為法　如夢幻泡影　如露亦如電　應作如是觀
佛說是經已長老須菩提及諸比丘比丘尼優
婆塞優婆夷一切世間天人阿脩羅聞佛所
說皆大歡喜信受奉行

佛說金剛經一卷

BD15110 號 2　金剛般若波羅蜜經　（12–12）

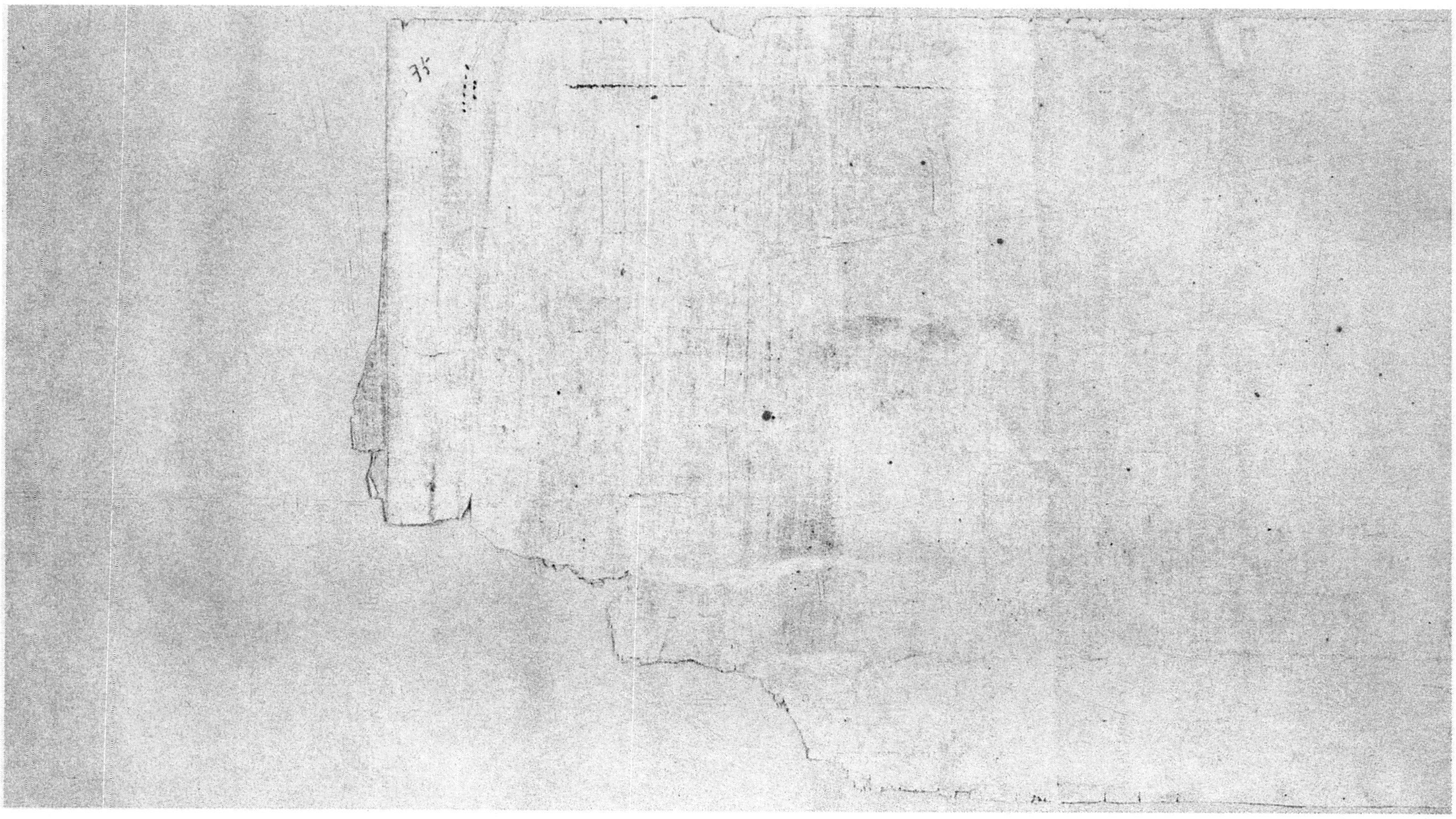

BD15110 號背　勘記　（1–1）

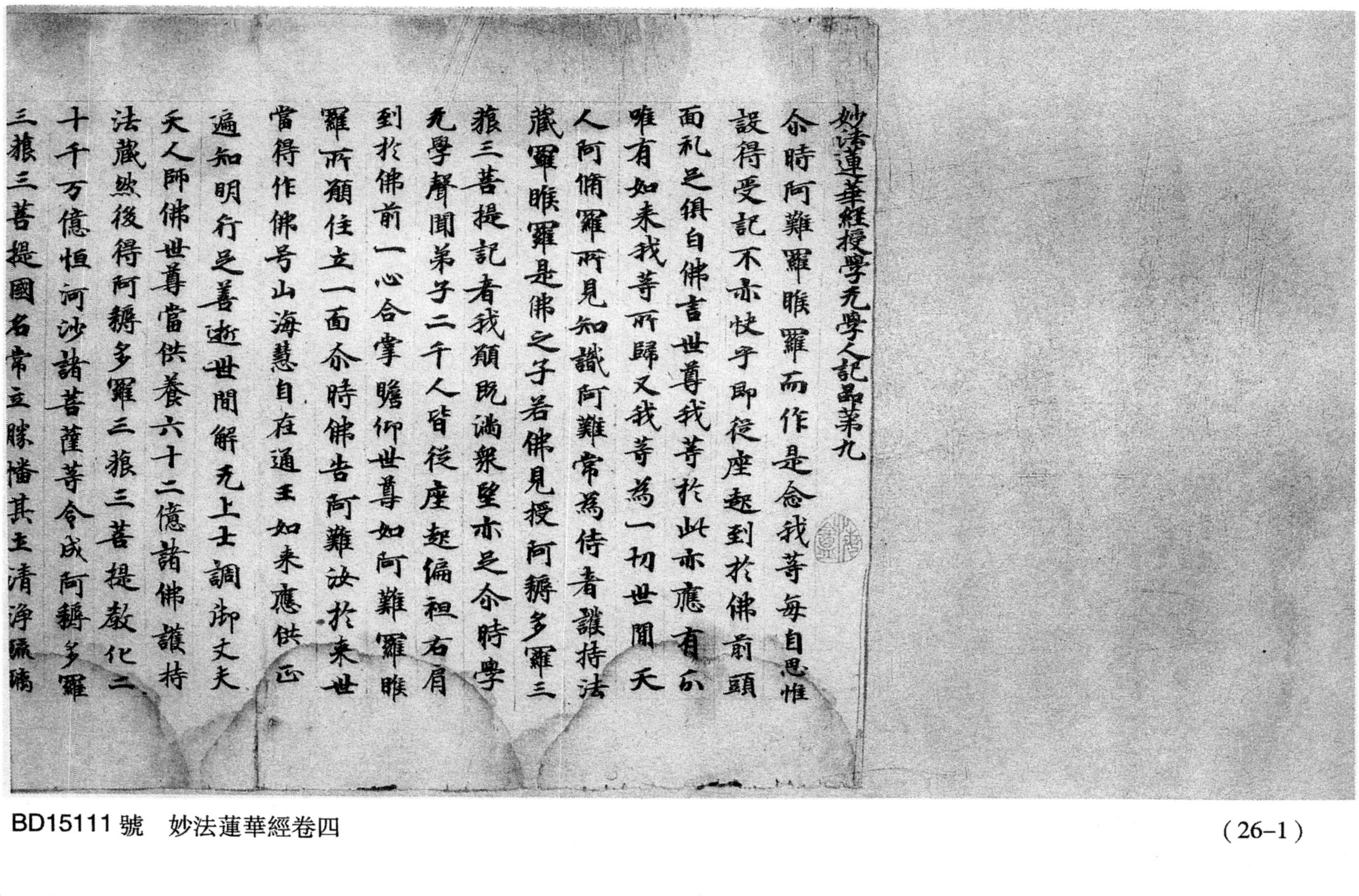

妙法蓮華經授學无學人記品第九
尒時阿難羅睺羅而作是念我等每自思惟
設得受記不亦快乎即從座起到於佛前頭
面礼足俱白佛言世尊我等於此亦應有分
唯有如來我等所歸又我等為一切世間天
人阿脩羅所見知識阿難常為侍者護持法
藏羅睺羅是佛之子若佛見授阿耨多羅三
藐三菩提記者我願既滿衆望亦足尒時學
无學聲聞弟子二千人皆從座起偏袒右肩
到於佛前一心合掌瞻仰世尊如阿難羅睺
羅所願住立一面尒時佛告阿難汝於來世
當得作佛号山海慧自在通王如來應供正
遍知明行足善逝世間解无上士調御丈夫
天人師佛世尊當供養六十二億諸佛護持
法藏然後得阿耨多羅三藐三菩提教化二
十千万億恒河沙諸菩薩等令成阿耨多羅
三藐三菩提國名常立勝幡其土清淨瑠璃

BD15111 號　妙法蓮華經卷四　（26–1）

遍知明行足善逝世間解无上士調御丈夫
天人師佛世尊當供養六十二億諸佛護持
法藏然後得阿耨多羅三藐三菩提教化二
十千万億恒河沙諸菩薩等令成阿耨多羅
三藐三菩提國名常立勝幡其土清淨琉璃
為地劫名妙音遍滿其佛壽命无量千万億
阿僧祇劫若人於千万億无量阿僧祇劫中
筭數校計不能得知正法住世倍於壽命像
法住世復倍正法阿難是山海慧自在通王
佛為十方无量千万億恒河沙等諸佛如來
所共讚歎稱其功德尒時世尊欲重宣此義
而說偈言
我今僧中說　阿難持法者　當供養諸佛　然後成正覺
號曰山海慧　自在通王佛　其國土清淨　名常立勝幡
教化諸菩薩　其數如恒沙　佛有大威德　名聞滿十方
壽命无有量　以愍衆生故　正法倍壽命　像法復倍是
如恒河沙等　无數諸衆生　於此佛法中　種佛道因緣
尒時會中新發意菩薩八千人咸作是念我
等尚不聞諸大菩薩得如是記有何因緣而
諸聲聞得如是決尒時世尊知諸菩薩心之
所念而告之曰諸善男子我與阿難等於空
王佛所同時發阿耨多羅三藐三菩提心阿
難常樂多聞我常勤精進是故我已得成阿
耨多羅三藐三菩提而阿難護我法亦護
將來諸佛法藏教化成就諸菩薩衆其本
願如是故獲斯記阿難面於佛前自聞受記

BD15111號　妙法蓮華經卷四　（26–2）

難常樂多聞我常勤精進是故我已得成阿
耨多羅三藐三菩提而阿難護我法亦護
將來諸佛法藏教化成就諸菩薩衆其本
願如是故獲斯記阿難面於佛前自聞受記
及國土莊嚴所願具足心大歡喜得未曾有即
時憶念過去无量千万億諸佛法藏通達无
礙如今所聞亦識本願尒時阿難而說偈言
世尊甚希有　令我念過去　无量諸佛法　如今日所聞
我今无復疑　安住於佛道　方便為侍者　護持諸佛法
尒時佛告羅睺羅汝於來世當得作佛号蹈
七寶華如來應供正遍知明行足善逝世間
解无上士調御丈夫天人師佛世尊當供養
十世界微塵等數諸佛如來常為諸佛而作
長子猶如今也是蹈七寶華佛國土莊嚴壽
命劫數所化弟子正法像法亦如山海慧自
在通王如來无異亦為此佛而作長子過是
已後當得阿耨多羅三藐三菩提尒時世尊
欲重宣此義而說偈言
我為太子時　羅睺為長子　我今成佛道　受法為法子
於未來世中　見无量億佛　皆為其長子　一心求佛道
羅睺羅密行　唯我能知之　現為我長子　以示諸衆生
无量億千万　功德不可數　安住於佛法　以求无上道
尒時世尊見學无學二千人其意柔軟寂然
清淨一心觀佛佛告阿難汝見是學无學二
千人不唯然已見阿難是諸人等當供養五
十世界微塵數諸佛如來恭敬尊重護持法

BD15111號　妙法蓮華經卷四　（26–3）

尒時世尊見學无學二千人其意柔軟寂然
清淨一心觀佛佛告阿難汝見是學无學二
千人不唯然已見阿難是諸人等當供養五
十世界微塵數諸佛如來恭敬尊重護持法
藏末後同時於十方國各得成佛皆同一号
名曰寶相如來應供正遍知明行足善逝世
間解无上士調御丈夫天人師佛世尊壽命
一劫國土莊嚴聲聞菩薩正法像法皆悉同
等尒時世尊欲重宣此義而說偈言
是二千聲聞　今於我前住　悉皆與授記　未來當成佛
所供養諸佛　如上說塵數　護持其法藏　後當成正覺
各於十方國　悉同一名号　俱時坐道場　以證无上慧
皆名為寶相　國土及弟子　正法與像法　悉等无有異
咸以諸神通　度十方衆生　名聞普周遍　漸入於涅槃
尒時學无學二千人聞佛授記歡喜踊躍而
說偈言
世尊慧燈明　我聞授記音　心歡喜充滿　如甘露見灌
妙法蓮華經法師品第十
尒時世尊因藥王菩薩告八万大士藥王汝見
是大衆中无量諸天龍王夜叉乾闥婆阿
脩羅迦樓羅緊那羅摩睺羅伽人與非人及
比丘比丘尼優婆塞優婆夷求聲聞者求辟
支佛者求佛道者如是等類咸於佛前聞妙
法華經一偈一句乃至一念隨喜者我皆與
授記當得阿耨多羅三藐三菩提佛告藥王
又如來滅度之後若有人聞妙法華經乃至
一偈一句一念隨喜者我亦與授阿耨多羅

BD15111號　妙法蓮華經卷四

（26–4）

支佛者求佛道者如是等類咸於佛前聞妙
法華經一偈一句乃至一念隨喜者我皆與
授記當得阿耨多羅三藐三菩提佛告藥王
又如來滅度之後若有人聞妙法華經乃至
一偈一句一念隨喜者我亦與授阿耨多羅
三藐三菩提記若復有人受持讀誦解說書
寫妙法華經乃至一偈於此經卷敬視如佛
種種供養華香瓔珞末香塗香燒香繒蓋幢
幡衣服伎樂乃至合掌恭敬藥王當知是諸
人等已曾供養十万億佛於諸佛所成就大
願愍衆生故生此人間
藥王若有人問何等衆生於未來世當得作
佛應示是諸人等於未來世必得作佛何以
故若善男子善女人於法華經乃至一句受
持讀誦解說書寫種種供養經卷華香瓔
珞末香塗香燒香繒蓋幢幡衣服伎樂合掌
恭敬是人一切世間所應瞻奉應以如來供
養而供養之當知此人是大菩薩成就阿耨
多羅三藐三菩提哀愍衆生願生此間廣演
分別妙法華經何況盡能受持種種供養者藥
王當知是人自捨清淨業報於我滅後愍衆
生故生於惡世廣演此經若是善男子善女
人我滅度後能竊為一人說法華經乃至一
句當知是人則如來使如來所遣行如來事
何況於大衆中廣為人說藥王若有惡人以
不善心於一劫中現於佛前常毀罵佛其罪
尚輕若人以一惡言毀呰在家出家讀誦法

BD15111號　妙法蓮華經卷四

（26–5）

句當知是人則如來使如來所遣行如來事
何況於大衆中廣為人說藥王若有惡人以
不善心於一劫中現於佛前常毀罵佛其罪
尚輕若人以一惡言毀呰在家出家讀誦法
華經者其罪甚重藥王其有讀誦法華經者
當知是人以佛莊嚴而自莊嚴則為如來肩
所荷擔其所至方應隨向礼一心合掌恭敬
供養尊重讚歎華香瓔珞末香塗香燒香
繒蓋幢幡衣服餚饌作諸伎樂人中上供而
供養之應持天寶而以散之天上寶聚應以
奉獻所以者何是人歡喜說法須臾聞之即
得究竟阿耨多羅三藐三菩提故尒時世尊
欲重宣此義而說偈言
若欲住佛道　成就自然智　常當勤供養　受持法華者
其有欲疾得　一切種智慧　當受持是經　并供持經者
若有能受持　妙法華經者　當知佛所使　愍念諸衆生
當知如是人　自在所欲生　能於此惡世　廣說无上法
應以天華香　及天寶衣服　天上妙寶聚　供養說法者
吾滅後惡世　能持是經者　當合掌敬礼　如供養世尊
上饌衆甘美　及種種衣服　供養是佛子　兾得須臾聞
若能於後世　受持是經者　我遣在人中　行於如來事
若於一劫中　常懷不善心　作色而罵佛　獲无量重罪
其有讀誦持　是法華經者　須臾加惡言　其罪復過彼
有人求佛道　而於一劫中　合掌在我前　以无數偈讚
由是讚佛故　得无量功德　歎美持經者　其福復過彼
於八十億劫　以寂妙色聲　及與香味觸　供養持經者

BD15111 號　妙法蓮華經卷四　（26–6）

其有讀誦持　是法華經者　須臾加惡言　其罪復過彼
有人求佛道　而於一劫中　合掌在我前　以无數偈讚
由是讚佛故　得无量功德　歎美持經者　其福復過彼
於八十億劫　以寂妙色聲　及與香味觸　供養持經者
如是供養已　若得須臾聞　則應自欣慶　我今獲大利
藥王今告汝　我所說諸經　而於此經中　法華冣第一
尒時佛復告藥王菩薩摩訶薩我所說經典
无量千万億已說今說當說而於其中此法
華經寂為難信難解藥王此經是諸佛秘
要之藏不可分布妄授與人諸佛世尊之所守
護從昔已來未曾顯說而此經者如來現在
猶多怨嫉況滅度後藥王當知如來滅後其能
書持讀誦供養為他人說者如來則為以衣
覆之又為他方現在諸佛之所護念是人有
大信力及志願力諸善根力當知是人與如
來共宿則為如來手摩其頭藥王在在處處
若說若讀若誦若書若經卷所住之處皆應
起七寶塔極令高廣嚴飾不須復安舍利所
以者何此中已有如來全身此塔應以一切華
香瓔珞繒蓋幢幡伎樂歌頌供養恭敬尊重
讚歎若有人得見此塔礼拜供養當知是等
皆近阿耨多羅三藐三菩提藥王多有人在
家出家行菩薩道若不能得見聞讀誦書持
供養是法華經者當知是人未善行菩薩道
若有得聞是經典者乃能善行菩薩之道其
有衆生求佛道者若見若聞是法華經聞已

BD15111 號　妙法蓮華經卷四　（26–7）

家出家行菩薩道若不能得見聞讀誦書持
供養是法華經者當知是人未善行菩薩道
若有得聞是經典者乃能善行菩薩之道其
有衆生求佛道者若見若聞是法華經聞已
信解受持者當知是人得近阿耨多羅三藐
三菩提
藥王譬如有人渴乏須水於彼高原穿鑿求
之猶見乾土知水尚遠施功不已轉見濕土
遂漸至泥其心決定知水必近菩薩亦復如
是若未聞未解未能修習是法華經當知是
人去阿耨多羅三藐三菩提尚遠若得聞解
思惟修習必知得近阿耨多羅三藐三菩提
所以者何一切菩薩阿耨多羅三藐三菩提
皆屬此經此經開方便門示真實相是法華
經藏深固幽遠无人能到今佛教化成就菩
薩而為開示藥王若有菩薩聞是法華經驚
疑怖畏當知是為新發意菩薩若聲聞人聞
是經驚疑怖畏當知是為增上慢者藥王若
有善男子善女人如來滅後欲為四衆說是
法華經者云何應說是善男子善女人入如
來室著如來衣坐如來座尒乃應為四衆廣
說斯經如來室者一切衆生中大慈悲心是
如來衣者柔和忍辱心是如來座者一切法
空是安住是中然後以不懈怠心為諸菩薩
及四衆廣說是法華經藥王我於餘國遣

BD15111 號　妙法蓮華經卷四　（26–8）

說斯經如來室者一切衆生中大慈悲心是
如來衣者柔和忍辱心是如來座者一切法
空是安住是中然後以不懈怠心為諸菩薩
及四衆廣說是法華經藥王我於餘國遣
化人為其集聽法衆亦遣化比丘比丘尼優婆
塞優婆夷聽其說法是諸化人聞法信受隨
順不逆若說法者在空閑處我時廣遣天龍
鬼神乾闥婆阿脩羅等聽其說法我雖在
異國時時令說法者得見我身若於此經忘失
句逗我還為說令得具足尒時世尊欲重宣
此義而說偈言
欲捨諸懈怠　應當聽此經　是經難得聞　信受者亦難
如人渴須水　穿鑿於高原　猶見乾燥土　知去水尚遠
漸見濕土泥　決定知近水　藥王汝當知　如是諸人等
不聞法華經　去佛智甚遠　若聞是深經　決了聲聞法
是諸經之王　聞已諦思惟　當知此人等　近於佛智慧
若人說此經　應入如來室　著於如來衣　而坐如來座
處衆无所畏　廣為分別說　大慈悲為室　柔和忍辱衣
諸法空為座　處此為說法　若說此經時　有人惡口罵
加刀杖瓦石　念佛故應忍　我千万億土　現淨堅固身
於无量億劫　為衆生說法　若我滅度後　能說此經者
我遣化四衆　比丘比丘尼　及清淨士女　供養於法師
引導諸衆生　集之令聽法　若人欲加惡　刀杖及瓦石
則遣變化人　為之作衛護　若說法之人　獨在空閑處
寂漠无人聲　讀誦此經典　我尒時為現　清淨光明身
若忘失章句　為說令通利　若人具是德　或為四衆說

BD15111 號　妙法蓮華經卷四　（26–9）

刹道諸衆生　集之令聽法　若人欲加惡　刀杖及凡石
則遣變化人　為之作衛護　若說法之人　獨在空閑處
寂漠无人聲　讀誦此經典　我尒時為現　清淨光明身
若忘失章句　為說令通利　若人具是德　或為四衆說
空處讀誦經　皆得見我身　若人在空閑　我遣天龍王
夜叉鬼神等　為作聽法衆　是人樂說法　分別无罣㝵
諸佛護念故　能令大衆喜　若親近法師　速得菩薩道
隨順是師學　得見恒沙佛

妙法蓮華經見寶塔品第十一

尒時佛前有七寶塔高五百由旬縱廣二百五
十由旬從地踊出住在空中種種寶物而莊
挍之五千蘭楯龕室千万无數幢幡以為
嚴餝垂寶瓔珞寶鈴万億而懸其上四面皆
出多摩羅跋栴檀之香充遍世界其諸幡蓋
以金銀琉璃車𤦲馬瑙真珠玫瑰七寶合成
高至四天王宮三十三天雨天曼陁羅華供
養寶塔餘諸天龍夜叉乹闥婆阿脩羅迦樓
羅緊那羅摩睺羅伽人非人等千万億衆以
一切華香瓔珞幡蓋伎樂供養寶塔恭敬尊
重讚歎尒時寶塔中出大音聲歎言善哉善
哉釋迦牟尼世尊能以平等大慧教菩薩法
佛所護念妙法華經為大衆說如是如是釋
迦牟尼世尊如所說者皆是真實
尒時四衆見大寶塔住在空中又聞塔中所
出音聲皆得法喜怪未曾有從座而起恭敬
合掌却住一面尒時有菩薩摩訶薩名大樂

迦牟尼世尊如所說者皆是真實
尒時四衆見大寶塔住在空中又聞塔中所
出音聲皆得法喜怪未曾有從座而起恭敬
合掌却住一面尒時有菩薩摩訶薩名大樂
說知一切世間天人阿脩羅等心之所疑而
白佛言世尊以何因緣有此寶塔從地踊出
又於其中發是音聲尒時佛告大樂說菩薩
此寶塔中有如來全身乃往過去東方无量
千万億阿僧祇世界國名寶淨彼中有佛号曰
多寶其佛行菩薩道時作大誓願若我成佛
滅度之後於十方國土有說法華經處我之
塔廟為聽是經故踊現其前為作證明讚言
善哉彼佛成道已臨滅度時於天人大衆中
告諸比丘我滅度後欲供養我全身者應起
一大塔其佛以神通願力十方世界在在處
處若有說法華經者彼之寶塔皆踊出其前
全身在於塔中讚言善哉善哉大樂說今多
寶如來塔聞說法華經故從地踊出讚言善
哉善哉是時大樂說菩薩以如來神力故白
佛言世尊我等願欲見此佛身佛告大樂說
菩薩摩訶薩是多寶佛有深重願若我寶塔
為聽法華經故出於諸佛前時其有欲以我
身示四衆者彼佛分身諸佛在於十方世界
說法盡還集一處然後我身乃出現耳大樂
說我分身諸佛在於十方世界說法者今應

爲聽法華經故出於諸佛前時其有欲以我
身示四衆者彼佛分身諸佛在於十方世界
説法盡還集一處然後我身乃出現耳大樂
説我分身諸佛在於十方世界説法者今應
當集大樂説白佛言世尊我等亦願欲見世
尊分身諸佛禮拜供養
尒時佛放白豪一光即見東方五百万億那
由他恒河沙等國土諸佛彼諸國土皆以頗
梨爲地寶樹寶衣以爲莊嚴无數千万億菩
薩充滿其中遍張寶幔寶網羅上彼國諸佛
以大妙音而説諸法及見无量千万億菩薩
遍滿諸國爲衆説法南西北方四維上下白
豪相光所照之處亦復如是尒時十方諸佛
各告衆菩薩言善男子我今應往娑婆世界
釋迦牟尼佛所并供養多寶如來寶塔時
娑婆世界即變清淨瑠璃爲地寶樹莊嚴黄
金爲繩以界八道无諸聚落村營城邑大海
江河山川林藪燒大寶香曼陀羅華遍布其
地以寶網幔羅覆其上懸諸寶鈴唯留此會
移諸天人置於他土是時諸佛各將一大菩
薩以爲侍者至娑婆世界各到寶樹下一一
寶樹高五百由旬枝葉華菓次第莊嚴諸
寶樹下皆有師子之座高五由旬亦以大寶
而校飾之
尒時諸佛各於此座結加趺坐如是展轉
遍滿三千大千世界而於釋迦牟尼佛一方所

BD15111號　妙法蓮華經卷四

（26–12）

寶樹下皆有師子之座高五由旬亦以大寶
而校飾之
尒時諸佛各於此座結加趺坐如是展轉
遍滿三千大千世界而於釋迦牟尼佛一方所
分之身猶故未盡時釋迦牟尼佛欲容受
所分身諸佛故八方各更變二百万億那由
他國皆令清淨无有地獄餓鬼畜生及阿脩
羅又移諸天人置於他土所化之國亦以瑠璃
爲地寶樹莊嚴樹高五百由旬枝葉華菓
次第嚴飾樹下皆有寶師子座高五由旬種
種諸寶以爲莊校亦无大海江河及目真隣
陀山摩訶目真隣陀山鐵圍山大鐵圍山須弥
山等諸山王通爲一佛國土寶地平正寶交
露幔遍覆其上懸諸幡蓋燒大寶香諸天
寶華遍布其地釋迦牟尼佛爲諸佛當來
坐故復於八方各變二百万億那由他國皆令
清淨无有地獄餓鬼畜生及阿脩羅又移諸
天人置於他土所化之國亦以瑠璃爲地寶樹
莊嚴樹高五百由旬枝葉華菓次第莊嚴
樹下皆有寶師子座高五由旬亦以大寶而校
飾之亦无大海江河及目真隣陀山摩訶目
真隣陀山鐵圍山大鐵圍山須弥山等諸山
王通爲一佛國土寶地平正寶交露幔遍
覆其上懸諸幡蓋燒大寶香諸天寶華遍布
其地尒時東方釋迦牟尼佛所分之身百千万
億那由他恒河沙等國土中諸佛各各説法

BD15111號　妙法蓮華經卷四

（26–13）

土通為一佛國土寶地平正寶交露幔遍
覆其上懸諸幡蓋燒大寶香諸天寶華遍布
其地尒時東方釋迦牟尼所分之身百千万
億那由他恒河沙等國土中諸佛各各說法
來集於此如是次第十方諸佛皆悉來集坐
於八方
尒時一一方四百万億那由他國土諸佛如
來遍滿其中是時諸佛各在寶樹下坐師
子座皆遣侍者問訊釋迦牟尼佛各賫寶華
滿掬而告之言善男子汝往詣耆闍崛山釋
迦牟尼佛所如我辭曰少病少惱氣力安樂
及菩薩聲聞眾悉安隱不以此寶華散佛供
養而作是言彼某甲佛與欲開此寶塔諸佛
遣使亦復如是尒時釋迦牟尼佛見所分身佛
悉已來集各各坐於師子之座皆聞諸佛與
欲同開寶塔即從座起住虛空中一切四眾
起立合掌一心觀佛於是釋迦牟尼佛以右
指開七寶塔戶出大音聲如却關鑰開大城
門即時一切眾會皆見多寶如來於寶塔中
坐師子座全身不散如入禪定又聞其言善
哉善哉釋迦牟尼佛快說是法華經我為聽
是經故而來至此尒時四眾等見過去無量千
万億劫滅度佛說如是言歎未曾有以天寶華
聚散多寶佛及釋迦牟尼佛上尒時多寶佛於
寶塔中分半座與釋迦牟尼佛而作是言釋迦牟尼
佛可就此座即時釋迦牟尼佛入其塔中坐其半座

BD15111號　妙法蓮華經卷四　（26–14）

聚散多寶佛及釋迦牟尼佛上尒時多寶佛於
寶塔中分半座與釋迦牟尼佛而作是言釋迦牟尼
佛可就此座即時釋迦牟尼佛入其塔中坐其半座
結跏趺坐尒時大眾見二如來在七寶塔中師子座
上結跏趺坐各作是念佛座高遠唯願如來以神通
力令我等輩俱處虛空即時釋迦牟尼佛以神
通力接諸大眾皆在虛空以大音聲普告四眾
誰能於此娑婆國土廣說妙法華經今正是
時如來不久當入涅槃佛欲以此妙法華經
付屬有在尒時世尊欲重宣此義而說偈言
聖主世尊　雖久滅度　在寶塔中　尚為法來
諸人云何　不勤為法　此佛滅度　無央數劫
處處聽法　以難遇故　彼佛本願　我滅度後
在在所往　常為聽法　又我分身　無量諸佛
如恒沙等　來欲聽法　及見滅度　多寶如來
各捨妙土　及弟子眾　天人龍神　諸供養事
令法久住　故來至此　為坐諸佛　以神通力
移無量眾　令國清淨　諸佛各各　詣寶樹下
如清淨池　蓮華莊嚴　其寶樹下　諸師子座
佛坐其上　光明嚴飾　如夜闇中　燃大炬火
身出妙香　遍十方國　眾生蒙薰　喜不自勝
譬如大風　吹小樹枝　以是方便　令法久住
告諸大眾　我滅度後　誰能護持　讀說斯經
今於佛前　自說誓言
其多寶佛　雖久滅度　以大誓願　而師子吼
多寶如來　及與我身　所集化佛　當知此意

BD15111號　妙法蓮華經卷四　（26–15）

令於佛前　自說誓言
其多寶佛　雖久滅度　以大誓願　而師子吼
多寶如來　及與我身　所集化佛　當知此意
諸佛子等　誰能護法　當發大願　令得久住
其有能護　此經法者　則為供養　我及多寶
此多寶佛　處於寶塔　常遊十方　為是經故
亦復供養　諸來化佛　莊嚴光飾　諸世界者
若說此經　則為見我　多寶如來　及諸化佛
諸善男子　各諦思惟　此為難事　宜發大願
諸餘經典　數如恒沙　雖說此等　未足為難
若接須弥　擲置他方　无數佛土　亦未為難
若以足指　動大千界　遠擲他國　亦未為難
若立有頂　為衆演說　无量餘經　亦未為難
若佛滅後　於惡世中　能說此經　是則為難
假使有人　手把虛空　而以遊行　亦未為難
於我滅後　若自書持　若使人書　是則為難
若以大地　置足甲上　昇於梵天　亦未為難
佛滅度後　於惡世中　暫讀此經　是則為難
假使劫燒　擔負乾草　入中不燒　亦未為難
我滅度後　若持此經　為一人說　是則為難
若持八万　四千法藏　十二部經　為人演說
令諸聽者　得六神通　雖能如是　亦未為難
於我滅後　聽受此經　問其義趣　是則為難
若人說法　令千万億　无量无數　恒沙衆生
得阿羅漢　具六神通　雖有此益　亦未為難
於我滅後　若能奉持　如斯經典　是則為難

BD15111號　妙法蓮華經卷四　（26–16）

於我滅後　聽受此經　問其義趣　是則為難
若人說法　令千万億　无量无數　恒沙衆生
得阿羅漢　具六神通　雖有此益　亦未為難
於我滅後　若能奉持　如斯經典　是則為難
我為佛道　於无量土　從始至今　廣說諸經
而於其中　此經第一　若有能持　則持佛身
諸善男子　於我滅後　誰能受持　讀誦此經
令於佛前　自說誓言
此經難持　若暫持者　我則歡喜　諸佛亦然
如是之人　諸佛所歎　是則勇猛　是則精進
是名持戒　行頭陁者　則為疾得　无上佛道
能於來世　讀持此經　是真佛子　住淳善地
佛滅度後　能解其義　是諸天人　世間之眼
於恐畏世　能須臾說　一切天人　皆應供養
妙法蓮華經提婆達多品第十二
尒時佛告諸菩薩及天人四衆吾於過去无
量劫中求法華經无有懈惓於多劫中常
作國王發願求於无上菩提心不退轉為欲滿
足六波羅蜜懃行布施心无悋惜象馬七珎
國城妻子奴婢僕從頭目髓腦身肉手足不
惜軀命時世人民壽命无量為於法故捐捨
國位委政太子擊鼓宣令四方求法誰能為
我說大乘者吾當終身供給走使時有仙人
來白王言我有大乘名妙法蓮華經若不違
我當為宣說王聞其言歡喜踊躍即隨仙人
供給所須採菓汲水拾薪設食乃至以身而

BD15111號　妙法蓮華經卷四　（26–17）

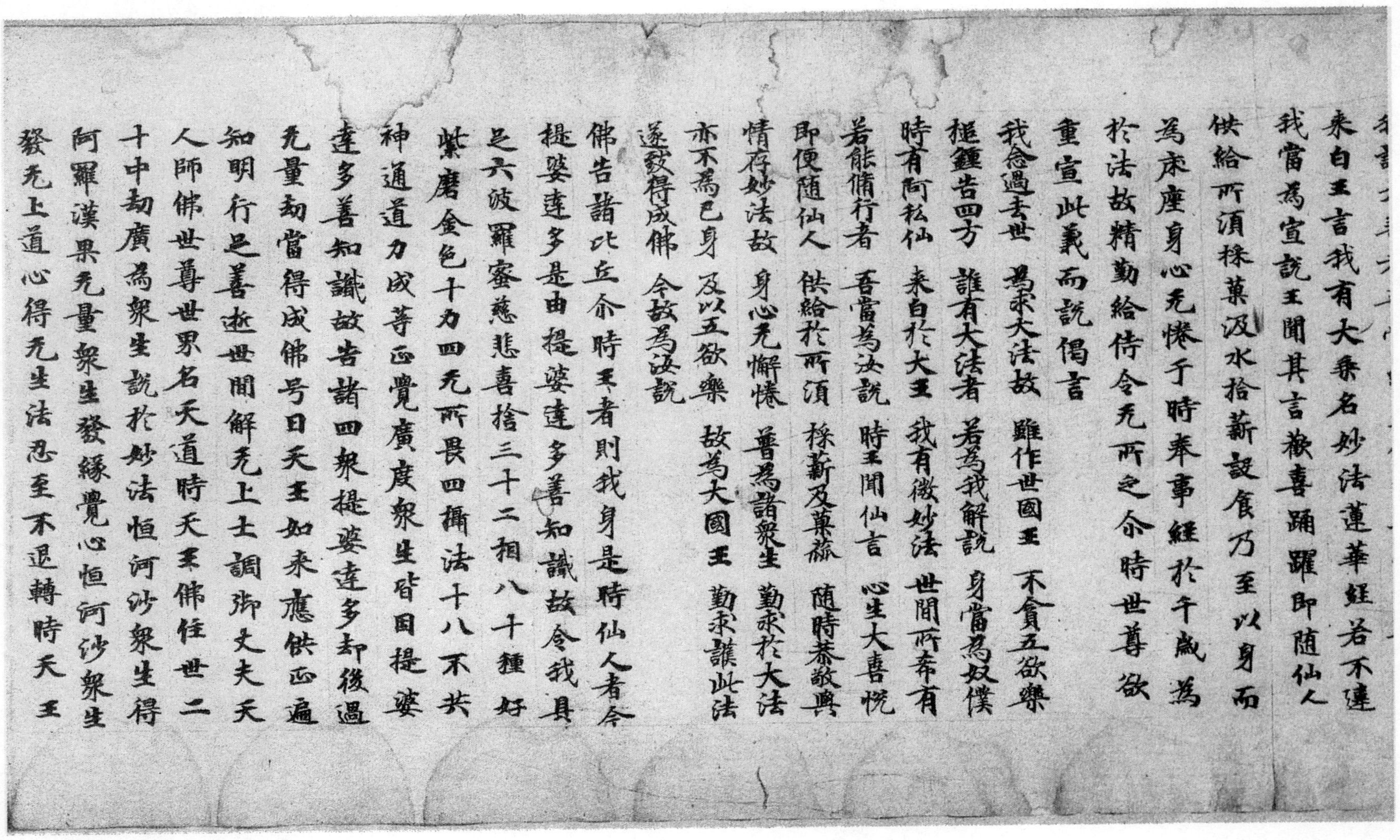

來白王言我有大乘名妙法蓮華經若不違
我當為宣說王聞其言歡喜踊躍即隨仙人
供給所須採菓汲水拾薪設食乃至以身而
為床座身心无惓于時奉事經於千歲為
於法故精勤給侍令无所乏尒時世尊欲
重宣此義而說偈言
我念過去世　為求大法故　雖作世國王　不貪五欲樂
搥鍾告四方　誰有大法者　若為我解說　身當為奴僕
時有阿私仙　來白於大王　我有微妙法　世間所希有
若能脩行者　吾當為汝說　時王聞仙言　心生大喜悅
即便隨仙人　供給於所須　採薪及菓蓏　隨時恭敬與
情存妙法故　身心无懈惓　普為諸衆生　勤求於大法
亦不為己身　及以五欲樂　故為大國王　勤求獲此法
遂致得成佛　今故為汝說
佛告諸比丘尒時王者則我身是時仙人者今
提婆達多是由提婆達多善知識故令我具
足六波羅蜜慈悲喜捨三十二相八十種好
紫磨金色十力四无所畏四攝法十八不共
神通道力成等正覺廣度衆生皆因提婆
達多善知識故告諸四衆提婆達多却後過
无量劫當得成佛号曰天王如來應供正遍
知明行足善逝世間解无上士調御丈夫天
人師佛世尊世界名天道時天王佛住世二
十中劫廣為衆生說於妙法恒河沙衆生得
阿羅漢果无量衆生發緣覺心恒河沙衆生
發无上道心得无生法忍至不退轉時天王

BD15111號　妙法蓮華經卷四　（26–18）

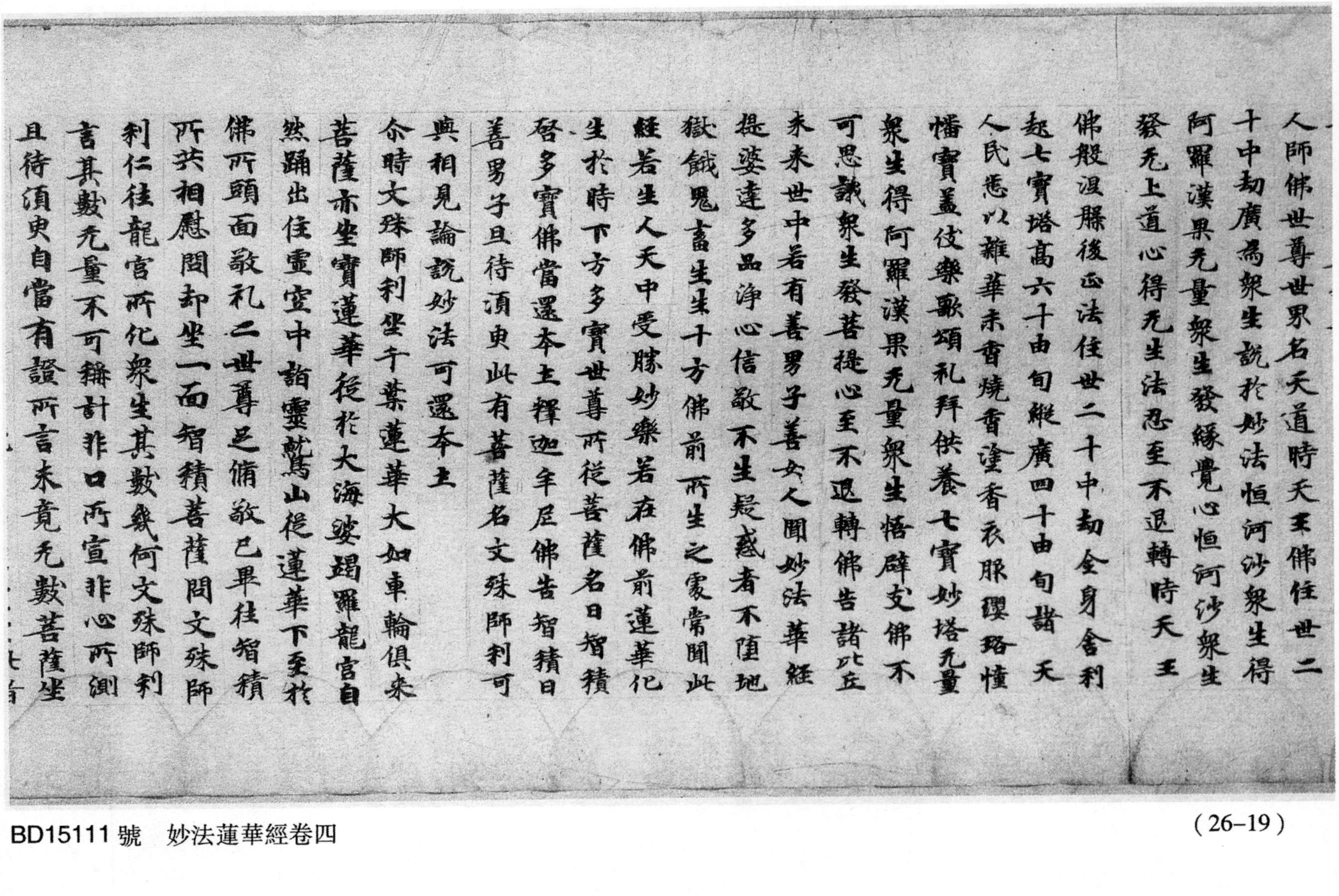

人師佛世尊世界名天道時天王佛住世二
十中劫廣為衆生說於妙法恒河沙衆生得
阿羅漢果无量衆生發緣覺心恒河沙衆生
發无上道心得无生法忍至不退轉時天王
佛般涅槃後正法住世二十中劫全身舍利
起七寶塔高六十由旬縱廣四十由旬諸天
人民悉以雜華末香燒香塗香衣服瓔珞幢
幡寶蓋伎樂歌頌礼拜供養七寶妙塔无量
衆生得阿羅漢果无量衆生悟辟支佛不
可思議衆生發菩提心至不退轉佛告諸比丘
未來世中若有善男子善女人聞妙法華經
提婆達多品淨心信敬不生疑惑者不墮地
獄餓鬼畜生生十方佛前所生之處常聞此
經若生人天中受勝妙樂若在佛前蓮華化
生於時下方多寶世尊所從菩薩名曰智積
啓多寶佛當還本土釋迦牟尼佛告智積曰
善男子且待須臾此有菩薩名文殊師利可
與相見論說妙法可還本土
尒時文殊師利坐千葉蓮華大如車輪俱來
菩薩亦坐寶蓮華從於大海娑竭羅龍宮自
然踊出住虛空中詣靈鷲山從蓮華下至於
佛所頭面敬礼二世尊足脩敬已畢往智積
所共相慰問却坐一面智積菩薩問文殊師
利仁往龍宮所化衆生其數幾何文殊師利
言其數无量不可稱計非口所宣非心所測
且待須臾自當有證所言未竟无數菩薩坐

BD15111號　妙法蓮華經卷四　（26–19）

所共相慰問却坐一面智積菩薩問文殊師
利仁往龍宮所化衆生其數幾何文殊師利
言其數无量不可稱計非口所宣非心所測
且待須臾自當有證所言未竟无數菩薩坐
寶蓮華從海踊出詣靈鷲山住在虛空此諸
菩薩皆是文殊師利之所化度具菩薩行皆
共論六波羅蜜本聲聞人在虛空中說聲
聞行今皆修行大乘空義文殊師利謂智積
曰於海教化其事如此尒時智積菩薩以偈
讚曰
大智德勇健　化度无量衆　今此諸大會　及我皆已見
演暢實相義　開闡一乘法　廣導諸群生　令速成菩提
文殊師利言我於海中唯常宣說妙法華經
智積問文殊師利言此經甚深微妙諸經中
寶世所希有頗有衆生勤加精進修行此經
速得佛不文殊師利言有娑竭羅龍王女年
始八歲智慧利根善知衆生諸根利鈍得
陁羅尼諸佛所說甚深秘藏悉能受持深入禪
定了達諸法於剎那頃發菩提心得不退轉
辯才无礙慈念衆生猶如赤子功德具足心
念口演微妙廣大慈悲仁讓志意和雅能至
菩提智積菩薩言我見釋迦如來於无量劫
難行苦行積功累德求菩薩道未曾止息觀
三千大千世界乃至无有如芥子許非是菩
薩捨身命處為衆生故然後乃得成菩提道
不信此女於須臾頃便成正覺言論未訖時

BD15111號　妙法蓮華經卷四

（26–20）

難行苦行積功累德求菩薩道未曾止息觀
三千大千世界乃至无有如芥子許非是菩
薩捨身命處為衆生故然後乃得成菩提道
不信此女於須臾頃便成正覺言論未訖時
龍王女忽現於前頭面禮敬却住一面以偈
讚曰
深達罪福相　遍照於十方　微妙淨法身　具相三十二
以八十種好　用莊嚴法身　天人所戴仰　龍神咸恭敬
一切衆生類　无不宗奉者　又聞成菩提　唯佛當證知
我闡大乘教　度脫苦衆生
時舍利弗語龍女言汝謂不久得无上道是
事難信所以者何女身垢穢非是法器云何
能得无上菩提佛道懸曠經无量劫勤苦積
行具修諸度然後乃成又女人身猶有五障一
者不得作梵天王二者帝釋三者魔王四者
轉輪聖王五者佛身云何女身速得成佛尒
時龍女有一寶珠價直三千大千世界持以
上佛佛即受之龍女謂智積菩薩尊者舍利
弗言我獻寶珠世尊納受是事疾不答言甚
疾女言以汝神力觀我成佛復速於此當時
衆會皆見龍女忽然之間變成男子具菩薩
行即往南方无垢世界坐寶蓮華成等正覺
三十二相八十種好普為十方一切衆生演
說妙法尒時娑婆世界菩薩聲聞天龍八部
人與非人皆遙見彼龍女成佛普為時會人
天說法心大歡喜悉遙禮敬无量衆生聞法
解悟得不退轉无量衆生得受道記无垢世

BD15111號　妙法蓮華經卷四

（26–21）

說妙法尒時娑婆世界菩薩聲聞天龍八部
人與非人皆遥見彼龍女成佛普為時會人
天說法心大歡喜悉遥礼敬无量衆生聞法
解悟得不退轉无量衆生得受道記无垢世
界六反震動娑婆世界三千衆生住不退地
三千衆生發菩提心而得受記智積菩薩及
舍利弗一切衆會嘿然信受

妙法蓮華經勸持品第十三

尒時藥王菩薩摩訶薩及大樂說菩薩摩
訶薩與二万菩薩眷屬俱皆於佛前作是誓
言唯願世尊不以為慮我等於佛滅後當奉
持讀誦說此經典後惡世衆生善根轉少多增
上慢貪利供養增不善根遠離解脫雖難可
教化我等當起大忍力讀誦此經持說書寫
種種供養不惜身命尒時衆中五百阿羅漢
得受記者白佛言世尊我等亦自誓願於異
國土廣說此經復有學无學八千人得受記
者從座而起合掌向佛作是誓言世尊我等
亦當於他國土廣說此經所以者何是娑婆
國中人多弊惡懷增上慢功德淺薄瞋濁諂
曲心不實故

尒時佛姨母摩訶波闍波提比丘尼與學无
學比丘尼六千人俱從座而起一心合掌瞻
仰尊顏目不蹔捨於時世尊告憍曇弥何故
憂色而視如来汝心將无謂我不說汝名得授
阿耨多羅三藐三菩提記耶憍曇弥我先惣

學比丘尼六千人俱從座而起一心合掌瞻
仰尊顏目不蹔捨於時世尊告憍曇弥何故
憂色而視如来汝心將无謂我不說汝名得授
阿耨多羅三藐三菩提記耶憍曇弥我先惣
說一切聲聞皆已授記今汝欲知記者將来
之世當於六万八千億諸佛法中為大法師及
六千學无學比丘尼俱為法師汝如是漸漸
具菩薩道當得作佛号一切衆生憙見如来
應供正遍知明行足善逝世間解无上士調
御丈夫天人師佛世尊憍曇弥是一切衆生
憙見佛及六千菩薩轉次授記得阿耨多羅
三藐三菩提尒時羅睺羅母耶輸陀羅比
丘尼作是念世尊於授記中獨不說我名佛
告耶輸陀羅汝於来世百千万億諸佛法中
脩菩薩行為大法師漸具佛道於善國中當
得作佛号具足千万光相如来應供正遍知
明行足善逝世間解无上士調御丈夫天人
師佛世尊佛壽无量阿僧秖劫尒時摩訶波
闍波提比丘尼及耶輸陀羅比丘尼并其眷
屬皆大歡喜得未曾有即於佛前而說偈言

世尊導師　安隱天人　我等聞記　心安具足

諸比丘尼說是偈已白佛言世尊我等亦能
於他方國土廣宣此經

尒時世尊視八十万億那由他諸菩薩摩訶
薩是諸菩薩皆是阿惟越致轉不退法輪得
諸陁羅尼即從座起至於佛前一心合掌而

諸比丘尼說是偈已白佛言世尊我等亦能
於他方國土廣宣此經
尒時世尊視八十万億那由他諸菩薩摩訶
薩是諸菩薩皆是阿惟越致轉不退法輪得
諸陁羅尼即從座起至於佛前一心合掌而
作是念若世尊告勑我等持說此經者當如
佛教廣宣斯法復作是念佛今嘿然不見告
勑我當云何時諸菩薩敬順佛意并欲自滿
本願便於佛前作師子吼而發誓言世尊我
等於如來滅後周旋往反十方世界能令衆
生書寫此經受持讀誦解說其義如法脩行
正憶念皆是佛之威力唯願世尊在於他方
遙見守護即時諸菩薩俱同發聲而說偈言
唯願不為慮　於佛滅度後　恐怖惡世中　我等當廣說
有諸无智人　惡口罵詈等　及加刀杖者　我等皆當忍
惡世中比丘　耶智心諂曲　未得謂為得　我慢心充滿
或有阿練若　納衣在空閑　自謂行真道　輕賤人間者
貪著利養故　與白衣說法　為世所恭敬　如六通羅漢
是人懷惡心　常念世俗事　假名阿練若　好出我等過
而作如是言　此諸比丘等　為貪利養故　說外道論義
自作此經典　誑惑世間人　為求名聞故　分別於是經
常在大衆中　欲毀我等故　向國王大臣　婆羅門居士
及餘比丘衆　誹謗說我惡　謂是耶見人　說外道論議
我等敬佛故　悉忍是諸惡　為斯所輕言　汝等皆是佛
如此輕慢言　皆當忍受之
濁劫惡世中　多有諸恐怖　惡鬼入其身　罵詈毀辱我
我等敬信佛　當著忍辱鎧　為說是經故　忍此諸難事

BD15111號　妙法蓮華經卷四　（26–24）

惡世中比丘　耶智心諂曲　未得謂為得　我慢心充滿
或有阿練若　納衣在空閑　自謂行真道　輕賤人間者
貪著利養故　與白衣說法　為世所恭敬　如六通羅漢
是人懷惡心　常念世俗事　假名阿練若　好出我等過
而作如是言　此諸比丘等　為貪利養故　說外道論義
自作此經典　誑惑世間人　為求名聞故　分別於是經
常在大衆中　欲毀我等故　向國王大臣　婆羅門居士
及餘比丘衆　誹謗說我惡　謂是耶見人　說外道論議
我等敬佛故　悉忍是諸惡　為斯所輕言　汝等皆是佛
如此輕慢言　皆當忍受之
濁劫惡世中　多有諸恐怖　惡鬼入其身　罵詈毀辱我
我等敬信佛　當著忍辱鎧　為說是經故　忍此諸難事
我不愛身命　但惜无上道　我等於來世　護持佛所囑
世尊自當知　濁世惡比丘　不知佛方便　隨宜所說法
惡口而頻蹙　數數見擯出　遠離於塔寺　如是等衆惡
念佛告勑故　皆當忍是事
諸聚落城邑　其有求法者　我皆到其所　說佛所囑法
我是世尊使　處衆无所畏　我當善說法　願佛安隱住
我於世尊前　諸來十方佛　發如是誓言　佛自知我心

妙法蓮華經卷第四

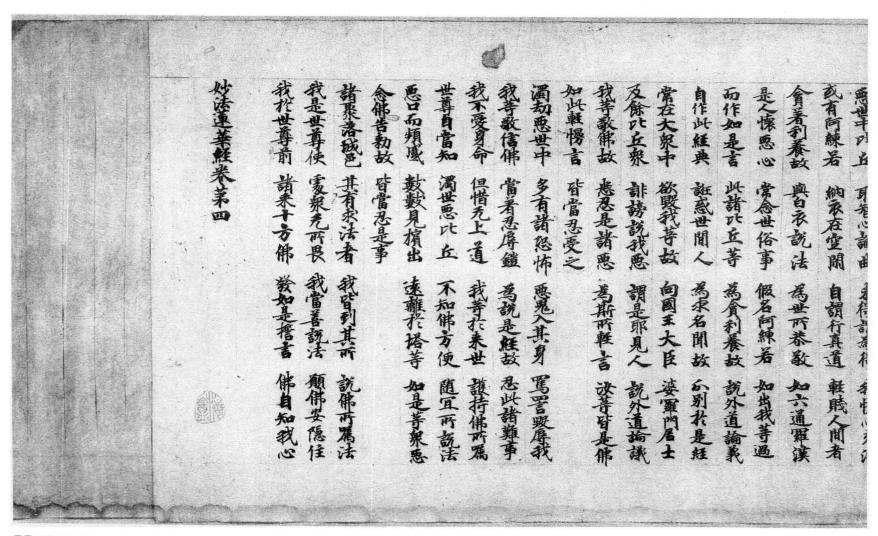

BD15111號　妙法蓮華經卷四　（26–25）

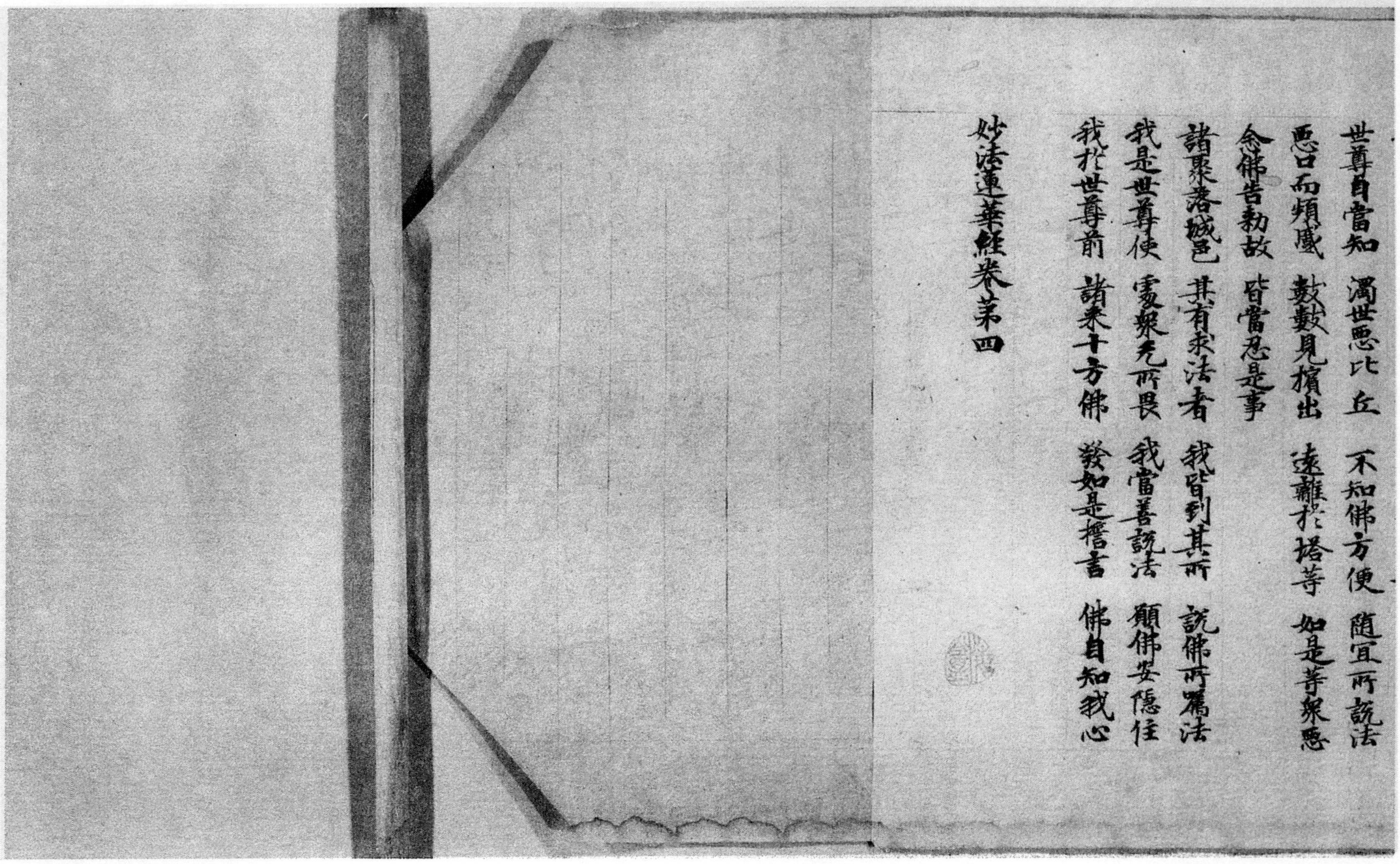

世尊自當知　濁世惡比丘　不知佛方便　隨宜所說法
惡口而顰蹙　數數見擯出　遠離於塔寺　如是等衆惡
念佛告勅故　皆當忍是事
諸聚落城邑　其有求法者　我皆到其所　說佛所囑法
我是世尊使　處衆無所畏　我當善說法　願佛安隱住
我於世尊前　諸來十方佛　發如是誓言　佛自知我心
妙法蓮華經卷第四

BD15111 號　妙法蓮華經卷四　　（26–26）

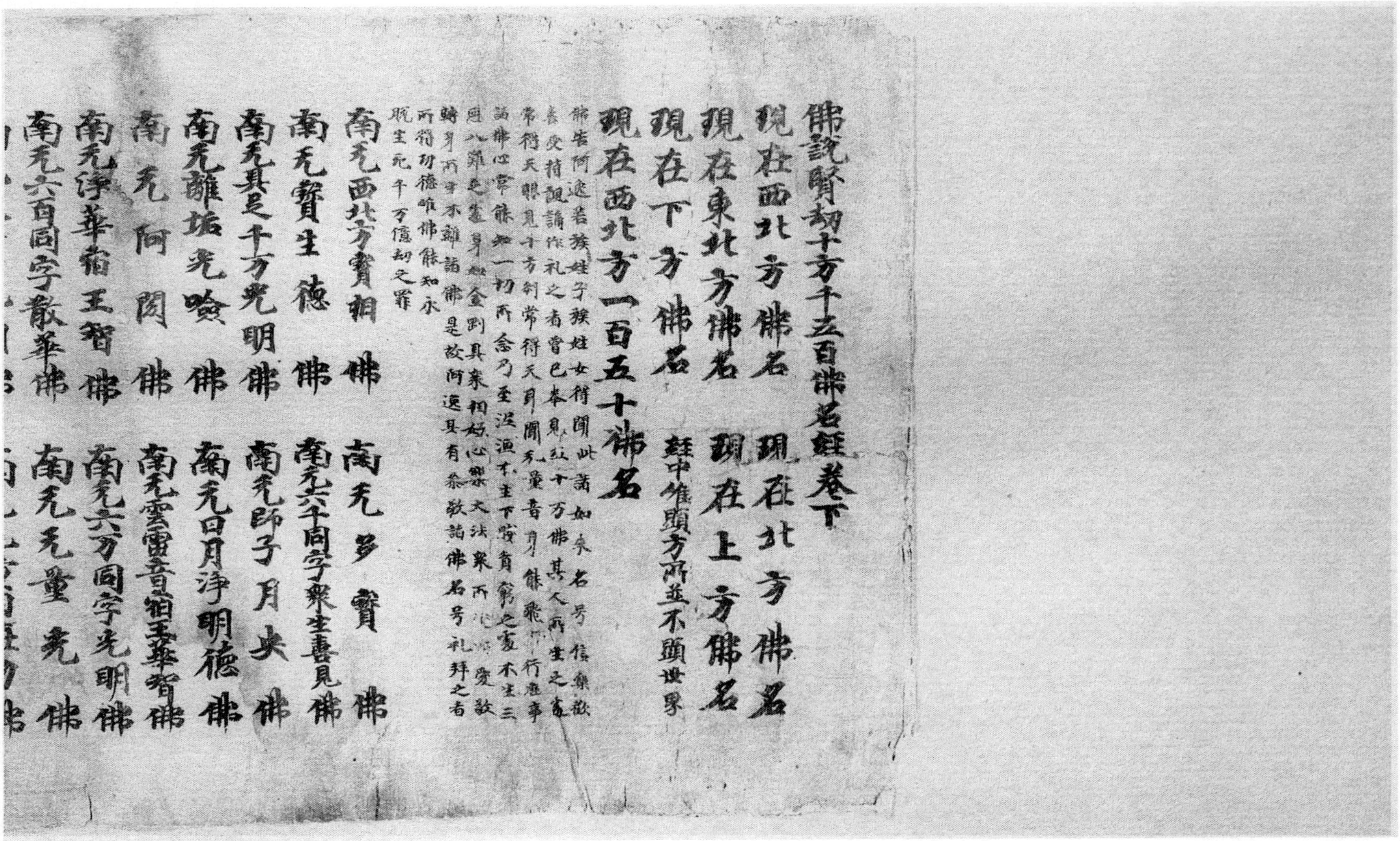

佛說賢劫十方千五百佛名經卷下
現在西北方佛名　現在北方佛名
現在東北方佛名　現在上方佛名
現在下方佛名　經中唯顯方所並不顯世界
現在西北方一百五十佛名
佛告阿逸若族姓子族姓女得聞此諸如來名号信樂歡
喜受持諷誦作礼之者曾已奉見拉十方佛其人所生之處
常得天眼見十方剎常得天耳聞無量音身能飛行應事
諸佛心常能知一切所念乃至泥洹不生下賤貧窮之處不生三
惡八難是身如金剛具衆相好心樂大法衆所愛敬
歸身所身不離諸佛是故阿逸具有恭敬諸佛名号礼拜之者
所得功德唯佛能知永
脫生死千万億劫之罪
南无西北方寶相佛　南无多寶佛
南无寶生德佛　南无六千同字衆生喜見佛
南无其足千方光明佛　南无師子月光佛
南无離垢光嶮佛　南无日月淨明德佛
南无阿閦佛　南无雲雷音宿王華智佛
南无淨華宿王智佛　南无六方同字光明佛
南无六百同字散華佛　南无无量光佛

BD15112 號 1　賢劫十方千五百佛名經卷下　　（25–1）

南无離垢光明佛　南无日月法明佛
南无阿閦佛　南无雲雷音宿王華智佛
南无淨華宿王智佛　南无六方同字光明佛
南无六百同字散華佛　南无无量光佛
南无无量光明佛　南无无量自在力佛
南无无量力佛　南无一蓋佛
南无无量明佛　南无蓋行佛
南无寶蓋佛　南无宿王佛
南无善宿佛　南无明輪佛
南无明王佛　南无高廣德佛
南无无邊光佛　南无自在王佛
南无自在力佛　南无无量音聲佛
南无大雲光佛　南无網衆佛
南无覺華光佛　南无蓮華自在佛
南无山王佛　南无月衆增上佛
南无敎光佛　南无妙肩佛
南无不虛見佛　南无須生王佛
南无蓮華生佛　南无普香光佛
南无香明王佛　南无香弥樓佛
南无香象佛　南无香自在佛
南无香窟佛　南无明輪佛
南无光王佛　南无蓮華生佛
南无法自在佛　南无可樂佛
南无无邊法自在佛　南无愛德佛
南无散華佛　南无華蓋行列佛
南无華窟佛　南无金華佛
南无香華佛　南无弥樓王佛

BD15112 號 1　賢劫十方千五百佛名經卷下　（25–2）

南无法自在佛　南无可樂佛
南无无邊法自在佛　南无愛德佛
南无散華佛　南无華蓋行列佛
南无華窟佛　南无金華佛
南无香華佛　南无弥樓王佛
南无善導師佛　南无一切衆生最勝嚴佛
南无轉諸難佛　南无善行嚴佛
南无妙華佛　南无无邊香佛
南无普敎光佛　南无善敎香佛
南无普光明佛　南无散華生德佛
南无寶網手佛　南无極高王佛
南无普照一切佛土佛　南无宿王佛
南无妙見佛　南无安立王佛
南无香流佛　南无无邊智自在佛
南无不虛嚴佛　南无不虛見佛
南无无尋眼佛　南无不動佛
南无初發意佛　南无无邊眼佛
南无燈上佛　南无普照明佛
南无光照佛　南无一切世界佛
南无一切衆生不斷壽士佛　南无无垢力佛
南无无迹行佛　南无習精進佛
南无一乘度佛　南无蓮華上佛
南无上精進佛
南无无量寶藏寶積伏見金剛師子遊王佛
南无法央佛　南无普光德上嚴王佛
南无法一切德金山嚴王……　南无定光佛

BD15112 號 1　賢劫十方千五百佛名經卷下　（25–3）

南无一乘度佛　南无蓮華上佛
南无上精進佛
南无无量寶藏寶積快見金剛師子遊王佛
南无法央佛　南无普光德上嚴王佛
南无堅住功德法山聚王佛　南无定光佛
南无德央佛　南无法造知佛
南无仙天佛　南无諦央佛
南无習金剛佛　南无衆尊佛
南无雷像佛　南无樂清淨佛
南无出家樂行佛　南无華央佛
南无勝教佛　南无善明佛
南无善曜佛　南无仙勲佛
南无轉勝佛　南无欣樂佛
南无天華佛　南无轉吉祥佛
南无善青佛　南无善喜佛
南无住覺佛　南无住施佛
南无諦法普稱佛　南无是世善妙佛
南无普稱佛　南无寶稱佛
南无盛彊佛　南无梵神佛
南无无畏善化佛　南无善音佛
南无目悅佛　南无積德佛
南无音雨佛　南无妙觀佛
南无受神佛　南无與人遊佛
南无羡求佛　南无降怨眷屬佛
南无維越佛　南无識佛
南无隨葉佛　南无拘留秦佛

BD15112號1　賢劫十方千五百佛名經卷下　（25–4）

南无受神佛　南无與人遊佛
南无羡求佛　南无降怨眷屬佛
南无維越佛　南无識佛
南无隨葉佛　南无拘留秦佛
南无迦葉佛　南无拘那含牟尼佛
南无无垢光佛　南无忍夷豫佛
南无寶林佛　南无雨香王佛
南无多摩羅跋旃檀香神通佛　南无須弥相佛
南无優羅蓮華勝佛　南无妙容山相佛
南无人天王佛　南无華德佛
南无无上勝尊佛　南无慧幢佛
南无開化菩薩佛　一心敬礼者却八十一劫生死之罪
南无見无畏懼佛　一心敬礼者却六十三劫生死之罪
南无一乘度佛　一心敬礼者却六十四劫生死之罪
現在北方一百五十佛名
佛言若族姓男子女人學菩薩乘聞此佛名信樂不疑喜心敬事者所生之處逮得法寶種種三昧覩見十方各十恒河沙諸佛亦復現在離諸枉横怨毒除滅行道日進心中吾應念皆得遇善知識猛深法忍所生之處常為人尊至成佛道終不受苦能滅三十万億阿僧祇生死之罪
南无人王佛　南无勝王佛
南无寶智手佛　南无月殿清淨佛
南无難沮佛　南无日生佛
南无炎肩佛　南无衆勝音佛
南无網明佛　南无无量德寶佛
南无蘇日月光佛　南无德德精進佛
南无雲自在佛　南无雲自在王佛

BD15112號1　賢劫十方千五百佛名經卷下　（25–5）

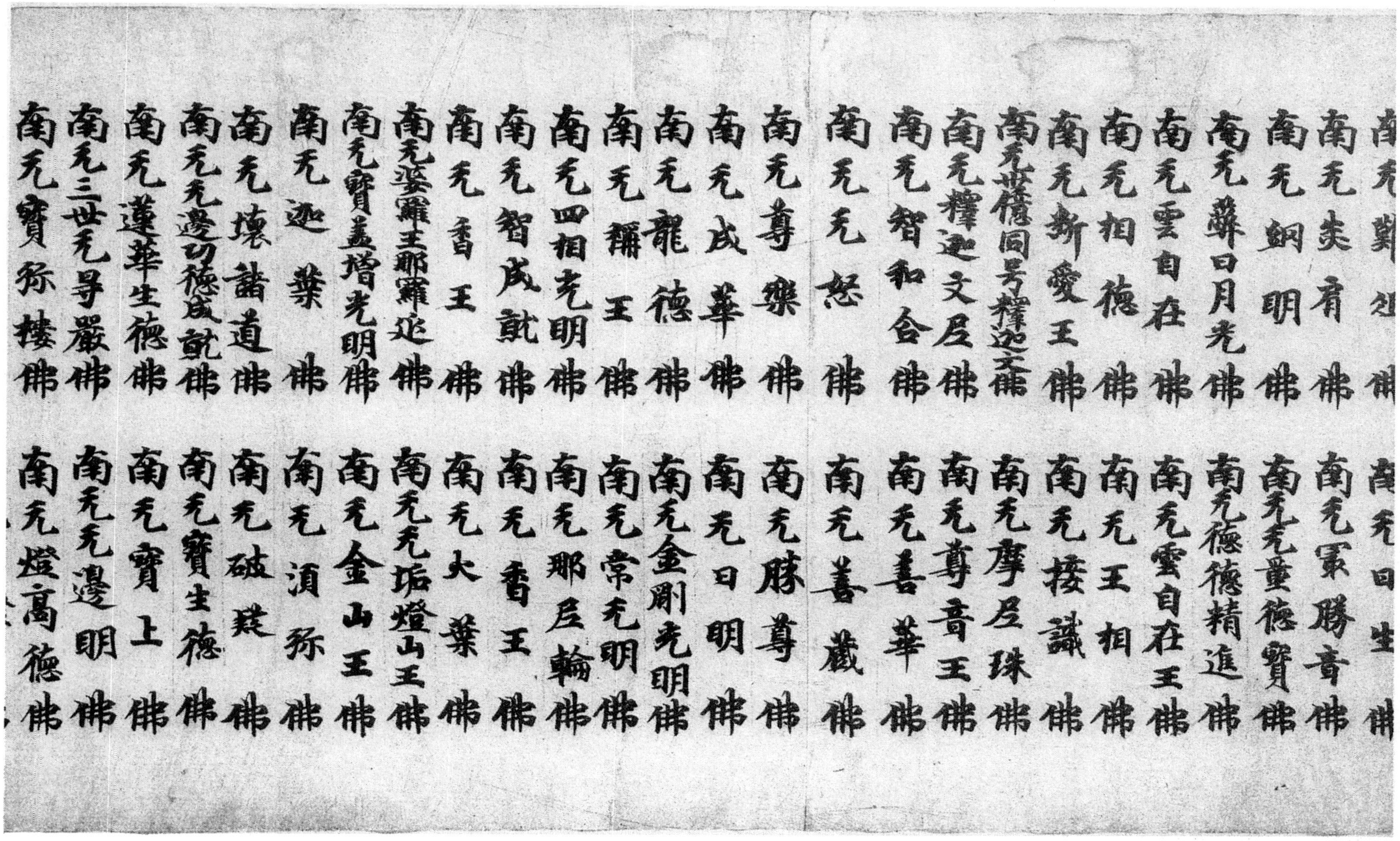

南无鬥□佛　南无日生佛
南无失有佛　南无最勝音佛
南无鋼明佛　南无无量德寶佛
南无華日月光佛　南无德德精進佛
南无雲自在佛　南无雲自在王佛
南无相德佛　南无王相佛
南无斯愛王佛　南无接識佛
南无我德同号釋迦文佛　南无摩尼珠佛
南无釋迦文尼佛　南无尊音王佛
南无智和合佛　南无善華佛
南无无怒佛　南无善藏佛
南无尊樂佛　南无勝尊佛
南无成華佛　南无日明佛
南无龍德佛　南无金剛光明佛
南无稱王佛　南无常光明佛
南无四相光明佛　南无那尼輪佛
南无智成就佛　南无香王佛
南无香王佛　南无大葉佛
南无娑羅王那羅延佛　南无无垢燈山王佛
南无寶蓋增光明佛　南无金山王佛
南无迦葉佛　南无須弥佛
南无壞諸道佛　南无破疑佛
南无无邊功德成就佛　南无寶生德佛
南无蓮華生德佛　南无寶上佛
南无三世无号嚴佛　南无无邊明佛
南无寶弥樓佛　南无燈高德佛

BD15112 號 1　賢劫十方千五百佛名經卷下　（25–6）

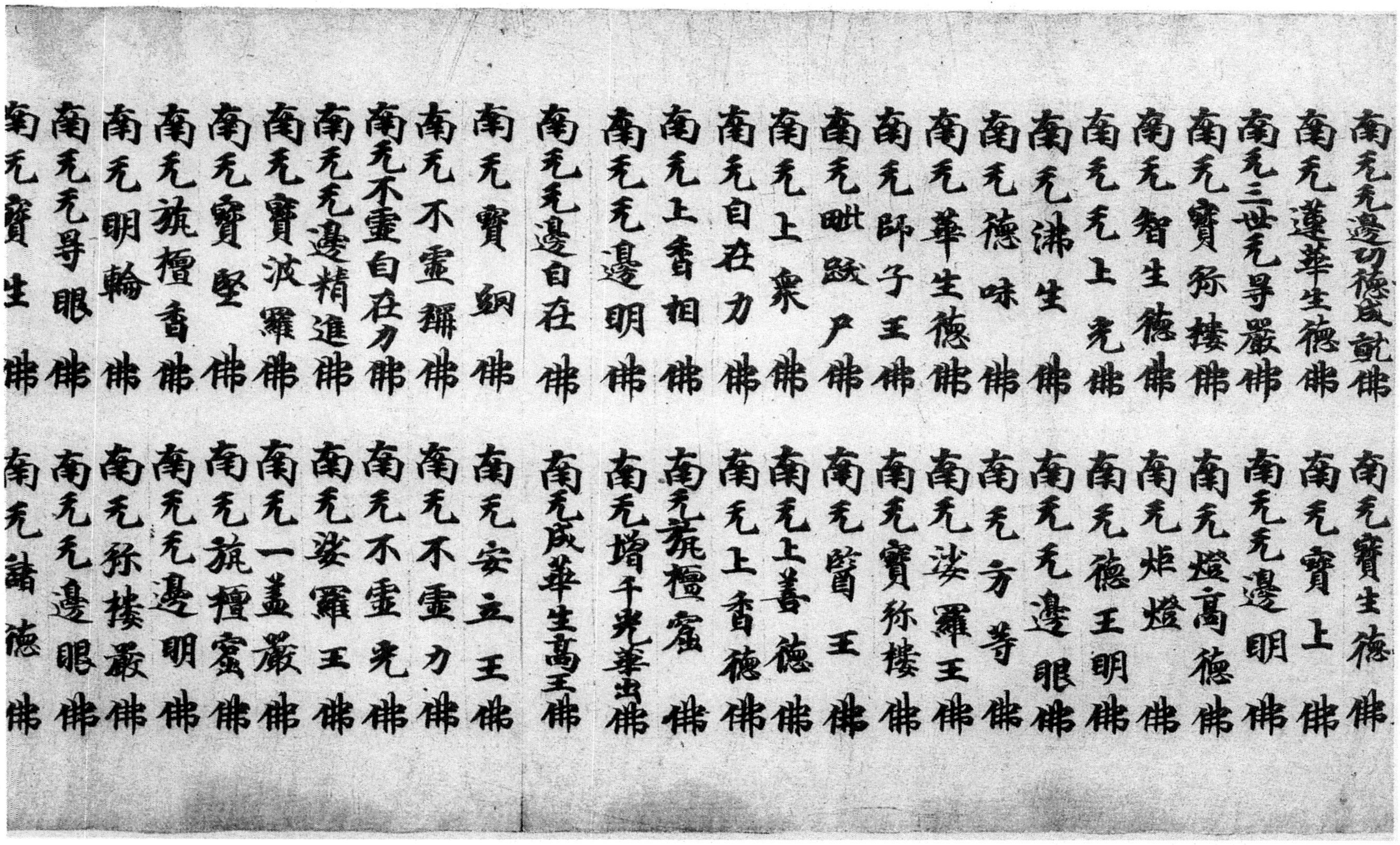

南无无邊功德成就佛　南无寶生德佛
南无蓮華生德佛　南无寶上佛
南无三世无号嚴佛　南无无邊明佛
南无寶弥樓佛　南无燈高德佛
南无智生德佛　南无炬燈佛
南无无上光佛　南无德王明佛
南无沸生佛　南无无邊眼佛
南无德味佛　南无方等佛
南无華生德佛　南无娑羅王佛
南无師子王佛　南无寶弥樓佛
南无毗跋尸佛　南无留王佛
南无上衆佛　南无上善德佛
南无自在力佛　南无上香德佛
南无上香相佛　南无旃檀窟佛
南无无邊明佛　南无增千光華出佛
南无无邊自在佛　南无成華生高王佛
南无寶鋼佛　南无安立王佛
南无不虛稱佛　南无不虛力佛
南无不虛自在力佛　南无不虛光佛
南无无邊精進佛　南无娑羅王佛
南无寶波羅佛　南无一蓋嚴佛
南无寶堅佛　南无旃檀窟佛
南无旃檀香佛　南无无邊明佛
南无明輪佛　南无弥樓嚴佛
南无无号眼佛　南无无邊眼佛
南无寶生佛　南无諸德佛

BD15112 號 1　賢劫十方千五百佛名經卷下　（25–7）

南无旃檀香佛 南无无邊明佛
南无明輪佛 南无弥樓嚴佛
南无无㝵眼佛 南无无邊眼佛
南无寶生佛 南无諸德佛
南无覺華德佛 南无善住幢佛
南无不盡德佛 南无无邊力佛
南无寶力佛 南无无邊嚴佛
南无盡空光佛 南无无相音佛
南无藥王佛 南无不驚畏佛
南无離怖畏佛 南无淨王佛
南无智出佛 南无勇衆佛
南无智聚佛 南无作方佛
南无沙訶主佛 南无上離佛
南无調御佛 南无智守佛
南无軍高德佛 南无示衆生深心佛
南无滅諸愛自在佛 南无无㝵光佛
南无華聚高生德佛 南无拘陵王佛
南无日燈佛 南无上寶佛
南无智生德佛 南无无㝵眼佛
南无安立功德佛 南无无畏佛
南无智聚佛 南无金剛佛
南无火衣佛 南无明燈佛
南无不盡精進佛 南无善思嚴相佛
南无師子佛 南无妙善住王佛
南无寶聚高德佛 南无梵德佛
南无无㝵香象佛 南无弥樓明佛

BD15112 號 1 賢劫十方千五百佛名經卷下 （25-8）

南无不盡精進佛 南无善思嚴相佛
南无師子佛 南无妙善住王佛
南无寶聚高德佛 南无梵德佛
南无无㝵香象佛 南无弥樓明佛
南无大燈王佛 南无華上光佛
南无住名聞佛 南无名慈佛
南无娑羅王佛 南无觀華佛
南无无邊光佛 南无善華佛
南无无怨佛 南无日藏佛
南无尊樂佛 南无德內豐嚴王佛
聞名歡喜信樂誦念一心作礼得不退轉疾成正覺卻一
劫生死後生得六神通得端政常尊貴能降欲縛去情常
无病常值佛聞法見僧離八難常具淨
戒心不惚亂乃至涅槃
南无金剛堅強消伏壞散佛 聞名歡喜信樂誦念得不退
轉卻十万億那術劫生死之罪
南无寶火佛 聞名歡喜信樂誦念得不
退轉疾成正覺
南无寶月光明佛 聞名信樂持諷誦念後生得不
退得中正定自見諸佛轉尊法輪
南无賢家佛 聞名歡喜信樂持諷誦念後
生得端政自識宿命
南无寶蓮花步佛 聞名信樂誦念所生之處常
為一切所敬言教承用一心敬礼
南无蓮花莊嚴佛 者能令女人得為男子成阿惟
越致
南无月殿清淨佛 南无相德佛
現在東北方一百五十佛名 佛告舍利弗若族姓子族姓女聞
有此諸佛名号歡喜信樂執持
諷誦礼敬之者所得功德勝於一切布施諸餘功德十万億倍諸佛
出生國土意往生不轉退成最正覺若有誹謗懷疑不信者當墮盧
媿泥犁六万億歲中受无量罪其有信樂稱歎礼
行現世安隱滅百千万億劫生死之罪
南无壞一切世間怖畏佛 南无蹈七寶花佛
南无離垢心佛 南无寶蓋起光佛
南无悲精進佛 南无三乘行佛
南无无諍佛 南无緣一切辯佛

BD15112 號 1 賢劫十方千五百佛名經卷下 （25-9）

南无[illegible]佛　南无[illegible]佛
南无離垢心佛　南无寶蓋超光佛
南无悲精進佛　南无三乘行佛
南无无諍佛　南无緣一切辯佛
南无寶事佛　南无寶積佛
南无等行佛　南无一切功德光相佛
南无弥樓乾那佛　南无增肩佛
南无不虛行佛　南无无㝵眼佛
南无醫王佛　南无德王明佛
南无善守佛　南无月辯佛
南无善目佛　南无普世佛
南无寶首佛　南无普觀佛
南无尊自在王佛　南无光淨照曜佛
南无梵首天王佛　南无二万同号日月燈明佛
南无慧見佛　南无无垢淨无量德超王佛 下有
南无金華佛　南无龍自在尊音王佛
南无寶藏佛　南无无量淨王佛
南无寶山王佛　南无不可思議功德佛
南无寶光明佛　南无寶尊音佛
南无遍出一切光明功德山王佛　南无寶海佛
南无智華无垢堅佛　南无普賢佛
南无阿閦佛　南无无垢功德光明佛
南无樂自在音光明佛　南无日藏佛
南无智日佛　南无龍自在佛
南无金剛稱佛　南无日藏佛
南无大功德藏佛　南无不可思議王佛

BD15112 號 1　賢劫十方千五百佛名經卷下　（25-10）

南无[illegible]佛　南无[illegible]佛
南无樂自在音光明佛　南无日藏佛
南无智日佛　南无龍自在佛
南无金剛稱佛　南无日藏佛
南无大功德藏佛　南无不可思議王佛
南无安和自在見山王佛　南无智稼佛
南无眼淨无垢佛　南无百功德佛
南无号勝佛　南无明慧佛
南无遍淨佛　南无善眼佛
南无九万二千那術同字光色佛　南无无垢超德佛
南无勇進佛　南无離百憂佛
南无喜生德佛　南无安王佛
南无上弥樓佛　南无妙香佛
南无憍陳如佛　南无勢德佛
南无赤蓮花德佛　南无白蓮華生佛
南无大音眼佛　南无上衆佛
南无无邊明德佛　南无月出光佛
南无名流十方佛　南无星宿王佛
南无无邊光明佛　南无上衆弥樓佛
南无離怖畏佛　南无安隱生德佛
南无无邊功德月佛　南无一切德嚴佛
南无日華王佛　南无不壞相佛
南无宗守光佛　南无无量生行佛
南无大威德華花生佛　南无一切上佛
南无虛空淨王佛　南无无相音聲佛
南无明德王佛　南无德王相佛
南无[illegible]佛　南无[illegible]佛

BD15112 號 1　賢劫十方千五百佛名經卷下　（25-11）

南无宗守光佛　南无无量生行佛
南无大威德華光王佛　南无一切上佛
南无虚空淨王佛　南无无相音聲佛
南无明德王佛　南无德王相佛
南无慶功德邊佛　南无燃燈佛
南无无畏佛　南无明作佛
南无德味佛　南无无怖畏佛
南无華德佛　南无智華德佛
南无寶積佛　南无无邊顯佛
南无无邊功德王安立佛　南无寶首佛
南无娑羅王佛　南无寶明佛
南无寶聚佛　南无上衆德佛
南无无邊德嚴佛　南无觀世音佛
南无須弥明佛　南无无邊自在力佛
南无極高行佛　南无寶華德佛
南无无量神通自在佛　南无隨衆生願嚴佛
南无高寶蓋佛　南无上衆佛
南无无量華佛　南无寶自在佛
南无月出德佛　南无諦釋幢王佛
南无發心即轉法輪佛　南无十方同字流布佛
南无普光淨德佛　南无勝威鬪佛
南无无导尊樹德佛　南无蓮華步佛
南无寶蓮花諦桂樹王佛　南无大光曜佛
南无慧燈明佛　南无大雄佛
南无白无垢塵佛　南无内寶佛
南无上像幢十蓋王佛　南无威神自在王佛

BD15112 號 1　賢劫十方千五百佛名經卷下　（25–12）

南无无导尊樹德佛　南无蓮華步佛
南无寶蓮花諦桂樹王佛　南无大光曜佛
南无慧燈明佛　南无大雄佛
南无白无垢塵佛　南无内寶佛
南无上像幢十蓋王佛　南无威神自在王佛
南无極受高影王佛　南无大海佛
南无十方見佛　南无世間尊佛
南无善得佛　南无須弥相佛
南无蓮蓮尊佛　南无日月尊佛
南无寶光月嚴妙尊音王佛
南无壞魔羅網獨步佛　一心敬礼者却一百劫生死之罪
南无師子吼力佛　一心敬礼者却千億劫生死之罪
南无悲精進佛　一心敬礼者却二百十劫生死之罪
南无三乘行佛　南无金剛堅强自在王佛
南无梵天佛

現在上方一百五十佛名

佛言若族姓子族姓女學菩薩乘聞此佛名心无結网信吾道眼之所班宣者世世所生未曾懈怠不習貪欲常以菩薩爲父母妻子兄弟親族在在生處身未曾離世二相亦得往生諸佛國土少婬無癡身无疾痛一切功德皆悉成就世五万恒河沙劫罪皆得消滅

南无華數星佛　南无不可思議月光明王佛
南无勝月光佛　南无名稱佛
南无衆蓮華首佛　南无廣衆德佛
南无恩樂成佛　南无善德佛
南无无數精進願首佛　南无世自在王佛
南无消滅善趣王佛　南无无恨眼王佛
南无至精進佛　南无香積佛
南无万八千同學山王佛　南无无垢大聖佛

BD15112 號 1　賢劫十方千五百佛名經卷下　（25–13）

南无无數精進願首佛　南无世自在王佛
南无消滅菩提王佛　南无无恨眼王佛
南无至精進佛　南无香積佛
南无万八千同字山王佛　南无无垢大聖佛
南无吉祥佛　南无師子吼如光尊佛
南无梵音佛　南无宿王佛
南无香上佛　南无香光佛
南无大炎肩佛　南无婆羅樹王佛
南无雜色寶嚴身佛　南无寶華德佛
南无見一切義佛　南无如須弥山佛
南无无邊高力王佛　南无善寂佛
南无月響佛　南无精進家高力王佛
南无破疑佛　南无善宿佛
南无燃燈佛　南无作明佛
南无明弥樓佛　南无明輪佛
南无淨明佛　南无白蓋佛
南无香蓋佛　南无寶蓋佛
南无旃檀窟佛　南无旃檀德佛
南无須弥肩佛　南无寶明佛
南无婆羅王佛　南无梵德佛
南无淨眼佛　南无鷲畏佛
南无離怖畏佛　南无妙肩佛
南无上寶佛　南无山王佛
南无轉女相嚴佛　南无无邊嚴佛
南无无上光佛　南无鋼明相佛
南无因王佛　南无德勝佛

BD15112 號 1　賢劫十方千五百佛名經卷下　（25–14）

南无離怖畏佛　南无妙肩佛
南无上寶佛　南无山王佛
南无轉女相嚴佛　南无无邊嚴佛
南无无上光佛　南无鋼明相佛
南无因王佛　南无德勝佛
南无普明佛　南无勝敵佛
南无相王佛　南无藥王无哥佛
南无寶華佛　南无寶遊行佛
南无无量功德明自在王佛　南无安住佛
南无山王佛　南无无垢相佛
南无大山户佛　南无淨一切願威德勝王佛
南无善住意佛　南无月王佛
南无无勝步自在王佛　南无婆隣隨王佛
南无普賢佛　南无八千同字師子步王佛
南无蓮華尊佛　南无法自在豐王佛
南无光明无垢堅香豐王佛　南无智光自在相王佛
南无千智識尊音王佛　南无千增相尊音王佛
南无千善无垢尊音王佛　南无千離怖畏尊音王佛
南无千善无垢光尊音王佛　南无五百日音王佛
南无五百日藏尊王佛　南无五百樂香尊王佛
南无二回光明佛　南无四龍自在神佛
南无八離恐怖稱王光明佛　南无十離音光明佛
南无八音聲稱佛　南无十二願露法音佛
南无九功德法稱王佛　南无廿不思議王佛
南无覺智尊相王佛　南无七不可思議意佛
南无三智藏佛　南无十五智山幢佛
南无十五智海王佛　南无[illegible]

BD15112 號 1　賢劫十方千五百佛名經卷下　（25–15）

南无八音[illegible]佛　南无[illegible]法音佛
南无九功德法稱王佛　南无廿不思議王佛
南无覺智尊相王佛　南无七不可思議意佛
南无三智藏佛　南无十五智山幢佛
南无十五智海王佛　南无世大智力尊音王佛
南无二山功德劫佛　南无十八清淨智勳佛
南无九十尊相衆生佛　南无百善智无垢雷音尊王佛
南无八十勝尊大海功德智力王佛　南无卅无上菩提尊王佛
南无二智覺山華王佛　南无十二功德山二智覺佛
南无二金剛師子佛　南无二持式光明佛
南无二示現增盖佛　南无无量光明佛
南无三師子遊戲佛　南无二无盡智山佛
南无二寶光明佛　南无二无垢智慧佛
南无九智慧光明佛　南无五千那羅延无勝藏佛
南无二无垢淨智慧佛　南无九大智光明佛
南无七十聚集積寶功德佛　南无卅光明藏佛
南无梵增盖佛　南无廿香別星宿稱王佛
南无三功德力娑羅王佛　南无九十微妙香佛
南无提頭賴吒王佛　南无千蓮華香幢稱尊王佛
南无六十光明熾珠王佛　南无卅蓮華香力增佛
南无二无量功德大海智增佛　南无閻浮提音佛
南无一百三功德山幢佛　南无師子相佛
南无百一龍雷尊華光明佛　南无度盡行佛
南无善趣種无我甘露功德王劫佛
南无種種威嚴王无勝智佛
南无千離法智龍王解脫覺世界海眼山王佛

BD15112 號 1　賢劫十方千五百佛名經卷下　（25–16）

南无善趣種无我甘露功德王劫佛
南无種種威嚴王无勝智佛
南无千離法智龍王解脫覺世界海眼山王佛
南无威神佛　南无善舜月音王佛
南无諸華佛　南无寶成佛
南无善德佛　南无无數精進願首佛
南无廣衆德佛　南无殊勝月佛

現在下方一百五十佛名

佛言若善男子善女人聞此佛名至心受持燒香敬礼者所生之處得普光三昧命欲終時自然得見億百千姟諸佛住前十方甘然諸佛所說悉皆受持永離怨惡神通感動无量衆生亦能滅除二百億姟生死之罪

南无名聞佛　南无師子佛
南无明德佛　南无普光佛
南无達摩佛　南无法幢佛
南无持法佛　南无一寶蓋佛
南无滌清華佛　南无普賢佛
南无梵精進佛　南无寶藏佛
南无婆羅王佛　南无離怖圍遠音佛
南无月殿佛　南无清淨華光佛
南无過神通王佛　南无達立精進佛
南无師子夬佛　南无无量光勝最勝佛
南无靈室音佛　南无靈室嚴王佛
南无大目佛　南无拘留孫佛
南无上德佛　南无大德佛
南无蓮華德佛　南无有德佛
南无師子德佛　南无成利佛
南无師子頭佛　南无師子讓佛

BD15112 號 1　賢劫十方千五百佛名經卷下　（25–17）

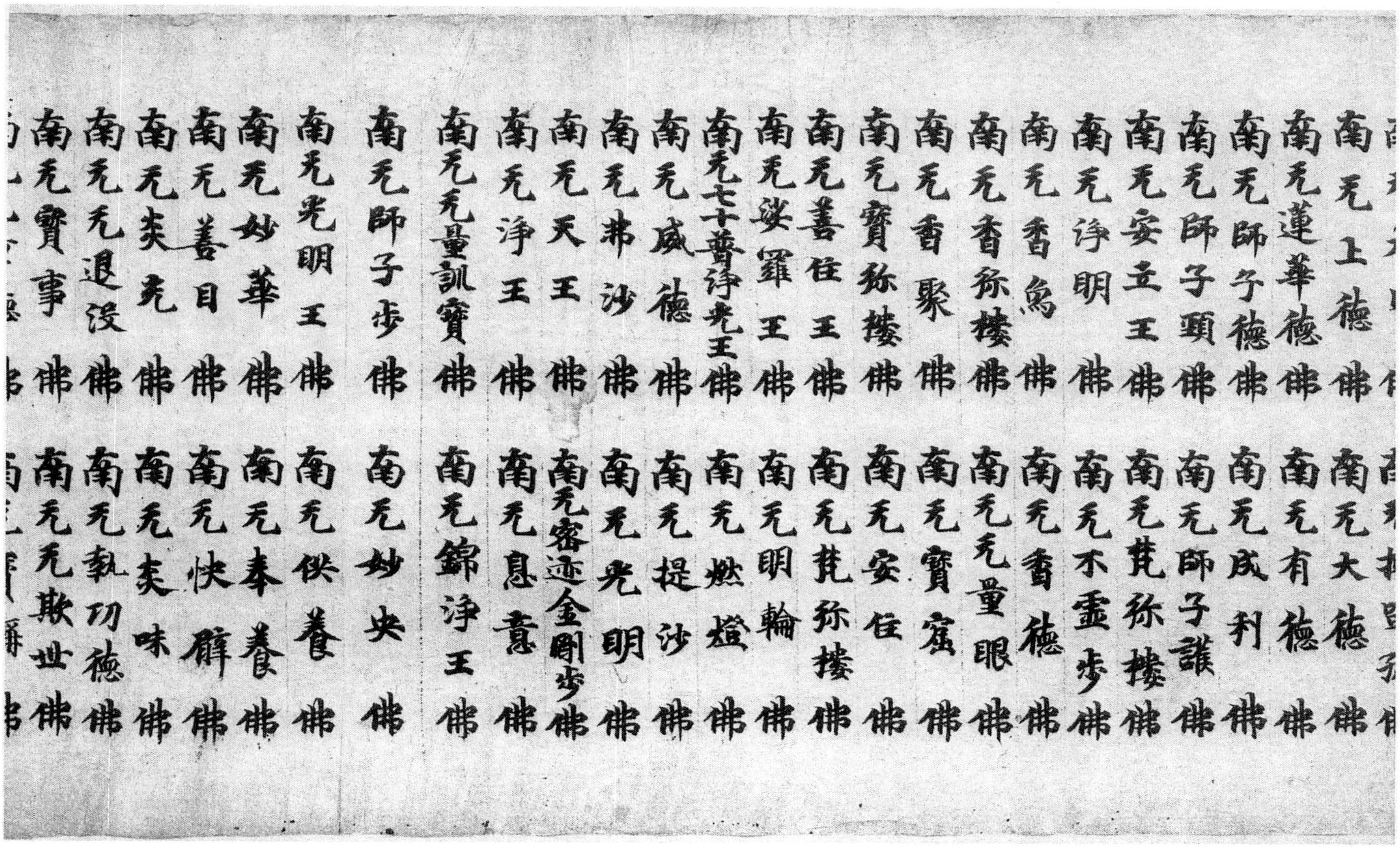

南无上德佛　南无大德佛
南无蓮華德佛　南无有德佛
南无師子德佛　南无成利佛
南无師子頭佛　南无師子護佛
南无安立王佛　南无梵弥樓佛
南无淨明佛　南无不虛步佛
南无香烏佛　南无香德佛
南无香弥樓佛　南无无量眼佛
南无香聚佛　南无寶窟佛
南无寶弥樓佛　南无安住佛
南无善住王佛　南无梵弥樓佛
南无娑羅王佛　南无明輪佛
南无七十普淨光王佛　南无燃燈佛
南无威德佛　南无提沙佛
南无弗沙佛　南无光明佛
南无天王佛　南无密迹金剛步佛
南无淨王佛　南无息意佛
南无无量訓寶佛　南无錦淨王佛
南无師子步佛　南无妙央佛
南无光明王佛　南无供養佛
南无妙華佛　南无奉養佛
南无善目佛　南无快辟佛
南无美光佛　南无美味佛
南无无退沒佛　南无執功德佛
南无寶事佛　南无无欺世佛

BD15112 號 1　賢劫十方千五百佛名經卷下　（25–18）

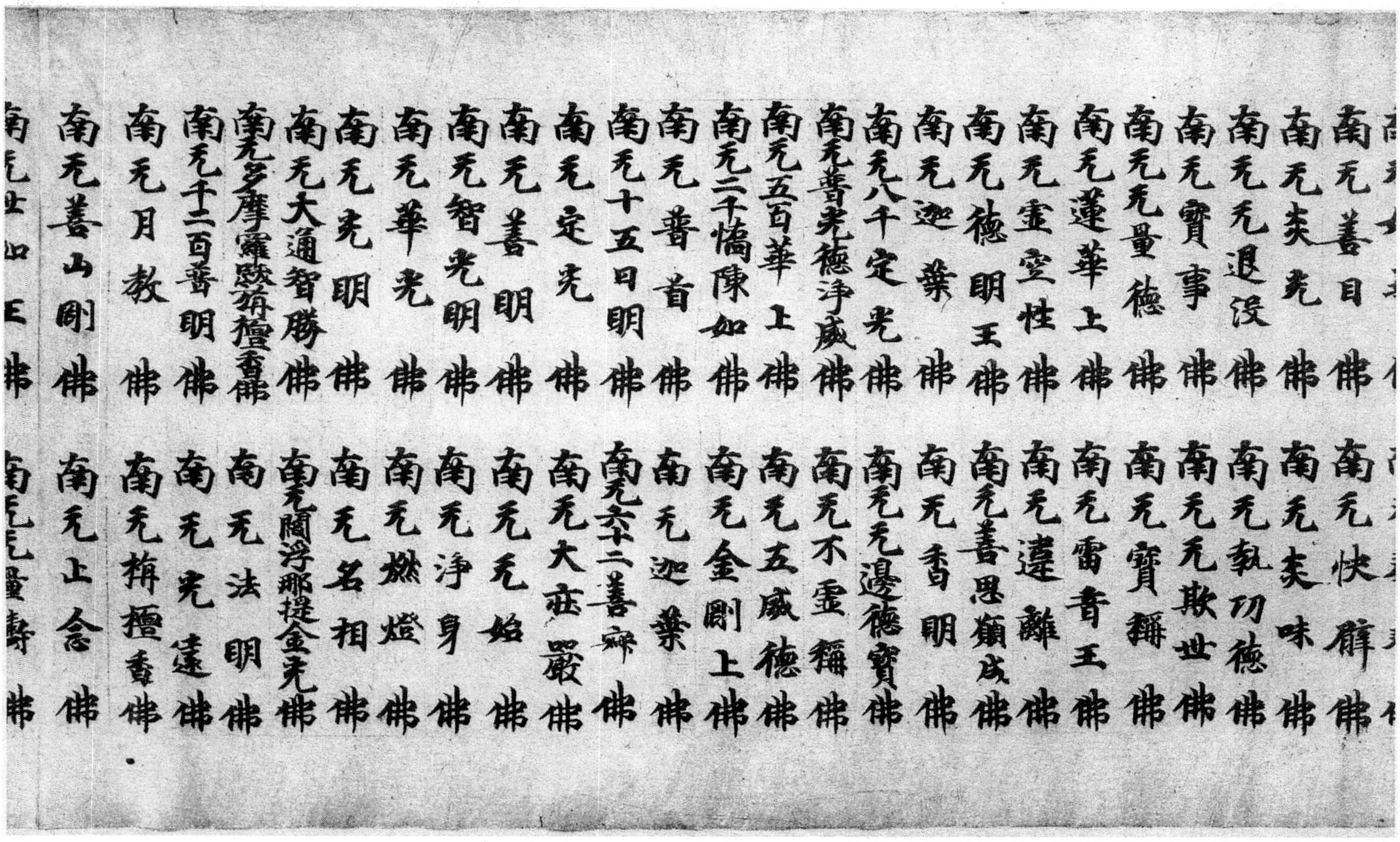

南无善目佛　南无快辟佛
南无美光佛　南无美味佛
南无无退沒佛　南无執功德佛
南无寶事佛　南无无欺世佛
南无无量德佛　南无寶稱佛
南无蓮華上佛　南无雷音王佛
南无虛空性佛　南无遠離佛
南无德明王佛　南无善思願成佛
南无迦葉佛　南无香明佛
南无八千定光佛　南无无邊德寶佛
南无普光德淨威佛　南无不虛稱佛
南无五百華上佛　南无五威德佛
南无二千憍陳如佛　南无金剛上佛
南无普首佛　南无迦葉佛
南无十五日明佛　南无六十二善寂佛
南无定光佛　南无大莊嚴佛
南无善明佛　南无无始佛
南无智光明佛　南无淨身佛
南无華光佛　南无燃燈佛
南无光明佛　南无名相佛
南无大通智勝佛　南无閻浮那提金光佛
南无多摩羅跋栴檀香佛　南无法明佛
南无千二百普明佛　南无光遠佛
南无月教佛　南无栴檀香佛
南无善山剛佛　南无上念佛

BD15112 號 1　賢劫十方千五百佛名經卷下　（25–19）

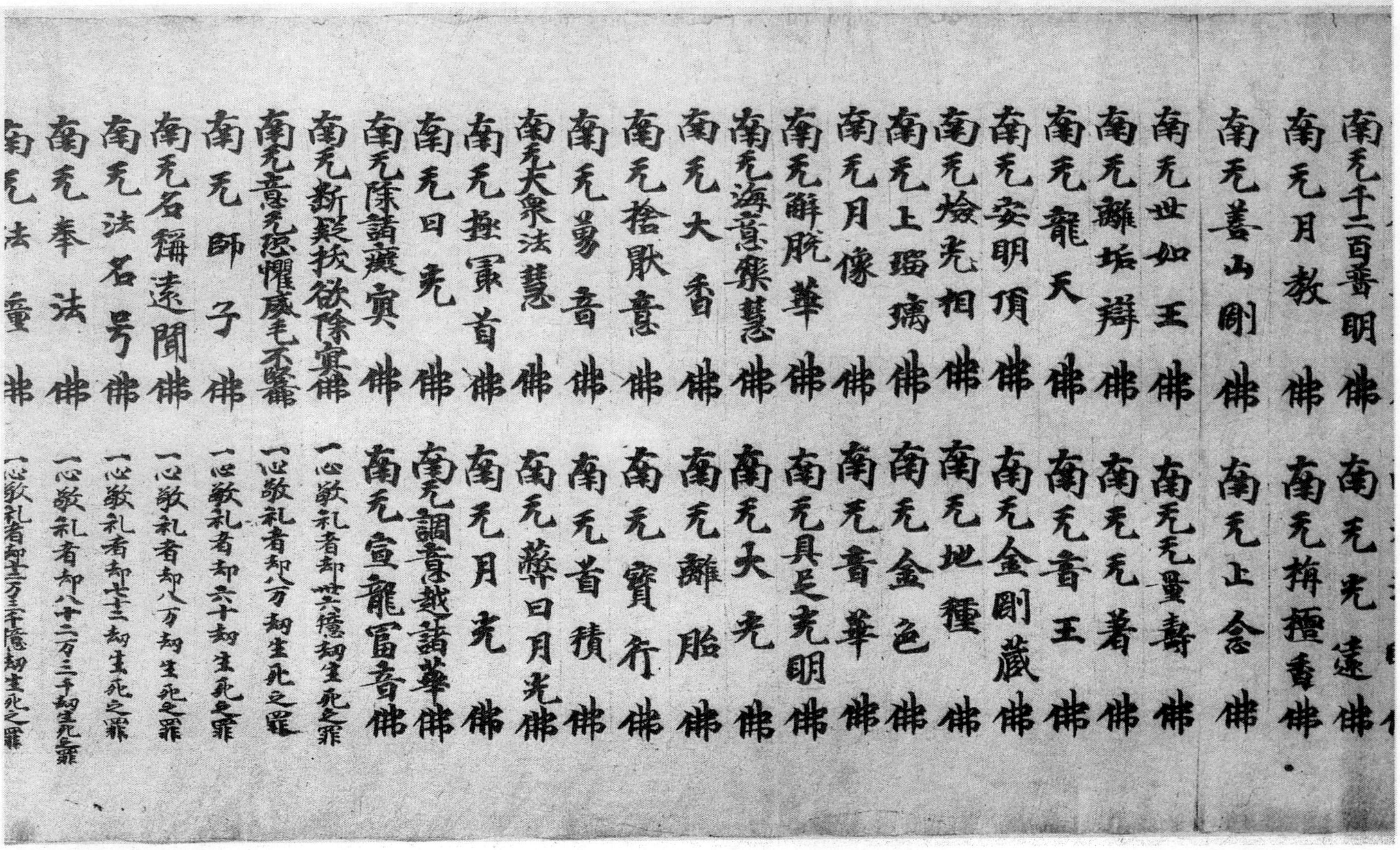

南无千二百香明佛　南无光光遠佛
南无月教佛　南无栴檀香佛
南无善山剛佛　南无上念佛
南无世如王佛　南无无量壽佛
南无離垢辯佛　南无无著佛
南无龍天佛　南无音王佛
南无安明頂佛　南无金剛藏佛
南无燄光相佛　南无地種佛
南无上瑠璃佛　南无金色佛
南无月像佛　南无音華佛
南无解脫華佛　南无具足光明佛
南无海意衆慧佛　南无大光佛
南无大香佛　南无離胎佛
南无捨猒意佛　南无寶行佛
南无勇音佛　南无首積佛
南无大衆法慧佛　南无蘂日月光佛
南无捡冥首佛　南无月光佛
南无日光佛　南无調音越諸華佛
南无除諸癡冥佛　南无宣龍富音佛
南无斷疑拔欲除冥佛　一心敬礼者却卅六億劫生死之罪
南无意无恐懼威毛不竪佛　一心敬礼者却八万劫生死之罪
南无師子佛　一心敬礼者却六十劫生死之罪
南无名稱遠聞佛　一心敬礼者却八万劫生死之罪
南无法名号佛　一心敬礼者却廿三劫生死之罪
南无奉法佛　一心敬礼者却八十二万三千劫生死之罪
南无法幢佛　一心敬礼者却十二万三千億劫生死之罪

BD15112 號 1　賢劫十方千五百佛名經卷下　（25–20）

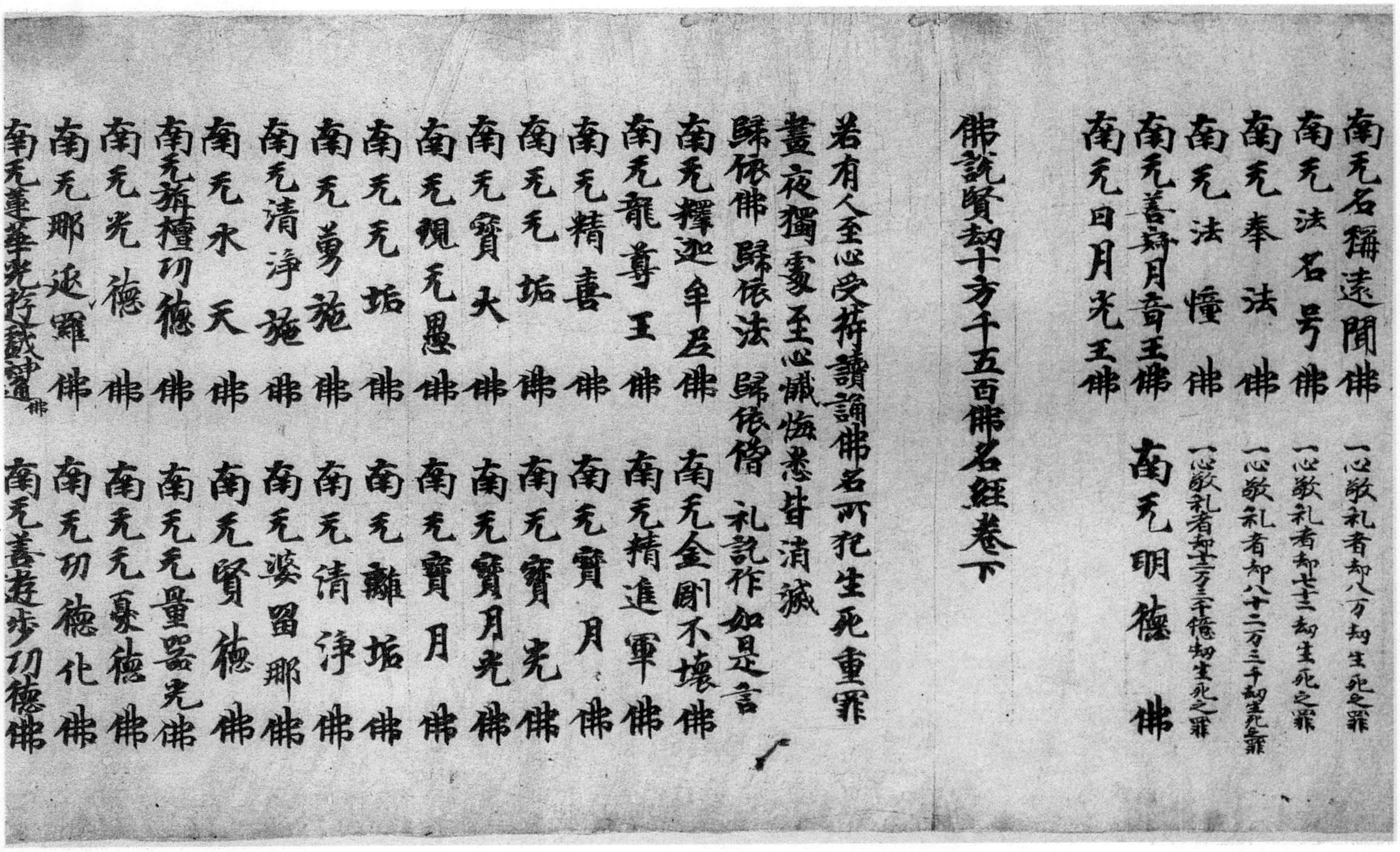

南无名稱遠聞佛　一心敬礼者却八万劫生死之罪
南无法名号佛　一心敬礼者却廿三劫生死之罪
南无奉法佛　一心敬礼者却八十二万三千劫生死之罪
南无法幢佛　一心敬礼者却十二万三千億劫生死之罪
南无善寂月音王佛　南无明德佛
南无日月光王佛

佛說賢劫十方千五百佛名經卷下

若有人至心受持讀誦佛名所犯生死重罪
晝夜獨露至心懺悔悉皆消滅
歸依佛　歸依法　歸依僧　礼說作如是言
南无釋迦牟尼佛　南无金剛不壞佛
南无龍尊王佛　南无精進軍佛
南无精喜佛　南无寶月佛
南无无垢佛　南无寶光佛
南无寶火佛　南无寶月光佛
南无現无愚佛　南无寶月佛
南无无垢佛　南无離垢佛
南无勇施佛　南无清淨佛
南无清淨施佛　南无婆留那佛
南无水天佛　南无賢德佛
南无栴檀功德佛　南无无量掬光佛
南无光德佛　南无无憂德佛
南无那延羅佛　南无功德化佛
南无蓮華光遊戲神通佛　南无善遊步功德佛

BD15112 號 1　賢劫十方千五百佛名經卷下　（25–21）
BD15112 號 2　佛名經卷下

南无旃檀功德佛　南无无量器光佛
南无光德佛　南无无憂德佛
南无那延羅佛　南无功德化佛
南无蓮華光遊戲神通佛　南无善遊步功德佛
南无洪炎幢王佛　南无善遊步佛
南无戰鬪勝佛　南无寶蓮華遊步佛
南无周匝莊嚴功德佛　南无寶蓮華善住娑羅樹王佛
南无賢劫千佛　南无十六王子佛
南无過去七佛　南无東方无量諸佛
南无東南方无量諸佛　南无南方无量諸佛
南无西南方无量諸佛　南无西方无量諸佛
南无西北方无量諸佛　南无北方量无諸佛
南无東北方无量諸佛　南无上方无量諸佛
南无下方无量諸佛
南无十方世界形像舍利如來神塔
南无十方世界諸藏經法　南无十方世界三乘聖衆
南无代釋凡四天王護佛道尊神敬礼諸佛
南无代皇帝陛下太皇太后敬礼諸佛
南无代王公合國人民鎮式敬礼諸佛
南无代師長父母親族知識四事檀越敬礼諸佛
南无代三界廿五有微塵等衆生敬礼諸佛求哀懺悔
南无大德我大和上應正遍知大悲世尊釋迦
牟尼十方諸佛諸尊菩薩有大神力刑不唐
動言不虛發讚歎懺悔千劫所作極重惡
業若能至心一懺悔者悉皆滅盡我等
今日歸向諸佛誠心懺悔

BD15112 號 2　佛名經卷下　(25–22)

牟尼十方諸佛諸尊菩薩有大神力刑不唐
動言不虛發讚歎懺悔千劫所作極重惡
業若能至心一懺悔者悉皆滅盡我等
今日歸向諸佛誠心懺悔
我弟子某甲等普為法界衆生從无始已
來所作衆罪或煞害君親及真人羅漢兵
戈征討鋒刃煞衆遊獵禽獸網捕虫魚或曾
作惡王刑罰枉濫乃至含靈稟性蠢動凡諸
生類殘害煞傷及猛獸鷙鳥遞相噉食或
盜佛物法物僧物及他財寶居官因事納貨
受財或非己室家外行婬穢莫簡親疏不
避僧尼横起愛憎妄想嫉忌或虛詐妄語
誑惑君親不知不見言知言見誹訖鬼神詭
誑世俗或讒諂兩舌鬪乱二邊持此惡言向
彼陳説持彼惡語復向此論阻隔君臣離
間骨宍一切和合由其破壞或出言無惡毀
呰他人訶叱任情罵詈在口或不正已言乃
為綺語説善為惡以臭為香名長為短説
白為黑謀言詭語調弄於人或志在貪味求
取不節性多瞋毒恚怒自纏或不識正理
迷惑邪見謗佛法僧説无因果不信脩善
受人天樂不言為惡受地獄苦或謂此身
无因而得或謂未來斷无因果毁壞塔寺
焚燒經典融刮佛像以取金銅汙穢伽
藍遊趁禁戒飲酒噉宍及食五辛愚

BD15112 號 2　佛名經卷下　(25–23)

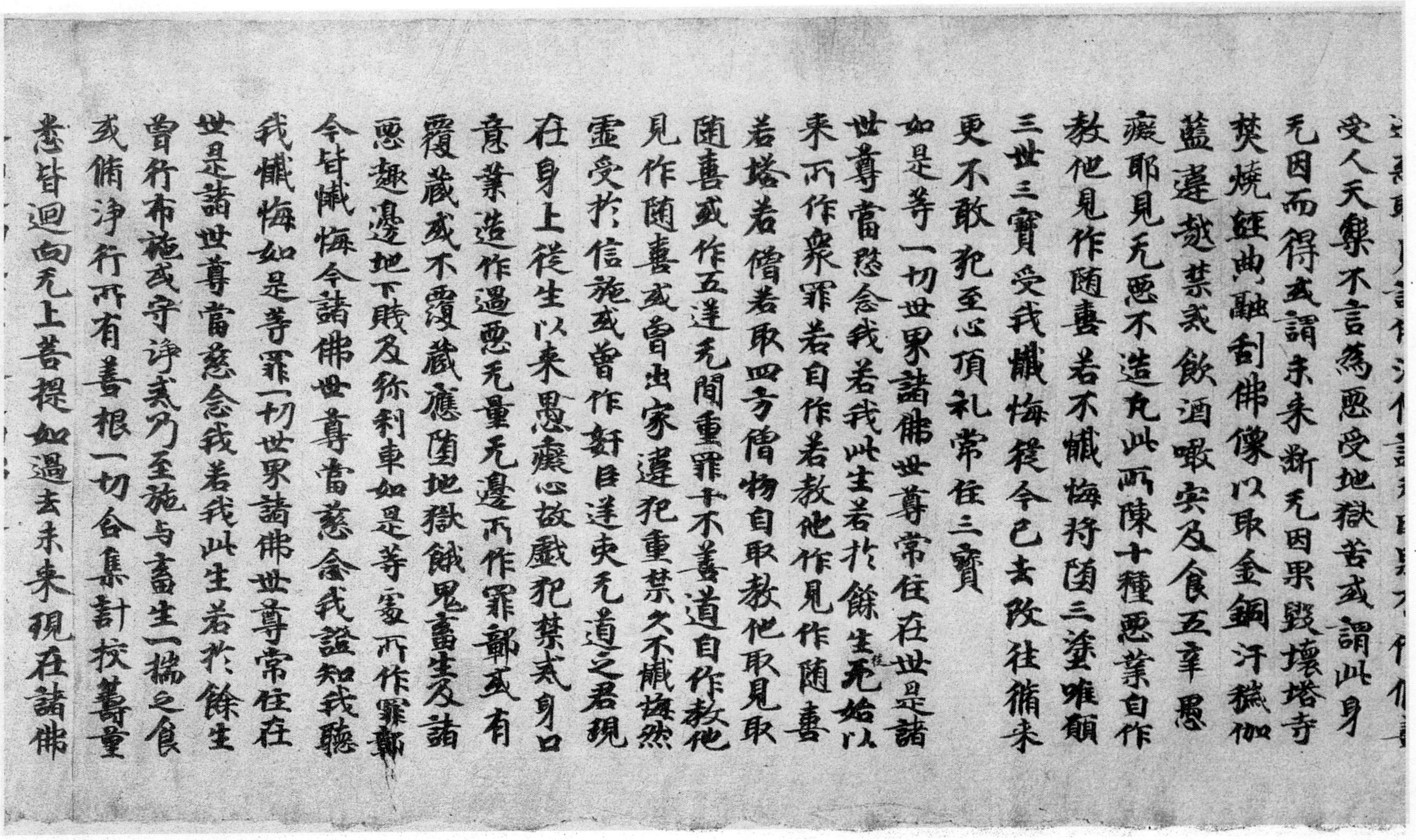
受人天衆不言為惡受地獄苦或謂此身
无因而得或謂未来斷无因果毀壞塔寺
焚燒經典融刮佛像以取金銅汙穢伽
藍違越禁戒飲酒噉宍及食五辛愚
癡耶見无惡不造凡此所陳十種惡業自作
教他見作隨喜若不懺悔將墮三塗唯願
三世三寶受我懺悔從今已去改往脩来
更不敢犯至心頂礼常住三寶
如是等一切世界諸佛世尊常住在世是諸
世尊當慈念我若我此生若於餘生死始以
来所作衆罪若自作若教他作見作隨喜
若塔若僧若四方僧物自取教他取見取
隨喜或作五逆无間重罪十不善道自作教他
見作隨喜或曾出家違犯重禁久不懺悔然
虛受於信施或曾作斫目逆夷无道之君現
在身上從生以来愚癡心故戲犯禁戒身口
意業造作過惡无量无邊所作罪鄣或有
覆藏或不覆藏應墮地獄餓鬼畜生及諸
惡趣邊地下賤及弥利車如是等處所作罪鄣
今皆懺悔今諸佛世尊當慈念我證知我聽
我懺悔如是等罪一切世界諸佛世尊常住在
世是諸世尊當慈念我若我此生若於餘生
曾行布施或守淨戒乃至施与畜生一摶之食
或脩淨行所有善根一切合集計挍籌量
悉皆迴向无上菩提如過去未来現在諸佛

BD15112 號 2　佛名經卷下　　　　　　　　（25–24）

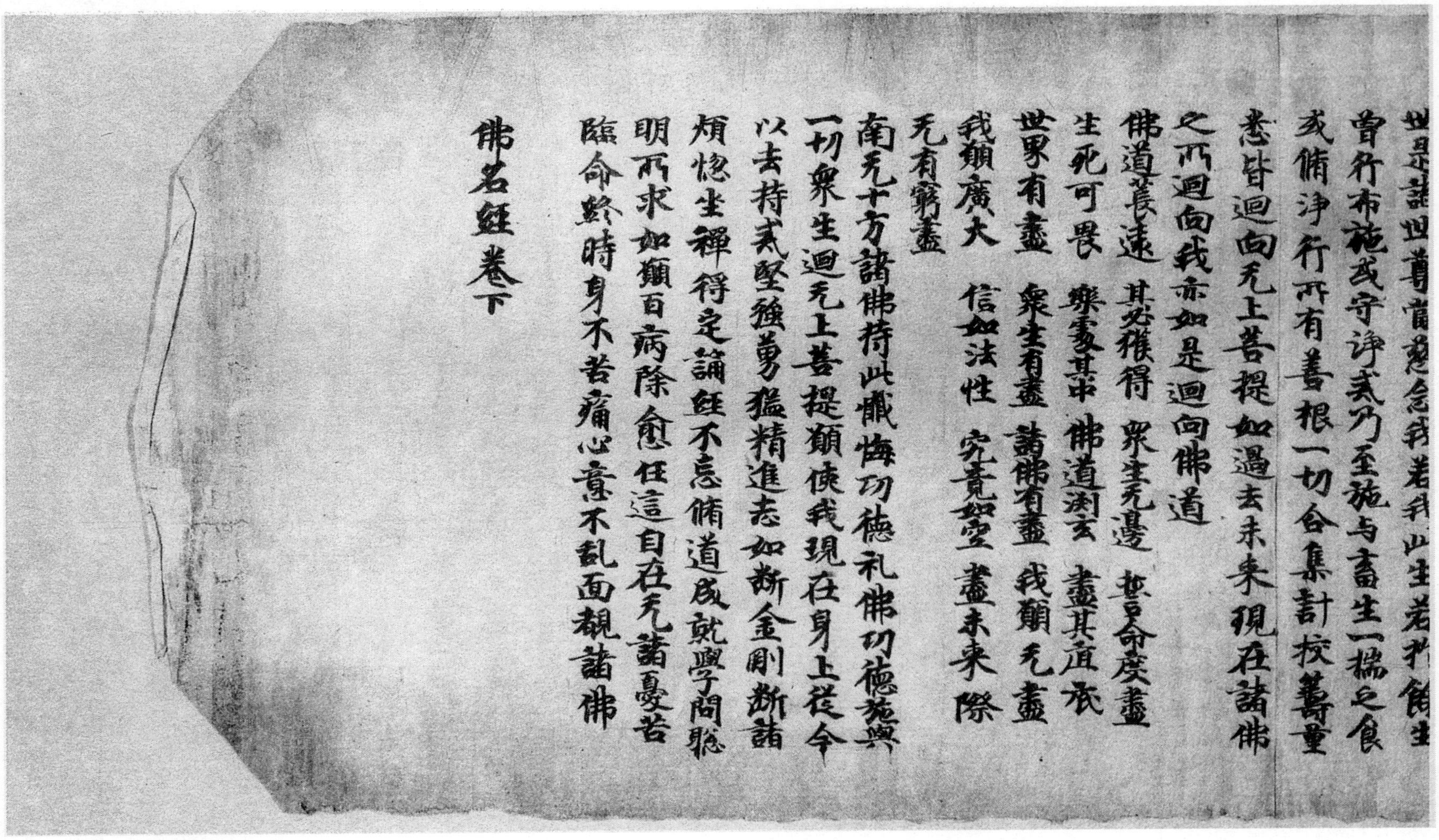
世是諸世尊當慈念我若我此生若於餘生
曾行布施或守淨戒乃至施与畜生一摶之食
或脩淨行所有善根一切合集計挍籌量
悉皆迴向无上菩提如過去未来現在諸佛
之所迴向我亦如是迴向佛道
佛道萇遠　其必獲得　衆生无邊　誓願度盡
生死可畏　樂處其中　佛道渕玄　盡其宜承
世界有盡　衆生有盡　諸佛有盡　我願无盡
我願廣大　信如法性　究竟如空　盡未来際
无有窮盡
南无十方諸佛持此懺悔功德礼佛功德施與
一切衆生迴无上菩提願使我現在身上從今
以去持戒堅強勇猛精進志如斷金剛斷諸
煩惱坐禪得定誦經不忘脩道成就學問聡
明所求如願百病除愈任這自在无諸憂苦
臨命終時身不苦痛心意不亂面覩諸佛

佛名經卷下

BD15112 號 2　佛名經卷下　　　　　　　　（25–25）

受清淨法界乃至意
故一切智智清淨何以故
清淨若法界乃至意觸
若一切智智清淨無二無二分無別
現精進波羅蜜多清淨故地界清淨地界清
淨故一切智智清淨何以故若精進波羅蜜
多清淨若地界清淨若一切智智清淨無二
無二分無別無斷故精進波羅蜜多清淨故
水火風空識界清淨水火風空識界清淨故
一切智智清淨何以故若精進波羅蜜多清
淨若水火風空識界清淨若一切智智清淨
無二無二分無別無斷故善現精進波羅蜜
多清淨故無明清淨無明清淨故一切智智
清淨何以故若精進波羅蜜多清淨若無明
清淨若一切智智清淨無二無二分無別無
斷故精進波羅蜜多清淨故行識名色六處
觸受愛取有生老死愁歎苦憂惱清淨行乃
至老死愁歎苦憂惱清淨故一切智智清淨
何以故若精進波羅蜜多清淨若行乃至老

BD15113號　大般若波羅蜜多經卷二〇六　（18-1）

清淨若一切智智清淨無二無二分無別無
斷故精進波羅蜜多清淨故行識名色六處
觸受愛取有生老死愁歎苦憂惱清淨行乃
至老死愁歎苦憂惱清淨故一切智智清淨
何以故若精進波羅蜜多清淨若行乃至老
死愁歎苦憂惱清淨若一切智智清淨無二
無二分無別無斷故善現精進波羅蜜多清
淨故布施波羅蜜多清淨布施波羅蜜多清
淨故一切智智清淨何以故若精進波羅蜜
多清淨若布施波羅蜜多清淨若一切智智
清淨無二無二分無別無斷故精進波羅蜜
多清淨故淨戒安忍靜慮般若波羅蜜多清
淨淨戒乃至般若波羅蜜多清淨故一切智
智清淨何以故若精進波羅蜜多清淨若淨
戒乃至般若波羅蜜多清淨若一切智智清
淨無二無二分無別無斷故善現精進波羅
蜜多清淨故內空清淨內空清淨故一切智
智清淨何以故若精進波羅蜜多清淨若內
空清淨若一切智智清淨無二無二分無別
無斷故精進波羅蜜多清淨故外空內外空
空空大空勝義空有為空無為空畢竟空无
際空散空無變異空本性空自相空共相空
一切法空不可得空無性空自性空無性自
性空清淨外空乃至無性自性空清淨故一
切智智清淨何以故若精進波羅蜜多清淨
若外空乃至無性自性空清淨若一切智智
清淨無二無二分無別無斷故善現精進波

BD15113號　大般若波羅蜜多經卷二〇六　（18-2）

一切法空不可得空無性空自性空無性自
性空清淨外空乃至無性自性空清淨故一
切智智清淨何以故若精進波羅蜜多清淨
若外空乃至無性自性空清淨若一切智智
清淨無二無二分無別無斷故善現精進波
羅蜜多清淨故真如清淨真如清淨故一切
智智清淨何以故若精進波羅蜜多清淨若
真如清淨若一切智智清淨無二無二分無
別無斷故精進波羅蜜多清淨故法界法性
不虛妄性不變異性平等性離生性法定法
住實際虛空界不思議界清淨法界乃至不
思議界清淨故一切智智清淨何以故若精進
波羅蜜多清淨若法界乃至不思議界清淨
若一切智智清淨無二無二分無別無斷故
善現精進波羅蜜多清淨故苦聖諦清淨苦
聖諦清淨故一切智智清淨何以故若精進
波羅蜜多清淨若苦聖諦清淨若一切智智
清淨無二無二分無別無斷故精進波羅蜜
多清淨故集滅道聖諦清淨集滅道聖諦
清淨故一切智智清淨何以故若精進波羅蜜
多清淨若集滅道聖諦清淨若一切智智清
淨無二無二分無別無斷故善現精進波
羅蜜多清淨故四靜慮清淨四靜慮清淨故
一切智智清淨何以故若精進波羅蜜多清
淨若四靜慮清淨若一切智智清淨無二無
二分無別無斷故精進波羅蜜多清淨故四
無量四無色定清淨四無量四無色定清淨

BD15113號　大般若波羅蜜多經卷二〇六　（18–3）

一切智智清淨何以故若精進波羅蜜多清
淨若四靜慮清淨若一切智智清淨無二無
二分無別無斷故精進波羅蜜多清淨故四
無量四無色定清淨四無量四無色定清淨
故一切智智清淨何以故若精進波羅蜜多
清淨若四無量四無色定清淨若一切智智
清淨無二無二分無別無斷故善現精進波
羅蜜多清淨故八解脫清淨八解脫清淨故
一切智智清淨何以故若精進波羅蜜多清
淨若八解脫清淨若一切智智清淨無二無
二分無別無斷故精進波羅蜜多清淨故八
勝處九次第定十遍處清淨八勝處九次第
定十遍處清淨故一切智智清淨何以故若
精進波羅蜜多清淨若八勝處九次第定十
遍處清淨若一切智智清淨無二無二分無
別無斷故善現精進波羅蜜多清淨故四念
住清淨四念住清淨故一切智智清淨何以
故若精進波羅蜜多清淨若四念住清淨若
一切智智清淨無二無二分無別無斷故精
進波羅蜜多清淨故四正斷四神足五根五
力七等覺支八聖道支清淨四正斷乃至八
聖道支清淨故一切智智清淨何以故若精
進波羅蜜多清淨若四正斷乃至八聖道支
清淨若一切智智清淨無二無二分無別無
斷故善現精進波羅蜜多清淨故空解脫門
清淨空解脫門清淨故一切智智清淨何以
故若精進波羅蜜多清淨若空解脫門清淨

BD15113號　大般若波羅蜜多經卷二〇六　（18–4）

進波羅蜜多清淨若四正斷乃至八聖道支
清淨若一切智智清淨無二無二分無別無
斷故善現精進波羅蜜多清淨故空解脫門
清淨空解脫門清淨故一切智智清淨何以
故若精進波羅蜜多清淨若空解脫門清淨
若一切智智清淨無二無二分無別無斷故
精進波羅蜜多清淨故無相無願解脫門清
淨無相無願解脫門清淨故一切智智清淨
何以故若精進波羅蜜多清淨若無相無願
解脫門清淨若一切智智清淨無二無二分
無別無斷故善現精進波羅蜜多清淨故菩
薩十地清淨菩薩十地清淨故一切智智
清淨何以故若精進波羅蜜多清淨若菩薩
十地清淨若一切智智清淨無二無二分無
別無斷故
善現精進波羅蜜多清淨故五眼清淨五眼
清淨故一切智智清淨何以故若精進波羅
蜜多清淨若五眼清淨若一切智智清淨無
二無二分無別無斷故精進波羅蜜多清淨
故六神通清淨六神通清淨故一切智智清
淨何以故若精進波羅蜜多清淨若六神通
清淨若一切智智清淨無二無二分無別無
斷故善現精進波羅蜜多清淨故佛十力清
淨佛十力清淨故一切智智清淨何以故若
精進波羅蜜多清淨若佛十力清淨若一切
智智清淨無二無二分無別無斷故精進波
羅蜜多清淨故四無所畏四無礙解大慈大

BD15113號　大般若波羅蜜多經卷二〇六　（18–5）

清淨若一切智智清淨無二無二分無別無
斷故善現精進波羅蜜多清淨故佛十力清
淨佛十力清淨故一切智智清淨何以故若
精進波羅蜜多清淨若佛十力清淨若一切
智智清淨無二無二分無別無斷故精進波
羅蜜多清淨故四無所畏四無礙解大慈大
悲大喜大捨十八佛不共法清淨四無所畏
乃至十八佛不共法清淨故一切智智清淨
何以故若精進波羅蜜多清淨若四無所畏
乃至十八佛不共法清淨若一切智智清淨
無二無二分無別無斷故善現精進波羅蜜
多清淨故無忘失法清淨無忘失法清淨故
一切智智清淨何以故若精進波羅蜜多清
淨若無忘失法清淨若一切智智清淨無二
無二分無別無斷故精進波羅蜜多清淨故
恒住捨性清淨恒住捨性清淨故一切智智
清淨何以故若精進波羅蜜多清淨若恒住
捨性清淨若一切智智清淨無二無二分無
別無斷故
善現精進波羅蜜多清淨故一切智清淨一
切智清淨故一切智智清淨何以故若精進
波羅蜜多清淨若一切智清淨若一切智智
清淨無二無二分無別無斷故精進波羅蜜
多清淨故道相智一切相智清淨道相智一
切相智清淨故一切智智清淨何以故若精
進波羅蜜多清淨若道相智一切相智清淨
若一切智智清淨無二無二分無別無斷故

BD15113號　大般若波羅蜜多經卷二〇六　（18–6）

清淨無二無二分無別無斷故精進波羅蜜
多清淨故道相智一切相智清淨道相智一
切相智清淨何以故若精
進波羅蜜多清淨若道相智一切相智清淨
若一切智智清淨無二無二分無別無斷故
善現精進波羅蜜多清淨故一切陁羅尼門
清淨一切陁羅尼門清淨故一切智智清淨
何以故若精進波羅蜜多清淨若一切陁羅
尼門清淨若一切智智清淨無二無二分無
別無斷故精進波羅蜜多清淨故一切三摩
地門清淨一切三摩地門清淨故一切智智
清淨何以故若精進波羅蜜多清淨若一切
三摩地門清淨若一切智智清淨無二無二
分無別無斷故善現精進波羅蜜多清淨故
預流果清淨預流果清淨故一切智智清淨
何以故若精進波羅蜜多清淨若預流果清
淨若一切智智清淨無二無二分無別無斷
故精進波羅蜜多清淨故一來不還阿羅漢
果清淨一來不還阿羅漢果清淨故一切智
智清淨何以故若精進波羅蜜多清淨若一
來不還阿羅漢果清淨若一切智智清淨無
二無二分無別無斷故善現精進波羅蜜多
清淨故獨覺菩提清淨獨覺菩提清淨故一
切智智清淨何以故若精進波羅蜜多清淨
若獨覺菩提清淨若一切智智清淨無二無
二分無別無斷故善現精進波羅蜜多清淨
故一切菩薩摩訶薩行清淨一切菩薩摩訶

BD15113號　大般若波羅蜜多經卷二〇六　（18–7）

切智智清淨何以故若精進波羅蜜多清淨
若獨覺菩提清淨若一切智智清淨無二無
二分無別無斷故善現精進波羅蜜多清淨
故一切菩薩摩訶薩行清淨一切菩薩摩訶
薩行清淨故一切智智清淨何以故若精進
波羅蜜多清淨若一切菩薩摩訶薩行清淨
若一切智智清淨無二無二分無別無斷故
善現精進波羅蜜多清淨故諸佛無上正等
菩提清淨諸佛無上正等菩提清淨故一切
智智清淨何以故若精進波羅蜜多清淨若
諸佛無上正等菩提清淨若一切智智清淨
無二無二分無別無斷故
復次善現安忍波羅蜜多清淨故色清淨色
清淨故一切智智清淨何以故若安忍波羅
蜜多清淨若色清淨若一切智智清淨無二
無二分無別無斷故安忍波羅蜜多清淨故
受想行識清淨受想行識清淨故一切智智
清淨何以故若安忍波羅蜜多清淨若受想
行識清淨若一切智智清淨無二無二分无
別無斷故善現安忍波羅蜜多清淨故眼處
清淨眼處清淨故一切智智清淨何以故若
安忍波羅蜜多清淨若眼處清淨若一切智
智清淨無二無二分無別無斷故安忍波羅
蜜多清淨故耳鼻舌身意處清淨耳鼻舌身
意處清淨故一切智智清淨何以故若安忍
波羅蜜多清淨若耳鼻舌身意處清淨若一
切智智清淨無二無二分無別無斷故善現

BD15113號　大般若波羅蜜多經卷二〇六　（18–8）

羅蜜多清淨無二無二分無別無斷故安忍波
蜜多清淨故耳鼻舌身意處清淨耳鼻舌身
意處清淨故一切智智清淨何以故若安忍
波羅蜜多清淨若耳鼻舌身意處清淨若一
切智智清淨無二無二分無別無斷故善現
安忍波羅蜜多清淨故色處清淨色處清淨
故一切智智清淨何以故若安忍波羅蜜多
清淨若色處清淨若一切智智清淨無二無
二分無別無斷故安忍波羅蜜多清淨故聲
香味觸法處清淨聲香味觸法處清淨故一
切智智清淨何以故若安忍波羅蜜多清淨
若聲香味觸法處清淨若一切智智清淨无
二無二分無別無斷故善現安忍波羅蜜多
清淨故眼界清淨眼界清淨故一切智智清
淨何以故若安忍波羅蜜多清淨若眼界清
淨若一切智智清淨無二無二分無別無斷故
安忍波羅蜜多清淨故色界眼識界及眼觸
眼觸為緣所生諸受清淨色界乃至眼觸為
緣所生諸受清淨故一切智智清淨何以故
若安忍波羅蜜多清淨若色界乃至眼觸為
緣所生諸受清淨若一切智智清淨無二無
二分無別無斷故善現安忍波羅蜜多清淨故
耳界清淨耳界清淨故一切智智清淨何以
故若安忍波羅蜜多清淨若耳界清淨若一
切智智清淨無二無二分無別無斷故安忍
波羅蜜多清淨故聲界耳識界及耳觸耳觸
為緣所生諸受清淨聲界乃至耳觸為緣所

BD15113 號　大般若波羅蜜多經卷二〇六　（18–9）

故若安忍波羅蜜多清淨若耳界清淨若一
切智智清淨無二無二分無別無斷故安忍
波羅蜜多清淨故聲界耳識界及耳觸耳觸
為緣所生諸受清淨聲界乃至耳觸為緣所
生諸受清淨故一切智智清淨何以故若安
忍波羅蜜多清淨若聲界乃至耳觸為緣所
生諸受清淨若一切智智清淨無二無二分
無別無斷故善現安忍波羅蜜多清淨故鼻
界清淨鼻界清淨故一切智智清淨何以故
若安忍波羅蜜多清淨若鼻界清淨若一切
智智清淨無二無二分無別無斷故安忍波
羅蜜多清淨故香界鼻識界及鼻觸鼻觸為
緣所生諸受清淨香界乃至鼻觸為緣所生
諸受清淨故一切智智清淨何以故若安忍
波羅蜜多清淨若香界乃至鼻觸為緣所生
諸受清淨若一切智智清淨無二無二分無別
無斷故善現安忍波羅蜜多清淨故舌界
清淨舌界清淨故一切智智清淨何以故若
安忍波羅蜜多清淨若舌界清淨若一切智
智清淨無二無二分無別無斷故安忍波羅
蜜多清淨故味界舌識界及舌觸舌觸為緣
所生諸受清淨味界乃至舌觸為緣所生諸
受清淨故一切智智清淨何以故若安忍波
羅蜜多清淨若味界乃至舌觸為緣所生諸
受清淨若一切智智清淨無二無二分無別
無斷故善現安忍波羅蜜多清淨故身界清
淨身界清淨故一切智智清淨何以故若安

BD15113 號　大般若波羅蜜多經卷二〇六　（18–10）

受清淨故一切智智清淨何以故若安忍波
羅蜜多清淨若味界乃至舌觸為緣所生諸
受清淨若一切智智清淨無二無二分無別
無斷故善現安忍波羅蜜多清淨故身界清
淨身界清淨故一切智智清淨何以故若安
忍波羅蜜多清淨若身界清淨若一切智智
清淨無二無二分無別無斷故安忍波羅蜜
多清淨故觸界身識界及身觸身觸為緣所
生諸受清淨觸界乃至身觸為緣所生諸受
清淨故一切智智清淨何以故若安忍波羅
蜜多清淨若觸界乃至身觸為緣所生諸受
清淨若一切智智清淨無二無二分無別無
斷故善現安忍波羅蜜多清淨故意界清淨
意界清淨故一切智智清淨何以故若安忍
波羅蜜多清淨若意界清淨若一切智智清
淨無二無二分無別無斷故安忍波羅蜜多
清淨故法界意識界及意觸意觸為緣所生
諸受清淨法界乃至意觸為緣所生諸受清
淨故一切智智清淨何以故若安忍波羅蜜
多清淨若法界乃至意觸為緣所生諸受清
淨若一切智智清淨無二無二分無別無斷故
善現安忍波羅蜜多清淨故地界清淨地界
清淨故一切智智清淨何以故若安忍波羅
蜜多清淨若地界清淨若一切智智清淨
無二無二分無別無斷故安忍波羅蜜多清
淨故水火風空識界清淨水火風空識界清
淨故一切智智清淨何以故若安忍波羅蜜

BD15113號　大般若波羅蜜多經卷二〇六　（18–11）

淨故一切智智清淨何以故若安忍波羅
蜜多清淨若地界清淨若一切智智清淨
無二無二分無別無斷故安忍波羅蜜多清
淨故水火風空識界清淨水火風空識界清
淨故一切智智清淨何以故若安忍波羅蜜
多清淨若水火風空識界清淨若一切智智
清淨無二無二分無別無斷故善現安忍波
羅蜜多清淨故無明清淨無明清淨故一切
智智清淨何以故若安忍波羅蜜多清淨若
無明清淨若一切智智清淨無二無二分無
別無斷故安忍波羅蜜多清淨故行識名色
六處觸受愛取有生老死愁歎苦憂惱清淨
行乃至老死愁歎苦憂惱清淨故一切智智
清淨何以故若安忍波羅蜜多清淨若行乃
至老死愁歎苦憂惱清淨若一切智智清淨
無二無二分無別無斷故
善現安忍波羅蜜多清淨故布施波羅蜜多
清淨布施波羅蜜多清淨故一切智智清淨
何以故若安忍波羅蜜多清淨若布施波羅
蜜多清淨若一切智智清淨無二無二分無
別無斷故安忍波羅蜜多清淨故淨戒精進
靜慮般若波羅蜜多清淨淨戒乃至般若波
羅蜜多清淨故一切智智清淨何以故若安
忍波羅蜜多清淨若淨戒乃至般若波羅蜜多
清淨若一切智智清淨無二無二分無別無
斷故善現安忍波羅蜜多清淨故內空清淨
內空清淨故一切智智清淨何以故若安忍波

BD15113號　大般若波羅蜜多經卷二〇六　（18–12）

忍波羅蜜多清淨若淨戒乃至般若波羅蜜多
清淨若一切智智清淨無二無二分無別無
斷故善現安忍波羅蜜多清淨故內空清淨
內空清淨故一切智智清淨何以故若安忍波
羅蜜多清淨若內空清淨若一切智智清淨
無二無二分無別無斷故安忍波羅蜜多
清淨故外空內外空空空大空勝義空有為
空無為空畢竟空無際空散空無變異空本
性空自相空共相空一切法空不可得空無
性空自性空無性自性空清淨外空乃至無
性自性空清淨故一切智智清淨何以故若
安忍波羅蜜多清淨若外空乃至無性自性
空清淨若一切智智清淨無二無二分無別
無斷故善現安忍波羅蜜多清淨故真如清
淨真如清淨故一切智智清淨何以故若安
忍波羅蜜多清淨若真如清淨若一切智智
清淨無二無二分無別無斷故安忍波羅蜜
多清淨故法界法性不虛妄性不變異性平
等性離生性法定法住實際虛空界不思議
界清淨法界乃至不思議界清淨故一切智
智清淨何以故若安忍波羅蜜多清淨若法
界乃至不思議界清淨若一切智智清淨無
二無二分無別無斷故善現安忍波羅蜜多
清淨故苦聖諦清淨苦聖諦清淨故一切智
智清淨何以故若安忍波羅蜜多清淨
若苦聖諦清淨若一切智智清淨無二無二

清淨故苦聖諦清淨苦聖諦清淨故一切智
智清淨何以故若安忍波羅蜜多清淨
若苦聖諦清淨若一切智智清淨無二無二
分無別無斷故安忍波羅蜜多清淨故集滅
道聖諦清淨集滅道聖諦清淨故一切智智
清淨何以故若安忍波羅蜜多清淨若集滅
道聖諦清淨若一切智智清淨無二無二分
無別無斷故善現安忍波羅蜜多清淨故四
靜慮清淨四靜慮清淨故一切智智清淨何
以故若安忍波羅蜜多清淨若四靜慮清淨
若一切智智清淨無二無二分無別無斷故
安忍波羅蜜多清淨故四無量四無色定清
淨四無量四無色定清淨故一切智智清淨
何以故若安忍波羅蜜多清淨若四無量四
無色定清淨若一切智智清淨無二無二分
無別無斷故善現安忍波羅蜜多清淨故八
解脫清淨八解脫清淨故一切智智清淨何
以故若安忍波羅蜜多清淨若八解脫清淨
若一切智智清淨無二無二分無別無斷故
安忍波羅蜜多清淨故八勝處九次第定十
遍處清淨八勝處九次第定十遍處清淨故
一切智智清淨何以故若安忍波羅蜜多清
淨若八勝處九次第定十遍處清淨若一切
智智清淨無二無二分無別無斷故善現安
忍波羅蜜多清淨故四念住清淨四念住清
淨故一切智智清淨何以故若安忍波羅蜜
多清淨若四念住清淨若一切智智清淨無

忍波羅蜜多清淨故四念住清淨四念住清
淨故一切智智清淨何以故若安忍波羅蜜
多清淨若四念住清淨若一切智智清淨無
二無二分無別無斷故安忍波羅蜜多清淨
故四正斷四神足五根五力七等覺支八聖
道支清淨四正斷乃至八聖道支清淨故一
切智智清淨何以故若安忍波羅蜜多清
淨若四正斷乃至八聖道支清淨若一切智
智清淨無二無二分無別無斷故善現安忍
波羅蜜多清淨故空解脫門清淨空解脫門
清淨故一切智智清淨何以故若安忍波羅
蜜多清淨若空解脫門清淨若一切智智清
淨無二無二分無別無斷故安忍波羅蜜多
清淨故無相無願解脫門清淨無相無願解
脫門清淨故一切智智清淨何以故若安忍
波羅蜜多清淨若無相無願解脫門清淨若
一切智智清淨無二無二分無別無斷故善現
安忍波羅蜜多清淨故菩薩十地清淨菩
薩十地清淨故一切智智清淨何以故若安忍
波羅蜜多清淨若菩薩十地清淨若一切
智智清淨無二無二分無別無斷故
善現安忍波羅蜜多清淨故五眼清淨五眼
清淨故一切智智清淨何以故若安忍波羅
蜜多清淨若五眼清淨若一切智智清淨無
二無二分無別無斷故安忍波羅蜜多清淨
故六神通清淨六神通清淨故一切智智清

BD15113號　大般若波羅蜜多經卷二〇六　（18–15）

清淨故一切智智清淨何以故若安忍波羅
蜜多清淨若五眼清淨若一切智智清淨無
二無二分無別無斷故安忍波羅蜜多清淨
故六神通清淨六神通清淨故一切智智清
淨何以故若安忍波羅蜜多清淨若六神通
清淨若一切智智清淨無二無二分無別無
斷故善現安忍波羅蜜多清淨故佛十力清
淨佛十力清淨故一切智智清淨何以故若
安忍波羅蜜多清淨若佛十力清淨若一切
智智清淨無二無二分無別無斷故安忍波
羅蜜多清淨故四無所畏四無礙解大慈大
悲大喜大捨十八佛不共法清淨四無所畏
乃至十八佛不共法清淨故一切智智清淨
何以故若安忍波羅蜜多清淨若四無所畏
乃至十八佛不共法清淨若一切智智清淨
無二無二分無別無斷故善現安忍波羅蜜
多清淨故無忘失法清淨無忘失法清淨故
一切智智清淨何以故若安忍波羅蜜多清
淨若無忘失法清淨若一切智智清淨無二
無二分無別無斷故安忍波羅蜜多清淨故
恒住捨性清淨恒住捨性清淨故一切智智
清淨何以故若安忍波羅蜜多清淨若恒住
捨性清淨若一切智智清淨無二無二分無
別無斷故善現安忍波羅蜜多清淨故一切
智清淨一切智清淨故一切智智清淨何以
故若安忍波羅蜜多清淨若一切智清淨若

BD15113號　大般若波羅蜜多經卷二〇六　（18–16）

清淨何以故若安忍波羅蜜多清淨若恒住
捨性清淨若一切智智清淨無二無二分無
別無斷故善現安忍波羅蜜多清淨故一切
智清淨一切智清淨故一切智智清淨何以
故若安忍波羅蜜多清淨若一切智清淨若
一切智智清淨無二無二分無別無斷故安
忍波羅蜜多清淨故道相智一切相智清淨
道相智一切相智清淨故一切智智清淨何
以故若安忍波羅蜜多清淨若道相智一切
相智清淨若一切智智清淨無二無二分無
別無斷故善現安忍波羅蜜多清淨故一切
陁羅尼門清淨一切陁羅尼門清淨故一切
智智清淨何以故若安忍波羅蜜多清淨若
一切陁羅尼門清淨若一切智智清淨無二
無二分無別無斷故安忍波羅蜜多清淨故
一切三摩地門清淨一切三摩地門清淨故
一切智智清淨何以故若安忍波羅蜜多清
淨若一切三摩地門清淨若一切智智清淨
無二無二分無別無斷故
善現安忍波羅蜜多清淨故預流果清淨預
流果清淨故一切智智清淨何以故若安忍
波羅蜜多清淨若預流果清淨若一切智智
清淨無二無二分無別無斷故安忍波羅蜜
多清淨故一來不還阿羅漢果清淨一來不
還阿羅漢果清淨故一切智智清淨何以故
若安忍波羅蜜多清淨若一來不還阿羅漢
果清淨若一切智智清淨無二無二分無別

BD15113號　大般若波羅蜜多經卷二〇六　（18–17）

多清淨故一來不還阿羅漢果清淨一來不
還阿羅漢果清淨故一切智智清淨何以故
若安忍波羅蜜多清淨若一來不還阿羅漢
果清淨若一切智智清淨無二無二分無別
無斷故善現安忍波羅蜜多清淨故獨覺菩
提清淨獨覺菩提清淨故一切智智清淨何
以故若安忍波羅蜜多清淨若獨覺菩提清
淨若一切智智清淨無二無二分無別無斷
故善現安忍波羅蜜多清淨故一切菩薩摩
訶薩行清淨一切菩薩摩訶薩行清淨故一
切智智清淨何以故若安忍波羅蜜多清淨
若一切菩薩摩訶薩行清淨若一切智智清
淨無二無二分無別無斷故善現安忍波羅
蜜多清淨故諸佛無上正等菩提清淨諸佛
無上正等菩提清淨故一切智智清淨何以
故若安忍波羅蜜多清淨若諸佛無上正等
菩提清淨若一切智智清淨無二無二分無
別無斷故

大般若波羅蜜多經卷第二百六

重寫

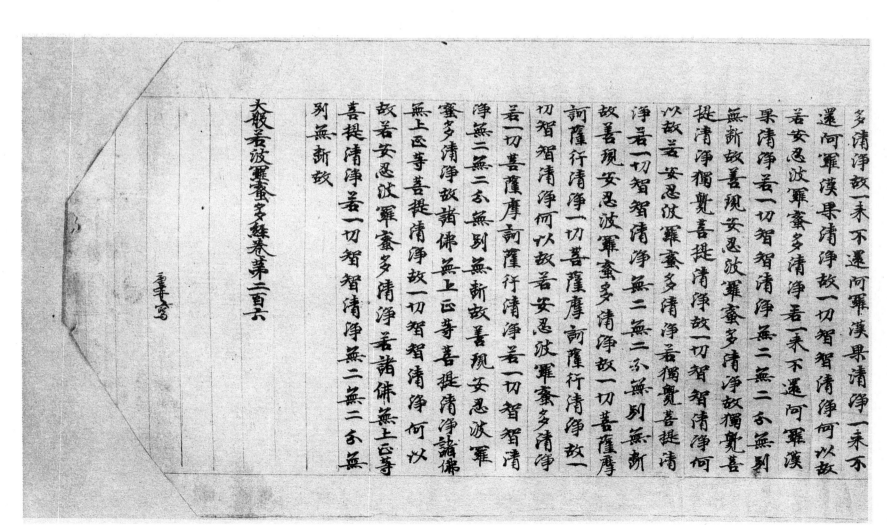

BD15113號　大般若波羅蜜多經卷二〇六　（18–18）

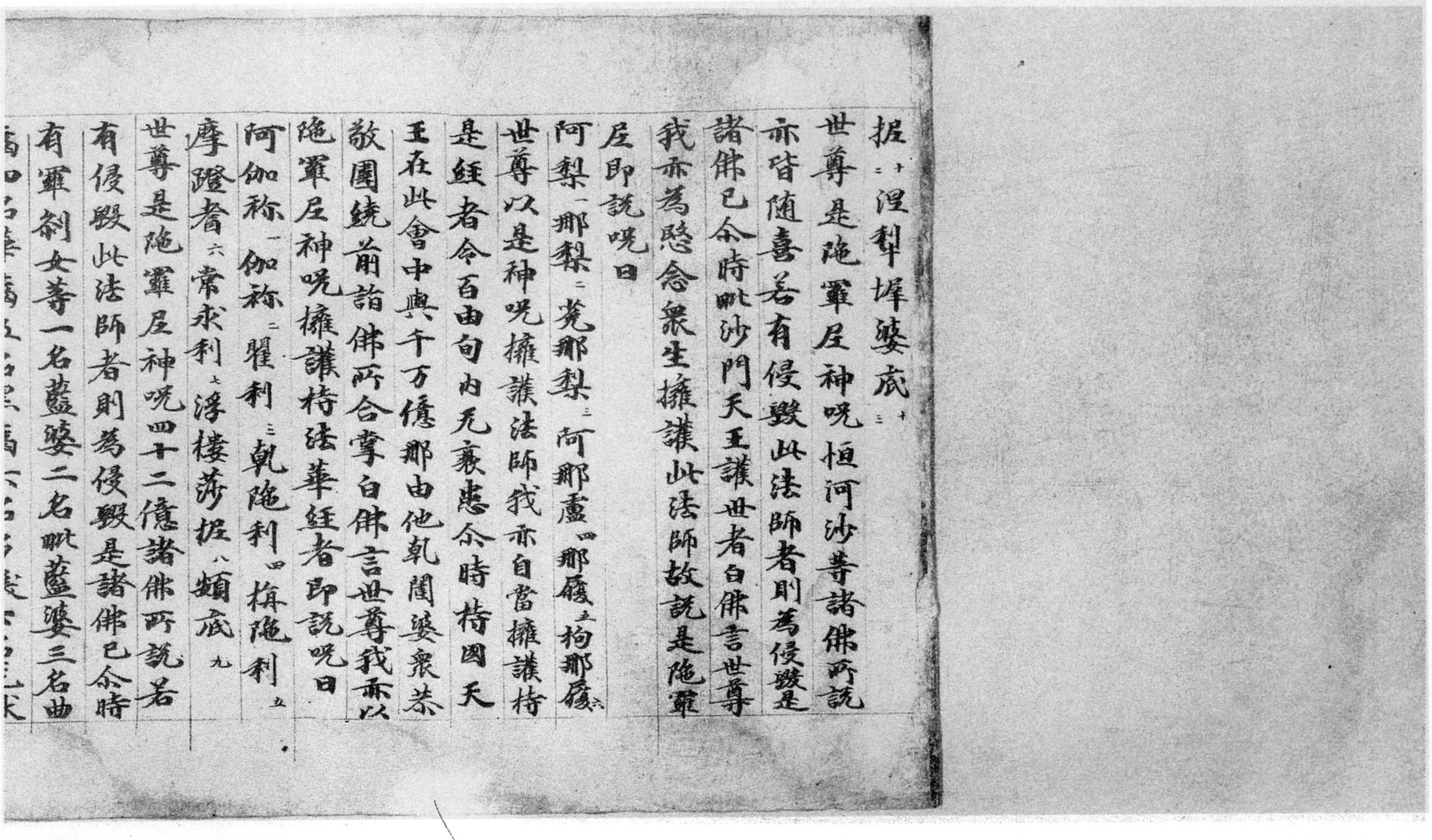

抳十二 涅犁墀婆底十三
世尊是陁羅尼神呪恒河沙等諸佛所說
亦皆隨喜若有侵毀此法師者則為侵毀是
諸佛已尒時毗沙門天王護世者白佛言世尊
我亦為愍念衆生擁護此法師故說是陁羅
尼即說呪曰
阿梨一 那梨二 㝹那梨三 阿那盧四 那履五 拘那履六
世尊以是神呪擁護法師我亦自當擁護持
是經者令百由旬内无衰患尒時持國天
王在此會中與千万億那由他乾闥婆衆恭
敬圍繞前詣佛所合掌白佛言世尊我亦以
陁羅尼神呪擁護持法華經者即說呪曰
阿伽祢一 伽祢二 瞿利三 乾陁利四 栴陁利五
摩蹬耆六 常求利七 浮樓莎抳八 頞底九
世尊是陁羅尼神呪四十二億諸佛所說若
有侵毀此法師者則為侵毀是諸佛已尒時
有羅刹女等一名藍婆二名毗藍婆三名曲
齒四名華齒五名黑齒六名多髮七名无猒

BD15114 號　妙法蓮華經卷七　（12–1）

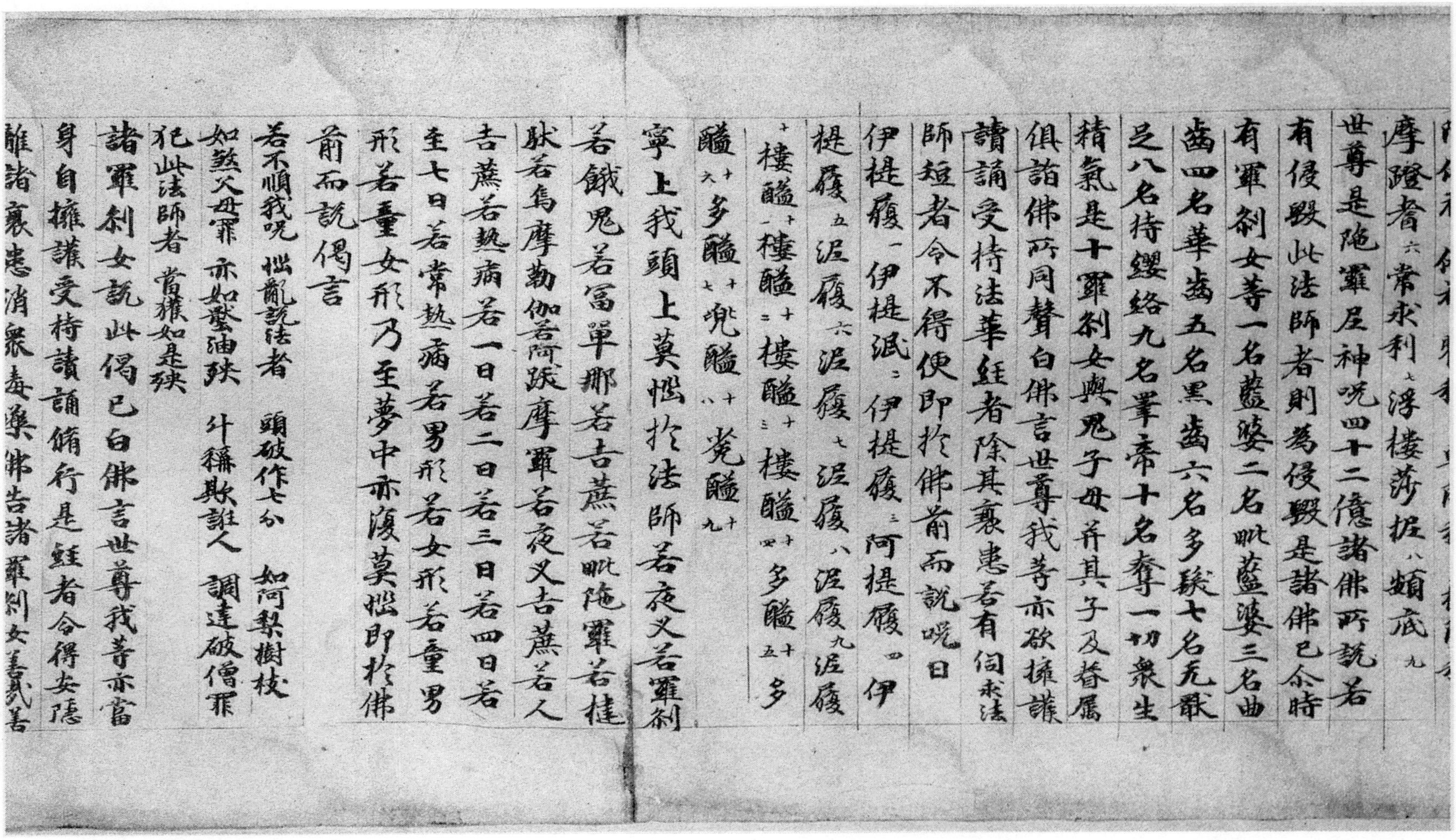

阿伽祢一 伽祢二 瞿利三 乾陁利四 栴陁利五
摩蹬耆六 常求利七 浮樓莎抳八 頞底九
世尊是陁羅尼神呪四十二億諸佛所說若
有侵毀此法師者則為侵毀是諸佛已尒時
有羅刹女等一名藍婆二名毗藍婆三名曲
齒四名華齒五名黑齒六名多髮七名无猒
足八名持瓔珞九名睪帝十名奪一切衆生
精氣是十羅刹女與鬼子母并其子及眷屬
俱詣佛所同聲白佛言世尊我等亦欲擁護
讀誦受持法華經者除其衰患若有伺求法
師短者令不得便即於佛前而說呪曰
伊提履一 伊提泯二 伊提履三 阿提履四 伊
提履五 泥履六 泥履七 泥履八 泥履九 泥履
十 樓醯十一 樓醯十二 樓醯十三 樓醯十四 多醯十五 多
醯十六 多醯十七 兜醯十八 㝹醯十九
寧上我頭上莫惱於法師若夜叉若羅刹
若餓鬼若冨單那若吉蔗若毗陁羅若揵
䭾若烏摩勒伽若阿䟦摩羅若夜叉吉蔗若人
吉蔗若熱病若一日若二日若三日若四日若
至七日若常熱病若男形若女形若童男
形若童女形乃至夢中亦復莫惱即於佛
前而說偈言
若不順我呪 惱亂說法者 頭破作七分 如阿梨樹枝
如煞父母罪 亦如壓油殃 斗秤欺誑人 調達破僧罪
犯此法師者 當獲如是殃
諸羅刹女說此偈已白佛言世尊我等亦當
身自擁護受持讀誦脩行是經者令得安隱
離諸衰患消衆毒藥佛告諸羅刹女善哉善

BD15114 號　妙法蓮華經卷七　（12–2）

如殺父母罪　亦如壓油殃　斗秤欺誑人　調達破僧罪
犯此法師者　當獲如是殃
諸羅剎女說此偈已白佛言世尊我等亦當
身自擁護受持讀誦脩行是經者令得安隱
離諸衰患消衆毒藥佛告諸羅剎女善哉善
哉汝等但能擁護受持法華名者福不可量
何況擁護具足受持供養經卷華香瓔珞末
香塗香燒香幡蓋伎樂然種種燈蘇燈油燈
諸香油燈蘇摩那華油燈瞻蔔華油燈婆師
迦華油燈優鉢羅華油燈如是等百千種供
養者睪帝汝等及眷屬應當擁護如是法師
說是陁羅尼品時六万八千人得无生法忍

妙法蓮華經妙莊嚴王本事品第二十七

尒時佛告諸大衆乃往古世過无量无邊不
可思議阿僧祇劫有佛名雲雷音宿王華智
多陁阿伽度阿羅呵三藐三佛陁國名光明
莊嚴劫名憙見彼佛法中有王名妙莊嚴其
王夫人名曰淨德有二子一名淨藏二名淨
眼是二子有大神力福德智慧久脩菩薩所
行之道所謂檀波羅蜜尸羅波羅蜜羼提波
羅蜜毗梨耶波羅蜜禪波羅蜜般若波羅
蜜方便波羅蜜慈悲喜捨乃至三十七助道
法皆悉明了通達又得菩薩淨三昧日星宿三
昧淨光三昧淨色三昧淨照明三昧長莊嚴
三昧大威德藏三昧於此三昧亦悉通達尒
時彼佛欲引導妙莊嚴王及愍念衆生故說

法皆悉明了通達又得菩薩淨三昧日星宿三
昧淨光三昧淨色三昧淨照明三昧長莊嚴
三昧大威德藏三昧於此三昧亦悉通達尒
時彼佛欲引導妙莊嚴王及愍念衆生故說
是法華經時淨藏淨眼二子到其母所合十
指爪掌白言願母往詣雲雷音宿王華智佛
所我等亦當侍從親近供養礼拜所以者何
此佛於一切天人衆中說法華經宜應聽受
母告子言汝父信受外道深著婆羅門法汝
等應往白父與共俱去淨藏淨眼合十爪指
掌白母我等是法王子而生此邪見家母告
子言汝等當憂念汝父為現神變若得見者
心必清淨或聽我等往至佛所於是二子念
其父故踊在虛空高七多羅樹現種種神變
於虛空中行住坐卧身上出水身下出火身下
出水身上出火或現大身滿虛空中而復
現小小復現大於空中滅忽然在地入地如
水履水如地現如是等種種神變令其父王
心淨信解時父見子神力如是心大歡喜得
未曾有合掌向子言汝等師為是誰誰之弟
子二子白言大王彼雲雷音宿王華智佛今
在七寶菩提樹下法座上坐於一切世間天
人衆中廣說法華經是我等師我是弟子父
語子言我今亦欲見汝等師可共俱往於是
二子從空中下到其母所合掌白母父王今已
信解堪任發阿耨多羅三藐三菩提心我
等為父已作佛事願母見聽於彼所出家

語子言我今亦欲見汝等師可共俱往於是
二子從空中下到其母所合掌白母父王今已
信解堪任發阿耨多羅三藐三菩提心我
等為父已作佛事願母見聽於彼所出家
脩道尒時二子欲重宣其意以偈白母
願母放我等　出家作沙門　諸佛甚難值　我等隨佛學
如優曇波華　值佛復難是　脫諸難亦難　願聽我出家
母即告言聽汝出家所以者何佛難值故於
是二子白父母言善哉父母願時往詣雲雷
音宿王華智佛所親近供養所以者何佛難
得值如優曇波羅華又如一眼之龜值浮木
孔而我等宿福深厚生值佛法是故父母當
聽我等令得出家所以者何諸佛難值時亦
難遇彼時妙莊嚴王後宮八万四千人皆悉
堪任受持是法華經淨眼菩薩於法華三昧
久已通達淨藏菩薩已於无量百千万億劫
通達離諸惡趣三昧欲令一切衆生離諸惡
趣故其王夫人得諸佛習三昧能知諸佛秘
密之藏二子如是以方便力善化其父令心
信解好樂佛法於是妙莊嚴王與群臣眷屬
俱淨德夫人與後宮采女眷屬俱其王二子
與四万二千人俱一時共詣佛所到已頭面礼
足繞佛三帀却住一面尒時彼佛為王說法
示教利喜王大歡喜尒時妙莊嚴王及其
夫人解頸真珠瓔珞價直百千以散佛上於
虛空中化成四柱寶臺臺中有大寶床敷百
千万天衣其上有佛結加趺坐放大光明尒

BD15114號　妙法蓮華經卷七　　（12–5）

與四万二千人俱一時共詣佛所到已頭面礼
足繞佛三帀却住一面尒時彼佛為王說法
示教利喜王大歡喜尒時妙莊嚴王及其
夫人解頸真珠瓔珞價直百千以散佛上於
虛空中化成四柱寶臺臺中有大寶床敷百
千万天衣其上有佛結加趺坐放大光明尒
時妙莊嚴王作是念佛身希有端嚴殊特成
就第一微妙之色時雲雷音宿王華智佛告
四衆言汝等見是妙莊嚴王於我前合掌立
不此王於我法中作比丘精勤脩習助佛道
法當得作佛号娑羅樹王國名大光劫名大
高王其娑羅樹王佛有无量菩薩衆及无量
聲聞其國平正功德如是其王即時以國付弟
與夫人二子并諸眷屬於佛法中出家脩道
王出家已於八万四千歲常勤精進脩　行
妙法華經過是已後得一切淨功德莊嚴三
昧即昇虛空高七多羅樹而白佛言世尊此
我二子已作佛事以神通變化轉我邪心令
得安住於佛法中得見世尊此二子者是我善
知識為欲發起宿生善根饒益我故來生我
家尒時雲雷音宿王華智佛告妙莊嚴王言
如是如是如汝所言若善男子善女人種善
根故世世得善知識其善知識能作佛事
示教利喜令入阿耨多羅三藐三菩提大王
當知善知識者是大因緣所謂化導令得見
佛發阿耨多羅三藐三菩提心大王汝見此二
子不此二子已曾供養六十五百千万億那

BD15114號　妙法蓮華經卷七　　（12–6）

根故世世得善知識其善知識能作佛事
示教利喜令入阿耨多羅三藐三菩提大王
當知善知識者是大因緣所謂化導令得見
佛發阿耨多羅三藐三菩提心大王汝見此二
子不此二子已曾供養六十五百千万億那
由他恒河沙諸佛親近恭敬於諸佛所受
持法華經愍念邪見衆生令住正見妙莊嚴
王即從虛空中下而白佛言世尊如來甚希
有以功德智慧故頂上肉髻光明顯照其眼
長廣而紺青色眉間毫相白如珂月齒白齊
密常有光明脣色赤好如頻婆果尒時妙莊
嚴王讚歎佛如是等无量百千万億功德已
於如來前一心合掌復白佛言世尊未曾有
也如來之法具足成就不可思議微妙功德
教戒所行安隱快善我從今日不復自隨心
行不生邪見憍慢瞋恚諸惡之心說是語已
礼佛而出佛告大衆於意云何妙莊嚴王豈
異人乎今華德菩薩是其淨德夫人今佛前
光照莊嚴相菩薩是哀愍妙莊嚴王及諸眷
屬故於彼中生其二子者今藥王菩薩藥上
菩薩是是藥王藥上菩薩成就如此諸大功
德已於无量百千万億諸佛所殖衆德本成
就不可思議諸善功德若有人識是二菩薩
名字者一切世間諸天人民亦應礼拜佛說
是妙莊嚴王本事品時八万四千人遠塵離
垢於諸法中得法眼淨
妙法蓮華經普賢菩薩勸發品第二十八

BD15114號　妙法蓮華經卷七　(12–7)

名字者一切世間諸天人民亦應礼拜佛說
是妙莊嚴王本事品時八万四千人遠塵離
垢於諸法中得法眼淨
妙法蓮華經普賢菩薩勸發品第二十八
尒時普賢菩薩以自在神通威德名聞與大
菩薩无量无邊不可稱數從東方來所經諸
國普皆震動雨寶蓮華作无量百千万億種
種伎樂又與无數諸天龍夜叉乾闥婆阿脩
羅迦樓羅緊那羅摩睺羅伽人非人等大衆
圍繞各現威德神通之力到娑婆世界耆闍
崛山中頭面礼釋迦牟尼佛右繞七匝白佛
言世尊我於寶威德上王佛國遙聞此娑婆
世界說法華經與无量无邊百千万億諸菩
薩衆共來聽受唯願世尊當為說之若善男
子善女人於如來滅後云何能得是法華經
佛告普賢菩薩若善男子善女人成就四法
於如來滅後當得是法華經一者為諸佛護
念二者殖衆德本三者入正定聚四者發救
一切衆生之心善男子善女人如是成就四法
於如來滅後必得是經尒時普賢菩薩白佛
言世尊於後五百歲濁惡世中其有受持
是經典者我當守護除其衰患令得安隱使
无伺求得其便者若魔若魔子若魔女若魔
民若為魔所著者若夜叉若羅刹若鳩槃荼
若毗舍闍若吉蔗若富單那若韋陁羅等諸
惱人者皆不得便是人若行若立讀誦此經我
尒時乘六牙白象王與大菩薩衆俱詣其

BD15114號　妙法蓮華經卷七　(12–8)

无伺求得其便者，若魔、若魔子、若魔女、若魔
民、若為魔所著者、若夜叉、若羅剎、若鳩槃荼、
若毗舍闍、若吉蔗、若富單那、若韋陀羅等諸
惱人者，皆不得便。是人若行、若立讀誦此經，我
尒時乘六牙白象王，與大菩薩眾俱詣其
所，而自現身，供養守護，安慰其心，亦為供養
法華經故。是人若坐思惟此經，尒時我復乘
白象王現其人前。其人若於法華經有所忘
失一句一偈，我當教之，與共讀誦，還令通利。
尒時受持讀誦法華經者，得見我身，甚大歡
喜，轉復精進。以見我故，即得三昧及陀羅尼，
名為旋陀羅尼、百千万億旋陀羅尼、法音方
便陀羅尼，得如是等陀羅尼。世尊，若後世後
五百歲濁惡世中，比丘、比丘尼、優婆塞、優婆
夷，求索者、受持者、讀誦者、書寫者，欲脩習是
法華經，於三七日中應一心精進。滿三七日
已，我當乘六牙白象，與无量菩薩而自圍繞，
以一切眾生所憙見身，現其人前，而為說法，
示教利喜，亦復與其陀羅尼呪。得是陀羅尼
故，无有非人能破壞者，亦不為女人之所惑
亂，我身亦自常護是人。唯願世尊聽我說此
陀羅尼呪。即於佛前而說呪曰：
阿檀地 途賣反一 檀陀婆地二 檀陀婆帝三 檀陀
鳩舍隸四 檀陀脩陀隸五 脩陀隸六 脩陀羅
婆底七 佛馱波羶禰八 薩婆陀羅尼阿婆多
尼九 薩婆婆沙阿婆多尼十 脩阿婆多尼十一
僧伽婆履叉尼十二 僧伽涅伽陀尼十三 阿僧祇

鳩舍隸四 檀陀脩陀隸五 脩陀隸六 脩陀羅
婆底七 佛馱波羶禰八 薩婆陀羅尼阿婆多
尼九 薩婆婆沙阿婆多尼十 脩阿婆多尼十一
僧伽婆履叉尼十二 僧伽涅伽陀尼十三 阿僧祇
十四 僧伽波伽地十五 帝隸阿惰僧伽兜略 盧遮反
波羅帝十六 薩婆僧伽三摩地伽蘭地十七 薩婆
達磨脩波利剎帝十八 薩婆薩埵樓馱憍舍
略阿㝹伽地十九 辛阿毗吉利地帝二十
世尊，若有菩薩得聞是陀羅尼者，當知普賢
神通之力。若法華經行閻浮提，有受持者，應
作此念：皆是普賢威神之力。若有受持讀誦
正憶念，解其義趣，如說脩行，當知是人行普
賢行，於无量无邊諸佛所深種善根，為諸如
來手摩其頭。若但書寫，是人命終，當生忉利
天上。是時八万四千天女作眾伎樂而來迎之，
其人即著七寶冠，於婇女中娛樂快樂。何
況受持讀誦、正憶念、解其義趣、如說脩行？若
有人受持讀誦，解其義趣，是人命終，為千佛
授手，令不恐怖，不墮惡趣，即往兜率天上彌
勒菩薩所。彌勒菩薩有三十二相，大菩薩眾
所共圍繞，有百千万億天女眷屬，而於中生。
有如是等功德利益，是故智者應當一心自
書，若使人書，受持讀誦，正憶念，如說脩行。世
尊，我今以神通力守護是經，於如來滅後閻
浮提內廣令流布，使不斷絕。尒時釋迦牟
尼佛讚言：善哉善哉，普賢，汝能護助是經，
令多所眾生安樂利益。汝已成就不可思議功

書若使人書受持讀誦正憶念如說脩行世
尊我今以神通力守護是經於如來滅後閻
浮提內廣令流布使不斷絕尒時釋迦牟
尼佛讚言善哉善哉普賢汝能護助是經
令多所衆生安樂利益汝已成就不可思議功
德深大慈悲從久遠來發阿耨多羅三藐三
菩提意而能作是神通之願守護是經我當以
神通力守護能受持普賢菩薩名者普賢若
有受持讀誦正憶念脩習書寫是法華經者
當知是人則見釋迦牟尼佛如從佛口聞此
經典當知是人供養釋迦牟尼佛當知是人
佛讚善哉當知是人為釋迦牟尼佛手摩其
頭當知是人為釋迦牟尼佛衣之所覆如是
之人不復貪著世樂不好外道經書手筆亦
復不憙親近其人及諸惡者若屠兒若畜
猪羊雞狗若獵師若衒賣女色是人心意質
直有正憶念有福德力是人不為三毒所惱亦
不為嫉妬我慢邪慢增上慢所惱是人少欲
知足能脩普賢之行普賢若如來滅後後五
百歲若有人見受持讀誦法華經者應作
是念此人不久當詣道場破諸魔衆得阿耨多
羅三藐三菩提轉法輪擊法鼓吹法螺雨法
雨當坐天上大衆中師子法座上普賢若於
後世受持讀誦是經典者是人不復貪著衣
服臥具飲食資生之物所願不虛亦於現世
得其福報若有人輕毀之言汝狂人耳空作
是行終无所獲如是罪報當世世无眼若有

BD15114號　妙法蓮華經卷七　（12–11）

不為嫉妬我慢邪慢增上慢所惱是人少欲
知足能脩普賢之行普賢若如來滅後後五
百歲若有人見受持讀誦法華經者應作
是念此人不久當詣道場破諸魔衆得阿耨多
羅三藐三菩提轉法輪擊法鼓吹法螺雨法
雨當坐天上大衆中師子法座上普賢若於
後世受持讀誦是經典者是人不復貪著衣
服臥具飲食資生之物所願不虛亦於現世
得其福報若有人輕毀之言汝狂人耳空作
是行終无所獲如是罪報當世世无眼若有
供養讚歎之者當於今世得現果報若復見
受持是經者出其過惡若實若不實此人現
世得白癩病若輕笑之者當世世牙齒踈缺
醜脣平鼻手脚繚戾眼目角睞身體臭穢惡
瘡膿血水腹短氣諸惡重病是故普賢若見
受持是經典者當起遠迎當如敬佛說是普
賢勸發品時恒河沙等无量无邊菩薩得
百千億旋陀羅尼三千大千世界微塵等諸菩
薩具普賢道佛說是經時普賢等諸菩薩
舍利弗等諸聲聞及諸天龍人非人等一切大
會皆大歡喜受持佛語作禮而去

BD15114號　妙法蓮華經卷七　（12–12）

BD15114 號背　勘記、印章　　（2–1）

BD15114 號背　勘記、印章　　（2–2）

初唐寫經十二節又六行

妙法蓮華經化城喻品第七
佛告諸比丘乃往過去无量无邊不可思議
阿僧祇劫尒時有佛名大通智勝如來應供
正遍知明行足善逝世間解无上士調御丈
夫天人師佛世尊其國名好成劫名大相諸
比丘彼佛滅度已來甚大久遠譬如三千大
千世界所有地種假使有人磨以為墨過於

BD15115號　妙法蓮華經卷三　（16–1）

正遍知明行足善逝世間解无上士調御丈
夫天人師佛世尊其國名好成劫名大相諸
比丘彼佛滅度已來甚大久遠譬如三千大
千世界所有地種假使有人磨以為墨過於
東方千國土乃下一點大如微塵又過千國
土復下一點如是展轉盡地種墨於汝等意
云何是諸國土若筭師若筭師弟子能得邊
際知其數不不也世尊諸比丘是人所經國
土若點不點盡末為塵一塵一劫彼佛滅度
已來復過是數无量无邊百千万億阿僧祇
劫我以如來知見力故觀彼久遠猶若今日
尒時世尊欲重宣此義而說偈言
我念過去世　无量无邊劫　有佛兩足尊　名大通智勝
如人以力磨　三千大千土　盡此諸地種　皆悉以為墨
過於千國土　乃下一塵點　如是展轉點　盡此諸塵墨
如是諸國土　點與不點等　復盡末為塵　一塵為一劫
此諸微塵數　其劫復過是　彼佛滅度來　如是无量劫
如來无㝵智　知彼佛滅度　及聲聞菩薩　如見今滅度
諸比丘當知　佛智淨微妙　无漏无所㝵　通達无量劫
佛告諸比丘大通智勝佛壽五百卌万億那
由他劫其佛本坐道場破魔軍已垂得阿耨
多羅三藐三菩提而諸佛法不現在前如是
一小劫乃至十小劫結跏趺坐身心不動而
諸佛法猶不在前尒時忉利諸天先為彼佛
於菩提樹下敷師子座高一由旬佛於此坐
當得阿耨多羅三藐三菩提適坐此座時諸
梵天王雨眾天華面百由旬香風時來吹去

BD15115號　妙法蓮華經卷三　（16–2）

諸佛法猶不在前尒時忉利諸天先為彼佛
於菩提樹下敷師子座高一由旬佛於此坐
當得阿耨多羅三藐三菩提適坐此座時諸
梵天王雨衆天華面百由旬香風時来吹去
萎華更雨新者如是不絶滿十小劫供養於
佛乃至滅度常雨此華四王諸天為供養佛
常擊天鼓其餘諸天作天伎樂滿十小劫至
于滅度亦復如是諸比丘大通智勝佛過十
小劫諸佛之法乃現在前成阿耨多羅三藐
三菩提其佛未出家時有十六王子其第一
者名曰智積諸子各有種種珎異翫好之具
聞父得成阿耨多羅三藐三菩提皆捨所珎
往詣佛所諸母涕泣而随送之其祖轉輪聖
王與一百大臣及餘百千万億人民皆共圍
繞随至道場咸欲親近大通智勝如来供養
恭敬尊重讃歎到已頭面礼足遶佛畢已一
心合掌瞻仰世尊以偈頌曰
大威德世尊　為度衆生故　於无量億歲　尒乃得成佛
諸願已具足　善哉吉无上　世尊甚希有　一坐十小劫
身體及手足　靜然安不動　其心常惔怕　未曾有散亂
究竟永寂滅　安住无漏法　今者見世尊　安隱成佛道
我等得善利　稱慶大歡喜　衆生常苦惱　盲冥无道師
不識苦盡道　不知求解脫　長夜增惡趣　減損諸天衆
從冥入於冥　永不聞佛名　今佛得最上　安隱无漏道
我等及天人　為得最大利　是故咸稽首　歸命无上尊
尒時十六王子偈讚佛已勸請世尊轉於法
輪咸作是言世尊說法多所安隱憐愍饒益

BD15115 號　妙法蓮華經卷三

（16–3）

從冥入於冥　永不聞佛名　今佛得最上　安隱无漏道
我等及天人　為得最大利　是故咸稽首　歸命无上尊
尒時十六王子偈讚佛已勸請世尊轉於法
輪咸作是言世尊說法多所安隱憐愍饒益
諸天人民重說偈言
世雄无等倫　百福相莊嚴　得无上智慧　願為世間說
度脫於我等　及諸衆生類　為分別顯示　令得是智慧
若我等得佛　衆生亦復然　世尊知衆生　深心之所念
亦知所行道　又知智慧力　欲樂及脩福　宿命所行業
世尊悉知已　當轉无上輪
佛告諸比丘大通智勝佛得阿耨多羅三藐
三菩提時十方各五百万億諸佛世界六種
震動其國中間幽冥之處日月威光所不能
照而皆大明其中衆生各得相見咸作是言
此中云何忽生衆生又其國界諸天宮殿乃
至梵宮六種震動大光普照遍滿世界勝諸
天光尒時東方五百万億諸國土中梵天宮
殿光明照曜倍於常明諸梵天王各作是念
今者宮殿光明昔所未有以何因緣而現此
相是時諸梵天王即各相詣共議此事而彼
衆中有一大梵天王名救一切為諸梵衆而
說偈言
我等諸宮殿　光明昔未有　此是何因緣　宜各共求之
為大德天生　為佛出世間　而此大光明　遍照於十方
尒時五百万億國土諸梵天王與宮殿俱各
以衣裓盛諸天華共詣西方推尋是相見大
通智勝如来處于道場菩提樹下坐師子座

BD15115 號　妙法蓮華經卷三

（16–4）

我等諸宮殿　光明昔未有　此是何因緣　宜各共求之
為大德天生　為佛出世間　而此大光明　遍照於十方
尒時五百万億國土諸梵天王與宮殿俱各
以衣裓盛諸天華共詣西方推尋是相見大
通智勝如來處于道場菩提樹下坐師子座
諸天龍王乾闥婆緊那羅摩睺羅伽人非人
等恭敬圍遶及見十六王子請佛轉法輪即
時諸梵天王頭面礼佛遶百千匝即以天華
而散佛上其所散華如須弥山并以供養佛
菩提樹其菩提樹高十由旬華供養已各以
宮殿奉上彼佛而作是言唯見哀愍饒益我
等所獻宮殿願垂納處時諸梵天王即於佛
前一心同聲以偈頌曰
世尊甚希有　難可得值遇　具无量功德　能救護一切
天人之大師　哀愍於世間　十方諸眾生　普皆蒙饒益
我等所從來　五百万億國　捨深禪定樂　為供養佛故
我等先世福　宮殿甚嚴飾　今以奉世尊　唯願哀納受
尒時諸梵天王偈讚佛已各作是言唯願世
尊轉於法輪度脫眾生開涅槃道時諸梵天
王一心同聲而說偈言
世雄兩足尊　唯願演說法　以大慈悲力　度苦惱眾生
尒時大通智勝如來默然許之又諸比丘東
南方五百万億國土諸大梵王各自見宮殿
光明照曜昔所未有歡喜踊躍生希有心即
各相詣共議此事而彼眾中有一大梵天王
名曰大悲為諸梵眾而說偈言
是事何因緣　而現如此相　我等諸宮殿　光明昔未有

BD15115號　妙法蓮華經卷三　（16–5）

南方五百万億國土諸大梵王各自見宮殿
光明照曜昔所未有歡喜踊躍生希有心即
各相詣共議此事而彼眾中有一大梵天王
名曰大悲為諸梵眾而說偈言
是事何因緣　而現如此相　我等諸宮殿　光明昔未有
為大德天生　為佛出世間　未曾見此相　當共一心求
過千万億土　尋光共推之　多是佛出世　度脫苦眾生
尒時五百万億諸梵天王與宮殿俱各以衣
裓盛諸天華共詣西北方推尋是相見大通
智勝如來處于道場菩提樹下坐師子座諸
天龍王乾闥婆緊那羅摩睺羅伽人非人等
恭敬圍遶及見十六王子請佛轉法輪時諸
梵天王頭面礼佛遶百千匝即以天華而散
佛上所散之華如須弥山并以供養佛菩提
樹華供養已各以宮殿奉上彼佛而作是言
唯見哀愍饒益我等所獻宮殿願垂納處尒
時諸梵天王即於佛前一心同聲以偈頌曰
聖主天中天　迦陵頻伽聲　哀愍眾生者　我等今敬礼
世尊甚希有　久遠乃一現　一百八十劫　空過无有佛
三惡道充滿　諸天眾減少　今佛出於世　為眾生作眼
世間所歸趣　救護於一切　為眾生之父　哀愍饒益者
我等宿福慶　今得值世尊
尒時諸梵天王偈讚佛已各作是言唯願世
尊哀愍一切轉於法輪度脫眾生時諸梵天
王一心同聲而說偈言
大聖轉法輪　顯示諸法相　度苦惱眾生　令得大歡喜
眾生聞是法　得道若生天　諸惡道減少　忍善者增益

BD15115號　妙法蓮華經卷三　（16–6）

偈讚佛已各作是言唯願世
尊哀愍一切轉於法輪度脫衆生時諸梵天
王一心同聲而說偈言
大聖轉法輪　顯示諸法相　度苦惱衆生　令得大歡喜
衆生聞是法　得道若生天　諸惡道減少　忍善者增益
尒時大通智勝如來嘿然許之又諸比丘南
方五百万億國土諸大梵王各自見宮殿光
明照曜昔所未有歡喜踊躍生希有心即各
相詣共議此事以何因緣我等宮殿有此光
曜而彼衆中有一大梵天王名曰妙法為諸
梵衆而說偈言
我等諸宮殿　光明甚威曜　此非无因緣　是相宜求之
過於百千劫　未曾見此相　為大德天生　為佛出世間
尒時五百万億諸梵天王與宮殿俱各以衣
祴盛諸天華共詣北方推尋是相見大通智
勝如來處于道場菩提樹下坐師子座諸天
龍王乹闥婆緊那羅摩睺羅伽人非人等恭
敬圍遶及見十六王子請佛轉法輪時諸梵
天王頭面礼佛遶百千通即以天華而散佛
上所散之華如須弥山并以供養佛菩提樹
華供養已各以宮殿奉上彼佛而作是言唯
見哀愍饒益我等所獻宮殿願垂納處尒時
諸梵天王即於佛前一心同聲以偈頌曰
世尊甚難見　破諸煩惱者　過百三十劫　今乃得一見
諸飢渴衆生　以法雨充滿　昔所未曾覩　无量智慧者
如優曇波羅　今日乃值遇　我等諸宮殿　蒙光故嚴飾
世尊大慈愍　唯願垂納受
尒時諸梵天王偈讚佛已各作是言唯願世

BD15115號　妙法蓮華經卷三　（16-7）

諸梵天王即於佛前一心同聲以偈頌曰
世尊甚難見　破諸煩惱者　過百三十劫　今乃得一見
諸飢渴衆生　以法雨充滿　昔所未曾覩　无量智慧者
如優曇波羅　今日乃值遇　我等諸宮殿　蒙光故嚴飾
世尊大慈愍　唯願垂納受
尒時諸梵天王偈讚佛已各作是言唯願世
尊轉於法輪令一切世間諸天魔梵沙門婆
羅門皆獲安隱而得度脫時諸梵天王一心
同聲以偈頌曰
唯願天人尊　轉无上法輪　擊于大法鼓　而吹大法螺
普雨大法雨　度无量衆生　我等咸歸請　當演深遠音
尒時大通智勝如來嘿然許之西南方乃至
下方亦復如是
尒時上方五百万億國土諸大梵王皆悉自
覩所止宮殿光明威曜昔所未有歡喜踊躍
生希有心即各相詣共議此事以何因緣我
等宮殿有斯光明而彼衆中有一大梵天王
名曰尸棄為諸梵衆而說偈言
今以何因緣　我等諸宮殿　威德光明曜　嚴飾未曾有
如是之妙相　昔所未聞見　為大德天生　為佛出世間
尒時五百万億諸梵天王與宮殿俱各以衣
祴盛諸天華共詣下方推尋此相見大通智
勝如來處于道場菩提樹下坐師子座諸天
龍王乹闥婆緊那羅摩睺羅伽人非人等恭
敬圍遶及見十六王子請佛轉法輪時諸梵
天王頭面礼佛遶百千通即以天華而散佛
上所散之華如須弥山并以供養佛菩提樹
華供養已各以宮殿奉上彼佛而作是言唯

BD15115號　妙法蓮華經卷三　（16-8）

敬圍遶及見十六王子請佛轉法輪時諸梵
天王頭面礼佛遶百千匝即以天華而散佛
上所散之華如須弥山并以供養佛菩提樹
華供養已各以宮殿奉上彼佛而作是言唯
見哀愍饒益我等所獻宮殿願垂納處時諸
梵天王即於佛前一心同聲以偈頌曰
善哉見諸佛　救世之聖尊　能於三界獄　勉出諸衆生
普智天人尊　哀愍群萌類　能開甘露門　廣度於一切
於昔无量劫　空過无有佛　世尊未出時　十方常闇冥
三惡道增長　阿脩羅亦盛　諸天衆轉減　死多墮惡道
不從佛聞法　常行不善事　色力及智慧　斯等皆減少
罪業因緣故　失樂及樂想　住於邪見法　不識善儀則
不蒙佛所化　常墮於惡道　佛為世間眼　久遠時乃出
哀愍諸衆生　故現於世間　超出成正覺　我等甚欣慶
及餘一切衆　喜歎未曾有　我等諸宮殿　蒙光故嚴飾
今以奉世尊　唯垂哀納受　願以此功德　普及於一切
我等與衆生　皆共成佛道
尒時五百万億諸梵天王偈讚佛已各白佛
言唯願世尊轉於法輪多所安隱多所度脫
時諸梵天王而說偈言
世尊轉法輪　擊甘露法鼓　度苦惱衆生　開示涅槃道
唯願受我請　以大微妙音　哀愍而敷演　无量劫集法
尒時大通智勝如來受十方諸梵天王及十
六王子請即時三轉十二行法輪若沙門婆
羅門若天魔梵及餘世間所不能轉謂是苦
是苦集是苦滅是苦滅道及廣說十二因緣
法无明緣行行緣識識緣名色名色緣六入

BD15115 號　妙法蓮華經卷三　（16–9）

六王子請即時三轉十二行法輪若沙門婆
羅門若天魔梵及餘世間所不能轉謂是苦
是苦集是苦滅是苦滅道及廣說十二因緣
法无明緣行行緣識識緣名色名色緣六入
六入緣觸觸緣受受緣愛愛緣取取緣有有
緣生生緣老死憂悲苦惱无明滅則行滅行
滅則識滅識滅則名色滅名色滅則六入滅
六入滅則觸滅觸滅則受滅受滅則愛滅愛
滅則取滅取滅則有滅有滅則生滅生滅則
老死憂悲苦惱滅佛於天人大衆之中說是
法時六百万億那由他人以不受一切法故
而於諸漏心得解脫皆得深妙禪定三明六
通具八解脫第二第三第四說法時千万億
恒河沙那由他等衆生亦以不受一切法故
而於諸漏心得解脫從是已後諸聲聞衆无
量无邊不可稱數尒時十六王子皆以童子
出家而為沙弥諸根通利智慧明了已曾供
養百千万億諸佛淨脩梵行求阿耨多羅三
藐三菩提俱白佛言世尊是諸无量千万億
大德聲聞皆已成就世尊亦當為我等說阿
耨多羅三藐三菩提法我等聞已皆共脩學
世尊我等志願如來知見深心所念佛自證
知尒時轉輪聖王所將衆中八万億人見十
六王子出家亦求出家王即聽許尒時彼佛
受沙弥請過二万劫已乃於四衆之中說是
大乘經名妙法蓮華教菩薩法佛所護念說
是經已十六沙弥為阿耨多羅三藐三菩提

BD15115 號　妙法蓮華經卷三　（16–10）

矣介時轉輪聖王所將衆中八万億人見十
六王子出家亦求出家王即聽許介時彼佛
受沙弥請過二万劫已乃於四衆之中說是
大乘經名妙法蓮華教菩薩法佛所護念說
是經已十六沙弥為阿耨多羅三藐三菩提
故皆共受持諷誦通利說是經時十六菩薩
沙弥皆悉信受聲聞衆中亦有信解其餘衆
生千万億種皆生疑惑佛說是經於八千劫
未曾休廢說此經已即入静室住於禪定八
万四千劫是時十六菩薩沙弥知佛入室寂
然禪定各昇法座亦於八万四千劫為四部
衆廣說分別妙法華經一一皆度六百万億
那由他恒河沙等衆生示教利喜令發阿耨
多羅三藐三菩提心大通智勝佛過八万四
千劫已從三昧起往詣法坐安詳而坐普告
大衆是十六菩薩沙弥甚為希有諸根通利
智慧明了已曽供養无量千万億數諸佛於
諸佛所常脩梵行受持佛智開示衆生令入
其中汝等皆當數數親近而供養之所以者
何若聲聞辟支佛及諸菩薩能信是十六菩
薩所說經法受持不毀者是人皆當得阿耨
多羅三藐三菩提如来之慧佛告諸比丘是
十六菩薩常樂說是妙法華經一一菩薩所
化六百万億那由他恒河沙等衆生世世所
生與菩薩俱從其聞法悉皆信解以此因緣
得值四万億諸佛世尊于今不盡諸比丘我
今語汝彼佛弟子十六沙弥今皆得阿耨多
羅三藐三菩提於十方國土現在說

BD15115號　妙法蓮華經卷三　（16–11）

化六百万億那由他恒河沙等衆生世世所
生與菩薩俱從其聞法悉皆信解以此因緣
得值四万億諸佛世尊于今不盡諸比丘我
今語汝彼佛弟子十六沙弥今皆得阿耨多
羅三藐三菩提於十方國土現在說法有无
量百千万億菩薩聲聞以為眷屬其二沙弥
東方作佛一名阿閦在歡喜國二名須弥頂
東南方二佛一名師子音二名師子相南方
二佛一名虛空住二名常滅西南方二佛一
名帝相二名梵相西方二佛一名阿弥陁二
名度一切世間苦惱西北方二佛一名多摩
羅跋栴檀香神通二名須弥相北方二佛一
名雲自在二名雲自在王東北方佛名壊一
切世間怖畏第十六我釋迦牟尼佛於娑婆
國土成阿耨多羅三藐三菩提諸比丘我等
為沙弥時各各教化无量百千万億恒河沙
等衆生從我聞法為阿耨多羅三藐三菩提
此諸衆生于今有住聲聞地者我常教化阿
耨多羅三藐三菩提是諸人等應以是法漸
入佛道所以者何如来智慧難信難解介時
所化无量恒河沙等衆生者汝等諸比丘及
我滅度後未来世中聲聞弟子是也我滅度
後復有弟子不聞是經不知不覺菩薩所行
自於所得功德生滅度想當入涅槃我於餘
國作佛更有異名是人雖生滅度之想入於
涅槃而於彼土求佛智慧得聞是經唯以佛
乘而得滅度更无餘乘除諸如来方便說法

BD15115號　妙法蓮華經卷三　（16–12）

自於所得功德生滅度想當入涅槃我於餘
國作佛更有異名是人雖生滅度之想入於
涅槃而於彼土求佛智慧得聞是經唯以佛
乘而得滅度更无餘乘除諸如來方便說法
諸比丘若如來自知涅槃時到衆又清淨信
解堅固了達空法深入禪定便集諸菩薩及
聲聞衆為說是經世間无有二乘而得滅度
唯一佛乘得滅度耳比丘當知如來方便深
入衆生之性知其志樂小法深著五欲為是
等故說於涅槃是人若聞則便信受譬如五
百由旬險難惡道曠絕无人怖畏之處若有
多衆欲過此道至珎寶處有一導師聰慧明
達善知險道通塞之相將導衆人欲過此難
所將人衆中路懈退白導師言我等疲極而
復怖畏不能復進前路猶遠今欲退還導師
多諸方便而作是念此等可愍云何捨大珎
寶而欲退還作是念已以方便力於險道中
過三百由旬化作一城告衆人言汝等勿怖
莫得退還今是大城可於中止隨意所作若
入是城快得安隱若能前至寶所亦可得去
是時疲極之衆心大歡喜歎未曾有我等今
者免斯惡道快得安隱於是衆人前入化城
生已度想生安隱想尒時導師知此人衆既
得止息无復疲惓即滅化城語衆人言汝等
去來寶處在近向者大城我所化作為止息
耳諸比丘如來亦復如是今為汝等作大導
師知諸生死煩惱惡道險難長遠應去應度

BD15115號　妙法蓮華經卷三　（16–13）

生已度想生安隱想尒時導師知此人衆既
得止息无復疲惓即滅化城語衆人言汝等
去來寶處在近向者大城我所化作為止息
耳諸比丘如來亦復如是今為汝等作大導
師知諸生死煩惱惡道險難長遠應去應度
若衆生但聞一佛乘者則不欲見佛不欲親
近便作是念佛道長遠久受勤苦乃可得成
佛知是心怯弱下劣以方便力而於中道為
止息故說二涅槃若衆生住於二地如來尒
時即便為說汝等所作未辦汝所住地近於
佛慧當觀察籌量所得涅槃非真實也但是
如來方便之力於一佛乘分別說三如彼導
師為止息故化作大城既知息已而告之言
寶處在近此城非實我化作耳尒時世尊欲
重宣此義而說偈言
大通智勝佛　十劫坐道場　佛法不現前　不得成佛道
諸天神龍王　阿脩羅衆等　常雨於天華　以供養彼佛
諸天擊天鼓　并作衆伎樂　香風吹萎華　更雨新好者
過十小劫已　乃得成佛道　諸天及世人　心皆懷踊躍
彼佛十六子　皆與其眷屬　千万億圍遶　俱行至佛所
頭面礼佛足　而請轉法輪　聖師子法雨　充我及一切
世尊甚難值　久遠時一現　為覺悟群生　震動於一切
東方諸世界　五百万億國　梵宮殿光曜　昔所未曾有
諸梵見此相　尋來至佛所　散華以供養　并奉上宮殿
請佛轉法輪　以偈而讚歎　佛知時未至　受請默然坐
三方及四維　上下亦復尒　散華奉宮殿　請佛轉法輪
世尊甚難值　願以大慈悲　廣開甘露門　轉无上法輪

BD15115號　妙法蓮華經卷三　（16–14）

諸梵見此相　尋來至佛所　散華以供養　并奉上宮殿
請佛轉法輪　以偈而讚歎　佛知時未至　受請默然坐
三方及四維　上下亦復尒　散華奉宮殿　請佛轉法輪
世尊甚難值　願以大慈悲　廣開甘露門　轉无上法輪
无量慧世尊　受彼衆人請　為宣種種法　四諦十二緣
无明至老死　皆從生緣有　如是衆過患　汝等應當知
宣暢是法時　六百万億姟　得盡諸苦際　皆成阿羅漢
第二說法時　千万恒沙衆　於諸法不受　亦得阿羅漢
從是後得道　其數无有量　万億劫筭數　不能得其邊
時十六王子　出家作沙弥　皆共請彼佛　演說大乘法
我等及營從　皆當成佛道　願得如世尊　慧眼第一淨
佛知童子心　宿世之所行　以无量因緣　種種諸譬喻
說六波羅蜜　及諸神通事　分別真實法　菩薩所行道
說是法華經　如恒河沙偈　彼佛說經已　靜室入禪定
一心一處坐　八万四千劫　是諸沙弥等　知佛禪未出
為无量億衆　說佛无上慧　各各坐法座　說是大乘經
於佛宴寂後　宣揚助法化　一一沙弥等　所度諸衆生
有六百万億　恒河沙等衆　彼佛滅度後　是諸聞法者
在在諸佛土　常與師俱生　是十六沙弥　具足行佛道
今現在十方　各得成正覺　尒時聞法者　各在諸佛所
其有住聲聞　漸教以佛道　我在十六數　曾亦為汝說
是故以方便　引汝趣佛慧　以是本因緣　今說法華經
令汝入佛道　慎勿懷驚懼　譬如險惡道　迥絕多毒獸
又復无水草　人所怖畏處　无數千万衆　欲過此險道
其路甚曠遠　經五百由旬　時有一導師　強識有智慧
明了心決定　在險濟衆難　衆人皆疲倦　而白導師言
我等今頓乏　於此欲退還　導師作是念　此輩甚可愍

BD15115號　妙法蓮華經卷三　（16–15）

令汝入佛道　慎勿懷驚懼　譬如險惡道　迥絕多毒獸
又復无水草　人所怖畏處　无數千万衆　欲過此險道
其路甚曠遠　經五百由旬　時有一導師　強識有智慧
明了心決定　在險濟衆難　衆人皆疲倦　而白導師言
我等今頓乏　於此欲退還　導師作是念　此輩甚可愍
如何欲退還　而失大珍寶　尋時思方便　當設神通力
化作大城郭　莊嚴諸舍宅　周匝有園林　渠流及浴池
重門高樓閣　男女皆充滿　即作是化已　慰衆言勿懼
汝等入此城　各可隨所樂　諸人既入城　心皆大歡喜
皆生安隱想　自謂已得度　導師知息已　集衆而告言
汝等當前進　此是化城耳　我見汝疲極　中道欲退還
故以方便力　權化作此城　汝今勤精進　當共至寶所
我亦復如是　為一切導師　見諸求道者　中路而懈廢
不能度生死　煩惱諸險道　故以方便力　為息說涅槃
言汝等苦滅　所作皆已辦　既知到涅槃　皆得阿羅漢
尒乃集大衆　為說真實法　諸佛方便力　分別說三乘
唯有一佛乘　息處故說二　今為汝說實　汝所得非滅
為佛一切智　當發大精進　汝證一切智　十力等佛法
具三十二相　乃是真實滅　諸佛之導師　為息說涅槃
既知是息已　引入於佛慧

妙法蓮華經卷第三

BD15115號　妙法蓮華經卷三　（16–16）

妙法蓮華經持品第十三
尒時藥王菩薩摩訶薩及大樂說菩薩摩訶
薩與二万菩薩眷屬俱皆於佛前作是誓言
唯願世尊不以為慮我等於佛滅後當奉持
讀誦說此經典後惡世衆生善根轉少多增
上慢貪利供養增不善根遠離解脫雖難可
教化我等當起大忍力讀誦此經持說書寫
種種供養不惜身命尒時衆中五百阿羅漢
得受記者白佛言世尊我等亦自誓願於異

BD15116號　妙法蓮華經（八卷本）卷五　（20–1）

上慢貪利供養增不善根遠離解脫雖難可
教化我等當起大忍力讀誦此經持說書寫
種種供養不惜身命尒時衆中五百阿羅漢
得受記者白佛言世尊我等亦自誓願於異
國土廣說此經復有學无學八千人得受記
者從座而起合掌向佛作是誓言世尊我等
亦當於他國土廣說此經所以者何是娑婆
國中人多弊惡懷增上慢功德淺薄瞋濁諂
曲心不實故尒時佛姨母摩訶波闍波提比
丘尼與學无學比丘尼六千人俱從座而起
一心合掌瞻仰尊顏目不暫捨於時世尊告
憍曇弥何故憂色而視如來汝心將无謂我
不說汝名授阿耨多羅三藐三菩提記耶憍
曇弥我先捴說一切聲聞皆已授記今汝欲
知記者將來之世當於六万八千億諸佛法
中為大法師及六千學无學比丘尼俱為法
師汝如是漸漸具菩薩道當得作佛号一切
衆生喜見如來應供正遍知明行足善逝世
間解无上士調御丈夫天人師佛世尊憍曇
弥是一切衆生憙見佛及六千菩薩轉次授
記得阿耨多羅三藐三菩提尒時羅睺羅母
耶輸陁羅比丘尼作是念世尊於授記中獨
不說我名佛告耶輸陁羅汝於來世百万億
諸佛法中脩菩薩行為大法師漸具佛道於
善國中當得作佛号具足千万光相如來應
供正遍知明行足善逝世間解无上士調御
丈夫天人師佛世尊佛壽无量阿僧祇劫尒

BD15116號　妙法蓮華經（八卷本）卷五　（20–2）

不記我名佛告耶輸陀羅汝於來世百千万億
諸佛法中修菩薩行為大法師漸具佛道於
善國中當得作佛号具足千万光相如來應
供正遍知明行足善逝世間解无上士調御
丈夫天人師佛世尊佛壽无量阿僧祇劫尒
時摩訶波闍波提比丘尼及耶輸陀羅比丘
尼并其眷屬皆大歡喜得未曾有即於佛前
而說偈言
世尊導師　安隱天人　我等聞記　心安具足
諸比丘尼說是偈已白佛言世尊我等亦能
於他方國土廣宣此經尒時世尊視八十万
億那由他諸菩薩摩訶薩是諸菩薩皆是阿
惟越致轉不退法輪得諸陀羅尼即從座起
至於佛前一心合掌而作是念若世尊告勑
我等持說此經者當如佛教廣宣斯法復作
是念佛今默然不見告勑我當云何時諸菩
薩敬順佛意并欲自滿本願便於佛前作師
子吼而發誓言世尊我等於如來滅後周旋
往反十方世界能令衆生書寫此經受持讀
誦解說其義如法修行正憶念皆是佛之威
力唯願世尊在於他方遙見守護即時諸菩
薩俱同發聲而說偈言
唯願不為慮　於佛滅度後　恐怖惡世中　我等當廣說
有諸无智人　惡口罵詈等　及加刀杖者　我等皆當忍
惡世中比丘　邪智心諂曲　未得謂為得　我慢心充滿
或有阿練若　納衣在空閑　自謂行真道　輕賤人間者
貪著利養故　與白衣說法　為世所恭敬　如六通羅漢
是人懷惡心　常念世俗事　假名阿練若　好出我等過

BD15116號　妙法蓮華經（八卷本）卷五　（20-3）

有諸无智人　惡口罵詈等　及加刀杖者　我等皆當忍
惡世中比丘　邪智心諂曲　未得謂為得　我慢心充滿
或有阿練若　納衣在空閑　自謂行真道　輕賤人間者
貪著利養故　與白衣說法　為世所恭敬　如六通羅漢
是人懷惡心　常念世俗事　假名阿練若　好出我等過
而作如是言　此諸比丘等　為貪利養故　說外道論議
自作此經典　誑惑世間人　為求名聞故　分別於是經
常在大衆中　欲毀我等故　向國王大臣　婆羅門居士
及餘比丘衆　誹謗說我惡　謂是邪見人　說外道論議
我等敬佛故　悉忍是諸惡　為斯所輕言　汝等皆是佛
如此輕慢言　皆當忍受之　濁劫惡世中　多有諸恐怖
惡鬼入其身　罵詈毀辱我　我等敬信佛　當著忍辱鎧
為說是經故　忍此諸難事　我不愛身命　但惜无上道
我等於來世　護持佛所囑　世尊自當知　濁世惡比丘
不知佛方便　隨宜所說法　惡口而顰蹙　數數見擯出
遠離於塔寺　如是等衆惡　念佛告勑故　皆當忍是事
諸聚落城邑　其有求法者　我皆到其所　說佛所囑法
我是世尊使　處衆无所畏　我當善說法　願佛安隱住
我於世尊前　諸來十方佛　發如是誓言　佛自知我心
妙法蓮華經安樂行品第十四
尒時文殊師利法王子菩薩摩訶薩白佛言
世尊是諸菩薩甚為難有敬順佛故發大誓
願於後惡世護持讀誦說是法華經世尊菩薩
摩訶薩於後惡世云何能說是經佛告文殊
師利若菩薩摩訶薩於後惡世欲說是經當
安住四法一者安住菩薩行處親近處能為
衆生演說是經文殊師利云何名菩薩摩訶

BD15116號　妙法蓮華經（八卷本）卷五　（20-4）

願於後惡世護持讀誦說是法華經世尊菩薩
摩訶薩於後惡世云何能說是經佛告文殊
師利若菩薩摩訶薩於後惡世欲說是經當
安住四法一者安住菩薩行處親近處能為
衆生演說是經文殊師利云何名菩薩摩訶
薩行處若菩薩摩訶薩住忍辱地柔和善順
而不卒暴心亦不驚又復於法无所行而觀
諸法如實相亦不行不分別是名菩薩摩訶
薩行處云何名菩薩摩訶薩親近處菩薩摩
訶薩不親近國王王子大臣官長不親近諸
外道梵志尼揵子等及造世俗文筆讚詠外
書及路伽耶陀逆路伽耶陀者亦不親近諸
有凶戲相扠相撲及那羅等種種變現之戲
又不親近旃陀羅及畜猪羊雞狗田獵魚捕
諸惡律儀如是人等或時來者則為說法无
所悕望又不親近求聲聞比丘比丘尼優婆
塞優婆夷亦不問訊若於房中若經行處若
在講堂中不共住止或時來者隨宜說法无
所悕求文殊師利又菩薩摩訶薩不應於女
人身取能生欲想相而為說法亦不樂見若
入他家不與小女處女寡女等共語亦復不
近五種不男之人以為親厚不獨入他家若
有因緣須獨入時但一心念佛若為女人說法
不露齒咲不現胸臆乃至為法猶不親厚況
復餘事不樂畜年少弟子沙弥小兒亦不
樂與同師常好坐禪在於閑處脩攝其心文
殊師利是名初親近處復次菩薩摩訶薩觀

不露齒咲不現胸臆乃至為法猶不親厚況
復餘事不樂畜年少弟子沙弥小兒亦不
樂與同師常好坐禪在於閑處脩攝其心文
殊師利是名初親近處復次菩薩摩訶薩觀
一切法空如實相不顛倒不動不退不轉如
虛空无所有性一切語言道斷不生不出不
起无名无相實无所有无量无邊无礙无障
但以因緣有從顛倒生故說常樂觀如是法
相是名菩薩摩訶薩第二親近處尒時世尊
欲重宣此義而說偈言
若有菩薩　於後惡世　无怖畏心　欲說是經
應入行處　及親近處　常離國王　及國王子
大臣官長　凶險戲者　及旃陀羅　外道梵志
亦不親近　增上慢人　貪著小乘　三藏學者
破戒比丘　名字羅漢　及比丘尼　好戲咲者
深著五欲　求現滅度　諸優婆夷　皆勿親近
若是人等　以好心來　到菩薩所　為聞佛道
菩薩則以　无所畏心　不懷悕望　而為說法
寡女處女　及諸不男　皆勿親近　以為親厚
亦莫親近　屠兒魁膾　田獵魚捕　為利殺害
販肉自活　衒賣女色　如是之人　皆勿親近
凶險相撲　種種嬉戲　諸婬女等　盡勿親近
莫獨屏處　為女說法　若說法時　无得戲咲
入里乞食　將一比丘　若无比丘　一心念佛
是則名為　行處近處　以此二處　能安樂說
又復不行　上中下法　有為无為　實不實法
亦不分別　是男是女　不得諸法　不知不見
是則名為　菩薩行處　一切諸法

入里乞食　將一比丘　若无比丘　一心念佛
是則名為　行處近處　以此二處　能安樂說
又復不行　上中下法　有為无為　實不實法
亦不分別　是男是女　不得諸法　不知不見
是則名為　菩薩行處　一切諸法　空无所有
无有常住　亦无起滅　是名智者　所親近處
顛倒分別　諸法有无　是實非實　是生非生
在於閑處　脩攝其心　安住不動　如須弥山
觀一切法　皆无所有　猶如虛空　无有堅固
不生不出　不動不退　常住一相　是名近處
若有比丘　於我滅後　入是行處　及親近處
說斯經時　无有怯弱　菩薩有時　入於靜室
以正憶念　隨義觀法　從禪定起　為諸國王
王子臣民　婆羅門等　開化演暢　說斯經典
其心安隱　无有怯弱　文殊師利　是名菩薩
安住初法　能於後世　說法華經
又文殊師利，如來滅後，於末法中欲說是經，
應住安樂行。若口宣說，若讀經時，不樂說人
及經典過，亦不輕慢諸餘法師，不說他人好
惡長短，於聲聞人，亦不稱名說其過惡，亦不
稱名讚歎其美，又亦不生怨嫌之心。善脩如
是安樂心故，諸有聽者，不逆其意；有所難問，
不以小乘法荅，但以大乘而為解說，令得一
切種智。尒時世尊欲重宣此義，而說偈言：
菩薩常樂　安隱說法　於清淨地　而施牀座
以油塗身　澡浴塵穢　著新淨衣　內外俱淨
安處法座　隨問為說　若有比丘　及比丘尼

切種智。尒時世尊欲重宣此義，而說偈言：
菩薩常樂　安隱說法　於清淨地　而施牀座
以油塗身　澡浴塵穢　著新淨衣　內外俱淨
安處法座　隨問為說　若有比丘　及比丘尼
諸優婆塞　及優婆夷　國王王子　羣臣士民
以微妙義　和顏為說　若有難問　隨義而荅
因緣譬喻　敷演分別　以是方便　皆使發心
漸漸增益　入於佛道　除嬾惰意　及懈怠想
離諸憂惱　慈心說法　晝夜常說　无上道教
以諸因緣　无量譬喻　開示衆生　咸令歡喜
衣服卧具　飲食醫藥　而於其中　无所悕望
但一心念　說法因緣　願成佛道　令衆亦尒
是則大利　安樂供養　我滅度後　若有比丘
能演說斯　妙法華經　心无嫉恚　諸惱障礙
亦无憂愁　及罵詈者　又无怖畏　加刀杖等
亦无擯出　安住忍故　智者如是　善脩其心
能住安樂　如我上說　其人功德　千万億劫
筭數譬喻　說不能盡
又文殊師利，菩薩摩訶薩於後末世法欲滅
時，受持讀誦斯經典者，无懷嫉妬諂誑之心，
亦勿輕罵學佛道者，求其長短。若比丘、比丘
尼、優婆塞、優婆夷，求聲聞者，求辟支佛者，求
菩薩道者，无得惱之，令其疑悔，語其人言：汝
等去道甚遠，終不能得一切種智。所以者何？
汝是放逸之人，於道懈怠故。又亦不應戲論
諸法，有所諍競。當於一切衆生起大悲想，於
諸如來起慈父想，於諸菩薩起大師想。於十

等去道甚遠終不能得一切種智所以者何
汝是放逸之人於道懈怠故又亦不應戲論
諸法有所諍競當於一切衆生起大悲想於
諸如來起慈父想於諸菩薩起大師想於十
方諸大菩薩常應深心恭敬礼拜於一切衆
生平等說法以順法故不多不少乃至深愛
法者亦不為多說文殊師利是菩薩摩訶薩
於後末世法欲滅時有成就是第三安樂行
者說是法時无能惱亂得好同學共讀誦是
經亦得大衆而來聽受聽已能持持已能誦
誦已能說說已能書若使人書供養經卷恭
敬尊重讚歎尒時世尊欲重宣此義而說偈
言
若欲說是經　當捨嫉恚慢　諂誑邪偽心　常脩質直行
不輕蔑於人　亦不戲論法　不令他疑悔　云汝不得佛
是佛子說法　常柔和能忍　慈悲於一切　不生懈怠心
十方大菩薩　愍衆故行道　應生恭敬心　是則我大師
於諸佛世尊　生无上父想　破於憍慢心　說法无障礙
第三法如是　智者應守護　一心安樂行　无量衆所敬
又文殊師利菩薩摩訶薩於後末世法欲滅
時有持法華經者於在家出家人中生大慈
心於非菩薩人中生大悲心應作是念如是
之人則為大失如來方便隨宜說法不聞不
知不覺不問不信不解其人雖不問不信不
解是經我得阿耨多羅三藐三菩提時隨在
何地以神通力智慧力引之令得住是法中

BD15116號　妙法蓮華經（八卷本）卷五　（20–9）

之人則為大失如來方便隨宜說法不聞不
知不覺不問不信不解其人雖不問不信不
解是經我得阿耨多羅三藐三菩提時隨在
何地以神通力智慧力引之令得住是法中
文殊師利是菩薩摩訶薩於如來滅後有成
就此第四法者說是法時无有過失常為比
丘比丘尼優婆塞優婆夷國王王子大臣人
民婆羅門居士等供養恭敬尊重讚歎虛空
諸天為聽法故亦常隨侍若在聚落城邑空
閑林中有人來欲難問者諸天晝夜常為法
故而衛護之能令聽者皆得歡喜所以者何
此經是一切過去未來現在諸佛神力所護
故文殊師利是法華經於无量國中乃至名
字不可得聞何況得見受持讀誦文殊師利
譬如強力轉輪聖王欲以威勢降伏諸國而
諸小王不順其命時轉輪王起種種兵而往
討伐王見兵衆戰有功者即大歡喜隨功賞
賜或與田宅聚落城邑或與衣服嚴身之具
或與種種珍寶金銀瑠璃車璖馬瑙珊瑚虎
珀象馬車乘奴婢人民唯髻中明珠不以與
之所以者何獨王頂上有此一珠若以與之
王諸眷屬必大驚怪文殊師利如來亦復如
是以禪定智慧力得法國土王於三界而諸
魔王不肯順伏如來賢聖諸將與之共戰其
有功者心亦歡喜於四衆中為說諸經令其
心悅賜以禪定解脫无漏根力諸法之財又
復賜與涅槃之城言得滅度引道其心令皆

BD15116號　妙法蓮華經（八卷本）卷五　（20–10）

是以禪定智慧力得法國土王於三界而諸
魔王不肯順伏如來賢聖諸將與之共戰其
有功者心亦歡喜於四衆中為說諸經令其
心悅賜以禪定解脫无漏根力諸法之財又
復賜與涅槃之城言得滅度引導其心令皆
歡喜而不為說是法華經文殊師利如轉輪
王見諸兵衆有大功者心甚歡喜以此難信
之珠久在髻中不妄與人而今與之如來亦
復如是於三界中為大法王以法教化一切
衆生見賢聖軍與五陰魔煩惱魔死魔共戰
有大功勳滅三毒出三界破魔網尒時如來
亦大歡喜此法華經能令衆生至一切智一
切世間多怨難信先所未說而今說之文殊
師利此法華經是諸如來第一之說於諸說
中最為甚深末後賜與如彼強力之王久護
明珠今乃與之文殊師利此法華經諸佛如
來秘密之藏於諸經中最在其上長夜守護
不妄宣說始於今日乃與汝等而敷演之尒
時世尊欲重宣此義而說偈言

常行忍辱　哀愍一切　乃能演說　佛所讚經
後末世時　持此經者　於家出家　及非菩薩
應生慈悲　斯等不聞　不信是經　則為大失
我得佛道　以諸方便　為說此法　令住其中
譬如強力　轉輪之王　兵戰有功　賞賜諸物
象馬車乘　嚴身之具　及諸田宅　聚落城邑
或與衣服　種種珍寶　奴婢財物　歡喜賜與
如有勇健　能為難事　王解髻中　明珠賜之
如來亦尒　為諸法王　忍辱大力　智慧寶藏

BD15116 號　妙法蓮華經（八卷本）卷五　（20–11）

譬如強力　轉輪之王　兵戰有功　賞賜諸物
象馬車乘　嚴身之具　及諸田宅　聚落城邑
或與衣服　種種珍寶　奴婢財物　歡喜賜與
如有勇健　能為難事　王解髻中　明珠賜之
如來亦尒　為諸法王　忍辱大力　智慧寶藏
以大慈悲　如法化世　見一切人　受諸苦惱
欲求解脫　與諸魔戰　為是衆生　說種種法
以大方便　說此諸經　既知衆生　得其力已
末後乃為　說是法華　如王解髻　明珠與之
此經為尊　衆經中上　我常守護　不妄開示
今正是時　為汝等說　我滅度後　求佛道者
欲得安隱　演說斯經　應當親近　如是四法
讀是經者　常无憂惱　又无病痛　顏色鮮白
不生貧窮　卑賤醜陋　衆生樂見　如慕賢聖
天諸童子　以為給使　刀杖不加　毒不能害
若人惡罵　口則閉塞　遊行无畏　如師子王
智慧光明　如日之照　若於夢中　但見妙事
見諸如來　坐師子座　諸比丘衆　圍繞說法
又見龍神　阿脩羅等　數如恒沙　恭敬合掌
自見其身　而為說法　又見諸佛　身相金色
放无量光　照於一切　以梵音聲　演說諸法
佛為四衆　說无上法　見身處中　合掌讚佛
聞法歡喜　而為供養　得陁羅尼　證不退智
佛知其心　深入佛道　即為授記　成最正覺
汝善男子　當於來世　得无量智　佛之大道
國土嚴淨　廣大无比　亦有四衆　合掌聽法
又見自身　在山林中　脩習善法　證諸實相

BD15116 號　妙法蓮華經（八卷本）卷五　（20–12）

聞法歡喜　而為供養　得陁羅尼　證不退智
佛知其心　深入佛道　即為授記　成最正覺
汝善男子　當於來世　得无量智　佛之大道
國土嚴淨　廣大无比　亦有四衆　合掌聽法
又見自身　在山林中　脩習善法　證諸實相
深入禪定　見十方佛
諸佛身金色　百福相莊嚴　聞法為人說　常有是好夢
又夢作國王　捨宮殿眷属　及上妙五欲　行詣於道場
在菩提樹下　而處師子座　求道過七日　得諸佛之智
成无上道已　起而轉法輪　為四衆說法　經千万億劫
說无漏妙法　度无量衆生　後當入涅槃　如烟盡燈滅
若後惡世中　說是第一法　是人得大利　如上諸功德

妙法蓮華經從地踊出品第十五

尒時他方國土諸來菩薩摩訶薩過八恒河
沙數於大衆中起合掌作礼而白佛言世尊
若聽我等於佛滅後在此娑婆世界勤加精
進護持讀誦書寫供養是經典者當於此土
而廣說之尒時佛告諸菩薩摩訶薩衆止善
男子不須汝等護持此經所以者何我娑婆
世界自有六万恒河沙等菩薩摩訶薩一一
菩薩各有六万恒河沙眷屬是諸人等能於
我滅後護持讀誦廣說此經佛說是時娑婆
世界三千大千國土地皆震裂而於其中有
无量千万億菩薩摩訶薩同時踊出是諸菩
薩身皆金色三十二相无量光明先盡在此
娑婆世界之下此界虛空中住是諸菩薩聞
釋迦牟尼佛所說音聲從下發來一一菩薩

BD15116號　妙法蓮華經（八卷本）卷五　（20–13）

无量千万億菩薩摩訶薩同時踊出是諸菩
薩身皆金色三十二相无量光明先盡在此
娑婆世界之下此界虛空中住是諸菩薩聞
釋迦牟尼佛所說音聲從下發來一一菩薩
皆是大衆唱導之首各將六万恒河沙眷屬
況將五万四万三万二万一万恒河沙等眷
屬者況復乃至一恒河沙半恒河沙四分之
一乃至千万億那由他分之一況復千万億
那由他眷屬況復億万眷屬況復千万百万
乃至一万況復一千一百乃至一十況復將
五四三二一弟子者況復單己樂遠離行如
是等比无量无邊筭數譬喻所不能知是諸
菩薩從地出已各詣虛空七寶妙塔多寶如
來釋迦牟尼佛所到已向二世尊頭面礼足
乃至諸寶樹下師子座上佛所亦皆作礼右
繞三帀合掌恭敬以諸菩薩種種讚法而以
讚歎住在一面欣樂瞻仰於二世尊是諸菩
薩摩訶薩從初踊出以諸菩薩種種讚法而
讚於佛如是時間經五十小劫是時釋迦牟
尼佛默然而坐及諸四衆亦皆默然五十小
劫佛神力故令諸大衆謂如半日尒時四衆
亦以佛神力故見諸菩薩遍滿无量百千万
億國土虛空是菩薩衆中有四導師一名上
行二名无邊行三名淨行四名安立行是四
菩薩於其衆中最為上首唱導之師在大衆
前各共合掌觀釋迦牟尼佛而問訊言世尊

BD15116號　妙法蓮華經（八卷本）卷五　（20–14）

億國土虛空是菩薩衆中有四導師一名上
行二名无邊行三名淨行四名安立行是四
菩薩於其衆中最爲上首唱導之師在大衆
前各共合掌觀釋迦牟尼佛而問訊言世尊
少病少惱安樂行不所應度者受教易不不
令世尊生疲勞耶尒時四大菩薩而說偈言
世尊安樂　少病少惱　教化衆生　得无疲惓
又諸衆生　受化易不　不令世尊　生疲勞耶
尒時世尊於菩薩大衆中而作是言如是如
是諸善男子如來安樂少病少惱諸衆生等
易可化度无有疲勞所以者何是諸衆生世
世已來常受我化亦於過去諸佛供養尊重
種諸善根此諸衆生始見我身聞我所說即
皆信受入如來慧除先脩習學小乘者如是
之人我今亦令得聞是經入於佛慧尒時諸
大菩薩而說偈言
善哉善哉　大雄世尊　諸衆生等　易可化度
能問諸佛　甚深智慧　聞已信行　我等隨喜
於時世尊讚歎上首諸大菩薩善哉善哉善
男子汝等能於如來發隨喜心尒時彌勒菩
薩及八千恒河沙諸菩薩衆皆作是念我等
從昔已來不見不聞如是大菩薩摩訶薩衆
從地踊出住世尊前合掌供養問訊如來時
彌勒菩薩摩訶薩知八千恒河沙諸菩薩等
心之所念并欲自決所疑合掌向佛以偈問曰
无量千万億　大衆諸菩薩　昔所未曾見　願兩足尊說
是從何所來　以何因緣集　巨身大神通　智慧叵思議

BD15116號　妙法蓮華經（八卷本）卷五　（20–15）

從地踊出住世尊前合掌供養問訊如來時
彌勒菩薩摩訶薩知八千恒河沙諸菩薩等
心之所念并欲自決所疑合掌向佛以偈問曰
无量千万億　大衆諸菩薩　昔所未曾見　願兩足尊說
是從何所來　以何因緣集　巨身大神通　智慧叵思議
其志念堅固　有大忍辱力　衆生所樂見　爲從何所來
一一諸菩薩　所將諸眷屬　其數无有量　如恒河沙等
或有大菩薩　將六万恒沙　如是諸大衆　一心求佛道
是諸大師等　六万恒河沙　俱來供養佛　及護持此經
將五万恒沙　其數過於是　四万及三万　二万至一万
一千一百等　乃至一恒沙　半及三四分　億万分之一
千万那由他　万億諸弟子　乃至於半億　其數復過上
百万至一万　一千及一百　五十與一十　乃至三二一
單己无眷屬　樂於獨處者　俱來至佛所　其數轉過上
如是諸大衆　若人行籌數　過於恒沙劫　猶不能盡知
是諸大威德　精進菩薩衆　誰爲其說法　教化而成就
從誰初發心　稱揚何佛法　受持行誰經　脩習何佛道
如是諸菩薩　神通大智力　四方地震裂　皆從中踊出
世尊我昔來　未曾見是事　願說其所從　國土之名号
我常遊諸國　未曾見是衆　我於此衆中　乃不識一人
忽然從地出　願說其因緣　今此之大會　无量百千億
是諸菩薩等　皆欲知此事　是諸菩薩衆　本末之因緣
无量德世尊　唯願決衆疑
尒時釋迦牟尼佛分身諸佛從无量千万億
他方國土來者在於八方諸寶樹下師子座
上結加趺坐其佛侍者各各見是菩薩大衆
於三千大千世界四方從地踊出住於虛空
各白其佛言世尊此諸无量无邊阿僧祇菩

BD15116號　妙法蓮華經（八卷本）卷五　（20–16）

尒時釋迦牟尼佛分身諸佛從无量千万億
他方國土來者在於八方諸寶樹下師子座
上結跏趺坐其佛侍者各各見是菩薩大衆
於三千大千世界四方從地踊出住於虛空
各白其佛言世尊此諸无量无邊阿僧祇菩
薩大衆從何所來尒時諸佛各告侍者諸善
男子且待須臾有菩薩摩訶薩名彌勒釋迦
牟尼佛之所授記次後作佛已問斯事佛今
荅之汝等自當因是得聞尒時釋迦牟尼佛
告彌勒菩薩善哉善哉阿逸多乃能問佛如
是大事汝等當共一心被精進鎧發堅固意
如來今欲顯發宣示諸佛智慧諸佛自在神
通之力諸佛師子奮迅之力諸佛威猛大勢
之力尒時世尊欲重宣此義而說偈言
當精進一心　我欲說此事　勿得有疑悔　佛智叵思議
汝今出信力　住於忍善中　昔所未聞法　今皆當得聞
我今安慰汝　勿得懷疑懼　佛无不實語　智慧不可量
所得第一法　甚深叵分別　如是今當說　汝等一心聽
尒時世尊說此偈已告彌勒菩薩我今於此
大衆宣告汝等阿逸多是諸大菩薩摩訶薩
无量无數阿僧祇從地踊出汝等昔所未見
者我於是娑婆世界得阿耨多羅三藐三菩
提已教化示導是諸菩薩調伏其心令發道
意此諸菩薩皆於是娑婆世界之下此界虛
空中住於諸經典讀誦通利思惟分別正憶
念阿逸多是諸善男子等不樂在衆多有所
說常樂靜處勤行精進未曾休息亦不依止

提已教化示導是諸菩薩調伏其心令發道
意此諸菩薩皆於是娑婆世界之下此界虛
空中住於諸經典讀誦通利思惟分別正憶
念阿逸多是諸善男子等不樂在衆多有所
說常樂靜處勤行精進未曾休息亦不依止
人天而住常樂深智无有障礙亦常樂於諸
佛之法一心精進求无上慧尒時世尊欲重
宣此義而說偈言
阿逸汝當知　是諸大菩薩　從无數劫來　脩習佛智慧
悉是我所化　令發大道心　此等是我子　依止是世界
常行頭陁事　志樂於靜處　捨大衆憒鬧　不樂多所說
如是諸子等　學習我道法　晝夜常精進　為求佛道故
在娑婆世界　下方空中住　志念力堅固　常勤求智慧
說種種妙法　其心无所畏　我於伽耶城　菩提樹下坐
得成最正覺　轉无上法輪　尒乃教化之　令初發道心
今皆住不退　悉當得成佛　我今說實語　汝等一心信
我從久遠來　教化是等衆
尒時彌勒菩薩摩訶薩及无數諸菩薩等心
生疑惑怪未曾有而作是念云何世尊於少
時間教化如是无量无邊阿僧祇諸大菩薩
令住阿耨多羅三藐三菩提即白佛言世尊如
來為太子時出於釋宮去伽耶城不遠坐
於道場得成阿耨多羅三藐三菩提從是已
來始過四十餘年世尊云何於此少時大作
佛事以佛勢力以佛功德教化如是无量大
菩薩衆當成阿耨多羅三藐三菩提世尊此
大菩薩衆假使有人於千万億劫數不能盡

来始過四十餘年世尊云何於此少時大作
佛事以佛勢力以佛功德教化如是无量大
菩薩衆當成阿耨多羅三藐三菩提世尊此
大菩薩衆假使有人於千万億劫數不能盡
不得其邊斯等久遠已来於无量无邊諸佛
所殖諸善根成就菩薩道常脩梵行世尊如
此之事世所難信譬如有人色美髮黑年二
十五指百歲人言是我子其百歲人亦指年
少言是我父生育我等是事難信佛亦如是
得道已来其實未久而此大衆諸菩薩等已
於无量千万億劫為佛道故勤行精進善入
出住无量百千万億三昧得大神通久脩梵
行善能次第習諸善法巧於問荅人中之寶
一切世間甚為希有今日世尊方云得佛道
時初令發心教化示導令向阿耨多羅三藐
三菩提世尊得佛未久乃能作此大功德事
我等雖復信佛隨宜所說佛所出言未曾虛
妄佛所知者皆悉通達然諸新發意菩薩於
佛滅後若聞是語或不信受而起破法罪業
因緣唯然世尊願為解說除我等疑及未来
世諸善男子聞此事已亦不生疑尒時弥勒
菩薩欲重宣此義而說偈言
佛昔從釋種　出家近伽耶　坐於菩提樹　尒来尚未久
此諸佛子等　其數不可量　久已行佛道　住神通智力
善學菩薩道　不染世間法　如蓮華在水　從地而踊出
皆起恭敬心　住於世尊前　是事難思議　云何而可信
佛得道甚近　所成就甚多　願為除衆疑　如實分別說

BD15116號　妙法蓮華經（八卷本）卷五　（20–19）

行善能次第習諸善法巧於問荅人中之寶
一切世間甚為希有今日世尊方云得佛道
時初令發心教化示導令向阿耨多羅三藐
三菩提世尊得佛未久乃能作此大功德事
我等雖復信佛隨宜所說佛所出言未曾虛
妄佛所知者皆悉通達然諸新發意菩薩於
佛滅後若聞是語或不信受而起破法罪業
因緣唯然世尊願為解說除我等疑及未来
世諸善男子聞此事已亦不生疑尒時弥勒
菩薩欲重宣此義而說偈言
佛昔從釋種　出家近伽耶　坐於菩提樹　尒来尚未久
此諸佛子等　其數不可量　久已行佛道　住神通智力
善學菩薩道　不染世間法　如蓮華在水　從地而踊出
皆起恭敬心　住於世尊前　是事難思議　云何而可信
佛得道甚近　所成就甚多　願為除衆疑　如實分別說
譬如少壯人　年始二十五　示人百歲子　髮白而面皺
是等我所生　子亦說是父　父少而子老　舉世所不信
世尊亦如是　得道来甚近　是諸菩薩等　志固无怯弱
從无量劫来　而行菩薩道　巧於難問荅　其心无所畏
忍辱心決定　端正有威德　十方佛所讚　善能分別說
不樂在人衆　常好在禪定　為求佛道故　於下空中住

BD15116號　妙法蓮華經（八卷本）卷五　（20–20）

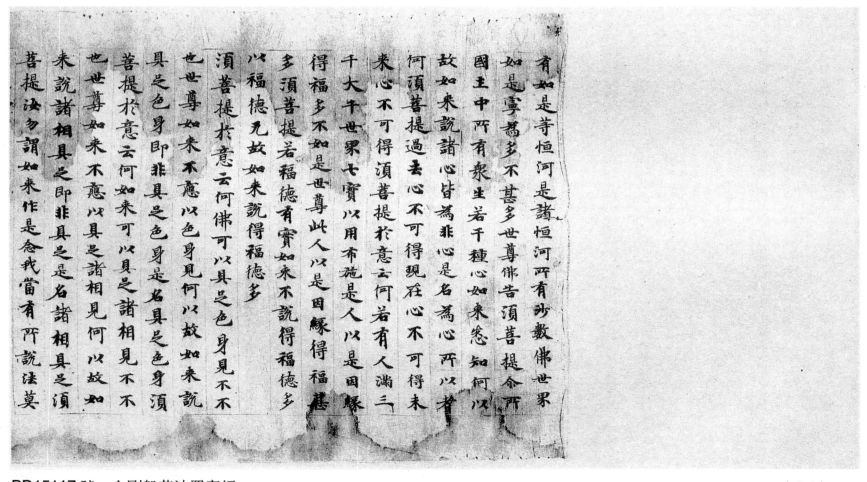

BD15117 號背　題簽　　(1–1)

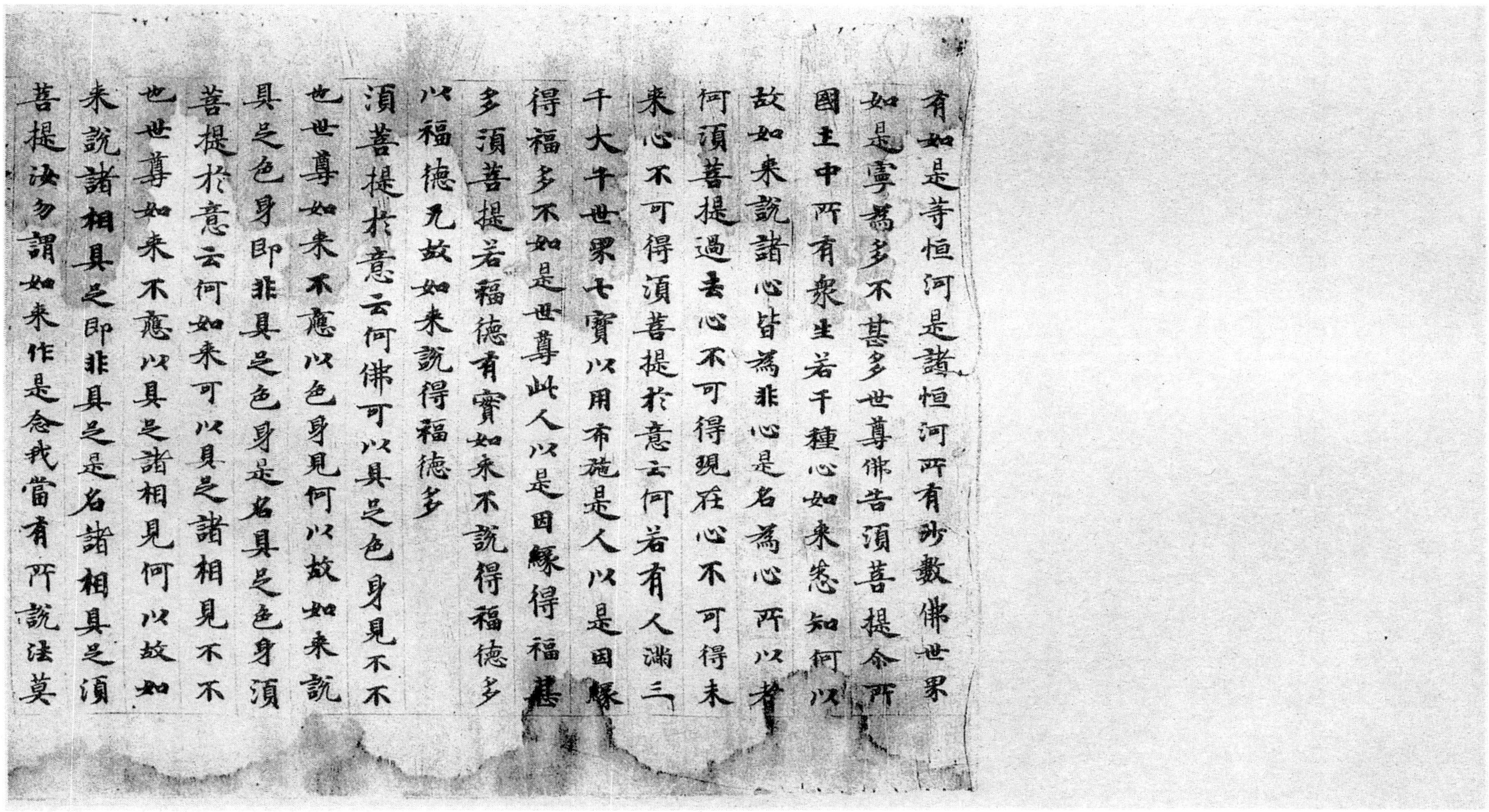

有如是等恒河是諸恒河所有沙數佛世界
如是寧爲多不甚多世尊佛告須菩提尒所
國土中所有衆生若干種心如來悉知何以
故如來說諸心皆爲非心是名爲心所以者
何須菩提過去心不可得現在心不可得未
來心不可得須菩提於意云何若有人滿三
千大千世界七寶以用布施是人以是因緣
得福多不如是世尊此人以是因緣得福甚
多須菩提若福德有實如來不說得福德多
以福德无故如來說得福德多
須菩提於意云何佛可以具足色身見不不
也世尊如來不應以色身見何以故如來說
具足色身即非具足色身是名具足色身須
菩提於意云何如來可以具足諸相見不不
也世尊如來不應以具足諸相見何以故如
來說諸相具足即非具足是名諸相具足須
菩提汝勿謂如來作是念我當有所說法莫

BD15117 號　金剛般若波羅蜜經　　(5–1)

具足色身即非具足色身是名具足色身須
菩提於意云何如來可以具足諸相見不不
也世尊如來不應以具足諸相見何以故如
來說諸相具足即非具足是名諸相具足須
菩提汝勿謂如來作是念我當有所說法莫
作是念何以故若人言如來有所說法即為
謗佛不能解我所說故須菩提說法者无法
可說是名說法須菩提白佛言世尊佛得阿
耨多羅三藐三菩提為无所得耶如是如是
須菩提我於阿耨多羅三藐三菩提乃至无
有少法可得是名阿耨多羅三藐三菩提復
次須菩提是法平等无有高下是名阿耨多
羅三藐三菩提以无我无人无衆生无壽者
脩一切善法則得阿耨多羅三藐三菩提須
菩提所言善法者如來說非善法是名善法
須菩提若三千大千世界中所有諸須弥山
王如是等七寶聚有人持用布施若人以此
般若波羅蜜經乃至四句偈等受持讀誦為
他人說於前福德百分不及一百千萬億分
乃至筭數譬喻所不能及
須菩提於意云何汝等勿謂如來作是念我
當度衆生須菩提莫作是念何以故實无有
衆生如來度者若有衆生如來度者如來則
有我人衆生壽者須菩提如來說有我者則
非有我而凡夫之人以為有我須菩提凡夫
者如來說則非凡夫須菩提於意云何可以

BD15117 號　金剛般若波羅蜜經　（5–2）

衆生如來度者若有衆生如來度者如來則
有我人衆生壽者須菩提如來說有我者則
非有我而凡夫之人以為有我須菩提凡夫
者如來說則非凡夫須菩提於意云何可以
三十二相觀如來不須菩提言如是如是以
三十二相觀如來佛言須菩提若以三十二
相觀如來者轉輪聖王則是如來須菩提白
佛言世尊如我解佛所說義不應以三十二
相觀如來尒時世尊而說偈言
若以色見我　以音聲求我　是人行邪道　不能見如來
須菩提汝若作是念如來不以具足相故得
阿耨多羅三藐三菩提須菩提莫作是念如
來不以具足相故得阿耨多羅三藐三菩提
須菩提汝若作是念發阿耨多羅三藐三菩
提者說諸法斷滅莫作是念何以故發阿耨
多羅三藐三菩提者於法不說斷滅相須菩
提若菩薩以滿恒河沙等世界七寶持用布
施若復有人知一切法无我得成於忍此菩
薩勝前菩薩所得功德須菩提以諸菩薩不
受福德故須菩提白佛言世尊云何菩薩不
受福德須菩提菩薩所作福德不應貪著是
故佛說不受福德須菩提若有人言如來若
來若去若坐若卧是人不解我所說義何以
故如來者无所從來亦无所去故名如來
須菩提若善男子善女人以三千大千世界

BD15117 號　金剛般若波羅蜜經　（5–3）

來若去若坐若卧是人不解我所說義何以
故如來者无所從來亦无所去故名如來
須菩提若善男子善女人以三千大千世界
碎爲微塵於意云何是微塵衆寧爲多不甚
多世尊何以故若是微塵衆實有者佛則不
說是微塵衆所以者何佛說微塵衆則非微
塵衆是名微塵衆世尊如來所說三千大千
世界則非世界是名世界何以故若世界實
有者則是一合相如來說一合相則非一合
相是名一合相須菩提一合相者則是不可
說但凡夫之人貪著其事須菩提若人言佛
說我見人見衆生見壽者見須菩提於意云
何是人解我所說義不不也世尊是人不解
如來所說義何以故世尊說我見人見衆生
見壽者見即非我見人見衆生見壽者見是
名我見人見衆生見壽者見須菩提發阿耨
多羅三藐三菩提心者於一切法應如是知
如是見如是信解不生法相須菩提所言法
相者如來說即非法相是名法相須菩提若
有人以滿无量阿僧祇世界七寶持用布施
若有善男子善女人發菩薩心者持於此經
乃至四句偈等受持讀誦爲人演說其福勝
彼云何爲人演說不取於相如如不動何以
故
一切有爲法　如夢幻泡影　如露亦如電　應作如是觀
佛說是經已長老須菩提及諸比丘比丘尼

BD15117 號　金剛般若波羅蜜經　（5–4）

名我見人見衆生見壽者見須菩提發阿耨
多羅三藐三菩提心者於一切法應如是知
如是見如是信解不生法相須菩提所言法
相者如來說即非法相是名法相須菩提若
有人以滿无量阿僧祇世界七寶持用布施
若有善男子善女人發菩薩心者持於此經
乃至四句偈等受持讀誦爲人演說其福勝
彼云何爲人演說不取於相如如不動何以
故
一切有爲法　如夢幻泡影　如露亦如電　應作如是觀
佛說是經已長老須菩提及諸比丘比丘尼
優婆塞優婆夷一切世間天人阿脩羅聞佛
所說皆大歡喜信受奉行

金剛般若波羅蜜經

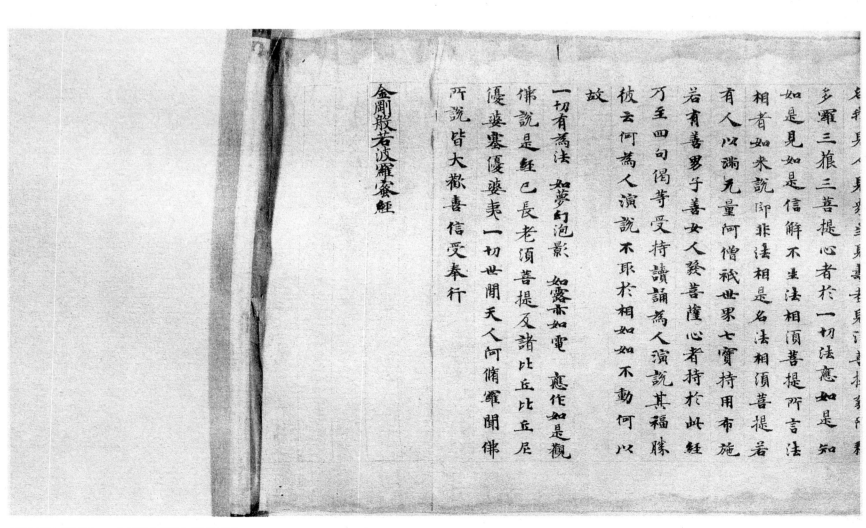

BD15117 號　金剛般若波羅蜜經　（5–5）

今於我前聽
聽受斯經　第一之法　開
世世受持　如是經典　億
時乃得聞　是法華經　億億
諸佛世尊　時說是經　…　於佛滅後
聞如是經　勿生疑惑　應　廣說此經
世世值佛　疾成佛道
妙法蓮華經如來神力品第廿一
尒時千世界微塵等菩薩摩訶薩從地踊出
者皆於佛前一心合掌瞻仰尊顏而白佛言
世尊我等於佛滅後世尊分身所在國土滅
度之處當廣說此經所以者何我等亦自欲
得是真淨大法受持讀誦解說書寫而供養
之尒時世尊於文殊師利等无量百千万億
舊住娑婆世界菩薩摩訶薩及諸比丘比丘
尼優婆塞優婆夷天龍夜叉乾闥婆阿脩羅
迦樓羅緊那羅摩睺羅伽人非人等一切衆
前現大神力出廣長舌上至梵世一切毛孔
放於无量无數色光皆悉遍照十方世界衆

BD15118號　妙法蓮華經（八卷本）卷七　（20–1）

舊住娑婆世界菩薩摩訶薩及諸比丘比丘
尼優婆塞優婆夷天龍夜叉乾闥婆阿脩羅
迦樓羅緊那羅摩睺羅伽人非人等一切衆
前現大神力出廣長舌上至梵世一切毛孔
放於无量无數色光皆悉遍照十方世界衆
寶樹下師子座上諸佛亦復如是出廣長舌
放无量光釋迦牟尼佛及寶樹下諸佛現神
力時滿百千歲然後還攝舌相一時謦欬俱
共彈指是二音聲遍至十方諸佛世界地皆
六種震動其中衆生天龍夜叉乾闥婆阿脩
羅迦樓羅緊那羅摩睺羅伽人非人等以佛
神力故皆見此娑婆世界无量无邊百千万
億衆寶樹下師子座上諸佛及見釋迦牟尼
佛共多寶如來在寶塔中坐師子座又見无
量无邊百千万億菩薩摩訶薩及諸四衆恭
敬圍繞釋迦牟尼佛既見是已皆大歡喜得
未曾有即時諸天於虛空中高聲唱言過此
无量无邊百千万億阿僧祇世界有國名娑
婆是中有佛名釋迦牟尼今為諸菩薩摩訶
薩說大乘經名妙法蓮華教菩薩法佛所護
念汝等當深心隨喜亦當礼拜供養釋迦牟
尼佛彼諸衆生聞虛空中聲已合掌向娑婆
世界作如是言南无釋迦牟尼佛南无釋迦
牟尼佛以種種華香瓔珞幡蓋及諸嚴身之
具珎寶妙物皆共遙散娑婆世界所散諸物

BD15118號　妙法蓮華經（八卷本）卷七　（20–2）

念汝等當深心隨喜亦當礼拜供養釋迦牟
尼佛彼諸衆生聞虛空中聲已合掌向娑婆
世界作如是言南无釋迦牟尼佛南无釋迦
牟尼佛以種種華香瓔珞幡蓋及諸嚴身之
具珎寶妙物皆共遥散娑婆世界所散諸物
從十方来辟如雲集變成寶帳遍覆此間諸
佛之上于時十方世界通達无㝵如一佛土
尒時佛告上行等菩薩大衆諸佛神力如是
无量无邊不可思議若我以是神力於无量
无邊百千万億阿僧祇劫為囑累故說此經
功德猶不能盡以要言之如来一切所有之
法如来一切自在神力如来一切秘要之藏
如来一切甚深之事皆於此經宣示顯說是
故汝等於如来滅後應一心受持讀誦解說
書寫如說脩行所在國土若有受持讀誦解
說書寫如說脩行若經卷所住之處若於園
中若於林中若於樹下若於僧坊若白衣舍
若在殿堂若山谷曠野是中皆應起塔供養
所以者何當知是處即是道場諸佛於此得
阿耨多羅三藐三菩提諸佛於此轉于法輪
諸佛於此而般涅槃尒時世尊欲重宣此義
而說偈言
諸佛救世者　住於大神通　為悅衆生故　現无量神力
舌相至梵天　身放无數光　為求佛道者　現此希有事
諸佛謦欬聲　及彈指之聲　周聞十方國　地皆六種動
以佛滅度後

BD15118號　妙法蓮華經（八卷本）卷七　（20–3）

諸佛於此而般涅槃尒時世尊欲重宣此義
而說偈言
諸佛救世者　住於大神通　為悅衆生故　現无量神力
舌相至梵天　身放无數光　為求佛道者　現此希有事
諸佛謦欬聲　及彈指之聲　周聞十方國　地皆六種動
以佛滅度後　能持是經者　諸佛皆歡喜　現无量神力
囑累是經故　讚美受持者　於无量劫中　猶故不能盡
是人之功德　无邊无有窮　如十方虛空　不可得邊際
能持是經者　則為已見我　亦見多寶佛　及諸分身者
又見我今日　教化諸菩薩　能持是經者　令我及分身
滅度多寶佛　一切皆歡喜　十方現在佛　并過去未来
亦見亦供養　亦令得歡喜　諸佛坐道場　所得秘要法
能持是經者　不久亦當得　能持是經者　於諸法之義
名字及言辞　樂說无窮盡　如風於空中　一切无鄣㝵
於如来滅後　知佛所說經　因緣及次第　隨義如實說
如日月光明　能除諸幽冥　斯人行世間　能滅衆生暗
教无量菩薩　畢竟住一乘　是故有智者　聞此功德利
於我滅度後　應受持斯經　是人於佛道　決定无有疑
妙法蓮華經囑累品第廿三
尒時釋迦牟尼佛從法座起現大神力以右
手摩无量菩薩摩訶薩頂而作是言我於无
量百千万億阿僧祇劫脩習是難得阿耨多
羅三藐三菩提法今以付囑汝等汝等應當
一心流布此法廣令增益如是三摩訶菩薩
摩訶薩頂而作是言我於无量百千万億阿
僧祇劫脩習是難得阿耨多羅三藐三菩提

BD15118號　妙法蓮華經（八卷本）卷七　（20–4）

羅三狼三菩提法令以付囑汝等汝等應當
一心流布此法廣令增益如是三摩訶菩薩
摩訶薩頂而作是言我於无量百千万億阿
僧祇劫脩習是難得阿耨多羅三狼三菩提
法令以付囑汝等汝等當受持讀誦廣宣此
法令一切衆生普得聞知所以者何如來有
大慈悲无諸慳悋亦无所畏能與衆生佛之
智慧如來智慧自然智慧如來是一切衆生
之大施主汝等亦應隨學如來之法勿生慳
悋於未來世若有善男子善女人信如來智
慧者當為演說此法華經使得聞知為令其
人得佛慧故若有衆生不信受者當於如來
餘深妙法中示教利喜汝等若能如是則為
已報諸佛之恩時諸菩薩摩訶薩聞佛作是
說已皆大歡喜遍滿其身益加恭敬曲躬低
頭合掌向佛俱發聲言如世尊勅當具奉行
唯然世尊願不有慮諸菩薩摩訶薩衆如是
三反俱發聲言如世尊勅當具奉行唯然世
尊願不有慮尒時釋迦牟尼佛令十方來諸
分身佛各還本土而作是言諸佛各隨所安
多寶佛塔還可如故說是語時十方无量分
身諸佛坐寶樹下師子座上者及多寶佛并
上行等无邊阿僧祇菩薩大衆舍利弗等聲
聞四衆及一切世間天人阿脩羅等聞佛所
說皆大歡喜

BD15118號　妙法蓮華經（八卷本）卷七　（20–5）

身諸佛坐寶樹下師子座上者及多寶佛并
上行等无邊阿僧祇菩薩大衆舍利弗等聲
聞四衆及一切世間天人阿脩羅等聞佛所
說皆大歡喜

妙法蓮華藥王菩薩本事品第廿三

尒時宿王華菩薩白佛言世尊藥王菩薩云
何遊於娑婆世界世尊是藥王菩薩有若干
百千万億那由他難行苦行善哉世尊願少
解說諸天龍神夜叉乾闥婆阿脩羅迦樓羅
緊那羅摩睺羅伽人非人等又他國土諸來
菩薩及此聲聞衆聞皆歡喜尒時佛告宿王
華菩薩乃往過去无量恒河沙劫有佛号日
月淨明德如來應供正遍知明行足善逝世
間解无上士調御丈夫天人師佛世尊其佛
有八十億大菩薩摩訶薩七十二恒河沙大
聲聞衆佛壽四万二千劫菩薩壽命亦等彼
國无有女人地獄餓鬼畜生阿脩羅等及以
諸難地平如掌瑠璃所成寶樹莊嚴寶帳覆
上垂寶華幡寶瓶香鑪周遍國界七寶為臺
一樹一臺其樹去臺盡一箭道此諸寶樹皆
有菩薩聲聞而坐其下諸寶臺上各有百億
諸天作天伎樂歌嘆於佛以為供養尒時彼
佛為一切衆生喜見菩薩及衆菩薩諸聲聞
衆說法華經是一切衆生喜見菩薩樂習苦
行於日月淨明德佛法中精進經行一心求

BD15118號　妙法蓮華經（八卷本）卷七　（20–6）

諸天作天伎樂歌嘆於佛以為供養尒時彼
佛為一切衆生喜見菩薩及衆菩薩諸聲聞
衆說法華經是一切衆生喜見菩薩樂習苦
行於日月淨明德佛法中精進經行一心求
佛滿万二千歲已得現一切色身三昧得此
三昧已心大歡喜即作念言我得現一切色
身三昧皆是得聞法華經力我今當供養日
月淨明德佛及法華經即時入是三昧於虗
空中雨曼陁羅華摩訶曼陁羅華細抹堅黑
栴檀滿虗空中如雲而下又雨海此岸栴檀
之香此香六銖價直娑婆世界以供養佛作
是供養已從三昧起而自念言我雖以神力
供養於佛不如以身供養即服諸香栴檀薰
陸兜樓婆畢力迦沉水膠香又飲瞻蔔諸華
香油滿千二百歲已香油塗身於日月淨明
德佛前以天寶衣而自纏身灌諸香油以神
通力願而自然身光明遍照八十億恒河沙
世界其中諸佛同時讚言善哉善哉善男子
是真精進是名真法供養如來若以華香瓔
珞燒香抹香塗香天繒幡蓋及海此岸栴檀
之香如是等種種諸物供養所不能及假使
國城妻子布施亦所不及善男子是名第一
之施於諸施中最尊最上以法供養諸如來
故作是諸已而各嘿然其身火然千二百歲
過是已後其身乃盡一切衆生喜見菩薩作

BD15118號　妙法蓮華經（八卷本）卷七　（20–7）

之香如是等種種諸物供養所不能及假使
國城妻子布施亦所不及善男子是名第一
之施於諸施中最尊最上以法供養諸如來
故作是諸已而各嘿然其身火然千二百歲
過是已後其身乃盡一切衆生喜見菩薩作
如是法供養已命終之後復生日月淨明德
佛國中於淨德王家結加趺坐忽然化生即
為其父而說偈言
大王今當知　我經行彼處　即時得一切　現諸身三昧
懃行大精進　捨所愛之身
說是偈已而白父言日月淨明德佛今故現
在我先供養佛已得解一切衆生語言陁羅
尼復聞是法華經八百千万億那由他甄迦
羅頻婆羅阿閦婆等偈大王我今當還供養
此佛白已即坐七寶之臺上昇虗空高七多
羅樹往到佛所頭面禮足合十指爪以偈讚
佛
容顔甚奇妙　光明照十方　我適曾供養　今復還親覲
尒時一切衆生喜見菩薩說是偈已而白佛
言世尊世尊猶故在世尒時日月淨明德佛
告一切衆生喜見菩薩善男子我涅槃時到
滅盡時至汝可安施牀座我於今夜當般涅
槃又勅一切衆生喜見菩薩善男子我以佛
法囑累於汝及諸菩薩大弟子并阿耨多羅
三藐三菩提法亦以三千大千七寶世界諸

BD15118號　妙法蓮華經（八卷本）卷七　（20–8）

槃又勑一切衆生喜見菩薩善男子我以佛
法囑累於汝及諸菩薩大弟子并阿耨多羅
三藐三菩提法亦以三千大千七寶世界諸
寶樹寶臺及給侍諸天悉付於汝我滅度後
所有舍利亦付囑汝當令流布廣設供養應
起若干千塔如是日月淨明德佛勑一切衆
生喜見菩薩已於夜後分入於涅槃尒時一
切衆生喜見菩薩見佛滅度悲感懊惱戀慕
於佛即以海此岸栴檀為積供養佛身而以
燒之火滅已後收取舍利作八万四千寶瓶
以起八万四千塔高三世界表刹莊嚴垂諸
幡蓋懸衆寶鈴尒時一切衆生喜見菩薩復
自念言我雖作是供養心猶未足我今當更
供養舍利使語諸菩薩大弟子及天龍夜叉
等一切大衆汝等當一心念我今供養日月
淨明德佛舍利作是語已即於八万四千塔
前然百福莊嚴臂七万二千歲而以供養令
无數求聲聞衆无量阿僧祇人發阿耨多羅
三藐三菩提心皆使得住現一切色身三昧
尒時諸菩薩天人阿脩羅等見其无臂憂惱
悲哀而作是言此一切衆生喜見菩薩是我
等師教化我者而今燒臂身不具足于時一
切衆生喜見菩薩於大衆中立此誓言我捨
兩臂必當得佛金色之身若實不虛令我兩
臂還復如故作是誓已自然還復由斯菩薩

BD15118號　妙法蓮華經（八卷本）卷七

（20–9）

等師教化我者而今燒臂身不具足于時一
切衆生喜見菩薩於大衆中立此誓言我捨
兩臂必當得佛金色之身若實不虛令我兩
臂還復如故作是誓已自然還復由斯菩薩
福德智慧淳厚所致當尒之時三千大千世
界六種震動天雨寶華一切人天得未曾有
佛告宿王華菩薩於汝意云何一切衆生喜
見菩薩豈異人乎今藥王菩薩是也其所捨
身布施如是无量百千万億那由他數宿王
華若有發心欲得阿耨多羅三藐三菩提者
能然手指乃至足一指供養佛塔勝以國城
妻子及三千大千國土山林河池諸珍寶物
而供養者若復有人以七寶滿三千大千世
界供養於佛及大菩薩辟支佛阿羅漢是人
所得功德不如受持此法華經乃至一四句
偈其福最多宿王華譬如一切川流江河諸
水之中海為第一此法華經亦復如是於諸
如來所說經中最為深大又如土山黑山小
鐵圍山大鐵圍山及十寶山衆山之中須彌
山為第一此法華經亦復如是於諸經中最
為其上又如衆星之中月天子最為第一此
法華經亦復如是於千万億種諸經法中最
為照明又如日天子能除諸闇此經亦復如
是能破一切不善之闇又如諸小王中轉輪
聖王最為第一此經亦復如是於衆經中最

BD15118號　妙法蓮華經（八卷本）卷七

（20–10）

法華經亦復如是於千万億種諸經法中㝡
為照明又如日天子能除諸暗此經亦復如
是能破一切不善之暗又如諸小王中轉輪
聖王㝡為第一此經亦復如是於衆經中㝡
為其尊又如帝釋於三十三天中王此經亦
復如是諸經中王又如大梵天王一切衆生
之父此經亦復如是一切賢聖學无學及發
菩薩心者之父又如一切凡夫人中須陁洹
斯陁含阿那含阿羅漢辟支佛為第一此經
亦復如是一切如來所說若菩薩所說若聲
聞所說諸經法中㝡為第一有能受持是經
典者亦復如是於一切衆生中亦為第一一
切聲聞辟支佛中菩薩為第一此經亦復如
是於一切諸經法中㝡為第一如佛為諸法
王此經亦復如是諸經中王宿王華此經能
救一切衆生者此經能令一切衆生離諸苦
惱此經能大饒益一切衆生充滿其願如清
涼池能滿一切諸渴乏者如寒者得火如裸
者得衣如商人得主如子得母如渡得船如
病得醫如暗得燈如貧得寶如民得王如賈
客得海如炬除暗此法華經亦復如是能令
衆生離一切苦一切病痛能解一切生死之
縛若人得聞此法華經若自書若使人書所
得功德以佛智慧籌量多少不得其邊若書
是經卷華香瓔珞燒香抹香塗香幡蓋衣服

BD15118號　妙法蓮華經（八卷本）卷七　（20–11）

客得海如炬除暗此法華經亦復如是能令
衆生離一切苦一切病痛能解一切生死之
縛若人得聞此法華經若自書若使人書所
得功德以佛智慧籌量多少不得其邊若書
是經卷華香瓔珞燒香抹香塗香幡蓋衣服
種種之燈蘇燈油燈諸香油燈瞻蔔油燈須
曼那油燈波羅羅油燈婆利師迦油燈那婆
摩利油燈供養所得功德亦復无量宿王華
若有人聞是藥王菩薩本事品者亦得无量
无邊功德若有女人聞是藥王菩薩本事品
能受持者盡是女身後不復受若如來滅後
後五百歲中若有女人聞是經典如說脩行
於此命終即往安樂世界阿弥陁佛大菩薩
衆圍繞住處生蓮華中寶座之上不復為貪
欲所惱亦復不為瞋恚愚癡所惱亦復不為
憍慢嫉妬諸垢所惱得菩薩神通无生法忍
得是忍已眼根清淨以是清淨眼根見七百
万二千億那由他恒河沙等諸佛如來是時
諸佛遥共讚言善哉善哉善男子汝能於釋
迦牟尼佛法中受持讀誦思惟是經為他人
說所得福德无量无邊火不能焚水不能漂
汝之功德千佛共說不能令盡汝今已能破
諸魔賊壞生死軍諸餘怨敵皆悉摧滅善男
子百千諸佛以神通力共守護汝於一切世
間天人之中无如汝者唯除如來其諸聲聞
辟支佛乃至菩薩智慧禪定无有與汝等者

BD15118號　妙法蓮華經（八卷本）卷七　（20–12）

諸魔賊壞生死軍諸餘怨敵皆悉摧滅善男
子百千諸佛以神通力共守護汝於一切世
間天人之中无如汝者唯除如來其諸聲聞
辟支佛乃至菩薩智慧禪定无有與汝等者
宿王華此菩薩成就如是功德智慧之力若
有人聞是藥王菩薩本事品能隨喜讚善者
是人現世口中常出青蓮華香身毛孔中常
出牛頭栴檀之香所得功德如上所說是故
宿王華以此藥王菩薩本事品囑累於汝我
滅度後後五百歲中廣宣流布於閻浮提无
令斷絕惡魔魔民諸天龍夜叉鳩槃荼等得
其便也宿王華汝當以神通之力守護是經
所以者何此經則為閻浮提人病之良藥若
人有病得聞是經病即消滅不老不死宿王
華汝若見有受持是經者應以青蓮華盛滿
粖香供散其上散已作是念言此人不久必
當取草坐於道場破諸魔軍當吹法螺擊大
法鼓度脫一切衆生老病死海是故求佛道
者見有受持是經典人應當如是生恭敬心
說是藥王菩薩本事品時八万四千菩薩得
解一切衆生語言陁羅尼多寶如來於寶塔
中讚宿王華菩薩言善哉善哉宿王華汝成
就不可思議功德乃能問釋迦牟尼佛如此
之事利益无量一切衆生
妙法蓮華經妙音菩薩品第廿四

BD15118號　妙法蓮華經（八卷本）卷七　（20–13）

解一切衆生語言陁羅尼多寶如來於寶塔
中讚宿王華菩薩言善哉善哉宿王華汝成
就不可思議功德乃能問釋迦牟尼佛如此
之事利益无量一切衆生
妙法蓮華經妙音菩薩品第廿四
尒時釋迦牟尼佛放大人相肉髻光明及放
眉間白毫相光遍照東方百八万億那由他
恒河沙等諸佛世界過是數已有世界名淨
光莊嚴其國有佛号淨華宿王智如來應供
正遍知明行足善逝世間解无上士調御丈
夫天人師佛世尊為无量无邊菩薩大衆恭
敬圍繞而為說法釋迦牟尼佛白毫光明遍
照其國尒時一切淨光莊嚴國中有一菩薩
名曰妙音久已殖衆德本供養親近无量百
千万億諸佛而悉成就甚深智慧得妙幢相
三昧法華三昧淨德三昧宿王戲三昧无緣
三昧智印三昧解一切衆生語言三昧集一
切功德三昧清淨三昧神通遊戲三昧慧炬
三昧莊嚴王三昧淨光明三昧淨藏三昧不
共三昧日旋三昧得如是等百千万億恒河
沙等諸大三昧釋迦牟尼佛光照其身即白
淨華宿王智佛言世尊我當往詣娑婆世界
禮拜親近供養釋迦牟尼佛及見文殊師利
法王子菩薩藥王菩薩勇施菩薩宿王華菩
薩上行意菩薩莊嚴王菩薩藥上菩薩尒時

BD15118號　妙法蓮華經（八卷本）卷七　（20–14）

淨華宿王智佛言世尊我當往詣娑婆世界
礼拜親近供養釋迦牟尼佛及見文殊師利
法王子菩薩藥王菩薩勇施菩薩宿王華菩
薩上行意菩薩莊嚴王菩薩藥上菩薩尒時
淨華宿王智佛告妙音菩薩汝莫輕彼國生
下劣想善男子彼娑婆世界高下不平土石
諸山穢悪充滿佛身卑小諸菩薩衆其形亦
小而汝身四万二千由旬我身六百八十万
由旬汝身第一端正百千万福光明殊妙是
故汝往莫輕彼國若佛菩薩及國土生下劣
想妙音菩薩白其佛言世尊我今詣娑婆世
界皆是如来之力如来神通遊戲如来功德
智慧莊嚴於是妙音菩薩不起于座身不動
揺而入三昧以三昧力於耆闍崛山去法座
不遠化作八万四千衆寶蓮華閻浮檀金為
茎白銀為葉金剛為鬚甄叔迦寶以為其臺
尒時文殊師利法王子見是蓮華而白佛言
世尊是何因緣先現此瑞有若千千万蓮華
閻浮檀金為茎白銀為葉金剛為鬚甄叔迦
寶以為其臺尒時釋迦牟尼佛告文殊師利
是妙音菩薩摩訶薩欲從淨華宿王智佛國
與八万四千菩薩圍繞而来至此娑婆世界
供養親近礼拜於我亦欲供養聽法華經文
殊師利白佛言世尊是菩薩種何善本脩何
功德而能有是大神通力行何三昧願為我

與八万四千菩薩圍繞而来至此娑婆世界
供養親近礼拜於我亦欲供養聽法華經文
殊師利白佛言世尊是菩薩種何善本脩何
功德而能有是大神通力行何三昧願為我
等說是三昧名字我等亦欲勤脩行之行此
三昧乃能見是菩薩色相大小威儀進止唯
願世尊以神通力彼菩薩来令我得見尒時
釋迦牟尼佛告文殊師利此久滅度多寶如
来當為汝等而現其相時多寶佛告彼菩薩
善男子来文殊師利法王子欲見汝身于時
妙音菩薩於彼國沒與八万四千菩薩俱共
發来所經諸國六種震動皆悉雨於七寶蓮
華百千天樂不鼓自鳴是菩薩目如廣大青
蓮華葉正使和合百千万月其面貌端正復
過於此身真金色无量百千功德莊嚴威德
熾盛光明照曜諸相具足如那羅延堅固之
身入七寶臺上昇虛空去地七多羅樹諸菩
薩衆恭敬圍繞而来詣此娑婆世界耆闍崛
山到已下七寶臺以價直百千瓔珞持至釋
迦牟尼佛所頭面礼足奉上瓔珞而白佛言
世尊淨華宿王智佛問訊世尊少病少惱起
居輕利安樂行不四大調和不世事可忍不
衆生易度不多貪欲瞋恚愚癡嫉妬慳慢
不无不孝父母不敬沙門邪見不善心不攝
五情不世尊衆生能降伏諸魔怨不久滅度

居輕利安樂行不四大調和不世事可忍不
衆生易度无不多貪欲瞋恚愚癡嫉妬慳慢
不无不孝父母不敬沙門耶見不善心不攝
五情不世尊衆生能降伏諸魔怨不久滅度
多寶如来在七寶塔中来聽法不又問訊多
寶如来安隱少惱堪忍久住不世尊我今欲
見多寶佛身唯願世尊示我令見尒時釋迦
牟尼佛語多寶佛是妙音菩薩欲得相見時
多寶佛告妙音言善哉善哉汝能為供養釋
迦牟尼佛及聽法華經并見文殊師利等故
来至此尒時華德菩薩白佛言世尊是妙音
菩薩種何善根脩何功德有是神力佛告華
德菩薩過去有佛名雲雷音王多陁阿伽度
阿羅呵三藐三佛陁國名現一切世間劫名
憙見妙音菩薩於万二千歳以十万種伎樂
供養雲雷音王佛并奉上八万四千七寶鉢
以是因緣果報今生淨華宿王智佛國有是
神力華德於汝意云何尒時雲雷音王佛所
妙音菩薩伎樂供養奉上寶器者豈異人乎
今此妙音菩薩摩訶薩是華德是妙音菩薩
已曾供養親近无量諸佛久植德本又值恒
河沙等百千万億那由他佛華德汝但見妙
音菩薩其身在此而是菩薩現種種身處處
為諸衆生說是經典或現梵王身或現帝釋
身或現自在天身大自在天身或現天大將

河沙等百千万億那由他佛華德汝但見妙
音菩薩其身在此而是菩薩現種種身處處
為諸衆生說是經典或現梵王身或現帝釋
身或現自在天身大自在天身或現天大將
軍身或現毗沙門天王身或現轉輪聖王身
或現諸小王身或現長者身或現居士身或
現宰官身或現婆羅門身或現比丘比丘尼
優婆塞優婆夷身或現長者居士婦女身或
現宰官婦女身或現婆羅門婦女身或現童
男童女身或現天龍夜叉乾闥婆阿脩羅迦
樓羅緊那羅摩睺羅伽人非人等身而說是
經諸有地獄餓鬼畜生及衆難處皆能救濟
乃至於王後宮變為女身而說是經華德是
妙音菩薩能救護娑婆世界諸衆生者是妙
音菩薩如是種種變化現身在此娑婆國土
為諸衆生說是經典於神通變化智慧无所
損減是菩薩以若干智慧明照娑婆世界令
一切衆生各得所知於十方恒河沙世界中
亦復如是若應以聲聞形得度者現聲聞形
而為說法應以辟支佛形得度者現辟支佛
形而為說法應以菩薩形得度者現菩薩形
而為說法應以佛形得度者即現佛形而為
說法如是種種隨所應度而為現形乃至應
以滅度而得度者示現滅度華德妙音菩薩
摩訶薩成就大神通智慧之力其事如是尒

而為說法應以辟支佛形得度者現辟支佛
形而為說法應以菩薩形得度者現菩薩形
而為說法應以佛形得度者即現佛形而為
說法如是種種隨所應度而為現形乃至應
以滅度而得度者示現滅度華德妙音菩薩
摩訶薩成就大神通智慧之力其事如是尒
時華德菩薩白佛言世尊是妙音菩薩深種
善根世尊是菩薩住何三昧而能如是在所
變現度脫衆生佛告華德菩薩善男子其三
昧名現一切色身妙音菩薩住是三昧中能
如是饒益无量衆生說是妙音菩薩品時與
妙音菩薩俱來者八万四千人皆得現一切
色身三昧此娑婆世界无量菩薩亦得是三
昧及陁羅尼尒時妙音菩薩摩訶薩供養釋
迦牟尼佛及多寶佛塔已還歸本土所經諸
國六種震動雨寶蓮華作百千万億種種伎
樂既到本國與八万四千菩薩圍遶至淨華
宿王智佛所白佛言世尊我到娑婆世界饒
益衆生見釋迦牟尼佛及見多寶佛塔礼拜
供養又見文殊師利法王子菩薩及見藥王
菩薩得勤精進力菩薩勇施菩薩等亦令是
八万四千菩薩得現一切色身三昧說是妙
音菩薩來往品時四万二千天子得无生法
忍華德菩薩得法華三昧

BD15118號　妙法蓮華經（八卷本）卷七　（20-19）

迦牟尼佛及多寶佛塔已還歸本土所經諸
國六種震動雨寶蓮華作百千万億種種伎
樂既到本國與八万四千菩薩圍遶至淨華
宿王智佛所白佛言世尊我到娑婆世界饒
益衆生見釋迦牟尼佛及見多寶佛塔礼拜
供養又見文殊師利法王子菩薩及見藥王
菩薩得勤精進力菩薩勇施菩薩等亦令是
八万四千菩薩得現一切色身三昧說是妙
音菩薩來往品時四万二千天子得无生法
忍華德菩薩得法華三昧

妙法蓮華經卷第七

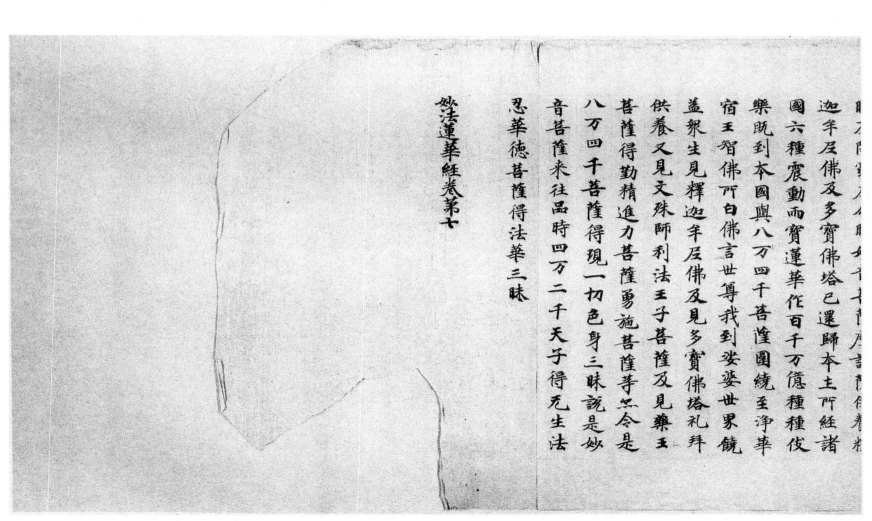

BD15118號　妙法蓮華經（八卷本）卷七　（20-20）

BD15119 號背　護首　　（1–1）

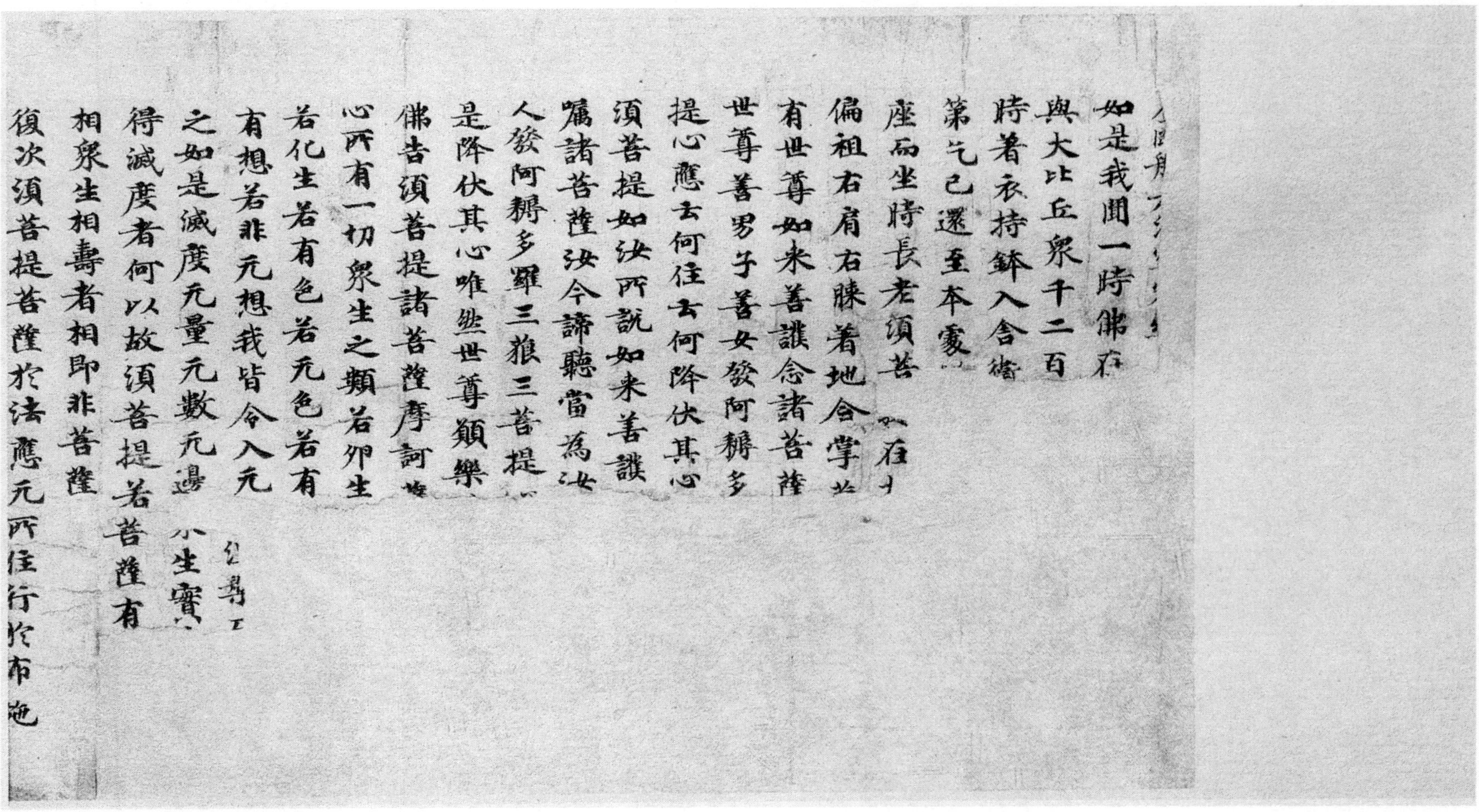

如是我聞一時佛在
與大比丘衆千二百
時着衣持鉢入舍衛
第乞已還至本處
座而坐時長老須菩
如在
偏袒右肩右膝着地合掌恭
有世尊如來善護念諸菩薩
世尊善男子善女發阿耨多
提心應云何住云何降伏其心
須菩提如汝所說如來善護
囑諸菩薩汝今諦聽當為汝
人發阿耨多羅三藐三菩提
是降伏其心唯然世尊願樂
佛告須菩提諸菩薩摩訶
心所有一切衆生之類若卵生
若化生若有色若无色若有
有想若非无想我皆令入无
之如是滅度无量无數无邊
不生實
得滅度者何以故須菩提若菩薩有
相衆生相壽者相即非菩薩
復次須菩提菩薩於法應无所住行於布施

BD15119 號　金剛般若波羅蜜經　　（15–1）

有想若非无想我皆令入无
之如是滅度无量无數无邊衆生實
得滅度者何以故須菩提若菩薩有
相衆生相壽者相即非菩薩
復次須菩提菩薩於法應无所住行於布施
所謂不住色布施不住聲香味觸法布施須
菩提菩薩應如是布施不住於相何以故若
菩薩不住相布施其福德不可思量須菩提
於意云何東方虛空可思量不不也世尊須菩
提南西北方四維上下虛空可思量不不也世
尊須菩提菩薩无住相布施福德亦復如是
不可思量須菩提菩薩但應如所教住須菩
提於意云何可以身相見如來不不也世尊
不可以身相得見如來何以故如來所說身
相即非身相佛告須菩提凡所有相皆是
虛妄若見諸相非相則見如來須菩提白佛
言世尊頗有衆生得聞如是言說章句生實
信不佛告須菩提莫作是說如來滅後後五
百歲有持戒脩福者於此章句能生信心以
此為實當知是人不於一佛二佛三四五佛而
種善根已於无量千万佛所種諸善根聞
是章句乃至一念生淨信者須菩提如來
悉知悉見是諸衆生得如是无量福德何以
故是諸衆生无復我相人相衆生相壽者相
无法相亦无非法相何以故是諸衆生若心
取相則為著我人衆生壽者若取法相即著

BD15119 號　金剛般若波羅蜜經　（15–2）

悉知悉見是諸衆生得如是无量福德何以
故是諸衆生无復我相人相衆生相壽者相
无法相亦无非法相何以故是諸衆生若心
取相則為著我人衆生壽者若取法相即著
我人衆生壽者何以故若取非法相即著我
人衆生壽者是故不應取法不應取非法以
是義故如來常說汝等比丘知我說法如筏
喻者法尚應捨何況非法
須菩提於意云何如來得阿耨多羅三藐三
菩提耶如來有所說法耶須菩提言如我解
佛所說義无有定法名阿耨多羅三藐三菩
提亦无有定法如來可說何以故如來所說
法皆不可取不可說非法非非法所以者何
一切賢聖皆以无為法而有差別須菩提於
意云何若人滿三千大千世界七寶以用布
施是人所得福德寧為多不須菩提言甚多
世尊何以故是福德即非福德性是故如來
說福德多若復有人於此經中受持乃至四
句偈等為他人說其福勝彼何以故須菩提
一切諸佛及諸佛阿耨多羅三藐三菩提法
皆從此經出須菩提所謂佛法者即非佛法
須菩提於意云何須陀洹能作是念我得須
陀洹果不須菩提言不也世尊何以故須陀洹
名為入流而无所入不入色聲香味觸法是
名須陀洹須菩提於意云何斯陀含能作
是念我得斯陀含果不須菩提言不也世尊

BD15119 號　金剛般若波羅蜜經　（15–3）

陁洹果不須菩提言不也世尊何以故須陁洹
名為入流而无所入不入色聲香味觸法是
名須陁洹須菩提於意云何斯陁含能作
是念我得斯陁含果不須菩提言不也世尊
何以故斯陁含名一往來而實无往來是名
斯陁含須菩提於意云何阿那含能作是念
我得阿那含果不須菩提言不也世尊何以
故阿那含名為不來而實无來是故名阿那
含須菩提於意云何阿羅漢能作是念我得
阿羅漢道不須菩提言不也世尊何以故實
无有法名阿羅漢世尊若阿羅漢作是念我
得阿羅漢道即為著我人衆生壽者世尊
佛說我得无諍三昧人中最為第一是第一離
欲阿羅漢我不作是念我是離欲阿羅漢世
尊我若作是念我得阿羅漢道世尊則不說須
菩提是樂阿蘭那行者以須菩提實无所行
而名須菩提是樂阿蘭那行
佛告須菩提於意云何如來昔在然燈佛所
於法有所得不世尊如來昔在然燈佛所於法
實无所得須菩提於意云何菩薩莊嚴佛土
不不也世尊何以故莊嚴佛土者則非莊嚴
是名莊嚴是故須菩提諸菩薩摩訶薩應如
是生清淨心不應住色生心不應住聲香味
觸法生心應无所住而生其心須菩提譬如
有人身如須弥山王於意云何是身為大不

BD15119號　金剛般若波羅蜜經　（15–4）

是名莊嚴是故須菩提諸菩薩摩訶薩應如
是生清淨心不應住色生心不應住聲香味
觸法生心應无所住而生其心須菩提譬如
有人身如須弥山王於意云何是身為大不
須菩提言甚大世尊何以故佛說非身是名
大身
須菩提如恒河中所有沙數如是沙等恒河
於意云何是諸恒河沙寧為多不須菩提言
甚多世尊但諸恒河尚多无數何況其沙須
菩提我今實言告汝若有善男子善女人以
七寶滿尒所恒河沙數三千大千世界以用布
施得福多不須菩提言甚多世尊佛告須菩
提若善男子善女人於此經中乃至受持四
句偈等為他人說而此福德勝前福德
復次須菩提隨說是經乃至四句偈等當知
此處一切世間天人阿脩羅皆應供養如佛
塔廟何況有人盡能受持讀誦須菩提當知
是人成就最上第一希有之法若是經典所
在之處則為有佛若尊重弟子
尒時須菩提白佛言世尊當何名此經我等
云何奉持佛告須菩提是經名為金剛般若
波羅蜜以是名字汝當奉持所以者何須菩
提佛說般若波羅蜜則非般若波羅蜜須菩
提於意云何如來有所說法不須菩提白佛
言世尊如來无所說須菩提於意云何三千
大千世界所有微塵是為多不須菩提言甚多

BD15119號　金剛般若波羅蜜經　（15–5）

提佛說般若波羅蜜則非般若波羅蜜須菩
提於意云何如来有所說法不須菩提白佛
言世尊如来无所說須菩提於意云何三千
大千世界所有微塵是為多不須菩提言甚多
世尊須菩提諸微塵如来說非微塵是名
微塵如来說世界非世界是名世界須菩提
於意云何可以三十二相見如来不不也世尊
何以故如来說三十二相即是非相是名三
十二相須菩提若有善男子善女人以恒河
沙等身命布施若復有人於此經中乃至受
持四句偈等為他人說其福甚多
尒時須菩提聞說是經深解義趣涕淚悲泣
而白佛言希有世尊佛說如是甚深經典我
從昔来所得慧眼未曾得聞如是之經世尊
若復有人得聞是經信心清淨則生實相當
知是人成就第一希有功德世尊是實相者
則是非相是故如来說名實相世尊我今得
聞如是經典信解受持不足為難若當來世
後五百歲其有衆生得聞是經信解受持是
人則為第一希有何以故此人无我相人相衆
生相壽者相所以者何我相即是非相人相衆
生相壽者相即是非相何以故離一切諸相
則名諸佛佛告須菩提如是如是若復有
人得聞是經不驚不怖不畏當知是人甚為
希有何以故須菩提如来說第一波羅蜜
非第一波羅蜜是名第一波羅蜜

BD15119號　金剛般若波羅蜜經　(15–6)

生相壽者相即是非相何以故離一切諸相
則名諸佛佛告須菩提如是如是若復有
人得聞是經不驚不怖不畏當知是人甚為
希有何以故須菩提如来說第一波羅蜜
非第一波羅蜜是名第一波羅蜜
須菩提忍辱波羅蜜如来說非忍辱波羅蜜
何以故須菩提如我昔為歌利王割截身體
我於尒時无我相无人相无衆生相无壽者
相何以故我於往昔節節支解時若有我相
人相衆生相壽者相應生瞋恨須菩提又念
過去於五百世作忍辱仙人於尒所世无我
相无人相无衆生相无壽者相是故須菩提
菩薩應離一切相發阿耨多羅三藐三菩
提心不應住色生心不應住聲香味觸法生
心應生无所住心若心有住則為非住是故佛
說菩薩心不應住色布施須菩提菩薩為利
益一切衆生應如是布施如来說一切諸相即
是非相又說一切衆生則非衆生須菩提如
来是真語者實語者如語者不誑語者不
異語者須菩提如来所說法此法无實无
虛須菩提若菩薩心住於法而行布施如人
入闇則无所見若菩薩心不住法而行布施如
人有目日光明照見種種色須菩提當来之
世若有善男子善女人能於此經受持讀誦
則為如来以佛智慧悉知是人悉見是人皆
得成就无量无邊功德

BD15119號　金剛般若波羅蜜經　(15–7)

人有目日光明照見種種色須菩提當來之
世若有善男子善女人能於此經受持讀誦
則為如來以佛智慧悉知是人悉見是人皆
得成就无量无邊功德
須菩提若有善男子善女人初日分以恒河
沙等身布施中日分復以恒河沙等身布施
後日分亦以恒河沙等身布施如是无量百
千万億劫以身布施若復有人聞此經典信
心不逆其福勝彼何況書寫受持讀誦為人
解說須菩提以要言之是經有不可思議不
可稱量无邊功德如來為發大乘者說為發
最上乘者說若有人能受持讀誦廣為人說
如來悉知是人悉見是人皆得成就不可量不
可稱无有邊不可思議功德如是人等則為
荷擔如來阿耨多羅三藐三菩提何以故須
菩提若樂小法者著我見人見衆生見壽者
見則於此經不能聽受讀誦為人解說須
菩提在在處處若有此經一切世間天人阿
脩羅所應供養當知此處則為是塔皆應
恭敬作礼圍繞以諸華香而散其處
復次須菩提若善男子善女人受持讀誦此
經若為人輕賤是人先世罪業應墮惡道以
今世人輕賤故先世罪業則為消滅當得阿
耨多羅三藐三菩提須菩提我念過去无量
阿僧祇劫於然燈佛前得值八百四千万億那

BD15119號　金剛般若波羅蜜經　（15–8）

經若為人輕賤是人先世罪業應墮惡道以
今世人輕賤故先世罪業則為消滅當得阿
耨多羅三藐三菩提須菩提我念過去无量
阿僧祇劫於然燈佛前得值八百四千万億那
由他諸佛悉皆供養承事无空過者若復
有人於後末世能受持讀誦此經所得功德
於我所供養諸佛功德百分不及一千万億
分乃至筭數譬喻所不能及須菩提若善男
子善女人於後末世有受持讀誦此經所得
功德我若具說者或有人聞心則狂亂狐疑
不信須菩提當知是經義不可思議果報亦
不可思議
尒時須菩提白佛言世尊善男子善女人發
阿耨多羅三藐三菩提心云何應住云何降
伏其心佛告須菩提善男子善女人發阿耨多
羅三藐三菩提者當生如是心我應滅度一
切衆生滅度一切衆生已而无有一衆生實
滅度者何以故若菩薩有我相人相衆生
相壽者相則非菩薩所以者何須菩提實无
有法發阿耨多羅三藐三菩提者須菩提於
意云何如來於然燈佛所有法得阿耨多羅
三藐三菩提不不也世尊如我解佛所說義
佛於然燈佛所无有法得阿耨多羅三藐三
菩提佛言如是如是須菩提實无有法如來
得阿耨多羅三藐三菩提須菩提若有法如
來得阿耨多羅三藐三菩提者然燈佛則不

BD15119號　金剛般若波羅蜜經　（15–9）

菩提佛言如是如是須菩提實无有法如來
得阿耨多羅三藐三菩提須菩提若有法如
來得阿耨多羅三藐三菩提者然燈佛則不
與我受記汝於來世當得作佛号釋迦牟尼
以實无有法得阿耨多羅三藐三菩提是故
然燈佛與我受記作是言汝於來世當得作
佛号釋迦牟尼何以故如來者即諸法如義若
有人言如來得阿耨多羅三藐三菩提須菩
提實无有法佛得阿耨多羅三藐三菩提
須菩提如來所得阿耨多羅三藐三菩提於
是中无實无虛是故如來說一切法皆是佛
法須菩提所言一切法者即非一切法是故名
一切法
須菩提譬如人身長大須菩提言世尊如來
說人身長大則非大身是名大身須菩提
菩薩亦如是若作是言我當滅度无量衆生則
不名菩薩何以故須菩提實无有法名為菩
薩是故佛說一切法无我无人无衆生无壽者
須菩提若菩薩作是言我當莊嚴佛土是不
名菩薩何以故如來說莊嚴佛土者即非莊
嚴是名莊嚴須菩提若菩薩通達无我法
者如來說名真是菩薩
須菩提於意云何如來有肉眼不如是世尊如
來有肉眼須菩提於意云何如來有天眼不如
是世尊如來有天眼須菩提於意云何如
來有慧眼不如是世尊如來有慧眼須菩

BD15119號　金剛般若波羅蜜經　（15–10）

嚴是名莊嚴須菩提若菩薩通達无我法
者如來說名真是菩薩
須菩提於意云何如來有肉眼不如是世尊如
來有肉眼須菩提於意云何如來有天眼不如
是世尊如來有天眼須菩提於意云何如
來有慧眼不如是世尊如來有慧眼須菩
提於意云何如來有法眼不如是世尊如來
有法眼須菩提於意云何如來有佛眼不如
是世尊如來有佛眼須菩提於意云何恒河
中所有沙佛說是沙不如是世尊如來說是沙
須菩提於意云何如一恒河中所有沙有如
是等恒河是諸恒河所有沙數佛世界如是
寧為多不甚多世尊佛告須菩提尒所國土
中所有衆生若干種心如來悉知何以故如
來說諸心皆為非心是名為心所以者何須菩
提過去心不可得現在心不可得未來心不可
得
須菩提於意云何若有人滿三千大千世界
七寶以用布施是人以是因緣得福多不如
是世尊此人以是因緣得福甚多須菩提若
福德有實如來不說得福德多以福德无
故如來說得福德多
須菩提於意云何佛可以具足色身見不不
也世尊如來不應以色身見何以故如來說
具足色身即非具足色身是名具足色身須
菩提於意云何如來可以具足諸相見不不

BD15119號　金剛般若波羅蜜經　（15–11）

故如來說得福德多
須菩提於意云何佛可以具足色身見不不
也世尊如來不應以色身見何以故如來說
具足色身即非具足色身是名具足色身須
菩提於意云何如來可以具足諸相見不不
也世尊如來不應以具足諸相見何以故如來
說諸相具足即非具足是名諸相具足須菩提
汝勿謂如來作是念我當有所說法莫作是
念何以故若人言如來有所說法即為謗佛
不能解我所說故須菩提說法者无法可說
是名說法
須菩提白佛言尊佛得阿耨多羅三藐三
菩提為无所得耶如是如是須菩提我於阿
耨多羅三藐三菩提乃至无有少法可得是
名阿耨多羅三藐三菩提復次須菩提是法
平等无有高下是名阿耨多羅三藐三菩提
以无我无人无衆生无壽者脩一切善法則得
阿耨多羅三藐三菩提須菩提所言善法
者如來說非善法是名善法
須菩提若三千大千世界中所有諸須弥山
王如是等七寶聚有人持用布施若人以此
般若波羅蜜經乃至四句偈等受持為他人
說於前福德百分不及一百千万億分乃至
筭數譬喻所不能及
須菩提於意云何汝等勿謂如來作是念我

BD15119號　金剛般若波羅蜜經　（15–12）

王如是等七寶聚有人持用布施若人以此
般若波羅蜜經乃至四句偈等受持為他人
說於前福德百分不及一百千万億分乃至
筭數譬喻所不能及
須菩提於意云何汝等勿謂如來作是念我
當度衆生須菩提莫作是念何以故實无有
衆生如來度者若有衆生如來度者如來則
有我人衆生壽者須菩提如來說有我者則
非有我而凡夫之人以為有我須菩提凡夫者
如來說則非凡夫須菩提於意云何可以三十
二相觀如來不須菩提言如是如是不以三十
二相觀如來佛言須菩提若以三十二相觀
如來者轉輪聖王則是如來須菩提白佛言
世尊如我解佛所說義不應以三十二相觀
如來尒時世尊而說偈言
若以色見我　以音聲求我　是人行邪道　不能見如來
須菩提汝若作是念如來不以具足相故得
阿耨多羅三藐三菩提須菩提莫作是念如
來不以具足相故得阿耨多羅三藐三菩提
須菩提汝若作是念發阿耨多羅三藐三菩
提者說諸法斷滅相莫作是念何以故發阿
耨多羅三藐三菩提者於法不說斷滅相須
菩提若菩薩以滿恒河沙等世界七寶布施
若復有人知一切法无我得成於忍此菩薩
勝前菩薩所得功德須菩提以諸菩薩不受
福德故須菩提白佛言世尊云何菩薩不受

BD15119號　金剛般若波羅蜜經　（15–13）

耨多羅三藐三菩提者於法不說斷滅相須
菩提若菩薩以滿恒河沙等世界七寶布施
若復有人知一切法无我得成於忍此菩薩
勝前菩薩所得功德須菩提以諸菩薩不受
福德故須菩提白佛言世尊云何菩薩不受
福德須菩提菩薩所作福德不應貪著是
故說不受福德
須菩提若有人言如來若來若去若坐若卧
是人不解我所說義何以故如來者无所從
來亦无所去故名如來
須菩提若善男子善女人以三千大千世界
碎為微塵於意云何是微塵衆寧為多不甚
多世尊何以故若是微塵衆實有者佛則不
說是微塵衆所以者何佛說微塵衆則非微
塵衆是名微塵衆世尊如來所說三千大千
世界則非世界是名世界何以故若世界實有
者則是一合相如來說一合相則非一合相是
名一合相須菩提一合相者則是不可說
但凡夫之人貪著其事須菩提若人言佛
說我見人見衆生見壽者見須菩提於意云
何是人解我所說義不世尊是人不解如來所
說義何以故世尊說我見人見衆生見壽者見
即非我見人見衆生見壽者見是名我見
人見衆生見壽者見須菩提發阿耨多羅
三藐三菩提心者於一切法應如是知如是
見如是信解不生法相須菩提所言法相者如

BD15119號　金剛般若波羅蜜經　（15–14）

說義何以故世尊說我見人見衆生見壽者見
即非我見人見衆生見壽者見是名我見
人見衆生見壽者見須菩提發阿耨多羅
三藐三菩提心者於一切法應如是知如是
見如是信解不生法相須菩提所言法相者如
來說即非法相是名法相
須菩提若有人以滿无量阿僧祇世界七寶
持用布施若有善男子善女人發菩薩心者
持於此經乃至四句偈等受持讀誦為人演
說其福勝彼云何為人演說不取於相如如
不動何以故
一切有為法　如夢幻泡影　如露亦如電　應作如是觀
佛說是經已長老須菩提及諸比丘比丘尼
優婆塞優婆夷一切世間天人阿脩羅聞佛
所說皆大歡喜信受奉行
金剛般若波羅蜜經

BD15119號　金剛般若波羅蜜經　（15–15）

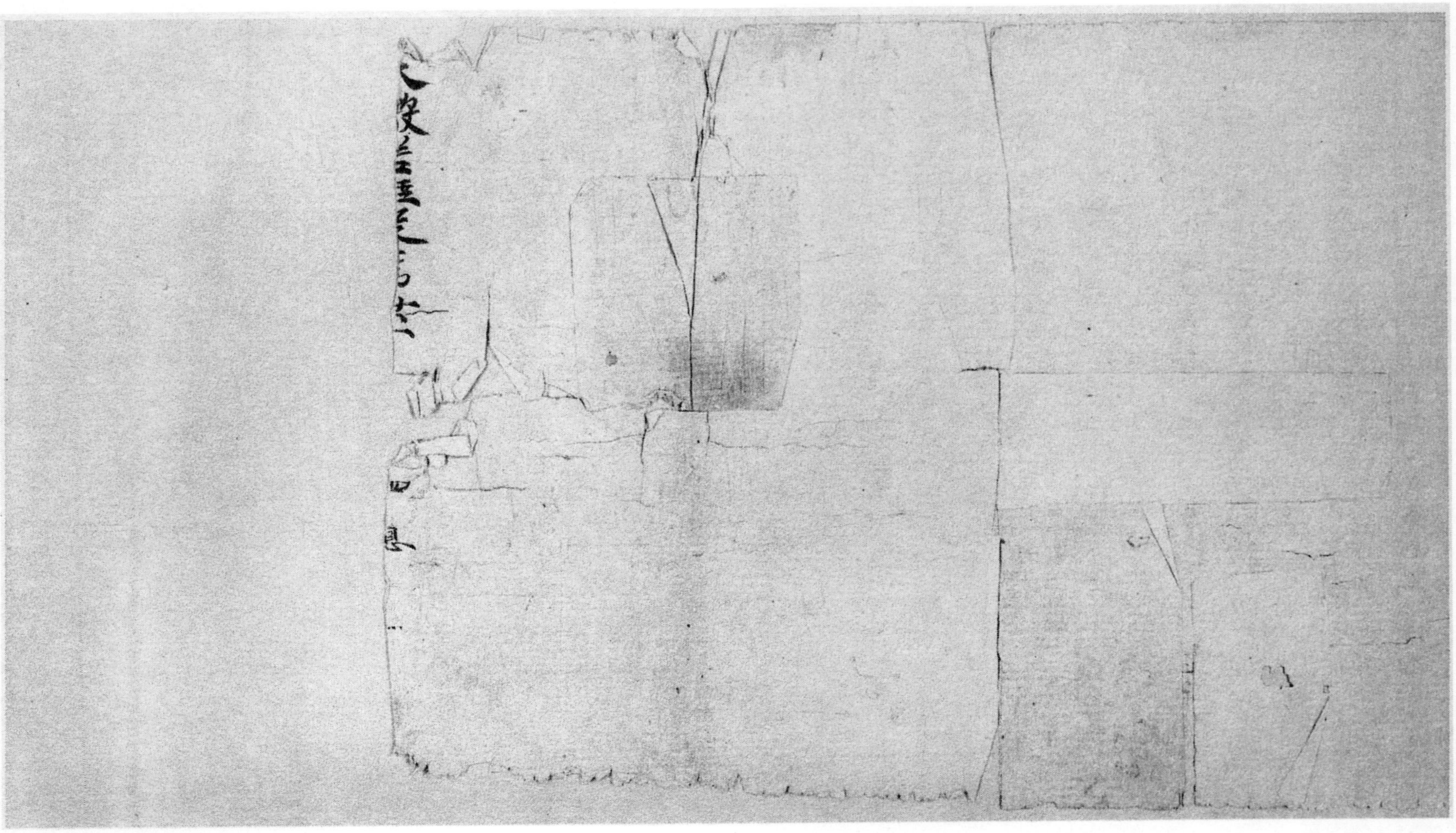

BD15120 號背　護首　（1–1）

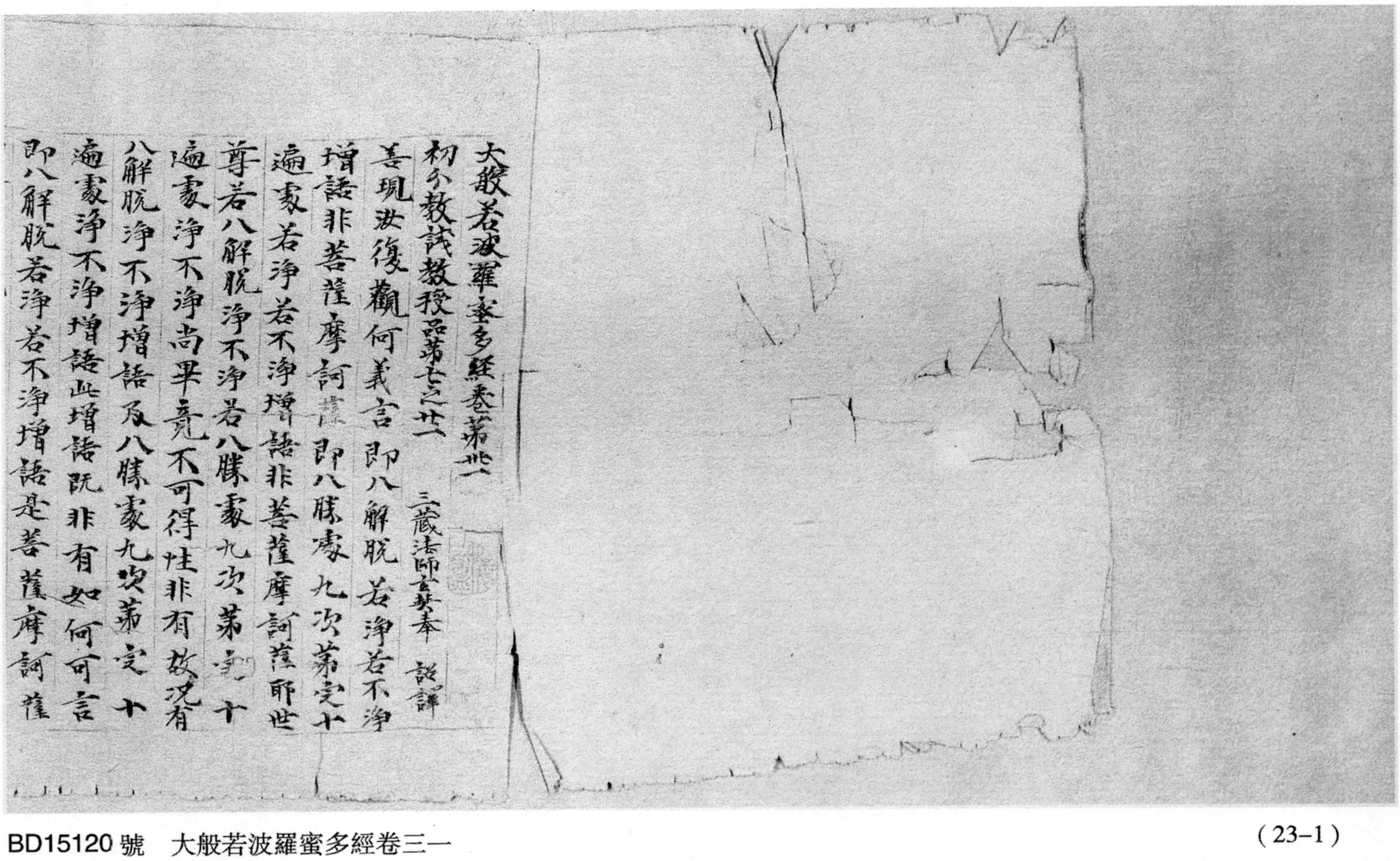

大般若波羅蜜多經卷第卅一　三藏法師玄奘奉　詔譯
初分教誡教授品第七之廿一
善現汝復觀何義言即八解脫若淨若不淨
增語非菩薩摩訶薩即八勝處九次第定十
遍處若淨若不淨增語非菩薩摩訶薩耶世
尊若八解脫淨不淨若八勝處九次第定十
遍處淨不淨尚畢竟不可得性非有故況有
八解脫淨不淨增語及八勝處九次第定十
遍處淨不淨增語此增語既非有如何可言
即八解脫若淨若不淨增語是菩薩摩訶薩

BD15120 號　大般若波羅蜜多經卷三一　（23–1）

遍處若淨若不淨增語非菩薩摩訶薩耶世
尊若八解脫淨不淨若八勝處九次第定十
遍處淨不淨尚畢竟不可得性非有故況有
八解脫淨不淨增語及八勝處九次第定十
遍處淨不淨增語此增語既非有如何可言
即八解脫若淨若不淨增語是菩薩摩訶薩
即八勝處九次第定十遍處若淨若不淨增
語是菩薩摩訶薩善現汝復觀何義言即八
解脫若空若不空增語非菩薩摩訶薩即八
勝處九次第定十遍處若空若不空增語非
菩薩摩訶薩耶世尊若八解脫空不空若八
勝處九次第定十遍處空不空尚畢竟不可
得性非有故況有八解脫空不空增語及八
勝處九次第定十遍處空不空增語此增語
既非有如何可言即八解脫若空若不空增
語是菩薩摩訶薩即八勝處九次第定十遍
處若空若不空增語是菩薩摩訶薩善現汝
復觀何義言即八解脫若有相若無相增語
非菩薩摩訶薩即八勝處九次第定十遍處
若有相若無相增語非菩薩摩訶薩耶世尊
若八解脫有相無相若八勝處九次第定十
遍處有相无相尚畢竟不可得性非有故況
有八解脫有相無相增語及八勝處九次第
定十遍處有相無相增語此增語既非有如
何可言即八解脫若有相若無相增語是菩
薩摩訶薩即八勝處九次第定十遍處若
有相若無相增語是菩薩摩訶薩善現汝復
觀何義言即八解脫若有願若無願增語非

BD15120號　大般若波羅蜜多經卷三一　（23–2）

薩摩訶薩即八勝處九次第定十遍處若
有相若無相增語是菩薩摩訶薩善現汝復
觀何義言即八解脫若有願若無願增語非
菩薩摩訶薩即八勝處九次第定十遍處若有
願若無願增語非菩薩摩訶薩耶世尊若
八解脫有願無願若八勝處九次第定十遍處
有願無願尚畢竟不可得性非有故況有八
解脫有願無願增語及八勝處九次第定十
遍處有願無願增語此增語既非有如何可
言即八解脫若有願若無願增語是菩薩摩
訶薩即八勝處九次第定十遍處若有願若
無願增語是菩薩摩訶薩善現汝復觀何義
言即八解脫若寂靜若不寂靜增語非菩薩
摩訶薩即八勝處九次第定十遍處若寂靜
若不寂靜增語非菩薩摩訶薩耶世尊若八
解脫寂靜不寂靜若八勝處九次第定十遍
處寂靜不寂靜尚畢竟不可得性非有故況
有八解脫寂靜不寂靜增語及八勝處九次
第定十遍處寂靜不寂靜增語此增語既非
有如何可言即八解脫若寂靜若不寂靜增
語是菩薩摩訶薩即八勝處九次第定十遍
處若寂靜若不寂靜增語是菩薩摩訶薩善
現汝復觀何義言即八解脫若遠離若不遠
離增語非菩薩摩訶薩即八勝處九次第定
十遍處若遠離若不遠離增語非菩薩摩訶
薩耶世尊若八解脫遠離不遠離若八勝處
九次第定十遍處遠離不遠離尚畢竟不可
得性非有故況有八解脫遠離不遠離增語

BD15120號　大般若波羅蜜多經卷三一　（23–3）

離增語非菩薩摩訶薩即八勝處九次第定
十遍處若遠離若不遠離增語非菩薩摩訶
薩耶世尊若八解脫遠離不遠離若八勝處
九次第定十遍處遠離不遠離尚畢竟不可
得性非有故況有八解脫遠離不遠離增語
及八勝處九次第定十遍處遠離不遠離增
語此增語既非有如何可言即八解脫若遠
離若不遠離增語是菩薩摩訶薩即八勝處
九次第定十遍處若遠離若不遠離增語是
菩薩摩訶薩善現汝復觀何義言即八解脫
若有為若無為增語非菩薩摩訶薩即八勝
處九次第定十遍處若有為若無為增語非
菩薩摩訶薩耶世尊若八解脫有為無為若
八勝處九次第定十遍處有為無為尚畢竟
不可得性非有故況有八解脫有為無為增
語及八勝處九次第定十遍處有為無為增
語此增語既非有如何可言即八解脫若有
為若無為增語是菩薩摩訶薩即八勝處九
次第定十遍處若有為若無為增語是菩薩
摩訶薩善現汝復觀何義言即八解脫若有
漏若無漏增語非菩薩摩訶薩即八勝處九
次第定十遍處若有漏若無漏增語非菩薩
摩訶薩耶世尊若八解脫有漏無漏若八勝處
九次第定十遍處有漏無漏尚畢竟不可得
性非有故況有八解脫有漏無漏增語及八
勝處九次第定十遍處有漏無漏增語此增
語既非有如何可言即八解脫若有漏若無
漏增語是菩薩摩訶薩即八勝處九次第

BD15120號　大般若波羅蜜多經卷三一　（23–4）

摩訶薩耶世尊若八解脫有漏無漏若八勝處
九次第定十遍處有漏無漏尚畢竟不可得
性非有故況有八解脫有漏無漏增語及八
勝處九次第定十遍處有漏無漏增語此增
語既非有如何可言即八解脫若有漏若無
漏增語是菩薩摩訶薩即八勝處九次第
定十遍處若有漏若無漏增語是菩薩摩
訶薩善現汝復觀何義言即八解脫若生若滅
增語非菩薩摩訶薩即八勝處九次第定十
遍處若生若滅增語非菩薩摩訶薩耶世尊
若八解脫生滅若八勝處九次第定十遍處
生滅尚畢竟不可得性非有故況有八解脫
生滅增語及八勝處九次第定十遍處生滅
增語此增語既非有如何可言即八解脫若
生若滅增語是菩薩摩訶薩即八勝處九次
第定十遍處若生若滅增語是菩薩摩訶薩
善現汝復觀何義言即八解脫若善若非善
增語非菩薩摩訶薩即八勝處九次第定十
遍處若善若非善增語非菩薩摩訶薩耶世
尊若八解脫善非善若八勝處九次第定十
遍處善非善尚畢竟不可得性非有故況有
八解脫善非善增語及八勝處九次第定十
遍處善非善增語此增語既非有如何可言
即八解脫若善若非善增語是菩薩摩訶薩
即八勝處九次第定十遍處若善若非善增
語是菩薩摩訶薩善現汝復觀何義言即八
解脫若有罪若無罪增語非菩薩摩訶薩即
八勝處九次第定十遍處若有罪若無罪增
語非菩薩摩訶薩耶世尊若八解脫有罪無

BD15120號　大般若波羅蜜多經卷三一　（23–5）

即八勝處九次第定十遍處若善若非善增
語是菩薩摩訶薩善現汝復觀何義言即八
解脫若有罪若無罪增語非菩薩摩訶薩即
八勝處九次第定十遍處若有罪若無罪增
語非菩薩摩訶薩耶世尊若八解脫有罪無
罪若八勝處九次第定十遍處有罪無罪尚
畢竟不可得性非有故況有八解脫有罪無
罪增語及八勝處九次第定十遍處有罪無
罪增語此增語既非有如何可言即八解脫
若有罪若無罪增語是菩薩摩訶薩即八勝
處九次第定十遍處若有罪若無罪增語是菩
薩摩訶薩善現汝復觀何義言即八解脫若
有煩惱若無煩惱增語非菩薩摩訶薩即八
勝處九次第定十遍處若有煩惱若無煩惱
增語非菩薩摩訶薩耶世尊若八解脫有煩
惱無煩惱若八勝處九次第定十遍處有煩
惱無煩惱尚畢竟不可得性非有故況有八
解脫有煩惱无煩惱增語及八勝處九次第
定十遍處有煩惱無煩惱增語此增語既非
有如何可言即八解脫若有煩惱若无煩惱
增語是菩薩摩訶薩即八勝處九次第定十
遍處若有煩惱若无煩惱增語是菩薩摩訶
薩善現汝復觀何義言即八解脫若世間若
出世間增語非菩薩摩訶薩即八勝處九次
第定十遍處若世間若出世間增語非菩薩
摩訶薩耶世尊若八解脫世間出世間若
八勝處九次第定十遍處世間出世間尚畢
竟不可得性非有故況有八解脫世間出世

BD15120 號　大般若波羅蜜多經卷三一　（23-6）

出世間增語非菩薩摩訶薩即八勝處九次
第定十遍處若世間若出世間增語非菩薩
摩訶薩耶世尊若八解脫世間出世間若
八勝處九次第定十遍處世間出世間尚畢
竟不可得性非有故況有八解脫世間出世
間增語及八勝處九次第定十遍處世間出
世間增語此增語既非有如何可言即八解
脫若世間若出世間增語是菩薩摩訶薩即
八勝處九次第定十遍處若世間若出世間
增語是菩薩摩訶薩善現汝復觀何義言
即八解脫若雜染若清淨增語非菩薩摩訶薩
即八勝處九次第定十遍處若雜染若清淨
增語非菩薩摩訶薩耶世尊若八解脫雜染
清淨若八勝處九次第定十遍處雜染清淨
尚畢竟不可得性非有故況有八解脫雜染
清淨增語及八勝處九次第定十遍處雜染
清淨增語此增語既非有如何可言即八解
脫若雜染若清淨增語是菩薩摩訶薩即八
勝處九次第定十遍處若雜染若清淨增語
是菩薩摩訶薩善現汝復觀何義言即八解
脫若屬生死若屬涅槃增語非菩薩摩訶薩
即八勝處九次第定十遍處若屬生死若屬
涅槃增語非菩薩摩訶薩耶世尊若八解脫
屬生死屬涅槃若八勝處九次第定十遍處
屬生死屬涅槃尚畢竟不可得性非有故況
有八解脫屬生死屬涅槃增語及八勝處九
次第定十遍處屬生死屬涅槃增語此增語
既非有如何可言即八解脫若屬生死若屬

BD15120 號　大般若波羅蜜多經卷三一　（23-7）

屬生死屬涅槃若八勝處九次第定十遍處
屬生死屬涅槃尚畢竟不可得性非有故況
有八解脫屬生死屬涅槃增語及八勝處九
次第定十遍處屬生死屬涅槃增語此增語
既非有如何可言即八解脫若屬生死若屬
涅槃增語是菩薩摩訶薩即八勝處九次第
定十遍處若屬生死若屬涅槃增語是菩薩
摩訶薩善現汝復觀何義言即八解脫若在
內若在外若在兩間增語非菩薩摩訶薩即
八勝處九次第定十遍處若在內若在外若
在兩間增語非菩薩摩訶薩耶世尊若八解
脫在內在外在兩間若八勝處九次第定十
遍處在內在外在兩間尚畢竟不可得性非
有故況有八解脫在內在外在兩間增語及
八勝處九次第定十遍處在內在外在兩間增
語此增語既非有如何可言即八解脫若在
內若在外若在兩間增語是菩薩摩訶薩即
八勝處九次第定十遍處若在內若在外若
在兩間增語是菩薩摩訶薩善現汝復觀何
義言即八解脫若可得若不可得增語非菩
薩摩訶薩即八勝處九次第定十遍處若可
得若不可得增語非菩薩摩訶薩耶世尊
若八解脫可得不可得若八勝處九次第定
十遍處可得不可得尚畢竟不可得性非有
故況有八解脫可得不可得增語及八勝處
九次第定十遍處可得不可得增語此增語
既非有如何可言即八解脫若可得若不可
得增語是菩薩摩訶薩即八勝處九次第定

BD15120號　大般若波羅蜜多經卷三一　（23–8）

十遍處可得不可得尚畢竟不可得性非有
故況有八解脫可得不可得增語及八勝處
九次第定十遍處可得不可得增語此增語
既非有如何可言即八解脫若可得若不可
得增語是菩薩摩訶薩即八勝處九次第定
十遍處若可得若不可得增語是菩薩摩訶
薩
復次善現汝復觀何義言即空解脫門增語非
菩薩摩訶薩即無相無願解脫門增語非菩
薩摩訶薩耶具壽善現答言世尊若空解脫
門若無相無願解脫門尚畢竟不可得性非
有故況有空解脫門增語及無相無願解脫
門增語此增語既非有如何可言即空解脫
門增語是菩薩摩訶薩即無相無願解脫門
增語是菩薩摩訶薩善現汝復觀何義言即
空解脫門若常若無常增語非菩薩摩訶薩
即無相無願解脫門若常若無常增語非菩
薩摩訶薩耶世尊若空解脫門常無常若無
相無願解脫門常無常尚畢竟不可得性非
有故況有空解脫門常無常增語及無相無
願解脫門常無常增語此增語既非有如何
可言即空解脫門若常若無常增語是菩薩
摩訶薩即無相無願解脫門若常若無常增
語是菩薩摩訶薩善現汝復觀何義言即空
解脫門若樂若苦增語非菩薩摩訶薩即無
相無願解脫門若樂若苦增語非菩薩摩訶
薩耶世尊若空解脫門樂苦若無相無願解
脫門樂苦尚畢竟不可得性非有故況有空

BD15120號　大般若波羅蜜多經卷三一　（23–9）

解脫門若樂若苦增語非菩薩摩訶薩即無
相無願解脫門若樂若苦增語非菩薩摩訶
薩耶世尊若空解脫門樂若無相無願解
脫門樂若苦尚畢竟不可得性非有故況有空
解脫門樂苦增語及無相無願解脫門樂若增
語此增語既非有如何可言即空解脫門若
樂若苦增語是菩薩摩訶薩即無相無願解
脫門若樂若苦增語是菩薩摩訶薩善現汝
復觀何義言即空解脫門若我若無我增語
非菩薩摩訶薩即無相無願解脫門若我若
無我增語非菩薩摩訶薩耶世尊若空解
脫門我無我若無相無願解脫門我無我尚
畢竟不可得性非有故況有空解脫門我無
我增語及無相無願解脫門我無我增語此
增語既非有如何可言即空解脫門若我若
無我增語是菩薩摩訶薩即無相無願解脫
門若我若無我增語是菩薩摩訶薩善現汝
復觀何義言即空解脫門若淨若不淨增語
非菩薩摩訶薩即無相無願解脫門若淨若
不淨增語非菩薩摩訶薩耶世尊若空解脫
門淨不淨若無相無願解脫門淨不淨尚畢
竟不可得性非有故況有空解脫門淨不淨
增語及無相無願解脫門淨不淨增語此增
語既非有如何可言即空解脫門若淨若不
淨增語是菩薩摩訶薩即無相無願解脫門
若淨若不淨增語是菩薩摩訶薩善現汝復
觀何義言即空解脫門若空若不空增語非
菩薩摩訶薩即無相無願解脫門若空若不

BD15120號　大般若波羅蜜多經卷三一　　（23–10）

語既非有如何可言即空解脫門若淨若不
淨增語是菩薩摩訶薩即無相無願解脫門
若淨若不淨增語是菩薩摩訶薩善現汝復
觀何義言即空解脫門若空若不空增語非
菩薩摩訶薩即無相無願解脫門若空若不
空增語非菩薩摩訶薩耶世尊若空解脫門
空不空若無相無願解脫門空不空尚畢竟
不可得性非有故況有空解脫門空不空增
語及無相無願解脫門空不空增語此增語
既非有如何可言即空解脫門若空若不空
增語是菩薩摩訶薩即無相無願解脫門若
空若不空增語是菩薩摩訶薩善現汝復觀
何義言即空解脫門若有相若無相增語非
菩薩摩訶薩即無相無願解脫門若有相若
無相增語非菩薩摩訶薩耶世尊若空解脫
門有相無相若無相無願解脫門有相無相
尚畢竟不可得性非有故況有空解脫門有
相無相增語及無相無願解脫門有相無相
增語此增語既非有如何可言即空解脫門
若有相若無相增語是菩薩摩訶薩即無相
無願解脫門若有相若無相增語是菩薩摩
訶薩善現汝復觀何義言即空解脫門若有
願若無願增語非菩薩摩訶薩即無相無願
解脫門若有願若無願增語非菩薩摩訶
薩耶世尊若空解脫門有願無願若無相無願
解脫門有願無願尚畢竟不可得性非有故
況有空解脫門有願無願增語及無相無願
解脫門有願無願增語此增語既非有如何

BD15120號　大般若波羅蜜多經卷三一　　（23–11）

薩耶世尊若空解脫門有願無願若無相無願
解脫門有願無願尚畢竟不可得性非有故
況有空解脫門有願無願增語及無相無願
解脫門有願無願增語此增語既非有如何
可言即空解脫門若有願若無願增語是菩
薩摩訶薩即無相無願解脫門若有願若無
願增語是菩薩摩訶薩善現汝復觀何義言
即空解脫門若寂靜若不寂靜增語非菩薩
摩訶薩即無相無願解脫門若寂靜若不寂
靜增語非菩薩摩訶薩耶世尊若空解脫門
寂靜不寂靜若無相無願解脫門寂靜不寂
靜尚畢竟不可得性非有故況有空解脫門
寂靜不寂靜增語及無相無願解脫門寂靜
不寂靜增語此增語既非有如何可言即空
解脫門若寂靜若不寂靜增語是菩薩摩訶
薩即無相無願解脫門若寂靜若不寂靜增
語是菩薩摩訶薩善現汝復觀何義言即空
解脫門若遠離若不遠離增語非菩薩摩訶
薩即無相無願解脫門若遠離若不遠離增
語非菩薩摩訶薩耶世尊若空解脫門遠離
不遠離若無相無願解脫門遠離不遠離尚
畢竟不可得性非有故況有空解脫門遠離
不遠離增語及無相無願解脫門遠離不遠
離增語此增語既非有如何可言即空解脫
門若遠離若不遠離增語是菩薩摩訶薩即
無相無願解脫門若遠離若不遠離增語是
菩薩摩訶薩善現汝復觀何義言即空解脫
門若有為若無為增語非菩薩摩訶薩即無

BD15120 號　大般若波羅蜜多經卷三一　（23–12）

離增語此增語既非有如何可言即空解脫
門若遠離若不遠離增語是菩薩摩訶薩即
無相無願解脫門若遠離若不遠離增語是
菩薩摩訶薩善現汝復觀何義言即空解脫
門若有為若無為增語非菩薩摩訶薩即無
相無願解脫門若有為若無為增語非菩薩
摩訶薩耶世尊若空解脫門有為無為若無
相無願解脫門有為無為尚畢竟不可得性
非有故況有空解脫門有為無為增語及無
相無願解脫門有為無為增語此增語既非
有如何可言即空解脫門若有為若无為增
語是菩薩摩訶薩即無相無願解脫門若有
為若無為增語是菩薩摩訶薩善現汝復觀
何義言即空解脫門若有漏若無漏增語非
菩薩摩訶薩即無相無願解脫門若有漏若
無漏增語非菩薩摩訶薩耶世尊若空解脫
門有漏無漏若無相無願解脫門有漏無漏
尚畢竟不可得性非有故況有空解脫門有
漏無漏增語及無相無願解脫門有漏無漏
增語此增語既非有如何可言即空解脫門
若有漏若無漏增語是菩薩摩訶薩即無相
無願解脫門若有漏若無漏增語是菩薩摩
訶薩善現汝復觀何義言即空解脫門若生
若滅增語非菩薩摩訶薩即無相無願解脫
門若生若滅增語非菩薩摩訶薩耶世尊若
空解脫門生滅若無相無願解脫門生滅尚
畢竟不可得性非有故況有空解脫門生滅
增語及無相無願解脫門生滅增語此增語

BD15120 號　大般若波羅蜜多經卷三一　（23–13）

若滅增語非菩薩摩訶薩即無相無願解脫
門若生若滅增語非菩薩摩訶薩耶世尊若
空解脫門生滅若無相無願解脫門生滅尚
畢竟不可得性非有故況有空解脫門生滅
增語及無相無願解脫門生滅增語此增語
既非有如何可言即空解脫門若生若滅增
語是菩薩摩訶薩即無相無願解脫門若生
若滅增語是菩薩摩訶薩善現汝復觀何義
言即空解脫門若善若非善增語非菩薩摩
訶薩即無相無願解脫門若善若非善增語
非菩薩摩訶薩耶世尊若空解脫門善非善
若無相無願解脫門善非善尚畢竟不可得
性非有故況有空解脫門善非善增語及無
相無願解脫門善非善增語此增語既非有
如何可言即空解脫門若善若非善增語是
菩薩摩訶薩即無相無願解脫門若善若非
善增語是菩薩摩訶薩善現汝復觀何義言
即空解脫門若有罪若無罪增語非菩薩摩
訶薩即無相無願解脫門若有罪若無罪增
語非菩薩摩訶薩耶世尊若空解脫門有罪
無罪若無相無願解脫門有罪無罪尚畢竟
不可得性非有故況有空解脫門有罪無罪
增語及無相無願解脫門有罪無罪增語此
增語既非有如何可言即空解脫門若有罪
若無罪增語是菩薩摩訶薩即無相無願解
脫門若有罪若無罪增語是菩薩摩訶薩善
現汝復觀何義言即空解脫門若有煩惱若
無煩惱增語非菩薩摩訶薩即無相無願解

BD15120 號　大般若波羅蜜多經卷三一　(23–14)

增語既非有如何可言即空解脫門若有罪
若無罪增語是菩薩摩訶薩即無相無願解
脫門若有罪若無罪增語是菩薩摩訶薩善
現汝復觀何義言即空解脫門若有煩惱若
無煩惱增語非菩薩摩訶薩即無相無願解
脫門若有煩惱若無煩惱增語非菩薩摩訶
薩耶世尊若空解脫門有煩惱無煩惱若無
相無願解脫門有煩惱無煩惱尚畢竟不可
得性非有故況有空解脫門有煩惱無煩惱
增語及無相無願解脫門有煩惱無煩惱增
語此增語既非有如何可言即空解脫門若
有煩惱若無煩惱增語是菩薩摩訶薩即
無相無願解脫門若有煩惱若無煩惱增語是
菩薩摩訶薩善現汝復觀何義言即空解脫
門若世間若出世間增語非菩薩摩訶薩即
無相無願解脫門若世間若出世間增語非
菩薩摩訶薩耶世尊若空解脫門世間出世
間若無相無願解脫門世間出世間尚畢竟
不可得性非有故況有空解脫門世間出世
間增語及無相無願解脫門世間出世間增
語此增語既非有如何可言即空解脫門若
世間若出世間增語是菩薩摩訶薩即無相
無願解脫門若世間若出世間增語是菩薩
摩訶薩善現汝復觀何義言即空解脫門若
雜染若清淨增語非菩薩摩訶薩即無相無
願解脫門若雜染若清淨增語非菩薩摩訶
薩耶世尊若空解脫門雜染清淨若無相無
願解脫門雜染清淨尚畢竟不可得性非有

BD15120 號　大般若波羅蜜多經卷三一　(23–15)

摩訶薩善現汝復觀何義言即空解脫門若
離染若清淨增語非菩薩摩訶薩即無相無
願解脫門若離染若清淨增語非菩薩摩訶
薩耶世尊若空解脫門離染清淨若無相無
願解脫門離染清淨尚畢竟不可得性非有
故況有空解脫門離染清淨增語及無相無
願解脫門離染清淨增語此增語既非有如
何可言即空解脫門若離染若清淨增語是
菩薩摩訶薩即無相無願解脫門若離染若
清淨增語是菩薩摩訶薩善現汝復觀何義
言即空解脫門若屬生死若屬涅槃增語非
菩薩摩訶薩即無相無願解脫門若屬生死
若屬涅槃增語非菩薩摩訶薩耶世尊若空
解脫門屬生死屬涅槃若無相無願解脫門屬
生死屬涅槃尚畢竟不可得性非有故況有
空解脫門屬生死屬涅槃增語及無相無
願解脫門屬生死屬涅槃增語此增語既非
有如何可言即空解脫門若屬生死若屬涅
槃增語是菩薩摩訶薩即無相無願解脫門
若屬生死若屬涅槃增語是菩薩摩訶薩善
現汝復觀何義言即空解脫門若在內若在
外若在兩門增語非菩薩摩訶薩即無相無
願解脫門若在內若外若在兩間增語非
菩薩摩訶薩耶世尊若空解脫門在內在外
在兩間若無相無願解脫門在內在外在兩
間尚畢竟不可得性非有故況有空解脫門
在內在外在兩間增語及無相無願解脫門
在內在外在兩間增語此增語既非有如何

BD15120號　大般若波羅蜜多經卷三一　（23–16）

在兩間若無相無願解脫門在內在外在兩
間尚畢竟不可得性非有故況有空解脫門
在內在外在兩間增語及無相無願解脫門
在內在外在兩間增語此增語既非有如何
可言即空解脫門若在內若在外若在兩門
增語是菩薩摩訶薩即無相無願解脫門若
在內若在外若在兩門增語是菩薩摩訶薩
善現汝復觀何義言即空解脫門若可得若
不可得增語非菩薩摩訶薩即無相無願解
脫門若可得若不可得增語非菩薩摩訶薩
耶世尊若空解脫門可得不可得若無相無
願解脫門可得不可得尚畢竟不可得性非
有故況有空解脫門可得不可得增語及無
相無願解脫門可得不可得增語此增語既
非有如何可言即空解脫門若可得若不可
得增語是菩薩摩訶薩即無相無願解脫
門若可得若不可得增語是菩薩摩訶薩
復次善現汝觀何義言即陁羅尼門增語非
菩薩摩訶薩即三摩地門增語非菩薩摩訶
薩耶具壽善現荅言世尊若陁羅尼門若三
摩地門尚畢竟不可得性非有故況有陁羅
尼門增語及三摩地門增語此增語既非有
如何可言即陁羅尼門增語是菩薩摩訶薩
即三摩訶門增語是菩薩摩訶薩善現汝復
觀何義言即陁羅尼門若常若無常增語非
菩薩摩訶薩即三摩地門若常若無常增
語非菩薩摩訶薩耶世尊若陁羅尼門常無常
若三摩地門常無常尚畢竟不可得性非有

BD15120號　大般若波羅蜜多經卷三一　（23–17）

即三摩訶門增語是菩薩摩訶薩善現汝復
觀何義言即陁羅尼門若常若無常增語非
菩薩摩訶薩即三摩地門若常若無常增
語非菩薩摩訶薩耶世尊若陁羅尼門常無常
若三摩地門常無常尚畢竟不可得性非有
故況有陁羅尼門常無常增語及三摩地門
常無常增語此增語既非有如何可言即陁
羅尼門若常若無常增語是菩薩摩訶薩即
三摩地門若常若無常增語是菩薩摩訶薩
善現汝復觀何義言即陁羅尼門若樂若苦
增語非菩薩摩訶薩即三摩地門若樂若苦
增語非菩薩摩訶薩耶世尊若陁羅尼門樂
苦若三摩地門樂苦尚畢竟不可得性非有
故況有陁羅尼門樂苦增語及三摩地門樂
苦增語此增語既非有如何可言即陁羅尼
門若樂若苦增語是菩薩摩訶薩即三摩地
門若樂若苦增語是菩薩摩訶薩善現汝復
觀何義言即陁羅尼門若我若無我增語非
菩薩摩訶薩即三摩地門若我若無我增語
非菩薩摩訶薩耶世尊若陁羅尼門我無我
若三摩地門我無我尚畢竟不可得性非有
故況有陁羅尼門我無我增語及三摩地門
我無我增語此增語既非有如何可言即陁
羅尼門若我若無我增語是菩薩摩訶薩即
三摩地門若我若無我增語是菩薩摩訶薩
善現汝復觀何義言即陁羅尼門若淨若不
淨增語非菩薩摩訶薩即三摩地門若淨若
不淨增語非菩薩摩訶薩耶世尊若陁羅

BD15120 號　大般若波羅蜜多經卷三一　（23-18）

羅尼門若我若無我增語是菩薩摩訶薩即
三摩地門若我若無我增語是菩薩摩訶薩
善現汝復觀何義言即陁羅尼門若淨若不
淨增語非菩薩摩訶薩即三摩地門若淨若
不淨增語非菩薩摩訶薩耶世尊若陁羅
尼門淨不淨若三摩地門淨不淨尚畢竟不可
得性非有故況有陁羅尼門淨不淨增語及
三摩地門淨不淨增語此增語既非有如何
可言即陁羅尼門若淨若不淨增語是菩薩
摩訶薩即三摩地門若淨若不淨增語是菩
薩摩訶薩善現汝復觀何義言即陁羅尼
門若空若不空增語非菩薩摩訶薩即三摩
地門若空若不空增語非菩薩摩訶薩耶世
尊若陁羅尼門空不空若三摩地門空不空尚
畢竟不可得性非有故況有陁羅尼門空不
空增語及三摩地門空不空增語此增語既
非有如何可言即陁羅尼門若空若不空增
語是菩薩摩訶薩即三摩地門若空若不空
增語是菩薩摩訶薩善現汝復觀何義言即
陁羅尼門若有相若無相增語非菩薩摩訶
薩即三摩地門若有相若無相增語非菩薩
摩訶薩耶世尊若陁羅尼門有相無相若三
摩地門有相無相尚畢竟不可得性非有故
況有陁羅尼門有相無相增語及三摩地門
有相無相增語此增語既非有如何可言即
陁羅尼門若有相若無相增語是菩薩摩訶
薩即三摩地門若有相若無相增語是菩薩
摩訶薩善現汝復觀何義言即陁羅尼門若
[illegible]

BD15120 號　大般若波羅蜜多經卷三一　（23-19）

有相無相增語此增語既非有如何可言即
陁羅尼門若有相若無相增語是菩薩摩訶
薩即三摩地門若有相若無相增語是菩薩
摩訶薩善現汝復觀何義言即陁羅尼門若
有願若無願增語非菩薩摩訶薩即三摩地
門若有願若無願增語非菩薩摩訶薩耶世
尊若陁羅尼門有願無願若三摩地門有願
無願尚畢竟不可得性非有故況有陁羅尼
門有願無願增語及三摩地門有願無願增
語此增語既非有如何可言即陁羅尼門若
有願若無願增語是菩薩摩訶薩即三摩地
門若有願若無願增語是菩薩摩訶薩善現
汝復觀何義言即陁羅尼門若寂靜若不寂
靜增語非菩薩摩訶薩即三摩地門若寂靜
若不寂靜增語非菩薩摩訶薩耶世尊若陁
羅尼門寂靜不寂靜若三摩地門寂靜不寂
靜尚畢竟不可得性非有故況有陁羅尼門
寂靜不寂靜增語及三摩地門寂靜不寂靜
增語此增語既非有如何可言即陁羅尼門
若寂靜若不寂靜增語是菩薩摩訶薩即
三摩地門若寂靜若不寂靜增語是菩薩摩
訶薩善現汝復觀何義言即陁羅尼門若遠離
若不遠離增語非菩薩摩訶薩即三摩地門
若遠離若不遠離增語非菩薩摩訶薩耶
世尊若陁羅尼門遠離不遠離若三摩地門遠
離不遠離尚畢竟不可得性非有故況有陁
羅尼門遠離不遠離增語及三摩地門遠離
不遠離增語此增語既非有如何可言即陁

BD15120 號　大般若波羅蜜多經卷三一　（23–20）

若不遠離增語非菩薩摩訶薩即三摩地門
若遠離若不遠離增語非菩薩摩訶薩耶
世尊若陁羅尼門遠離不遠離若三摩地門遠
離不遠離尚畢竟不可得性非有故況有陁
羅尼門遠離不遠離增語及三摩地門遠離
不遠離增語此增語既非有如何可言即陁
羅尼門若遠離若不遠離增語是菩薩摩訶
薩即三摩地門若遠離若不遠離增語是菩
薩摩訶薩善現汝復觀何義言即陁羅尼門
若有為若無為增語非菩薩摩訶薩即三摩
地門若有為若無為增語非菩薩摩訶薩耶
世尊若陁羅尼門有為無為若三摩地門有
為無為尚畢竟不可得性非有故況有陁羅
尼門有為無為增語及三摩地門有為無為
增語此增語既非有如何可言即陁羅尼門若
有為若無為增語是菩薩摩訶薩即三摩地
門若有為若無為增語是菩薩摩訶薩善
現汝復觀何義言即陁羅尼門若有漏若無
漏增語非菩薩摩訶薩即三摩地門若有漏
若無漏增語非菩薩摩訶薩耶世尊若陁
羅尼門有漏無漏若三摩地門有漏無漏尚畢
竟不可得性非有故況有陁羅尼門有漏無
漏增語及三摩地門有漏無漏增語此增語
既非有如何可言即陁羅尼門若有漏若無
漏增語是菩薩摩訶薩即三摩地門若有漏
若無漏增語是菩薩摩訶薩善現汝復觀何
義言即陁羅尼門若生若滅增語非菩薩摩
訶薩即三摩地門若生若滅增語非菩薩摩

BD15120 號　大般若波羅蜜多經卷三一　（23–21）

跢非有如何可言即陁羅尼門若有漏若無
漏增語是菩薩摩訶薩即三摩地門若有漏
若無漏增語是菩薩摩訶薩善現汝復觀何
義言即陁羅尼門若生若滅增語非菩薩摩
訶薩即三摩地門若生若滅增語非菩薩摩
訶薩耶世尊若陁羅尼門生滅若三摩地門
生滅尚畢竟不可得性非有故况有陁羅尼
門生滅增語及三摩地門生滅增語此增語
既非有如何可言即陁羅尼門若生若滅增
語是菩薩摩訶薩即三摩地門若生若滅
增語是菩薩摩訶薩善現汝復觀何義言即
陁羅尼門若善若非善增語非菩薩摩訶薩
即三摩地門若善若非善增語非菩薩摩訶薩
耶世尊若陁羅尼門善非善若三摩地門善
非善尚畢竟不可得性非有故况有陁羅尼
門善非善增語及三摩地門善非善增語此
增語既非有如何可言即陁羅尼門若善若
非善增語是菩薩摩訶薩即三摩地門若善
若非善增語是菩薩摩訶薩善現汝復觀何
義言即陁羅尼門若有罪若無罪增語非菩
薩摩訶薩即三摩地門若有罪若無罪增語
非菩薩摩訶薩耶世尊若陁羅尼門有罪無
罪若三摩地門有罪無罪尚畢竟不可得性
非有故况有陁羅尼門有罪無罪增語及三
摩地門有罪無罪增語此增語既非有如何
可言即陁羅尼門若有罪若無罪增語是菩
薩摩訶薩即三摩地門若有罪若無罪增語
是菩薩摩訶薩

BD15120號　大般若波羅蜜多經卷三一　　（23–22）

義言即陁羅尼門若有罪若無罪增語非菩
薩摩訶薩即三摩地門若有罪若無罪增語
非菩薩摩訶薩耶世尊若陁羅尼門有罪無
罪若三摩地門有罪無罪尚畢竟不可得性
非有故况有陁羅尼門有罪無罪增語及三
摩地門有罪無罪增語此增語既非有如何
可言即陁羅尼門若有罪若無罪增語是菩
薩摩訶薩即三摩地門若有罪若無罪增語
是菩薩摩訶薩

大般若波羅蜜多經卷第卅一

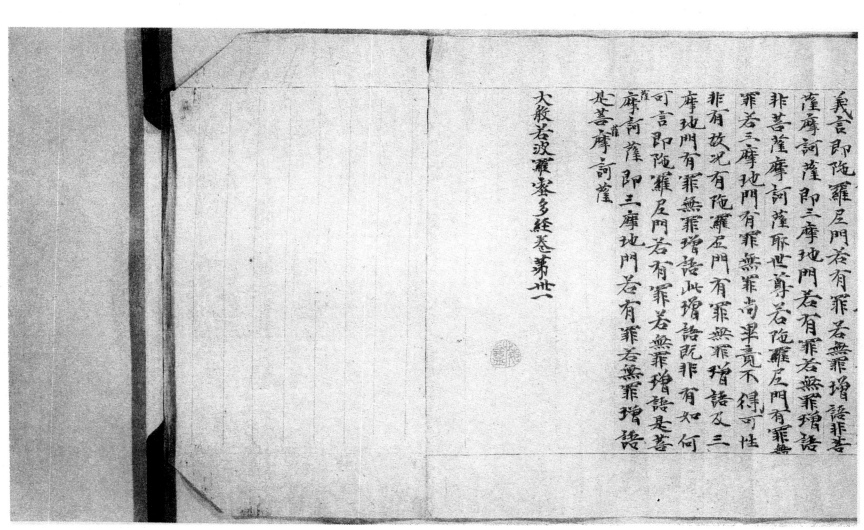

BD15120號　大般若波羅蜜多經卷三一　　（23–23）

相壽者相無法相亦無非法相何以故是諸
衆生若心取相則爲著我人衆生壽者若取
法相卽著我人衆生壽者何以故若取非法
相卽著我人衆生壽者是故不應取法不應
取非法以是義故如來常說汝等比丘知我
說法如筏喻者法尚應捨何况非法
須菩提於意云何如來得阿耨多羅三藐三
菩提耶如來有所說法耶須菩提言如我解
佛所說義無有定法名阿耨多羅三藐三菩
提亦無有定法如來可說何以故如來所說法
皆不可取不可說非法非非法所以者何
一切賢聖皆以無爲法而有差別須菩提於
意云何若人滿三千大千世界七寶以用布施
是人所得福德寧爲多不須菩提言甚多世
尊何以故是福德卽非福德性是故如來
說福德多若復有人於此經中受持乃至四
句偈等爲他人說其福勝彼何以故須菩提
一切諸佛及諸佛阿耨多羅三藐三菩提法

BD15121 號　金剛般若波羅蜜經　（13–1）

尊何以故是福德卽非福德性是故如來
說福德多若復有人於此經中受持乃至四
句偈等爲他人說其福勝彼何以故須菩提
一切諸佛及諸佛阿耨多羅三藐三菩提法
皆從此經出須菩提所謂佛法者卽非佛法
須菩提於意云何須陁洹能作是念我得須
陁洹果不須菩提言不也世尊何以故須陁洹
名爲入流而無所入不入色聲香味觸法是
名須陁洹須菩提於意云何斯陁含能作
是念我得斯陁含果不須菩提言不也世尊
何以故斯陁含名一往來而實無往來是名
斯陁含須菩提於意云何阿那含能作是念
我得阿那含果不須菩提言不也世尊何以
故阿那含名爲不來而實無來是故名阿那
含須菩提於意云何阿羅漢能作是念我得
阿羅漢道不須菩提言不也世尊何以故實
無有法名阿羅漢世尊若阿羅漢作是念我
得阿羅漢道卽爲著我人衆生壽者世尊
佛說我得無諍三昧人中最爲第一是第一離
欲阿羅漢我不作是念我是離欲阿羅漢世
尊我若作是念我得阿羅漢道世尊則不說
須菩提是樂阿蘭那行者以須菩提實無所
行而名須菩提是樂阿蘭那行
佛告須菩提於意云何如來昔在然燈佛所
於法有所得不世尊如來在然燈佛所於法

BD15121 號　金剛般若波羅蜜經　（13–2）

尊我若作是念我得阿羅漢道世尊則不說
須菩提是樂阿蘭那行者以須菩提實無所
行而名須菩提是樂阿蘭那行
佛告須菩提於意云何如来昔在然燈佛所
於法有所得不世尊如来在然燈佛所於法
實無所得須菩提於意云何菩薩莊嚴佛土
不不也世尊何以故莊嚴佛土者則非莊嚴是
名莊嚴是故須菩提諸菩薩摩訶薩應
如是生清淨心不應住色生心不應住聲香
味觸法生心應無所住而生其心須菩提譬如
有人身如須弥山王於意云何是身為大不須
菩提言甚大世尊何以故佛說非身是名
大身
須菩提如恒河中所有沙數如是沙等恒河
於意云何是諸恒河沙寧為多不須菩提言
甚多世尊但諸恒河尚多無數何況其沙須
菩提我今實言告汝若有善男子善女人以
七寶滿尒所恒河沙數三千大千世界以用布
施得福多不須菩提言甚多世尊佛告須
菩提若善男子善女人於此經中乃至受持
四句偈等為他人說而此福德勝前福德復
次須菩提隨說是經乃至四句偈等當知此
處一切世間天人阿脩羅皆應供養如佛塔
廟何況有人盡能受持讀誦須菩提當知是
人成就最上第一希有之法若是經典所在
之處則為有佛若尊重弟子

BD15121 號　金剛般若波羅蜜經　（13–3）

處一切世間天人阿脩羅皆應供養如佛塔
廟何況有人盡能受持讀誦須菩提當知是
人成就最上第一希有之法若是經典所在
之處則為有佛若尊重弟子
尒時須菩提白佛言世尊當何名此經我等
云何奉持佛告須菩提是經名為金剛般若
波羅蜜以是名字汝當奉持所以者何須菩
提佛說般若波羅蜜則非般若波羅蜜須菩
提於意云何如来有所說法不須菩提白佛
言世尊如来無所說須菩提於意云何三千
大千世界所有微塵是為多不須菩提言甚
多世尊須菩提諸微塵如来說非微塵是名
微塵如来說世界非世界是名世界須菩提
於意云何可以卅二相見如来不不也世尊
何以故如来說卅二相即是非相是名卅二
相須菩提若有善男子善女人以恒河沙等
身命布施若復有人於此經中乃至受持四
句偈等為他人說其福甚多
尒時須菩提聞說是經深解義趣涕淚悲
泣而白佛言希有世尊佛說如是甚深經典
我從昔来所得慧眼未曾得聞如是之經世
尊若復有人得聞是經信心清淨則生實相當
知是人成就第一希有功德世尊是實相者
則是非相是故如来說名實相世尊我今得
聞如是經典信解受持不足為難若當来世
後五百歲其有衆生得聞是經信解受持是

BD15121 號　金剛般若波羅蜜經　（13–4）

知是人成就第一希有功德世尊是實相者
則是非相是故如来說名實相世尊我今得
聞如是經典信解受持不足為難若當来世
後五百歲其有衆生得聞是經信解受持是
人則為第一希有何以故此人無我相人相
衆生相壽者相所以者何我相即是非相人
相衆生相壽者相即是非相何以故離一切
衆相則名諸佛
佛告須菩提如是如是若復有人得聞是經
不驚不怖不畏當知是人甚為希有何以故
須菩提如来說第一波羅蜜非第一波羅蜜
是名第一波羅蜜須菩提忍辱波羅蜜如来
說非忍辱波羅蜜何以故須菩提如我昔為
歌利王割截身體我於尒時無我相無人相
無衆生相無壽者相何以故我於往昔節節
支解時若有我相人相衆生相壽者相應生
瞋恨須菩提又念過去於五百世作忍辱仙
人於尒所世無我相無人相無衆生相無壽
者相是故須菩提菩薩應離一切相發阿
耨多羅三藐三菩提心不應住色生心不應住
聲香味觸法生心應生無所住心若心有住則
為非住是故佛說菩薩心不應住色布施
須菩提菩薩為利益一切衆生應如是布施
如来說一切諸相即是非相又說一切衆生則非
衆生須菩提如来是真語者實語者如語者

BD15121 號　金剛般若波羅蜜經　（13–5）

為非住是故佛說菩薩心不應住色布施
須菩提菩薩為利益一切衆生應如是布施
如来說一切諸相即是非相又說一切衆生則非
衆生須菩提如来是真語者實語者如語者
不誑語者不異語者須菩提如来所得法
此法無實無虛須菩提若菩薩心住於法
而行布施如人入闇則無所見若菩薩心不
住法而行布施如人有目日光明照見種種
色須菩提當来之世若有善男子善女人能
於此經受持讀誦則為如来以佛智慧悉知
是人悉見是人皆得成就無量無邊功德須
菩提若有善男子善女人初日分以恒河沙
等身布施中日分復以恒河沙等身布施後
日分亦以恒河沙等身布施如是無量百千
萬億劫以身布施若復有人聞此經典信心
不逆其福勝彼何況書寫受持讀誦為人解
說須菩提以要言之是經有不可思議不可
稱量無邊功德如来為發大乘者說為發最
上乘者說若有人能受持讀誦廣為人說如
来悉知是人悉見是人皆得成就不可量不可
稱無有邊不可思議功德如是人等則為荷擔
如来阿耨多羅三藐三菩提何以故須菩
提若樂小法者著我見人見衆生見壽者見
則於此經不能聽受讀誦為人解說須菩提
在在處處若有此經一切世間天人阿脩羅

BD15121 號　金剛般若波羅蜜經　（13–6）

提若樂小法者著我見人見衆生見壽者見
則於此經不能聽受讀誦爲人解說須菩提
在在處處若有此經一切世間天人阿脩羅
所應供養當知此處則爲是塔皆應恭敬
作礼圍遶以諸華香而散其處
復次須菩提善男子善女人受持讀誦此經
若爲人輕賤是人先世罪業應墮惡道以今
世人輕賤故先世罪業則爲消滅當得阿耨多
羅三藐三菩提須菩提我念過去無量阿
僧祇劫於然燈佛前得值八百四千萬億那
由他諸佛悉皆供養承事無空過者若復有
人於後末世能受持讀誦此經所得功德於
我所供養諸佛功德百分不及一千萬億分
乃至筭數譬喻所不能及須菩提若善男
子善女人於後末世有受持讀誦此經所得功
德我若具說者或有人聞心則狂亂狐疑不
信須菩提當知是經義不可思議果報亦
不可思議
介時須菩提白佛言世尊善男子善女人發
阿耨多羅三藐三菩提心云何應住云何降伏
其心佛告須菩提善男子善女人發阿耨
多羅三藐三菩提者當生如是心我應滅度
一切衆生滅度一切衆生已而無有一衆生
實滅度者何以故若菩薩有我相人相衆
生相壽者相則非菩薩所以者何須菩提實

BD15121 號　金剛般若波羅蜜經　（13–7）

多羅三藐三菩提者當生如是心我應滅度
一切衆生滅度一切衆生已而無有一衆生
實滅度者何以故若菩薩有我相人相衆
生相壽者相則非菩薩所以者何須菩提實
無有法發阿耨多羅三藐三菩提者須菩提
於意云何如來於然燈佛所有法得阿耨多羅
三藐三菩提不世尊如我解佛所說義佛於然
燈佛所無有法得阿耨多羅三藐三菩提
佛言如是如是須菩提實無有法如來得阿
耨多羅三藐三菩提須菩提若有法如來得
阿耨多羅三藐三菩提然燈佛則不與我受
記汝於來世當得作佛号釋迦牟尼以實無
有法得阿耨多羅三藐三菩提是故然燈佛
與我受記作是言汝於來世當得作佛号釋
迦牟尼何以故如來者即諸法如義若有人
言如來得阿耨多羅三藐三菩提須菩提實
無有法佛得阿耨多羅三藐三菩提須菩提
如來所得阿耨多羅三藐三菩提於是中無
實無虗是故如來說一切法皆是佛法須菩
提所言一切法者即非一切法是故名一切法
須菩提譬如人身長大須菩提言世尊如
來說人身長大則爲非大身是名大身須菩
提菩薩亦如是若作是言我當滅度無量
衆生則不名菩薩何以故須菩提無有法名爲
菩薩是故佛說一切法無我無人無衆生無
壽者須菩提若菩薩作是言我當莊嚴佛

BD15121 號　金剛般若波羅蜜經　（13–8）

提菩薩亦如是若作是言我當滅度無量
衆生則不名菩薩何以故須菩提無有法名為
菩薩是故佛説一切法無我無人無衆生無
壽者須菩提若菩薩作是言我當莊嚴佛
土是不名菩薩何以故如來説莊嚴佛土者
即非莊嚴是名莊嚴須菩提若菩薩通達
無我法者如來説名真是菩薩須菩提於意
云何如來有肉眼不如是世尊如來有肉眼須
菩提於意云何如來有天眼不如是世尊如來
有天眼須菩提於意云何如來有慧眼不
如是世尊如來有慧眼須菩提於意云何如
來有法眼不如是世尊如來有法眼須菩提
於意云何如來有佛眼不如是世尊如來有
佛眼須菩提於意云何恒河中所有沙佛説
是沙不如是世尊如來説是沙須菩提於意
云何如一恒河中所有沙有如是等恒河是
諸恒河所有沙數佛世界如是寧為多不甚
多世尊佛告須菩提尒所國土中所有衆生
若干種心如來悉知何以故如來説諸心皆
為非心是名為心所以者何須菩提過去心不
可得現在心不可得未來心不可得須菩提
於意云何若有人滿三千大千世界七寶
以用布施是人以是因緣得福多不如是世
尊此人以是因緣得福甚多須菩提若福德
有實如來不説得福德多以福德無故如來
説得福德多須菩提於意云何佛可以具足

BD15121號　金剛般若波羅蜜經　（13–9）

以用布施是人以是因緣得福多不如是世
尊此人以是因緣得福甚多須菩提若福德
有實如來不説得福德多以福德無故如來
説得福德多須菩提於意云何佛可以具足
色身見不不也世尊如來不應以具足色身見何
以故如來説具足色身即非具足色身是名
具足色身須菩提於意云何如來可以具足
諸相見不不也世尊如來不應以具足諸相
見何以故如來説諸相具足即非具足是名
諸相具足須菩提汝勿謂如來作是念我當
有所説法莫作是念何以故若人言如來有
所説法即為謗佛不能解我所説故須菩提
説法者無法可説是名説法須菩提白佛言
世尊佛得阿耨多羅三藐三菩提為無所得
耶如是如是須菩提我於阿耨多羅三藐三
菩提乃至無有少法可得是名阿耨多羅三
藐三菩提復次須菩提是法平等無有高
下是名阿耨多羅三藐三菩提以無我無人無
衆生無壽者脩一切善法則得阿耨多羅三
藐三菩提須菩提所言善法者如來説非善
法是名善法須菩提若三千大千世界中所
有諸須弥山王如是等七寶聚有人持用布
施若人以此般若波羅蜜經乃至四句偈等受
持為他人説於前福德百分不及一百千万
億分乃至筭數譬喻所不能及須菩提於意
云何汝等勿謂如來作是念我當度衆生須

BD15121號　金剛般若波羅蜜經　（13–10）

有諸須弥山王如是等七寶聚有人持用布
施若人以此般若波羅蜜經乃至四句偈等受
持為他人說於前福德百分不及一百千万
億分乃至筭數譬喻所不能及須菩提於意
云何汝等勿謂如来作是念我當度衆生須
菩提莫作是念何以故實無有衆生如来度
者若有衆生如来度者如来則有我人衆生
壽者須菩提如来說有我者則非有我而凡
夫之人以為有我須菩提凡夫者如来說則
非凡夫須菩提於意云何可以卅二相觀如
来不須菩提言如是如是以卅二相觀如来
佛言須菩提若以卅二相觀如来者轉輪聖
王則是如来須菩提白佛言世尊如我解佛
所說義不應以卅二相觀如来尒時世尊而
說偈言
若以色見我　以音聲求我　是人行邪道　不能見如来
須菩提汝若作是念如来不以具足相故得
阿耨多羅三藐三菩提須菩提莫作是念如
来不以具足相故得阿耨多羅三藐三菩提
須菩提汝若作是念發阿耨多羅三藐三菩
提者說諸法斷滅莫作是念何以故發阿耨
多羅三藐三菩提者於法不說斷滅相須菩
提若菩薩以滿恒河沙等世界七寶布施若
復有人知一切法無我得成於忍此菩薩勝前
菩薩所得功德須菩提以諸菩薩不受福
德故須菩提白佛言世尊云何菩薩不受福

BD15121 號　金剛般若波羅蜜經　（13–11）

多羅三藐三菩提者於法不說斷滅相須菩
提若菩薩以滿恒河沙等世界七寶布施若
復有人知一切法無我得成於忍此菩薩勝前
菩薩所得功德須菩提以諸菩薩不受福
德故須菩提白佛言世尊云何菩薩不受福
德須菩提菩薩所作福德不應貪著是故
說不受福德須菩提若有人言如来若来若
去若坐若卧是人不解我所說義何以故如
来者無所從来亦無所去故名如来須菩提若
善男子善女人以三千大千世界碎為微塵
於意云何是微塵衆寧為多不甚多世尊
何以故若是微塵衆實有者佛則不說是微
塵衆所以者何佛說微塵衆則非微塵衆是名
微塵衆世尊如来所說三千大千世界則非
世界是名世界何以故若世界實有者則是
一合相如来說一合相則非一合相是名一合
相須菩提一合相者則是不可說但凡夫之人
貪著其事須菩提若人言佛說我見人見
衆生見壽者見須菩提於意云何是人解
我所說義不世尊是人不解如来所說義
何以故世尊說我見人見衆生見壽者見即
非我見人見衆生見壽者見是名我見人見
衆生見壽者見須菩提發阿耨多羅三藐
三菩提心者於一切法應如是知如是見如是
信解不生法相須菩提所言法相如来說即非
法相是名法相須菩提若有人以滿無量阿

BD15121 號　金剛般若波羅蜜經　（13–12）

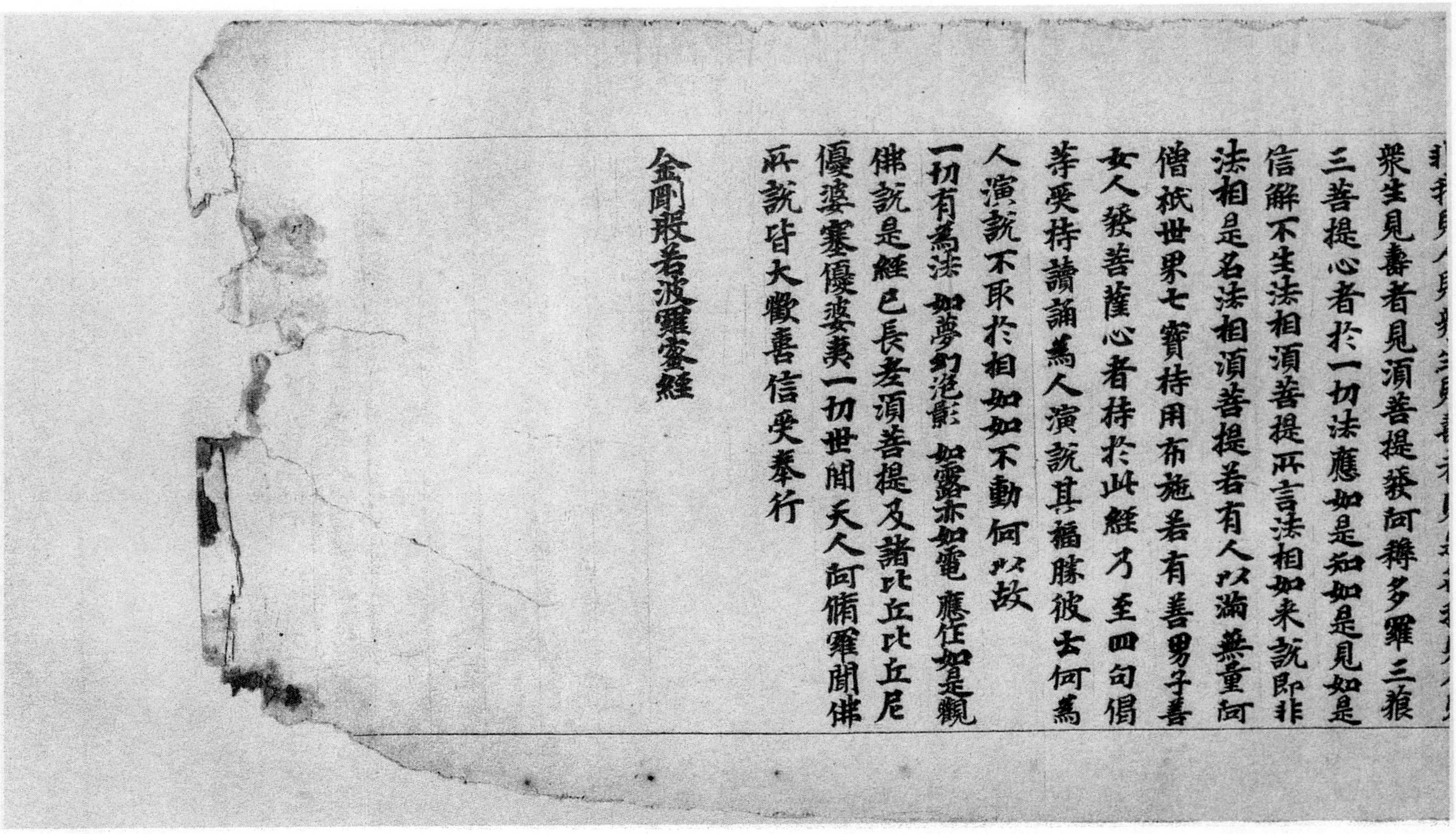

衆生見壽者見須菩提發阿耨多羅三藐
三菩提心者於一切法應如是知如是見如是
信解不生法相須菩提所言法相如來說即非
法相是名法相須菩提若有人以滿無量阿
僧祇世界七寶持用布施若有善男子善
女人發菩薩心者持於此經乃至四句偈
等受持讀誦為人演說其福勝彼云何為
人演說不取於相如如不動何以故
一切有為法　如夢幻泡影　如露亦如電　應作如是觀
佛說是經已長老須菩提及諸比丘比丘尼
優婆塞優婆夷一切世間天人阿脩羅聞佛
所說皆大歡喜信受奉行

金剛般若波羅蜜經

BD15121 號　金剛般若波羅蜜經　　（13–13）

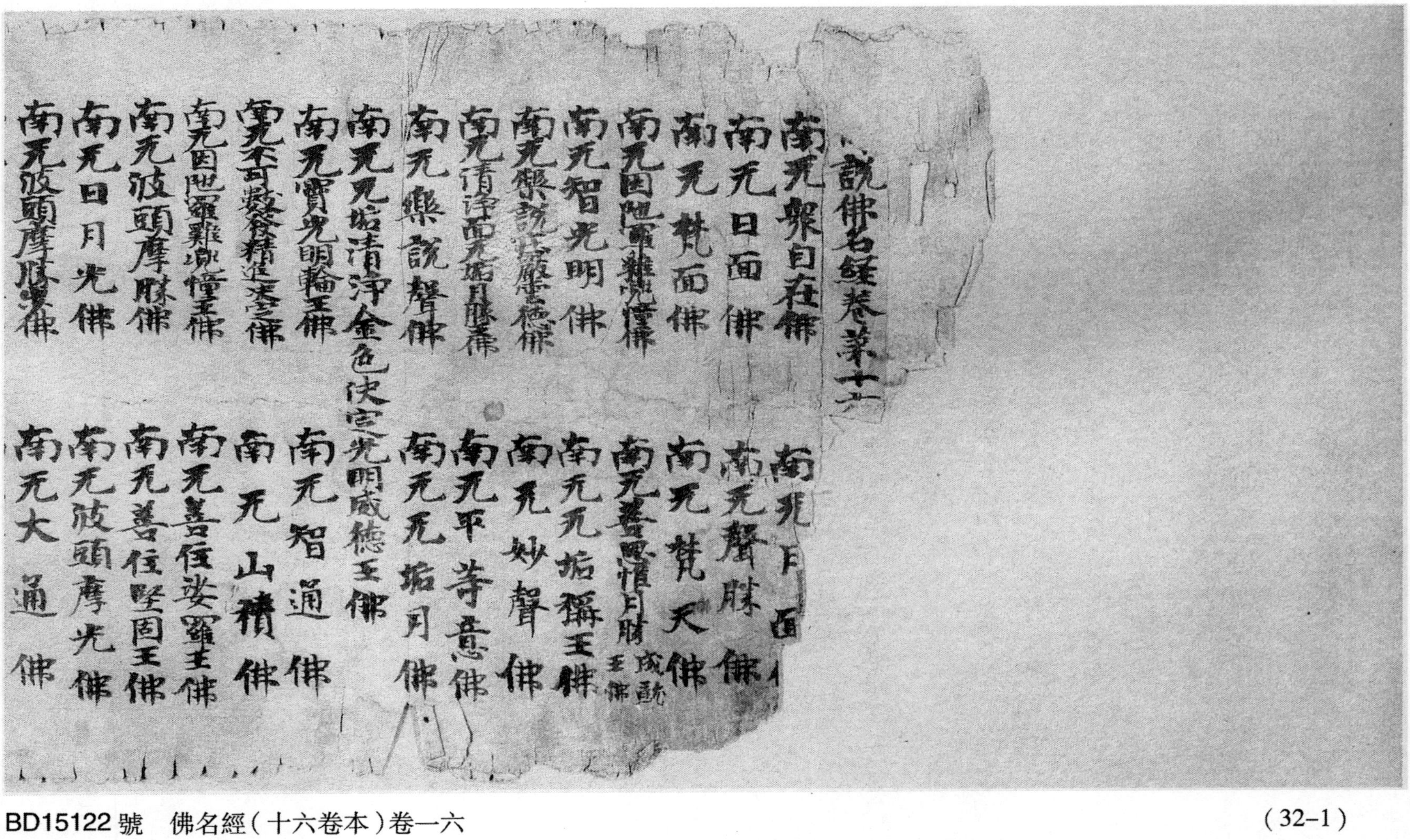

說佛名經卷第十六
南无衆自在佛　南无月面佛
南无日面佛　南无聲勝佛
南无梵面佛　南无梵天佛
南无因陁羅難勝幢佛　南无善思惟月勝成就王佛
南无智光明佛　南无无垢稱王佛
南无衆說莊嚴德佛　南无妙聲佛
南无清淨面无垢月勝佛　南无平等意佛
南无樂說聲佛　南无无垢月佛
南无无垢清淨金色決定光明威德王佛
南无寶光明輪王佛　南无智通佛
南无不可數發精進未?佛　南无山積佛
南无因陁羅難勝幢王佛　南无善住娑羅王佛
南无波頭摩勝佛　南无善住堅固王佛
南无日月光佛　南无波頭摩光佛
南无波頭摩勝藏佛　南无大通佛

BD15122 號　佛名經（十六卷本）卷一六　　（32–1）

南无因陁羅雞兜幢王佛　南无善住娑羅王佛
南无波頭摩勝佛　南无善住堅固王佛
南无日月光佛　南无波頭摩光佛
南无波頭摩勝藏佛　南无大通佛
南无大通智勝佛　南无无邊智佛
南无多寳佛　南无吼聲降伏一切佛
南无日月无垢光明佛　南无蓮華光垢星宿王華佛
南无雲妙鼓聲王佛
南无住持水聲善星宿王華嚴通佛
南无无垢身佛　南无那伽鉤羅勝佛
南无智照佛
南无現一切德光明奮迅王佛
南无照光明莊嚴奮迅王佛
南无月明佛　南无光明普照佛
南无寳莊嚴佛　南无散華佛
南无普然燈佛　南无普華佛
從此以上一万二千三百佛十二部經一切賢聖
南无普光明勝山王佛
南无善住功德摩尼山王佛
南无无明王佛　南无不可降伏幢佛
南无勝功德佛　南无世間自在佛
南无普華佛　南无吉根佛
南无虛空輪清淨王佛
南无勝明波頭摩敷身佛
南无一切寳摩尼王佛　南无寳光明月輪智佛

BD15122號　佛名經（十六卷本）卷一六　（32–2）

南无普華佛　南无吉根佛
南无虛空輪清淨王佛
南无勝明波頭摩敷身佛
南无一切寳摩尼王佛　南无寳光明月輪智佛
南无威德頻頭摩王佛　南无大尊師佛
南无樂説山佛　南无住佛
南无師子鳥奮迅佛　南无功德王光明佛
南无功德幢佛　南无功德作佛
南无聖天佛　南无寳幢佛
南无金剛合佛　南无一切勝佛
南无安隱色佛　南无妙行佛
南无波婆羅娑伽羅王佛　南无非波難兜佛
南无妙色佛　南无脩盧遮那佛
南无梨師掘多佛　南无破煩惱佛
南无妙佛　南无敷華佛
南无非迦羅佛　南无善光佛
南无吉佛　南无師子威德佛
南无住智德佛　南无婆那多香佛
南无寳法廣稱佛　南无諦沙佛
南无世間喜佛　南无廣光明佛
南无寳稱佛　南无寳威德佛
南无善華佛　南无真聲佛
南无善行色佛　南无微笑眼佛
南无功德山佛　南无雲聲佛
南无妙色佛　南无命威德佛

BD15122號　佛名經（十六卷本）卷一六　（32–3）

南无善華佛　南无真聲佛
南无善行色佛　南无微笑眼佛
南无切德山佛　南无雲聲佛
南无妙色佛　南无命威德佛
南无勝步行佛　南无世間求佛
南无降伏怨佛　南无供養佛
南无喜莊嚴佛　南无舍尸難兜佛
南无般若切德光佛　南无大威德佛
南无菩寶蓋佛　南无那羅延佛
南无成就行佛　南无離優佛
南无无垢喜佛　南无无垢光明佛
南无尊堅固佛　南无无垢雲王佛
南无勝護佛　南无梵切德天王佛
南无虛空步佛　南无妙智佛
南无法寶佛　南无不空見佛
南无難降伏光佛　南无月光佛
南无月佛　南无普光明佛
南无寶勝佛　南无普觀佛
南无不可數見佛　南无通佛
南无清淨光明寶佛　南无无垢辟佛
南无善院淨无垢成就无邊切德勝王佛
南无義成就佛　南无第一然燈佛
南无切德寶勝佛　南无无垢光明佛
南无樂說莊嚴佛　南无无垢月難兜稱佛
南无鉤蘇摩莊嚴佛　南无火步佛
南无寶上佛　南无无畏見佛

BD15122 號　佛名經（十六卷本）卷一六　　（32–4）

南无義成就佛　南无第一然燈佛
南无切德寶勝佛　南无无垢光明佛
南无樂說莊嚴佛　南无无垢月難兜稱佛
南无鉤蘇摩莊嚴佛　南无火步佛
南无寶上佛　南无无畏觀佛
南无師子奮迅佛　南无離畏佛
從此以上一万二千四百佛十二部經一切賢聖
南无不怯弱離驚怖佛
南无金王威德佛　南无梵勝天王佛
南无善月佛　南无光明王佛
南无難兜稱佛　南无閻浮光明佛
南无多摩羅跋栴檀香佛
南无不動佛　南无弥留山佛
南无師子聲佛　南无師子幢佛
南无伎盧舍佛　南无常入涅槃佛
南无因陁羅幢佛　南无甘露佛
南无降伏一切世間怨佛　南无得度佛
南无弥留劫佛　南无多摩羅跋栴檀香佛
南无雲自在佛　南无能破一切驚怖畏佛
南无普光明佛　南无法光明佛
南无海幢精奮迅滿佛　南无法雷雲勝王佛
南无七寶波頭摩步佛　南无寶難兜佛
南无一切衆生愛見佛　南无滿足百千光明幢佛
南无娑羅自在王佛　南无法莊嚴王佛
南无普一寶蓋佛　南无星宿佛
南无普光明奮迅王佛　南无法莊嚴王佛

BD15122 號　佛名經（十六卷本）卷一六　　（32–5）

南无七寶彼頭摩步佛　南无寶難兜佛
南无一切衆生愛見佛　南无满足百千光明幢佛
南无娑羅自在王佛　南无法莊嚴王佛
南无普一寶蓋佛　南无星宿佛
南无普光明奮迅王佛　南无法莊嚴王佛
南无燈佛　南无堅精進佛
南无法照光佛　南无住清淨眼佛
南无善住淨境界佛　南无月山佛
南无畢竟莊嚴无邊功德王佛
南无離諸煩惱佛
南无不空見佛　南无智上光明佛
南无成就无垢无邊清淨功德勝王佛
南无寶勝智威德莊嚴自在王佛
南无清淨光佛　南无散華娑羅自在王佛
南无火華散王佛　南无月輪清淨佛
南无寂靜月聲王佛　南无无邊堅精進住勝佛
南无彼頭摩勝佛　南无法難兜佛
南无然燈佛　南无功德難兜佛
南无功德成佛　南无聖天佛
南无寶山佛　南无金剛山佛
南无一切勝佛　南无普香佛
南无善華佛　南无善勝佛
南无功德山佛　南无勝成就佛
南无拘隣佛　南无善眼佛
南无頭陁羅吒佛　南无善生佛

BD15122號　佛名經（十六卷本）卷一六　（32–6）

南无善華佛　南无善勝佛
南无功德山佛　南无勝成就佛
南无拘隣佛　南无善眼佛
南无頭陁羅吒佛　南无善生佛
南无梵勝佛　南无寂靜佛
南无梵德佛　南无因陁羅幢佛
南无月色佛　南无无垢色佛
南无无染佛　南无勝龍佛
南无龍天佛　南无金光明佛
南无勝聲因陁羅佛　南无善須弥山佛
南无善色藏佛　南无火光佛
南无威德因陁羅佛　南无地迦佛
南无琉璃華佛　南无勝瑠璃金光明佛
南无月勝佛　南无日吼佛
南无散華莊嚴光明佛
南无娑伽羅勝智奮迅通佛
南无水光明佛　南无大香行光明佛
南无離一切瞋恨意佛　南无寶勝佛
從此以上一万二千五百佛十二部經一切賢聖
南无勝積佛　南无勝山佛
南无住持功德通達佛　南无日月瑠璃光佛
南无心菩提華勝佛　南无日月佛
南无日光佛　南无華鬚色王佛
南无鈎備祢多通佛　南无水月光明佛
南无破无明闇佛　南无普蓋寶佛

BD15122號　佛名經（十六卷本）卷一六　（32–7）

南无住持功德通達佛　南无日月瑠璃光佛
南无心菩提華勝佛　南无日月佛
南无日光佛　南无華鬘色王佛
南无鈎偹弥多遍佛　南无水月光明佛
南无破无明闇佛　南无普蓋寶佛
南无增長法樂佛　南无種師子嚬增長吼佛
南无梵自在龍吼佛　南无世間自在佛
南无世間自在王佛　南无難勝佛
南无寶作佛　南无甘露聲佛
南无勝光佛　南无龍天佛
南无增上力佛　南无无垢光佛
南无師子佛　南无世間增上佛
南无德山佛　南无人王佛
南无華勝佛　南无德无畏佛
南无能平等住佛　南无金剛步佛
南无初發心離諸畏一切煩惱勝德佛
南无寶光明步爲佛　南无離諸魔怨佛
南无初發心成就不退輪勝佛
南无寶蓋勝光明佛　南无能教化諸菩薩佛
南无初發心金斷一切煩惱涤佛
南无降伏煩惱佛
南无勝光明王佛　南无三昧才勝佛
南无披頭摩上勝佛　南无日輪光明佛
南无日輪光明勝佛　南无均寶蓋佛
南无增上三昧奮迅佛　南无寶華普照勝佛
南无[illegible]　南无寶[illegible]光明[illegible]德佛

BD15122號　佛名經（十六卷本）卷一六　（32–8）

南无勝光明王佛　南无三昧才勝佛
南无披頭摩上勝佛　南无日輪光明佛
南无日輪光明勝佛　南无均寶蓋佛
南无增上三昧奮迅佛　南无寶華普照勝佛
南无最妙披頭摩佛　南无寶輪光明勝德佛
南无寶藏佛　南无堅精進思惟成就義佛
南无寶燈王佛　南无寶勝佛
南无普光明稱佛　南无慧莊嚴功德稱佛
南无稱一切衆生念勝功德佛　南无吉稱功德佛
南无畢竟斷惡稱勝佛　南无廣光明佛
南无樂說莊嚴思惟佛　南无无垢月難勝稱佛
南无鈎偹摩莊嚴光明佛　南无寶稱佛
南无无畏觀佛　南无師子力奮迅佛
南无伽耶歌王光明佛　南无賢作佛
南无无垢光明佛　南无功德寶光明佛
南无精進力成就佛　南无善清淨光佛
南无得集一切縛佛　南无无垢披頭摩藏勝佛
南无得无等力解脫佛　南无十方稱名无畏佛
南无金剛動佛　南无大寶聚佛
南无无邊功德莊嚴威德王劫佛
南无功德寶山佛　南无說一切莊嚴勝佛
南无无邊樂說莊嚴成就智佛
南无千雲吼聲王佛
南无妙金色光明威德勝照佛
南无種種威德王劫佛
南无可智氏遺一切成就智佛

BD15122號　佛名經（十六卷本）卷一六　（32–9）

南无无邊樂說莊嚴成就智佛
南无千雲吼聲王佛
南无妙金色光明威德勝照佛
南无種種威德王劫佛
南无阿僧祇億劫成就智佛
南无清淨金虛空吼光明佛
南无普光明佛　南无功德多寶海王佛
南无不空功德佛　南无妙鼓聲佛
南无照一切處佛　南无普見佛
南无法自在佛　南无光明幢佛
南无大炎聚佛　南无娑羅胎佛
南无智難兜佛
從此以上一万二千六百佛十二部經一切賢聖
南无寶尸棄佛　南无波頭摩藏佛
南无一切勝佛　南无娑伽羅佛
南无波頭摩藏佛　南无娑羅自在王佛
南无華佛　南无勝稱佛
次礼十二部尊經大藏法輪
南无五恐怖經　南无父母因緣經
南无內外无為經　南无五失蓋經
南无浮木經　南无內外六波羅蜜經
南无佛立莊嚴淨經　南无鬼子母經
南无難龍王經　南无佛說菩薩經
南无觀行移四事經　南无難提和羅經
南无佛有百八五經　南无旃陁越經

南无浮木經　南无內外六波羅蜜經
南无佛立莊嚴淨經　南无鬼子母經
南无難龍王經　南无佛說菩薩經
南无觀行移四事經　南无難提和羅經
南无佛有百八五經　南无旃陁越經
南无光世音大勢至受决經　南无梅有八事經
南无佛從上所行卅偈經　南无目連上淨居士經
南无佛在竹園經　南无堅心經
南无目佳經　南无佛昔舍利日經
次礼十方諸大菩薩
南无日慧世界堅固林菩薩
南无清淨慧世界如來林菩薩
南无梵慧世界智林菩薩
南无因陁羅世界法慧菩薩
南无蓮華世界一切慧菩薩
南无衆寶世界勝慧菩薩
南无優鉢羅世界功德慧菩薩
南无妙行世界精進慧菩薩
南无善行世界善慧菩薩
南无歡喜世界智慧菩薩
南无星宿世界真寶慧菩薩
南无歡憙世界无上慧菩薩
南无虛空世界堅固慧菩薩
南无堅固寶世界金剛幢菩薩
南无堅固寶王世界幢菩薩
南无堅固金世界夜光幢菩薩

南无最慈世界无上慧菩薩
南无虛空世界堅固慧菩薩
南无堅固寶世界金剛幢菩薩
南无堅固寶王世界偉菩薩
南无堅固金世界夜光幢菩薩
南无堅固厚足世界智幢菩薩
南无堅固金剛世界寶幢菩薩
南无堅固蓮華世界精進幢菩薩
南无堅固青蓮華世界離垢菩薩
南无堅固栴檀世界真寶幢菩薩
南无堅固香世界法幢菩薩
南无淨世界念意菩薩
次礼聲聞緣覺一切賢聖
南无香辟支佛 南无有香辟支佛
南无見人飛騰辟支佛 南无可波羅辟支佛
南无泰摩剎辟支佛 南无月淨辟支佛
南无善智辟支佛 南无脩他羅辟支佛
南无善法辟支佛 南无應求辟支佛
南无隨求辟支佛 南无大勢辟支佛
南无脩行不著覺佛 南无難捨辟支佛
南无寶辟支佛 南无不可比辟支佛
南无歡喜辟支佛 南无喜辟支佛
南无十波羅墮覺佛 南无隨喜辟支佛
南无古高名娑羅辟支佛 南无火身辟支佛
礼三寶已次復懺悔
弟子今以慈目懺悔一切諸業今當次第更

南无十波羅墮覺佛 南无隨喜辟支佛
南无古高名娑羅辟支佛 南无火身辟支佛
礼三寶已次復懺悔
弟子今以慈目懺悔一切諸業今當次第更
復一一別相懺悔若總若別若麁若細若輕
若重若說不說品類相從願皆消滅別相
懺者先懺身三次懺口四其餘諸障次第
稽顙身三業者第一殺害如經所明恕己
可為喻勿殺勿行杖雖復禽獸之殊保命
畏死其事是一若尋此衆生无始以來或
是我父母兄弟六親眷屬以業因緣輪迴
六道出生入死改形易報不復相識而今
興害食噉其肉傷慈之甚是故佛語設
得餘食當如飢世食子肉想何況食噉此
魚肉世又言為利煞衆生以錢納衆肉二俱
是惡業死墮叫呼地獄故如煞害及以食
噉罪深河海過重丘岳然弟子等无始以來
不遇善友皆為此業是故經言煞害之罪
能令衆生墮於地獄餓鬼受苦若在畜生
則受虎豹豺狼鷹鷂等身或受毒虵蝮蠍
等身常懷惡心或受麞鹿熊羆等身常懷恐
怖若生人中得二種果報一者多病二者短命
煞害食噉既有如是无量種種諸惡果報
是故弟子至到稽顙歸依佛
南无東方滅諸怖畏佛 南无南方日月燈明佛
南无西方覺華光佛 南无北方發功德佛

煞害食噉既有如是无量種種諸惡果報
是故弟子至到稽顙歸依佛
南无東方滅諸怖畏佛　南无南方日月燈明佛
南无西方覺華光佛　南无北方發功德佛
南无東南方除衆憂暗佛　南无西南方无生自在佛
南无西北方大神通王佛　南无東北方空離諸心佛
南无下方自像空无佛　南无上方隱蔽藏佛
如是十方盡虛空界一切三寶至心歸命常
住三寶
弟子自從无始以來至於今日有此心識常
懷慘毒无慈愍心或因貪起煞因瞋因癡及
以憍煞或興惡方便誓煞願煞及以呪煞或
破決湖池焚燒山野田獵魚捕或因風放火
飛鷹放犬惱害一切如是等罪今悉懺悔至
心歸命常住三寶
或以檻穽坑撥牧戟弓弩彈射飛鳥走獸
之類或以網罾釣䤴渡水性魚鼈黿鼉
蝦蜆螺蚌濕居之屬使水陸之与空行藏竄
无地或畜養雞豬牛羊犬豕鵝鴨之屬自供庖
廚或貨他宰煞使哀聲未盡毛羽脫落鱗
甲傷毀身首分離骨肉銷碎剝裂屠割炮燒
煮炙楚毒酸切橫加无辜但取一時之快口得
味甚寘不過三寸舌根而已然其罪報殃
各累劫如是等罪今日至誠皆悉懺悔至心
歸命當住三寶

BD15122號　佛名經（十六卷本）卷一六　（32–14）

煮炙楚毒酸切橫加无辜但取一時之快口得
味甚寘不過三寸舌根而已然其罪報殃
各累劫如是等罪今日至誠皆悉懺悔至心
歸命當住三寶
又復无始以來至於今日或復興師相伐疆
場交諍兩陣相向更相煞害或自煞教煞聞
煞歡喜或習屠膾倩為形戮直宰他命行於
不忍或恣忿怒揮戈舞刃或斬或刺或推著
坑塹或以水沈溺或塞穴壞巢土石磓礔或以
車馬雷轢踐踏一切衆生如是等罪无量无
邊今日發露皆悉懺悔至心歸命常住三寶
又復无始以來或墮胎破卵毒藥蠱道傷煞
衆生墾土掘地種殖田園養蠶煑繭傷煞滋
甚或打撲蚊蚋掐嚙蚤虱或燒除糞掃開決
溝渠枉害一切或噉菓實或用穀米或水或
菜橫煞衆生或然燼新或露燈燭焚諸蟲類
或食醬酢不着搖動或寫湯水澆煞蟲蟻如
是乃至行住坐卧四威儀中恒常傷煞飛空
著地細微衆生弟子以凡夫識暗不覺不知
今日發露皆悉懺悔至心歸命常住三寶
又復弟子无始以來至於今日或以鞭杖枷鎖
桁械壓拉考掠打擲手腳蹴蹋拘縛籠繫
斷絕水穀如是種種諸惡方便苦惱衆生今
日至誠向十方佛尊法聖衆皆悉懺悔至心
歸命常住三寶

BD15122號　佛名經（十六卷本）卷一六　（32–15）

桁械壓拉考掠打擲手脚蹴蹋的縛籠繫
斷絕水穀如是種種諸惡方便苦惱衆生今
日至誠向十方佛尊法聖衆皆悉懺悔悉
歸命常住三寶
願弟子等承是懺悔殺害等罪所生功德生
生世世得金剛身壽命无窮永離怨憎无
殺害想於諸衆生得一子地若見危難急
厄之者不惜身命方便救解令得解脫然後
為說微妙正法使諸衆生覩形見影皆蒙安
樂聞名聽聲恐怖悉除至心歸命常住三寶
佛說罪業報應教化地獄經
復有衆生五根不具何罪所致佛言以前世
時飛鷹走狗彈射鳥獸或破其頭或斷其
足生搣羽翼故獲斯罪
復有衆生癃殘背僂腰寬不隨脚跛手折不
能行步何罪所致佛言以前世時為人疽剋
行道安鏘或施射弋偏墜衆生前後非一故
獲斯罪
復有衆生為諸獄卒執鑿其身枷桁罣尼不
能得免何罪所致佛言以前世時網捕衆生
籠繫六畜或為宰主令長貪取民物枉
繫良善怨訴无所故獲斯罪
復有衆生或顛或癡或狂或騃不別好醜何
罪所致佛言以前世時飲酒醉亂犯卅六失
後得癡身如似醉人不別尊卑故獲斯罪

BD15122號　佛名經（十六卷本）卷一六　（32–16）

復有衆生或顛或癡或狂或騃不別好醜何
罪所致佛言以前世時飲酒醉亂犯卅六失
後得癡身如似醉人不別尊卑故獲斯罪
南无見寶佛　南无智彌留佛
南无龍德佛　南无勝行佛
南无星宿佛　南无大莊嚴佛
南无光明王佛　南无饒人佛
南无自在山佛　南无日面佛
南无善意佛　南无龍勝佛
南无弗沙佛　南无藥王佛
從此以上一万二千七百佛十二部經一切賢聖
南无師子山佛　南无住持勝功德佛
南无飲甘露佛　南无放炎佛
南无山佛　南无護世間供養佛
南无多伽羅尸棄佛　南无難勝佛
南无大燈佛　南无波頭摩上佛
南无法幢佛　南无能然燈佛
南无難勝佛　南无難可意佛
南无真聲佛　南无妙聲佛
南无婆羅步佛　南无寶炎佛
南无愛見佛　南无須彌劫佛
南无栴檀光佛　南无日光佛
南无藥樹勝佛　南无覺佛
南无記佛　南无愛作佛
南无作无畏佛　南无波頭摩寶香佛

BD15122號　佛名經（十六卷本）卷一六　（32–17）

南无旃檀光佛　南无日光佛
南无藥樹勝佛　南无覺佛
南无記佛　南无愛作佛
南无作无畏佛　南无波頭摩寶香佛
南无勝德佛　南无无垢佛
南无照一佛　南无无煩惱佛
南无善来佛　南无善光佛
南无金色佛　南无能作光明佛
南无清淨佛　南无得脫佛
南无迦陵頻伽聲佛　南无能与法佛
南无善護諸門佛　南无得意佛
南无離愛佛　南无未生寶佛
南无善護諸根佛　南无梵聲佛
南无勝聲佛　南无妙聲佛
南无大慧佛　南无无諸濁佛
南无不可動佛　南无樂解脫佛
南无勝二足佛　南无具足一切功德莊嚴佛
南无相莊嚴佛　南无拘牟陁語佛
南无不可降伏語佛　南无常相應語佛
南无梵聲安隱衆生佛　南无婆羅華佛
南无金枝華佛　南无拘牟陁相佛
南无妙頂佛　南无大牟尼佛
南无一切法到彼岸佛　南无无染佛
南无不散心佛　南无荷吒伽色佛
南无善寂成就佛　南无賒頭羅步佛

BD15122號　佛名經（十六卷本）卷一六　（32-18）

南无金枝華佛　南无拘牟陁相佛
南无妙頂佛　南无大牟尼佛
南无一切法到彼岸佛　南无无染佛
南无不散心佛　南无荷吒伽色佛
南无善寂成就佛　南无賒頭羅步佛
南无清淨手佛　南无常来佛
南无畢竟成就大悲佛　南无成就堅佛
南无常行成佛　南无離諍濁佛
南无清淨功德相佛　南无不干尼羅佛
南无勝藏佛　南无般若齋佛
南无般若寶畢竟佛　南无滿足意佛
南无世間自在王佛　南无无量命佛
南无大炎積佛　南无无邊寶佛
南无淨勝天佛　南无內外淨佛
南无寂諸根佛　南无最燈佛
南无成就不思惟頭婆羅王佛　南无師子意佛
南无降伏力佛　南无住持速行佛
南无放光明王佛　南无毗頭奚吼佛
南无无念覺法王佛　南无國土莊嚴身佛
南无智根本華幢佛　南无化稱佛
從此以上一万二千八百佛十二部經一切賢聖
南无一切色摩尼藏佛　南无法藏自在佛
南无法藏波婆羅佛　南无无邊寶功德藏佛
南无淨華聲佛　南无大法王鉤脩摩勝佛
南无一切无盡藏佛　南无功德山藏佛

BD15122號　佛名經（十六卷本）卷一六　（32-19）

南无一切色摩尼藏佛　南无法藏自在佛
南无法藏波娑羅佛　南无无邊實功德藏佛
南无淨華聲佛　南无大法王鈎備摩勝佛
南无一切无盡藏佛　南无功德山藏佛
南无星宿藏佛　南无虛空智山佛
南无智力天王佛　南无无障㝵海隨順智佛
南无无邊覺海藏佛　南无智王无盡稱佛
南无心意奮迅王佛　南无自性清淨智佛
南无智自在法王佛　南无差別去佛
南无自在見佛　南无隨順香見法猶佛
南无龍月佛　南无因陁羅波娑羅无障㝵王佛
南无智難兜佛　南无智燈佛
南无大光明照佛　南无不可勝佛
南无照佛　南无銀難兜幢盡佛
南无威德自在王佛　南无覺王佛
南无寶藏佛　南无大婆伽羅佛
南无十方差佛　南无降伏魔佛
南无降伏貪佛　南无降伏瞋佛
南无降伏癡佛　南无无憍慢佛
南无降伏瞋恨垢佛　南无清淨佛
南无業勝得名佛　南无如意清淨得名佛
南无得施起名佛　南无得清淨戒名佛
南无起忍辱成就佛　南无得起精進名佛
南无得起禪名佛　南无得起般若名佛
南无成就施不可思議名佛
[illegible]

BD15122號　佛名經（十六卷本）卷一六　（32–20）

[illegible]
南无起忍辱成就佛　南无得起精進名佛
南无得起禪名佛　南无得起般若名佛
南无成就施不可思議名佛
南无成就戒不可思議名佛
南无成就禪不可思議名佛
南无成就般若不可思議佛
南无行成就得名佛
南无成就陁羅尼清淨得名佛
南无陁羅尼色清淨得名佛
南无陁羅尼施清淨得名佛
南无空无我自在得名佛　南无眼陁羅尼自在佛
南无耳陁羅尼自在佛　南无鼻陁羅尼自在佛
南无舌陁羅尼自在佛　南无身陁羅尼自在佛
南无意陁羅尼自在佛　南无色陁羅尼自在佛
南无聲陁羅尼自在佛　南无香陁羅尼自在佛
南无味陁羅尼自在佛　南无觸陁羅尼自在佛
南无法陁羅尼自在佛　南无地陁羅尼自在佛
南无水陁羅尼自在佛　南无火陁羅尼自在佛
南无風陁羅尼自在佛　南无苦自在佛
南无集自在佛　南无滅自在佛
南无道自在佛　南无陰自在佛
南无界自在佛　南无入自在佛
南无三世自在佛　南无陁羅尼華自在佛
南无吉光明佛　南无香燈香自在光明佛
南无法幢佛　南无師子聲佛

BD15122號　佛名經（十六卷本）卷一六　（32–21）

南无果自在佛　南无入自在佛
南无三世自在佛　南无陀羅尼華自在佛
南无吉光明佛　南无香燈香自在光明佛
南无法幢佛　南无師子聲佛
南无照藏佛　南无法明衆身佛
南无一切通光佛　南无月智佛
南无妙勝佛　南无賢勝佛
南无普滿佛　南无普賢佛
南无那羅延王佛　南无成就一切義佛
南无住持威德佛　南无无畏觀佛
從此以上一万二千九百佛十二部經一切賢聖
南无如是等現在過去未來无量无邊佛
南无十千同名滿足佛　南无三万同名能聖佛
南无二千同名拘隣佛　南无十八億同名寶體清淨佛
南无六億同名月燈佛　南无千五百同名大威德佛
南无一万五千同名歡喜佛　南无八万四千同名龍王佛
南无一万五千同名日佛　南无一万八千同名娑羅王佛
南无一万八千同名因陀羅幢王佛　南无八千同名善光佛
南无八百同名獅威佛　南无卅六億十一佛
九千五百同名佛此諸佛名百千万劫不可聞
如優曇鉢華若人受持讀誦此諸佛名畢
竟遠離諸煩惱
舍利弗應當敬礼彼頭摩勝如來佛
南无獅王佛　南无佛
南无天光佛　南无德山佛

BD15122號　佛名經（十六卷本）卷一六　（32–22）

竟遠離諸煩惱
舍利弗應當敬礼彼頭摩勝如來佛
南无獅王佛　南无佛
南无天光佛　南无德山佛
南无勝上佛　南无娑羅王佛
南无淨王佛　南无大慧梁佛
南无須弥佛　南无大智慧須慧佛
南无寶作佛　南无寶藏佛
南无破金剛佛　南无賢智不動佛
南无香普佛　南无甘露命佛
南无難勝佛　南无月光佛
南无日照佛　南无智難兜佛
南无大師子佛　南无弥留山佛
南无香光佛　南无德山佛
南无大光佛　南无阿摩羅藏佛
南无寶圍佛　南无金剛藏佛
南无優波羅藏佛　南无大日佛
南无橋梁戴佛　南无月勝佛
南无樂堅固佛　南无不思議法身佛
南无勝藏佛　南无不空王佛
南无金剛无㝵佛　南无寶炎佛
南无賒施燈佛　南无降伏一切怨佛
南无自在佛　南无大智真聲佛
南无般若香爲佛
舍利弗若善男子善女人聞此諸佛名受

BD15122號　佛名經（十六卷本）卷一六　（32–23）

南无金剛无㝵佛　南无寶炎佛
南无賧施燈佛　南无降伏一切怨佛
南无自在佛　南无大智真聲佛
南无般若香篇佛
舍利弗若善男子善女人聞此諸佛名受
持讀誦不生疑者是人八千億劫不入地獄
不入畜生不入鬼道不生邊地不生貧窮
家不生下賤家常生天人豪貴之處常
得歡喜適樂无㝵常得一切世間尊重供
養乃至得大涅槃
舍利弗汝等應當敬礼不可嫗身佛
南无稱聲佛　南无稱威德佛
南无稱名佛　南无葉陁佛
南无聲炎佛　南无聲分勇猛佛
南无智勝佛　南无智善智佛
南无梵勝佛　南无淨婆藪佛
南无淨佛　南无淨天佛
南无淨聲佛　南无梵自在佛
南无威德佛　南无毗摩勝佛
南无毗摩意佛　南无毗摩面佛
南无毗摩聲佛　南无无邊聲佛
南无寶見佛　南无善明月佛
南无除聲佛　南无放聲佛
南无鶖怖魔力聲佛　南无淨眼佛
南无无邊眼佛　南无普眼佛
南无…眼佛　南无不可行佛

南无寶見佛　南无善明月佛
南无除聲佛　南无放聲佛
南无鶖怖魔力聲佛　南无淨眼佛
南无无邊眼佛　南无普眼佛
南无勝眼佛　南无不可行佛
南无寂勝佛　南无善寂心佛
南无善寂根佛　南无善寂意佛
南无善寂德佛　南无善住佛
南无衆自在王佛　南无大自在佛
南无衆解脫佛　南无法幢佛
從此以上一万三千佛十二部經一切賢聖
南无法山佛　南无法勝佛
南无法體佛　南无法力佛
南无法勇猛佛　南无法體決定佛
南无第二劫八十億同名法體決定佛
舍利弗若善男子善女人受持是佛名畢
竟不入地獄速得三昧
舍利弗過是佛名无量无邊阿僧祇劫有
佛名人自在聲汝當歸命彼人自在聲佛
壽命七十千万劫住世初會十億聲聞衆集
八十那由他千万菩薩衆集皆得諸神通具
四无㝵通達一切空到彼岸我若无量劫住
世說彼佛大會國土莊嚴如大海水中一滴之分
次礼十二部尊經大藏法輪
南无文殊師利五體誨過經

八十那由他千万菩薩衆集皆得諸神通具
四无𢰅通達一切空到彼岸我若无量劫住
世説彼佛大會國土莊嚴如大海水中一渧之分
次礼十二部尊經大藏法輪
南无文殊師利五體誨過經
南无閑居經　　南无文陁竭經
南无大愛道受戒經　　南无度世經
南无分和檀王經　　南无大善權經
南无解无常經　　南无八念經
南无要真經　　南无照明三昧經
南无大本藏經　　南无大六向拜經
南无八正道經　　南无諸神呪經
南无胡般泥洹經　　南无本相猗致經
南无大愛道泥洹經　　南无十思惟經
南无六淨經　　南无六十二見經
南无流攝經
次礼十方諸大菩薩
南无淨世界陁羅尼自在王菩薩
南无善見世界堅固莊嚴菩薩
南无淨光世界功德山王菩薩
南无淨世界法慧菩薩
南无淨光世界山王菩薩
南无淨光世界師子吼菩薩
南无淨光世界彌勒菩薩
南无淨光世界功德聚菩薩

BD15122 號　佛名經（十六卷本）卷一六　（32–26）

南无淨光世界山王菩薩
南无淨光世界師子吼菩薩
南无淨光世界彌勒菩薩
南无淨光世界功德聚菩薩
南无好成世界智積菩薩
南无寂靜世界進淨菩薩
南无善信淨菩薩　　現在西北方菩薩名
南无旃檀香世界普明菩薩
南无旃檀香世界大光菩薩
南无金剛世界法首菩薩
南无思惟樹世界善首菩薩
南无離闇冥世界光曜內菩薩
南无日慧世界福德王菩薩
南无星宿世界然燈菩薩
南无旃檀香世界海慧菩薩
南无意入世界无量華照垂跋菩薩
南无金色世界文殊師利菩薩
南无樂色世界覺首菩薩
南无華色世界財首菩薩
南无瞻蔔華色世界寶首菩薩
次礼聲聞緣覺一切賢聖
南无脩行不著辟支佛　　南无難稽辟支佛
南无寶辟支佛　　南无不可比辟支佛
南无歡喜辟支佛　　南无喜辟支佛
南无隨喜辟支佛

BD15122 號　佛名經（十六卷本）卷一六　（32–27）

南无寶辟支佛 南无不可比辟支佛
南无歡喜辟支佛 南无喜辟支佛
南无隨喜辟支佛
南无十二婆羅墮辟支佛
南无十同名婆羅辟支佛
南无火身辟支佛
南无同菩提辟支佛 南无摩訶男辟支佛
南无心上辟支佛 南无踈淨辟支佛
南无善使辟支佛 南无圍陁辟支佛
南无吉沙辟支佛 南无優波吉辟支佛
南无斷有辟支佛 南无優波支羅辟支佛
礼三寶已次復懺悔
次懺劫盜之業經中說言若物屬他他所
守護於此物中一草一葉不與不取何況盜竊
但自衆生唯見現在利故以種種非道而
取致使未來受此殃累是故經言劫盜之
罪能令衆生墮於地獄餓鬼受苦若在畜
生則受牛馬驢騾駱駝等形以其所有身
力血肉償他宿債若生人中為他奴婢衣不
蔽形食不充命貧寒困苦人理殆盡劫盜既有
如是苦報是故弟子今日至到稽首歸依於
佛
如是苦報是故弟子今日至到稽首歸依於佛
南无東方壞諸煩惱佛
南无南方妙音自在佛

佛
如是苦報是故弟子今日至到稽首歸依於佛
南无東方壞諸煩惱佛
南无南方妙音自在佛
南无西方大雲光佛
南无北方雲自在佛
南无東南方无緣莊嚴佛
南无西南方過諸魔界佛
南无西北方見无恐懼佛
南无東北方一切德嚴佛
南无下方妙善住王佛
南无上方蓮華藏光佛
如是十方盡虛空界一切三寶至心歸命常
住三寶
弟子自從无始以來至於今日或盜他財寶
興刃强奪或自恃逼迫而取或公威或假
勢力高桁大械狂碎良善吞納姧貨者直
為曲為因緣身羅憲網或任耶治或領他財物
侵公益私侵私益公損彼利此損此利彼
割他自饒口與心恡或竊沒租估偷度關
稅匿公課輸藏隱使役如是等罪今悉
懺悔至心歸命常住三寶
或是佛法僧物不與而取或經像物或治
營塔寺物或供養常住僧物或擬招提
僧物或盜取悞用恃勢不還或自借或貸

我[illegible]
懺悔至心歸命常住三寶
或是佛法僧物不與而取或經像物或治
營塔寺物或供養常住僧物或擬招提
僧物或盜取悞用恃勢不還或自借或貸
人或復換貨漏忘或三寶无分混亂雜用
或以眾物穀米樵薪塩豉醬酢菜茹菓
實錢帛竹木繒綵幡蓋香花油燭隨情
逐意或自用或與人或摘佛華菓用僧鬘
物回三寶財私自利己如是等罪无量无邊
今日慚愧皆悉懺悔至心歸命常住三寶
又復无始以來至于今日或作周遊朋友師
僧同學父母兄弟六親眷屬共住同上百
一所須更相欺罔或於鄉隣比近親離招
牆假他地宅改摽易相廣略田園因公託私
奪人邸店及以毛野如是等罪今悉懺悔
至心歸命常住三寶
又復无始以來或攻城破邑燒村壞柵偷
賣良民誘他奴婢或復枉砰无罪之人使其形
殞血刃身被徒鏁家業破散骨肉生離分
張異域生死隔絕如是等罪无量无邊今遂
至心皆盡懺悔至心歸命常住三寶
又復无始以來至於今日或商估博貨邸店
市易輕秤小斗減割尺寸盜竊分銖欺罔
圭合以麤易好以短換長巧欺百端希望豪
利如是等罪今悉懺悔至心歸命常住三寶

BD15122號　佛名經（十六卷本）卷一六　（32–30）

至心皆盡懺悔至心歸命常住三寶
又復无始以來至於今日或商估博貨邸店
市易輕秤小斗減割尺寸盜竊分銖欺罔
圭合以麤易好以短換長巧欺百端希望豪
利如是等罪今悉懺悔至心歸命常住三寶
又復无始以來至於今日穿踰牆壁斷道抄
掠抵捍債息負情違要面欺心口或非道
陵奪鬼神禽獸四生之物或假託卜相取人
財寶如是乃至以利求利惡求多求无猒无
足如是等罪无量无邊不可說盡今日向十方
佛尊法聖眾皆悉懺悔至心歸命常住三寶
願弟子等承是懺悔劫盜等罪所生功德生
生世世得如意寶常雨七珎上妙衣服百味
甘露種種湯藥隨意所須應念即至一切眾
生无偷奪想一切皆能少欲知足不貪不著常
樂專施行急濟道頭目髓腦捨如棄涕唾
迴向滿足波羅蜜至心歸命常住三寶
佛說罪業報應教化地獄經
復有眾生其形短小陰藏甚大挽之身及皆
復進引行步坐卧以之為妙何罪所致佛言以
前世時於市販賣自譽己物毀辱他財蹋斗
抍升躡秤前後故獲斯罪
復有眾生其形甚醜身黑如漆兩目復
青高頰俱堆面平鼻兩眼黃赤牙齒
疏缺口氣腥臭矬短躄腫大腹遠寬腳
[illegible]了戾腰脊延勤費衣健食惡瘡膿血

BD15122號　佛名經（十六卷本）卷一六　（32–31）

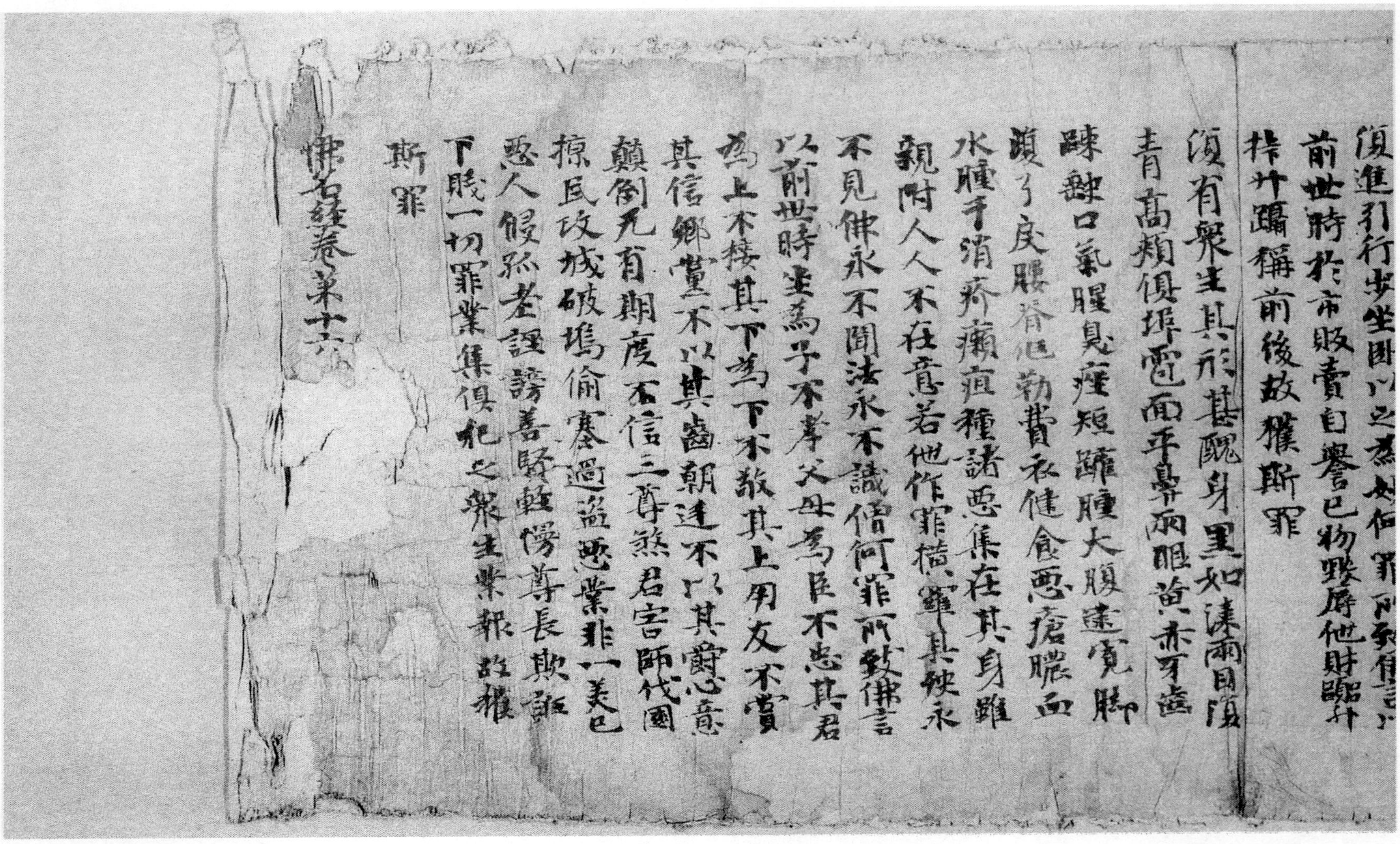

BD15122號　佛名經（十六卷本）卷一六　　（32–32）

BD15123號背　封皮　　（1–1）

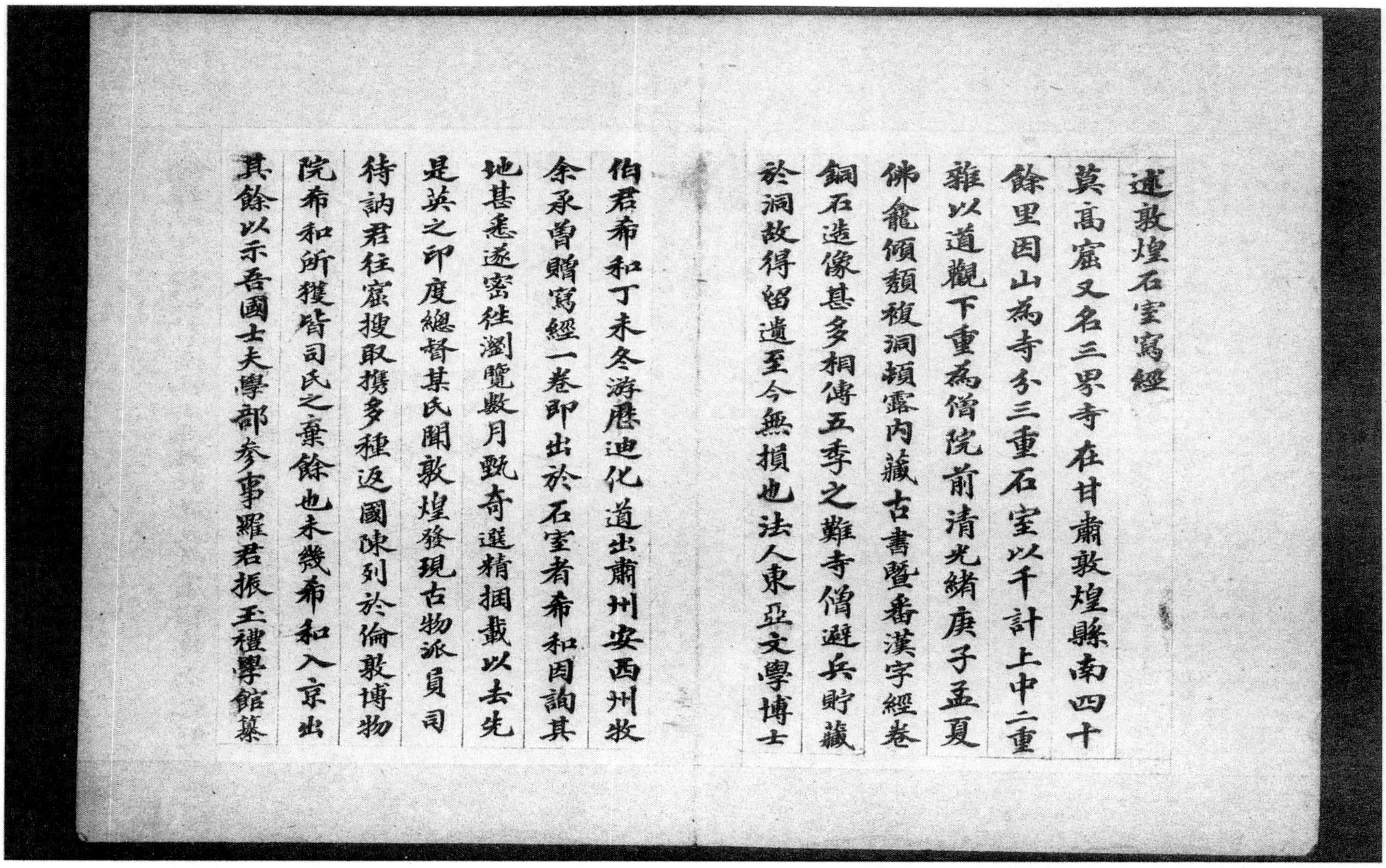

述敦煌石室寫經
莫高窟又名三界寺在甘肅敦煌縣南四十
餘里因山為寺分三重石室以千計上中二重
雜以道觀下重為僧院前清光緒庚子孟夏
佛龕傾頹複洞頓露內藏古書暨番漢字經卷
銅石造像甚多相傳五季之難寺僧避兵貯藏
於洞故得留遺至今無損也法人東亞文學博士
伯君希和丁未冬游歷迪化道出肅州安西州牧
余承曾贈寫經一卷即出於石室者希和因詢其
地甚悉遂密往瀏覽數月甄奇選精捆載以去先
是英之印度總督某氏聞敦煌發現古物派員司
待訥君往窟搜取攜多種返國陳列於倫敦博物
院希和所獲皆司氏之棄餘也未幾希和入京出
其餘以示吾國士夫學部參事羅君振玉禮學館纂

BD15123號A　十誦比丘波羅提木叉戒　（15–1）

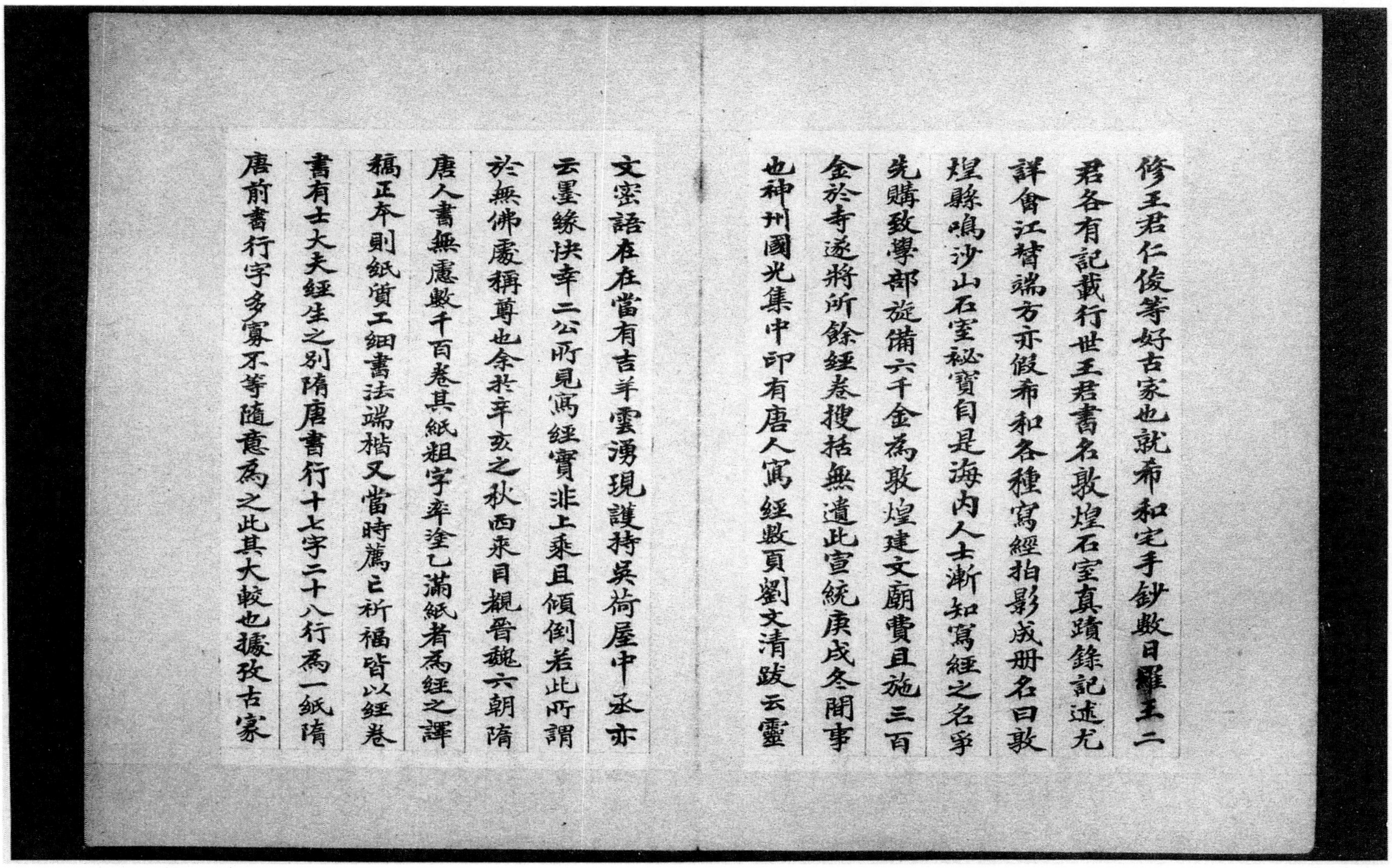

修王君仁俊等好古家也就希和宅手鈔數日羅王二
君各有記載行世王君書名敦煌石室真蹟錄記述尤
詳會江督端方亦假希和各種寫經拍影成冊名曰敦
煌縣鳴沙山石室祕寶自是海內人士漸知寫經之名爭
先購致學部旋備六千金為敦煌建文廟費且施三百
金於寺遂將所餘經卷搜括無遺此宣統庚戌冬聞事
也神州國光集中印有唐人寫經數頁劉文清跋云靈
文密語在在當有吉羊雲湧現護持吳荷屋中丞亦
云墨緣快幸二公所見寫經實非上乘且傾倒若此所謂
於無佛處稱尊也余於辛亥之秋西來目覩晉魏六朝隋
唐人書無慮數千百卷其紙粗字率塗乙滿紙者為經之譯
稿正本則紙質工細書法端楷又當時薦亡祈福皆以經卷
書有士大夫經生之別隋唐書行十七字二十八行為一紙隋
唐前書行字多寡不等隨意為之此其大較也據考古家

BD15123號A　十誦比丘波羅提木叉戒　（15–2）

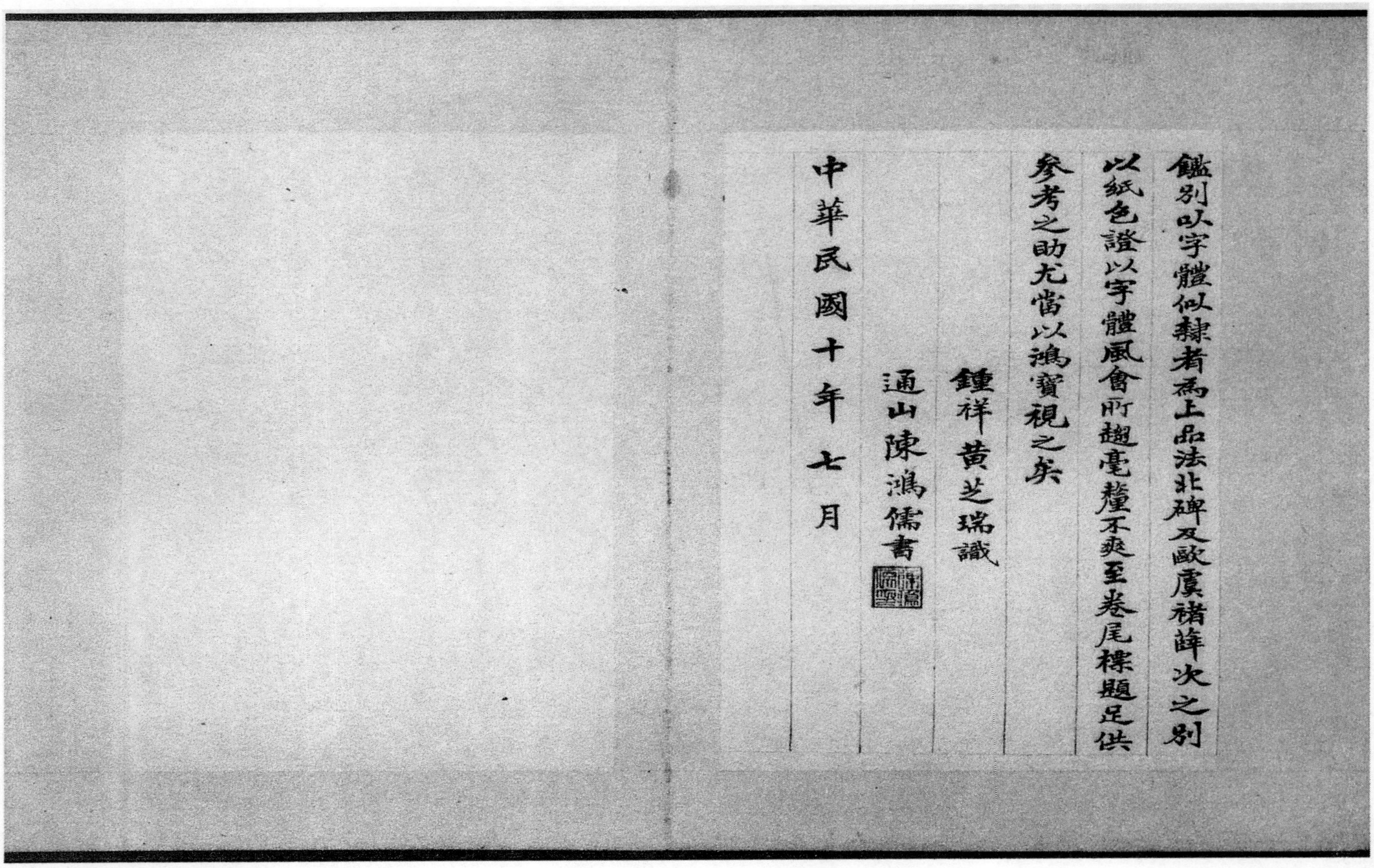

鑑別以字體似隸者爲上品法北碑及歐虞褚薛次之別
以紙色證以字體風會所趨毫釐不爽至卷尾標題足供
參考之助尤當以鴻寶視之矣
鍾祥黃芝瑞識
通山陳鴻儒書
中華民國十年七月

BD15123 號 A　十誦比丘波羅提木叉戒　（15–3）

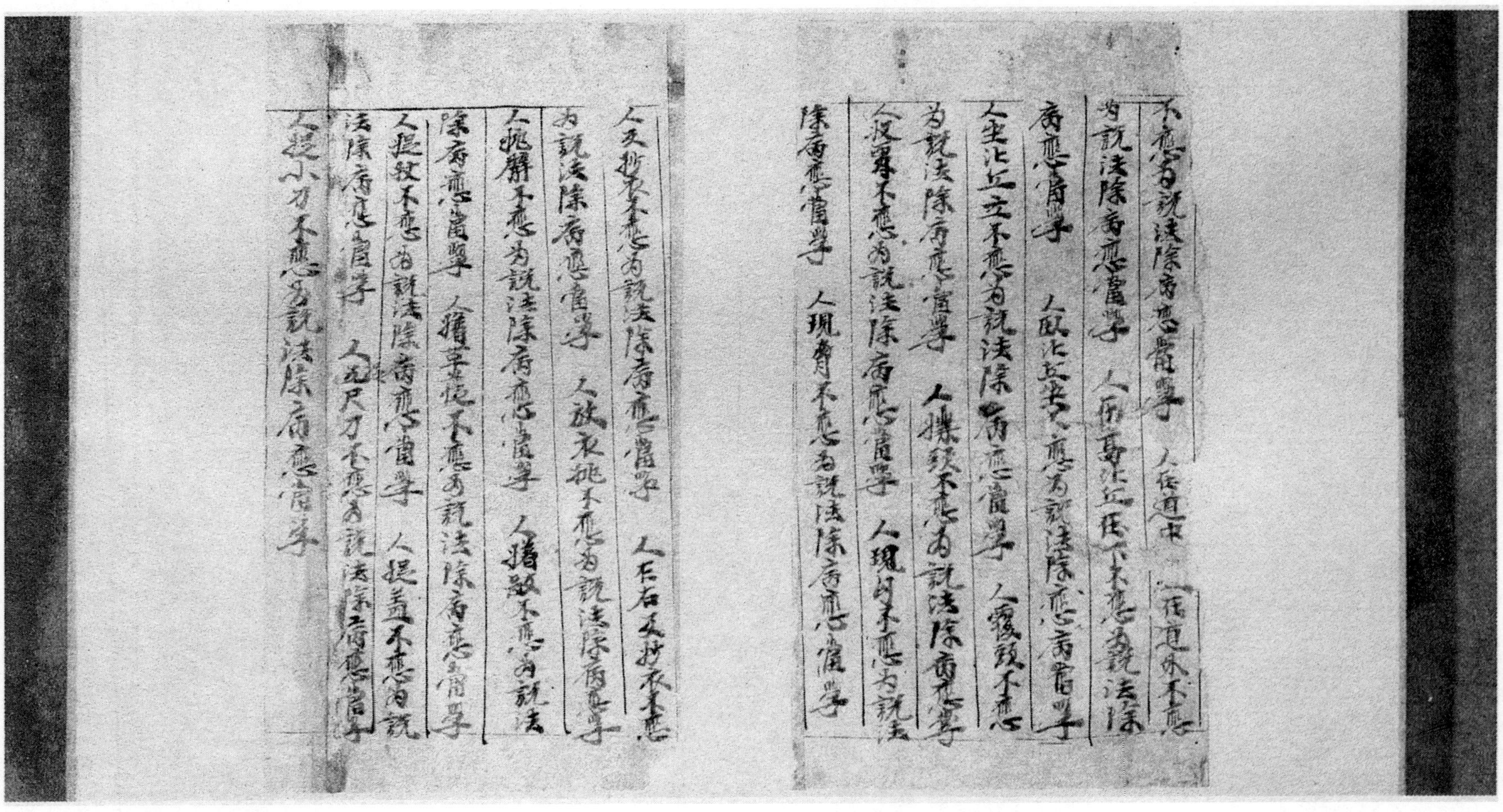

不應爲說法除病應當學　人在道中己在道外不應
爲說法除病應當學　人在高比丘在下不應爲說法除
病應當學　人臥比丘坐不應爲說法除病應當學
人坐比丘立不應爲說法除病應當學　人覆頭不應
爲說法除病應當學　人裹頭不應爲說法除病應當學
人叉腰不應爲說法除病應當學　人現胸不應爲說法
除病應當學　人現脅不應爲說法除病應當學
人叉抄衣不應爲說法除病應當學　人左右叉抄衣不應
爲說法除病應當學　人放衣挑不應爲說法除病應當學
人著履不應爲說法除病應當學　人著屐不應爲說法
除病應當學　人著革屣不應爲說法除病應當學
人捉杖不應爲說法除病應當學　人捉蓋不應爲說
法除病應當學　人捉刀不應爲說法除病應當學
人捉小刀不應爲說法除病應當學

BD15123 號 A　十誦比丘波羅提木叉戒　（15–4）

亦問是中清淨不 諸大德是中清淨嘿然故是事如是持
諸大德已說波羅提木叉序已說四波羅夷法已說十三
僧伽婆尸沙法已說二不定法已說卅尼薩耆波夜提法
已說九十波夜提法已說四波羅提提舍尼法已說眾學法
已說七滅諍法 是事入佛經中半月半月波羅提木叉中
說及餘隨道戒法 是中諸大德一心一學如水乳合安樂行
應當學

忍辱第一道 涅槃佛稱最 出家惱他人 不名為沙門
譬如明眼人 能避嶮惡道 世有聰明人 能遠離諸惡
不惱不說過 如戒所說行 飯食知節量 常樂在閑居
心淨樂精進 是名諸佛教 譬如蜂採花 不壞色與香
但取其味去 比丘出聚落 不破壞他事 不觀作不作
但自觀身行 諦視善不善
欲得好心 莫放逸 聖人善法 當懃學 若有智慧

BD15123號A 十誦比丘波羅提木叉戒 (15-5)

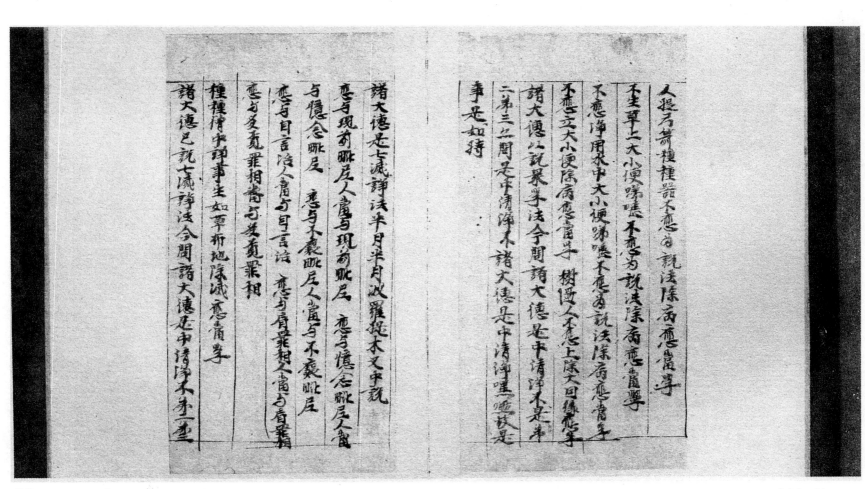

人捉刀者種種器不應為說法除病應當學
不生草上大小便涕唾不應為說法除病應當學
不應淨用水中大小便涕唾不應為說法除病應當學
不應立大小便除病應當學 樹過人不應上除大因緣應當學
諸大德已說眾學法今問諸大德是中清淨不 是第
二第三亦問是中清淨不 諸大德是中清淨嘿然故是
事如是持

諸大德是七滅諍法半月半月波羅提木叉中說
應與現前毗尼人當與現前毗尼 應與憶念毗尼人當
與憶念毗尼 應與不癡毗尼人當與不癡毗尼
應與自言治人當與自言治 應與覓罪相人當與覓罪
應與多覓罪相當與多覓罪相
種種諍事生如草布地除滅應當學
諸大德已說七滅諍法今問諸大德是中清淨不 第二亦

BD15123號A 十誦比丘波羅提木叉戒 (15-6)

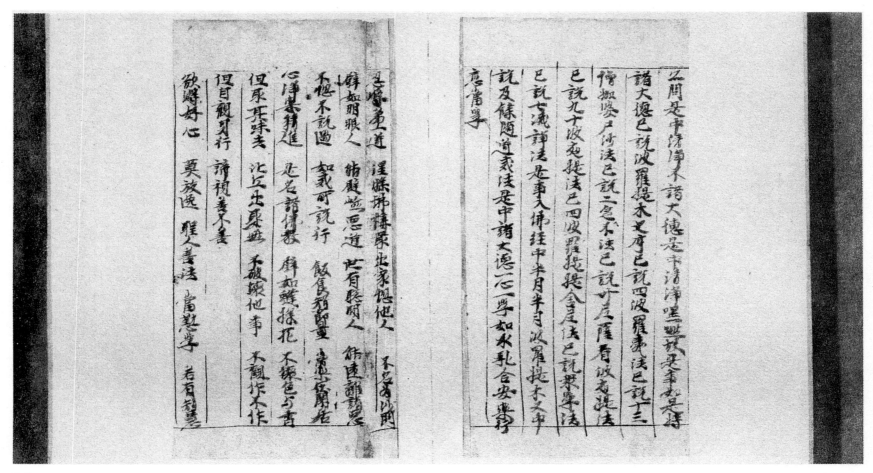

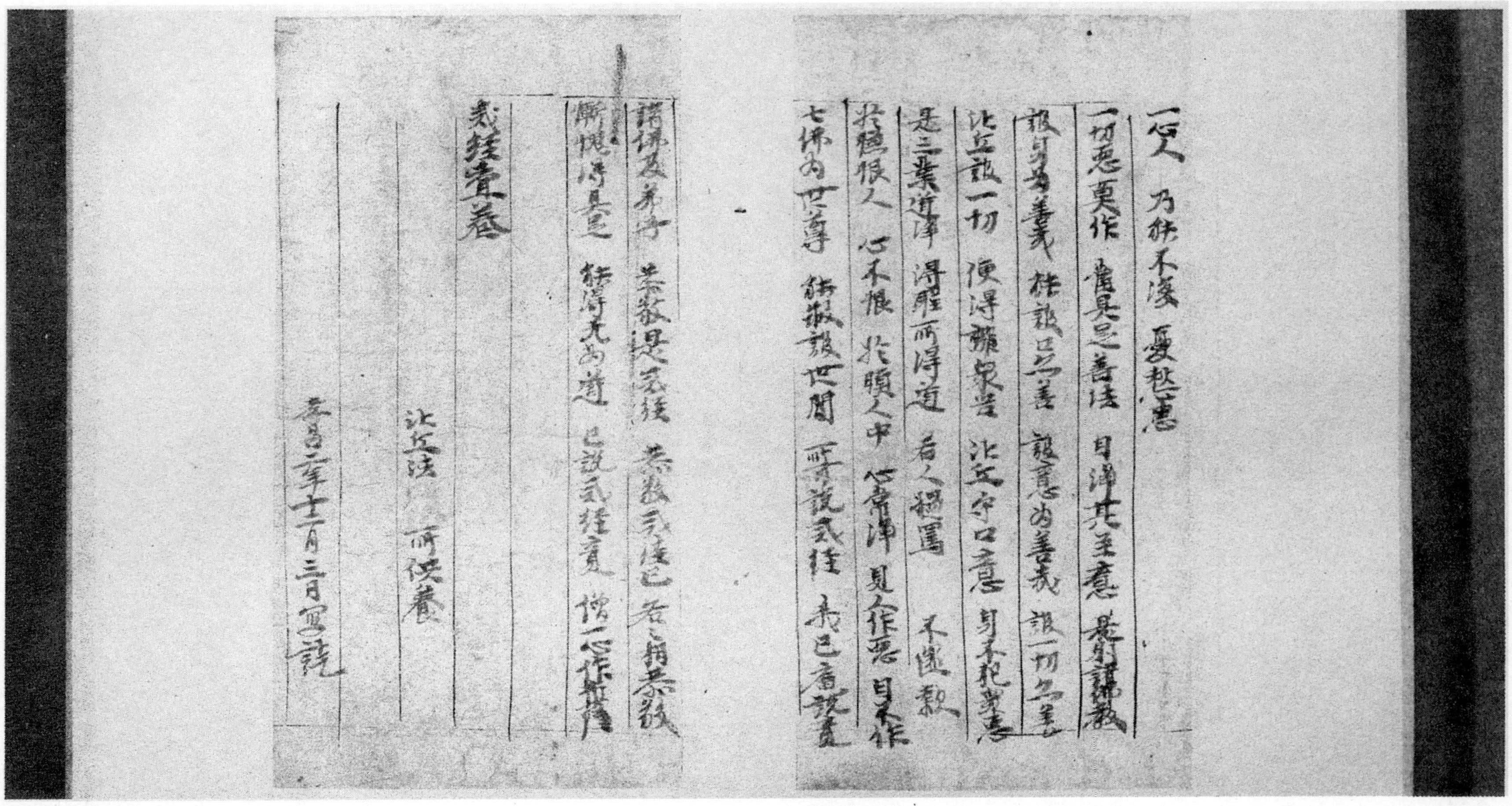
一心人 乃能不復 憂愁患
一切惡莫作 當具足善法 自淨其志意 是則諸佛教
護身為善哉 能護口亦善 護意為善哉 護一切亦善
比丘護一切 便得離衆苦 比丘守口意 身不犯衆惡
是三業道淨 得聖所得道 若人撾罵 不還報
於瞋恨人 心不恨 於瞋人中 心常淨 見人作惡 自不作
七佛為世尊 能救護世間 所說戒經 我已廣說
諸佛及弟子 恭敬是戒經 恭敬戒經已 各各相恭敬
慚愧得具足 能得無為道 已說戒經竟 僧一心作布薩
戒經壹卷
比丘法　所供養
孝昌二年十二月三日寫訖

BD15123 號 A　十誦比丘波羅提木叉戒　（15–7）

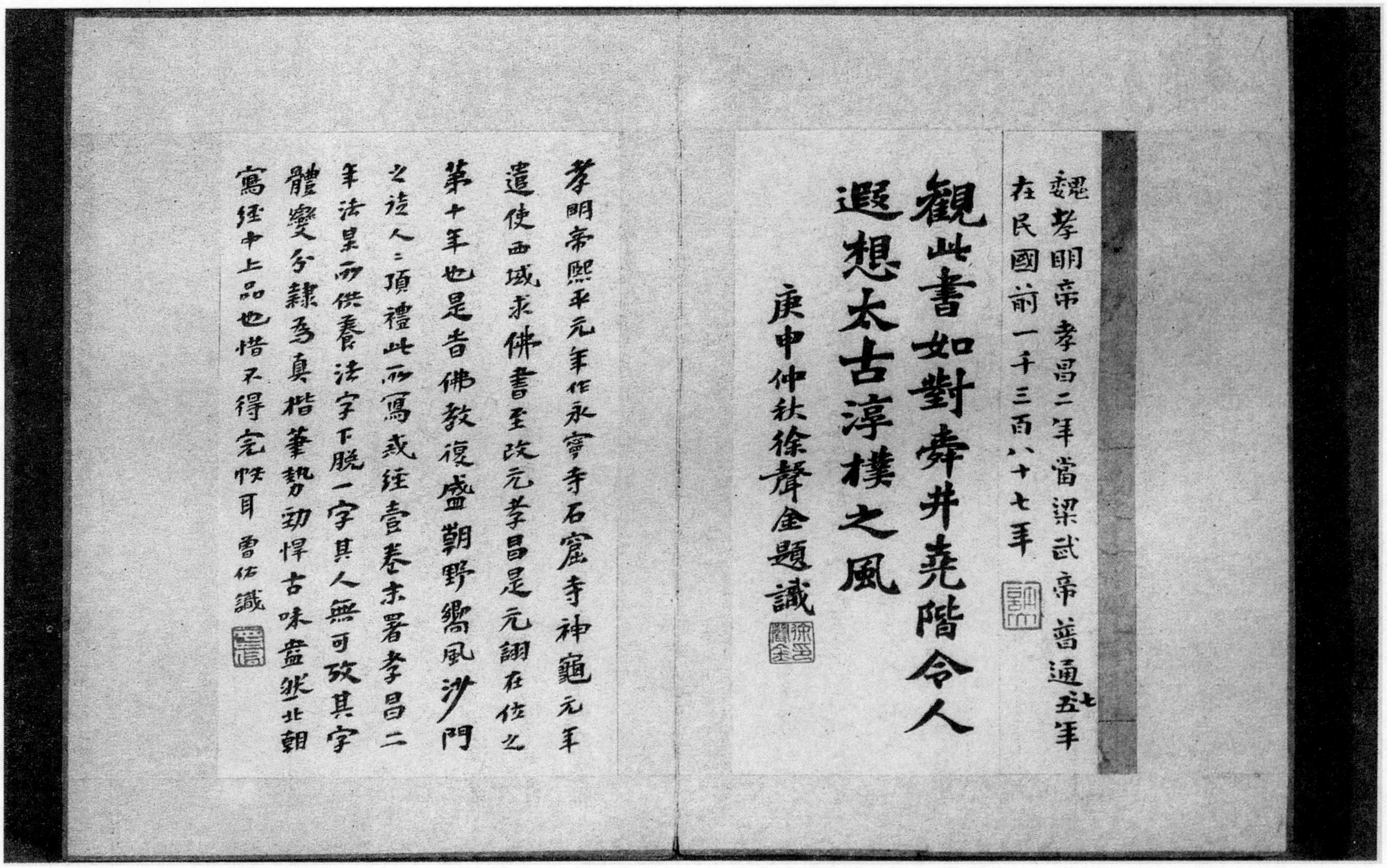
魏孝明帝孝昌二年當梁武帝普通七年
在民國前一千三百八十七年
觀此書如對舜井堯階令人
遐想太古淳樸之風
庚申仲秋徐聲金題識

孝明帝熙平元年作永寧寺石窟寺神龜元年
遣使西域求佛書至改元孝昌是元詡在位之
第十年也是時佛教復盛朝野嚮風沙門
之徒人人頂禮此所寫戒經壹卷末署孝昌二
年法某所供養法字下脫一字其人無可攷其字
體變分隸為真楷筆勢勁悍古味盎然北朝
寫經中上品也惜不得完帙耳　曹佑識

BD15123 號 A　十誦比丘波羅提木叉戒　（15–8）

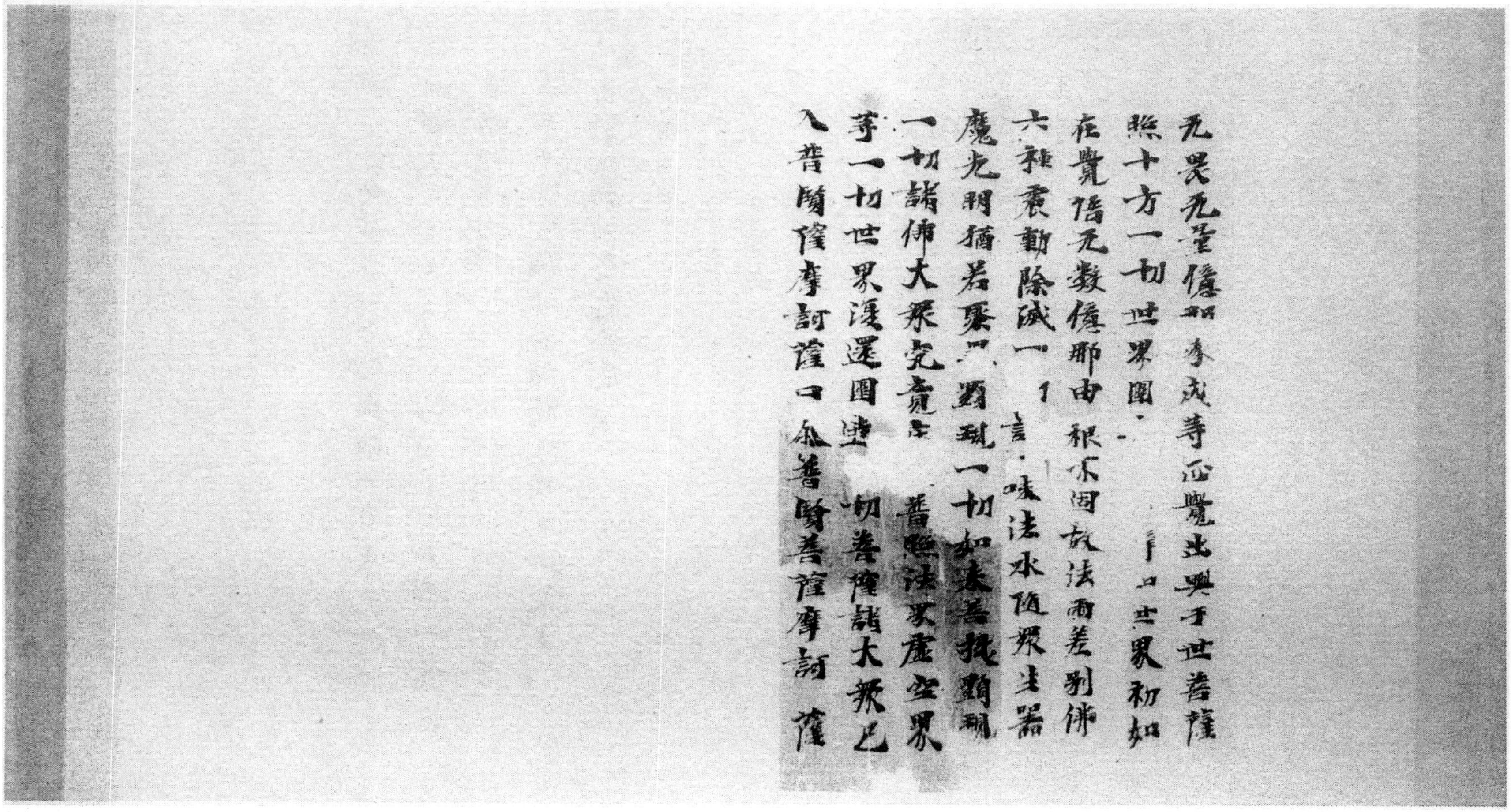

无畏无量億那由他等正覺出興于世菩薩
照十方一切世界圓 手口出界初如
在覺悟无數億那由他根不同故法雨差別佛
六種震動除滅一切 言味法水隨衆生器
魔光明猶若聚日 顯現一切如來菩提顯現
一切諸佛大衆究竟 普照法界虛空界
等一切世界遍還圓滿 切菩薩諸大衆已
入普賢菩薩摩訶薩口 入普賢菩薩摩訶 薩

BD15123 號 B　大方廣佛華嚴經（晉譯六十卷本）卷三三　　（15–9）
BD15123 號 C　大方廣佛華嚴經（晉譯六十卷本）卷三三

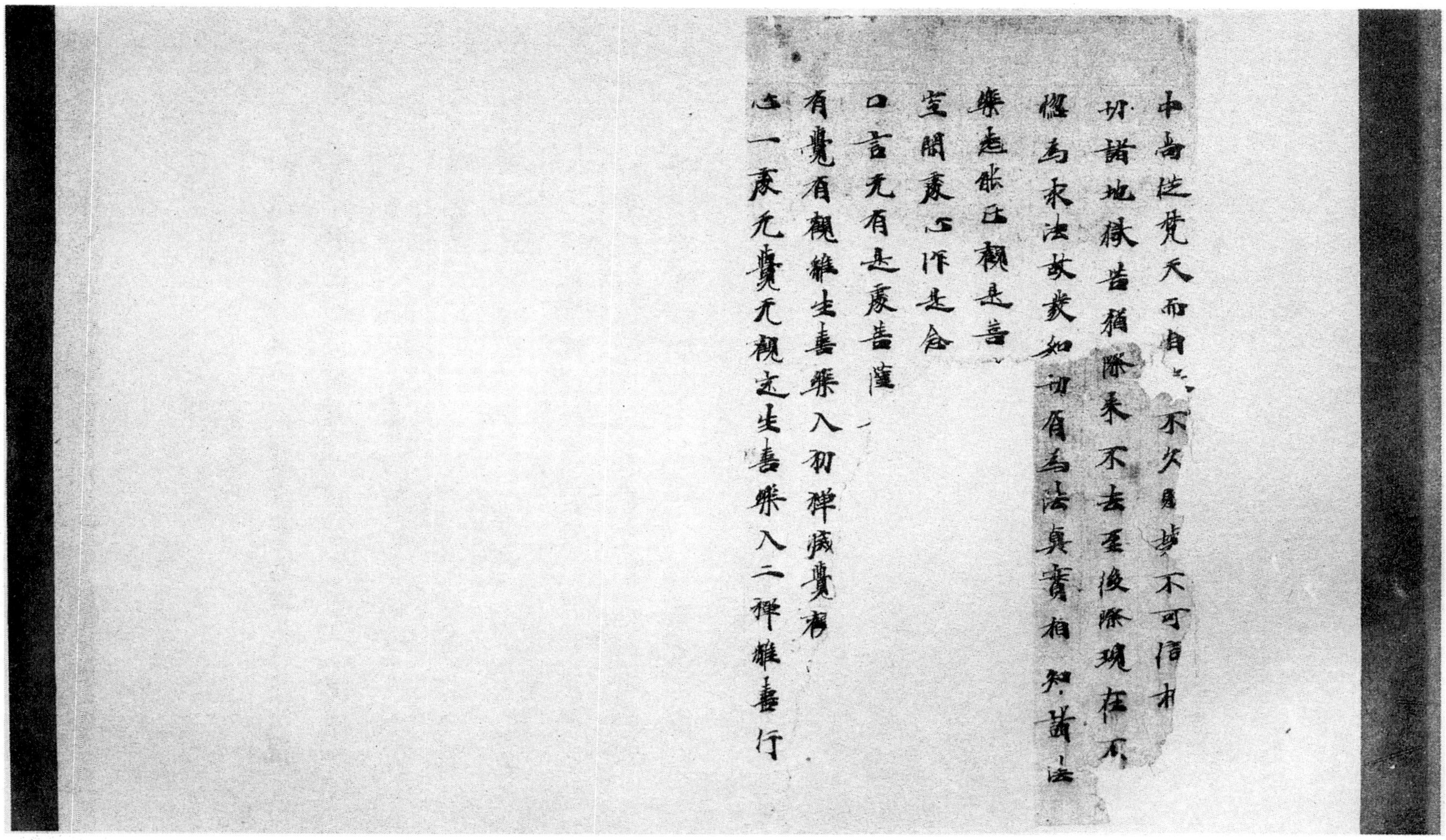

中尚從梵天而自出不久見夢不可信相
切諸地獄苦猶除未不去至後際現在不
憶為求法故數如切有為法真實相知諸法
樂起龍任觀是音
空閒處正作是念
口言无有是處菩薩
有覺有觀離生喜樂入初禪滅覺觀
心一處无覺无觀定生喜樂入二禪離喜行

BD15123 號 D　大方廣佛華嚴經（晉譯六十卷本）卷二四　　（15–10）
BD15123 號 E　大方廣佛華嚴經（晉譯六十卷本）卷二四

子多所饒益多所安隱哀愍世間息利一切
安樂天人聞如是義佛子菩薩成就身口意
業能得一切勝妙功德於佛正法心无罣㝵
去來今佛所轉法輪能隨順轉不捨衆生
達實相斷一切惡具足
普賢大菩…

BD15123號F　大方廣佛華嚴經（晉譯六十卷本）卷六　（15–11）

如來回身堪受一切衆苦是爲菩薩摩訶薩
第七發金剛心莊嚴大乘菩薩摩訶薩作如
是念未來世劫无量无邊无有分際不可窮
盡菩薩發如是心我當盡一切未來世法界
虛空界等劫於一世界行菩薩道教化衆生
如一世界盡法界虛空界等一切世界亦復
如是心亦不驚不怖不畏行菩薩行何以故
菩薩法應如是爲一切衆生脩菩薩行是爲

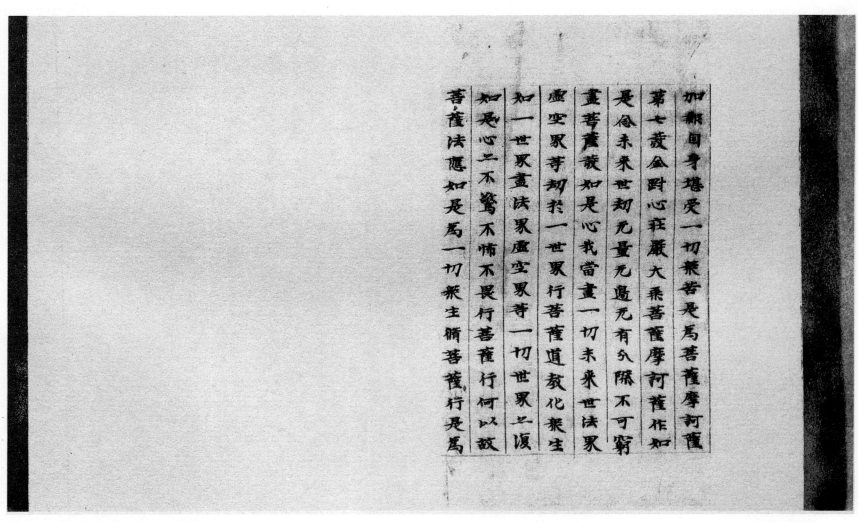

BD15123號G　大方廣佛華嚴經（晉譯六十卷本）卷三九　（15–12）

志等次應作食是彼梵志共在一處各作是
論吾等各各出二兩金錢以供食具尒時羅
閱城中有梵志名曰雞頭極為貧匱趣自存
活无金錢可輸便為諸梵志所驅逐使出衆
中是時雞頭梵志還至家中告其婦卿今當
知諸梵志等所見驅逐不聽在衆所以然者
由无金錢故時婦報言還入城中隨人舉債
必當得之又語其主七日之後當相報償設

BD15123 號 H　增壹阿含經卷二六　（15–13）

丘已告諸比丘我今觀此衆人中大有損減
所以然者今此衆中无有舍利弗目揵連比
丘若舍利弗目揵連所遊之方彼方便為空
聞舍利弗目揵連今在此方所以然者舍利
弗目揵連比丘堪任降此外道尒時世尊告
諸比丘諸佛所造甚奇甚特有此二神足弟
子取般涅槃然如来无有愁憂正使過去恒
沙如来之復有此智慧神足弟子正使當来

BD15123 號 I　增壹阿含經卷一九　（15–14）

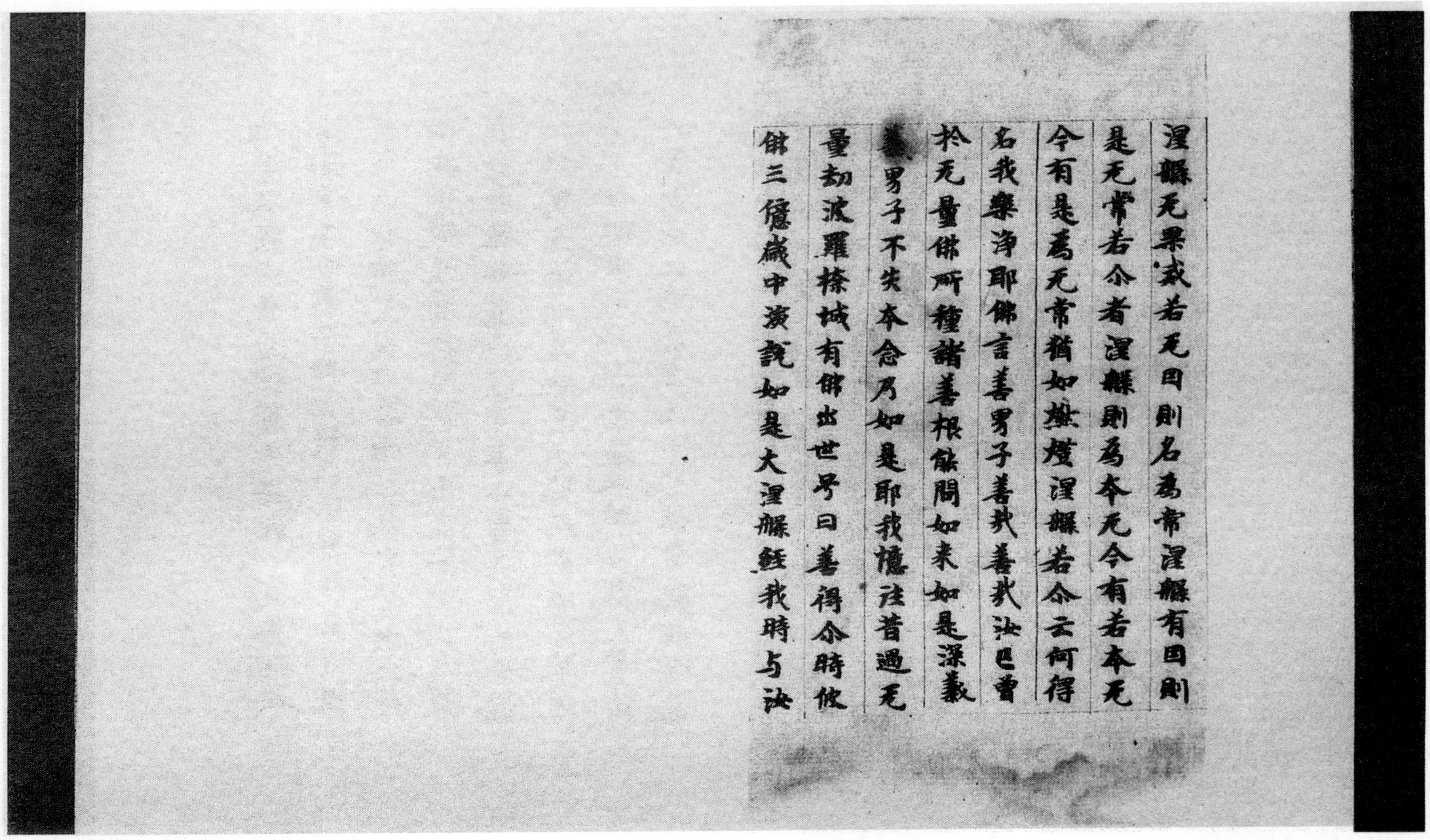

涅槃无果哉若无因則名為常涅槃有因則
是无常若尒者涅槃則為本无今有若本无
今有是為无常猶如燃燈涅槃若尒云何得
名我樂淨耶佛言善男子善哉善哉汝已曾
於无量佛所種諸善根能問如來如是深義
善男子不失本念乃如是耶我憶往昔過无
量劫波羅㮈城有佛出世号曰善得尒時彼
佛三億歲中演說如是大涅槃經我時与汝

BD15123 號 J　大般涅槃經（北本）卷二八　　（15–15）

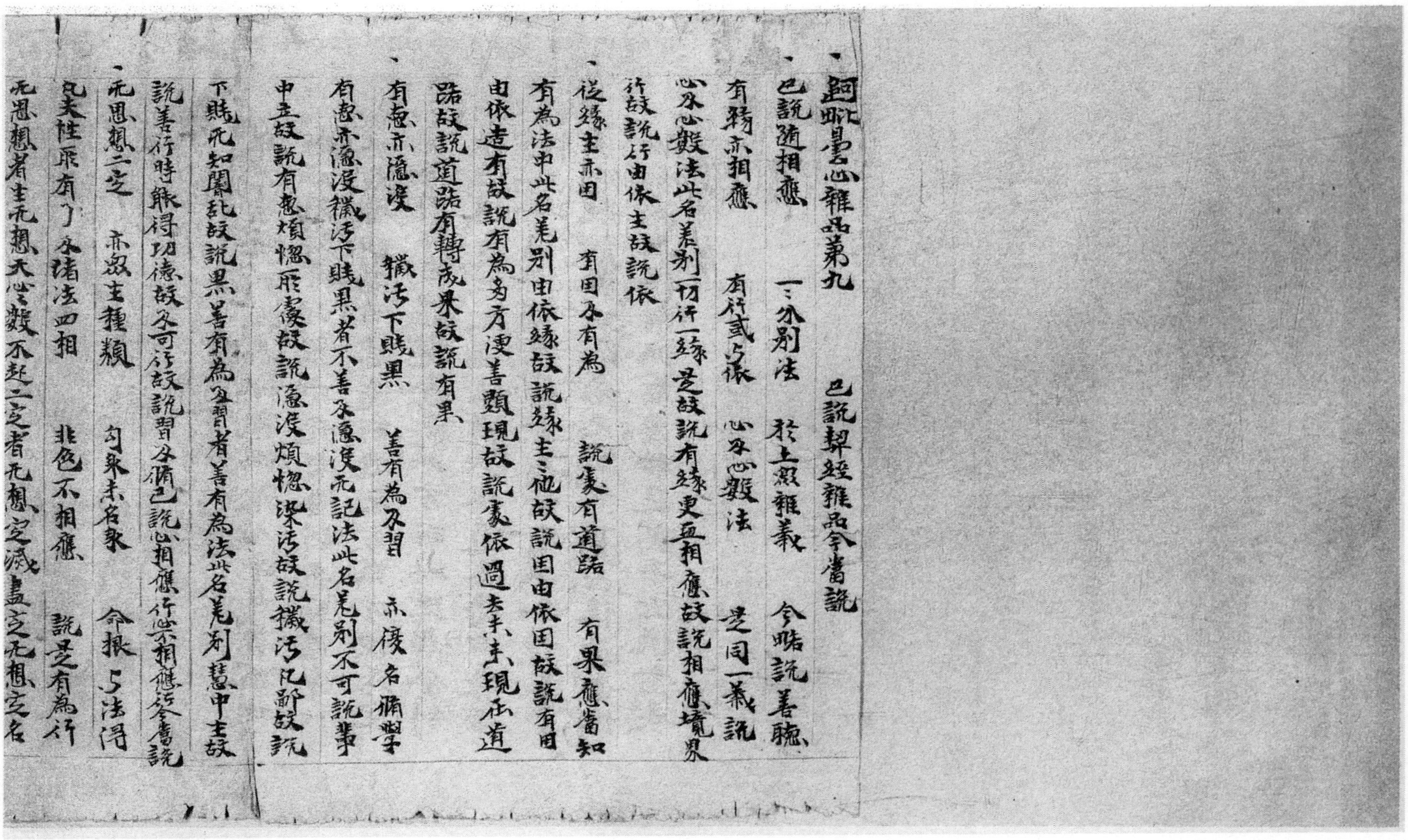

阿毗曇心雜品第九　　已說契經雜品今當說
一一分別法　於上說雜義　今略說善聽
已說諸相應　有行亦有依　心不心數法　是同一義說
心不心數法此名差別一切行一緣是故說有緣更互相應故說相應境界
行故說行由依生故說依
從緣生亦因　有因不有為　說處有道路　有果應當知
有為法中此名差別由依緣故說緣生施故說因由依因故說有因
由依造有故說有為為方便善類現故說處依過去未來現在道
路故說道路有轉成果故說有果
有穢亦穢汚　穢汚下賤黑　善有為不習　亦復名循學
有穢亦穢汚穢汚下賤黑者不善不穢汚无記法此名差別不可說事
中立故說有穢煩惱所覆故說穢汚煩惱染汚故說穢汚凡鄙故說
下賤无知闇亂故說黑善有為不習者善有為法此名差別慧中生故
說善行時能得功德故不可行故說習不循已說心相應行心不相應行今當說
无思想二定　亦數生種類　句身未名身　命根与法得
凡夫性所有　不諸法四相　非色不相應　說是有為行
无思想者生无想天心心數不起二定者无想定滅盡定无想定名

BD15124 號　阿毗曇心論卷上　　（6–1）

說善行時能得功德故及可行故說習及循已說心相應行共相應行今當說
一无思想二定　亦衆生種類　句身未名身　命根与法得
凡夫性所有了及諸法四相　非色不相應　說是有為行
无思想者生无想天心〻數不起二定者无想定滅盡定无想定名
厭於生死解脫相由第四禪心相續一時逆滅盡定名厭於勞
務息上想由非想非〻想心相續一時續亦衆生種類者生處已生
於此處衆生依及心相似句者名會如所說如一所行非常謂興衰
法未者句會事廣說如偈及契經名者字會說義如說常命
根者煖及大壽相續不逆得者成就諸法不捨凡夫性者未殊正證離
聖法是凡夫所有四相者生住衰无常非色者此一切諸法如上所說非
色〻所攝不相應者无緣故說是有為行者有為造故說有為
行問此中幾善幾不善幾无記答
一善二三種五　七應是无記　二在色當知　一在无色地
善二者无想定滅盡定三種五者得生衰住无常善中善不善中
不善无記七應是无記者七无記无想衆生種類句味名命凡夫
性所有問此中幾欲界繫幾色界繫幾无色繫答二在色當知一
在无色地二在色當知者无想定及无想天是色界一在无色地者滅
盡定在无色界
一界說於三　謂餘在三界　有漏无漏五　其餘定有漏
一界說於三者句味名亦在欲界亦在色界非无色界離言語故謂餘
在三界者衆生種類命得凡夫所有及四相通在三界問此中幾有漏
幾无漏答有漏无漏五其餘定有漏〻〻无漏五者得生衰住无常
在有漏中有漏在无漏中无漏其餘定有漏者謂餘一切是有漏
問諸此聖法假名凡夫三界中无記此云何捨云何逆答
一初无漏心中　聖不成就捨　凡夫流諸界　離欲時滅盡
初无漏心中聖不成就捨者第一无漏心中得聖法時得不成就捨凡
夫凡夫流諸界時謂處所命終處所捨謂處所生彼處所得无記
故離欲時滅盡者謂地凡夫所有若此地離欲爾時俱滅凡夫性已說心
不相應行无為今當說三无為法數緣滅非數緣滅及虛空於中數緣

BD15124號　阿毗曇心論卷上　（6–2）

一初无漏心中　聖不成就捨　凡夫流諸界　離欲時滅盡
初无漏心中聖不成就捨者第一无漏心中得聖法時得不成就捨凡
夫凡夫流諸界時謂處所命終處所捨謂處所生彼處所得无記
故離欲時滅盡者謂地凡夫所有若此地離欲爾時俱滅凡夫性已說心
不相應行无為今當說三无為法數緣滅非數緣滅及虛空於中數緣
滅者解脫諸煩惱依於數緣滅有漏法離煩惱解脫數緣力及類力
計挍事有而无是名緣數滅无㝵相之想是名虛空謂不斷相色是虛空
一諸法從緣起　亦從依与緣　不具亦不生　此滅非是明
一切有為法從緣而生无緣則不生如眼依於眼依色依空依明依地依
家然若此一切共和合者便得生若餘不具則不得生如眼時眼一切時生
爾時是餘事不具眼識不得生若彼眼識應當生而不生眼已生終不
復更生離此緣故是有未〻不復當生彼起其義違不和合是非數
緣滅如是一切行盡當知已說无為因今當說問有為法說是因此中云
何因為誰〻因答
一前因相似增　或俱依倚生　一向不一緣　一向已生說
前因相似增者前生法後生相似因轉增非穢如穢善於自地穢善
因不中因上因中因不上因上唯上因所法時有住有增然不滅是
故非為穢因或俱依倚生者或因俱生如相應因及共有因二因
不一緣一向已生說者自然因已生當言因非不生前者後因未生者
无前後若有者應漸〻生不從因生不爾是故不有一切通因亦如
是及次第緣問謂此欸者為是衆生數為非衆生數答欸是衆生
數欸者衆生數法中說非不衆生數所以者何在衆生數者不共有
非衆生數者共有是故非欸問是果法云何答有為解脫果一切
有為法性果所有從因由故无為解脫亦應說道果問有緣法云〻
何〻行緣答有緣者共俱有緣是相應是共俱一緣中行不別問
何處行答行於境〻界〻中行非自性離自性行及緣義別故問
心〻數法為有處所為无處所答无有住處所〻以者何普因故普
因生心〻數法因二眼生一識若有住處者應住一眼中一識故若爾者
第二眼不應見色而見是故非一眼中住如是一切盡當知若如是

BD15124號　阿毗曇心論卷上　（6–3）

何三行緣荅有緣者共俱有緣是相應是共俱一緣中行不別脫
何處行荅行於他々境々界々中行非自性離自性行不緣義別故問
心々數法為有處所為无處所荅无有住處所々以者何普因故普
因生心々數法因二眼生一識若有住處者應住一眼中一識故若爾者
第二眼不應見色而見是故非一眼中住如是一切盡當知若如是
者以是故无住處問世尊說心解脫云何心解脫為過去為未來為現在荅
生時而解脫　道生時解脫　所以者何道生時諸煩惱滅是
故生時解脫問道生時斷煩惱為不荅
道滅時滅結　明慧之所說　道滅時斷煩惱非生時所以者
何道生時是未來々々道者不能行事以是故无有道滅時斷煩
惱解脫道生時解脫問世尊說有疑无有疑有疑幾種无疑幾種荅
有疑有五種　无有獨一相　有疑有五種者有疑名於生不生物若
疑是名有疑此五種見苦斷見習滅道斷及思惟斷无有獨一相者
无有色已見斷樂於斷是名无疑有此一向思惟斷所以者何見疑思
惟斷此是不轉行相續中疑非疑見是故思惟斷問世尊說三界
斷界无欲界滅界此何相荅
疑處餘煩惱　滅盡是之三界
疑斷是无欲界處斷是滅界餘煩惱斷是斷界問十心欲界善
穢污无記色界善穢污无記无色界善穢污无記及无漏此心幾
穢污心中可得幾善心中幾无記心中荅
穢污心得十　正覺之所說　善心中得六　无記即无記
穢污心中得正覺之所說者穢污心中得一切十心界及地未還時三
界善穢污及无記此一切得退時得无漏善心中得六者善心中得
六心欲界善未學得及身口行亦變化心无記色界善變化心无記
无色界善心及无漏无記即无記者无記心唯得无記從下地故問道
說道品十法此中幾根性所有幾非根性荅
道品有六法　當說是為根　此中六法根性所有信首五根
及喜餘者非根性所有問諸法為自性相應為他性荅

BD15124 號　阿毗曇心論卷上　（6–4）

說道品十法此中幾根性所有幾非根性荅
道品有六法　當說是為根　此中六法根性所有信首五根
及喜餘者非根性所有問諸法為自性相應為他性荅
相應於諸法　是說得為他　諸法他性相應不自性非為
自性於自性伴問若此解脫當云何荅
諸中解於縛　天仙人所說　諸煩惱於緣中愚即使不起愚緣
中縛即於中解所不可以相應解相應所以者何以愛故問若斷即是
解脫為異荅如是若解脫者即是斷問煩惱斷非解脫荅有
貳斷以故縛　道見及思惟　苦智已生習智未生見苦所斷煩惱斷
而見習所斷煩惱縛如是思惟所斷一切種更互相緣故問見四真
諦時云何得不壞淨荅
二解於三諦　得是及聖戒　四由見正道　與起清淨信
二解於三諦者觀苦習滅得於法不壞淨苦智習滅智相應信
是名不壞淨得是及聖戒四由見正道與起清淨信者見道時俱得四
問幾世脩荅脩習於二世諸法脩於正現在者行脩未來者得脩問心共四法
云何荅　一切心數法　說是心共行　此相及餘法　住亦應當知
一切心數法說是心共行者一切心數法說心共行心近故此相者心有此相生衰
住无常心近故及餘法者餘心數法相亦心共行住亦應當知者无教戒
如前說問斷法云何荅斷諸有漏法斷離患故問知法云何荅知彼
諸无垢有漏及无漏是一切知法一切知境界故問遠法云何荅過去未來
遠過去未來是說遠不辯事故問近法云何荅謂餘說於近現在近辯
事故无為近遠得故問定法云何荅
无間无救業　及行諸无漏　慧者說是定　五无間業是
定必至地獄故无漏行亦是定必至解脫果故餘不定問見處云何荅
見處必有漏一切有漏法見處五見處所故問若成就根是成就幾根荅
說有十九根　謂成就極多　少成就極八　曉了根所說
說有十九根謂成就極多者十九根成就極多如二形不具懷未離欲見

BD15124 號　阿毗曇心論卷上　（6–5）

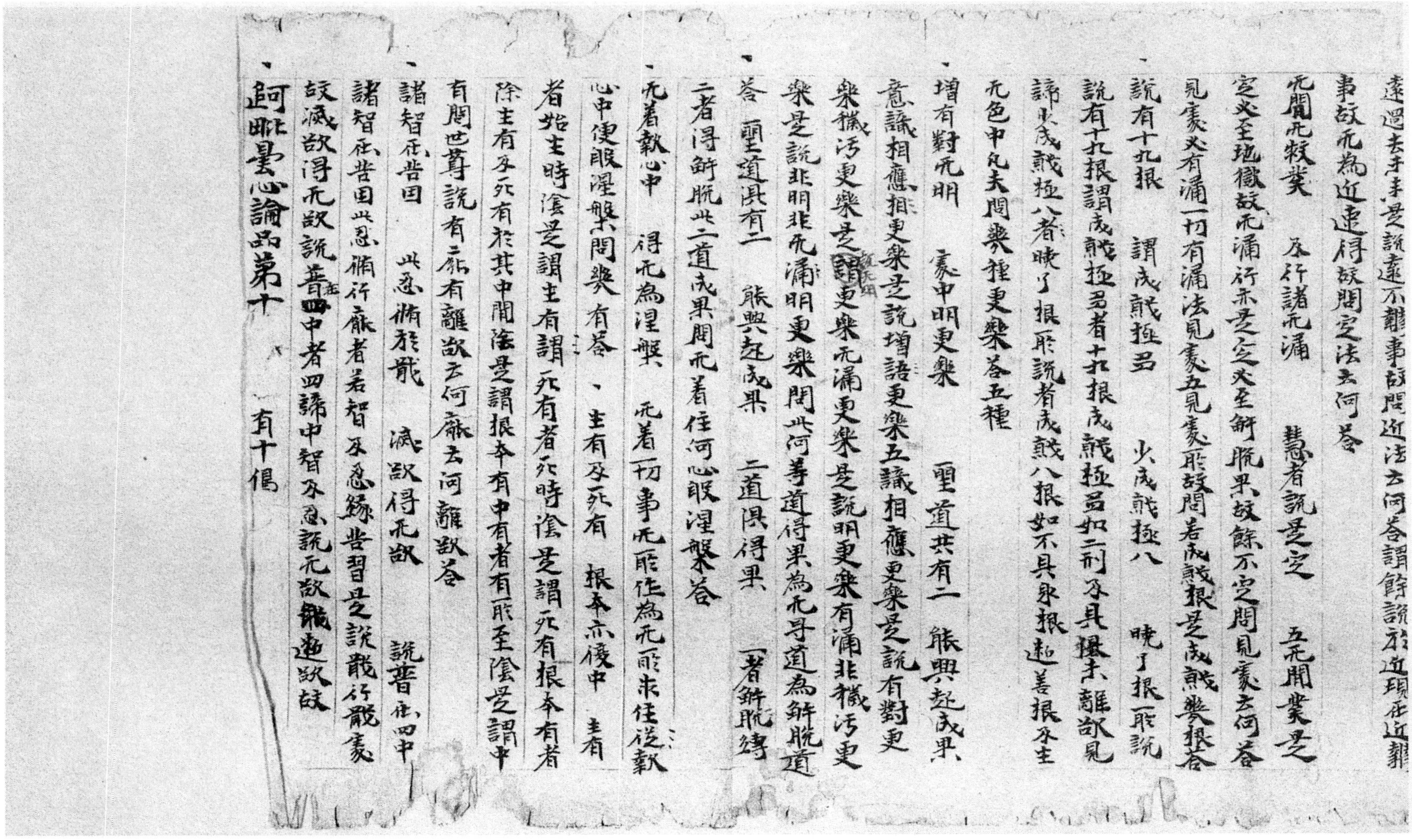
遠過去未來是說遠不離事故問近法云何答謂餘說於近現在近離
事故无為近遠得故問空法云何答
无聞无救業　及行諸无漏　慧者說是空　五无間業是
空又至地獄故无漏行亦是空又至解脫果故餘不空問見處云何答
見處又有漏一切有漏法見處五見處所故問若成就根是成就幾根答
說有十九根　謂成就極多　少成就極八　曉了根所說
說有十九根謂成就極多者十九根成就極多如二形及具撮末離欲見
諦未成就極八者曉了根所說者成就八根如不具及根斷善根及生
无色中凡夫問幾種更樂答五種
增有對无明　處中明更樂　聖道共有二　能與起成果
意識相應根更樂是說增語更樂五識相應更樂是說有對更
樂穢污更樂是說[illegible]更樂无漏更樂是說明更樂有漏非穢污更
樂是說非明非无漏明更樂問此何等道得果為无导道為解脫道
答　聖道俱有二　能與起成果　二道俱得果　一者解脫縛
二者得解脫此二道成果問无著住何心般涅槃答
无著歡心中　得无為涅槃　无著一切事无所作為无所求住從歡
心中便般涅槃問幾有答　生有及死有　根本亦復中　生有
者始生時陰是謂生有謂死有者死時陰是謂死有根本有者
除生有及死有於其中間陰是謂根本有中有者有所至陰是謂中
有問世尊說有離有離欲云何離云何離欲答
諸智在普因　此忍滿於識　滅欲得无欲　說普在四中
諸智在普因此忍滿行離者若智及忍緣普習是說識行識處
故滅欲得无欲說普在四中者四諦中智及忍說无欲識斷欲故
阿毗曇心論品第十　有十偈

BD15124號　阿毗曇心論卷上　（6–6）

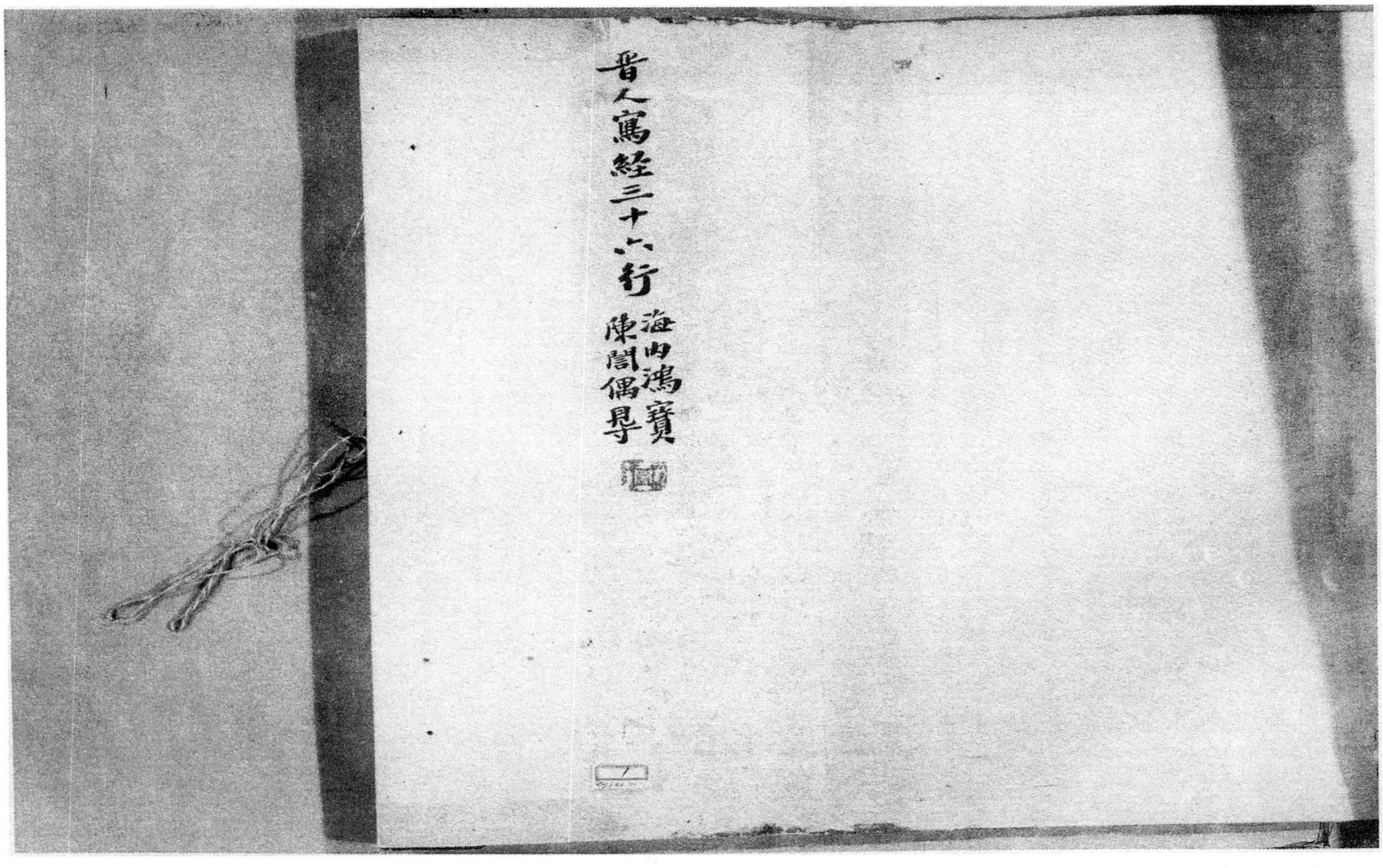

BD15125號背　護首　（1–1）

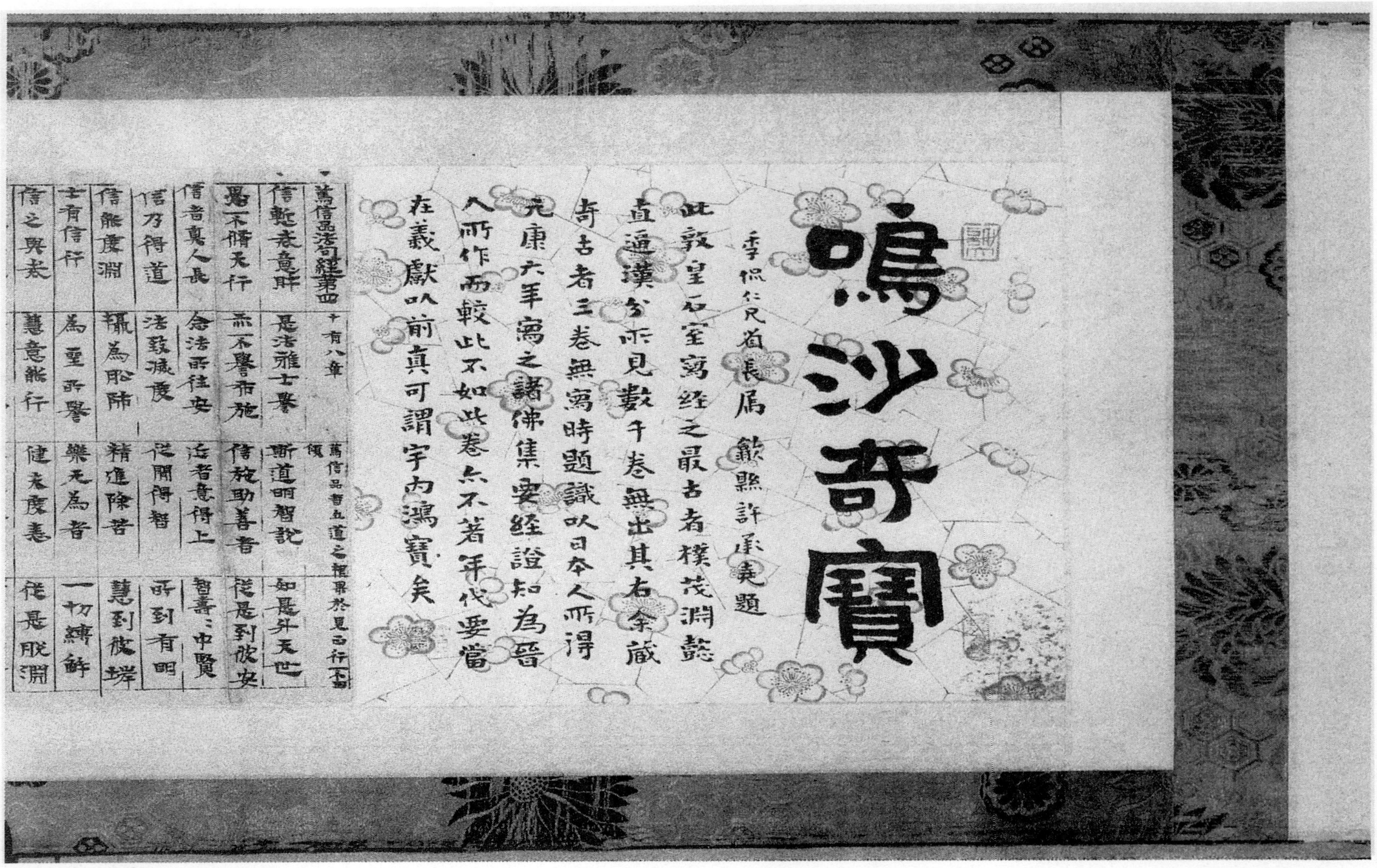

BD15125 號　法句經卷上　（4–1）

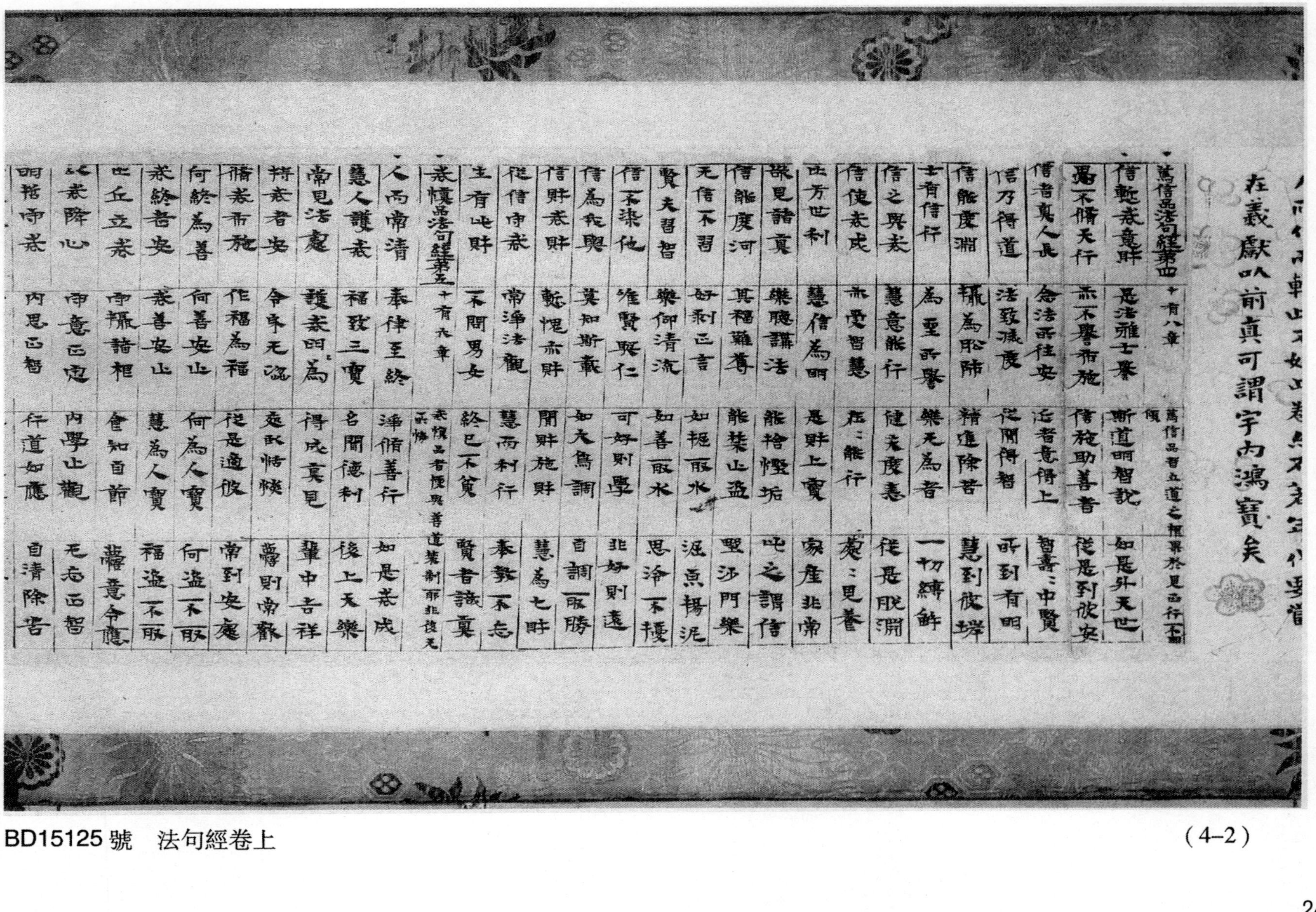

BD15125 號　法句經卷上　（4–2）

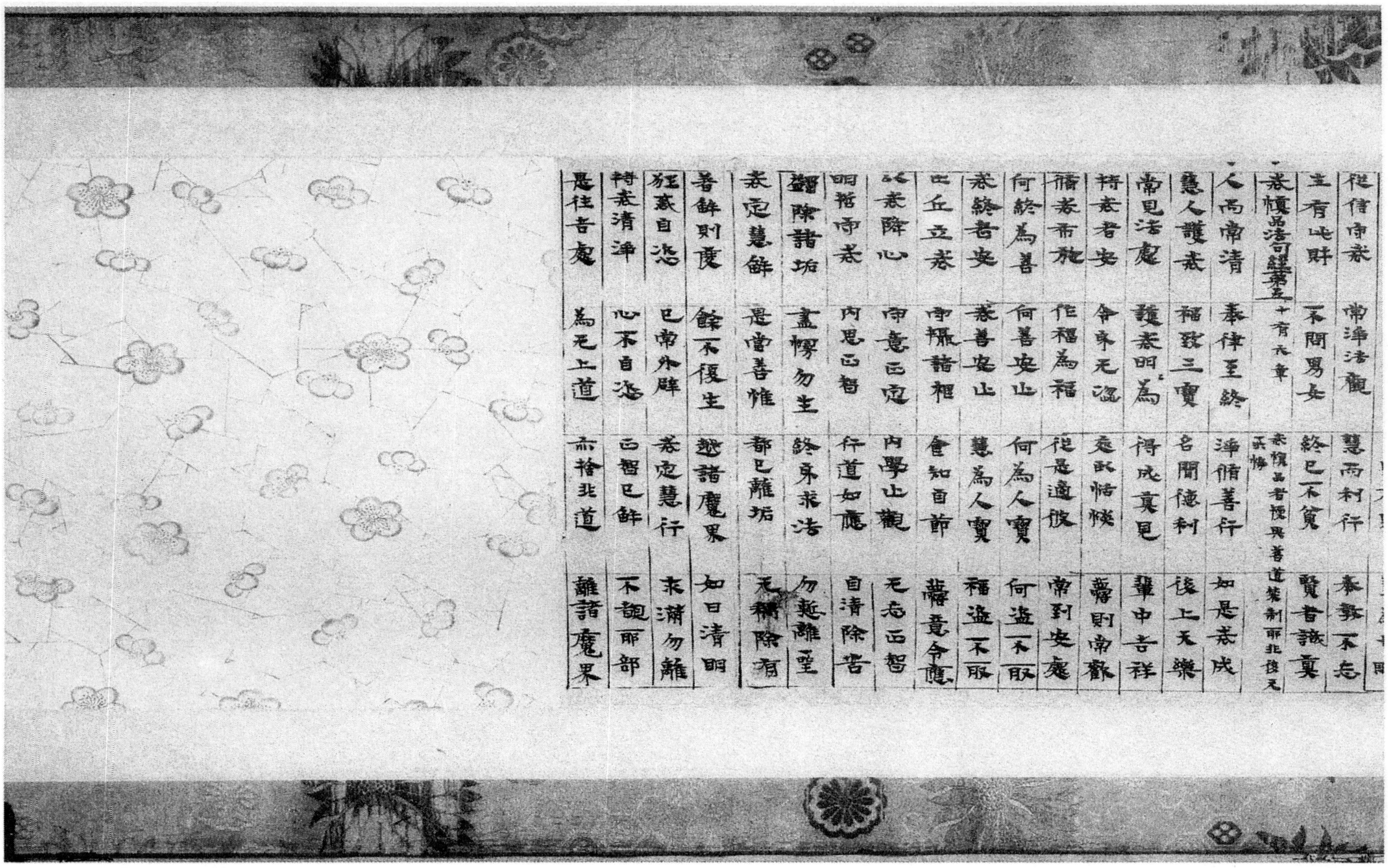

從信守戒 常淨法觀 慧而利行 奉敬不忘
生有此財 不問男女 終已不貧 覽者諦眞
奉持品法句經第十五 十有六章
奉持品者顯異善道禁制邪非後无所悔
人而常清 奉律至終 淨脩善行 如是戒成
慧人護戒 福致三寶 名聞德利 後上天樂
常見法處 護戒明為 得成眞見 輩中吉祥
持戒者安 令身无惱 夜臥恬惔 寤則常歡
脩戒布施 作福為福 從是適彼 常到安處
何終為善 何善安止 何為人寶 何盜不取
戒終老安 戒善安止 慧為人寶 福盜不取
比丘立戒 守攝諸根 食知自節 寤意令應
以戒降心 守意正定 內學止觀 无忘正智
明哲守戒 內思正智 行道如應 自清除苦
蠲除諸垢 盡慢勿生 終身求法 勿暫離聖
戒定慧解 是當善惟 都已離垢 无禍除有
著解則度 餘不復生 越諸魔界 如日清明
狂惑自恣 已常外避 戒定慧行 求滿勿離
持戒清淨 心不自恣 正智已解 不覩邪部
是往吉處 為无上道 亦捨非道 離諸魔界

BD15125 號　法句經卷上　（4–3）

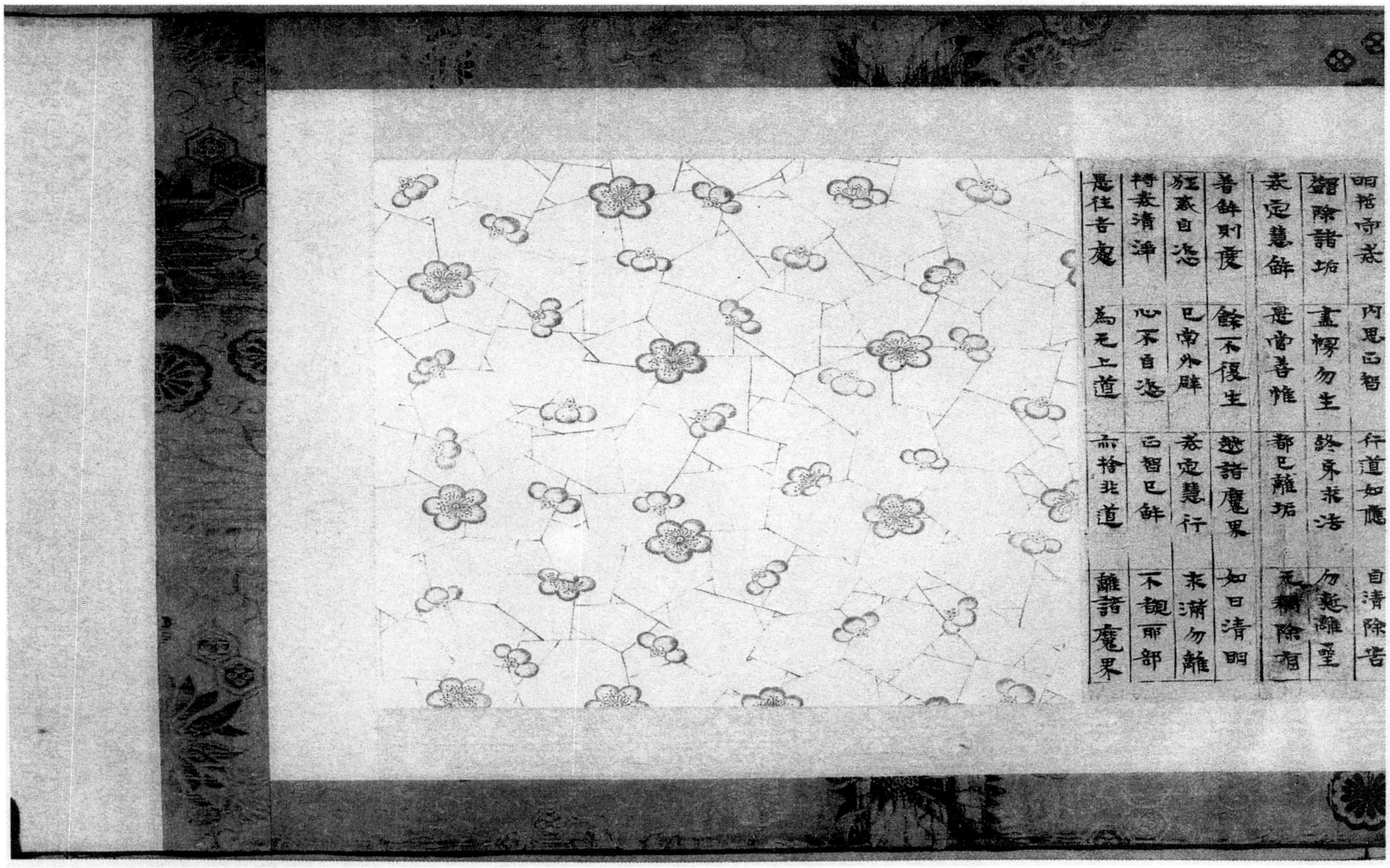

明哲守戒 內思正智 行道如應 自清除苦
蠲除諸垢 盡慢勿生 終身求法 勿暫離聖
戒定慧解 是當善惟 都已離垢 无禍除有
著解則度 餘不復生 越諸魔界 如日清明
狂惑自恣 已常外避 戒定慧行 求滿勿離
持戒清淨 心不自恣 正智已解 不覩邪部
是往吉處 為无上道 亦捨非道 離諸魔界

BD15125 號　法句經卷上　（4–4）

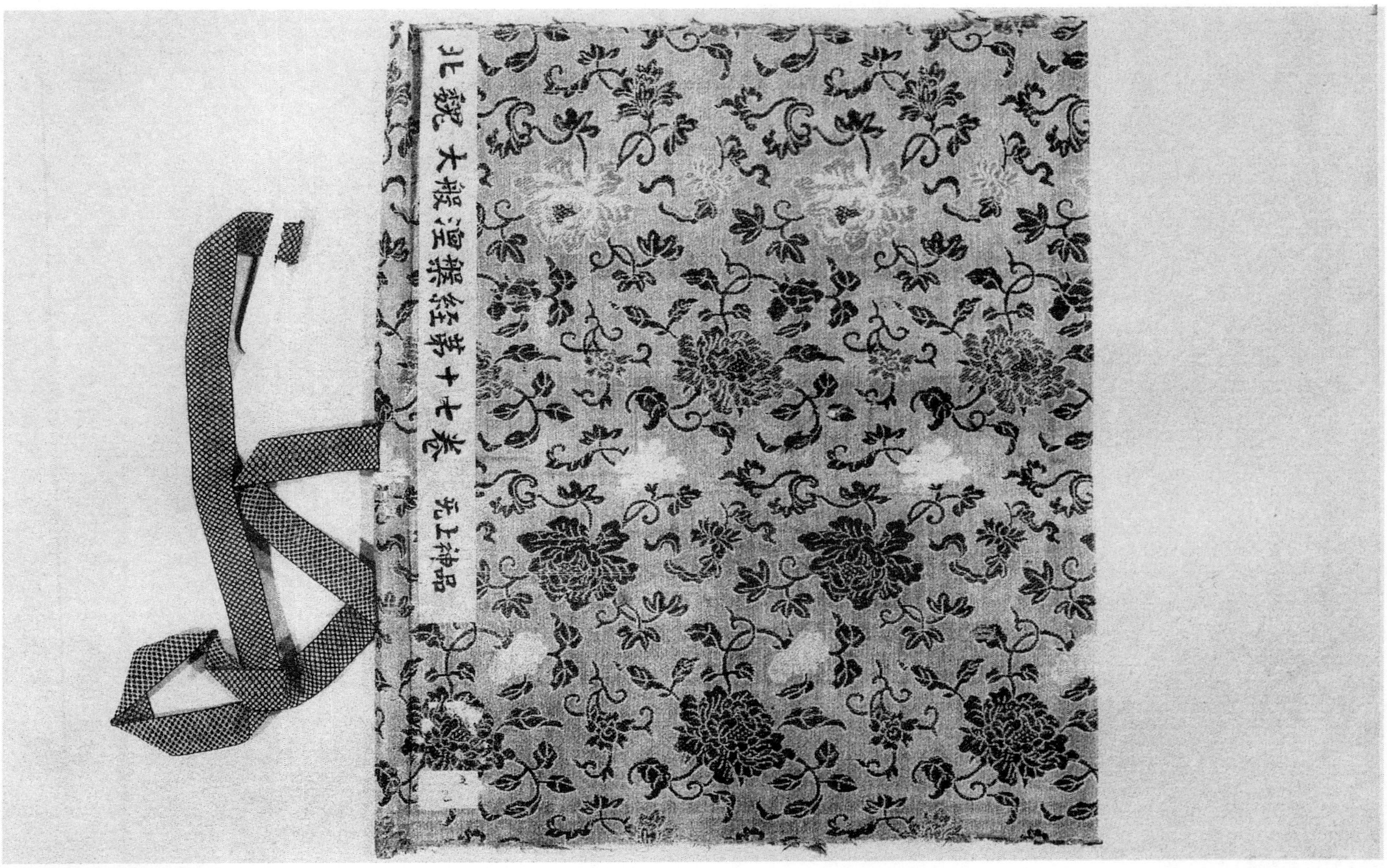

BD15126 號背　護首　（1–1）

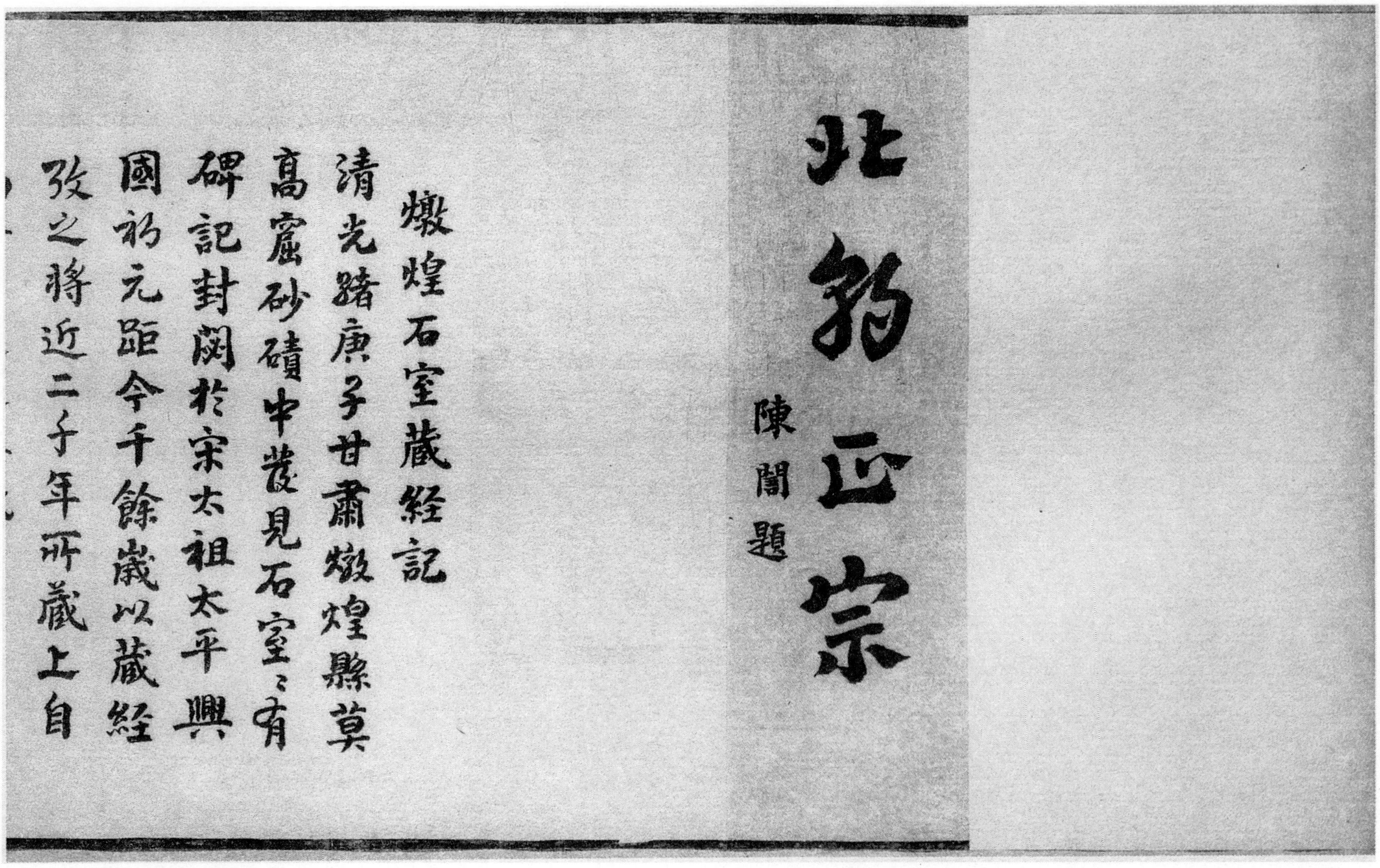

BD15126 號　大般涅槃經（北本　思溪本）卷一七　（29–1）

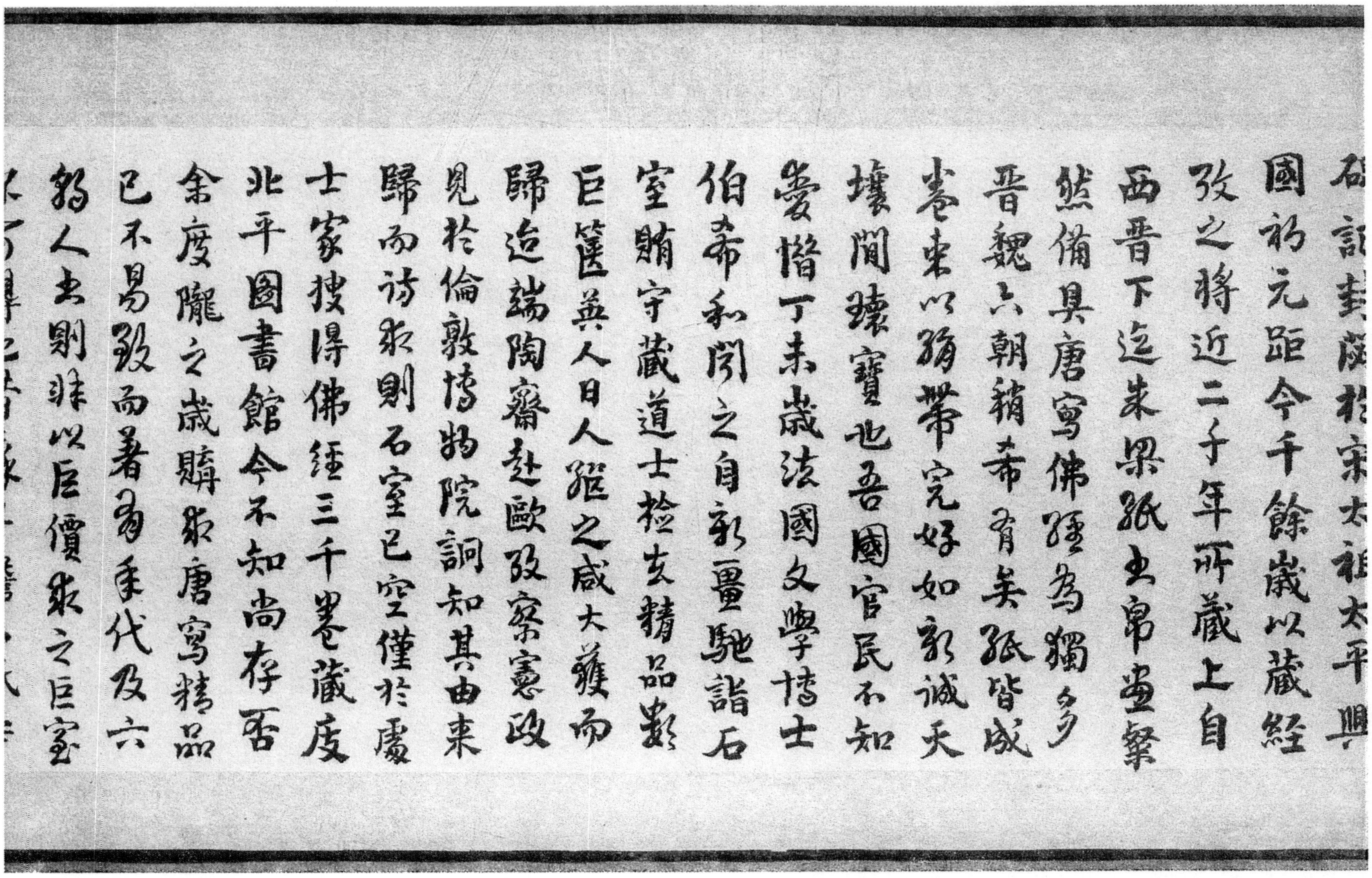

碑記封疆於宋太祖太平興
國初元距今千餘歲以藏經
弢之將近二千年所藏上自
西晉下迄朱梁紙本帛畫繁
然備具唐寫佛經爲獨多
晉魏六朝稍希有矣紙皆成
卷束以獨帶完好如新誠天
壤間瑰寶也吾國官民不知
寶惜丁未歲法國文學博士
伯希和聞之自新疆馳詣石
室賄守藏道士檢其精品數
巨篋與人日人踵之咸大獲而
歸迨端陶齋赴歐考察憲政
見於倫敦博物院詢知其由來
歸而訪求則石室已空僅於處
士家搜得佛經三千卷藏度
北平圖書館今不知尚存否
余度隴之歲購求唐寫精品
已不易致而著爲手代及六
朝人書則非以巨價求之巨室
不可得也……

BD15126 號　大般涅槃經（北本　思溪本）卷一七　（29–2）

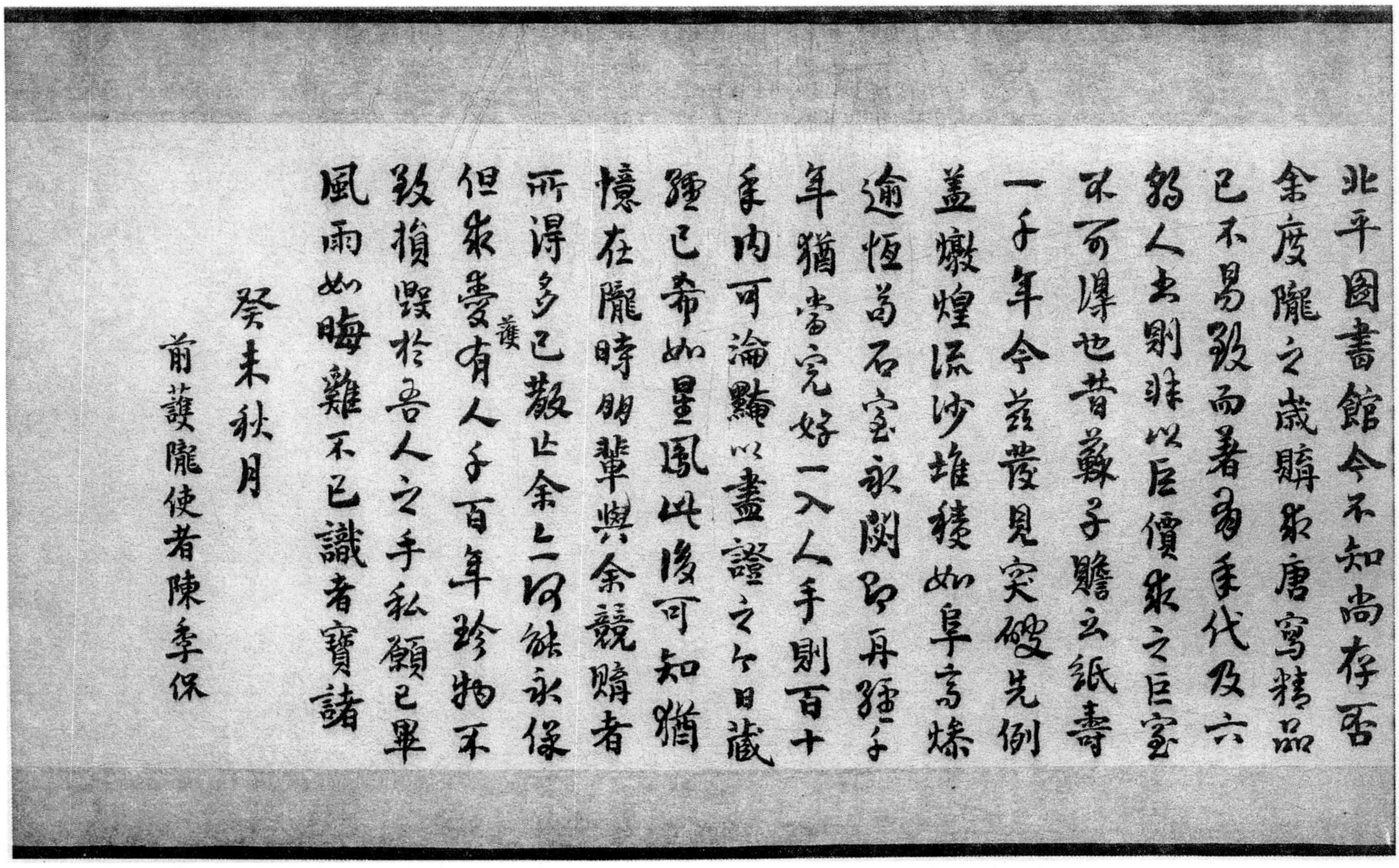

北平圖書館今不知尚存否
余度隴之歲購求唐寫精品
已不易致而著爲手代及六
朝人書則非以巨價求之巨室
不可得也昔蘇子瞻云紙壽
一千年今茲發見突破先例
蓋燉煌深沙堆積如阜高燥
適恆苟石室永閟則再經千
年猶當完好一入人手則百十
年內可論黯以盡證之今日藏
經已希如星鳳此後可知猶
憶在隴時朋輩與余競購者
所得多已散亡余亦以能永保
但求愛護有人千百年珍物不
致損毀於吾人之手私願已畢
風雨如晦雞不已識者寶諸
癸未秋月
前護隴使者陳季保

BD15126 號　大般涅槃經（北本　思溪本）卷一七　（29–3）

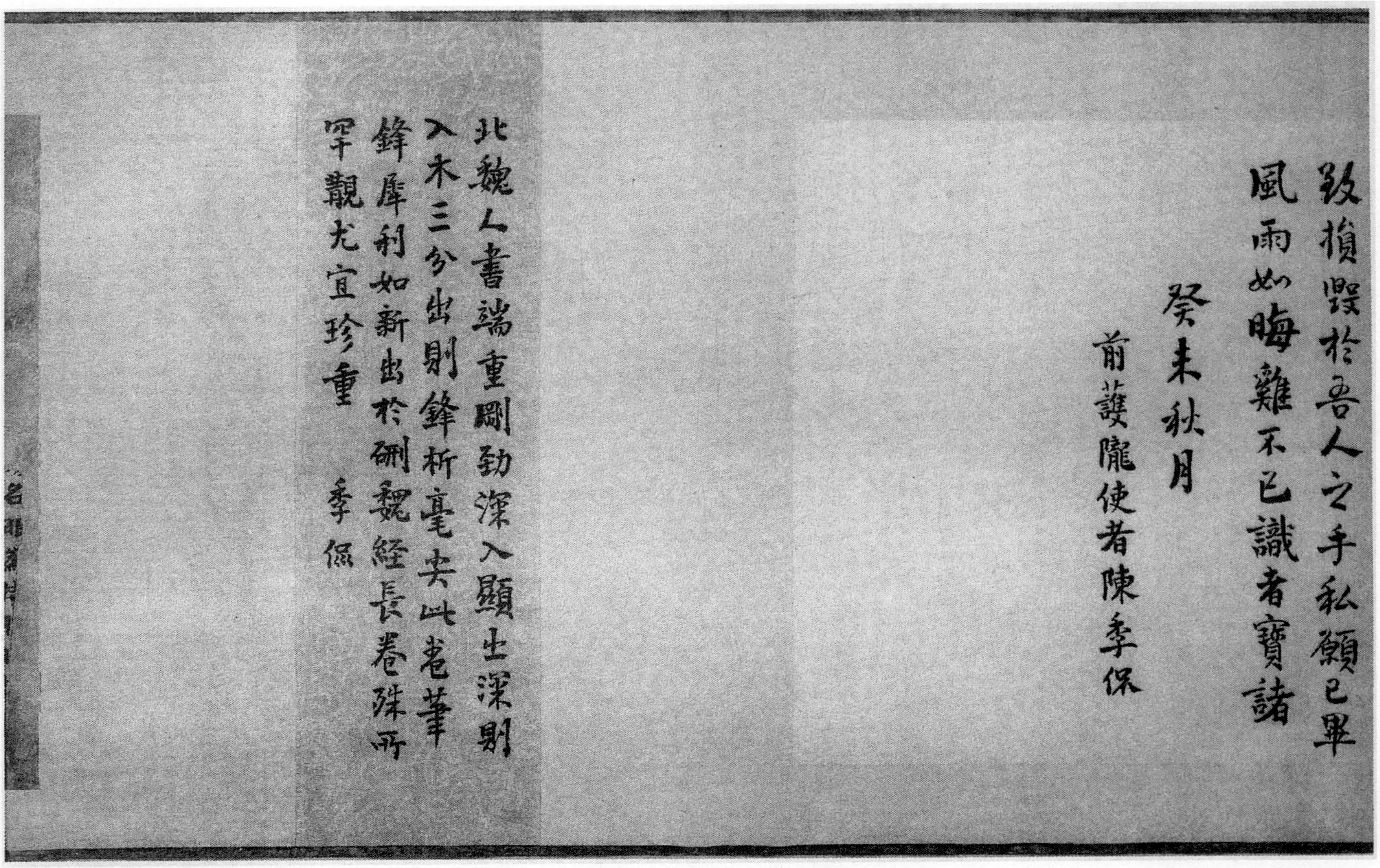
致損毀於吾人之手私願已畢
風雨如晦雞不已識者寶諸
癸未秋月
前護隴使者陳季侃

北魏人書端重剛勁深入顯出深則
入木三分出則鋒析毫芒此卷筆
鋒犀利如新出於硎魏經長卷殊所
罕覯尤宜珍重　季侃

BD15126號　大般涅槃經（北本　思溪本）卷一七　（29–4）

雲為持耶雲名龍氣
故復名人為持耶人
人持何故復名母為
持菩薩摩訶薩知一切
辭无㝵者菩薩摩訶
薩以種種辭演說一義无有義猶如男女
舍宅車乘衆生等名何故无義善男子夫義
者乃是菩薩諸佛境界辭者凡夫境界以知
義故得辭无㝵樂說无㝵者菩薩摩訶薩知辭
知義故於无量阿僧祇劫說辭說義而不可盡
是名樂說无㝵善男子菩薩摩訶薩於无量
无邊阿僧祇劫脩行世諦以脩行故知法无
㝵復於无量阿僧祇劫脩第一義諦故得義
无㝵亦於无量阿僧祇劫習毗伽羅論故
得辭无㝵亦於无量阿僧祇劫脩習世論故
得樂說无㝵善男子聲聞緣覺若有得是
四无㝵者无有是處善男子九部經中我說
聲聞緣覺之人有四无㝵聲聞緣覺真實
无有何以故菩薩摩訶薩為度衆生故脩如
是四无㝵智緣覺之人脩寂滅法志樂獨處

BD15126號　大般涅槃經（北本　思溪本）卷一七　（29–5）

得樂說无导善男子聲聞緣覺若有得是
四无导者无有是處善男子九部經中我說
聲聞緣覺之人有四无导聲聞緣覺真實
无有何以故菩薩摩訶薩爲度衆生故脩如
是四无导智緣覺之人脩寂滅法志樂獨處
若化衆生但現神通終日嘿然无所宣說云
何當有四无导智何故嘿然而无所說緣覺
不能說法度人令得煗法頂法世第一法須陁
洹斯陁含阿那含阿羅漢辟支佛菩薩摩訶
薩不能令人發阿耨多羅三藐三菩提心何
以故善男子緣覺出世世間无有九部經典
是故緣覺无辞无导樂說无导善男子緣覺
之人雖知諸法无法无导何以故法无导者名
爲知字緣覺之人雖知文字无字无导何以
故不知常住二字故是故緣覺不得辞无导
雖知於義无義无导真知義者知諸衆生悉
有佛性佛性義者名爲阿耨多羅三藐三菩
提以是義故緣覺之人不得義无导是故緣
覺一切无有四无导智云何聲聞无四无导
聲聞之人无有三種善巧方便何等爲三一
者必須濡語然後受法二者必須麁語然後
受化三者不濡不麁然後受化聲聞之人无此
三故无四无导復次聲聞緣覺不能畢竟
知辞知義无自在智知於境界无有十力四

BD15126號　大般涅槃經（北本　思溪本）卷一七　（29–6）

者必須濡語然後受法二者必須麁語然後
受化三者不濡不麁然後受化聲聞之人无此
三故无四无导復次聲聞緣覺不能畢竟
知辞知義无自在智知於境界无有十力四
无所畏不能畢竟度於十二因緣大河不能
善知衆生諸根利鈍差別未能永断二諦疑
心不知衆生種種諸心所緣境界不能善說
第一義空是故二乘无四无导迦葉菩薩白
佛言世尊若諸聲聞緣覺之人一切无有四
无导者云何世尊說舍利弗智慧第一大目
乹連神足第一摩訶拘絺羅四无导第一如
其无者何故如來作如是說
介時世尊讚迦葉言善哉善哉善男子辟如
恒河有无量水辛頭大河水亦无量愽叉大
河水亦无量悉陁大河水亦无量阿耨達池
水亦无量大海之中水亦无量如是諸水雖
同无量然其少多其實不等聲聞緣覺及
諸菩薩四无导智亦復如是善男子若說等
者无有是處善男子我爲凡夫說摩訶拘絺
羅四无导智爲最第一汝所問者其義如是
善男子聲聞之人或有得一或有得二若具
足四无有是處迦葉菩薩白佛言世尊如佛
先說梵行品中菩薩知見得四无导者菩薩
知見則无所得亦无有心言无所得世尊是

BD15126號　大般涅槃經（北本　思溪本）卷一七　（29–7）

羅四无㝵智為寡苐一汝所問者其義如是
善男子聲聞之人或有得一或有得二若具
足四无有是處迦葉菩薩白佛言世尊如佛
先說梵行品中菩薩知見得四无㝵者菩薩
知見則无所得忽无有心言无所得世尊是
菩薩摩訶薩實无所得若使菩薩心有得者
則非菩薩名為凡夫云何如來說言菩薩而
有所得佛言善男子善哉善哉我將欲說而
汝復問善男子菩薩摩訶薩實无所得无所
得者名四无㝵善男子以何義故无所得者
名為无㝵若有得者則名為㝵有鄣㝵者名
四顛倒善男子菩薩摩訶薩无四倒故故得
无㝵是故菩薩名无所得復次善男子无所得
者則名為慧菩薩摩訶薩得是慧故名无所
得有所得者名為无明菩薩永斷无明闇
故故无所得是故菩薩名无所得復次善男
子无所得者名大涅槃菩薩摩訶薩安住如
是大涅槃中不見一切諸法性相是故菩薩
名无所得有所得者名二十五有菩薩永斷
二十五有得大涅槃是故菩薩名无所得復
次善男子无所得者名為大乘菩薩摩訶薩
不住諸法故得大乘是故菩薩名无所得有
所得者名為聲聞辟支佛道菩薩永斷二乘
道故得於佛道是故菩薩名无所得復次善

BD15126號　大般涅槃經（北本　思溪本）卷一七　（29–8）

二十五有得大涅槃是故菩薩名无所得復
次善男子无所得者名為大乘菩薩摩訶薩
不住諸法故得大乘是故菩薩名无所得有
所得者名為聲聞辟支佛道菩薩永斷二乘
道故得於佛道是故菩薩名无所得復次善
男子无所得者名方等經菩薩讀誦如是經
故得大涅槃是故菩薩名无所得有所得者
名十一部經菩薩不脩純說方等大乘經典
是故菩薩名无所得復次善男子无所有者
名為虛空世間无物名為虛空菩薩得是虛
空三昧无所見故是故菩薩名无所得有所
得者名生死輪一切凡夫輪迴生死故有所
見菩薩永斷一切生死是故菩薩名无所得
復次善男子菩薩摩訶薩无所得者名常樂
我淨菩薩摩訶薩見佛性故得常樂我淨是
故菩薩名无所得有所得者名无常无樂无
我无淨菩薩摩訶薩斷是无常无樂无我无
淨是故菩薩名无所得復次善男子无所得
者名苐一義空菩薩摩訶薩觀苐一義空悉
无所見是故菩薩名无所得有所得者名為
五見菩薩永斷是五見故得苐一義空是故
菩薩名无所得復次善男子无所得者名為
阿耨多羅三藐三菩提菩薩摩訶薩得阿耨
多羅三藐三菩提時悉无所見是故菩薩名

BD15126號　大般涅槃經（北本　思溪本）卷一七　（29–9）

五見菩薩永斷是五見故得第一義空是故
菩薩名无所得復次善男子无所得者名為
阿耨多羅三藐三菩提菩薩摩訶薩得阿耨
多羅三藐三菩提時悉无所見是故菩薩名
无所得有所得者名為聲聞緣覺菩提菩薩
永斷二乘菩提是故菩薩名无所得善男子
汝之所問亦无所得我之所說亦无所得若
說有得是魔眷屬非我弟子迦葉菩薩摩訶
薩白佛言世尊為我說是菩薩无所得時无
量衆生斷有心相以是事故我敢諮啓无
所得義令如是等无量衆生離魔眷屬為佛
弟子迦葉菩薩白佛言世尊如來先為純陁
說偈
本有今无　本无今有　三世有法　无有是處
世尊是義云何佛言善男子我為化度諸衆
生故而作是說亦為聲聞辟支佛故而作是
說亦為文殊師利法王子故而作是說不但
正為純陁一人說是偈也時文殊師利將欲
問我我知其心而為說之我既說已文殊師
利即得解了迦葉菩薩言世尊如文殊等詎
有幾人能了是義唯願如來更為大衆廣分
別說善男子諦聽諦聽今當為汝重敷演之
言本有者我昔本有无量煩惱以煩惱故現
在无有大般涅槃言本无者本无般若波羅

BD15126號　大般涅槃經（北本　思溪本）卷一七　（29–10）

有幾人能了是義唯願如來更為大衆廣分
別說善男子諦聽諦聽今當為汝重敷演之
言本有者我昔本有无量煩惱以煩惱故現
在无有大般涅槃言本无者本无般若波羅
蜜以无般若波羅蜜故現在具有諸煩惱結
若有沙門若婆羅門若天若魔若梵若人說
言如來去來現在有煩惱者无有是處復次
善男子言本有者我本有父母和合之身是
故現在无有金剛微妙法身言本无者我身
本无三十二相八十種好以本无有三十二
相八十種好故現在具有四百四病若有沙
門若婆羅門若天若魔若梵若人說言如來
去來現在有病苦者无有是處復次善男子
言本有者我昔本有无常无我无樂无淨以
有无常无我无樂无淨故現在无有阿耨多
羅三藐三菩提言本无者本不見佛性以不
見故无常樂我淨若有沙門若婆羅門若天
若魔若梵若人說言如來去來現在无常樂
我淨者无有是處復次善男子言本有者本
有凡夫脩苦行心謂得阿耨多羅三藐三菩
提以是事故現在不能破壞四魔言本无者
本无有六波羅蜜以本无有六波羅蜜故脩
行凡夫苦行之心謂得阿耨多羅三藐三菩提

BD15126號　大般涅槃經（北本　思溪本）卷一七　（29–11）

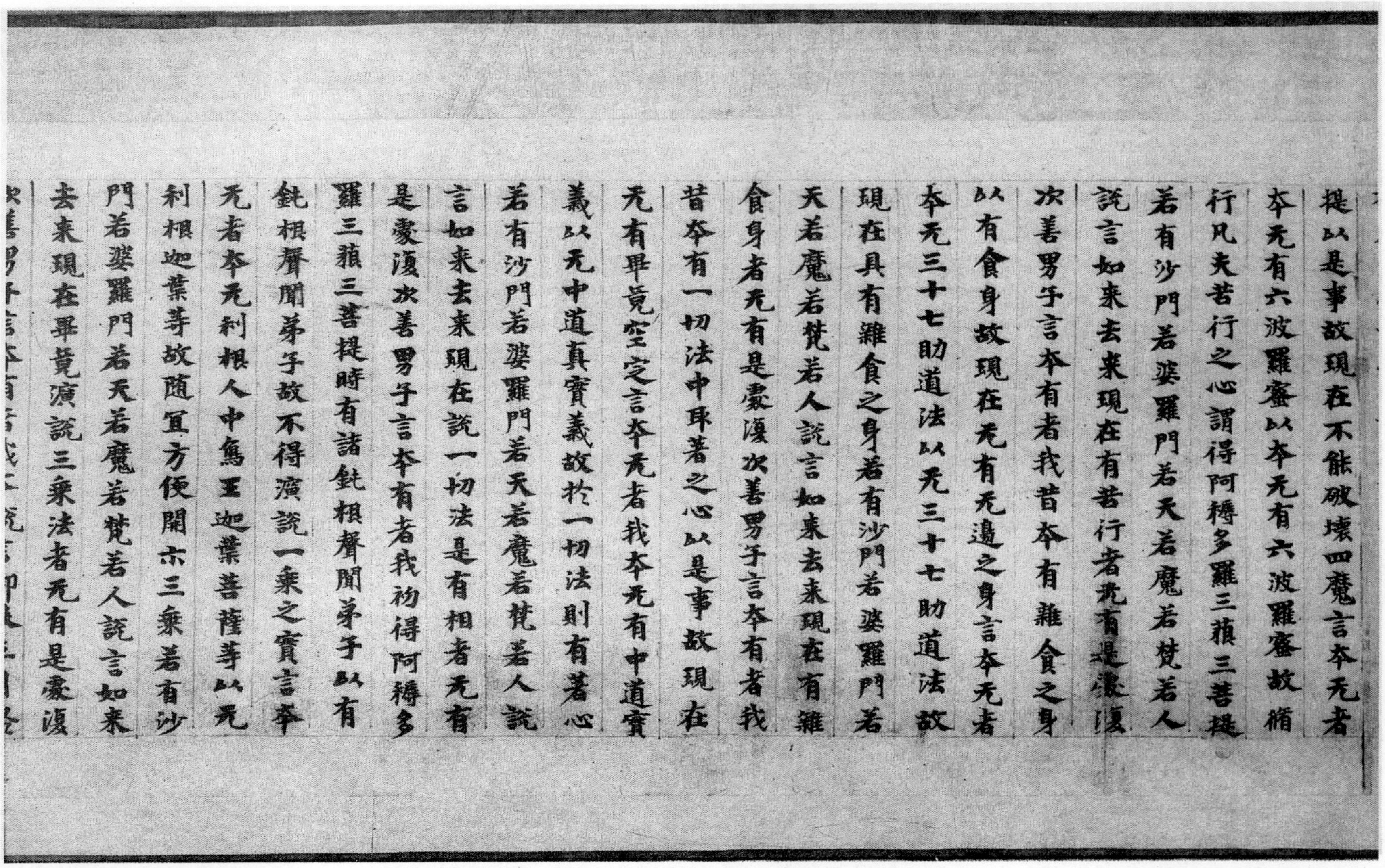
提以是事故現在不能破壊四魔言本无者
本无有六波羅蜜以本无有六波羅蜜故脩
行凡夫苦行之心謂得阿耨多羅三藐三菩提
若有沙門若婆羅門若天若魔若梵若人
說言如来去来現在有苦行者无有是處復
次善男子言本有者我昔本有雜食之身
以有食身故現在无有无邊之身言本无者
本无三十七助道法以无三十七助道法故
現在具有雜食之身若有沙門若婆羅門若
天若魔若梵若人說言如来去来現在有雜
食身者无有是處復次善男子言本有者我
昔本有一切法中取著之心以是事故現在
无有畢竟空定言本无者我本无有中道實
義以无中道真實義故於一切法則有著心
若有沙門若婆羅門若天若魔若梵若人說
言如来去来現在說一切法是有相者无有
是處復次善男子言本有者我初得阿耨多
羅三藐三菩提時有諸鈍根聲聞弟子以有
鈍根聲聞弟子故不得演說一乘之實言本
无者本无利根人中象王迦葉菩薩等以无
利根迦葉等故隨宜方便開示三乘若有沙
門若婆羅門若天若魔若梵若人說言如来
去来現在畢竟演說三乘法者无有是處復

BD15126號　大般涅槃經（北本　思溪本）卷一七　（29–12）

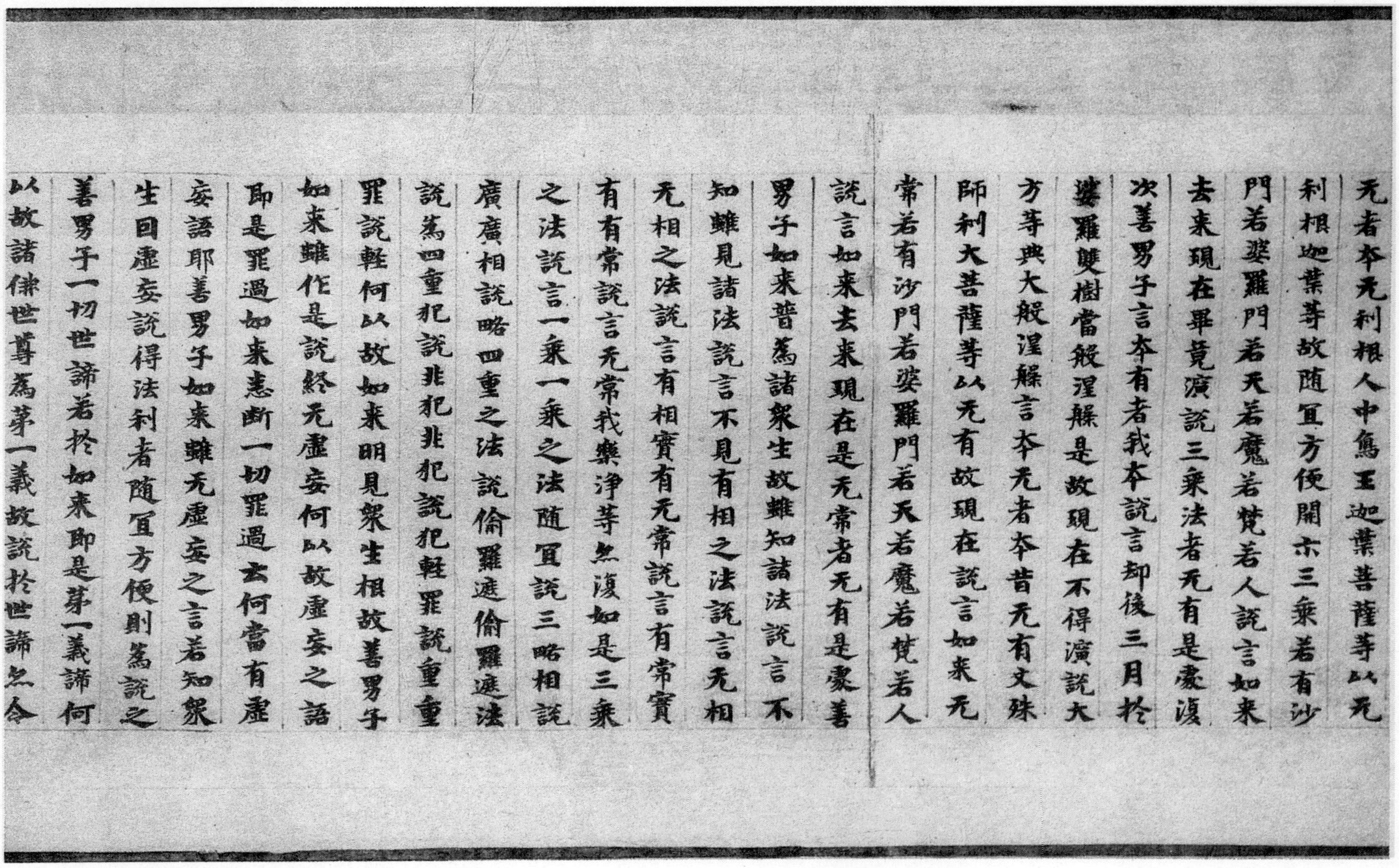
无者本无利根人中象王迦葉菩薩等以无
利根迦葉等故隨宜方便開示三乘若有沙
門若婆羅門若天若魔若梵若人說言如来
去来現在畢竟演說三乘法者无有是處復
次善男子言本有者我本說言却後三月於
娑羅雙樹當般涅槃是故現在不得演說大
方等典大般涅槃言本无者本昔无有文殊
師利大菩薩等以无有故現在說言如来无
常若有沙門若婆羅門若天若魔若梵若人
說言如来去来現在是无常者无有是處善
男子如来普為諸衆生故雖知諸法說言不
知雖見諸法說言不見有相之法說言无相
无相之法說言有相實有无常說言有常實
有有常說言无常我樂淨等亦復如是三乘
之法說言一乘一乘之法隨宜說三略相說
廣廣相說略四重之法說偷羅遮偷羅遮法
說為四重犯說非犯非犯說犯輕罪說重重
罪說輕何以故如来明見衆生根故善男子
如来雖作是說終无虛妄何以故虛妄之語
即是罪過如来悉斷一切罪過云何當有虛
妄語耶善男子如来雖无虛妄之言若知衆
生因虛妄說得法利者隨宜方便則為說之
善男子一切世諦若於如来即是第一義諦何
以故諸佛世尊為第一義故說於世諦亦令

BD15126號　大般涅槃經（北本　思溪本）卷一七　（29–13）

即是罪過如來悉斷一切罪過云何當有虛
妄語耶善男子如來雖无虛妄之言若知衆
生因虛妄説得法利者隨宜方便則爲説之
善男子一切世諦若於如來即是苐一義諦何
以故諸佛世尊爲苐一義故説於世諦亦令
衆生得苐一義諦若使衆生不得如是苐一
義者諸佛終不宣説世諦善男子如來有時
演説世諦衆生謂佛説苐一義諦有時説於
苐一義諦衆生謂佛説於世諦是則諸佛甚
深境界非是聲聞緣覺所知善男子是故汝
先不應難言菩薩摩訶薩无所得也菩薩常
得苐一義諦云何難言无所得也迦葉復言
世尊苐一義諦亦名爲道亦名菩提亦名涅
槃若有菩薩言有得道菩提涅槃即是无常
何以故法若常者則不可得猶如虛空誰有
得者世尊如世間物本无今有名爲无常
亦如是道若可得則名无常法若常者无得
无生猶如佛性无得无生世尊夫道者非色
非不色不長不短非高非下非生非滅非赤
非白非青非黃非有非无云何如來説言可
得菩提涅槃亦復如是佛言如是如是善男
子道有二種一者常二者无常菩提之相亦
有二種一者常二者无常涅槃亦尒外道道
者名爲无常内道道者名之爲常聲聞緣覺

BD15126號　大般涅槃經（北本　思溪本）卷一七　（29–14）

非不色不長不短非高非下非生非滅非赤
非白非青非黃非有非无云何如來説言可
得菩提涅槃亦復如是佛言如是如是善男
子道有二種一者常二者无常菩提之相亦
有二種一者常二者无常涅槃亦尒外道道
者名爲无常内道道者名之爲常聲聞緣覺
所有菩提名爲无常菩薩諸佛所有菩提名
之爲常外解脫者名爲无常内解脫者名之
爲常善男子道與菩提及以涅槃悉名爲常
一切衆生常爲无量煩惱所覆无慧眼故不
能得見而諸衆生爲欲見故脩戒定慧以脩
行故見道菩提及以涅槃是名菩薩得道菩
提及涅槃也道之性相實不生滅以是義故
不可捉持善男子道者雖无色像可見稱量
可知而實有用善男子如衆生心雖非是色
非長非短非麁非細非縛非解非是見法而
亦是有以是義故我爲須達説言長者心爲城
主長者若不護心則不護身口若護心者則
護身口以不善護是身口故令諸衆生到三
惡趣護身口者則令衆生得人天涅槃得名
真實其不得者名不真實善男子道與菩提
及以涅槃亦復如是亦有亦常如其无者云
何能斷一切煩惱以其有故一切菩薩了了見知善
男子見有二種一相貌見二了了見云何相貌見如

BD15126號　大般涅槃經（北本　思溪本）卷一七　（29–15）

惡趣護身口者則令衆生得人天涅槃得名
真實其不得者名不真實善男子道与菩提
及以涅槃亦復如是亦有亦常如其无者云
何能斷一切煩惱以其有故一切菩薩了了見知善
男子見有二種一相貌見二了了見云何相貌見如
遠見烟名爲見火實不見火雖不見火亦非虛妄
見空中鶴便言見水雖不見水亦非虛妄如見
華葉便言見根雖不見根亦非虛妄如人遥
見籬間牛角便言見牛雖不見牛亦非虛
妄如見女人懷任便言見欲雖不見欲亦非
虛妄如見樹生葉便言見水雖不見水亦非
虛妄又如見雲便言見雨雖不見雨亦非虛
妄如見身業及以口業便言見心雖不見心
亦非虛妄是名相貌見云何了了見如眼見
色善男子如人眼根清淨不壞自觀掌中阿
摩勒菓菩薩摩訶薩了了見道菩提涅槃亦
復如是雖如是見初无見相善男子以是因
緣我於往昔告舍利弗一切世間若有沙門
若婆羅門若天若魔若梵若人之所不知
不見不覺唯有如來悉知見覺及諸菩薩亦
復如是舍利弗若諸世間所知見覺我与菩
薩亦知見覺世間衆生之所不知不見不覺
亦不自知不知見覺世間衆生所知見覺便

BD15126號　大般涅槃經（北本　思溪本）卷一七　（29-16）

不見不覺唯有如來悉知見覺及諸菩薩亦
復如是舍利弗若諸世間所知見覺我与菩
薩亦知見覺世間衆生之所不知不見不覺
亦不自知不知見覺世間衆生所知見覺便
自說言我知見覺舍利弗如來一切悉知見
覺亦不自言我知見覺一切菩薩亦復如是
何以故若使如來作知見覺相當知是則非
佛世尊名爲凡夫菩薩亦尒迦葉菩薩言如
佛世尊爲舍利弗說世間知者我亦得知世
間不知我亦悉知其義云何善男子一切世
間不知不見不覺佛性若有知見覺佛性者
不名世間名爲菩薩世間之人亦復不知不
見不覺十二部經十二因緣四倒四諦三十七品
阿耨多羅三藐三菩提大般涅槃若知見覺
者不名世間當名菩薩善男子是名世間不
知見覺云何世間所知見覺所謂梵天自在
天八臂天性時微塵法及非法是造化主世
間終始斷常二見說言初禪至非非想名爲
涅槃善男子是名世間所知見覺菩薩摩訶
薩於如是事亦知見覺菩薩如是知見覺已
若言不知不見不覺是爲虛妄虛妄之法則
爲是罪以是罪故墮於地獄善男子善男若
女若沙門若婆羅門說言无道菩提涅槃當

BD15126號　大般涅槃經（北本　思溪本）卷一七　（29-17）

涅槃善男子是名世間所知見覺菩薩摩訶
薩於如是事亦知見覺菩薩如是知見覺已
若言不知不見不覺是為虛妄虛妄之法則
為是罪以是罪故墮於地獄善男子若男若
女若沙門若婆羅門說言无道菩提涅槃當
知是輩名一闡提魔之眷屬名為謗法如是
謗法名謗諸佛如是之人不名世間不名非
世間尒時迦葉聞是事已即以偈頌而讚嘆
佛
大悲愍衆生　故令我歸依　善拔衆毒箭　故稱大醫王
世醫所療治　雖差還復生　如来所治者　畢竟不復發
世尊甘露藥　以施諸衆生　衆生既服已　不死亦不生
如来今為我　演說大涅槃　衆生聞祕藏　即得不生滅
迦葉菩薩說是偈已即白佛言世尊如佛所說
一切世間不知見覺者菩薩悉能知見覺者
若使菩薩是世間者不得說言世間不知不
見不覺是菩薩能知見覺若非世間有何異
相佛言善男子言菩薩者亦是世間亦非世
間不知見覺者名為世間知見覺者不名世
間汝言有何異者我今當說善男子若男若
女若有初聞是涅槃經即生敬信發阿耨多
羅三藐三菩提心者是則名為世間菩薩一
切世間不知見覺如是菩薩亦同世間不知

間汝言有何異者我今當說善男子若男若
女若有初聞是涅槃經即生敬信發阿耨多
羅三藐三菩提心者是則名為世間菩薩一
切世間不知見覺如是菩薩亦同世間不知
見覺菩薩聞是涅槃經已知有世間不知見
覺應是菩薩所知見覺知是事已即自思惟
我當云何方便脩習得知見覺覆復念言唯
當深心脩持淨戒善男子菩薩尒時以是因
緣於未來世在在生處戒常清淨善男子菩
薩摩訶薩以淨戒故在在生處常无憍慢耶
見疑罔終不說言如来畢竟入於涅槃是名
菩薩脩持淨戒戒既清淨次脩禪定以脩定
故在在生處正念不忘所謂一切衆生悉有佛
性十二部經諸佛世尊常樂我淨一切菩薩
安住方等大涅槃經悉見佛性如是等事憶
而不忘因脩定故得十一空是名菩薩脩清
淨定戒定已備次脩淨慧以脩慧故初不計
著身中有我我中有身是身是我非身非我
是名菩薩脩習淨慧以脩慧故所受持戒牢
固不動善男子譬如須弥不為四風之所傾
動菩薩摩訶薩亦復如是不為四倒之所傾
動善男子菩薩尒時自知見覺所受持戒无

著身中有我我中有身是身是我非身非我
是名菩薩脩習淨慧以脩慧故所受持戒牢
固不動善男子譬如須弥不爲四風之所傾
動菩薩摩訶薩亦復如是不爲四倒之所傾
動善男子菩薩尒時自知見覺所受持戒无
有傾動是名菩薩所知見覺非世間也善男
子菩薩見所持戒牢固不動心无悔恨无悔
恨故心得歡喜得歡喜故心得悅樂得悅樂
故心則安隱心安隱故得无動定得无動定
故得實知見實知見故厭離生死厭離生死
故便得解脫得解脫故明見佛性是名菩薩
所知見覺非世間也善男子是名世間不知
見覺而是菩薩所知見覺迦葉復言云何菩
薩脩持淨戒心无悔恨乃至明了見於佛性
佛言善男子世間戒者不名清淨何以故世
間戒者爲於有故性不定故非畢竟故不能
廣爲一切衆生以是義故名爲不淨以不淨
故有悔恨心以悔恨故心无歡喜无歡喜故則
无悅樂无悅樂故則无安隱无安隱故无不
動定无不動定故无實知見无實知見故則
无厭離无厭離故則无解脫无解脫故不見
佛性不見佛性故終不能得大般涅槃是名
世間戒不清淨善男子菩薩摩訶薩清淨
戒者戒非戒故非爲有故定畢竟故爲衆

BD15126號　大般涅槃經（北本　思溪本）卷一七　　（29–20）

動定无不動定故无實知見无實知見故則
无厭離无厭離故則无解脫无解脫故不見
佛性不見佛性故終不能得大般涅槃是名
世間戒不清淨善男子菩薩摩訶薩清淨
戒者戒非戒故非爲有故定畢竟故爲衆
生故是名菩薩戒清淨也善男子菩薩摩訶
薩於淨戒中雖不欲生无悔恨心无悔恨心
自然而生善男子譬如有人執持明鏡不期
見面面像自現亦如農夫種之良田不期生
牙而牙自生亦如然燈不期滅闇而闇自滅
善男子菩薩摩訶薩堅持淨戒无悔恨心自
然而生亦復如是以淨戒故心得歡喜善
男子如端政人自見面相心生歡喜持淨
戒者亦復如是善男子破戒之人見戒不淨
心不歡喜如刑殘者自見面相不生喜悅破
戒之人亦復如是善男子譬如牧牛有二女
人一持酪瓶一持漿瓶俱共至城而欲賣之於路
腳跌二瓶俱破一則歡喜一則愁惱持戒破
戒亦復如是持淨戒者心則歡喜心歡喜故
則便思惟諸佛如來於涅槃中說有能持清
淨戒者則得涅槃我今脩習如是淨戒亦應得
之以是因緣心則悅樂迦葉復言喜之与樂
有何差別善男子菩薩摩訶薩不作惡時名
爲歡喜心淨持戒名之爲樂善男子菩薩摩
訶薩觀於生死名爲喜見大涅槃名之爲

BD15126號　大般涅槃經（北本　思溪本）卷一七　　（29–21）

則便思惟諸佛如來於涅槃中說有能持清
淨戒者則得涅槃我今脩習如是淨戒𠂤應得
之以是因緣心則悅樂迦葉復言喜之与樂
有何差別善男子菩薩摩訶薩不作惡時名
爲歡喜心淨持戒名之爲樂善男子菩薩摩
訶薩觀於生死則名爲喜見大涅槃名之爲
樂下名爲喜上名爲樂離世共法名之爲喜
得不共法名之爲樂以戒淨故身體輕柔口
无麁過菩薩尒時若見若聞若嗅若嘗若軍
若知悉无諸惡以无惡故心得安隱以安隱
故則得靜定得靜定故得實知見實知見故
厭離生死厭離生死故則得解脫得解脫故得
見佛性見佛性故得大涅槃是名菩薩清淨持
戒非世間戒何以故善男子菩薩摩訶薩所
受淨戒五法佐助云何爲五一信二慚三愧四
善知識五宗敬戒離五蓋故所見清淨離五
見故心无疑网離五疑故一者疑佛二者疑
法三者疑僧四者疑戒五者疑不放逸菩薩
尒時即得五根所謂信念精進定慧得五根
故得五種涅槃謂色解脫乃至識解脫是名
菩薩清淨持戒非世間也善男子是名世間
之所不知不見不覺而是菩薩所知見覺善
男子若我弟子受持讀誦書寫演說大涅槃
經有破戒者有人呵責輕賤毀辱而作是言

善薩清淨持戒非世間也善男子是名世間
之所不知不見不覺而是善薩所知見覺善
男子若我弟子受持讀誦書寫演說大涅槃
經有破戒者有人呵責輕賤毀辱而作是言
若佛秘藏大涅槃經有威力者云何令汝毀
所受戒若人受持是涅槃經毀禁戒者當知
是經爲无威力若无威力雖復讀誦爲无利
益緣是輕毀涅槃經故復令无量无邊衆
生墮於地獄受持是經而毀戒者則是衆生
惡知識也非我弟子是魔眷屬如是之人我
𠫤不聽受持是典寧使不受不持不脩不
以毀戒受持脩習善男子若我弟子受持讀
誦書寫演說涅槃經者當正身心慎无怭𢞊
輕躁舉動身爲怭𢞊心爲輕動求有之心名
爲輕動身造諸業名爲怭𢞊若我弟子求有
造業不應受持是大乘典大涅槃經若有如
是受持經者人當輕呵而作是言若佛秘藏
大涅槃經有威力者云何令汝求有造業若
持經者求有造業當知是經爲无威力若无
威力雖復受持爲无利益緣是輕毀涅槃經
故復令无量无邊衆生墮於地獄受持是經
求有造業則是衆生惡知識也非我弟子名
魔眷屬復次善男子若我弟子受持讀誦書

持經者求有造業當知是經爲无威力若无
威力雖復受持爲无利益緣是輕毀涅槃經
故復令无量无邊衆生墮於地獄受持是經
求有造業則是衆生惡知識也非我弟子名
魔眷屬復次善男子若我弟子受持讀誦書
寫演說是涅槃經莫非時說莫非國說莫不
請說莫輕心說莫處處說莫自嘆說莫輕他
說莫滅佛法說莫熾然世法說善男子若我
弟子受持是經非時而說乃至熾然世法說
者人當輕呵而作是言若佛秘藏大涅槃經
有威力者云何令汝非時而說乃至熾然世
法而說若持經者作如是說當知是經爲无
威力若无威力雖復受持爲无利益緣是輕
毀涅槃經故令无量衆生墮於地獄受持是
經非時而說乃至熾然世法而說則是衆生
惡知識也非我弟子是魔眷屬善男子若欲
受持者說大涅槃者說佛性者說如來秘藏
者說大乘者說方等經者說聲聞乘者說辟
支佛乘者說解脫者見佛性者先當清淨其
身以身淨故則无呵責无呵責故令无量人
於大涅槃生清淨信信心生故恭敬是經若
聞一偈一句一字及說法者則得發於阿耨
多羅三藐三菩提心當知是人則是衆生真

BD15126號　大般涅槃經（北本　思溪本）卷一七　（29-24）

身以身淨故則无呵責无呵責故令无量人
於大涅槃生清淨信信心生故恭敬是經若
聞一偈一句一字及說法者則得發於阿耨
多羅三藐三菩提心當知是人則是衆生真
善知識非惡知識是我弟子非魔眷屬是名
菩薩非世間也善男子是名世間之所不知
不見不覺而是菩薩所知見覺復次善男子
云何復名一切世間不知見覺而是菩薩所
知見覺所謂六念處何等爲六念佛念法念
僧念戒念施念天善男子云何念佛如來應
正遍知明行足善逝世間解无上士調御丈
夫天人師佛世尊常不變易具足十力四无
所畏大師子吼名大沙門大婆羅門大淨畢
竟到於彼岸无能勝者无見頂者无有怖畏
不驚不動獨一无侶无師自悟疾智大智利
智淨智解脫智不共智廣普智畢竟智智寶
成就人中象王人中牛王人中龍王人中丈
夫人中蓮華分陁利華調御人師爲大施主
大法之師以知法故名大法師以知義故名
大法師以知時故名大法師以知足故名大
法師以知我故名大法師知大衆故名大法
師以知衆生種種性故名大法師以知衆生
根利鈍中故名大法師說中道故名大法師

BD15126號　大般涅槃經（北本　思溪本）卷一七　（29-25）

大法之師以知法故名大法師以知義故名
大法師以知時故名大法師以知足故名大
法師以知我故名大法師知大衆故名大法
師以知衆生種種性故名大法師以知衆生
根利鈍中故名大法師說中道故名大法師
云何名如来如過去諸佛所說不變云何不
變過去諸佛為度衆生說十二部經如来亦
尒故名如来諸佛世尊從六波羅蜜三十七品
十一空来至大涅槃如来亦尒是故号佛為
如来也諸佛世尊為衆生故隨宜方便開示
三乘壽命无量不可稱計如来亦尒是故号
佛為如来也云何為應世間之法悉名怨家
佛應害故故名為應夫四魔者是菩薩怨諸
佛如来為菩薩時能以智慧破壞四魔是故
名應復次應者名為遠離為菩薩時應當遠
離无量煩惱故名為應復次應者名樂過去
諸佛為菩薩時雖於无量阿僧祇劫為衆生
故受諸苦惱終无不樂而常樂之如来亦尒
是故名應又復應者一切人天應以種種香
華瓔珞幢幡伎樂而供養之是故名應云何
正遍知正者名不顛倒遍知者於四顛倒无
不通達又復正者名為苦行遍知者知因苦
行定有苦果又復正者名世間中遍知者畢

BD15126號　大般涅槃經（北本　思溪本）卷一七　（29–26）

是故名應又復應者一切人天應以種種香
華瓔珞幢幡伎樂而供養之是故名應云何
正遍知正者名不顛倒遍知者於四顛倒无
不通達又復正者名為苦行遍知者知因苦
行定有苦果又復正者名世間中遍知者畢
竟定知脩習中道得阿耨多羅三藐三菩提
又復正者名為可數可稱可量遍知者不可
數不可量不可稱是故号佛為正遍知也善
男子聲聞緣覺亦有遍知亦不遍知何以故
遍者名五陰十二入十八界聲聞緣覺亦得
遍知是名遍知云何不遍知善男子假使二
乘於无量劫觀一色陰不能盡知以是義故
聲聞緣覺无有遍知云何明行足明者名得
无量善果行名脚足善果者名阿耨多羅
三藐三菩提脚足者名為戒慧乘戒慧足
得阿耨多羅三藐三菩提是故名為明行足也
又復明者名呪行者名吉足者名果善男子
是名世間義呪者名為解脫吉者名為阿耨
多羅三藐三菩提果者名為大般涅槃是故
名為明行足也又復明者名光行者名業足
者名果善男子是名世間義光者名不放逸
業者名六波羅蜜果者名為阿耨多羅三藐
三菩提又復明者名為三明一菩薩明二諸

BD15126號　大般涅槃經（北本　思溪本）卷一七　（29–27）

名為明行是也又復明者名光行者名業是
者名果善男子是名世間義光者名不放逸
業者名六波羅蜜果者名為阿耨多羅三藐
三菩提又復明者名為三明一菩薩明二諸
佛明三无明明菩薩明者即是般若波羅蜜
諸佛明者即是佛眼无明明者即畢竟空行
者於无量劫為衆生故脩諸善業是者明見
佛性以是義故名明行足云何善逝善者名
高逝名不高善男子是名世間義高者名為
阿耨多羅三藐三菩提不高者即如来心善
男子心若高者不名如来是故如来名為善
逝又復善者名善知識逝者善知識果善男
子是名世間義善知識者即初發心果者名
為大般涅槃如来不捨寧初發心得大涅槃
是故如来名為善逝又復善者名好逝者名
有善男子是名世間義好者名見佛性有者
名大涅槃善男子涅槃之性實非有也諸佛
世尊因世間故說言是有善男子譬如世人
實无有子說言有子實无有道說言有道涅
槃亦尒因世間故說言為有諸佛世尊成大
涅槃故名善逝

大般涅槃經卷第十七

BD15126 號　大般涅槃經（北本　思溪本）卷一七　　（29–28）

世尊因世間故說言是有善男子譬如世人
實无有子說言有子實无有道說言有道涅
槃亦尒因世間故說言為有諸佛世尊成大
涅槃故名善逝

大般涅槃經卷第十七

BD15126 號　大般涅槃經（北本　思溪本）卷一七　　（29–29）

BD15127 號背　護首　　（1–1）

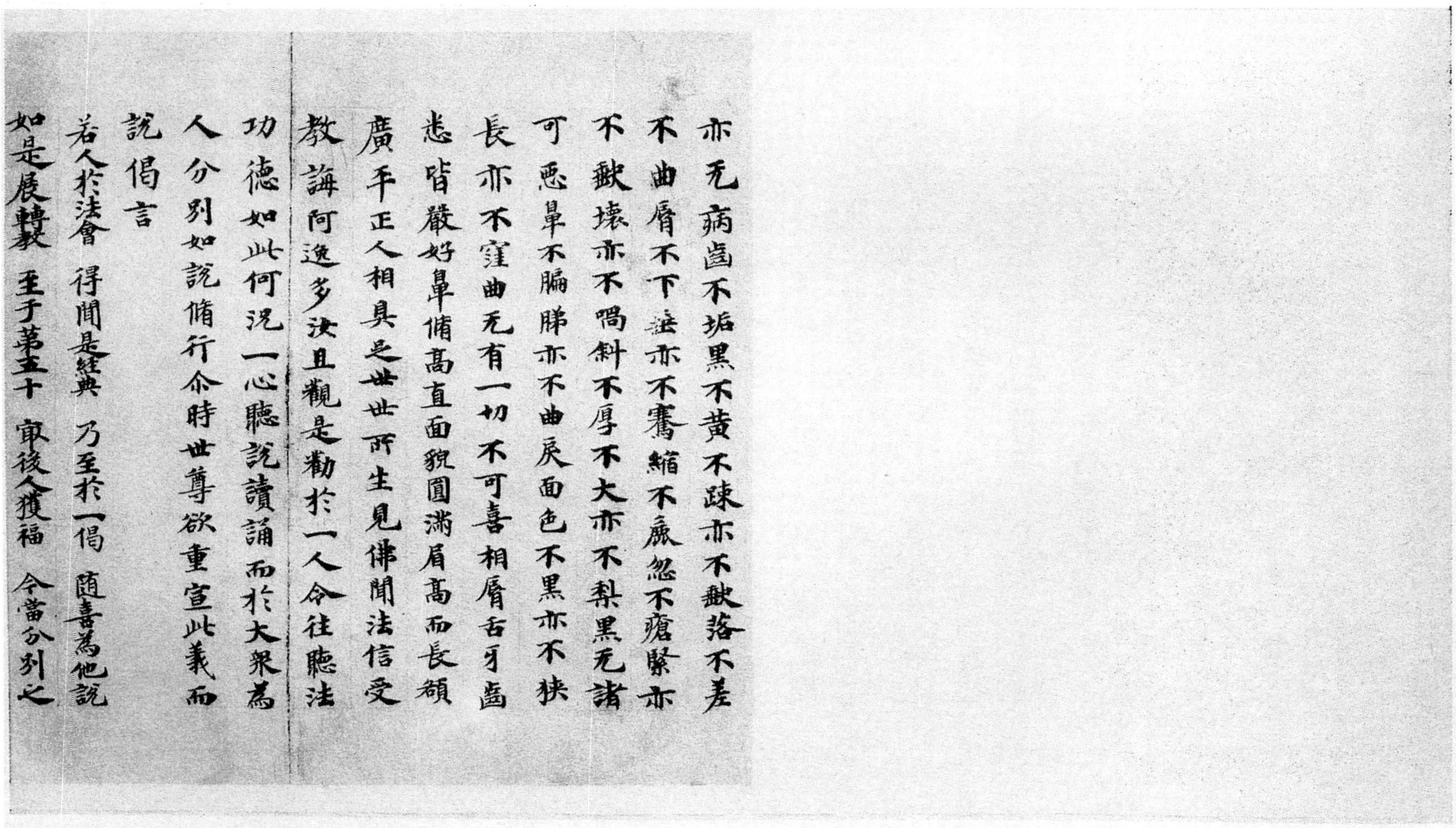

亦无病齒不垢黑不黃不踈亦不缺落不差
不曲脣不下垂亦不褰縮不麁澀不瘡緊亦
不缺壞亦不喎斜不厚不大亦不黧黑无諸
可惡鼻不匾㔸亦不曲戾面色不黑亦不狹
長亦不窊曲无有一切不可喜相脣舌牙齒
悉皆嚴好鼻脩高直面貌圓滿眉高而長額
廣平正人相具足世世所生見佛聞法信受
教誨阿逸多汝且觀是勸於一人令往聽法
功德如此何況一心聽說讀誦而於大衆爲
人分別如說脩行尒時世尊欲重宣此義而
說偈言
若人於法會　得聞是經典　乃至於一偈　隨喜爲他說
如是展轉教　至于第五十　冣後人獲福　今當分別之

BD15127 號 A　妙法蓮華經卷六　　（31–1）

功德如此何況一心聽說讀誦而於大衆爲
人分別如說脩行尒時世尊欲重宣此義而
說偈言
若人於法會　得聞是經典　乃至於一偈　隨喜爲他說
如是展轉教　至于第五十　审後人獲福　今當分別之
如有大施主　供給无量衆　具满八十歲　隨意之所欲
見彼衰老相　髮白而面皺　齒踈形枯竭　念其死不久
我今應當教　令得於道果　即爲方便說　涅槃真實法
世皆不牢固　如水沫泡焰　汝等咸應當　疾生猒離心
諸人聞是法　皆得阿羅漢　具足六神通　三明八解脫
审後第五十　聞一偈隨喜　是人福勝彼　不可爲譬喻
如是展轉聞　其福尚无量　何況於法會　初聞隨喜者
若有勸一人　將引聽法華　言此經深妙　千万劫難遇
即受教往聽　乃至須臾聞　斯人之福報　今當分別說
世世无口患　齒不踈黃黑　脣不厚褰缺　无有可惡相
舌不乾黑短　鼻高脩且直　額廣而平正　面目悉端嚴
爲人所喜見　口氣无臭穢　優鉢華之香　常從其口出
若故詣僧坊　欲聽法華經　須臾聞歡喜　今當說其福
後生天人中　得妙象馬車　珎寶之輦轝　及乘天宮殿
若於講法處　勸人坐聽經　是福因緣得　釋梵轉輪座
何況一心聽　解說其義趣　如說而脩行　其福不可限
妙法蓮華經法師功德品第十九
尒時佛告常精進菩薩摩訶薩若善男子善
女人受持是法華經若讀若誦若解說若書
寫是人當得八百眼功德千二百耳功德八
百鼻功德千二百舌功德八百身功德千二

BD15127 號 A　妙法蓮華經卷六　（31–2）

何況一心聽　解說其義趣　如說而脩行　其福不可限
妙法蓮華經法師功德品第十九
尒時佛告常精進菩薩摩訶薩若善男子善
女人受持是法華經若讀若誦若解說若書
寫是人當得八百眼功德千二百耳功德八
百鼻功德千二百舌功德八百身功德千二
百意功德以是功德莊嚴六根皆令清淨是
善男子善女人父母所生清淨肉眼見於三
千大千世界內外所有山林河海下至阿鼻
地獄上至有頂亦見其中一切衆生及業因
緣果報生處悉見悉知尒時世尊欲重宣此
義而說偈言
若於大衆中　以无所畏心　說是法華經　汝聽其功德
是人得八百　功德殊勝眼　以是莊嚴故　其目甚清淨
父母所生眼　悉見三千界　內外弥樓山　須弥及鐵圍
幷諸餘山林　大海江河水　下至阿鼻獄　上至有頂天
其中諸衆生　一切皆悉見　雖未得天眼　肉眼力如是
復次常精進若善男子善女人受持此經若
讀若誦若解說若書寫得千二百耳功德以
是清淨耳聞三千大千世界下至阿鼻地獄
上至有頂其中內外種種語言音聲象聲馬
聲牛聲車聲啼哭聲愁歎聲螺聲鼓聲鍾聲
鈴聲咲聲語聲男聲女聲童子聲童女聲法
聲非法聲苦聲樂聲凡夫聲聖人聲喜聲不
喜聲天聲龍聲夜叉聲乾闥婆聲阿脩羅聲
迦樓羅聲緊那羅聲摩睺羅伽聲火聲
水聲風聲地獄聲畜生聲餓鬼聲比丘聲比丘

BD15127 號 A　妙法蓮華經卷六　（31–3）

上至有頂其中內外種種語言音聲象聲馬
聲牛聲車聲啼哭聲愁歎聲螺聲鼓聲鍾聲
鈴聲咲聲語聲男聲女聲童子聲童女聲法
聲非法聲苦聲樂聲凡夫聲聖人聲喜聲不
喜聲迦樓羅聲緊那羅聲摩睺羅伽聲火聲
水聲風聲地獄聲畜生聲餓鬼聲比丘聲比丘
尼聲聲聞聲辟支佛聲菩薩聲佛聲以要言
之三千大千世界中一切內外所有諸聲雖
未得天耳以父母所生清淨常耳皆悉聞知
如是分別種種音聲而不壞耳根尒時世尊
欲重宣此義而說偈言
父母所生耳　清淨无濁穢　以此常耳聞　三千世界聲
象馬車牛聲　鍾鈴螺鼓聲　琴瑟箜篌聲　蕭笛之音聲
清淨好歌聲　聽之而不著　无數種人聲　聞悉能解了
又聞諸天聲　微妙之歌音　及聞男女聲　童子童女聲
山川嶮谷中　迦陵頻伽聲　命命等諸鳥　悉聞其音聲
地獄衆苦痛　種種楚毒聲　餓鬼飢渴逼　求索飲食聲
諸阿脩羅等　居在大海邊　自共言語時　出于大音聲
如是說法者　安住於此間　遙聞是衆聲　而不壞耳根
十方世界中　禽獸鳴相呼　其說法之人　於此悉聞之
其諸梵天上　光音及遍淨　乃至有頂天　言語之音聲
法師住於此　悉皆得聞之　一切比丘衆　及諸比丘尼
若讀誦經典　若為他人說　法師住於此　悉皆得聞之
復有諸菩薩　讀誦於經法　若為他人說　撰集解其義
如是諸音聲　悉皆得聞之　諸佛大聖尊　教化衆生者
於諸大會中　演說微妙法　持此法華者　悉皆得聞之

BD15127 號 A　妙法蓮華經卷六　（31–4）

其諸梵天上　光音及遍淨　乃至有頂天　言語之音聲
法師住於此　悉皆得聞之　一切比丘衆　及諸比丘尼
若讀誦經典　若為他人說　法師住於此　悉皆得聞之
復有諸菩薩　讀誦於經法　若為他人說　撰集解其義
如是諸音聲　悉皆得聞之　諸佛大聖尊　教化衆生者
於諸大會中　演說微妙法　持此法華者　悉皆得聞之
三千大千界　內外諸音聲　下至阿鼻獄　上至有頂天
皆聞其音聲　而不壞耳根　其耳聰利故　悉能分別知
持是法華者　雖未得天耳　但用所生耳　功德已如是
復次常精進若善男子善女人受持是經若
讀若誦若解說若書寫成就八百鼻功德以
是清淨鼻根聞於三千大千世界上下內外
種種諸香須曼那華香闍提華香末利華香
瞻蔔華香波羅羅華香赤蓮華香青蓮華香
白蓮華香華樹香菓樹香栴檀香沉水香多
摩羅跋香多伽羅香及千万種和香若末若
丸若塗香持是經者於此間住悉能分別又
復別知衆生之香象香馬香牛羊等香男香
女香童子香童女香及草木叢林香若近若
遠所有諸香悉皆得聞分別不錯持是經者
雖住於此亦聞天上諸天之香波利質多羅
拘鞞陁羅樹香及曼陁羅華香摩訶曼陁羅
華香曼殊沙華香摩訶曼殊沙華香栴檀沉
水種種末香諸雜華香如是等天香和合所
出之香无不聞知又聞諸天身香釋提桓因
在勝殿上五欲娛樂嬉戲時香若在妙法堂

BD15127 號 A　妙法蓮華經卷六　（31–5）

雖住於此亦聞天上諸天之香波利質多羅
拘鞞陀羅樹香及曼陀羅華香摩訶曼陀羅
華香曼殊沙華香摩訶曼殊沙華香栴檀沉
水種種末香諸雜華香如是等天香和合所
出之香无不聞知又聞諸天身香釋提桓因
在勝殿上五欲娛樂嬉戲時香若在妙法堂
上為忉利諸天說法時香若於諸園遊戲時
香及餘天等男女身香皆悉遙聞如是展轉
乃至梵世上至有頂諸天身香亦皆聞之并
聞諸天所燒之香及聲聞香辟支佛香菩薩
香諸佛身香亦皆遙聞知其所在雖聞此香
然於鼻根不壞不錯若欲分別為他人說憶
念不謬尒時世尊欲重宣此義而說偈言
是人鼻清淨　於此世界中　若香若臭物　種種悉聞知
須曼那闍提　多摩羅栴檀　沉水及桂香　種種華菓香
及知眾生香　男子女人香　說法者遠住　聞香知所在
大勢轉輪王　小轉輪及子　群臣諸宮人　聞香知所在
身所著珎寶　及地中寶藏　轉輪王寶女　聞香知所在
諸人嚴身具　衣服及瓔珞　種種所塗香　聞則知其身
諸天若行坐　遊戲及神變　持是法華經　聞香悉能知
諸樹華菓實　及蘇油香氣　持經者住此　悉知其所在
諸山深嶮處　栴檀樹華敷　眾生在中者　聞香皆能知
鐵圍山大海　地中諸眾生　持經者聞香　悉知其所在
阿脩羅男女　及其諸眷屬　鬪諍遊戲時　聞香皆能知
曠野險隘處　師子象虎狼　野牛水牛等　聞香知所在
若有懷妊者　未辯其男女　無根及非人　聞香悉能知

BD15127 號 A　妙法蓮華經卷六　(31–6)

諸山深嶮處　栴檀樹華敷　眾生在中者　聞香皆能知
鐵圍山大海　地中諸眾生　持經者聞香　悉知其所在
阿脩羅男女　及其諸眷屬　鬪諍遊戲時　聞香皆能知
曠野險隘處　師子象虎狼　野牛水牛等　聞香知所在
若有懷妊者　未辯其男女　無根及非人　聞香悉能知
以聞香力故　知其初懷妊　成就不成就　安樂產福子
以聞香力故　知男女所念　染欲癡恚心　亦知脩善者
地中眾伏藏　金銀諸珎寶　銅器之所盛　聞香悉能知
種種諸瓔珞　无能識其價　聞香知貴賤　出處及所在
天上諸華等　曼陀曼殊沙　波利質多樹　聞香悉能知
天上諸宮殿　上中下差別　眾寶華莊嚴　聞香悉能知
天園林勝殿　諸觀妙法堂　在中而娛樂　聞香悉能知
諸天若聽法　或受五欲時　來往行坐臥　聞香悉能知
天女所著衣　好華香莊嚴　周旋遊戲時　聞香悉能知
如是展轉上　乃至於梵世　入禪出禪者　聞香悉能知
光音遍淨天　乃至于有頂　初生及退沒　聞香悉能知
諸比丘眾等　於法常精進　若坐若經行　及讀誦經法
或在林樹下　專精而坐禪　持經者聞香　悉知其所在
菩薩志堅固　坐禪若讀誦　或為人說法　聞香悉能知
在在方世尊　一切所恭敬　愍眾而說法　聞香悉能知
眾生在佛前　聞經皆歡喜　如法而脩行　聞香悉能知
雖未得菩薩　無漏法生鼻　而是持經者　先得此鼻相
復次常精進若善男子善女人受持是經若
讀若誦若解說若書寫得千二百舌功德若
好若醜若美不美及諸苦澁物在其舌根皆

BD15127 號 A　妙法蓮華經卷六　(31–7)

衆生在佛前　聞經皆歡喜　如法而修行　聞香悉能知
雖未得菩薩　無漏法生鼻　而是持經者　先得此鼻相
復次常精進，若善男子善女人受持是經，若
讀若誦若解說若書寫，得千二百舌功德。若
好若醜，若美不美，及諸苦澁物，在其舌根，皆
變成上味，如天甘露，无不美者。若以舌根於
大衆中有所演說，出深妙聲，能入其心，皆令
歡喜快樂。又諸天子天女、釋梵諸天，聞是深
妙音聲，有所演說言論次第，皆悉来聽。及諸
龍龍女、夜叉夜叉女、揵闥婆揵闥婆女、阿脩
羅阿脩羅女、迦樓羅迦樓羅女、緊那羅緊那
羅女、摩睺羅伽摩睺羅伽女，為聽法故，皆来
親近恭敬供養。及比丘比丘尼、優婆塞優婆
夷、國王王子羣臣眷屬、小轉輪王大轉輪王、
七寶千子、内外眷屬，乘其宮殿俱来聽法。以
是菩薩善說法故，婆羅門居士國内人民，盡
其形壽隨侍供養。又諸聲聞辟支佛菩薩諸
佛，常樂見之。是人所在方面，諸佛皆向其處
說法，悉能受持一切佛法，又能出於深妙法
音。尒時世尊欲重宣此義而說偈言：
是人舌根淨　終不受惡味　其有所食噉　悉皆成甘露
以深淨妙聲　於大衆說法　以諸因緣喻　引導衆生心
聞者皆歡喜　設諸上供養
諸天龍夜叉　及阿脩羅等　皆以恭敬心　而共来聽法
是說法之人　若欲以妙音　遍滿三千界　隨意即能至
大小轉輪王　及千子眷屬　合掌恭敬心　常来聽受法

BD15127號A　妙法蓮華經卷六　（31–8）

以清淨妙聲　於大衆說法　以諸因緣喻　引導衆生心
聞者皆歡喜　設諸上供養
諸天龍夜叉　及阿脩羅等　皆以恭敬心　而共来聽法
是說法之人　若欲以妙音　遍滿三千界　隨意即能至
大小轉輪王　及千子眷屬　合掌恭敬心　常来聽受法
諸天龍夜叉　羅刹毗舍闍　亦以歡喜心　常樂来供養
梵天王魔王　自在大自在　如是諸天衆　常来至其所
諸佛及弟子　聞其說法音　常念而守護　或時為現身
復次常精進，若善男子善女人受持是經，若
讀若誦若解說若書寫，得八百身功德，得清
淨身，如淨瑠璃，衆生喜見。其身淨故，三千大
千世界衆生，生時死時，上下好醜，生善處惡
處，悉於中現。及鐵圍大鐵圍、弥樓山摩訶弥
樓山等諸山，及其中衆生，悉於中現。下至阿
鼻地獄，上至有頂，所有及衆生，悉於中現。若
聲聞辟支佛菩薩諸佛說法，皆於身中現其
色像。尒時世尊欲重宣此義而說偈言：
若持法華者　其身甚清淨　如彼淨瑠璃　衆生皆喜見
又如淨明鏡　悉見諸色像　菩薩於淨身　皆見世所有
唯獨自明了　餘人所不見　三千世界中　一切諸羣萌
天人阿脩羅　地獄鬼畜生　如是諸色像　皆於身中現
諸天等宮殿　乃至於有頂　鐵圍及弥樓　摩訶弥樓山
諸大海水等　皆於身中現
諸佛及聲聞　佛子菩薩等　若獨若在衆　說法悉皆現
雖未得无漏　法性之妙身　以清淨常體　一切於中現

BD15127號A　妙法蓮華經卷六　（31–9）

天人阿修羅　地獄鬼畜生　如是諸色像　皆於身中現
諸天等宮殿　乃至於有頂　鐵圍及彌樓　摩訶彌樓山
諸大海水等　皆於身中現
諸佛及聲聞　佛子菩薩等　若獨若在眾　說法悉皆現
雖未得无漏　法性之妙身　以清淨常體　一切於中現
復次常精進　若善男子善女人如來滅後受
持是經　若讀若誦若解說若書寫　得千二百
意功德　以是清淨意根　乃至聞一偈一句　通
達无量无邊之義　解是義已　能演說一句一
偈至於一月四月乃至一歲　諸所說法隨其
義趣　皆與實相不相違背　若說俗間經書治
世語言資生業等　皆順正法　三千大千世界
六趣眾生心之所行　心所動作　心所戲論　皆
悉知之　雖未得无漏智慧　而其意根清淨如
此　是人有所思惟籌量言說　皆是佛法　无不
真實　亦是先佛經中所說　爾時世尊欲重宣
此義而說偈言
是人意清淨　明利无穢濁　以此妙意根　知上中下法
乃至聞一偈　通達无量義　次第如法說　月四月至歲
是世界內外　一切諸眾生　若天龍及人　夜叉鬼神等
其在六趣中　所念若干種　持法華之報　一時皆悉知
十方无數佛　百福莊嚴相　為眾生說法　悉聞能受持
思惟无量義　說法亦无量　終始不忘錯　以持法華故
悉知諸法相　隨義識次第　達名字語言　如所知演說
此人有所說　皆是先佛法　以演此法故　於眾无所畏
持法華經者　意根淨若斯　雖未得无漏　先有如是相

BD15127號A　妙法蓮華經卷六　（31–10）

其在六趣中　所念若干種　持法華之報　一時皆悉知
十方无數佛　百福莊嚴相　為眾生說法　悉聞能受持
思惟无量義　說法亦无量　終始不忘錯　以持法華故
悉知諸法相　隨義識次第　達名字語言　如所知演說
此人有所說　皆是先佛法　以演此法故　於眾无所畏
持法華經者　意根淨若斯　雖未得无漏　先有如是相
是人持此經　安住希有地　為一切眾生　歡喜而愛敬
能以千万種　善巧之語言　分別而說法　持法華經故
妙法蓮華經常不輕菩薩品第廿
爾時佛告得大勢菩薩摩訶薩　汝今當知　若
比丘比丘尼優婆塞優婆夷持法華經者　若
有惡口罵詈誹謗　獲大罪報　如前所說　其所
得功德　如向所說　眼耳鼻舌身意清淨　得大
勢　乃往古昔　過无量无邊不可思議阿僧祇
劫　有佛名威音王如來　應供　正遍知　明行足
善逝　世間解　无上士　調御丈夫　天人師　佛　世
尊　劫名離衰　國名大成　其威音王佛　於彼世
中　為天人阿修羅說法　為求聲聞者　說應四
諦法　度生老病死　究竟涅槃　為求辟支佛者
說應十二因緣法　為諸菩薩　因阿耨多羅三
藐三菩提　說應六波羅蜜法　究竟佛慧　得大
勢　是威音王佛壽卌万億那由他恒河沙劫
正法住世劫數　如一閻浮提微塵　像法住世
劫數　如四天下微塵　其佛饒益眾生已　然後
滅度　正法像法滅盡之後　於此國土　復有佛
出　亦号威音王如來　應供　正遍知　明行足　善

BD15127號A　妙法蓮華經卷六　（31–11）

藐三菩提說應六波羅蜜法究竟佛慧得大
勢是威音王佛壽卌万億那由他恒河沙劫
正法住世劫數如一閻浮提微塵像法住世
劫數如四天下微塵其佛饒益衆生已然後
滅度正法像法滅盡之後於此國土復有佛
出亦号威音王如來應供正遍知明行足善
逝世間解无上士調御丈夫天人師佛世尊
如是次第有二万億佛皆同一号㝡初威音
王如来既已滅度正法滅後於像法中增上
慢比丘有大勢力
尒時有一菩薩比丘名常不輕得大勢以何
因緣名常不輕是比丘凡有所見若比丘比
丘尼優婆塞優婆夷皆悉礼拜讚嘆而作是
言我深敬汝等不敢輕慢所以者何汝等皆
行菩薩道當得作佛而是比丘不專讀誦經
典但行礼拜乃至遠見四衆亦復故往礼拜
讚嘆而作是言我不敢輕於汝等汝等皆當
作佛四衆之中有生瞋恚心不淨者惡口罵
詈言是无智比丘從何所来自言我不輕汝
而與我等受記當得作佛我等不用如是虛
妄受記如此經歷多年常被罵詈不生瞋恚
常作是言汝當作佛說是語時衆人或以杖
木瓦石而打擲之避走遠住猶高聲唱言我
不敢輕汝汝等皆當作佛以其常作是語故
增上慢比丘比丘尼優婆塞優婆夷皆号之

BD15127號A　妙法蓮華經卷六　(31–12)

妄受記如此經歷多年常被罵詈不生瞋恚
常作是言汝當作佛說是語時衆人或以杖
木瓦石而打擲之避走遠住猶高聲唱言我
不敢輕汝汝等皆當作佛以其常作是語故
增上慢比丘比丘尼優婆塞優婆夷皆号之
爲常不輕是比丘臨欲終時於虛空中具聞
威音王佛先所說法華經廿千万億偈悉能
受持即得如上眼根清淨耳鼻舌身意根清
淨得是六根清淨已更增壽命二百万億那
由他歲廣爲人說是法華經
於時增上慢四衆比丘比丘尼優婆塞優婆
夷輕賤是人爲作不輕名者見其得大神通
力樂說辯力大善寂力聞其所說皆信伏隨
從是菩薩復化千万億衆令住阿耨多羅三
藐三菩提命終之後得值二千億佛皆号日
月燈明於其法中說是法華經以是因緣復
值二千億佛同号雲自在燈王於此諸佛法
中受持讀誦爲諸四衆說此經典故得是常
眼清淨耳鼻舌身意諸根清淨於四衆中說
法心无所畏得大勢是常不輕菩薩摩訶薩
供養如是若干諸佛恭敬尊重讚嘆種諸善
根於後復值千万億佛亦於諸佛法中說是
經典功德成就當得作佛得大勢於意云何
尒時常不輕菩薩豈異人乎則我身是也若
我於宿世不受持讀誦此經爲他人說者不

BD15127號A　妙法蓮華經卷六　(31–13)

根於後復值千万億佛亦於諸佛法中說是
經典功德成就當得作佛得大勢於意云何
介時常不輕菩薩豈異人乎則我身是也若
我於宿世不受持讀誦此經為他人說者不
能疾得阿耨多羅三藐三菩提我於先佛所
受持讀誦此經為人說故疾得阿耨多羅三
藐三菩提得大勢彼時四衆比丘比丘尼優
婆塞優婆夷以瞋恚意輕賤我故二百億劫常
不值佛不聞法不見僧千劫於阿鼻地獄受
大苦惱畢是罪已復遇常不輕菩薩教化阿
耨多羅三藐三菩提得大勢於汝意云何介時
四衆常輕是菩薩者豈異人乎今此會中䟦陁
婆羅等五百菩薩師子月等五百比丘尼思佛
等五百優婆塞皆於阿耨多羅三藐三菩提
不退轉者是得大勢當知是法華經大饒益諸
菩薩摩訶薩能令至於阿耨多羅三藐三菩
提是故諸菩薩摩訶薩於如來滅後常應受
持讀誦解說書寫是經介時世尊欲重宣此
義而說偈言
過去有佛　号威音王　神智无量　將導一切
天人龍神　所共供養　是佛滅後　法欲盡時
有一菩薩　名常不輕　時諸四衆　計著於法
不輕菩薩　往到其所　而語之言　我不輕汝
汝等行道　皆當作佛　諸人聞已　輕毀罵詈
不輕菩薩　能忍受之　其罪畢已　臨命終時

BD15127號A　妙法蓮華經卷六　（31–14）

過去有佛　号威音王　神智无量　將導一切
天人龍神　所共供養　是佛滅後　法欲盡時
有一菩薩　名常不輕　時諸四衆　計著於法
不輕菩薩　往到其所　而語之言　我不輕汝
汝等行道　皆當作佛　諸人聞已　輕毀罵詈
不輕菩薩　能忍受之　其罪畢已　臨命終時
得聞此經　六根清淨　神通力故　增益壽命
復為諸人　廣說是經　諸著法衆　皆蒙菩薩
教化成就　令住佛道　不輕命終　值无數佛
說是經故　得无量福　漸具功德　疾成佛道
彼時不輕　則我身是　時四部衆　著法之者
聞不輕言　汝當作佛　以是因緣　值无數佛
此會菩薩　五百之衆　并及四部　清信士女
今於我前　聽法者是　我於前世　勸是諸人
聽受斯經　第一之法　開示教人　令住涅槃
世世受持　如是經典　億億万劫　至不可議
時乃得聞　是法華經　億億万劫　至不可議
諸佛世尊　時說是經　是故行者　於佛滅後
聞如是經　勿生疑惑　應當一心　廣說此經
世世值佛　疾成佛道
妙法蓮華經如來神力品第廿一
介時千世界微塵等菩薩摩訶薩從地踊出
者皆於佛前一心合掌瞻仰尊顏而白佛言
世尊我等於佛滅後世尊分身所在國土滅
度之處當廣說此經所以者何我等亦自欲

BD15127號A　妙法蓮華經卷六　（31–15）

妙法蓮華經如來神力品第廿一

尒時千世界微塵等菩薩摩訶薩從地踊出
者皆於佛前一心合掌瞻仰尊顔而白佛言
世尊我等於佛滅後世尊分身所在國土滅
度之處當廣說此經所以者何我等亦自欲
得是真淨大法受持讀誦解說書寫而供養
之尒時世尊於文殊師利等无量百千万億
舊住娑婆世界菩薩摩訶薩及諸比丘比丘
尼優婆塞優婆夷天龍夜叉乾闥婆阿脩羅
迦樓羅緊那羅摩睺羅伽人非人等一切衆
前現大神力出廣長舌上至梵世一切毛孔
放於无量无數色光皆悉遍照十方世界衆
寶樹下師子座上諸佛亦復如是出廣長舌
放无量光
釋迦牟尼佛及寶樹下諸佛現神力時滿百
千歲然後還攝舌相一時謦欬俱共彈指是
二音聲遍至十方諸佛世界地皆六種震動
其中衆生天龍夜叉乾闥婆阿脩羅迦樓羅
緊那羅摩睺羅伽人非人等以佛神力故皆
見此娑婆世界无量无邊百千万億衆寶樹
下師子座上諸佛及見釋迦牟尼佛共多寶
如来在寶塔中坐師子座又見无量无邊百
千万億菩薩摩訶薩及諸四衆恭敬圍遶釋
迦牟尼佛既見是已皆大歡喜得未曾有即
時諸天於虛空中高聲唱言過此无量无邊
百千万億阿僧祇世界有國名娑婆是中有

BD15127號A　妙法蓮華經卷六　(31–16)

如来在寶塔中坐師子座又見无量无邊百
千万億菩薩摩訶薩及諸四衆恭敬圍遶釋
迦牟尼佛既見是已皆大歡喜得未曾有即
時諸天於虛空中高聲唱言過此无量无邊
百千万億阿僧祇世界有國名娑婆是中有
佛名釋迦牟尼今為諸菩薩摩訶薩說大乘
經名妙法蓮華教菩薩法佛所護念汝等當
深心隨喜亦當礼拜供養釋迦牟尼佛彼諸
衆生聞虛空中聲已合掌向娑婆世界作如
是言南无釋迦牟尼佛南无釋迦牟尼佛以
種種華香瓔珞幡蓋及諸嚴身之具珎寶妙
物皆共遥散娑婆世界所散諸物從十方来
辟如雲集變成寶帳遍覆此間諸佛之上于
時十方世界通達无㝵如一佛土
尒時佛告上行等菩薩大衆諸佛神力如是
无量无邊不可思議若我以是神力於无量
无邊百千万億阿僧祇劫為囑累故說此經
功德猶不能盡以要言之如来一切所有之
法如来一切自在神力如来一切秘要之藏
如来一切甚深之事皆於此經宣示顯說是
故汝等於如来滅後應當一心受持讀誦解
說書寫如說脩行所在國土若有受持讀誦
解說書寫如說脩行若經卷所住之處若於
園中若於林中若於樹下若於僧坊若白衣
舍若在殿堂若山谷曠野是中皆應起塔供
[illegible]

BD15127號A　妙法蓮華經卷六　(31–17)

故汝等於如來滅後應當一心受持讀誦解
說書寫如說脩行所在國土若有受持讀誦
解說書寫如說脩行若經卷所住之處若於
園中若於林中若於樹下若於僧坊若白衣
舍若在殿堂若山谷曠野是中皆應起塔供
養所以者何當知是處即是道場諸佛於此
得阿耨多羅三藐三菩提諸佛於此轉于法
輪諸佛於此而般涅槃尒時世尊欲重宣此
義而說偈言
諸佛救世者　住於大神通　為悅衆生故　現无量神力
舌相至梵天　身放无數光　為求佛道者　現此希有事
諸佛謦欬聲　及彈指之聲　周聞十方國　地皆六種動
以佛滅度後　能持是經故　諸佛皆歡喜　現无量神力
囑累是經故　讃美受持者　於无量劫中　猶故不能盡
是人之功德　无邊无有窮　如十方虛空　不可得邊際
能持是經者　則為已見我　亦見多寶佛　及諸分身者
又見我今日　教化諸菩薩　能持是經者　令我及分身
滅度多寶佛　一切皆歡喜　十方現在佛　并過去未來
亦見亦供養　亦令得歡喜　諸佛坐道場　所得秘要法
能持是經者　不久亦當得　能持是經者　於諸法之義
名字及言辞　樂說无窮盡　如風於空中　一切无鄣㝵
於如來滅後　知佛所說經　因緣及次第　隨義如實說
如日月光明　能除諸幽冥　斯人行世間　能滅衆生闇
教无量菩薩　畢竟住一乘　是故有智者　聞此功德利
於我滅度後　應受持斯經　是人於佛道　決定无有疑

BD15127號A　妙法蓮華經卷六　（31–18）

於如來滅後　知佛所說經　因緣及次第　隨義如實說
如日月光明　能除諸幽冥　斯人行世間　能滅衆生闇
教无量菩薩　畢竟住一乘　是故有智者　聞此功德利
於我滅度後　應受持斯經　是人於佛道　決定无有疑
妙法蓮華經囑累品第廿二
尒時釋迦牟尼佛從法座起現大神力以右
手摩无量菩薩摩訶薩頂而作是言我於无
量百千万億阿僧祇劫脩集是難得阿耨多
羅三藐三菩提法今以付囑汝等汝等應當
一心流布此法廣令增益如是三摩諸菩薩
摩訶薩頂而作是言我於无量百千万億阿
僧祇劫脩集是難得阿耨多羅三藐三菩提
法今以付囑汝等汝等當受持讀誦廣宣此
法令一切衆生普得聞知所以者何如來有
大慈悲无諸慳悋亦无所畏能與衆生佛之
智慧如來智慧自然智慧如來是一切衆生
之大施主汝等亦應隨學如來之法勿生慳
悋於未來世若有善男子善女人信如來智
慧者當為演說此法華經使得聞知為令其
人得佛慧故若有衆生不信受者當於如來
餘深法中示教利喜汝等若能如是則為已
報諸佛之恩時諸菩薩摩訶薩聞佛作是說
已皆大歡喜遍滿其身益加恭敬曲躬低頭
合掌向佛俱發聲言如世尊勅當具奉行唯
然世尊願不有慮諸菩薩摩訶薩衆如是三

BD15127號A　妙法蓮華經卷六　（31–19）

人得佛慧故若有衆生不信受者當於如来
餘深法中示教利喜汝等若能如是則為已
報諸佛之恩時諸菩薩摩訶薩聞佛作是説
已皆大歡喜遍滿其身益加恭敬曲躬低頭
合掌向佛俱發聲言如世尊勅當具奉行唯
然世尊願不有慮諸菩薩摩訶薩衆如是三
反俱發聲言如世尊勅當具奉行唯然世尊
願不有慮尒時釋迦牟尼佛令十方来諸分
身佛各還本土而作是言諸佛各隨所安多
寶佛塔還可如故説是語時十方无量分身
諸佛坐寶樹下師子座上者及多寶佛并上
行等无邊阿僧祇菩薩大衆舍利弗等聲聞
四衆及一切世間天人阿脩羅等聞佛所説
皆大歡喜

妙法蓮華經藥王菩薩本事品第廿三

尒時宿王華菩薩白佛言世尊藥王菩薩云
何遊於娑婆世界世尊是藥王菩薩有若干
百千万億那由他難行苦行善哉世尊願少
解説諸天龍神夜叉乾闥婆阿脩羅迦樓羅
緊那羅摩睺羅伽人非人等又他國土諸来
菩薩及此聲聞衆聞皆歡喜尒時佛告宿王
華菩薩乃往過去无量恒河沙劫有佛号曰
月淨明德如来應供正遍知明行足善逝世
間解无上士調御丈夫天人師佛世尊其佛
有八十億大菩薩摩訶薩七十二恒河沙大

BD15127 號 A　妙法蓮華經卷六　（31–20）

華菩薩乃往過去无量恒河沙劫有佛号曰
月淨明德如来應供正遍知明行足善逝世
間解无上士調御丈夫天人師佛世尊其佛
有八十億大菩薩摩訶薩七十二恒河沙大
聲聞衆佛壽四万二千劫菩薩壽命亦等彼
國无有女人地獄餓鬼畜生阿脩羅等及以
諸難地平如掌琉璃所成寶樹莊嚴寶帳覆
上垂寶華幡寶瓶香鑪周遍國界七寶為臺
一樹一臺其樹去臺盡一箭道此諸寶樹皆
有菩薩聲聞而坐其下諸寶臺上各有百億
諸天作天伎樂歌嘆於佛以為供養
尒時彼佛為一切衆生憙見菩薩及衆菩薩
諸聲聞衆説法華經是一切衆生憙見菩薩
樂集苦行於日月淨明德佛法中精進經行
一心求佛滿万二千歲已得現一切色身三
昧得此三昧已心大歡喜即作念言我得現
一切色身三昧皆是得聞法華經力我今當
供養日月淨明德佛及法華經即時入是三
昧於虛空中雨曼陁羅華摩訶曼陁羅華細
末堅黑栴檀滿虛空中如雲而下又雨海此
岸栴檀之香此香六銖價直娑婆世界以供
養佛作是供養已從三昧起而自念言我雖
以神力供養於佛不如以身供養即服諸香
栴檀薰陸兜樓婆畢力迦沉水膠香又飲瞻
蔔諸華香油滿千二百歲已香油塗身於日

BD15127 號 A　妙法蓮華經卷六　（31–21）

岸栴檀之香此香六銖價直娑婆世界以供
養佛作是供養已從三昧起而自念言我雖
以神力供養於佛不如以身供養即服諸香
栴檀薰陸兜樓婆畢力迦沉水膠香又飲瞻
蔔諸華香油滿千二百歲已香油塗身於日
月淨明德佛前以天寶衣而自纏身灌諸香
油以神通力願而自燃身光明遍照八十億
恒河沙世界其中諸佛同時讚言善哉善哉
善男子是真精進是名真法供養如來若以
華香瓔珞燒香末香塗香天繒幡蓋及海此
岸栴檀之香如是等種種諸物供養所不能
及假使國城妻子布施亦所不及善男子是
名第一之施於諸施中最尊最上以法供養
諸如來故作是語已而各默然其身火燃千
二百歲過是已後其身乃盡一切眾生憙見
菩薩作如是法供養已命終之後復生日月
淨明德佛國中於淨德王家結加趺坐忽然
化生即為其父而說偈言
大王今當知　我經行彼處　即時得一切　現諸身三昧
懃行大精進　捨所愛之身
說是偈已而白父言日月淨明德佛今故現
在我先供養佛已得解一切眾生語言陁羅
尼復聞是法華經八百千万億那由他甄迦羅
頻婆羅阿閦婆等偈大王我今當還供養此
佛白已即坐七寶之臺上昇虛空高七多羅

在我先供養佛已得解一切眾生語言陁羅
尼復聞是法華經八百千万億那由他甄迦羅
頻婆羅阿閦婆等偈大王我今當還供養此
佛白已即坐七寶之臺上昇虛空高七多羅
樹往到佛所頭面禮足合十指爪以偈讚佛
容顏甚奇妙　光明照十方　我適曾供養　今復還親覲
尒時一切眾生憙見菩薩說是偈已而白佛
言世尊世尊猶故在世尒時日月淨明德佛
告一切眾生憙見菩薩善男子我涅槃時到
滅盡時至汝可安施牀座我於今夜當般涅
槃又勑一切眾生憙見菩薩善男子我以佛
法囑累於汝及諸菩薩大弟子并阿耨多羅
三藐三菩提法亦以三千大千七寶世界諸
寶樹寶臺及給侍諸天悉付於汝我滅度後
所有舍利亦付囑汝當令流布廣設供養應
起若干千塔如是日月淨明德佛勑一切眾
生憙見菩薩已於夜後分入於涅槃尒時一
切眾生憙見菩薩見佛滅度悲感懊惱戀慕
於佛即以海此岸栴檀為積供養佛身而以
燒之火滅已後收取舍利作八万四千寶瓶
以起八万四千塔高三世界表刹莊嚴垂諸
幡蓋懸眾寶鈴尒時一切眾生憙見菩薩復
自念言我雖作是供養心猶未足我今當更
供養舍利便語諸菩薩大弟子及天龍夜叉
等一切大眾汝等當一心念我今供養日月

以起八万四千塔高三世界表刹莊嚴垂諸
幡蓋懸衆寶鈴尒時一切衆生憙見菩薩復
自念言我雖作是供養心猶未足我今當更
供養舍利便語諸菩薩大弟子及天龍夜叉
等一切大衆汝等當一心念我今供養日月
淨明德佛舍利作是語已即於八万四千塔
前燃百福莊嚴臂七万二千歲而以供養令
无數求聲聞衆无量阿僧祇人發阿耨多羅
三藐三菩提心皆使得住現一切色身三昧
尒時諸菩薩天人阿脩羅等見其无臂憂惱
悲哀而作是言此一切衆生憙見菩薩是我
等師教化我者而今燒臂身不具足于時一
切衆生憙見菩薩於大衆中立此誓言我捨
兩臂必當得佛金色之身若實不虛令我兩
臂還復如故作是誓已自然還復由斯菩薩
福德智慧淳厚所致當尒之時三千大千世
界六種震動天雨寶華一切人天得未曾有
佛告宿王華菩薩於汝意云何一切衆生憙
見菩薩豈異人乎今藥王菩薩是也其所捨
身布施如是无量百千万億那由他數宿王
華若有發心欲得阿耨多羅三藐三菩提者
能燃手指乃至足一指供養佛塔勝以國城
妻子及三千大千國土山林河池諸珎寶物
而供養者若復有人以七寶滿三千大千世
界供養於佛及大菩薩辟支佛阿羅漢是人

BD15127號A　妙法蓮華經卷六　(31–24)

能燃手指乃至足一指供養佛塔勝以國城
妻子及三千大千國土山林河池諸珎寶物
而供養者若復有人以七寶滿三千大千世
界供養於佛及大菩薩辟支佛阿羅漢是人
所得功德不如受持此法華經乃至一四句
偈其福最多宿王華譬如一切川流江河諸
水之中海為第一此法華經亦復如是於諸
如來所說經中最為深大又如土山黑山小
鐵圍山大鐵圍山及十寶山衆山之中須弥
山為第一此法華經亦復如是於諸經中最
為其上又如衆星之中月天子最為第一此
法華經亦復如是於千万億種諸經法中最
為照明又如日天子能除諸闇此經亦復如
是能破一切不善之闇又如諸小王中轉輪
聖王最為第一此經亦復如是於衆經中最為
其尊又如帝釋於三十三天中王此經亦復如
是諸經中王又如大梵天王一切衆生之父此
經亦復如是一切賢聖學无學及發菩薩心
者之父又如一切凡夫人中須陁洹斯陁含
阿那含阿羅漢辟支佛為第一此經亦復如
是一切如來所說若菩薩所說若聲聞所說
諸經法中最為第一有能受持是經典者亦
復如是於一切衆生中亦為第一一切聲聞
辟支佛中菩薩為第一此經亦復如是於一
切諸經法中最為第一如佛為諸法王此經

BD15127號A　妙法蓮華經卷六　(31–25)

後

是一切如来所說若菩薩所說若聲聞所說
諸經法中最為第一有能受持是經典者亦
復如是於一切衆生中亦為第一一切聲聞
辟支佛中菩薩為第一此經亦復如是於一
切諸經法中最為第一如佛為諸法王此經
亦復如是諸經中王宿王華此經能救一切
衆生者此經能令一切衆生離諸苦惱此經
能大饒益一切衆生充滿其願如清涼池能
滿一切諸渴乏者如寒者得火如裸者得衣
如商人得主如子得母如渡得船如病得醫如
闇得燈如貧得寶如民得王如賈客得海如
炬除闇此法華經亦復如是能令衆生離一
切病痛能解一切生死之縛若人得聞此法
華經若自書若使人書所得功德以佛智慧籌
量多少不得其邊若書是經卷華香瓔珞燒
香末香塗香幡蓋衣服種種之燈穌燈油燈
諸香油燈瞻蔔油燈須曼那油燈波羅羅油燈
婆利師迦油燈那婆摩利油燈供養所得功
德亦復无量宿王華若有人聞是藥王菩薩
本事品者亦得无量无邊功德若有女人聞
是藥王菩薩本事品能受持者盡是女身後
不復受若如来滅後五百歲中若有女人聞
是經典如說脩行於此命終即往安樂世界阿
弥陁佛大菩薩衆圍遶住處生蓮華中寶座
之上不復為貪欲所惱亦復不為瞋恚愚癡所
惱亦復不為憍慢嫉妬諸垢所惱得菩薩神通无

後

是藥王菩薩本事品能受持者盡是女身後
不復受若如来滅後五百歲中若有女人聞
是經典如說脩行於此命終即往安樂世界阿
弥陁佛大菩薩衆圍遶住處生蓮華中寶座
之上不復為貪欲所惱亦復不為瞋恚愚癡所
惱亦復不為憍慢嫉妬諸垢所惱得菩薩神通无
生法忍得是忍已眼根清淨以是清淨眼根見
七百万二千億那由他恒河沙等諸佛如来
是時諸佛遥共讚言善哉善哉善男子汝能
於釋迦牟尼佛法中受持讀誦思惟是經為
他人說所得福德无量无邊火不能燒水不
能漂汝之功德千佛共說不能令盡汝今已
能破諸魔賊壞生死軍諸餘怨敵皆悉摧滅
善男子百千諸佛以神通力共守護汝於一
切世間天人之中无如汝者唯除如来其諸
聲聞辟支佛乃至菩薩智慧禪定无有與汝
等者宿王華此菩薩成就如是功德智慧之
力若有人聞是藥王菩薩本事品能隨喜讚
善者是人現世口中常出青蓮華香身毛孔
中常出牛頭栴檀香所得功德如上所說是
故宿王華以此藥王菩薩本事品囑累於汝
我滅度後後五百歲中廣宣流布於閻浮提
无令斷絕惡魔魔民諸天龍夜叉鳩槃荼等
得其便也宿王華汝當以神通之力守護是
經所以者何此經則為閻浮提人病之良藥
若人有病得聞是經病即消滅不老不死宿

經所以者何此經則為閻浮提人病之良藥
若人有病得聞是經病即消滅不老不死宿
王華汝若見有受持是經者應以青蓮華盛
滿末香供散其上散已作是念言此人不久
必當取草坐於道場破諸魔軍當吹法螺
擊大法鼓度脫一切衆生老病死海是故求
佛道者見有受持是經典人應當如是生恭
敬心說是藥王菩薩本事品時八万四千菩
薩得解一切衆生語言陁羅尼多寶如來於
寶塔中讃宿王華菩薩言善哉善哉宿王華
汝成就不可思議功德乃能問釋迦牟尼佛
如此之事利益无量一切衆生

妙法蓮華經卷第六

開悟自知修證无學道成末法修行建立道
場云何結界合佛世尊清淨軌則
佛告阿難若末世人願立道場先取雪山大
力白牛食其山中肥膩香草此牛唯飲雪山

BD15127 號 A　妙法蓮華經卷六　　（31–28）

開悟自知修證无學道成末法修行建立道
場云何結界合佛世尊清淨軌則
佛告阿難若末世人願立道場先取雪山大
力白牛食其山中肥膩香草此牛唯飲雪山
清水其糞微細可取其糞和合旃檀以泥其
地若非雪山其牛臰穢不堪塗地別於平原
穿去地皮五尺已下取其黃土和上旃檀沉
水蘇合薰陸欝金白膠青木零陵甘松及雞
舌香以此十種細羅為粉合土成泥以塗場
地方圓丈六為八角壇壇心置一金銀銅木
所造蓮花花中安鉢鉢中先成八月露水水
中隨安所有花葉取八圓鏡各安其方圍繞
花鉢鏡外建立十六蓮花十六香鑪間花鋪
設莊嚴香爐純燒沉水无令見火取白牛乳
置十六器乳為煎餅并諸沙糖油餅乳糜蘇
合蜜薑純蘇純蜜於蓮花外各各十六圍繞
花外以奉諸佛及大菩薩每以食時若在中
夜取蜜半升用蘇三合壇前別安一小火鑪
以兜樓婆香煎取香水沐浴其炭然令猛熾
投是蘇蜜於炎鑪內燒令煙盡饗佛菩薩令
其四外遍懸幡花於壇室中四壁敷設十方
如來及諸菩薩所有形像應於當陽張盧舍
那釋迦彌勒阿閦彌陁諸大變化觀音形像

BD15127 號 B　大佛頂如來密因修證了義諸菩薩萬行首楞嚴經卷七　　（31–29）

花外以奉諸佛及大菩薩每以食時若在中
夜取蜜半升用蘇三合壇前別安一小火鑪
以兜樓婆香煎取香水沐浴其炭然令猛熾
投是蘇蜜於炎鑪內燒令煙盡饗佛菩薩令
其四外遍懸幡花於壇室中四壁敷設十方
如來及諸菩薩所有形像應於當陽張盧舍
那釋迦彌勒阿閦彌陁諸大變化觀音形像
兼金剛藏安其左右帝釋梵王烏芻瑟摩并
藍地迦諸軍荼利與毗俱知四天王等頻那
夜迦張於門側左右安置又取八鏡覆懸虛
空與壇場中所安之鏡方面相對使其形影
重重相涉於初七日中至誠頂礼十方如來
諸大菩薩阿羅漢号恒於六時誦呪圍壇至
心行道一時常行一百八遍第二七中一向
專心發菩薩願心无間斷我毗奈耶先有願
教第三七中於十二時一向持佛般怛囉呪
至第七日十方如來一時出現鏡交光處承
佛摩頂即於道場修三摩地能令如是末世
修學身心明淨猶如瑠璃阿難若此比丘本
受戒師及同會中十比丘等其中有一不清
淨者如是道場多不成就從三七後端坐安
居經一百日有利根者不起于座得須陁桓
縱其身心聖果未成決定自知成佛不謬汝
問道場建立如是
阿難頂礼佛足而白佛言自我出家恃佛憍
愛求多聞故未證无為遭彼梵天邪術所禁
心雖明了力不自由賴遇文殊令我解脫雖

BD15127號B　大佛頂如來密因修證了義諸菩薩萬行首楞嚴經卷七　（31–30）

居經一百日有利根者不起于座得須陁桓
縱其身心聖果未成決定自知成佛不謬汝
問道場建立如是
阿難頂礼佛足而白佛言自我出家恃佛憍
愛求多聞故未證无為遭彼梵天邪術所禁
心雖明了力不自由賴遇文殊令我解脫雖
蒙如來佛頂神呪冥獲其力尚未親聞唯願
大慈重為宣說悲救此會諸修行輩末及當
來在輪迴者承佛密音身意解脫于時會中
一切大眾普皆作礼佇聞如來秘密章句
尒時世尊從肉髻中涌百寶光光中涌出千
葉寶蓮有化如來坐寶花中頂放十道百寶
光明一一光明皆遍示現十恒河沙金剛密
跡擎山持杵遍虛空界大眾仰觀畏愛兼抱
求佛哀祐一心聽佛无見頂相放光如來宣

BD15127號B　大佛頂如來密因修證了義諸菩薩萬行首楞嚴經卷七　（31–31）

BD15128 號背　題簽　（1–1）

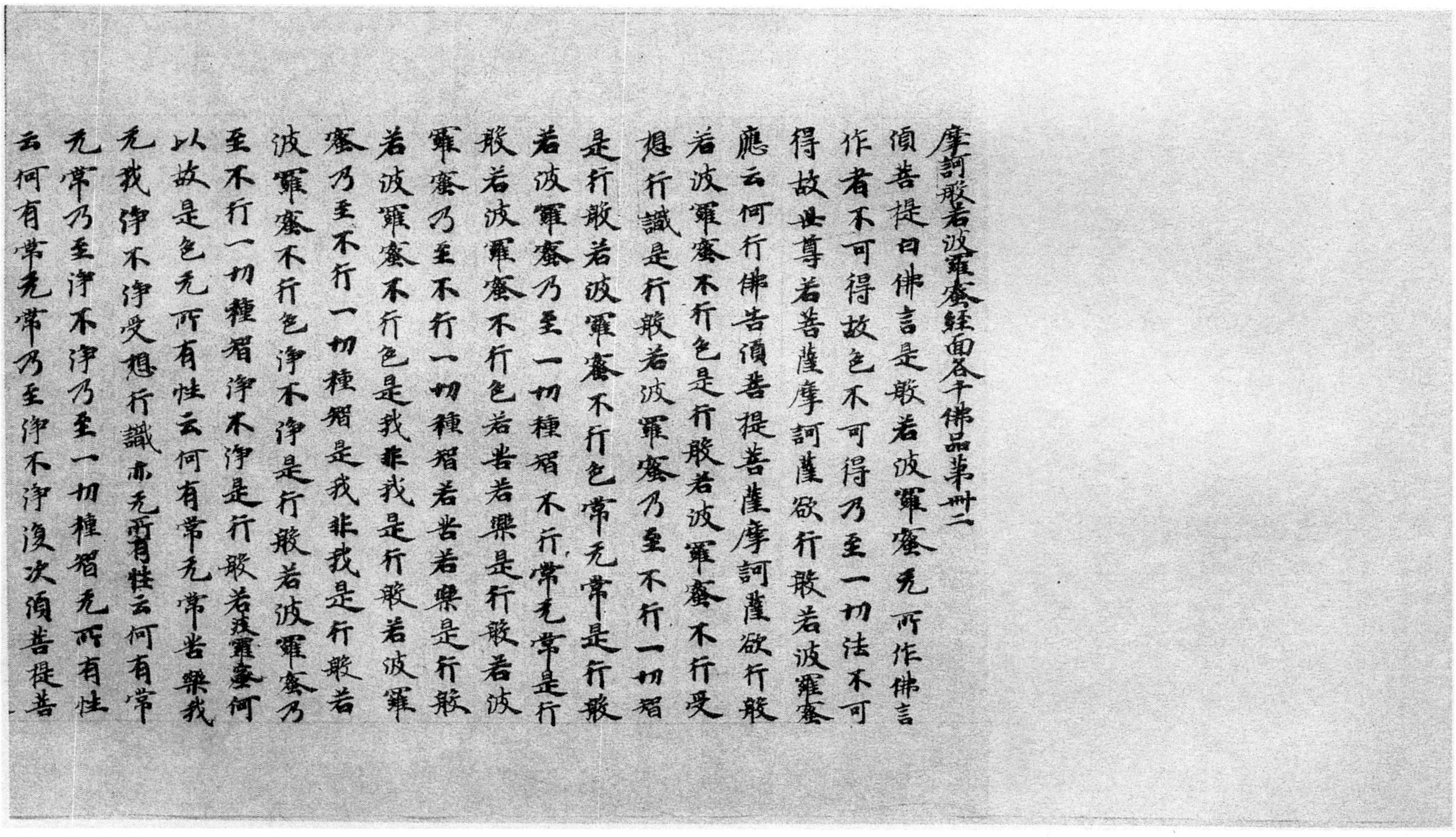

摩訶般若波羅蜜經面各千佛品第卌二
須菩提白佛言是般若波羅蜜无所作佛言
作者不可得故色不可得乃至一切法不可
得故世尊若菩薩摩訶薩欲行般若波羅蜜
應云何行佛告須菩提菩薩摩訶薩欲行般
若波羅蜜不行色是行般若波羅蜜不行受
想行識是行般若波羅蜜乃至不行一切智
是行般若波羅蜜不行色常无常是行般
若波羅蜜乃至一切種智不行常无常是行
般若波羅蜜不行色若苦若樂是行般若波
羅蜜乃至不行一切種智若苦若樂是行般
若波羅蜜不行色是我非我是行般若波羅
蜜乃至不行一切種智是我非我是行般若
波羅蜜不行色淨不淨是行般若波羅蜜乃
至不行一切種智淨不淨是行般若波羅蜜何
以故是色无所有性云何有常无常苦樂我
无我淨不淨受想行識亦无所有性云何有常
无常乃至淨不淨乃至一切種智无所有性
云何有常无常乃至淨不淨復次須菩提菩

BD15128 號　摩訶般若波羅蜜經（異卷）卷一八　（4–1）

波羅蜜不行色淨不淨是行般若波羅蜜乃
至不行一切種智淨不淨是行般若波羅蜜何
以故是色无所有性云何有常无常苦樂我
无我淨不淨受想行識亦无所有性云何有常
无常乃至淨不淨乃至一切種智无所有性
云何有常无常乃至淨不淨復次須菩提菩
薩摩訶薩行般若波羅蜜時不行色不具足
是行般若波羅蜜不行受想行識不具足是
行般若波羅蜜乃至不行一切種智不具足
是行般若波羅蜜何以故色不具足者是不
名色如是亦不行是行般若波羅蜜受想行
識不具足者是不名識如是亦不行是行般
若波羅蜜乃至不行一切種智不具足者是
不名一切種智如是亦不行是行般若波羅
蜜須菩提白佛言未曾有也世尊善說求菩薩
道善男子善女人㝵不㝵相佛言如是如是
須菩提佛善說求菩薩道善男子善女人㝵
不㝵相復次須菩提若菩薩摩訶薩行般若
波羅蜜時不行色不㝵是行般若波羅蜜不
行受想行識不㝵是行般若波羅蜜不行眼
不㝵是行般若波羅蜜不行耳鼻舌身不㝵
是行般若波羅蜜不行意不㝵是行般若波
羅蜜不行檀波羅蜜不㝵是行般若波羅蜜
不行尸羅波羅蜜不㝵是行般若波羅蜜不
行羼提波羅蜜不㝵是行般若波羅蜜不行
毗梨耶波羅蜜不㝵是行般若波羅蜜不行
禪波羅蜜不㝵是行般若波羅蜜不行般若
波羅蜜不㝵是行般若波羅蜜乃至不行一切

BD15128號　摩訶般若波羅蜜經（異卷）卷一八　　（4–2）

羅蜜不行檀波羅蜜不㝵是行般若波羅蜜
不行尸羅波羅蜜不㝵是行般若波羅蜜不
行羼提波羅蜜不㝵是行般若波羅蜜不行
毗梨耶波羅蜜不㝵是行般若波羅蜜不行
禪波羅蜜不㝵是行般若波羅蜜不行般若
波羅蜜不㝵是行般若波羅蜜乃至不行一切
智不㝵是行般若波羅蜜須菩提菩薩摩訶
薩如是行般若波羅蜜時知色是不㝵知受想
行識是不㝵乃至知一切種智是不㝵知須
陁洹果不㝵知斯陁含果不㝵知阿那含果
不㝵知阿羅漢果不㝵知辟支佛道不㝵知
阿耨多羅三藐三菩提道不㝵尒時慧命須
菩提白佛言未曾有也世尊是甚深法若
說亦不增不減若不說亦不增不減佛語
須菩提如是如是是甚深法若說亦不增不
減若不說亦不增不減辟如佛盡形壽若讚
虛空時亦不增不減毀時亦不增不減須菩
提若幻人若讚時不增不減毀時亦不增不
減讚歎時不喜毀時不憂須菩提諸法法相
亦如是若說亦如本不異若不說亦如本不
異須菩提白佛言世尊諸菩薩摩訶薩所為
甚難脩行是般若波羅蜜時不憂不喜而能習
般若波羅蜜於阿耨多羅三藐三菩提亦不轉
還何以故世尊脩般若波羅蜜如脩虛空如
虛空中无般若波羅蜜无禪无毗梨耶无羼
提无尸羅无檀波羅蜜如虛空中无色无受
想行識亦无內空外空內外空乃至无法有
法空中无四念處乃至无八聖道分无佛十

BD15128號　摩訶般若波羅蜜經（異卷）卷一八　　（4–3）

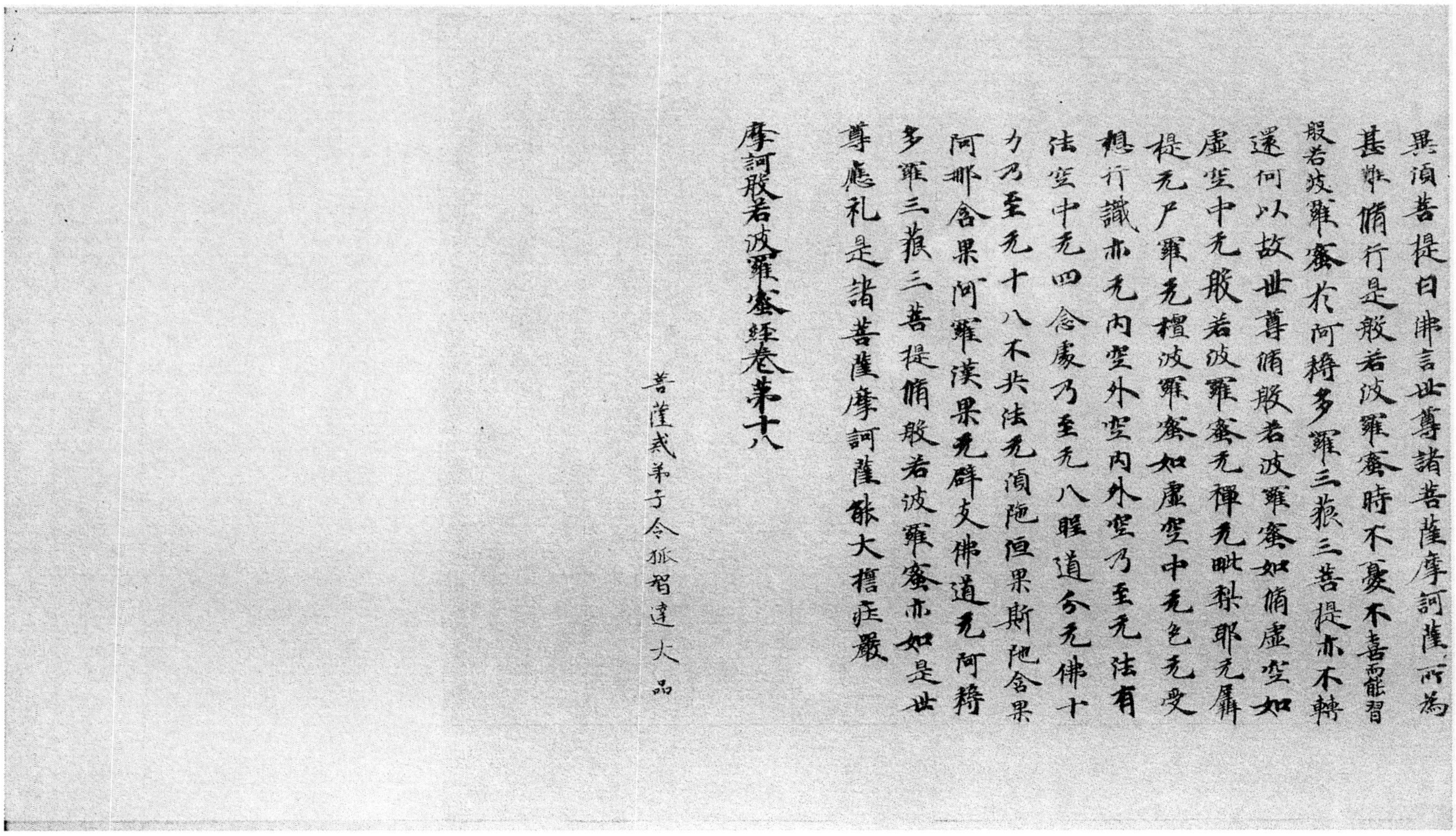

異須菩提白佛言世尊諸菩薩摩訶薩所為
甚難脩行是般若波羅蜜時不憂不喜而能習
般若波羅蜜於阿耨多羅三藐三菩提亦不轉
還何以故世尊脩般若波羅蜜如脩虛空如
虛空中无般若波羅蜜无禪无毗梨耶无羼
提无尸羅无檀波羅蜜如虛空中无色无受
想行識亦无內空外空內外空乃至无法有
法空中无四念處乃至无八聖道分无佛十
力乃至无十八不共法无須陁洹果斯陁含果
阿那含果阿羅漢果无辟支佛道无阿耨
多羅三藐三菩提脩般若波羅蜜亦如是世
尊應礼是諸菩薩摩訶薩能大擔莊嚴

摩訶般若波羅蜜經卷第十八

菩薩戒弟子令狐智達 大品

BD15128 號　摩訶般若波羅蜜經（異卷）卷一八　（4–4）

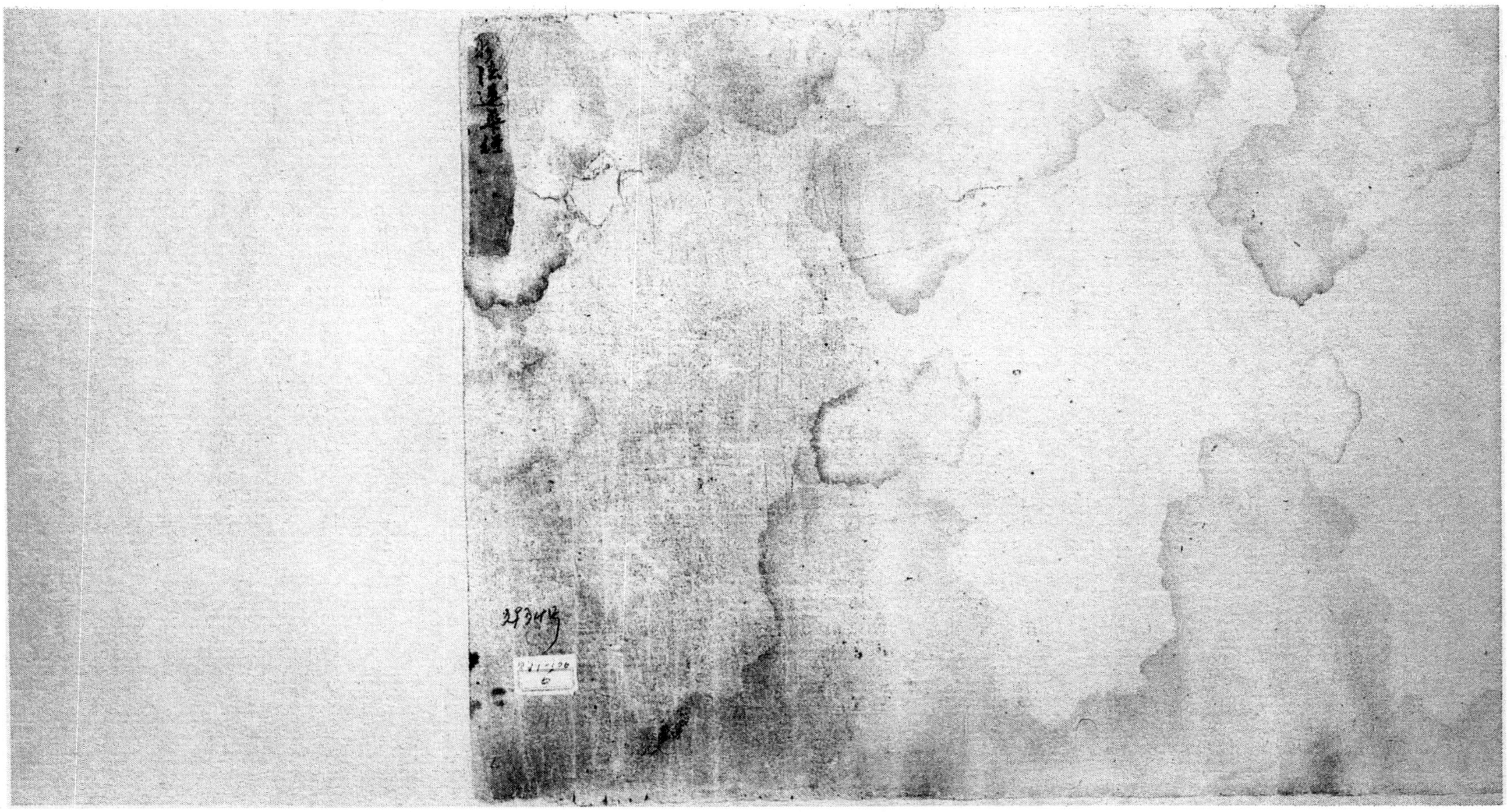

BD15129 號背　題簽　（1–1）

妙法蓮華經從地踊出品第十五
尒時他方國土諸來菩薩摩訶薩過八恒河
沙數於大衆中起立合掌作礼而白佛言世尊
若聽我等於佛滅後在此娑婆世界勤加精
進護持讀誦書寫供養是經典者當於此土
而廣說之尒時佛告諸菩薩摩訶薩衆止善
男子不須汝等護持此經所以者何我娑婆
世界自有六万恒河沙等菩薩摩訶薩一一
菩薩各有六万恒河沙眷屬是諸人等能於
我滅後護持讀誦廣說此經佛說是時娑
婆世界三千大千國土地皆震裂而於其中有
无量千万億菩薩摩訶薩同時踊出是諸菩
薩身皆金色三十二相无量光明先盡在此
娑婆世界之下此界虛空中住是諸菩薩聞
釋迦牟尼佛所說音聲從下發來一一菩薩
皆是大衆唱導之首各將六万恒河沙眷屬
況將五万四万三万二万一万恒河沙等眷
屬者況復乃至一恒河沙半恒河沙四分之
一乃至千万億那由他分之一況復千万億

BD15129 號　妙法蓮華經卷五

（20–1）

娑婆世界之下此界虛空中住是諸菩薩聞
釋迦牟尼佛所說音聲從下發來一一菩薩
皆是大衆唱導之首各將六万恒河沙眷屬
況將五万四万三万二万一万恒河沙等眷
屬者況復乃至一恒河沙半恒河沙四分之
一乃至千万億那由他分之一況復千万億
那由他眷屬況復億万眷屬況復千万百万
乃至一万況復一千一百乃至一十況復將
五四三二一弟子者況復單己樂遠離行如
是等比无量无邊筭數譬喻所不能知是諸
菩薩從地出已各詣虛空七寶妙塔多寶如
來釋迦牟尼佛所到已向二世尊頭面礼足
及至諸寶樹下師子座上佛所亦皆作礼右
繞三帀合掌恭敬以諸菩薩種種讚法而以
讚歎住在一面欣樂瞻仰於二世尊是諸菩
薩摩訶薩從地踊出以諸菩薩種種讚法而
讚於佛如是時間經五十小劫是時釋迦牟
尼佛嘿然而坐及諸四衆亦皆嘿然五十小
劫佛神力故令諸大衆謂如半日尒時四衆
亦以佛神力故見諸菩薩遍滿无量百千万
億國土虛空是菩薩衆中有四導師一名上
行二名无邊行三名淨行四名安立行是四
菩薩於其衆中最爲上首唱導之師在大衆
前各共合掌觀釋迦牟尼佛而問訊言世尊
少病少惱安樂行不所應度者受教易不不
令世尊生疲勞耶尒時四大菩薩而說偈言
世尊安樂　少病少惱　教化衆生　得无疲惓
又諸衆生　受化易不　不令世尊　生疲勞耶
尒時世尊於菩薩大衆中而作是言如是如

BD15129 號　妙法蓮華經卷五

（20–2）

前各共合掌觀釋迦牟尼佛而問訊言世尊
少病少惱安樂行不所應度者受教易不不
令世尊生疲勞耶尒時四大菩薩而說偈言
世尊安樂　少病少惱　教化衆生　得无疲惓
又諸衆生　受化易不　不令世尊　生疲勞耶
尒時世尊於菩薩大衆中而作是言如是如
是諸善男子如來安樂少病少惱諸衆生等
易可化度无有疲勞所以者何是諸衆生世
世已來常受我化亦於過去諸佛供養尊重
種諸善根此諸衆生始見我身聞我所說即
皆信受入如來慧除先脩習學小乘者如是
之人我今亦令得聞是經入於佛慧尒時諸
大菩薩而說偈言
善哉善哉　大雄世尊　諸衆生等　易可化度
能問諸佛　甚深智慧　聞已信行　我等隨喜
於時世尊讚歎上首諸大菩薩善哉善哉善
男子汝等能於如來發隨喜心尒時弥勒菩
薩及八千恒河沙諸菩薩衆皆作是念我等
從昔已來不見不聞如是大菩薩摩訶薩衆
從地踊出住世尊前合掌供養問訊如來時
弥勒菩薩摩訶薩知八千恒河沙諸菩薩等
心之所念并欲自決所疑合掌向佛以偈問
曰
无量千万億　大衆諸菩薩　昔所未曾見　願兩足尊說
是從何所來　以何因緣集　巨身大神通　智慧叵思議
其志念堅固　有大忍辱力　衆生所樂見　爲從何所來
一一諸菩薩　所將諸眷屬　其數无有量　如恒河沙等
或有大菩薩　將六万恒沙　如是諸大衆　一心求佛道

BD15129號　妙法蓮華經卷五　（20–3）

无量千万億　大衆諸菩薩　昔所未曾見　願兩足尊說
是從何所來　以何因緣集　巨身大神通　智慧叵思議
其志念堅固　有大忍辱力　衆生所樂見　爲從何所來
一一諸菩薩　所將諸眷屬　其數无有量　如恒河沙等
或有大菩薩　將六万恒沙　如是諸大衆　一心求佛道
是諸大師等　六万恒河沙　俱來供養佛　及護持此經
將五万恒沙　其數過於是　四万及三万　二万至一万
一千一百等　乃至一恒沙　半及三四分　億万分之一
千万那由他　万億諸弟子　乃至於半億　其數復過上
百万至一万　一千及一百　五十與一十　乃至三二一
單己无眷屬　樂於獨處者　俱來至佛所　其數轉過上
如是諸大衆　若人行籌數　過於恒沙劫　猶不能盡知
是諸大威德　精進菩薩衆　誰爲其說法　教化而成就
從誰初發心　稱揚何佛法　受持行誰經　脩習何佛道
如是諸菩薩　神通大智力　四方地震裂　皆從中踊出
世尊我昔來　未曾見是事　願說其所從　國土之名号
我常遊諸國　未曾見是衆　我於此衆中　乃不識一人
忽然從地出　願說其因緣　今此之大會　无量百千億
是諸菩薩等　皆欲知此事　是諸菩薩衆　本末之因緣
无量德世尊　唯願決衆疑
尒時釋迦牟尼佛分身諸佛從无量千万億
他方國土來者在於八方諸寶樹下師子座
上結加趺坐其佛侍者各各見是菩薩大衆
於三千大千世界四方從地踊出住於虛空
各白其佛言世尊此諸无量无邊阿僧祇菩
薩大衆從何所來尒時諸佛各告侍者諸善
男子且待須臾有菩薩摩訶薩名曰弥勒釋迦
牟尼佛之所授記次後作佛已問斯事佛今

BD15129號　妙法蓮華經卷五　（20–4）

於三千大千世界四方從地踊出住於虛空
各白其佛言世尊此諸无量无邊阿僧祇菩
薩大衆從何所來尒時諸佛各告侍者諸善
男子且待須臾有菩薩摩訶薩名曰弥勒釋迦
牟尼佛之所授記次後作佛已問斯事佛今
答之汝等自當因是得聞尒時釋迦牟尼佛
告弥勒菩薩善哉善哉阿逸多乃能問佛如
是大事汝等當共一心被精進鎧發堅固意
如來今欲顯發宣示諸佛智慧諸佛自在神
通之力諸佛師子奮迅之力諸佛威猛大勢
之力尒時世尊欲重宣此義而說偈言
當精進一心　我欲說此事　勿得有疑悔　佛智叵思議
汝今出信力　住於忍善中　昔所未聞法　今皆當得聞
我今安慰汝　勿得懷疑懼　佛无不實語　智慧不可量
所得第一法　甚深叵分別　如是今當說　汝等一心聽
尒時世尊說此偈已告弥勒菩薩我今於此
大衆宣告汝等阿逸多是諸大菩薩摩訶薩
无量无數阿僧祇從地踊出汝等昔所未見
者我於是娑婆世界得阿耨多羅三藐三菩
提已教化示導是諸菩薩調伏其心令發道
意此諸菩薩皆於是娑婆世界之下此界虛
空中住於諸經典讀誦通利思惟分別正憶
念阿逸是諸善男子等不樂在衆多有所
說常樂靜處勤行精進未曾休息亦不依
止人天而住常樂深智无有障礙亦常樂於
諸佛之法一心精進求无上慧尒時世尊欲
重宣此義而說偈言

BD15129 號　妙法蓮華經卷五　（20–5）

念阿逸是諸善男子等不樂在衆多有所
說常樂靜處勤行精進未曾休息亦不依
止人天而住常樂深智无有障礙亦常樂於
諸佛之法一心精進求无上慧尒時世尊欲
重宣此義而說偈言
阿逸汝當知　是諸大菩薩　從无數劫來　脩習佛智慧
悉是我所化　令發大道心　此等是我子　依止是世界
常行頭陁事　志樂於靜處　捨大衆憒閙　不樂多所說
如是諸子等　學習我道法　晝夜常精進　為求佛道故
在娑婆世界　下方空中住　志念力堅固　常勤求智慧
說種種妙法　其心无所畏　我於伽耶城　菩提樹下坐
得成最正覺　轉无上法輪　尒乃教化之　令初發道心
今皆住不退　悉當得成佛　我今說實語　汝等一心信
我從久遠來　教化是等衆
尒時弥勒菩薩摩訶薩及无數諸菩薩等心
生疑惑怪未曾有而作是念云何世尊於少
時間教化如是无量无邊阿僧祇諸大菩薩
令住阿耨多羅三藐三菩提即白佛言世尊
如來為太子時出於釋宮去伽耶城不遠坐
於道場得成阿耨多羅三藐三菩提從是已
來始過四十餘年世尊云何於此少時大作佛
事以佛勢力以佛功德教化如是无量大菩
薩衆當成阿耨多羅三藐三菩提世尊此
大菩薩衆假使有人於千万億劫數不能盡
不得其邊斯等久遠已來於无量无邊諸佛
所殖諸善根成就菩薩道常脩梵行世尊如
此之事世所難信譬如有人色美髮黑年二
十五指百歲人言是我子其百歲人亦指年

BD15129 號　妙法蓮華經卷五　（20–6）

薩衆當成阿耨多羅三藐三菩提世尊此
大菩薩衆假使有人於千万億劫數不能盡
不得其邊斯等久遠已來於无量无邊諸佛
所殖諸善根成就菩薩道常脩梵行世尊如
此之事世所難信譬如有人色美髮黑年二
十五指百歲人言是我子其百歲人亦指年
少言是我父生育我等是事難信佛亦如是
得道已來其實未久而此大衆諸菩薩等已
於无量千万億劫為佛道故懃行精進善入
出住无量百千万億三昧得大神通久脩梵
行善能次第習諸善法巧於問答人中之寶
一切世間甚為希有今日世尊方云得佛道
時初令發心教化示導令向阿耨多羅三藐
三菩提世尊得佛未久乃能作此大功德事
我等雖復信佛隨宜所說佛所出言未曾虛
妄佛所知者皆悉通達然諸新發意菩薩於
佛滅後若聞是語或不信受而起破法罪業
因緣唯然世尊願為解說除我等疑及未來
世諸善男子聞此事已亦不生疑尒時弥勒
菩薩欲重宣此義而說偈言
佛昔從釋種　出家近伽耶　坐於菩提樹　尒來尚未久
此諸佛子等　其數不可量　久已行佛道　住於神通力
善學菩薩道　不染世間法　如蓮華在水　從地而踊出
皆起恭敬心　住於世尊前　是事難思議　云何而可信
佛得道甚近　所成就甚多　願為除衆疑　如實分別說
譬如少壯人　年始二十五　示人百歲子　髮白而面皺
是等我所生　子亦說是父　父少而子老　舉世所不信
世尊亦如是　得道來甚近　是諸菩薩等　志固无怯弱

BD15129號　妙法蓮華經卷五　（20–7）

皆起恭敬心　住於世尊前　是事難思議　云何而可信
佛得道甚近　所成就甚多　願為除衆疑　如實分別說
譬如少壯人　年始二十五　示人百歲子　髮白而面皺
是等我所生　子亦說是父　父少而子老　舉世所不信
世尊亦如是　得道來甚近　是諸菩薩等　志固无怯弱
從无量劫來　而行菩薩道　巧於難問答　其心无所畏
忍辱心決定　端正有威德　十方佛所讚　善能分別說
不樂在人衆　常好在禪定　為求佛道故　於下空中住
我等從佛聞　於此事无疑　願佛為未來　演說令開解
若有於此經　生疑不信者　即當墮惡道　願今為解說
是无量菩薩　云何於少時　教化令發心　而住不退地

妙法蓮華經如來壽量品第十六

尒時佛告諸菩薩及一切大衆諸善男子汝
等當信解如來誠諦之語復告大衆汝等當
信解如來誠諦之語又復告諸大衆汝等當
信解如來誠諦之語是時菩薩大衆弥勒為
首合掌白佛言世尊唯願說之我等當信受
佛語如是三白已復言唯願說之我等當信
受佛語尒時世尊知諸菩薩三請不止而告
之言汝等諦聽如來秘密神通之力一切世間
天人及阿脩羅皆謂今釋迦牟尼佛出釋氏
宮去伽耶城不遠坐於道場得阿耨多羅
三藐三菩提然善男子我實成佛已來无量
无邊百千万億那由他劫譬如五百千万億
那由他阿僧祇三千大千世界假使有人末
為微塵過於東方五百千万億那由他阿僧
祇國乃下一塵如是東行盡是微塵諸善男

BD15129號　妙法蓮華經卷五　（20–8）

宮去伽耶城不遠坐於道場得阿耨多羅
三藐三菩提然善男子我實成佛已來无量
无邊百千万億那由他劫譬如五百千万億
那由他阿僧祇三千大千世界假使有人末
為微塵過於東方五百千万億那由他阿僧
祇國乃下一塵如是東行盡是微塵諸善男
子於意云何是諸世界可得思惟校計知其
數不彌勒菩薩等俱白佛言世尊諸世界
无量无邊非算數所知亦非心力所及一切
聲聞辟支佛以无漏智不能思惟知其限數
我等住阿惟越致地於是事中亦所不達世
尊如是諸世界无量无邊尒時佛告大菩薩
眾諸善男子今當分明宣語汝等是諸世界
若著微塵及不著者盡以為塵一塵一劫我
成佛已來復過於此百千万億那由他阿僧
祇劫自從是來我常在此娑婆世界說法教
化亦於餘處百千万億那由他阿僧祇國導
利眾生諸善男子於是中間我說然燈佛等
又復言其入於涅槃如是皆以方便分別諸善
男子若有眾生來至我所我以佛眼觀其
信等諸根利鈍隨所應度處處自說名字不
同年紀大小亦復現言當入涅槃又以種種方
便說微妙法能令眾生發歡喜心諸善男子
如來見諸眾生樂於小法德薄垢重者為
是人說我少出家得阿耨多羅三藐三菩提
然我實成佛已來久遠若斯但以方便教化
眾生令入佛道作如是說諸善男子如來所
演經典皆為度脫眾生或說己身或說他身

BD15129 號　妙法蓮華經卷五　（20–9）

如來見諸眾生樂於小法德薄垢重者為
是人說我少出家得阿耨多羅三藐三菩提
然我實成佛已來久遠若斯但以方便教化
眾生令入佛道作如是說諸善男子如來所
演經典皆為度脫眾生或說己身或說他身
或示己身或示他身或示己事或示他事諸
所言說皆實不虛所以者何如來如實知見
三界之相无有生死若退若出亦无在世及
滅度者非實非虛非如非異不如三界見於
三界如斯之事如來明見无有錯謬以諸眾
生有種種性種種欲種種行種種憶想分別
故欲令生諸善根以若干因緣譬喻言辭種
種說法所作佛事未曾暫廢如是我成佛已
來甚大久遠壽命无量阿僧祇劫常住不滅
諸善男子我本行菩薩道所成壽命今猶
未盡復倍上數然今非實滅度而便唱言當
取滅度如來以是方便教化眾生所以者何
若佛久住於世薄德之人不種善根貧窮下賤
貪著五欲入於憶想妄見網中若見如來常
在不滅便起憍恣而懷厭怠不能生難遭之
想恭敬之心是故如來以方便說比丘當知諸
佛出世難可值遇所以者何諸薄德人過
无量百千万億劫或有見佛或不見者以此
事故我作是言諸比丘如來難可得見斯眾
生等聞如是語必當生於難遭之想心懷戀
慕渴仰於佛便種善根是故如來雖不實滅
而言滅度又善男子諸佛如來法皆如是為
度眾生皆實不虛譬如良醫智慧聰達明練

BD15129 號　妙法蓮華經卷五　（20–10）

无量百千万億劫或有見佛或不見者以此
事故我作是言諸比丘如来難可得見斯衆
生等聞如是語必當生於難遭之想心懐戀
慕渴仰於佛便種善根是故如来雖不實滅
而言滅度又善男子諸佛如来法皆如是為
度衆生皆實不虚譬如良醫智慧聡達明練
方藥善治衆病其人多諸子息若十二十乃
至百數以有事縁遠至餘國諸子於後飲他
毒藥藥發悶亂宛轉于地是時其父還来
歸家諸子飲毒或失本心或不失者遥見其
父皆大歡喜拜跪問訊善安隠歸我等愚癡
誤服毒藥願見救療更賜壽命父見子等苦
悩如是依諸經方求好藥草色香美味皆悉
具足擣篩和合與子令服而作是言此大良藥
色香美味皆悉具足汝等可服速除苦悩无
復衆患其諸子中不失心者見此良藥色香
俱好即便服之病盡除愈餘失心者見其父
来雖亦歡喜問訊求索治病然與其藥而不
肯服所以者何毒氣深入失本心故於此好
色香藥而謂不美父作是念此子可愍為毒
所中心皆顛倒雖見我喜求索救療如是好
藥而不肯服我今當設方便令服此藥即作
是言汝等當知我今衰老死時已至是好良
藥今留在此汝可取服勿憂不差作是教已
復至他國遣使還告汝父已死是時諸子聞
父背喪心大憂悩而作是念若父在者慈愍
我等能見救護今者捨我遠喪他國自惟孤
露无復恃怙常懐悲感心遂醒悟乃知此藥
色味香美即取服之毒病皆愈其父聞子悉

BD15129號　妙法蓮華經卷五　（20–11）

復至他國遣使還告汝父已死是時諸子聞
父背喪心大憂悩而作是念若父在者慈愍
我等能見救護今者捨我遠喪他國自惟孤
露无復恃怙常懐悲感心遂醒悟乃知此藥
色味香美即取服之毒病皆愈其父聞子悉
已得差尋便来歸咸使見之諸善男子於意
云何頗有人能説此良醫虚妄罪不不也世
尊佛言我亦如是成佛已来无量无邊百千
万億那由他阿僧祇劫為衆生故以方便力
言當滅度亦无有能如法説我虚妄過者尒
時世尊欲重宣此義而説偈言

自我得佛来　所經諸劫數　无量百千万　億載阿僧祇
常説法教化　无數億衆生　令入於佛道　尒来无量劫
為度衆生故　方便現涅槃　而實不滅度　常住此説法
我常住於此　以諸神通力　令顛倒衆生　雖近而不見
衆見我滅度　廣供養舍利　咸皆懐戀慕　而生渴仰心
衆生既信伏　質直意柔軟　一心欲見佛　不自惜身命
時我及衆僧　俱出靈鷲山　我時語衆生　常在此不滅
以方便力故　現有滅不滅　餘國有衆生　恭敬信樂者
我復於彼中　為説无上法　汝等不聞此　但謂我滅度
我見諸衆生　没在於苦海　故不為現身　令其生渴仰
因其心戀慕　乃出為説法　神通力如是　於阿僧祇劫
常在靈鷲山　及餘諸住處　衆生見劫盡　大火所燒時
我此土安隠　天人常充滿　園林諸堂閣　種種寶莊嚴
寶樹多華菓　衆生所遊樂　諸天擊天鼓　常作衆伎樂
雨曼陀羅華　散佛及大衆　我淨土不毀　而衆見燒盡
憂怖諸苦悩　如是悉充滿　是諸罪衆生　以惡業因縁
過阿僧祇劫　不聞三寶名　諸有脩功德　柔和質直者

BD15129號　妙法蓮華經卷五　（20–12）

我此土安隱　天人常充滿　園林諸堂閣　種種寶莊嚴
寶樹多華菓　衆生所遊樂　諸天擊天鼓　常作衆伎樂
雨曼陁羅華　散佛及大衆　我淨土不毀　而衆見燒盡
憂怖諸苦惱　如是悉充滿　是諸罪衆生　以惡業因緣
過阿僧祇劫　不聞三寶名　諸有脩功德　柔和質直者
則皆見我身　在此而說法　或時為此衆　說佛壽无量
久乃見佛者　為說佛難值　我智力如是　慧光照无量
壽命无數劫　久脩業所得　汝等有智者　勿於此生疑
當斷令永盡　佛語實不虛　如醫善方便　為治狂子故
實在而言死　无能說虛妄　我亦為世父　救諸苦患者
為凡夫顛倒　實在而言滅　以常見我故　而生憍恣心
放逸著五欲　墮於惡道中　我常知衆生　行道不行道
隨應所可度　為說種種法　每自作是意　以何令衆生
得入无上道　速成就佛身

妙法蓮華經分別功德品第十七

尒時大會聞佛說壽命劫數長遠如是无量
无邊阿僧祇衆生得大饒益於時世尊告彌
勒菩薩摩訶薩阿逸多我說是如來壽命長
遠時六百八十万億那由他恒河沙衆生得
无生法忍復千倍菩薩摩訶薩得聞持陁羅
尼門復有一世界微塵數菩薩摩訶薩得樂
說无礙辯才復有一世界微塵數菩薩摩訶
薩得百千万億无量旋陁羅尼復有三千大千
世界微塵數菩薩摩訶薩能轉不退法輪復
有二千中國土微塵數菩薩摩訶薩能轉清
淨法輪復有小千國土微塵數菩薩摩訶薩
八生當得阿耨多羅三藐三菩提復有四四
天下微塵數菩薩摩訶薩四生當得阿耨

薩得百千万億无量旋陁羅尼復有三千大千
世界微塵數菩薩摩訶薩能轉不退法輪復
有二千中國土微塵數菩薩摩訶薩能轉清
淨法輪復有小千國土微塵數菩薩摩訶薩
八生當得阿耨多羅三藐三菩提復有四四
天下微塵數菩薩摩訶薩四生當得阿耨
多羅三藐三菩提復有三四天下微塵數菩
薩摩訶薩三生當得阿耨多羅三藐三菩提
復有二四天下微塵數菩薩摩訶薩二生當
得阿耨多羅三藐三菩提復有一四天下微
塵數菩薩摩訶薩一生當得阿耨多羅三藐
三菩提復有八世界微塵數衆生皆發阿耨
多羅三藐三菩提心佛說是諸菩薩摩訶薩
得大法利時於虛空中雨曼陁羅華摩訶曼
陁羅華以散无量百千万億寶樹下師子座
上諸佛并散七寶塔中師子座上釋迦牟尼
佛及久滅度多寶如來亦散一切諸大菩薩
及四部衆又雨細末栴檀沈水香等於虛空
中天鼓自鳴妙聲深遠又雨千種天衣垂諸
瓔珞真珠瓔珞摩尼珠瓔珞如意珠瓔珞遍
於九方衆寶香爐燒无價香自然周至供養
大會一一佛上有諸菩薩執持幡蓋次第而
上至于梵天是諸菩薩以妙音聲歌无量頌
讚歎諸佛尒時彌勒菩薩從座而起偏袒右
肩合掌向佛而說偈言
佛說希有法　昔所未曾聞　世尊有大力　壽命不可量
无數諸佛子　聞世尊分別　說得法利者　歡喜充遍身
或住不退地　或得陁羅尼　或无礙樂說　万億旋總持

讚歎諸佛尒時弥勒菩薩從座而起偏袒右
肩合掌向佛而說偈言
佛說希有法 昔所未曾聞 世尊有大力 壽命不可量
无數諸佛子 聞世尊分別 說得法利者 歡喜充遍身
或住不退地 或得陁羅尼 或无礙樂說 万億旋總持
或有大千界 微塵數菩薩 各各皆能轉 不退之法輪
或有中千界 微塵數菩薩 各各皆能轉 清淨之法輪
復有小千界 微塵數菩薩 餘各八生在 當得成佛道
復有四三二 如是四天下 微塵諸菩薩 隨數生成佛
或一四天下 微塵數菩薩 餘有一生在 當得一切智
如是等衆生 聞佛壽長遠 得无量无漏 清淨之果報
復有八世界 微塵數衆生 聞佛說壽命 皆發无上心
世尊說无量 不可思議法 多有所饒益 如虛空无邊
雨天曼陁羅 摩訶曼陁羅 釋梵如恒沙 无數佛土來
雨栴檀沉水 繽紛而亂墜 如鳥飛空下 供散於諸佛
天鼓虛空中 自然出妙聲 天衣千万種 旋轉而來下
衆寶妙香爐 燒无價之香 自然悉周遍 供養諸世尊
其大菩薩衆 執七寶幡蓋 高妙万億種 次第至梵天
一一諸佛前 寶幢懸勝幡 亦以千万偈 歌詠諸如來
如是種種事 昔所未曾有 聞佛壽无量 一切皆歡喜
佛名聞十方 廣饒益衆生 一切具善根 以助无上心
尒時佛告弥勒菩薩摩訶薩阿逸多其有衆
生聞佛壽命長遠如是乃至能生一念信解
所得功德无有限量若有善男子善女人為
阿耨多羅三藐三菩提於八十万億那由他
劫行五波羅蜜檀波羅蜜尸羅波羅蜜羼提
波羅蜜毗梨耶波羅蜜禪波羅蜜除般若波
羅蜜以是功德比前功德百分千分百千万

BD15129號 妙法蓮華經卷五 （20–15）

生聞佛壽命長遠如是乃至能生一念信解
所得功德无有限量若有善男子善女人為
阿耨多羅三藐三菩提於八十万億那由他
劫行五波羅蜜檀波羅蜜尸羅波羅蜜羼提
波羅蜜毗梨耶波羅蜜禪波羅蜜除般若波
羅蜜以是功德比前功德百分千分百千万
億分不及其一乃至筭數譬喻所不能知若
善男子有如是功德於阿耨多羅三藐三菩
提退者无有是處尒時世尊欲重宣此義而
說偈言
若人求佛慧 於八十万億 那由他劫數 行五波羅蜜
於是諸劫中 布施供養佛 及緣覺弟子 并諸菩薩衆
珎異之飲食 上服與卧具 栴檀立精舍 以園林莊嚴
如是等布施 種種皆微妙 盡此諸劫數 以迴向佛道
若復持禁戒 清淨无缺漏 求於无上道 諸佛之所歎
若復行忍辱 住於調柔地 設衆惡來加 其心不傾動
諸有得法者 懷於增上慢 為此所輕惱 如是亦能忍
若復勤精進 志念常堅固 於无量億劫 一心不懈息
又於无數劫 住於空閑處 若坐若經行 除睡常攝心
以是因緣故 能生諸禪定 八十億万劫 安住心不亂
持此一心福 願求无上道 我得一切智 盡諸禪定際
是人於百千 万億劫數中 行此諸功德 如上之所說
有善男女等 聞我說壽命 乃至一念信 其福過於彼
若人悉无有 一切諸疑悔 深心須臾信 其福為如此
其有諸菩薩 无量劫行道 聞我說壽命 是則能信受
如是諸人等 頂受此經典 願我於未來 長壽度衆生
如今日世尊 諸釋中之王 道場師子吼 說法无所畏
我等未來世 一切所尊敬 坐於道場時 說壽亦如是

BD15129號 妙法蓮華經卷五 （20–16）

若人悉无有　一切諸疑悔　深心須臾信　其福為如此
其有諸菩薩　无量劫行道　聞我說壽命　是則能信受
如是諸人等　頂受此經典　願我於未來　長壽度衆生
如今日世尊　諸釋中之王　道場師子吼　說法无所畏
我等未來世　一切所尊敬　坐於道場時　說壽亦如是
若有深心者　清淨而質直　多聞能總持　隨義解佛語
如是諸人等　於此无有疑
又阿逸多若有聞佛壽命長遠解其義趣是
人所得功德无有限量能起如來无上之慧何
況廣聞是經若教人聞若自持若教人持若
自書若教人書若以華香瓔珞幢幡繒蓋
香油蘇燈供養經卷是人功德无量无邊能
生一切種智阿逸多若善男子善女人聞我
說壽命長遠深心信解則為見佛常在耆闍
崛山共大菩薩諸聲聞衆圍繞說法又見此
娑婆世界其地瑠璃坦然平正閻浮檀金以
界八道寶樹行列諸臺樓觀皆悉寶成其菩
薩衆咸處其中若有能如是觀者當知是為
深信解相又復如來滅後若聞是經而不毀
呰起隨喜心當知已為深信解相何況讀誦
受持之者斯人則為頂戴如來阿逸多是善
男子善女人不須為我復起塔寺及作僧坊
以四事供養衆僧所以者何是善男子善女
人受持讀誦是經典者為已起塔造立僧坊
供養衆僧則為以佛舍利起七寶塔高廣漸
小至于梵天懸諸幡蓋及衆寶鈴華香瓔珞
末香塗香燒香衆鼓伎樂簫笛箜篌種種
儛戲以妙音聲歌唄讚頌則為於无量千万億

BD15129號　妙法蓮華經卷五　（20–17）

人受持讀誦是經典者為已起塔造立僧坊
供養衆僧則為以佛舍利起七寶塔高廣漸
小至于梵天懸諸幡蓋及衆寶鈴華香瓔珞
末香塗香燒香衆鼓伎樂簫笛箜篌種種
儛戲以妙音聲歌唄讚頌則為於无量千万億
劫作是供養已阿逸多若我滅後聞是經典
有能受持若自書若教人書則為起立僧坊
以赤栴檀作諸殿堂三十有二高八多羅樹
高廣嚴好百千比丘於其中止園林浴池經
行禪窟衣服飲食床褥湯藥一切樂具充滿
其中如是僧坊堂閣若干百千万億其數无
量以此現前供養於我及比丘僧是故我說
如來滅後若有受持讀誦為他人說若自書
若教人書供養經卷不須復起塔寺及造僧
坊供養衆僧況復有人能持是經兼行布施
持戒忍辱精進一心智慧其德寂勝无量无
邊譬如虛空東西南北四維上下无量无邊
是人功德亦復如是无量无邊疾至一切種智
若人讀誦受持是經為他人說若自書若教
人書復能起塔及造僧坊供養讚歎聲聞
衆僧亦以百千万億讚歎之法讚歎菩薩功
德又為他人種種因緣隨義解說此法華經
復能清淨持戒與柔和者而共同止忍辱无
瞋志念堅固常貴坐禪得諸深定精進勇猛
攝諸善法利根智慧善答問難阿逸多若我
滅後諸善男子善女人受持讀誦是經典者
復有如是諸善功德當知是人已趣道場近
阿耨多羅三藐三菩提坐道樹下阿逸多是

BD15129號　妙法蓮華經卷五　（20–18）

瞋恚志念堅固常貴坐禪得諸深定精進勇猛
攝諸善法利根智慧善答問難阿逸多若我
滅後諸善男子善女人受持讀誦是經典者
復有如是諸善功德當知是人已趣道場近
阿耨多羅三藐三菩提坐道樹下阿逸多是
善男子若坐若立若行處此中便應起塔一
切天人皆應供養如佛之塔尒時世尊欲重
宣此義而說偈言

若我滅度後　能奉持此經　斯人福无量　如上之所說
是則為具足　一切諸供養　以舍利起塔　七寶而莊嚴
表剎甚高廣　漸小至梵天　寶鈴千万億　風動出妙音
又於无量劫　而供養此塔　華香諸瓔珞　天衣眾伎樂
燃香油酥燈　周匝常照明　惡世法末時　能持是經者
則為已如上　具足諸供養　若能持此經　則如佛現在
以牛頭栴檀　起僧坊供養　堂有三十二　高八多羅樹
上饌妙衣服　床臥皆具足　百千眾住處　園林諸流池
經行及禪窟　種種皆嚴好　若有信解心　受持讀誦書
若復教人書　及供養經卷　散華香末香　以須曼瞻蔔
阿提目多伽　薰油常燃之　如是供養者　得无量功德
如虛空无邊　其福亦如是　況復持此經　兼布施持戒
忍辱樂禪定　不瞋不惡口　恭敬於塔廟　謙下諸比丘
遠離自高心　常思惟智慧　有問難不瞋　隨順為解說
若能行是行　功德不可量　若見此法師　成就如是德
應以天華散　天衣覆其身　頭面接足禮　生心如佛想
又應作是念　不久詣道樹　得无漏无為　廣利諸人天
其所住止處　經行若坐臥　乃至說一偈　是中應起塔
莊嚴令妙好　種種以供養　佛子住此地　則是佛受用
常在於其中　經行及坐臥

BD15129號　妙法蓮華經卷五　（20–19）

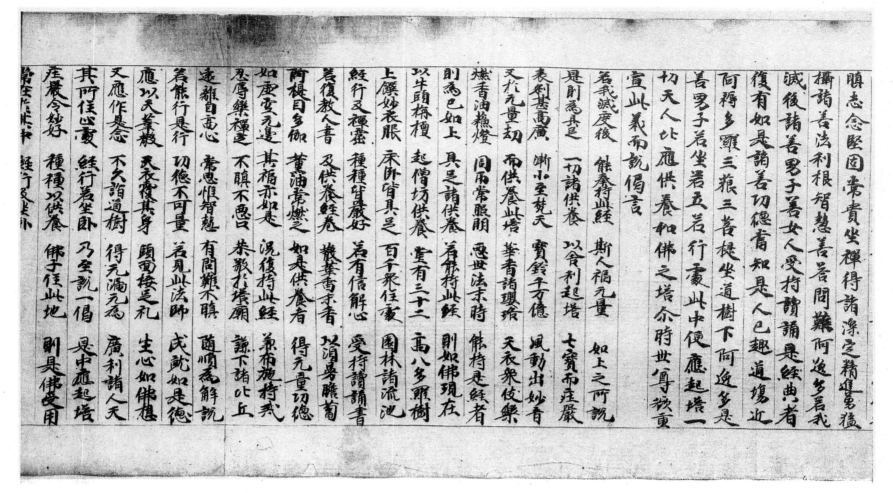

其所住止處　經行若坐臥　乃至說一偈　是中應起塔
莊嚴令妙好　種種以供養　佛子住此地　則是佛受用
常在於其中　經行及坐臥

妙法蓮華經卷第五

BD15129號　妙法蓮華經卷五　（20–20）

BD15130 號背　護首　　（1–1）

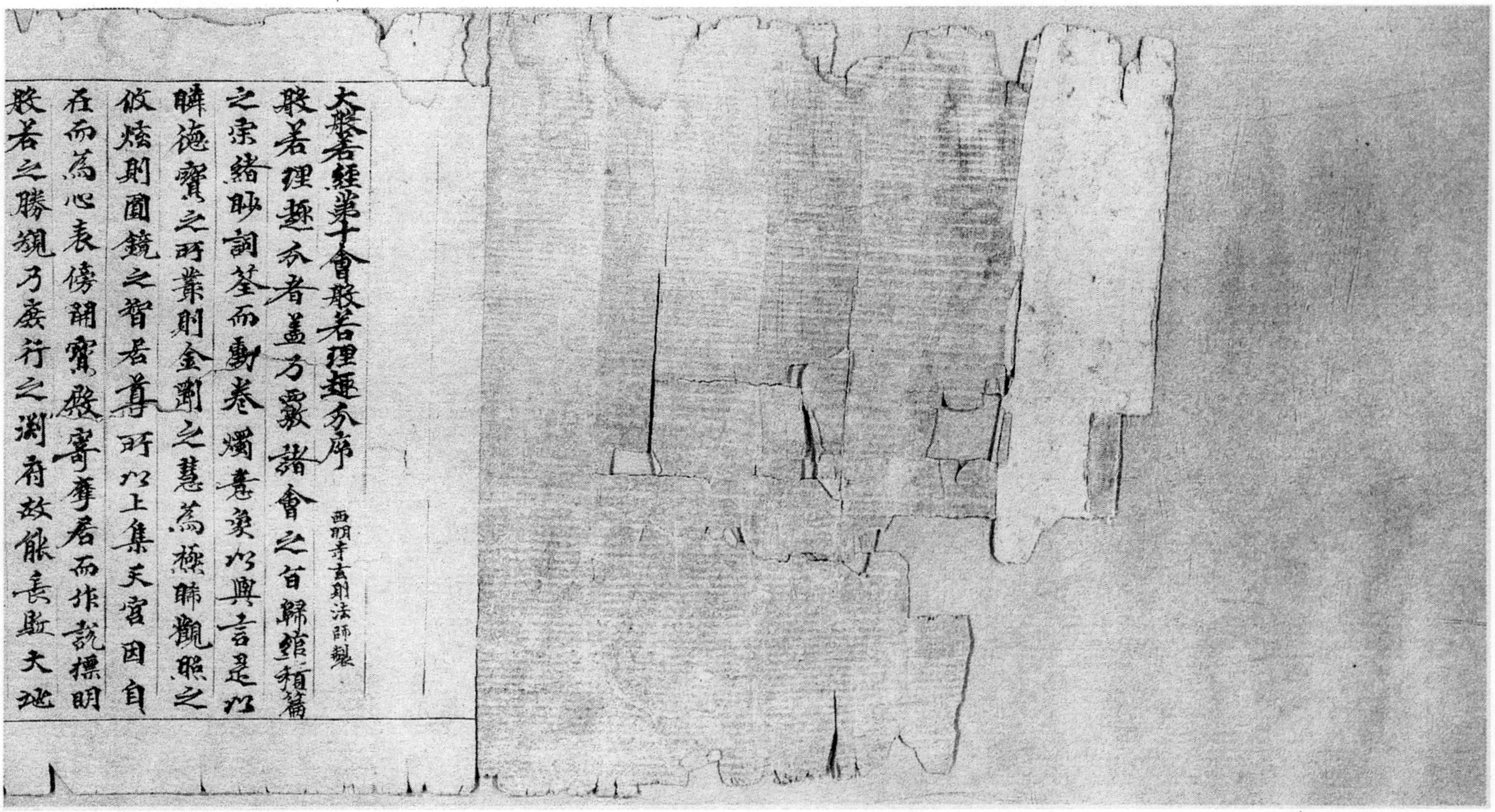
大般若經第十會般若理趣分序　西明寺玄則法師製
般若理趣分者蓋乃衆諸會之旨歸積篇
之宗緒眇詞筌而動卷獨意象以興言是以
麟德寶之所叢則金剛之慧為極睎觀照之
攸炫則圓鏡之智居尊所以上集天宮因自
在而為心表傍詶寶殿寄奪居而作說標明
般若之勝規乃廣行之淵府故能長驅大地

BD15130 號 1　大般若波羅蜜多經第十會般若理趣分序　　（23–1）

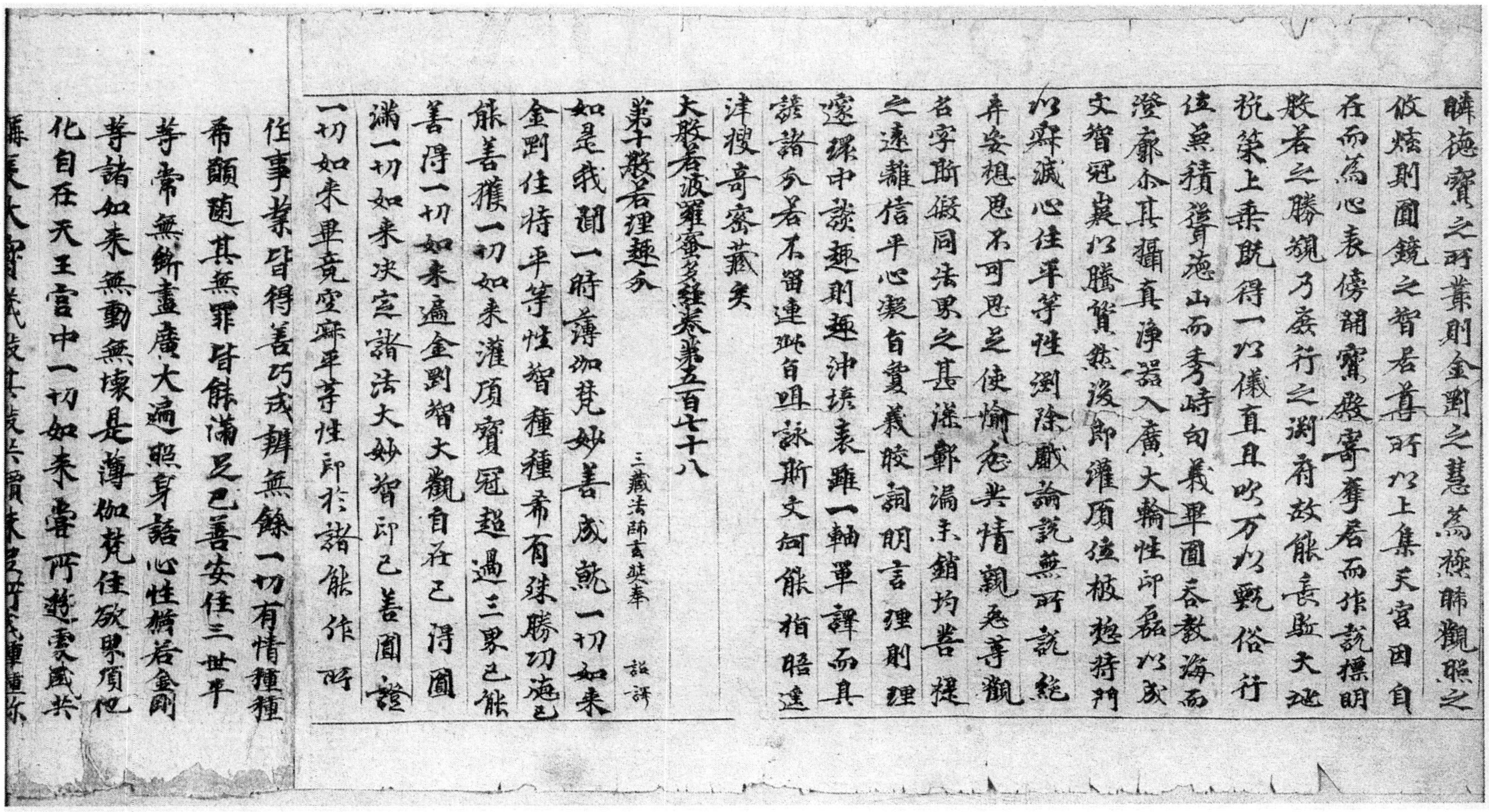

攝海寶之所業則金剛之慧為標睇觀照之
攸極則圓鏡之智居尊所以上集天宮因自
在而為心表傍羅寶殿寄尊居而作說標明
般若之勝規乃莊行之淵府故能長驅大地
統策上乘既得一以儀真且收万以甄俗行
泣無積聳施山而秀峙句義畢圓吞數海而
澄廓亦其攝真淨器入廣大輪性印磊以成
文智冠峩以騰質然後即灌頂位被總持門
以殊滅心住平等性測除戲論說無所說絕
弃妄想思不可思是使愉危共情觀惡等觀
名字斯假同法界之甚深鄙漏未銷均菩提
之遠離信乎心凝旨賾義曉詞明言理則理
邃環中談趣則趣沖域表雖一軸單譯而具
護諸分者不留連於自唱詠斯文詞能指晤遠
津搜奇密藏矣

大般若波羅蜜多經卷第五百七十八

三藏法師玄奘奉　詔譯

第十般若理趣分

如是我聞一時薄伽梵妙善成就一切如來
金剛住持平等性智種種希有殊勝功德已
能善獲一切如來灌頂寶冠超過三界已能
善得一切如來遍金剛智大觀自在已得圓
滿一切如來決定諸法大妙智印已善圓證
一切如來畢竟空寂平等性印於諸能作所
作事業皆得善巧成辦無餘一切有情種種
希願隨其無罪皆能滿足已善安住三世平
等常無斷盡廣大遍照身語心性猶若金剛
等諸如來無動無壞是薄伽梵住欲界頂他
化自在天王宮中一切如來常所遊處咸共
稱美大寶藏殿

BD15130 號 1　大般若波羅蜜多經第十會般若理趣分序　（23–2）

BD15130 號 2　大般若波羅蜜多經卷五七八

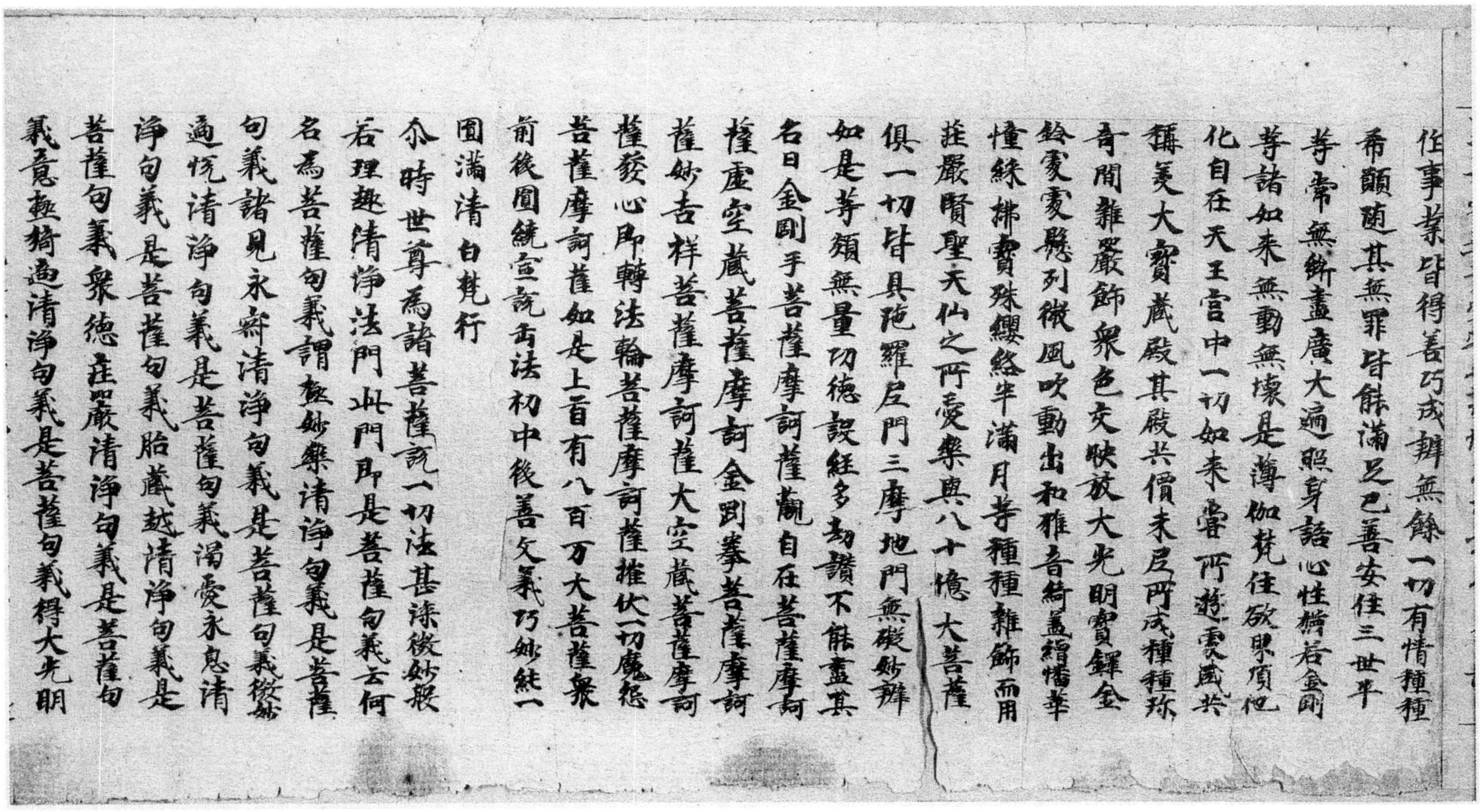

作事業皆得善巧成辦無餘一切有情種種
希願隨其無罪皆能滿足已善安住三世平
等常無斷盡廣大遍照身語心性猶若金剛
等諸如來無動無壞是薄伽梵住欲界頂他
化自在天王宮中一切如來常所遊處咸共
稱美大寶藏殿其殿具價末尼所成種種珍
奇間雜嚴飾眾色交映放大光明寶鐸金
鈴處處懸列微風吹動出和雅音綺蓋繒幡華
幢綵拂寶珠瓔珞半滿月等種種雜飾而用
莊嚴賢聖天仙之所愛樂與八十億大菩薩
俱一切皆具陀羅尼門三摩地門無礙妙辯
如是等類無量功德設經多劫讚不能盡其
名曰金剛手菩薩摩訶薩觀自在菩薩摩訶
薩虛空藏菩薩摩訶薩金剛拳菩薩摩訶
薩妙吉祥菩薩摩訶薩大空藏菩薩摩訶
薩發心即轉法輪菩薩摩訶薩摧伏一切魔怨
菩薩摩訶薩如是上首有八百万大菩薩眾
前後圍繞宣說正法初中後善文義巧妙純一
圓滿清白梵行
尒時世尊為諸菩薩說一切法甚深微妙般
若理趣清淨法門此門即是菩薩句義云何
名為菩薩句義謂極妙樂清淨句義是菩薩
句義諸見永寂清淨句義是菩薩句義微妙
適悅清淨句義是菩薩句義渴愛永息清
淨句義是菩薩句義胎藏越清淨句義是
菩薩句義眾德莊嚴清淨句義是菩薩句
義意極猗適清淨句義是菩薩句義得大光明

BD15130 號 2　大般若波羅蜜多經卷五七八　（23–3）

[illegible]
適悅清淨句義是菩薩句義渴愛永息清
淨句義是菩薩句義胎藏越清淨句義是
菩薩句義衆德莊嚴清淨句義是菩薩句
義意極猗適清淨句義是菩薩句義得大光明
清淨句義是菩薩句義身善安樂清淨句義是
菩薩句義語善安樂清淨句義是菩薩句義
意善安樂清淨句義是菩薩句義色蘊空寂
清淨句義是菩薩句義受想行識蘊空寂
清淨句義是菩薩句義眼處空寂清淨句義
是菩薩句義耳鼻舌身意處空寂清淨句義
是菩薩句義色處空寂清淨句義是菩薩句義
聲香味觸法處空寂清淨句義是菩薩句義
眼界空寂清淨句義是菩薩句義耳鼻舌身
意界空寂清淨句義是菩薩句義色界空寂
清淨句義是菩薩句義聲香味觸法界空寂
清淨句義是菩薩句義眼識界空寂清淨
句義是菩薩句義耳鼻舌身意識界空寂
清淨句義是菩薩句義眼觸空寂清淨句義是
菩薩句義耳鼻舌身意觸空寂清淨句義是
菩薩句義眼觸為緣所生諸受空寂清淨句
義是菩薩句義耳鼻舌身意觸為緣所生諸
受空寂清淨句義是菩薩句義地界空寂清
淨句義是菩薩句義水火風空識界空寂清
淨句義是菩薩句義苦聖諦空寂清淨句義
是菩薩句義集滅道聖諦空寂清淨句義是
菩薩句義因緣空寂清淨句義是菩薩句義
等無間緣所緣緣增上緣空寂清淨句義是

BD15130 號 2　大般若波羅蜜多經卷五七八　（23–4）

淨句義是菩薩句義水火風空識界空寂清
淨句義是菩薩句義苦聖諦空寂清淨句義
是菩薩句義集滅道聖諦空寂清淨句義是
菩薩句義因緣空寂清淨句義是菩薩句義
等無間緣所緣緣增上緣空寂清淨句義是
菩薩句義無明空寂清淨句義是菩薩句義
行識名色六處觸受愛取有生老死空寂清
淨句義是菩薩句義布施波羅蜜多空寂清
淨句義是菩薩句義淨戒安忍精進靜慮般
若波羅蜜多空寂清淨句義是菩薩句義真
如空寂清淨句義是菩薩句義法界法性不
虛妄性不變異性平等性離生性實際空寂
清淨句義是菩薩句義四靜慮空寂清淨句
義是菩薩句義四無量四無色定空寂清淨
句義是菩薩句義四念住空寂清淨句義是
菩薩句義四正斷四神足五根五力七等覺
支八聖道支空寂清淨句義是菩薩句義空
解脫門空寂清淨句義是菩薩句義無相無
願解脫門空寂清淨句義是菩薩句義八解
脫空寂清淨句義是菩薩句義八勝處九次
第定十遍處空寂清淨句義是菩薩句義極
喜地空寂清淨句義是菩薩句義離垢地發
光地焰慧地極難勝地現前地遠行地不動
地善慧地法雲地空寂清淨句義是菩薩句
義淨觀地空寂清淨句義是菩薩句義種姓
地第八地具見地薄地離欲地已辦地獨覺
地菩薩地如來地空寂清淨句義是菩薩句

BD15130 號 2　大般若波羅蜜多經卷五七八　（23–5）

究地焰慧地極難勝地現前地遠行地不動
地善慧地法雲地空寂清淨句義是菩薩句
義淨觀地空寂清淨句義是菩薩句義種姓
地第八地具見地薄地離欲地已辦地獨覺
地菩薩地如來地空寂清淨句義是菩薩句
義一切陁羅尼門空寂清淨句義是菩薩句
義一切三摩地門空寂清淨句義是菩薩句義
五眼空寂清淨句義是菩薩句義六神通空
寂清淨句義是菩薩句義如來十力空寂清
淨句義是菩薩句義四無所畏四無礙解大
慈大悲大喜大捨十八佛不共法空寂清淨
句義是菩薩句義三十二相空寂清淨句義
是菩薩句義八十隨好空寂清淨句義是菩
薩句義無忘失法空寂清淨句義是菩薩句
義恒住捨性空寂清淨句義是菩薩句義一
切智空寂清淨句義是菩薩句義道相智一
切相智空寂清淨句義是菩薩句義一切菩
薩摩訶薩行空寂清淨句義是菩薩句義諸
佛無上正等菩提空寂清淨句義是菩薩句
義一切異生法空寂清淨句義是菩薩句義
一切預流一來不還阿羅漢獨覺菩薩如來
法空寂清淨句義是菩薩句義一切善非善
法空寂清淨句義是菩薩句義一切有記無
記法有漏無漏法有為無為法世間出世間
法空寂清淨句義是菩薩句義所以者何以
一切法自性空故自性遠離由遠離故自性寂
靜由寂靜故自性清淨由清淨故甚深般

BD15130 號 2　大般若波羅蜜多經卷五七八　(23–6)

法空寂清淨句義是菩薩句義一切善非善
法空寂清淨句義是菩薩句義一切有記無
記法有漏無漏法有為無為法世間出世間
法空寂清淨句義是菩薩句義所以者何以
一切法自性空故自性遠離由遠離故自性寂
靜由寂靜故自性清淨由清淨故甚深般
若波羅蜜多亦復清淨如是般若波羅蜜
多當知即是菩薩句義諸菩薩衆皆應脩
學佛說如是菩薩句義般若理趣清淨法已告
金剛手菩薩等言若有得聞此一切法甚深
微妙般若理趣清淨法門深信受者乃至當
坐妙菩提座一切障蓋皆不能染謂煩惱障
業障報障雖多積集而不能染雖造種種
極重惡業而易消滅不墮惡趣若能受持◎
◎讀誦精勤無間如理思惟彼於此生定得一
切法平等性金剛等持於一切法皆得自在
恒受一切勝妙喜樂當經十六大菩薩生定得
如來執金剛性疾證無上正等菩提
尒時世尊復依遍照如來之相為諸菩薩宣
說般若波羅蜜多一切如來寂靜法性甚深
理趣現等覺門謂金剛平等性現等覺門
以大菩提堅實難壞如金剛故義平等性現
等覺門以大菩提其義一故法平等性現等
覺門以大菩提自性淨故一切法平等性現
等覺門以大菩提於一切法無分別故佛說如
是寂靜法性般若理趣現等覺已告金剛手
菩薩等言若有得聞如是四種般若理趣現

BD15130 號 2　大般若波羅蜜多經卷五七八　(23–7)

覺門以大菩提自性淨故一切法平等性現
等覺門以大菩提於一切法無分別故佛說如
是寂靜法性般若理趣現等覺已告金剛手
菩薩等言若有得聞如是四種般若理趣現
等覺門信解受持讀誦脩習乃至當坐妙菩
提座雖造一切極重惡業而能超越一切惡
趣疾證無上正等菩提
尒時世尊復依調伏一切惡法釋迦牟尼如
來之相為諸菩薩宣說般若波羅蜜多攝
受一切法平等性甚深理趣善勝法門謂貪
欲性無戲論故瞋恚性亦無戲論瞋恚性無
戲論故愚癡性亦無戲論愚癡性無戲論故
猶豫性亦無戲論猶豫性無戲論故諸見性亦
無戲論諸見性無戲論故憍慢性亦無戲論
憍慢性無戲論故諸纏性亦無戲論諸纏性
無戲論故煩惱垢性亦無戲論煩惱垢性無戲論
故諸惡業性亦無戲論諸惡業性無戲論故
諸果報性亦無戲論諸果報性無戲論故雜
染法性亦無戲論雜染法性無戲論故清淨
法性亦無戲論清淨法性無戲論故一切法性
亦無戲論一切法性無戲論故當知般若波
羅蜜多亦無戲論佛說如是調伏眾惡般
若理趣善勝法已告金剛手菩薩等言若有
得聞如是般若波羅蜜多甚深理趣信解受
持讀誦脩習假使煞害三界所攝一切有情
而不由斯墮於地獄傍生鬼界以能調伏一
切煩惱及隨煩惱惡業等故常生善趣受

若理趣善勝法已告金剛手菩薩等言若有
得聞如是般若波羅蜜多甚深理趣信解受
持讀誦脩習假使煞害三界所攝一切有情
而不由斯墮於地獄傍生鬼界以能調伏一
切煩惱及隨煩惱惡業等故常生善趣受
勝妙樂脩諸菩薩摩訶薩行疾證無上正
等菩提
尒時世尊復依性淨如來之相為諸菩薩宣
說般若波羅蜜多一切法平等性觀自在妙
智印甚深理趣清淨法門謂一切貪欲本性
清淨極照明故能令世間瞋恚清淨一切瞋
恚本性清淨極照明故能令世間愚癡清淨
一切愚癡本性清淨極照明故能令世間疑
惑清淨一切疑惑本性清淨極照明故能令
世間見趣清淨一切見趣本性清淨極照明
故能令世間憍慢清淨一切憍慢本性清淨
極照明故能令世間纏結清淨一切纏結本
性清淨極照明故能令世間垢穢清淨一切
垢穢本性清淨極照明故能令世間惡法清
淨一切惡法本性清淨極照明故能令世間
生死清淨一切生死本性清淨極照明故能
令世間諸法清淨以一切法本性清淨極照
明故能令世間有情清淨一切有情本性清
淨極照明故能令世間一切智清淨以一切
智本性清淨極照明故能令世間甚深般若
波羅蜜多最勝清淨佛說如是平等智印般

令世間諸法清淨以一切法本性清淨極照
明故能令世間有情清淨一切有情本性清
淨極照明故能令世間一切智清淨以一切
智本性清淨極照明故能令世間甚深般若
波羅蜜多最勝清淨佛說如是平等智印般
若理趣清淨法已告金剛手菩薩等言若有
得聞如是般若波羅蜜多清淨理趣信解受
持讀誦脩習雖住一切貪瞋癡等客塵煩惱
垢穢聚中而猶蓮華不為一切客塵垢穢過
失所染常能脩習菩薩勝行疾證無上正等
菩提
尒時世尊復依一切三界勝主如來之相為
諸菩薩宣說般若波羅蜜多一切如來和合
灌頂甚深理趣智藏法門謂以世間灌頂位
施當得三界法王位果以出世間無上義施
當得一切希願滿足以出世間無上法施於
一切法當得自在若以世間財食等施當得
一切身語心樂若以種種財法等施能令布
施波羅蜜多速得圓滿受持種種清淨禁戒
能令淨戒波羅蜜多速得圓滿於一切事脩
學安忍能令安忍波羅蜜多速得圓滿於一
切時脩習精進能令精進波羅蜜多速得圓
滿於一切境脩行靜慮能令靜慮波羅蜜多
速得圓滿於一切法常脩妙慧能令般若波
羅蜜多速得圓滿佛說如是灌頂法門般若
理趣智藏法已告金剛手菩薩言若有得
聞如是灌頂甚深理趣智藏法門信解受

BD15130 號 2　大般若波羅蜜多經卷五七八　（23–10）

速得圓滿於一切法常脩妙慧能令般若波
羅蜜多速得圓滿佛說如是灌頂法門般若
理趣智藏法已告金剛手菩薩言若有得
聞如是灌頂甚深理趣智藏法門信解受
持讀誦脩習速能滿足諸菩薩行疾證無
上正等菩提
尒時世尊復依一切如來智印持一切佛祕
密法門如來之相為諸菩薩宣說般若波羅
蜜多一切如來任持智印甚深理趣金剛法
門謂具攝受一切如來金剛身印當證一
切如來法身若具攝受一切如來金剛語印
於一切法當得自在若具攝受一切如來金
剛心印於一切定當得自在若具攝受一切
如來金剛智印能得最上妙身語心猶若金
剛無動無壞佛說如是如來智印般若理趣
金剛法已告金剛手菩薩等言若有得聞如
是智印甚深理趣金剛法門信解受持讀誦
脩習一切事業皆能成辦常與一切勝事和
合所欲脩行一切勝智諸勝福業皆速圓滿
當獲最勝淨身語心猶若金剛不可破壞疾
證無上正等菩提
尒時世尊復依一切無戲論法如來之相為
諸菩薩宣說般若波羅蜜多甚深理趣輪字
法門謂一切法空無自性故一切法無相離
衆相故一切法無願無所願故一切法遠離
無所著故一切法寂靜永寂滅故一切法無
常性常無故一切法無樂非可樂故一切法

BD15130 號 2　大般若波羅蜜多經卷五七八　（23–11）

尒時世尊復依一切無戲論法如來之相為
諸菩薩宣說般若波羅蜜多甚深理趣輪字
法門謂一切法空無自性故一切法無相離
衆相故一切法無願無所願故一切法遠離
無所著故一切法寂靜永寂滅故一切法無
常性常無故一切法無樂非可樂故一切法
無我不自在故一切法無淨離淨相故一切
法不可得推尋其性不可得故一切法不思
議思議其性無所有故一切法無所有衆緣
和合假施設故一切法無戲論本性空寂離
言說故一切法本性淨甚深般若波羅蜜多
本性淨故佛說如是離諸戲論般若理趣輪
字法已告金剛手菩薩等言若有得聞無
戲論般若理趣輪字法門信解受持讀誦脩
習於一切法得無礙智疾證無上正等菩提
尒時世尊復依一切如來輪攝如來之相為
諸菩薩宣說般若波羅蜜多入廣大輪甚深
理趣平等性門謂入金剛平等性能入一切
如來性輪故入義平等性能入一切菩薩性
輪故入法平等性能入一切法性輪故入蘊
平等性能入一切蘊性輪故入處平等性能
入一切處性輪故入界平等性能入一切界
性輪故入諦平等性能入一切諦性輪故入
緣起平等性能入一切緣起性輪故入寶平
等性能入一切寶性輪故入食平等性能入
一切食性輪故入善法平等性能入一切善
法性輪故入非善法平等性能入一切非善

BD15130號2　大般若波羅蜜多經卷五七八　（23–12）

入一切處性輪故入界平等性能入一切界
性輪故入諦平等性能入一切諦性輪故入
緣起平等性能入一切緣起性輪故入寶平
等性能入一切寶性輪故入食平等性能入
一切食性輪故入善法平等性能入一切善
法性輪故入非善法平等性能入一切非善
法性輪故入有記法平等性能入一切有記
法性輪故入無記法平等性能入一切無記
法性輪故入有漏法平等性能入一切有漏
法性輪故入無漏法平等性能入一切無漏
法性輪故入有為法平等性能入一切有為
法性輪故入無為法平等性能入一切無為
法性輪故入世間法平等性能入一切世間
法性輪故入出世間法平等性能入一切出
世間法性輪故入異生法平等性能入一切
異生法性輪故入聲聞法平等性能入一切
聲聞法性輪故入獨覺法平等性能入一切
獨覺法性輪故入菩薩法平等性能入一切
菩薩法性輪故入如來法平等性能入一切
如來法性輪故入有情平等性能入一切有
情性輪故入一切平等性能入一切性輪故
佛說如是入廣大輪般若理趣平等性已告
金剛手菩薩等言若有得聞如是輪性甚深
理趣平等性門信解受持讀誦脩習能善悟
入諸平等性疾證無上正等菩提
尒時世尊復依一切廣受供養真淨器田如
來之相為諸菩薩宣說般若波羅蜜多一切

BD15130號2　大般若波羅蜜多經卷五七八　（23–13）

金剛手菩薩等言若有得聞如是輪性甚深
理趣平等性門信解受持讀誦脩習能善悟
入諸平等性疾證無上正等菩提
尒時世尊復依一切廣受供養真淨器田如
來之相爲諸菩薩宣說般若波羅蜜多一切
供養甚深理趣無上法門謂發無上正等覺
心於諸如來廣設供養攝護正法於諸如來
廣設供養脩行一切波羅蜜多於諸如來廣
設供養脩行一切菩提分法於諸如來廣
設供養脩行一切揔持等持於諸如來廣設
供養脩行一切五眼六通於諸如來廣設供養
脩行一切靜慮解脫於諸如來廣設供養
脩行一切慈悲喜捨於諸如來廣設供養脩行
一切佛不共法於諸如來廣設供養觀一切
法若常若無常皆不可得於諸如來廣設供
養觀一切法若樂若苦皆不可得於諸如來
廣設供養觀一切法若我若無我皆不可得
於諸如來廣設供養觀一切法若淨若不淨
皆不可得於諸如來廣設供養觀一切法若
空若不空皆不可得於諸如來廣設供養觀
一切法若有相若無相皆不可得於諸如來
廣設供養觀一切法若有願若無願皆不可
得於諸如來廣設供養觀一切法若遠離若
不遠離皆不可得於諸如來廣設供養觀一
切法若寂靜若不寂靜皆不可得於諸如來
廣設供養於深般若波羅蜜多書寫聽聞
受持讀誦思惟脩習廣爲有情宣說流布或

BD15130 號 2　大般若波羅蜜多經卷五七八　（23–14）

得於諸如來廣設供養觀一切法若遠離若
不遠離皆不可得於諸如來廣設供養觀一
切法若寂靜若不寂靜皆不可得於諸如來
廣設供養於深般若波羅蜜多書寫聽聞
受持讀誦思惟脩習廣爲有情宣說流布或
自供養或轉施他於諸如來廣設供養佛說如
是真淨供養甚深理趣無上法已告金剛手
菩薩等言若有得聞如是供養般若理趣無
上法門信解受持讀誦脩習速能圓滿諸
菩薩行疾證無上正等菩提
尒時世尊復依一切能善調伏如來之相爲
諸菩薩宣說般若波羅蜜多攝受智藏調伏
有情甚深理趣智藏法門謂一切有情平等
性即忿平等性一切有情調伏性即忿調伏
性一切有情真法性即忿真法性一切有情
真如性即忿真如性一切有情法界性即
忿法界性一切有情離生性即忿離生性一
切有情實際性即忿實際性一切有情本空
性即忿本空性一切有情無相性即忿無相性
一切有情無願性即忿無願性一切有情遠
離性即忿遠離性一切有情寂靜性即忿寂
靜性一切有情不可得性即忿不可得性一
切有情無所有性即忿無所有性一切有情
難思議性即忿難思議性一切有情無戲論
性即忿無戲論性一切有情如金剛性即忿
如金剛性所以者何一切有情真調伏性即
是無上正等菩提亦是般若波羅蜜多亦是

BD15130 號 2　大般若波羅蜜多經卷五七八　（23–15）

難思議性即忿難思議性一切有情無戲論
性即忿無戲論性一切有情如金剛性即忿
如金剛性所以者何一切有情真調伏性即
是無上乘等菩提亦是般若波羅蜜多亦是
諸佛一切智智佛說如是能善調伏甚深理
趣智藏法已告金剛手菩薩等言若有得聞
如是調伏般若理趣智藏法門信解受持讀
誦脩習能自調伏忿恚等過亦能調伏一切
有情常生善趣受諸妙樂現世怨敵皆起慈
心能善脩行諸菩薩行疾證無上乘等菩提
尒時世尊復依一切能善建立性平等法如
來之相為諸菩薩宣說般若波羅蜜多一切
法性甚深理趣冣勝法門謂一切有情性平
等故甚深般若波羅蜜多亦性平等一切法
性平等故甚深般若波羅蜜多亦性平等一
切有情性調伏故甚深般若波羅蜜多亦性
調伏一切法性調伏故甚深般若波羅蜜多
亦性調伏一切有情有實義故甚深般若波
羅蜜多亦有實義一切法有實義故甚深般
若波羅蜜多亦有實義一切有情即真如故
甚深般若波羅蜜多亦即真如一切法即真
如故甚深般若波羅蜜多亦即真如一切有
情即法界故甚深般若波羅蜜多亦即法界
一切法即法界故甚深般若波羅蜜多亦即
法界一切有情即法性故甚深般若波羅蜜
多亦即法性一切法即法性故甚深般若波
羅蜜多亦即法性一切有情即實際故甚深

BD15130 號 2　大般若波羅蜜多經卷五七八　（23–16）

一切法即法界故甚深般若波羅蜜多亦即
法界一切有情即法性故甚深般若波羅蜜
多亦即法性一切法即法性故甚深般若波
羅蜜多亦即法性一切有情即實際故甚深
般若波羅蜜多亦即實際一切法即實際故
甚深般若波羅蜜多亦即實際一切有情即
本空故甚深般若波羅蜜多亦即本空一切
法即本空故甚深般若波羅蜜多亦即本空
一切有情即無相故甚深般若波羅蜜多亦
即無相一切法即無相故甚深般若波羅蜜
多亦即無相一切有情即無願故甚深般若
波羅蜜多亦即無願一切法即無願故甚深
般若波羅蜜多亦即無願一切有情即遠離
故甚深般若波羅蜜多亦即遠離一切法即
遠離故甚深般若波羅蜜多亦即遠離一切
有情即寂靜故甚深般若波羅蜜多亦即寂
靜一切法即寂靜故甚深般若波羅蜜多亦
即寂靜一切有情不可得故甚深般若波羅
蜜多亦不可得一切法不可得故甚深般若
波羅蜜多亦不可得一切有情無所有故甚
深般若波羅蜜多亦無所有一切法無所有
故甚深般若波羅蜜多亦無所有一切有情
不思議故甚深般若波羅蜜多亦不思議一
切法不思議故甚深般若波羅蜜多亦不思
議一切有情無戲論故甚深般若波羅蜜多
亦無戲論一切法無戲論故甚深般若波羅
蜜多亦無戲論一切有情無邊際故甚深般

BD15130 號 2　大般若波羅蜜多經卷五七八　（23–17）

不思議故甚深般若波羅蜜多亦不思議一
切法不思議故甚深般若波羅蜜多亦不思
議一切有情無戲論故甚深般若波羅蜜多
亦無戲論一切法無戲論故甚深般若波羅
蜜多亦無戲論一切有情無邊際故甚深般
若波羅蜜多亦無邊際一切法無邊際故甚
深般若波羅蜜多亦無邊際一切有情有業
用故當知般若波羅蜜多亦有業用一切法
有業用故當知般若波羅蜜多亦有業用佛
說如是性平等性甚深理趣最勝法已告金
剛手菩薩等言若有得聞如是平等般若
理趣最勝法門信解受持讀誦脩習則能通
達平等法性甚深般若波羅蜜多於法有情
心無罣礙疾證無上正等菩提
尒時世尊復依一切住持藏法如來之相爲
諸菩薩宣說般若波羅蜜多一切有情住持
遍滿甚深理趣勝藏法門謂一切有情皆如
來藏普賢菩薩自體遍故一切有情皆金剛
藏以金剛藏所灌灑故一切有情皆正法藏
一切皆隨正語轉故一切有情皆妙業藏一
切事業加行依故佛說如是有情住持甚深
理趣勝藏法已告金剛手菩薩等言若有得
聞如是遍滿般若理趣勝藏法門信解受
持讀誦脩習則能通達勝藏法性疾證
無上正等菩提
尒時世尊復依究竟無邊際法如來之相爲
諸菩薩宣說般若波羅蜜多究竟住持法義

聞如是遍滿般若理趣勝藏法門信解受
持讀誦脩習則能通達勝藏法性疾證
無上正等菩提
尒時世尊復依究竟無邊際法如來之相爲
諸菩薩宣說般若波羅蜜多究竟住持法義
平等金剛法門謂甚深般若波羅蜜多無邊
故一切如來亦無邊甚深般若波羅蜜多無
際故一切如來亦無際甚深般若波羅蜜多
一味故一切法亦一味甚深般若波羅蜜多
究竟故一切法亦究竟佛說如是無邊無際
究竟理趣金剛法已告金剛手菩薩等言
若有得聞如是究竟般若理趣金剛法門信
解受持讀誦脩習一切障法皆悉消除定得
如來執金剛性疾證無上正等菩提
尒時世尊復依遍照如來之相爲諸菩薩宣
說般若波羅蜜多得諸如來秘密法性及一
切法無戲論性大樂金剛不空神呪金剛法
性初中後位最勝第一甚深理趣無上法門
謂大貪等最勝成就令大菩薩大樂最勝
成就大樂最勝成就令大菩薩一切如來大覺
最勝成就一切如來大覺最勝成就令大菩
薩降伏一切大魔最勝成就降伏一切大魔
最勝成就令大菩薩普大三界自在最勝成
就普大三界自在最勝成就令大菩薩能無
遺餘拔有情界利益安樂一切有情畢竟大
樂最勝成就所以者何乃至死流轉住處
有勝智者齊此常能以無等法饒益有情不

冣勝成就令大菩薩著大三界自在冣勝成
就菩大三界自在冣勝成就令大菩薩能無
遺餘拔有情界刹益安樂一切有情畢竟大
樂冣勝成就所以者何乃至死流轉住處
有勝智者齊此常能以無等法饒益有情不
入寂滅又以般若波羅蜜多方便善巧成立
勝智善辨一切清淨事業能令諸有皆得清
淨又以貪等調伏世間普遍恒時乃至諸有
皆令清淨自然調伏又如蓮華於色光淨不
為一切穢物所染如是貪等饒益世間住遍
有過常不能染又大貪等能得清淨大樂大
財三界自在常能堅固饒益有情尒時如
來即說神咒
納慕薄伽筏帝一 鉢剌壤波羅弭多曳二
薄底丁履反下同 筏㮇皆七 羅曳三 罨跛履弭多窶拏
曳四 薩縛呾他揭多跛履布視多曳五
薩縛呾他揭多奴壤多奴壤多鉢壤多曳六
呾姪他七 鉢剌呺一弟下同 鉢剌呺八 莫訶鉢剌呺九
鉢剌壤娑溲鞨囉十 鉢剌壤路迦羯囉十一
寀馱迦囉毗談末泥十二 毖遮十三 毱毖遮十四
毖殿都㵽薄伽筏底十五 薩防伽跢達囉十六
薄底筏㮇囉十七 鉢剌婆履多冒毖帝 十八
參磨濕縛溪鞨囉十九 勃咃勃咃 廿
毖咃毖咃 廿一 劒波劒波 廿二
漸羅漸羅 廿三 曷邏縛曷邏縛 廿四
阿揭車阿揭車 廿五 薄伽筏底 廿六
麼毗濫婆 廿七 莎訶 廿八

BD15130 號 2　大般若波羅蜜多經卷五七八　（23–20）

薄底筏㮇囉 鉢剌婆履多冒毖帝
參磨濕縛溪鞨囉十九 勃咃勃咃 廿
毖咃毖咃 廿一 劒波劒波 廿二
漸羅漸羅 廿三 曷邏縛曷邏縛 廿四
阿揭車阿揭車 廿五 薄伽筏底 廿六
麼毗濫婆 廿七 莎訶 廿八
如是神咒三世諸佛皆共宣說同所護念能
受持者一切障滅隨心所欲無不成辦疾證
無上正等菩提尒時如來復說神咒
納慕薄伽筏帝一 鉢剌壤波羅弭多曳二
呾姪他三 牟尼達謎四 僧揭洛訶達謎五
遏奴揭洛訶達謎六 毗目底達謎七
薩馱奴揭洛訶達謎八 吠室洛末拏達謎九
參㵽多奴跛履筏剌呾那達謎十 窶拏僧揭洛
訶達謎十一 薩縛迦羅跛履波剌那達謎十二 莎訶十三
如是神咒是諸佛母能誦持者一切罪滅常
見諸佛得宿住智疾證無上正等菩提尒時
如來復說神咒
納慕薄伽筏帝一 鉢剌壤波羅弭多曳二
呾姪他三 室囇曳四 室囇曳五
室囇曳六 室囇拽細七 莎訶八
如是神咒具大威力能受持者業障消除
所聞正法總持不忘疾證無上正等菩提尒時
世尊說是語已告金剛手菩薩等言若諸有
情於每日旦至心聽誦如是般若波羅蜜多
甚深理趣最勝法門無間斷者諸惡業障
皆得消滅諸勝喜樂常現在前大樂金剛不

BD15130 號 2　大般若波羅蜜多經卷五七八　（23–21）

所聞妙法摠持不忘疾證無上正等菩提尒時
世尊說是語已告金剛手菩薩等言若諸有
情於每日旦至心聽誦如是般若波羅蜜多
甚深理趣最勝法門無間斷者諸惡業障
皆得消滅諸勝喜樂常現在前大樂金剛不
空神呪現身必得究竟成滿一切如來金剛
祕密最勝成就不久當得大執金剛及如來
性若有情類未多佛所植衆善根久發大願
於此般若波羅蜜多甚深理趣最勝法門不
能聽聞書寫讀誦供養恭敬思惟脩習要
多佛所植衆善根久發大願乃能於此甚深
理趣最勝法門下至聽聞一句一字況能具
足讀誦受持若諸有情供養恭敬尊重讚
歎八十殑伽沙等俱胝那庾多佛乃能具足
聞此般若波羅蜜多甚深理趣若他方所流行
此經一切天王阿素洛等皆應供養如佛制
多有置此經在身或手諸天王等皆應礼
敬若有情類受持此經多俱胝劫得宿住智
常勤精進脩諸善法惡魔外道不能留
四大天王及餘天衆常隨擁衛未曾暫捨終不
横死枉遭衰患諸佛菩薩常共護持令一
切時善增惡滅於諸佛土隨願往生乃至菩
提不墮惡趣諸有情類受持此經定獲無邊
勝利功德我今略說如是少分時薄伽梵說
是經已金剛手諸大菩薩及餘天衆聞佛
所說皆大歡喜信受奉行

BD15130號2　大般若波羅蜜多經卷五七八　（23–22）

能聽聞書寫讀誦供養恭敬思惟脩習要
多佛所植衆善根久發大願乃能於此甚深
理趣最勝法門下至聽聞一句一字況能具
足讀誦受持若諸有情供養恭敬尊重讚
歎八十殑伽沙等俱胝那庾多佛乃能具足
聞此般若波羅蜜多甚深理趣若他方所流行
此經一切天王阿素洛等皆應供養如佛制
多有置此經在身或手諸天王等皆應礼
敬若有情類受持此經多俱胝劫得宿住智
常勤精進脩諸善法惡魔外道不能留
四大天王及餘天衆常隨擁衛未曾暫捨終不
横死枉遭衰患諸佛菩薩常共護持令一
切時善增惡滅於諸佛土隨願往生乃至菩
提不墮惡趣諸有情類受持此經定獲無邊
勝利功德我今略說如是少分時薄伽梵說
是經已金剛手諸大菩薩及餘天衆聞佛
所說皆大歡喜信受奉行

大般若波羅蜜多經卷第五百七十八

BD15130號2　大般若波羅蜜多經卷五七八　（23–23）

王舍城耆闍堀山與
大比丘衆千二[illegible]十人及諸菩薩摩訶
薩俱尒時具壽舍利子往弥勒菩薩摩
訶薩經行之處到已共相慰問俱坐盤陁
石上
是時具壽舍利子向弥勒菩薩摩訶薩作
如是言弥勒今日世尊覩見稻芉告諸比丘
作如是說諸比丘若見因緣彼即見法若見
於法即能見佛作是語已默然無言弥
勒善逝何故作如是說其事云何何者因
緣何者是法何者是佛云何見因緣即能
見法云何見法即能見佛作是語已弥勒菩
薩摩訶薩答具壽舍利子言今佛法王正
遍知告諸比丘若見因緣即能見法若見於
法即能見佛者此中何者是因緣言因緣者
此有故彼有此生故彼生所謂无明緣行行緣
識識緣名色名色緣六入六入緣觸觸緣受受

BD15131 號　大乘稻芉經　（12–1）

遍知告諸比丘若見因緣即能見法若見於
法即能見佛者此中何者是因緣言因緣者
此有故彼有此生故彼生所謂无明緣行行緣
識識緣名色名色緣六入六入緣觸觸緣受受
緣愛愛緣取取緣有有緣生生緣老死愁嘆
苦憂悩而得生起如是唯生純極大苦之聚
此中无明滅故行滅行滅故識滅識滅故名色
滅名色滅故六入滅六入滅故觸滅觸滅故受
滅受滅故愛滅愛滅故取滅取滅故有滅有滅
故生滅生滅故老死愁嘆苦憂悩得滅如是
唯滅純極大苦之聚此是世尊所說因緣之法
何者是法所謂八聖道正見正思惟正語正業
正命正精進正念正定此是八聖道果及涅
槃世尊所說名之為法
何者是佛所謂知一切法者名之為佛以彼慧
眼及法身能見作菩提學无學法故
云何見因緣如佛所說若能見因緣之法常
无壽離壽如實性无錯謬性无生无起无作
无為无障㝵无境界寂靜无畏无侵奪不寂
靜相者是
若能如是於法亦見常无壽離壽如實性无
生无起无作无為无障㝵无境界寂靜无畏
无侵奪不寂靜相者得正智故能悟勝法以
无上法身而見於佛
問曰何故名因緣答曰有因有緣名為因緣非
无因无緣故是故名為因緣之法世尊略說因
緣之相彼緣生果如來出現若不出現法性常

BD15131 號　大乘稻芉經　（12–2）

生无起无作无爲无障㝵无境界寂靜无畏
无侵奪不寂靜相者得正智故能悟勝法以
无上法身而見於佛
問曰何故名因緣答曰有因有緣名爲因緣非
无因无緣故是故名爲因緣之法世尊略說因
緣之相彼緣生果如來出現若不出現法性常
住乃至法性法住性法定性與因緣相應性
真如性无錯謬性无變異性真實性實際性
不虛妄性不顛倒性等作如是說
此因緣法以其二種而得生起云何爲二所謂
因相應緣相應彼復有二謂内及外此中何者
是外因緣法因相應所謂從種生芽從芽生葉
從葉生莖從莖生節從節生穗從穗生花從
花生實若无有種芽即不生乃至若无有
花實亦不生有種芽生如是有花實亦得
生彼種亦不作是念我能生芽芽亦不作是
念我從種生乃至花亦不作是念我能生實
實亦不作是念我從花生雖然有種故而芽
得生如是有花故實即而能成就應如是觀
外因緣法因相應義
應云何觀外因緣法緣相應義謂六界和合
故以何六界和合所謂地水火風空時界等和
合外因緣法而得生起應如是觀外因緣法
緣相應義
地界者能持於種水界者潤漬於種火界者
能暖於種風界者動搖於種空界者不障於
種時則能變種子若无此衆緣種則不能
而生於芽若具外地界……

BD15131號　大乘稻芉經　（12–3）

緣相應義
地界者能持於種水界者潤漬於種火界者
能暖於種風界者動搖於種空界者不障於
種時則能變種子若无此衆緣種則不能
而生於芽若具外地界无不具足如是
乃至水火風空時等无不具足一切和合種
子滅時而芽得生
此中地界不作是念我能任持種子如是水
界亦不作是念我能潤漬於種火界亦不作
是念我能暖於種子風界亦不作是念我能動
搖於種空界亦不作是念我能不障於種時亦
不作是念我能變於種子種子亦不作是念我
能生芽芽亦不作是念我今從此衆緣而生
雖然有此衆緣而種滅時芽即得生如是有
花之時實即得生彼芽亦非自作亦非他作
非自他俱作非自在作亦非時變非自性生亦
非无因而生雖然地水火風空時界和合
種滅之時而芽得生是故應如是觀外因緣
法緣相應義
應以五種觀彼外因緣法何等爲五不常不
斷不移從於小因而生大果與彼相似云何不
常爲芽與種各別異故彼芽非種非種壞時
而芽得生亦非不滅而得生起種壞之時而
芽得生是故不常云何不斷非過去種壞而
生於芽亦非不滅而得生起種子亦壞當爾
之時如秤高下而芽得生是故不斷云何不
移芽與種別芽非種故是不移……

BD15131號　大乘稻芉經　（12–4）

而芽得生亦非不滅而得生起種壞之時而
芽得生是故不常云何不斷非過去種壞而
生於芽亦非不滅而得生起種子亦壞當尒
之時如秤高下而芽得生是故不斷云何不
移芽與種別芽非種故是不移云何小因而
生大果從小種子而生大果是故從於小因
而生大果云何與彼相似如所植種生彼果故
是故與彼相似是以五種觀外因緣之法
如是內因緣法亦以二種而得生起云何爲二所
謂因相應緣相應何者是內因緣法因相應義
所謂始從无明緣行乃至生緣老死若无明不
生行亦不有乃至若无有生老死非有如是有
无明故行乃得生乃至有生故老死得有无
明亦不作是念我能生行行亦不作念我從
无明而生乃至生亦不作是念我能生於老
死老死亦不作念我從生有雖然有无明故
行乃得生如是有生故老死得有是故應如是
觀內因緣法因相應義
應云何觀內因緣法緣相應事爲六界和合故
以何六界和合所謂地水火風空識界等和合
故應如是觀內因緣法緣相應事
何者是內因緣法地界之相爲此身中作堅硬
者名爲地界爲令此身而聚集者名爲水界
能消身所食飲嚼噉者名爲火界爲此身中
作內外出入息者名爲風界爲此身中作虛通
者名爲空界五識身相應及有漏意識猶如

何者是內因緣法地界之相爲此身中作堅硬
者名爲地界爲令此身而聚集者名爲水界
能消身所食飲嚼噉者名爲火界爲此身中
作內外出入息者名爲風界爲此身中作虛通
者名爲空界五識身相應及有漏意識猶如
束蘆能成就此身名色芽者名爲識界若
无此衆緣身則不生若內地界无不具足如是
乃至水火風空識界等无不具足一切和合身
即得生
彼地界亦不作是念我能而作身中堅硬之
事水界亦不作是念我能爲身而作聚集火
界亦不作念我能而消身所食飲嚼噉之事風
界亦不作念我能作內外出入息空界亦不作
念我能而作身中虛通之事識界亦不作念我
能成就此身名色之芽身亦不作是念我從
此衆緣而生雖然有此衆緣之時身即得生
彼地界亦非是我非是衆生非命者非生者
非儒童非作者非男非女非黃門非自在非我
所亦非餘等如是乃至水界火界風界空界
識界亦非是我非是衆生非命者非生者非
儒童非作者非界非女非黃門非自在非我所
亦非餘等
何者是无明於此六界起於一想一合想常想
堅牢想不壞想安樂想衆生命生者養育
士夫人儒童作者我我所想等及餘種種无知
此是无明有无明故於諸境界起貪瞋癡於
諸境界起貪瞋癡者此是无明緣行而於

何者是无明於此六界起於一想一合想常想
堅牢想不壞想安樂想衆生命生者養育
士夫人儒童作者我我所想等及餘種種无知
此是无明有无明故於諸境界起貪瞋癡於
諸境界起貪瞋癡者此是无明緣行而於
諸事能了別者名之爲識與識俱生四取蘊
者此是名色依名色諸根名爲六入三法和合
名之爲觸覺受觸者名之爲受於受貪著
名之爲愛增長愛者名之爲取從取而生能
生業者名之爲有而從彼因所生之蘊名之
爲生生已蘊成熟者名之爲老老已蘊滅壞
者名之爲死臨終之時內具貪著及熱惱者
名之爲愁從愁而生諸言辭者名之爲嘆五
識身受苦者名之爲苦作意意識受諸苦
者名之爲憂具如是等及隨煩惱者名之爲
惱大黑闇故故名无明造作故名諸行了別故
名識相依故名名色爲生門故名六入觸故名
觸受故名受渴故名愛取故名取生後有故名有
生蘊故名生蘊熟故名老蘊壞故名死愁故名
愁嘆故名嘆惱身故名苦惱心故名憂煩惱故名
惱復次不了真性顛倒无知名爲无明如是有无
明故能成三行所謂福行罪行不動行從於福行
而生福行識者此是无明緣行從於罪行而生
罪行識者此則名爲行緣識從於不動行而生
不動行識者此則名爲識緣名色名色增長故
從六入門中能成事者此是名色緣六入從於
六入而生六聚觸者此是六入緣觸從於所觸

明故能成三行所謂福行罪行不動行從於福行
而生福行識者此是无明緣行從於罪行而生
罪行識者此則名爲行緣識從於不動行而生
不動行識者此則名爲識緣名色名色增長故
從六入門中能成事者此是名色緣六入從於
六入而生六聚觸者此是六入緣觸從於所觸而
生彼受者此則名爲觸緣受了別受已而生樂
著深者此則名爲受緣愛知已而生樂著深故
不欲遠離好色及於安樂而生願樂者此是愛
緣取生願樂已從身口意造後有業者此是
取緣有從於彼業所生蘊者此是有緣生生已
諸蘊成熟及滅壞者此則名爲生緣老死是故
彼因緣十二支法互相爲因互相爲緣非常非
无常非有爲非无爲非无因非无緣非有受非
盡法非壞法非滅法從无始已來如暴流水而无斷
絕雖然此因緣十二支法互相爲因互相爲緣非
常非无常非有爲非无爲非无因非无緣非有
受非盡法非壞法非滅法從无始已來如暴流水而
无斷絕有其四支能攝十二因緣之法云何爲四
所謂无明愛業識識者以種子性爲因業者以
田性爲因无明及愛以煩惱性爲因此中業及煩
惱能生種子之識業則能作種子識田愛則能
潤種子之識无明能殖種子之識若无此衆緣
種子之識而不能成
彼業亦不作念我今能作種子識田愛亦不作
念我能潤於種子之識无明亦不作念我今能
殖種子之識彼種子識亦不作念我今從此衆

彼業亦不作念我今能作種子識田愛亦不作
念我能潤於種子之識无明亦不作念我今能
殖種子之識彼種子識亦不作念我今從此衆
緣而生雖然種子之識依彼業田及愛所潤无
明糞壤所生之處入於母胎能生名色之芽
彼名色芽亦非自作亦非他作非自他俱作非
自在化亦非時變非自性生非假作者亦非无
因而生雖然父母和合時及餘緣和合之時无我
之法无我我所猶如虛空彼諸幻法因及衆緣
无不具足故依彼生處入於母胎則能成就執
受種子之識名色之芽
復次眼識生時若具五緣而則得生云何為五
所謂依眼色明空依作意故眼識得生此中眼
則能作眼識所依色則能作眼識之境明
則能為顯現之事空則能為不鄣之事作意
能為思想之事若无此衆緣眼識不生若內
入眼无不具足如是乃至色明空作意無不具
足一切和合之時眼識得生
彼眼亦不作是念我今能為眼識所依色亦不
念我今能作眼識之境明亦不作念我今能作
顯現之事作意亦不作念我今能為眼識所思
彼眼亦不作念我是從此衆緣而有雖然有此
衆緣眼識得生乃至諸餘根等應如是知
復次無有少法而從此世移至他世雖然因及
衆緣無不具足故業果亦現譬如明鏡之中現
其面像雖彼面像不移鏡中因及衆緣无不
具足故面像亦現如是無有少許

彼眼亦不作念我是從此衆緣而有雖然有此
衆緣眼識得生乃至諸餘根等應如是知
復次無有少法而從此世移至他世雖然因及
衆緣無不具足故業果亦現譬如明鏡之中現
其面像雖彼面像不移鏡中因及衆緣无不
具足故面像亦現如是無有少許從於此滅生
其餘處因及衆緣無不具足故業果亦現譬
如月輪從此四万二千由旬而行彼月輪形像現
其有水小器中者彼月輪亦不從彼移至於有
水之器雖然因及衆緣無不具足故月輪亦現如
是無有少許從於此滅而生餘處因及衆緣無
不具足故業果亦現譬如其火因及衆緣若
不具足而不能燃因及衆緣具足之時乃可得
燃如是無我之法無我我所猶如虛空依彼幻
法因及衆緣無不具足故所生之處入於母
胎則能成就種子之識業及煩惱所生名色
之芽是故應如是觀內因緣法緣相應事
應以五種觀內因緣法云何為五不常不斷不
移從於小因而生大果與彼相似云何不常
所謂彼後滅蘊與彼生分各異為後滅蘊非
生分故彼後滅蘊亦滅生分亦得現故是故
不常云何不斷非依後滅蘊滅壞之時生分
得有亦非不滅彼後滅蘊亦滅當尒之時生
分之蘊如秤高下而得生故是故不斷云何不
移為諸有情從非衆同分處能生衆同分處
故是故不移云何從於小因而生大果作
於小業感大異熟是故從於小因而生大果如

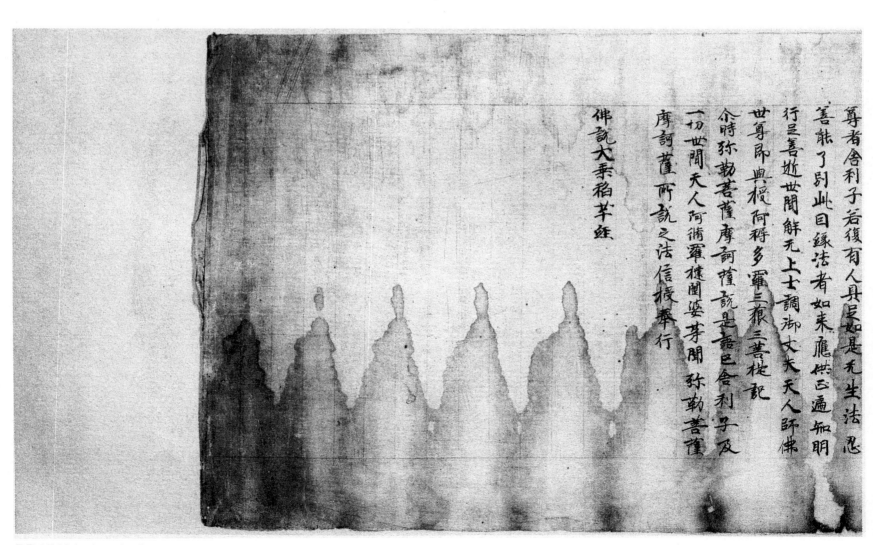

得有亦非不滅彼後滅當亦滅當介之時生
介之蘊如秤高下而得生故是故不斷云何不
移為諸有情從非衆同分處能生衆同分處
故是故不移云何從於小因而生大果作
於小業感大異熟是故從於小因而生大果如
所作因感彼果故與彼相似是故應以五種
觀因緣法
尊者舍利子若復有人能以正智常觀如來
所說因緣之法無壽離壽如實性無錯
謬性無生无起无作无為无障礙无境界寂
靜无畏无侵奪无盡不寂靜相不有虛誑
无堅實如病如癰如箭過失无常苦空无我
者我於過去而有生耶而无生耶而不分別過
去之際於未來世生於何處亦不分別未來之
際此是何耶此復云何而作何物此諸有情從
何而來從於此滅而生何處亦不分別現在之有
復能滅於世間沙門婆羅門不同諸見所謂我
見衆生見壽者見人見希有見吉祥見關合
之見善了知故如多羅樹明了斷除諸根栽已
於未來世證得无生无滅之法
尊者舍利子若復有人具足如是无生法忍
善能了別此因緣法者如來應供正遍知明
行足善逝世間解无上士調御丈夫天人師佛
世尊即與授阿耨多羅三藐三菩提記
介時弥勒菩薩摩訶薩說是語已舍利子及
一切世間天人阿脩羅揵闥婆等聞弥勒菩薩
摩訶薩所說之法信授奉行

BD15131號　大乘稻芉經　（12–11）

尊者舍利子若復有人具足如是无生法忍
善能了別此因緣法者如來應供正遍知明
行足善逝世間解无上士調御丈夫天人師佛
世尊即與授阿耨多羅三藐三菩提記
介時弥勒菩薩摩訶薩說是語已舍利子及
一切世間天人阿脩羅揵闥婆等聞弥勒菩薩
摩訶薩所說之法信授奉行

佛說大乘稻芉經

BD15131號　大乘稻芉經　（12–12）

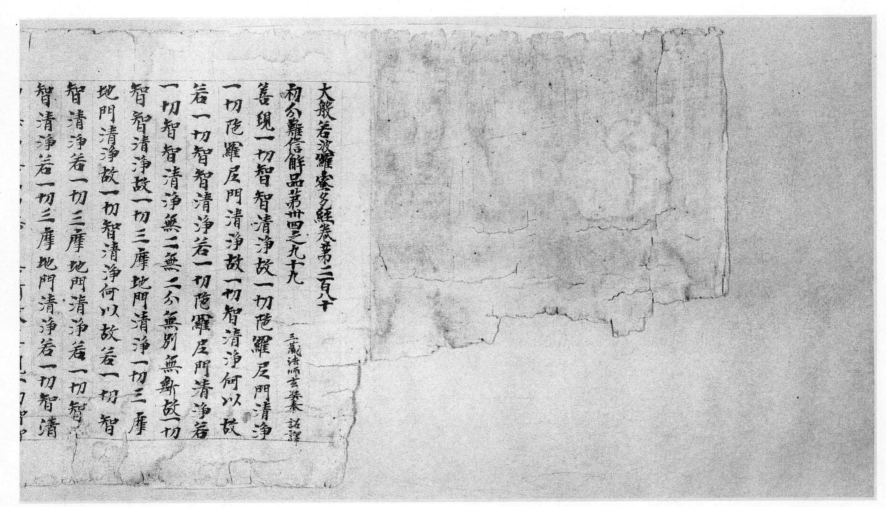

大般若波羅蜜多經卷第二百八十
初分難信解品第卅四之九十九
三藏法師玄奘奉　詔譯
善現一切智智清淨故一切陀羅尼門清淨
一切陀羅尼門清淨故一切智智清淨何以故
若一切智智清淨若一切陀羅尼門清淨若
一切智智清淨無二無二分無別無斷故一切
智智清淨故一切三摩地門清淨一切三摩
地門清淨故一切智智清淨何以故若一切智
智清淨若一切三摩地門清淨若一切智
智清淨若一切三摩地門清淨若一切智清

BD15132號　大般若波羅蜜多經卷二八〇　（9–1）

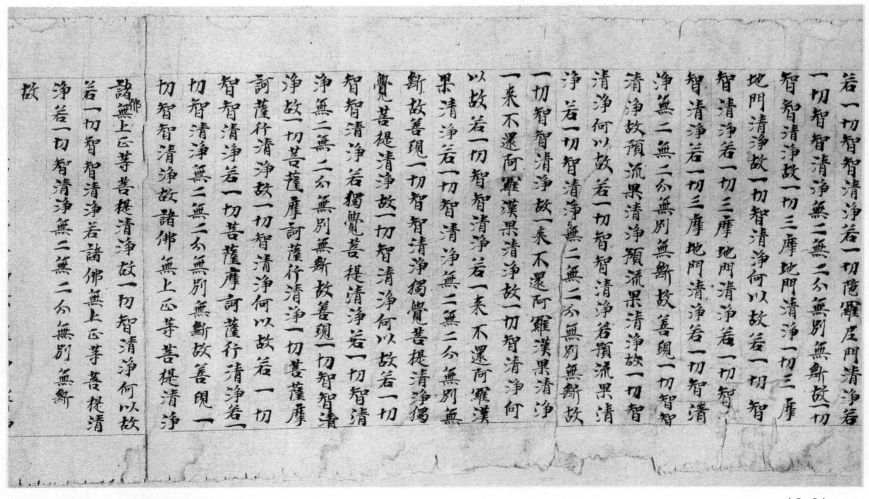

若一切智智清淨若一切陀羅尼門清淨若
一切智智清淨無二無二分無別無斷故一切
智智清淨故一切三摩地門清淨一切三摩
地門清淨故一切智智清淨何以故若一切智
智清淨若一切三摩地門清淨若一切智
智清淨若一切三摩地門清淨若一切智清
淨無二無二分無別無斷故善現一切智智
清淨故預流果清淨預流果清淨故一切智
清淨何以故若一切智智清淨若預流果清
淨若一切智清淨無二無二分無別無斷故
一切智智清淨故一來不還阿羅漢果清淨
一來不還阿羅漢果清淨故一切智清淨何
以故若一切智智清淨若一來不還阿羅漢
果清淨若一切智清淨無二無二分無別無
斷故善現一切智智清淨獨覺菩提清淨獨
覺菩提清淨故一切智清淨何以故若一切
智智清淨若獨覺菩提清淨若一切智清
淨無二無二分無別無斷故善現一切智智清
淨故一切菩薩摩訶薩行清淨一切菩薩摩
訶薩行清淨故一切智清淨何以故若一切
智智清淨若一切菩薩摩訶薩行清淨若一
切智智清淨無二無二分無別無斷故善現一
切智智清淨故諸佛無上正等菩提清淨
諸佛無上正等菩提清淨故一切智清淨何以故
若一切智智清淨若諸佛無上正等菩提清
淨若一切智清淨無二無二分無別無斷
故

BD15132號　大般若波羅蜜多經卷二八〇　（9–2）

諸佛無上正等菩提清淨故一切智清淨何以故
若一切智智清淨若諸佛無上正等菩提清
淨若一切智清淨無二無二分無別無斷
故
復次善現一切智智清淨故色清淨色清淨
故道相智清淨何以故若一切智智清淨若
色清淨若道相智清淨無二無二分無別
無斷故一切智智清淨故受想行識清淨受
想行識清淨故道相智清淨何以故若一切智
智清淨若受想行識清淨若道相智清淨無
二無二分無別無斷故善現一切智智清淨
故眼處清淨眼處清淨故道相智清淨何以
故若一切智智清淨若眼處清淨若道相智
清淨無二無二分無別無斷故一切智智清
淨故耳鼻舌身意處清淨耳鼻舌身意處
清淨故道相智清淨何以故若一切智智清淨
若耳鼻舌身意處清淨若道相智清淨無二
無二分無別無斷故善現一切智智清淨故色
處清淨色處清淨故道相智清淨何以故若
一切智智清淨若色處清淨若道相智清
淨無二無二分無別無斷故一切智智清淨
故聲香味觸法處清淨聲香味觸法處清淨
故道相智清淨何以故若一切智智清淨若
聲香味觸法處清淨若道相智清淨無二無
二分無別無斷故善現一切智智清淨故眼界
清淨眼界清淨故道相智清淨何以故若一
切智智清淨若眼界清淨若道相智清淨

BD15132號　大般若波羅蜜多經卷二八〇　（9–3）

故道相智清淨何以故若一切智智清淨若
聲香味觸法處清淨若道相智清淨無二無
二分無別無斷故善現一切智智清淨故眼界
清淨眼界清淨故道相智清淨何以故若一
切智智清淨若眼界清淨若道相智清淨
無二無二分無別無斷故一切智智清淨故色
界眼識界及眼觸眼觸為緣所生諸受清淨色
界乃至眼觸為緣所生諸受清淨故道相智
清淨何以故若一切智智清淨若色界乃至
眼觸為緣所生諸受清淨若道相智清淨無
二無二分無別無斷故善現一切智智清淨
故耳界清淨耳界清淨故道相智清淨何以
故若一切智智清淨若耳界清淨若道相智
清淨無二無二分無別無斷故一切智智清
淨故聲界耳識界及耳觸耳觸為緣所生諸
受清淨聲界乃至耳觸為緣所生諸受清淨
故道相智清淨何以故若一切智智清淨若
聲界乃至耳觸為緣所生諸受清淨若道相
智清淨無二無二分無別無斷故善現一切
智智清淨故鼻界清淨鼻界清淨故道相智
清淨何以故若一切智智清淨若鼻界清淨
若道相智清淨無二無二分無別無斷故一
切智智清淨故香界鼻識界及鼻觸鼻觸為
緣所生諸受清淨香界乃至鼻觸為緣所生
諸受清淨故道相智清淨何以故若一切智
智清淨若香界乃至鼻觸為緣所生諸受
清淨若道相智清淨無二無二分無別無斷

BD15132號　大般若波羅蜜多經卷二八〇　（9–4）

切智智清淨故香界鼻識界及鼻觸鼻觸為
緣所生諸受清淨香界乃至鼻觸為緣所生
諸受清淨故道相智清淨何以故若一切智
智清淨若香界乃至鼻觸為緣所生諸受
清淨若道相智清淨無二無二分無別無斷
故善現一切智智清淨故舌界清淨舌界清
淨故道相智清淨何以故若一切智智清淨
若舌界清淨若道相智清淨無二無二分無
別無斷故一切智智清淨故味界舌識界及
舌觸舌觸為緣所生諸受清淨味界乃至舌
觸為緣所生諸受清淨故道相智清淨何以
故若一切智智清淨若味界乃至舌觸為緣
所生諸受清淨若道相智清淨無二無二分
無別無斷故善現一切智智清淨故身界清
淨身界清淨故道相智清淨何以故若一切
智智清淨若身界清淨若道相智清淨無二
無二分無別無斷故一切智智清淨故觸界
身識界及身觸身觸為緣所生諸受清淨觸
界乃至身觸為緣所生諸受清淨故道相智
清淨何以故若一切智智清淨若觸界乃至
身觸為緣所生諸受清淨若道相智清淨無
二無二分無別無斷故善現一切智智清淨
故意界清淨意界清淨故道相智清淨何以
故若一切智智清淨若意界清淨若道相智
清淨無二無二分無別無斷故一切智智清
淨故法界意識界及意觸意觸為緣所生諸
受清淨法界乃至意觸為緣所生諸受清淨

BD15132 號　大般若波羅蜜多經卷二八〇　　（9–5）

二無二分無別無斷故善現一切智智清淨
故意界清淨意界清淨故道相智清淨何以
故若一切智智清淨若意界清淨若道相智
清淨無二無二分無別無斷故一切智智清
淨故法界意識界及意觸意觸為緣所生諸
受清淨法界乃至意觸為緣所生諸受清淨
故道相智清淨何以故若一切智智清淨若法
界乃至意觸為緣所生諸受清淨若道相
智清淨無二無二分無別無斷故善現一切
智智清淨故地界清淨地界清淨故道相
智清淨何以故若一切智智清淨若地界清淨
若道相智清淨無二無二分無別無斷故一
切智智清淨故水火風空識界清淨水火風
空識界清淨故道相智清淨何以故若一切
智智清淨若水火風空識界清淨若道相智
清淨無二無二分無別無斷故善現一切智智
清淨故無明清淨無明清淨故道相智清淨
何以故若一切智智清淨若無明清淨若道相
智清淨無二無二分無別無斷故一切智智
清淨故行識名色六處觸受愛取有生老
死愁歎苦憂惱清淨行乃至老死愁歎苦憂
惱清淨故道相智清淨何以故若一切智智
清淨若行乃至老死愁歎苦憂惱清淨若
道相智清淨無二無二分無別無斷故
善現一切智智清淨故布施波羅蜜多清淨
布施波羅蜜多清淨故道相智清淨何以故
若一切智智清淨若布施波羅蜜多清淨若

BD15132 號　大般若波羅蜜多經卷二八〇　　（9–6）

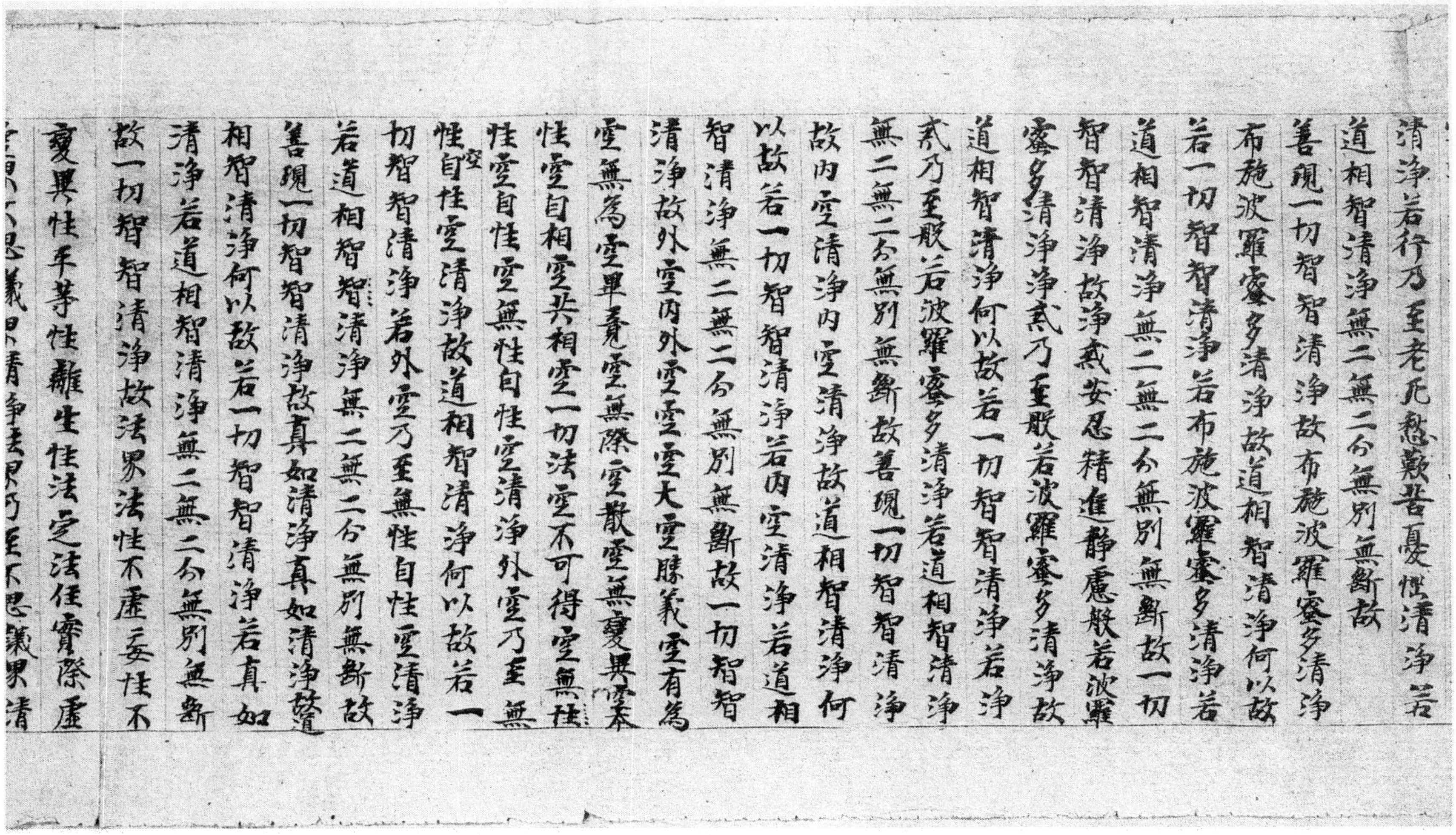
清淨若行乃至老死愁歎苦憂惱清淨若
道相智清淨無二無二分無別無斷故
善現一切智智清淨故布施波羅蜜多清淨
布施波羅蜜多清淨故道相智清淨何以故
若一切智智清淨若布施波羅蜜多清淨若
道相智清淨無二無二分無別無斷故一切
智智清淨故淨戒安忍精進靜慮般若波羅
蜜多清淨淨戒乃至般若波羅蜜多清淨故
道相智清淨何以故若一切智智清淨若淨
戒乃至般若波羅蜜多清淨若道相智清淨
無二無二分無別無斷故善現一切智智清淨
故內空清淨內空清淨故道相智清淨何
以故若一切智智清淨若內空清淨若道相
智清淨無二無二分無別無斷故一切智智
清淨故外空內外空空空大空勝義空有為
空無為空畢竟空無際空散空無變異空本
性空自相空共相空一切法空不可得空無性
性空自性空無性自性空清淨外空乃至無
性自性空清淨故道相智清淨何以故若一
切智智清淨若外空乃至無性自性空清淨
若道相智智清淨無二無二分無別無斷故
善現一切智智清淨故真如清淨真如清淨故道
相智清淨何以故若一切智智清淨若真如
清淨若道相智清淨無二無二分無別無斷
故一切智智清淨故法界法性不虛妄性不
變異性平等性離生性法定法住實際虛
空界不思議界清淨法界乃至不思議界清

BD15132號　大般若波羅蜜多經卷二八〇　（9–7）

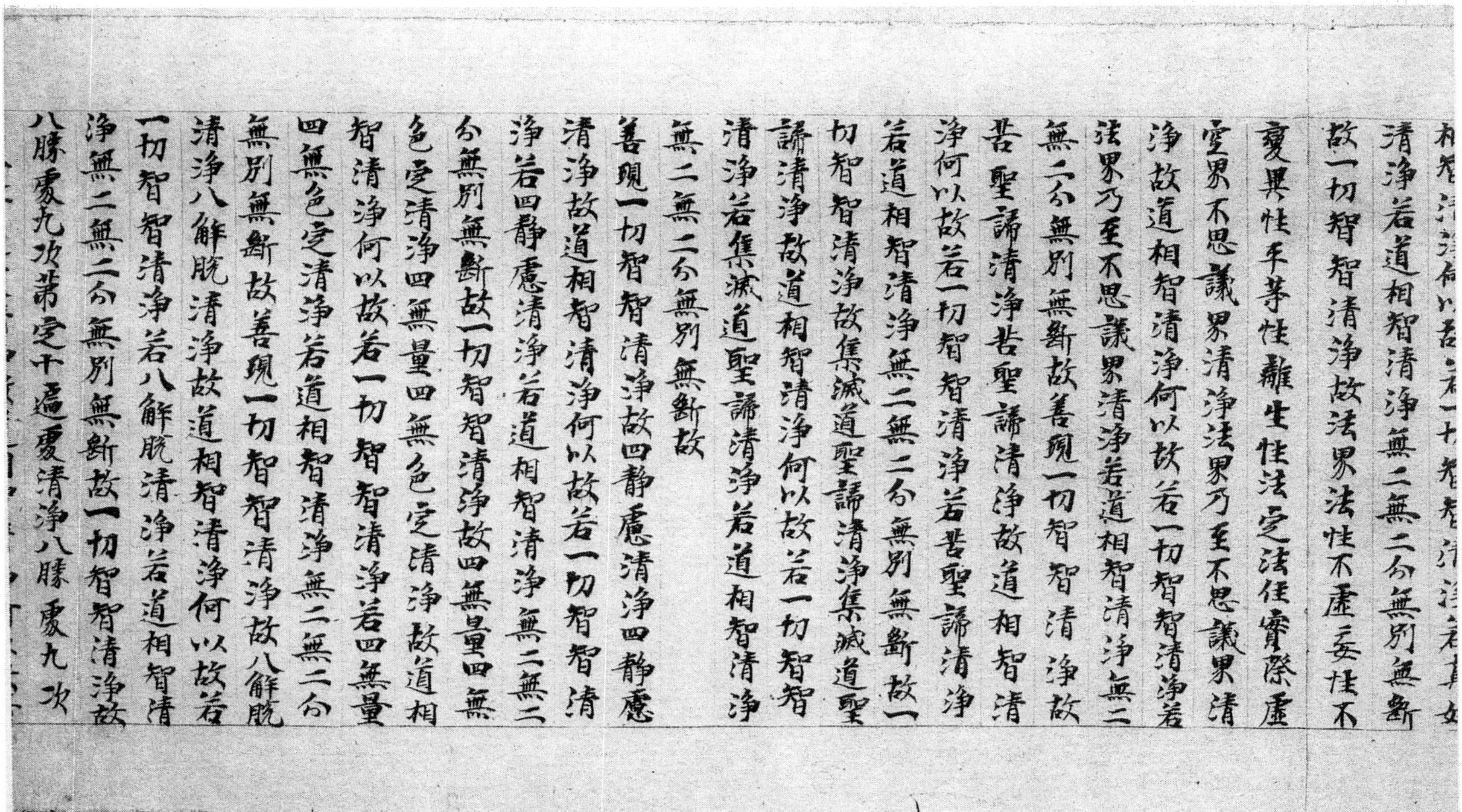
清淨若道相智清淨無二無二分無別無斷
故一切智智清淨故法界法性不虛妄性不
變異性平等性離生性法定法住實際虛
空界不思議界清淨法界乃至不思議界清
淨故道相智清淨何以故若一切智智清淨若
法界乃至不思議界清淨若道相智清淨無二
無二分無別無斷故善現一切智智清淨故
苦聖諦清淨苦聖諦清淨故道相智清
淨何以故若一切智智清淨若苦聖諦清淨
若道相智清淨無二無二分無別無斷故一
切智智清淨故集滅道聖諦清淨集滅道聖
諦清淨故道相智清淨何以故若一切智智
清淨若集滅道聖諦清淨若道相智清淨
無二無二分無別無斷故
善現一切智智清淨故四靜慮清淨四靜慮
清淨故道相智清淨何以故若一切智智清
淨若四靜慮清淨若道相智清淨無二無二
分無別無斷故一切智智清淨故四無量四無
色定清淨四無量四無色定清淨故道相
智清淨何以故若一切智智清淨若四無量
四無色定清淨若道相智清淨無二無二分
無別無斷故善現一切智智清淨故八解脫
清淨八解脫清淨故道相智清淨何以故若
一切智智清淨若八解脫清淨若道相智清
淨無二無二分無別無斷故一切智智清淨故
八勝處九次第定十遍處清淨八勝處九次

BD15132號　大般若波羅蜜多經卷二八〇　（9–8）

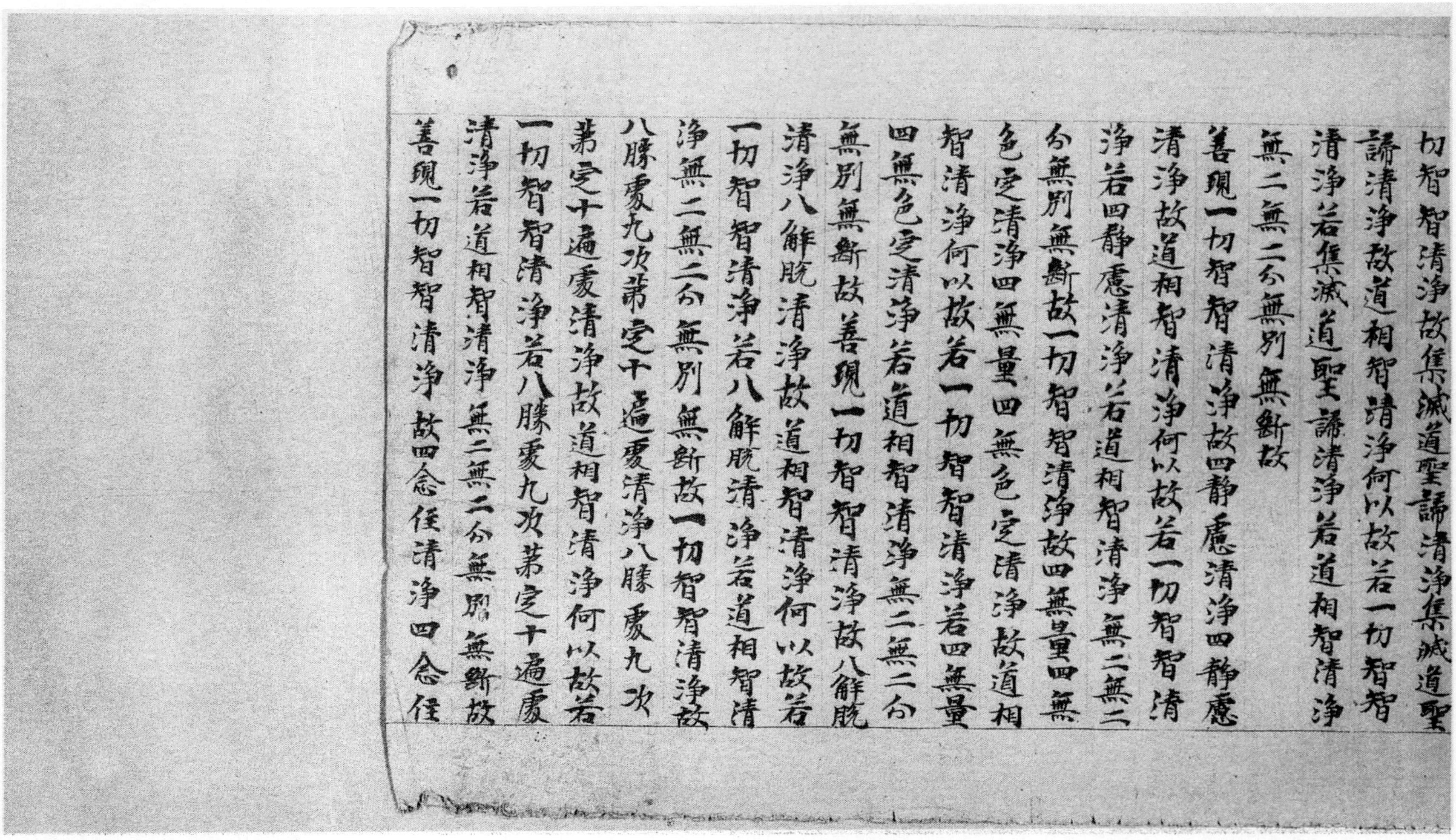

切智智清淨故集滅道聖諦清淨集滅道聖
諦清淨故道相智清淨何以故若一切智智
清淨若集滅道聖諦清淨若道相智清淨
無二無二分無別無斷故
善現一切智智清淨故四靜慮清淨四靜慮
清淨故道相智清淨何以故若一切智智清
淨若四靜慮清淨若道相智清淨無二無二
分無別無斷故一切智智清淨故四無量四無
色定清淨四無量四無色定清淨故道相
智清淨何以故若一切智智清淨若四無量
四無色定清淨若道相智清淨無二無二分
無別無斷故善現一切智智清淨故八解脫
清淨八解脫清淨故道相智清淨何以故若
一切智智清淨若八解脫清淨若道相智清
淨無二無二分無別無斷故一切智智清淨故
八勝處九次第定十遍處清淨八勝處九次
第定十遍處清淨故道相智清淨何以故若
一切智智清淨若八勝處九次第定十遍處
清淨若道相智清淨無二無二分無別無斷故
善現一切智智清淨故四念住清淨四念住

BD15132 號　大般若波羅蜜多經卷二八〇　（9–9）

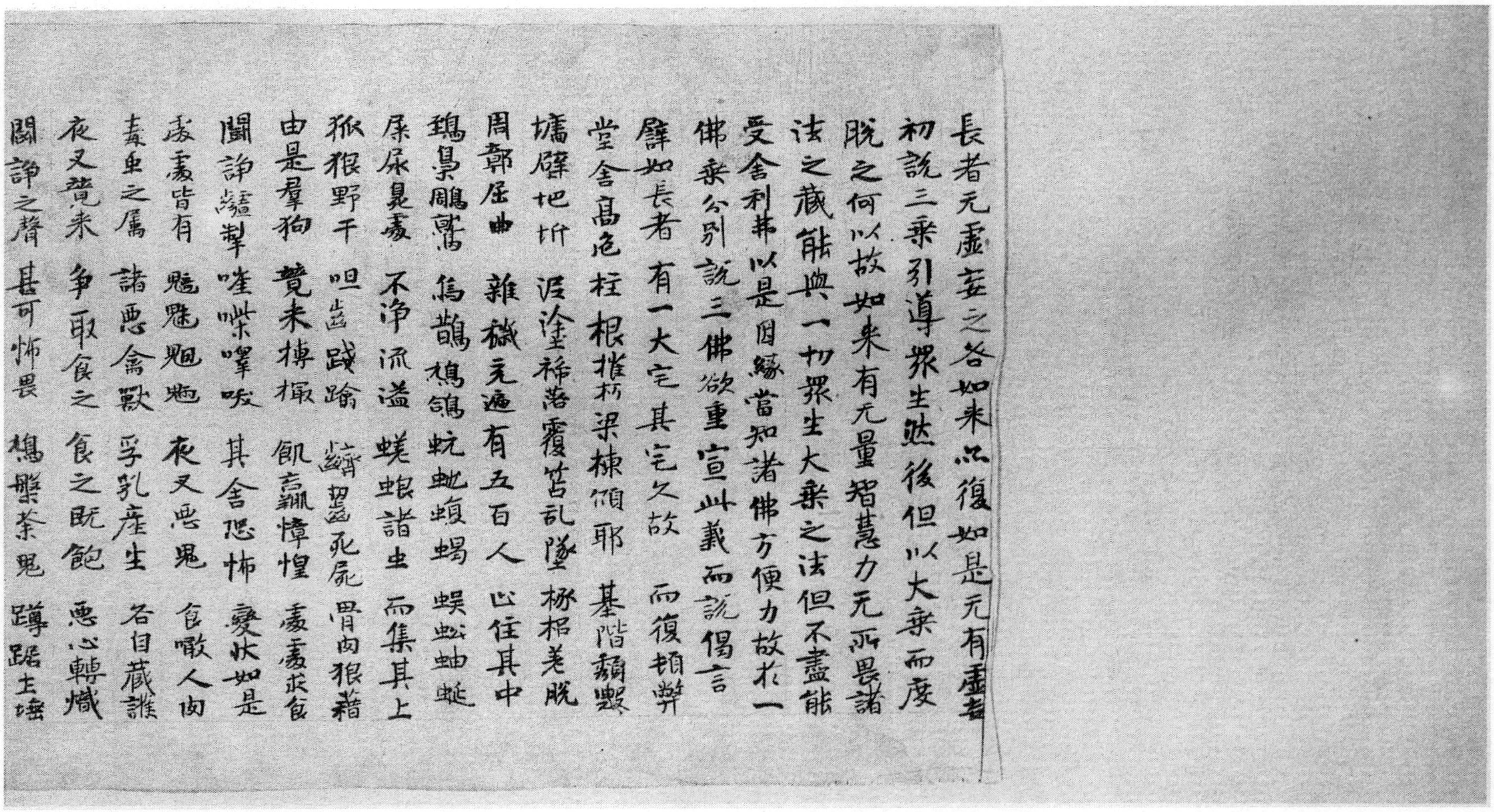

長者无虛妄之咎如來亦復如是无有虛妄
初說三乘引導衆生然後但以大乘而度
脫之何以故如來有无量智慧力无所畏諸
法之藏能與一切衆生大乘之法但不盡能
受舍利弗以是因緣當知諸佛方便力故於一
佛乘分別說三佛欲重宣此義而說偈言
譬如長者　有一大宅　其宅久故　而復頓弊
堂舍高危　柱根摧朽　梁棟傾斜　基陛隤毀
墻壁圮坼　泥塗褫落　覆苫亂墜　椽梠差脫
周障屈曲　雜穢充遍　有五百人　止住其中
鵄梟鵰鷲　烏鵲鳩鴿　蚖蛇蝮蠍　蜈蚣蚰蜒
屎尿臭處　不淨流溢　蜣蜋諸虫　而集其上
狐狼野干　咀嚼踐蹋　嚌齧死屍　骨肉狼藉
由是羣狗　競來搏撮　飢羸慞惶　處處求食
鬪諍摣掣　啀喍嘷吠　其舍恐怖　變狀如是
處處皆有　魑魅魍魎　夜叉惡鬼　食噉人肉
毒虫之屬　諸惡禽獸　孚乳產生　各自藏護
夜叉競來　爭取食之　食之既飽　惡心轉熾
鬪諍之聲　甚可怖畏　鳩槃荼鬼　蹲踞土埵

BD15133 號　妙法蓮華經卷二　（8–1）

鬪諍䶥掣　啀喍嘷吠　其舍恐怖　變狀如是
處處皆有　魑魅魍魎　夜叉惡鬼　食噉人肉
毒蟲之屬　諸惡禽獸　孚乳產生　各自藏護
夜叉競来　爭取食之　食之既飽　惡心轉熾
鬪諍之聲　甚可怖畏　鳩槃荼鬼　蹲踞土埵
或時離地　一尺二尺　往反遊行　縱逸嬉戲
捉狗兩足　撲令失聲　以脚加頸　怖狗自樂
復有諸鬼　其身長大　裸形黑瘦　常住其中
發大惡聲　叫呼求食　復有諸鬼　其咽如針
復有諸鬼　首如牛頭　或食人肉　或復噉狗
頭髮蓬亂　殘害凶險　飢渴所逼　叫喚馳走
夜叉餓鬼　諸惡鳥獸　飢急四向　窺看窓牖
如是諸難　恐畏无量　是朽故宅　屬于一人
其人近出　未久之間　於後宅舍　忽然火起
四面一時　其炎俱熾　棟梁椽柱　爆聲振裂
摧折墮落　墻壁崩倒　諸鬼神等　揚聲大叫
鵰鷲諸鳥　鳩槃荼等　周章惶怖　不能自出
惡獸毒虫　藏竄孔穴　毗舍闍鬼　亦住其中
薄福德故　為火所逼　共相殘害　飲血噉肉
野干之屬　並已前死　諸大惡獸　競来食噉
臭烟熢㶿　四面充塞　蜈蚣蚰蜒　毒虵之類
為火所燒　爭走出穴　鳩槃荼鬼　隨取而食
又諸餓鬼　頭上火然　飢渴熱惱　周章悶走
其宅如是　甚可怖畏　毒害火災　眾難非一
是時宅主　在門外立　聞有人言　汝諸子等
先因遊戲　来入此宅　稚小无知　歡娛樂著
長者聞已　驚入火宅　方宜救濟　令无燒害

BD15133 號　妙法蓮華經卷二　（8–2）

又諸餓鬼　頭上火然　飢渴熱惱　周章悶走
其宅如是　甚可怖畏　毒害火災　眾難非一
是時宅主　在門外立　聞有人言　汝諸子等
先因遊戲　来入此宅　稚小无知　歡娛樂著
長者聞已　驚入火宅　方宜救濟　令无燒害
告喻諸子　說眾患難　惡鬼毒虫　災火蔓莚
眾苦次第　相續不絕　毒虵蚖蝮　及諸夜叉
鳩槃荼鬼　野干狐狗　鵰鷲鵄梟　百足之屬
飢渴惱急　甚可怖畏　此苦難處　況復大火
諸子无知　雖聞父誨　猶故樂著　嬉戲不已
是時長者　而作是念　諸子如此　益我愁惱
今此舍宅　无一可樂　而諸子等　耽湎嬉戲
不受我教　將為火害　即便思惟　設諸方便
告諸子等　我有種種　珎玩之具　妙寶好車
羊車鹿車　大牛之車　今在門外　汝等出来
吾為汝等　造作此車　隨意所樂　可以遊戲
諸子聞說　如此諸車　即時奔競　馳走而出
到於空地　離諸苦難　長者見子　得出火宅
住於四衢　坐師子座　而自慶言　我今快樂
此諸子等　生育甚難　愚小无知　而入險宅
多諸毒虫　魑魅可畏　大火猛炎　四面俱起
而此諸子　貪樂嬉戲　我已救之　令得脫難
是故諸人　我今快樂
尒時諸子　知父安坐　皆詣父所　而白父言
願賜我等　三種寶車　如前所許　諸子出来
當以三車　隨汝所欲　今正是時　唯垂給與
長者大富　庫藏眾多　金銀瑠璃　車磲馬瑙
以眾寶物　造諸大車　莊校嚴飾　周匝欄楯

BD15133 號　妙法蓮華經卷二　（8–3）

是故諸人 我今快樂
尒時諸子 知父安坐 皆詣父所 而白父言
願賜我等 三種寶車 如前所許 諸子出來
當以三車 隨汝所欲 今正是時 唯垂給與
長者大富 庫藏衆多 金銀瑠璃 車𤦲馬瑙
以衆寶物 造諸大車 莊校嚴飾 周匝欄楯
四面懸鈴 金繩交絡 真珠羅網 張施其上
金華諸瓔 處處垂下 衆綵雜飾 周匝圍遶
柔軟繒纊 以為茵蓐 上妙細疊 價直千億
鮮白淨潔 以覆其上 有大白牛 肥壯多力
形體姝好 以駕寶車 多諸儐從 而侍衛之
以是妙車 等賜諸子 諸子是時 歡喜踊躍
乘是寶車 遊於四方 嬉戲快樂 自在无㝵
告舍利弗 我亦如是 衆聖中尊 世間之父
一切衆生 皆是吾子 深著世樂 无有慧心
三界无安 猶如火宅 衆苦充滿 甚可怖畏
常有生老 病死憂患 如是等火 熾然不息
如來已離 三界火宅 寂然閑居 安處林野
今此三界 皆是我有 其中衆生 悉是吾子
而今此處 多諸患難 唯我一人 能為救護
雖復教詔 而不信受 於諸欲染 貪著深故
是以方便 為說三乘 令諸衆生 知三界苦
開示演說 出世間道 是諸子等 若心決定
具足三明 及六神通 有得緣覺 不退菩薩
汝舍利弗 我為衆生 以此譬喻 說一佛乘
汝等若能 信受是語 一切皆當 成得佛道
是乘微妙 清淨第一 於諸世間 為无有上
佛所悅可 一切衆生 所應稱讚 供養礼拜

BD15133號　妙法蓮華經卷二　（8-4）

具足三明 及六神通 有得緣覺 不退菩薩
汝舍利弗 我為衆生 以此譬喻 說一佛乘
汝等若能 信受是語 一切皆當 成得佛道
是乘微妙 清淨第一 於諸世間 為无有上
佛所悅可 一切衆生 所應稱讚 供養礼拜
无量億千 諸力解脫 禪定智慧 及佛餘法
得如是乘 令諸子等 日夜劫數 常得遊戲
與諸菩薩 及聲聞衆 乘此寶乘 直至道場
以是因緣 十方諦求 更无餘乘 除佛方便
告舍利弗 汝諸人等 皆是吾子 我則是父
汝等累劫 衆苦所燒 我皆濟拔 令出三界
我雖先說 汝等滅度 但盡生死 而實不滅
今所應作 唯佛智慧
若有菩薩 於是衆中 能一心聽 諸佛實法
諸佛世尊 雖以方便 所化衆生 皆是菩薩
若人小智 深著愛欲 為此等故 說於苦諦
衆生心喜 得未曾有 佛說苦諦 真實无異
若有衆生 不知苦本 深著苦因 不能暫捨
為是等故 方便說道 諸苦所因 貪欲為本
若滅貪欲 无所依止 滅盡諸苦 名第三諦
為滅諦故 脩行於道 離諸苦縛 名得解脫
是人於何 而得解脫 但離虛妄 名為解脫
其實未得 一切解脫 佛說是人 未實滅度
斯人未得 无上道故 我意不欲 令至滅度
我為法王 於法自在 安隱衆生 故現於世
汝舍利弗 我此法印 為欲利益 世間故說
在所遊方 勿妄宣傳
若有聞者 隨喜頂受 當知是人 阿鞞跋致

BD15133號　妙法蓮華經卷二　（8-5）

斯人未得 无上道故 我意不欲 令至滅度
我為法王 於法自在 安隱衆生 故現於世
汝舍利弗 我此法印 為欲利益 世間故說
在所遊方 勿妄宣傳
若有聞者 隨喜頂受 當知是人 阿鞞跋致
若有信受 此經法者 是人已曾 見過去佛
恭敬供養 亦聞是法 若人有能 信汝所說
則為見我 亦見於汝 及比丘僧 并諸菩薩
斯法華經 為深智說 淺識聞之 迷惑不解
一切聲聞 及辟支佛 於此經中 力所不及
汝舍利弗 尚於此經 以信得入 況餘聲聞
其餘聲聞 信佛語故 隨順此經 非己智分
又舍利弗 憍慢懈怠 計我見者 莫說此經
凡夫淺識 深著五欲 聞不能解 亦勿為說
若人不信 毀謗此經 則斷一切 世間佛種
或復顰蹙 而懷疑惑 汝當聽說 此人罪報
若佛在世 若滅度後 其有誹謗 如斯經典
見有讀誦 書持經者 輕賤憎嫉 而懷結恨
此人罪報 汝今復聽
其人命終 入阿鼻獄 具足一劫 劫盡更生
如是展轉 至无數劫 從地獄出 當墮畜生
若狗野干 其形頟瘦 黧黮疥癩 人所觸嬈
又復為人 之所惡賤 常困飢渴 骨肉枯竭
生受楚毒 死被瓦石 斷佛種故 受斯罪報
若作駱駝 或生驢中 身常負重 加諸杖捶
但念水草 餘无所知 謗斯經故 獲罪如是
有作野干 來入聚落 身體疥癩 又无一目
為諸童子 之所打擲 受諸苦痛 或時致死

BD15133號 妙法蓮華經卷二 （8–6）

生受楚毒 死被瓦石 斷佛種故 受斯罪報
若作駱駝 或生驢中 身常負重 加諸杖捶
但念水草 餘无所知 謗斯經故 獲罪如是
有作野干 來入聚落 身體疥癩 又无一目
為諸童子 之所打擲 受諸苦痛 或時致死
於此死已 更受蟒身 其形長大 五百由旬
聾騃无足 蜿轉腹行 為諸小虫 之所唼食
晝夜受苦 无有休息 謗斯經故 獲罪如是
若得為人 諸根闇鈍 座陋攣躄 盲聾背傴
有所言說 人不信受 口氣常臭 鬼魅所著
貧窮下賤 為人所使 多病痟瘦 无所依怙
雖親附人 人不在意 若有所得 尋復忘失
若脩醫道 順方治病 更增他疾 或復致死
若自有病 无人救療 設服良藥 而復增劇
若他反逆 抄劫竊盜 如是等罪 橫羅其殃
如斯罪人 永不見佛 衆聖之王 說法教化
如斯罪人 常生難處 狂聾心亂 永不聞法
於无數劫 如恒河沙 生輙聾瘂 諸根不具
常處地獄 如遊園觀 在餘惡道 如己舍宅
駝驢猪狗 是其行處 謗斯經故 獲罪如是
若得為人 聾盲瘖瘂 貧窮諸衰 以自莊嚴
水腫乾消 疥癩癰疽 如是等病 以為衣服
身常臭處 垢穢不淨 深著我見 增益瞋恚
婬欲熾盛 不擇禽獸 謗斯經故 獲罪如是
告舍利弗 謗斯經者 若說其罪 窮劫不盡
以是因緣 我故語汝 无智人中 莫說此經
若有利根 智慧明了 多聞強識 求佛道者
如是之人 乃可為說 若人曾見 億百千佛

BD15133號 妙法蓮華經卷二 （8–7）

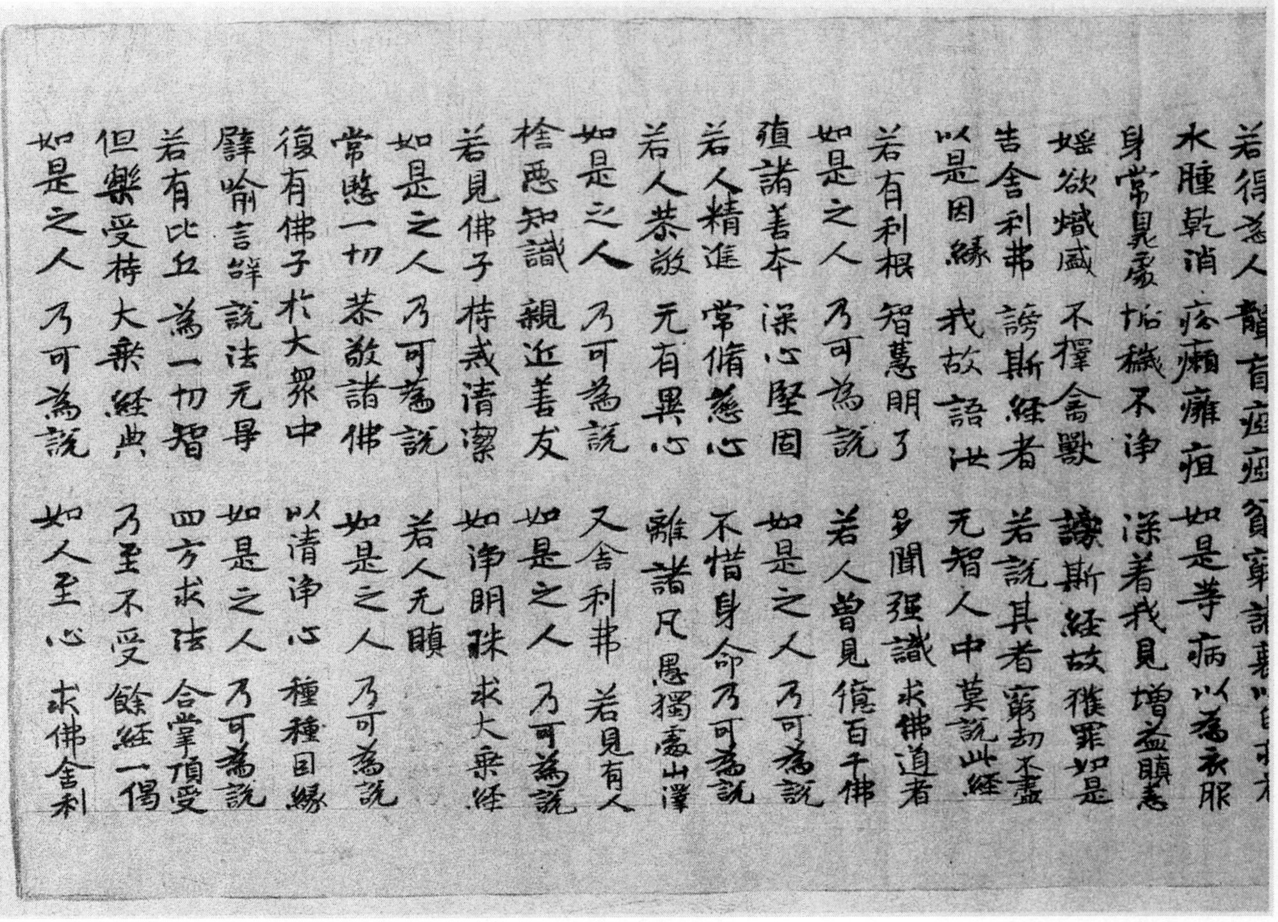

若得為人 聾盲瘖瘂 貧窮諸衰 以自
水腫乾消 疥癩癰疽 如是等病 以為衣服
身常臭處 垢穢不淨 深著我見 增益瞋恚
婬欲熾盛 不擇禽獸 謗斯經故 獲罪如是
告舍利弗 謗斯經者 若說其罪 窮劫不盡
以是因緣 我故語汝 无智人中 莫說此經
若有利根 智慧明了 多聞強識 求佛道者
如是之人 乃可為說 若人曾見 億百千佛
殖諸善本 深心堅固 如是之人 乃可為說
若人精進 常脩慈心 不惜身命 乃可為說
若人恭敬 无有異心 離諸凡愚 獨處山澤
如是之人 乃可為說 又舍利弗 若見有人
捨惡知識 親近善友 如是之人 乃可為說
若見佛子 持戒清潔 如淨明珠 求大乘經
如是之人 乃可為說 若人无瞋
常愍一切 恭敬諸佛 如是之人 乃可為說
復有佛子 於大衆中 以清淨心 種種因緣
譬喻言辭 說法无礙 如是之人 乃可為說
若有比丘 為一切智 四方求法 合掌頂受
但樂受持 大乘經典 乃至不受 餘經一偈
如是之人 乃可為說 如人至心 求佛舍利

BD15133號　妙法蓮華經卷二　（8–8）

唐人書大佛頂萬行首楞嚴經第九 前缺後全 四百卌行

BD15134號背　護首　（1–1）

加以明悟是人應時能統梵衆為大梵王
是一類名大梵天阿難此三勝流一切苦惱
所不能逼雖非正修真三摩地清淨心中諸
漏不動名為初禪
阿難其次梵天統攝梵人圓滿梵行澄心
不動寂湛生光如是一類名少光天光光相然
照耀无盡映十方界遍成琉璃如是一類名无
量光天吸持圓光成就教體發化清淨應用
无盡如是一類名光音天阿難此三勝流一
切憂懸所不能逼雖非正修真三摩地清
淨心中麤漏已伏名為二禪
阿難如是天人圓光成音披音露妙發成精
行通寂滅樂如是一類名少淨天淨空現前
引發无際身心輕安成寂滅樂如是一類名
无量淨天世界身心一切圓淨淨德成就勝
託現前歸寂滅樂如是一類名遍淨天阿難
此三勝流具大隨順身心安隱得无量樂雖
非正得真三摩地安隱心中歡喜畢具名

BD15134 號　大佛頂如來密因修證了義諸菩薩萬行首楞嚴經卷九　（23–1）

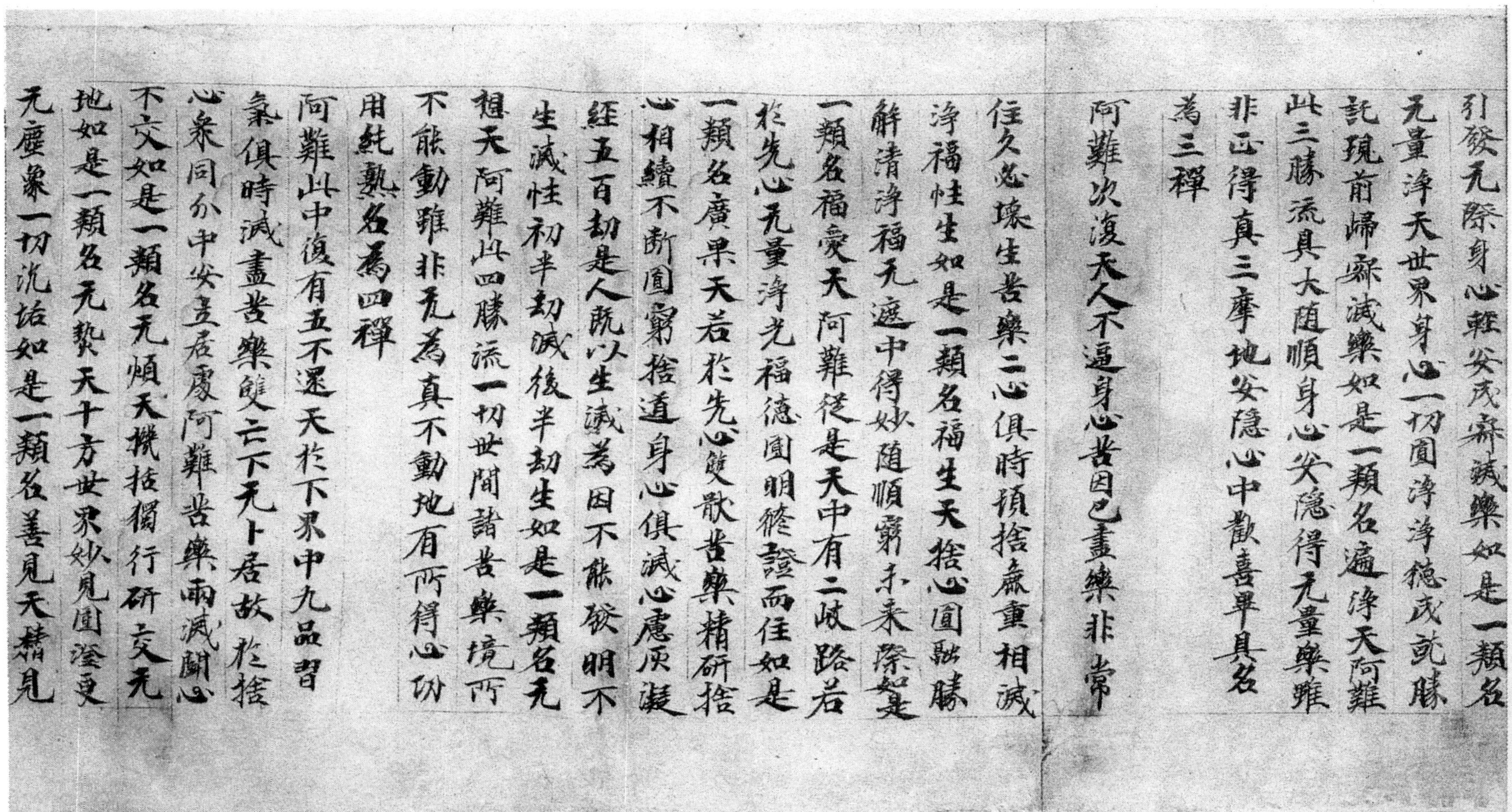

引發无際身心輕安成寂滅樂如是一類名
无量淨天世界身心一切圓淨淨德成就勝
託現前歸寂滅樂如是一類名遍淨天阿難
此三勝流具大隨順身心安隱得无量樂雖
非正得真三摩地安隱心中歡喜畢具名
為三禪
阿難次復天人不逼身心苦因已盡樂非常
住久必壞生苦樂二心俱時頓捨麤重相滅
淨福性生如是一類名福生天捨心圓融勝
解清淨福无遮中得妙隨順窮未來際如是
一類名福愛天阿難從是天中有二岐路若
於先心无量淨光福德圓明修證而住如是
一類名廣果天若於先心雙厭苦樂精研捨
心相續不斷圓窮捨道身心俱滅心慮灰凝
經五百劫是人既以生滅為因不能發明不
生滅性初半劫滅後半劫生如是一類名无
想天阿難此四勝流一切世間諸苦樂境所
不能動雖非无為真不動地有所得心功
用純熟名為四禪
阿難此中復有五不還天於下界中九品習
氣俱時滅盡苦樂雙亡下无卜居故於捨
心衆同分中安立居處阿難苦樂兩滅鬪心
不交如是一類名无煩天機括獨行研交无
地如是一類名无熱天十方世界妙見圓澄更
无塵象一切沈垢如是一類名善見天精見

BD15134 號　大佛頂如來密因修證了義諸菩薩萬行首楞嚴經卷九　（23–2）

氣俱時滅盡苦樂雙亡下无卜居故於捨
心衆同分中安立居處阿難苦樂兩滅鬪心
不交如是一類名无煩天機括獨行研交无
地如是一類名无熱天十方世界妙見圓澄更
无塵象一切沉垢如是一類名善見天精見
現前陶鑄无礙如是一類名善現天究竟群
幾窮色性性入无邊際如是一類名色究竟
天阿難此不還天彼諸四禪四位天王獨有
欽聞不能知見如今世間曠野深山聖道場
地皆阿羅漢所住持故世間麁人所不能見
阿難是十八天獨行无交未盡形累自此已
還名為色界
復次阿難從是有頂色邊際中其間復有
二種岐路若於捨心發明智慧慧光圓通便
出塵界成阿羅漢入菩薩乘如是一類名為
迴心大阿羅漢若在捨心捨厭成就覺身為
㝵銷㝵入空如是一類名為空處諸㝵既銷
无㝵无滅其中唯留阿賴耶識全於末那半
分微細如是一類名為識處空色既亡識心
都滅十方寂然迥无攸往如是一類名无所
有處識性不動以滅窮研於无盡中發宣盡
性如存不存若盡非盡如是一類名為非相
非非想處此等窮空不盡空理從不還天聖
道窮者如是一類名不迴心鈍阿羅漢若從无
相諸外道天窮空不歸迷漏无聞便入輪轉
阿難是諸天上各各天人則是凡夫業果酬

BD15134號　大佛頂如來密因修證了義諸菩薩萬行首楞嚴經卷九　（23–3）

性如存不存若盡非盡如是一類名為非相
非非想處此等窮空不盡空理從不還天聖
道窮者如是一類名不迴心鈍阿羅漢若從无
相諸外道天窮空不歸迷漏无聞便入輪轉
阿難是諸天上各各天人則是凡夫業果酬
荅荅盡入輪彼之天王即是菩薩遊三摩提
漸次增進迴向聖倫所修行路阿難是四空天
身心滅盡定性現前无業果色從此逮終名
无色界此皆不了妙覺明心積妄發生妄有
三界中間妄隨七趣沉溺補特伽羅各從其
類復次阿難是三界中復有四種阿脩羅
類若於鬼道以護法力成通入空此阿脩羅
從卵而生鬼趣所攝若於天中降德貶墜其
所卜居隣於日月此阿脩羅從胎而出人趣
所攝有脩羅王執持世界力洞无畏能與梵
王及天帝釋四天爭權此阿脩羅因變化有
天趣所攝阿難別有一分下劣脩羅生大海
心沉水穴口旦遊虛空暮歸水宿此阿脩
羅因濕氣有畜生趣攝
阿難如是地獄餓鬼畜生人及神仙天洎脩
羅精研七趣皆是昏沉諸有為相妄想受生
妄想隨業於妙圓明无作本心皆如空花元无
生著但一虛妄更无根緒阿難此等衆生不
識本心受此輪迴經无量劫不得真淨皆

BD15134號　大佛頂如來密因修證了義諸菩薩萬行首楞嚴經卷九　（23–4）

羅因濕氣有畜生趣攝
阿難如是地獄餓鬼畜生人及神仙天洎脩
羅精研七趣皆是昏沈諸有為相妄想受生
妄想隨業於妙圓明無作本心皆如空花元无
生著但一虛妄更无根緒阿難此等衆生不
識本心受此輪迴經无量劫不得真淨皆
由隨順煞盜婬故反此三種又則出生无煞
盜婬有名鬼倫無名天趣有无相傾起輪迴
性若得妙發三摩提者則妙常寂有无二无
无二亦滅尚无不煞不偷不婬云何更隨煞盜
婬事阿難不斷三業各各有私因各各私衆
私同分非无定處自妄發生生妄无因无可
尋究汝勖脩行欲得菩提要除三惑不盡三
惑縱得神通皆是世間有為功用習氣不滅
落於魔道雖欲除妄倍加虛偽如來說為
可哀憐者汝妄自造非菩提咎作是說者名
為正說若他說者即魔王說
即時如來將罷法座於師子牀攬七寶机
迴紫金山再來凭倚普告大衆及阿難言汝
等有學緣覺聲聞今日迴心趣大菩提无上妙
覺吾今已說真脩行法汝猶未識脩奢摩他
毗婆舍那微細魔事魔境現前汝不能識洗
心非正落於邪見或汝蔭魔或復天魔或著
鬼神或遭魑魅心中不明認賊為子又復於
中得少為足如第四禪无聞比丘妄言證聖天
報已畢衰相現前謗阿羅漢身遭後有墮
阿鼻獄汝應諦聽吾今為汝子細分別阿難起

BD15134號　大佛頂如來密因修證了義諸菩薩萬行首楞嚴經卷九　（23–5）

毗婆舍那微細魔事魔境現前汝不能識洗
心非正落於邪見或汝蔭魔或復天魔或著
鬼神或遭魑魅心中不明認賊為子又復於
中得少為足如第四禪无聞比丘妄言證聖天
報已畢衰相現前謗阿羅漢身遭後有墮
阿鼻獄汝應諦聽吾今為汝子細分別阿難起
立并其會中同有學者歡喜頂礼伏聽慈誨
佛告阿難及諸大衆汝等當知有漏世界十
二類生本覺妙明覺圓心體與十方佛无二
无別由汝妄想迷理為咎癡愛發生生發遍
迷故有空性化迷不息有世界生則此十方
微塵國土非无漏者皆是迷頑妄想安立當
知虛空生汝心內猶如片雲點太清裏況諸世
界在虛空耶汝等一人發真歸元此十方
空皆悉銷殞云何空中所有國土而不振裂
汝輩脩禪飾三摩地十方菩薩及諸无漏大
阿羅漢心精通溜當處湛然一切魔王及與
鬼神諸凡夫天見其宮殿无故崩裂大地振
坼水陸飛騰无不驚慴凡夫昏暗不覺遷訛
彼等咸得五種神通唯除漏盡戀此塵勞如
何令汝摧裂其處是故神鬼及諸天魔魍魎
妖精於三昧時僉來惱汝然彼諸魔雖有大
怒彼塵勞內汝妙覺中如風吹光如刀斷水了
不相觸汝如沸湯彼如堅氷煖氣漸隣不日
銷殞徒恃神力但為其客成就破亂由汝

BD15134號　大佛頂如來密因修證了義諸菩薩萬行首楞嚴經卷九　（23–6）

彼等咸得五種神通唯除漏盡戀此塵勞如
何令汝摧裂其處是故神鬼及諸天魔魍魎
妖精於三昧時僉來惱汝然彼諸魔雖有大
怒彼塵勞內汝妙覺中如風吹光如刀斷水了
不相觸汝如沸湯彼如堅氷煖氣漸隣不日
銷殞徒恃神力但為其客成就破亂由汝
心中五陰主人主人若迷客得其便當處禪
那覺悟无惑則彼魔事无奈汝何陰銷入明
則彼群邪咸受幽氣明能破暗近自銷殞如
何敢留擾亂禪定若不明悟被陰所迷則汝
阿難必為魔子成就魔人如摩登伽殊為眇
劣彼唯呪汝破佛律儀八万行中秖毀一戒心
清淨故尚未淪溺此乃隳汝寶覺全身如宰
臣家忽逢籍沒宛轉零落无可哀救
阿難當知汝坐道場銷落諸念其念若盡則
諸離念一切精明動靜不移憶忘如一當住此
處入三摩提如明目人處大幽暗精性妙淨
心未發光此則名為色陰區宇若目明朗十
方洞開无復幽黯名色陰盡是人則能超
越劫濁觀其所由堅固妄想以為其本
阿難當在此中精研妙明四大不織少選之間
身能出礙此名精明流溢前境斯但功用暫
得如是非為聖證不作聖心名善境界若作
聖解即受群邪
阿難復以此心精研妙明其身內徹是人忽
然於其身內拾出蟯蛔身相宛然亦无傷毀

BD15134號　大佛頂如來密因修證了義諸菩薩萬行首楞嚴經卷九　（23–7）

身能出礙此名精明流溢前境斯但功用暫
得如是非為聖證不作聖心名善境界若作
聖解即受群邪
阿難復以此心精研妙明其身內徹是人忽
然於其身內拾出蟯蛔身相宛然亦无傷毀
此名精明流溢形體斯但精行暫得如是非
為聖證不作聖心名善境界若作聖解即
受群邪
又以此心內外精研其時魂魄意志精神除
執受身餘皆涉入互為賓主忽於空中聞說
法聲或聞十方同敷密義此名精魂遞相離
合成就善種暫得如是非為聖證不作聖心
名善境界若作聖解即受群邪
又以此心澄露皎徹內光發明十方遍作閻
浮檀色一切種類化為如來于時忽見毗盧遮
那踞天光臺千佛圍繞百億國土及與蓮
花俱時出現此名心魂靈悟所染心光研明照
諸世界暫得如是非為聖證不作聖心名善
境界若作聖解即受群邪
又以此心精研妙明觀察不停抑按降伏制
心超越於時忽然十方虛空成七寶色或百
寶色同時遍滿不相留礙青黃赤白各各純
現此名抑按功力踰分暫得如是非為聖證
不作聖心名善境界若作聖解即受群邪
又以此心研究澄徹精光不亂忽於夜合在
暗室內見種種物不殊白晝而暗室物亦不除

BD15134號　大佛頂如來密因修證了義諸菩薩萬行首楞嚴經卷九　（23–8）

寶色同時遍滿不相留礙青黃赤白各各純
現此名抑按功力踰分暫得如是非為聖證
不作聖心名善境界若作聖解即受群邪
又以此心研究澄徹精光不亂忽於夜合在
暗室內見種種物不殊白晝而暗室物亦不除
滅此名心細密澄其見所視洞幽暫得如是
非為聖證不作聖心名善境界若作聖解即
受群邪
又以此心圓入虛融四體忽然同於草木火
燒刀斫曾无所覺又則火光不能燒爇縱割
其肉猶如削木此名塵併排四大性一向入
純暫得如是非為聖證不作聖心名善境界
若作聖解即受群邪
又以此心成就清淨淨心功極忽見大地十方
山河皆成佛國具足七寶光明遍滿又見恒
沙諸佛如來遍滿空界樓殿花麗下見地獄
上觀天宮得无障㝵此名欣猒凝想日深想
久化成非為聖證不作聖心名善境界若作
聖解即受群邪
又以此心研究深遠忽於中夜遙見遠方市
井街巷親族眷屬或聞其語此名迫心逼極
飛出故多隔見非為聖證不作聖心名善境
界若作聖解即受群邪
又以此心研究精極見善知識形體變移少
選无端種種遷改此名邪心含受魑魅或遭
天魔入其心腹无端說法通達妙義非為聖

飛出故多隔見非為聖證不作聖心名善境
界若作聖解即受群邪
又以此心研究精極見善知識形體變移少
選无端種種遷改此名邪心含受魑魅或遭
天魔入其心腹无端說法通達妙義非為聖
證不作聖心魔事銷歇若作聖解即受群邪
阿難如是十種禪那現境皆是色陰用心交
互故現斯事衆生頑迷不自忖量逢此因緣
迷不自識謂言登聖大妄語成墮無間獄
汝等當依如來滅後於末法中宣示斯義无令
天魔得其方便保持覆護成无上道
阿難彼善男子脩三摩提奢摩他中色陰盡
者見諸佛心如明鏡中顯現其象若有所得
而未能用猶如厭人手足宛然見聞不惑心
觸客邪而不能動此則名為受陰區宇若厭
咎歇其心離身返觀其面去住自由无復留
㝵名受陰盡是人則能超越見濁觀其所由
虛明妄想以為其本
阿難彼善男子當在此中得大光耀其心發
明內抑過分忽於其處發无窮悲如是乃至
觀見蚊蝱猶如赤子心生憐愍不覺流淚此名
功用抑摧過越悟則無咎非為聖證覺了不
迷久自銷歇若作聖解則有悲魔入其心府
見人則悲啼泣無限失於正受當從淪墜
阿難又彼定中諸善男子見色陰銷受陰明
白勝相現前感激過分忽於其中生无限勇

[illegible]
迷久自銷歇若作聖解則有悲魔入其心府
見人則悲啼泣無限失於正受當從淪墜
阿難又彼定中諸善男子見色陰銷受陰明
白勝相現前感激過分忽於其中生无限勇
其心猛利志齊諸佛謂三僧祇一念能越此
名功用陵率過越悟則无咎非為聖證覺了
不迷久自銷歇若作聖解則有狂魔入其心
府見人則誇我慢无比其心乃至上不見佛
下不見人失於正受當從淪墜
又彼定中諸善男子見色陰銷受陰明白
前无新證歸失故居智力衰微入中隳地迥
无所見心中忽然生大枯渴於一切時沈憶
不散將此以為勤精進相此名脩心无慧自
失悟則无咎非為聖證若作聖解則有憶魔
入其心府旦夕撮心懸在一處失於正受當從
淪墜
又彼定中諸善男子見色陰銷受陰明白慧
力過定失於猛利以諸勝性懷於心中自心
已疑是盧舍那得少為足此名用心亡失恒
審溺於知見悟則无咎非為聖證若作聖解
則有下劣易知足魔入其心府見人自言我
得无上第一義諦失於正受當從淪墜
又彼定中諸善男子見色陰銷受陰明白新
證未獲故心已亡歷覽二際自生艱險於心忽
然生无盡憂如坐鐵床如飲毒藥心不欲活
常求於人令害其命早取解脫此名脩行失

BD15134號　大佛頂如來密因修證了義諸菩薩萬行首楞嚴經卷九　（23–11）

則有下劣易知足魔入其心府見人自言我
得无上第一義諦失於正受當從淪墜
又彼定中諸善男子見色陰銷受陰明白新
證未獲故心已亡歷覽二際自生艱險於心忽
然生无盡憂如坐鐵床如飲毒藥心不欲活
常求於人令害其命早取解脫此名脩行失
於方便悟則无咎非為聖證若作聖解則有
一分常憂愁魔入其心府手執刀劍自割其
肉欣其捨壽或常憂愁走入山林不耐見人失
於正受當從淪墜
又彼定中諸善男子見色陰銷受陰明白處清
淨中心安隱後忽然自有无限喜生心中歡
悅不能自止此名輕安无慧自禁悟則无咎非
為聖證若作聖解則有一分好喜樂魔入其
心府見人則笑於衢路傍自歌自舞自謂
已得无㝵解脫失於正受當從淪墜
又彼定中諸善男子見色陰銷受陰明白自
謂已足忽有无端大我慢起如是乃至慢與
過慢及慢過慢或增上慢或卑劣慢一時俱
發心中尚輕十方如來何況下位聲聞緣覺
此名見勝无慧自救悟則无咎非為聖證若
作聖解則有一分大我慢魔入其心府不禮塔
廟摧毀經像謂檀越言此是金銅或是土木
經是樹葉或是疊花肉身真常不自恭敬
却崇土木實為顛倒其深信者從其毀碎埋
棄地中疑誤衆生入无間獄失於正受當從

BD15134號　大佛頂如來密因修證了義諸菩薩萬行首楞嚴經卷九　（23–12）

作聖解則有一分大我慢魔入其心府不禮塔
廟摧毀經像謂檀越言此是金銅或是土木
經是樹葉或是疊花肉身真常不自恭敬
却崇土木實為顛倒其深信者從其毀碎埋
棄地中疑誤衆生入无間獄失於正受當從
淪墜
又彼定中諸善男子見色陰銷受陰明白於
精明中圓悟精理得大隨順其心忽生无量
輕安已言成聖得大自在此名因慧獲諸輕
清悟則无咎非為聖證若作聖解則有一分
好清輕魔入其心府自謂滿足更不求進此
等多作无聞比丘疑謗後生墮阿鼻獄失於
正受當從淪墜
又彼定中諸善男子見色陰銷受陰明白於
明悟中得虛明性其中忽然歸向永滅撥
无因果一向入空空心現前乃至心生長斷
滅解悟則无咎非為聖證若作聖解則有空
魔入其心府乃謗持戒名為小乘菩薩悟空
有何持犯其人常於信心檀越飲酒噉肉廣
行婬穢因魔力故攝其前人不生疑謗鬼心久
入或食屎尿與酒肉等一種俱空破佛律儀
誤入人罪失於正受當從淪墜
又彼定中諸善男子見色陰銷受陰明白其
虛明性深入心骨其心忽有无限愛生愛極發
狂便為貪欲此名定境安順入心无慧自持
誤入諸欲悟則无咎非為聖證若作聖解
則有欲魔入其心府一向說欲為菩提道化

誤入人罪失於正受當從淪墜
又彼定中諸善男子見色陰銷受陰明白其
虛明性深入心骨其心忽有无限愛生愛極發
狂便為貪欲此名定境安順入心无慧自持
誤入諸欲悟則无咎非為聖證若作聖解
則有欲魔入其心府一向說欲為菩提道化
諸白衣平等行欲其行婬者名持法子神
鬼力故於末世中攝其凡愚其數至百如是
乃至一百二百或五六百多滿千万魔心生
猒離其身體威德既无陷於王難疑誤衆
生入无間獄失於正受當從淪墜
阿難如是十種禪那現境皆是受陰用心交
互故現斯事衆生頑迷不自忖量逢此因緣
迷不自識謂言登聖大妄語成墮无間獄汝
等亦當將如來語於我滅後傳示末法遍令
衆生開悟斯義無令天魔得其方便保持
覆護成无上道
阿難彼善男子修三摩提受陰盡者雖未
漏盡心離其形如鳥出籠已能成就從是凡身
上歷菩薩六十聖位得意生身隨往无㝵譬
如有人熟寐寱言是人雖則無別所知其言
已成音韻倫次令不寐者咸悟其語此則名
為想陰區宇若動念盡浮想銷除於覺明心
如去塵垢一倫死生首尾圓照名想陰盡是
人則能超煩惱濁觀其所由融通妄想以為
其本
阿難彼善男子受陰虛妙不遭邪慮圓定發

已成音韻倫次令不寐者咸悟其語此則名
為想陰區宇若動念盡浮想銷除於覺明心
如去塵垢一倫死生首尾圓照名想陰盡是
人則能超煩惱濁觀其所由融通妄想以為
其本
阿難彼善男子受陰虛妙不遭邪慮圓定發
明三摩地中心愛圓明銳其精思貪求善巧
尒時天魔候得其便飛精附人口說經法其
人不覺是其魔著自言謂得无上涅槃來彼
求巧善男子處敷坐說法其形斯須或作比
丘令彼人見或為帝釋或為婦女或比丘尼
或寢暗室身有光明是人愚迷惑為菩薩信
其教化搖蕩其心破佛律儀潛行貪欲口中
好言災祥變異或言如來某處出世或言劫
火或說刀兵恐怖於人令其家資無故耗散
此名怪鬼年老成魔惱亂是人猒足心生去
彼人體弟子與師俱陷王難汝當先覺不入
輪迴迷惑不知墮无間獄
阿難又善男子受陰虛妙不遭邪慮圓定
發明三摩地中心愛遊蕩飛其精思貪求經
歷尒時天魔候得其便飛精附人口說經法
其人亦不覺知魔著亦言自得无上涅槃來
彼求遊善男子處敷坐說法自形无變其
聽法者忽自見身坐寶蓮花全體化成紫
金光聚一眾聽人各各如是得未曾有是人
愚迷惑為菩薩婬逸其心破佛律儀潛行
貪欲口中好言諸佛應世某處某人當是某佛

彼求遊善男子處敷坐說法自形无變其
聽法者忽自見身坐寶蓮花全體化成紫
金光聚一眾聽人各各如是得未曾有是人
愚迷惑為菩薩婬逸其心破佛律儀潛行
貪欲口中好言諸佛應世某處某人當是某佛
化身來此某人即是某菩薩等來化人間其人
見故心生傾渴邪見密興種智銷滅此名魃鬼
年老成魔惱亂是人猒足心生去彼人體弟子
與師俱陷王難汝當先覺不入輪迴迷惑不
知墮無間獄
又善男子受陰虛妙不遭邪慮圓定發明三
摩地中心愛綿㳻澄其精思貪求契合尒時
天魔候得其便飛精附人口說經法其人實
不覺知魔著亦言自得无上涅槃來彼求合
善男子處敷坐說法其形及彼聽法之人外
無遷變令其聽者未聞法前心自開悟念念
移易或得宿命或有他心或見地獄或知人
間好惡諸事或口說偈或自誦經各各歡娛
得未曾有是人愚迷惑為菩薩綿愛其心破
佛律儀潛行貪欲口中好言佛有大小某佛
先佛某佛後佛其中亦有真佛假佛男佛女
佛菩薩亦然其人見故洗滌本心易入邪悟
此名魅鬼年老成魔惱乱是人猒足心生去彼
人體弟子與師俱陷王難汝當先覺不入輪
迴迷惑不知墮無間獄
又善男子受陰虛妙不遭邪慮圓定發明三

佛菩薩亦然其人見故洗滌本心易入邪悟
此名魅鬼年老成魔惱亂是人厭足心生去彼
人體弟子與師俱陷王難汝當先覺不入輪
迴迷惑不知墮無間獄
又善男子受陰虛妙不遭邪慮圓定發明三
摩地中心愛根本窮覽物化性之終始精爽
其心貪求辯析爾時天魔候得其便飛精
附人口說經法其人先不覺知魔著亦言自得
无上涅槃來彼求元善男子處敷坐說法身
有威神摧伏求者令其坐下雖未聞法自然
心伏是諸人等將佛涅槃菩提法身即是現
前我肉身上父父子子遞代相生即是法身
常住不絕都指現在即為佛國无別淨居及
金色相其人信受妄失先心身命歸依得未
曾有是等愚迷惑為菩薩推究其心破佛律
儀潛行貪欲口中好言眼耳鼻舌皆為淨土
男女二根即是菩提涅槃真處彼無知者信
是穢言此名蠱毒厭勝惡鬼年老成魔惱
乱是人厭足心生去彼人體弟子與師俱陷王
難汝當先覺不入輪迴迷惑不知墮無間獄
又善男子受陰虛妙不遭邪慮圓定發明三
摩地中心愛懸應周流精研貪求冥感爾時
天魔候得其便飛精附人口說經法其人元不
覺知魔著亦言自得无上涅槃來彼求應善
男子處敷坐說法能令聽眾暫見其身如百
千歲心生愛染不能捨離身為奴僕四事供
養不覺疲勞各各令其坐下人心知是先師

天魔候得其便飛精附人口說經法其人元不
覺知魔著亦言自得无上涅槃來彼求應善
男子處敷坐說法能令聽眾暫見其身如百
千歲心生愛染不能捨離身為奴僕四事供
養不覺疲勞各各令其坐下人心知是先師
本善知識別生法愛粘如膠漆得未曾有
是人愚迷惑為菩薩親近其心破佛律儀潛
行貪欲口中好言我於前世於某生中先度
某人當時是我妻妾兄弟今來相度與汝相
隨歸某世界供養某佛或言別有大光明天
佛於中住一切如來所休居地彼无知者信是
虛誑遺失本心此名厲鬼年老成魔惱亂是
人厭足心生去彼人體弟子與師俱陷王難
汝當先覺不入輪迴迷惑不知墮无間獄
又善男子受陰虛妙不遭邪慮圓定發明三
摩地中心愛深入克己辛勤樂處陰寂貪求靜
謐爾時天魔候得其便飛精附人口說經法
其人本不覺知魔著亦言自得无上涅槃來
彼求陰善男子處敷坐說法令其聽人各知
本業或於其處語一人言汝今未死已作畜生
勅使一人於後踏尾頓令其人起不能得於是
一眾傾心欽伏有人起心已知其肇佛律儀
外重加精苦誹謗比丘罵詈徒眾訐露
人事不避譏嫌口中好言未然禍福及至其
時毫髮无失此大力鬼年老成魔惱亂是人
厭足心生去彼人體弟子與師多陷王難汝

一眾傾心欽伏有人起心已知其肇佛律儀
外重加精苦誹謗比丘罵詈徒眾訐露
人事不避譏嫌口中好言未然禍福及至其
時豪髮无失此大力鬼年老成魔惱乱是人
猒足心生去彼人體弟子與師多陷王難汝
當先覺不入輪迴迷惑不知墮无間獄
又善男子受陰虛妙不遭邪慮圓定發明三
摩地中心愛知見勤苦研尋貪求宿命尒時天
魔候得其便飛精附人口說經法其人殊不
覺知魔著亦言自得无上涅槃來彼求知
善男子處敷坐說法是人無端於說法處得
大寶珠其魔或時化為畜生口銜其珠及雜
珍寶簡策符牘諸奇異物先授彼人後著
其體或誘聽人藏於地下有明月珠照耀其
處是諸聽者得未曾有多食藥草不餐嘉饍
或時日飡一麻一麦其形肥充魔力持故誹
謗比丘罵詈徒眾不避譏嫌口中好言他方寶
藏十方聖賢潛匿之處隨其後者往往見有
奇異之人此名山林土地城隍川嶽鬼神年老
成魔或有宣婬破佛戒律與承事者潛行
五欲或有精進純食草木无定行事惱乱彼
人猒足心生去彼人體弟子與師多陷王難
汝當先覺不入倫迴迷惑不知墮无間獄
又善男子受陰虛妙不遭邪慮圓定發明三
摩地中心愛神通種種變化研究化元貪取神
力尒時天魔候得其便飛精附人口說經法

BD15134號　大佛頂如來密因修證了義諸菩薩萬行首楞嚴經卷九　（23–19）

五欲或有精進純食草木无定行事惱乱彼
人猒足心生去彼人體弟子與師多陷王難
汝當先覺不入倫迴迷惑不知墮无間獄
又善男子受陰虛妙不遭邪慮圓定發明三
摩地中心愛神通種種變化研究化元貪取神
力尒時天魔候得其便飛精附人口說經法
其人誠不覺知魔著亦言自得无上涅槃來
彼求通善男子處敷坐說法是人或復手執
火光手撮其光分於所聽四眾頭上是諸聽
人頂上火光皆長數尺亦无熱性曾不焚燒
或上水行如履平地或於空中安坐不動或入
缾內或處囊中越牖透垣曾无障礙唯
於刀兵不得自在自言是佛身著白衣受
比丘礼誹謗禪律罵詈徒眾訐露人事不避
譏嫌口中常說神通自在或復令人旁見佛
土鬼力惑人非有真實讚歎行婬不毀麁行
將諸猥媟以為傳法此名天地大力山精
海精風精河精土精一切草樹積劫精魅或
復龍魅或壽終仙再活為魅或仙期終計年
應死其形不化他怪所附年老成魔惱乱是
人猒足心生去彼人體弟子與師多陷王難
汝當先覺不入輪迴迷惑不知墮無間獄
又善男子受陰虛妙不遭邪慮圓定發明三
摩地中心愛入滅研究化性貪求深空尒時
天魔候得其便飛精附人口說經法其人終
不覺知魔著亦言自得无上涅槃來彼求空

BD15134號　大佛頂如來密因修證了義諸菩薩萬行首楞嚴經卷九　（23–20）

又善男子受陰虛妙不遭邪慮圓定發明三
摩地中心愛入滅研究化性貪求深空尒時
天魔候得其便飛精附人口說經法其人終
不覺知魔著亦言自得无上涅槃來彼求空
善男子處敷坐說法於大眾內其形忽空眾
无所見還從虛空突然而出存沒自在或現
其身洞如瑠璃或垂手足作旃檀氣或大小
便如厚石蜜誹毀戒律輕賤出家口中常說
无因无果一死永滅无復後身及諸凡聖雖
得空寂潛行貪欲受其欲者亦得空心撥无
因果此名日月薄蝕精氣金玉芝草麟鳳龜
鶴經千万年不死為靈出生國土年老成魔
惱亂是人猒足心生去彼人體弟子與師多
陷王難汝當先覺不入輪迴迷惑不知墮无
間獄
又善男子受陰虛妙不遭邪慮圓定發明三
摩地中心愛長壽辛苦研幾貪求永歲弃分
段生頓希變易細相常住尒時天魔候得其
便飛精附人口說經法其人竟不覺知魔著
亦言自得无上涅槃來彼求生善男子處敷
坐說法好言他方往還无滯或經萬里瞬息
再來皆於彼方取得其物或於一處在一
宅中數步之間令其從東詣至西壁是人急
行累年不到因此心信疑佛現前口中常說
十方眾生皆是吾子我生諸佛我出世界我
是元佛出世身然不因脩得此名住世自在

BD15134號　大佛頂如來密因修證了義諸菩薩萬行首楞嚴經卷九　（23–21）

宅中數步之間令其從東詣至西壁是人急
行累年不到因此心信疑佛現前口中常說
十方眾生皆是吾子我生諸佛我出世界我
是元佛出世身然不因脩得此名住世自在
天魔使其眷屬如遮文荼及四天王毗舍童子
未發心者利其虛明食彼精氣或不因師其
脩行人親自觀見稱執金剛與汝長命現美
女身盛行貪欲未逾年歲肝腦枯竭口兼獨
言聽若妖魅前人未詳多陷王難未及遇刑
先已乾死惱亂彼人以至殂殞汝當先覺不
入輪迴迷惑不知墮無間獄
阿難當知是十種魔於末世時在我法中出
家脩道或附人體或自現形彼言已成正遍
知覺讚歎婬欲破佛律儀先惡魔師與魔弟
子婬婬相傳如是邪精魅其心府近則九生多
踰百世令真脩行惣為魔眷命終之後
畢為魔民失正遍知墮無間獄汝今未須先
取寂滅縱得无學留願入彼末法之中起大慈
悲救度正心深信眾生令不著魔得正知見
我今度汝已出生死汝遵佛語名報佛恩
阿難如是十種禪那現境皆是想陰用心交
互故現斯事眾生頑迷不自忖量逢此因緣
迷不自識謂言登聖大妄語成墮無間獄汝
等必須將如來語於我滅後傳示末法遍令
眾生開悟斯義無令天魔行其方便保持覆
護成无上道

BD15134號　大佛頂如來密因修證了義諸菩薩萬行首楞嚴經卷九　（23–22）

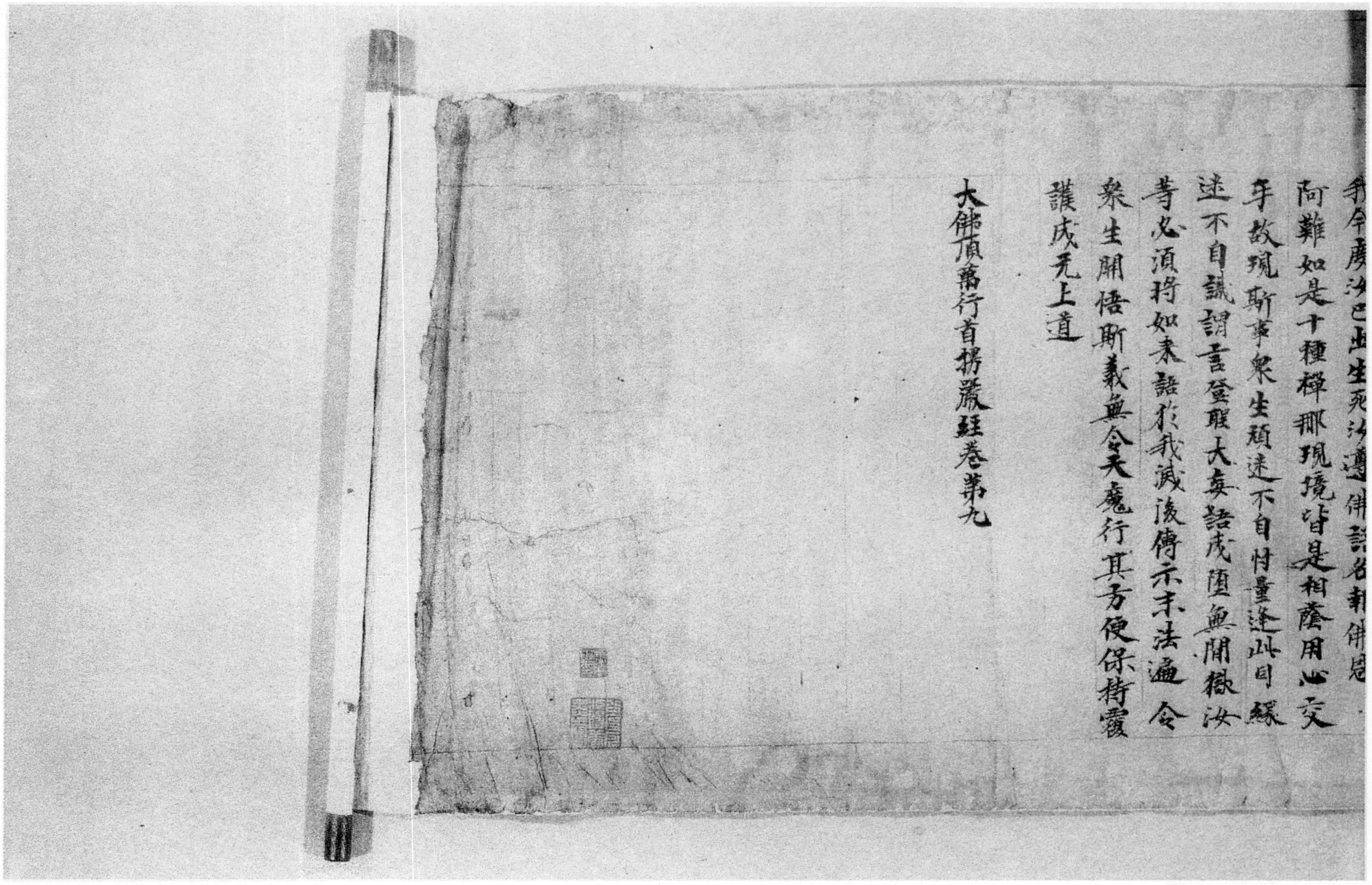
我今庚汝已出生死汝遵佛語名報佛恩
阿難如是十種禪那現境皆是想陰用心交
互故現斯事衆生頑迷不自忖量逢此因緣
迷不自識謂言登聖大妄語成墮無間獄汝
等必須將如來語於我滅後傳示末法遍令
衆生開悟斯義無令天魔得其方便保持覆
護成无上道
大佛頂萬行首楞嚴經卷第九

BD15134 號　大佛頂如來密因修證了義諸菩薩萬行首楞嚴經卷九　（23–23）

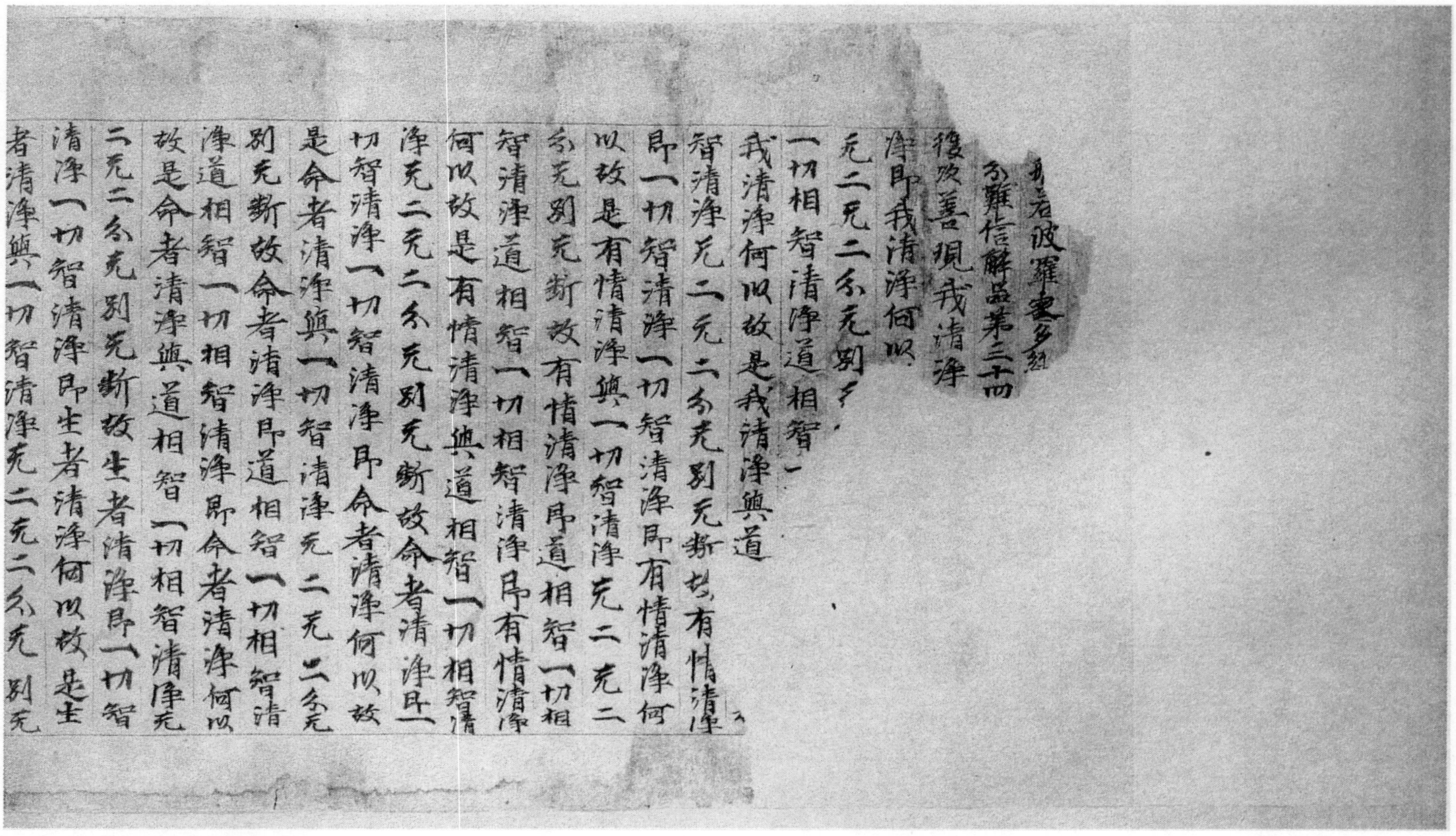
般若波羅蜜多經
難信解品第三十四
復次善現我清淨
淨即我清淨何以
无二无二分无別无
一切相智清淨道相智一
我清淨何以故是我清淨與道
智清淨无二无二分无別无斷故有情清淨
即一切智清淨一切智清淨即有情清淨何
以故是有情清淨與一切智清淨无二无二
分无別无斷故有情清淨即道相智一切相
智清淨道相智一切相智清淨即有情清淨
何以故是有情清淨與道相智一切相智清
淨无二无二分无別无斷故命者清淨即一
切智清淨一切智清淨即命者清淨何以故
是命者清淨與一切智清淨无二无二分无
別无斷故命者清淨即道相智一切相智清
淨道相智一切相智清淨即命者清淨何以
故是命者清淨與道相智一切相智清淨无
二无二分无別无斷故生者清淨即一切智
清淨一切智清淨即生者清淨何以故是生
者清淨與一切智清淨无二无二分无別无

BD15135 號　大般若波羅蜜多經卷一八九　（17–1）

別无斷故命者清淨即道相智一切相智清
淨道相智一切相智清淨即命者清淨何以
故是命者清淨與道相智一切相智清淨无
二无二分无別无斷故生者清淨即一切智
清淨一切智清淨即生者清淨何以故是生
者清淨與一切智清淨无二无二分无別无
斷故生者清淨即道相智一切相智清淨道
相智一切相智清淨即生者清淨何以故是
生者清淨與道相智一切相智清淨无二无
二分无別无斷故養育者清淨即一切智清
淨一切智清淨即養育者清淨何以故是
養育者清淨與一切智清淨无二无二分无別
无斷故養育者清淨即道相智一切相智清
淨道相智一切相智清淨即養育者清淨何
以故是養育者清淨與道相智一切相智清
淨无二无二分无別无斷故士夫清淨即一
切智清淨一切智清淨即士夫清淨何以故
是士夫清淨與一切智清淨无二无二分无
別无斷故士夫清淨即道相智一切相智清
淨道相智一切相智清淨即士夫清淨何以
故是士夫清淨與道相智一切相智清淨无
二无二分无別无斷故補特伽羅清淨即一切
智清淨一切智清淨即補特伽羅清淨何以
故是補特伽羅清淨與一切智清淨无二无
二分无別无斷故補特伽羅清淨即道相智
一切相智清淨道相智一切相智清淨即補
特伽羅清淨何以故是補特伽羅清淨與道
相智一切相智清淨无二无二分无別无斷
故意生清淨即一切智清淨一切智清淨即
意生清淨何以故是意生清淨與一切智清

BD15135號　大般若波羅蜜多經卷一八九　（17–2）

二分无別无斷故補特伽羅清淨即道相智
一切相智清淨道相智一切相智清淨即補
特伽羅清淨何以故是補特伽羅清淨與道
相智一切相智清淨无二无二分无別无斷
故意生清淨即一切智清淨一切智清淨即
意生清淨何以故是意生清淨與一切智清
淨无二无二分无別无斷故意生清淨即道
相智一切相智清淨道相智一切相智清淨
即意生清淨何以故是意生清淨與道相
智一切相智清淨无二无二分无別无斷故
儒童清淨即一切智清淨一切智清淨即儒
童清淨何以故是儒童清淨與一切智清淨
无二无二分无別无斷故儒童清淨即道相
智一切相智清淨道相智一切相智清淨即
儒童清淨何以故是儒童清淨與道相智一
切相智清淨无二无二分无別无斷故作者
清淨即一切智清淨一切智清淨即作者清
淨何以故是作者清淨與一切智清淨无二
无二分无別无斷故作者清淨即道相智一
切相智清淨道相智一切相智清淨即作者
清淨何以故是作者清淨與道相智一切相
智清淨无二无二分无別无斷故受者清淨
即一切智清淨一切智清淨即受者清淨何
以故是受者清淨與一切智清淨无二无二
分无別无斷故受者清淨即道相智一切相
智清淨道相智一切相智清淨即受者清淨
何以故是受者清淨與道相智一切相智清
淨无二无二分无別无斷故知者清淨即一
切智清淨一切智清淨即知者清淨何以故

BD15135號　大般若波羅蜜多經卷一八九　（17–3）

以故是受者清淨與一切智清淨无二无二
分无別无斷故受者清淨即道相智一切相
智清淨道相智一切相智清淨即受者清淨
何以故是受者清淨與道相智一切相智清
淨无二无二分无別无斷故知者清淨即一
切智清淨一切智清淨即知者清淨何以故
是知者清淨與一切智清淨无二无二分无
別无斷故知者清淨即道相智一切相智清
淨道相智一切相智清淨即知者清淨何以
故是知者清淨與道相智一切相智清淨无
二无二分无別无斷故見者清淨即一切智
清淨一切智清淨即見者清淨何以故是見
者清淨與一切智清淨无二无二分无別无
斷故見者清淨即道相智一切相智清淨道
相智一切相智清淨即見者清淨何以故是
見者清淨與道相智一切相智清淨无二无二
分无別无斷故
復次善現我清淨即一切陀羅尼門清淨一
切陀羅尼門清淨即我清淨何以故是我清
淨與一切陀羅尼門清淨无二无二分无別
无斷故我清淨即一切三摩地門清淨一切
三摩地門清淨即我清淨何以故是我清淨
與一切三摩地門清淨无二无二分无別无
斷故有情清淨即一切陀羅尼門清淨一切
陀羅尼門清淨即有情清淨何以故是有情
清淨與一切陀羅尼門清淨无二无二分无
別无斷故有情清淨即一切三摩地門清淨
一切三摩地門清淨即有情清淨何以故是
有情清淨與一切三摩地門清淨无二无二

陀羅尼門清淨即有情清淨何以故是有情
清淨與一切陀羅尼門清淨无二无二分无
別无斷故有情清淨即一切三摩地門清淨
一切三摩地門清淨即有情清淨何以故是
有情清淨與一切三摩地門清淨无二无二
分无別无斷故命者清淨即一切陀羅尼門
清淨一切陀羅尼門清淨即命者清淨何以
故是命者清淨與一切陀羅尼門清淨无二
无二分无別无斷故命者清淨即一切三摩
地門清淨一切三摩地門清淨即命者清淨
何以故是命者清淨與一切三摩地門清淨
无二无二分无別无斷故生者清淨即一切
陀羅尼門清淨一切陀羅尼門清淨即生者
清淨何以故是生者清淨與一切陀羅尼門
清淨无二无二分无別无斷故生者清淨即
一切三摩地門清淨一切三摩地門清淨即生
者清淨何以故是生者清淨與一切三摩門
地清淨无二无二分无別无斷故養育者清
淨即一切陀羅尼門清淨一切陀羅尼門清
淨即養育者清淨何以故是養育者清淨
與一切陀羅尼門清淨无二无二分无別无斷
故養育者清淨即一切三摩地門清淨一
切三摩地門清淨即養育者清淨何以故是
養育者清淨與一切三摩地門清淨无二无
二分无別无斷故士夫清淨即一切陀羅尼
門清淨一切陀羅尼門清淨即士夫清淨何
以故是士夫清淨與一切陀羅尼門清淨无
二无二分无別无斷故士夫清淨即一切三
摩地門清淨一切三摩地門清淨即士夫清

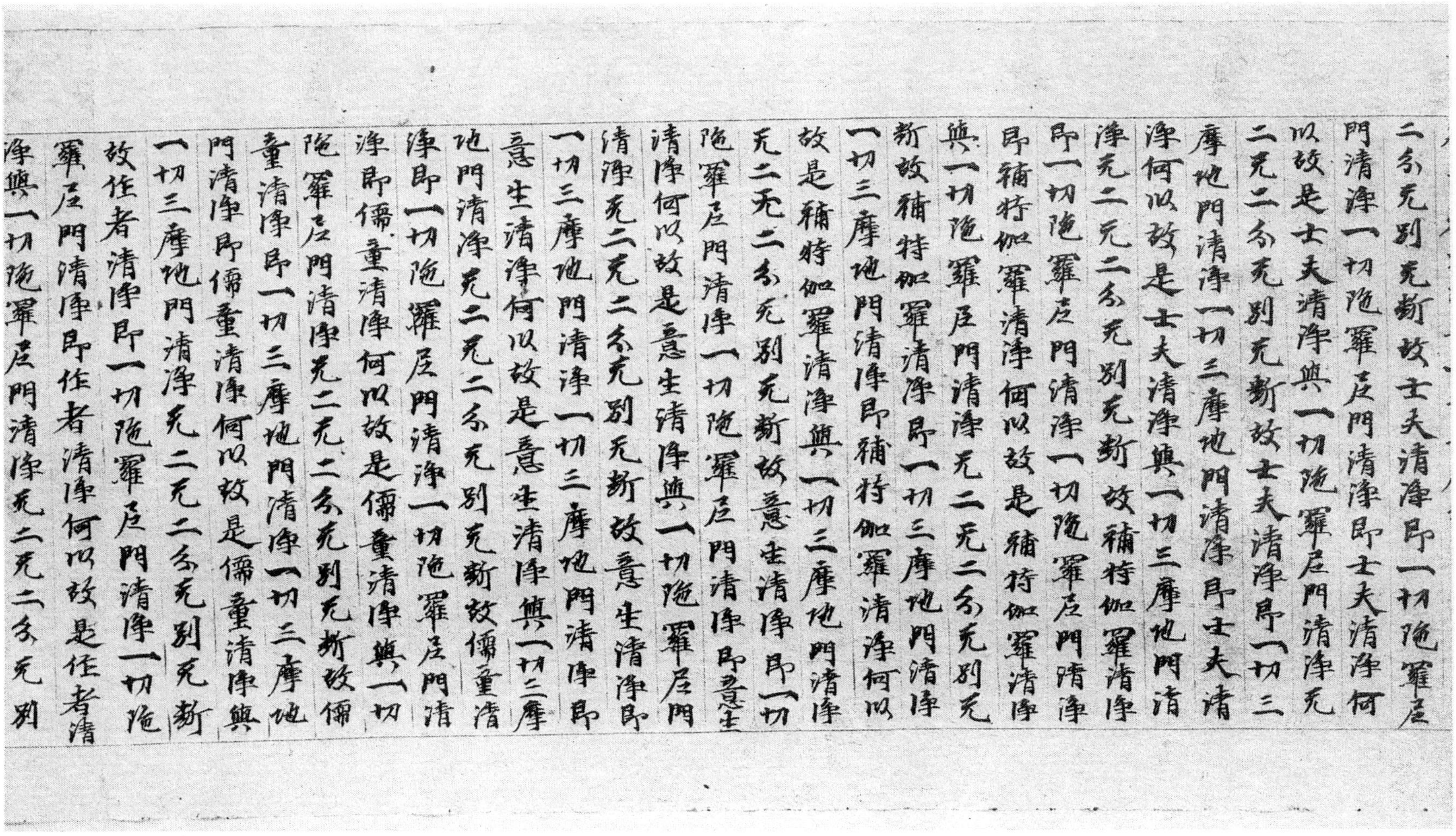

二分无別无斷故士夫清淨即一切陁羅尼
門清淨一切陁羅尼門清淨即士夫清淨何
以故是士夫清淨與一切陁羅尼門清淨无
二无二分无別无斷故士夫清淨即一切三
摩地門清淨一切三摩地門清淨即士夫清
淨何以故是士夫清淨與一切三摩地門清
淨无二无二分无別无斷故補特伽羅清淨
即一切陁羅尼門清淨一切陁羅尼門清淨
即補特伽羅清淨何以故是補特伽羅清淨
與一切陁羅尼門清淨无二无二分无別无
斷故補特伽羅清淨即一切三摩地門清淨
一切三摩地門清淨即補特伽羅清淨何以
故是補特伽羅清淨與一切三摩地門清淨
无二无二分无別无斷故意生清淨即一切
陁羅尼門清淨一切陁羅尼門清淨即意生
清淨何以故是意生清淨與一切陁羅尼門
清淨无二无二分无別无斷故意生清淨即
一切三摩地門清淨一切三摩地門清淨即
意生清淨何以故是意生清淨與一切三摩
地門清淨无二无二分无別无斷故儒童清
淨即一切陁羅尼門清淨一切陁羅尼門清
淨即儒童清淨何以故是儒童清淨與一切
陁羅尼門清淨无二无二分无別无斷故儒
童清淨即一切三摩地門清淨一切三摩地
門清淨即儒童清淨何以故是儒童清淨與
一切三摩地門清淨无二无二分无別无斷
故作者清淨即一切陁羅尼門清淨一切陁
羅尼門清淨即作者清淨何以故是作者清
淨與一切陁羅尼門清淨无二无二分无別

BD15135號　大般若波羅蜜多經卷一八九　（17–6）

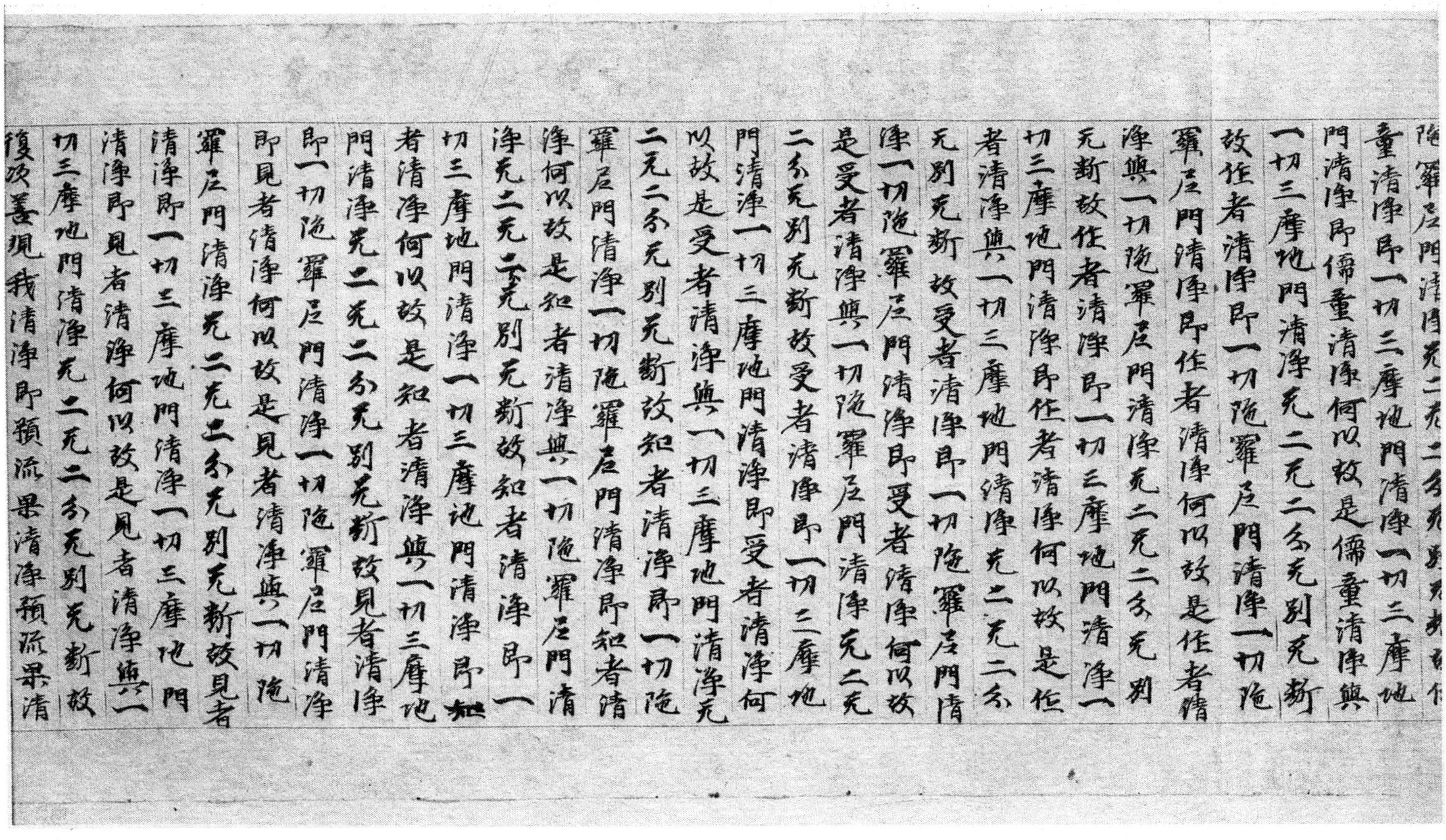

陁羅尼門清淨无二无二分无別无斷故作
童清淨即一切三摩地門清淨一切三摩地
門清淨即儒童清淨何以故是儒童清淨與
一切三摩地門清淨无二无二分无別无斷
故作者清淨即一切陁羅尼門清淨一切陁
羅尼門清淨即作者清淨何以故是作者清
淨與一切陁羅尼門清淨无二无二分无別
无斷故作者清淨即一切三摩地門清淨一
切三摩地門清淨即作者清淨何以故是作
者清淨與一切三摩地門清淨无二无二分
无別无斷故受者清淨即一切陁羅尼門清
淨一切陁羅尼門清淨即受者清淨何以故
是受者清淨與一切陁羅尼門清淨无二无
二分无別无斷故受者清淨即一切三摩地
門清淨一切三摩地門清淨即受者清淨何
以故是受者清淨與一切三摩地門清淨无
二无二分无別无斷故知者清淨即一切陁
羅尼門清淨一切陁羅尼門清淨即知者清
淨何以故是知者清淨與一切陁羅尼門清
淨无二无二分无別无斷故知者清淨即一
切三摩地門清淨一切三摩地門清淨即知
者清淨何以故是知者清淨與一切三摩地
門清淨无二无二分无別无斷故見者清淨
即一切陁羅尼門清淨一切陁羅尼門清淨
即見者清淨何以故是見者清淨與一切陁
羅尼門清淨无二无二分无別无斷故見者
清淨即一切三摩地門清淨一切三摩地門
清淨即見者清淨何以故是見者清淨與一
切三摩地門清淨无二无二分无別无斷故
復次善現我清淨即預流果清淨預流果清

BD15135號　大般若波羅蜜多經卷一八九　（17–7）

羅尼門清淨无二无二分无別无斷故見者
清淨即一切三摩地門清淨一切三摩地門
清淨即見者清淨何以故是見者清淨與一
切三摩地門清淨无二无二分无別无斷故
復次善現我清淨即預流果清淨預流果清
淨即我清淨何以故是我清淨與預流果清
淨无二无二分无別无斷故我清淨即一來
不還阿羅漢果清淨一來不還阿羅漢果清
淨即我清淨何以故是我清淨與一來不還
阿羅漢果清淨无二无二分无別无斷故有
情清淨即預流果清淨預流果清淨即有情
清淨何以故是有情清淨與預流果清淨无
二无二分无別无斷故有情清淨即一來不
還阿羅漢果清淨一來不還阿羅漢果清淨
即有情清淨何以故是有情清淨與一來不
還阿羅漢果清淨无二无二分无別无斷故
命者清淨即預流果清淨預流果清淨即命
者清淨何以故是命者清淨與預流果清淨
无二无二分无別无斷故命者清淨即一來
不還阿羅漢果清淨一來不還阿羅漢果清
淨即命者清淨何以故是命者清淨與一來
不還阿羅漢果清淨无二无二分无別无斷
故生者清淨即預流果清淨預流果清淨即
生者清淨何以故是生者清淨與預流果清
淨无二无二分无別无斷故生者清淨即一
來不還阿羅漢果清淨一來不還阿羅漢果
清淨即生者清淨何以故是生者清淨與一來
不還阿羅漢果清淨无二无二分无別无
斷故養育者清淨即預流果清淨預流果清

生者清淨何以故是生者清淨與預流果清
淨无二无二分无別无斷故生者清淨即一
來不還阿羅漢果清淨一來不還阿羅漢果
清淨即生者清淨何以故是生者清淨與一來
不還阿羅漢果清淨无二无二分无別无
斷故養育者清淨即預流果清淨預流果清
淨即養育者清淨何以故是養育者清淨與
預流果清淨无二无二分无別无斷故養育
者清淨即一來不還阿羅漢果清淨一來不
還阿羅漢果清淨即養育者清淨何以故是
養育者清淨與一來不還阿羅漢果清淨无
二无二分无別无斷故士夫清淨即預流
果清淨預流果清淨即士夫清淨何以故是
士夫清淨與預流果清淨无二无二分无別
无斷故士夫清淨即一來不還阿羅漢果清
淨一來不還阿羅漢果清淨即士夫清淨何
以故是士夫清淨與一來不還阿羅漢果清
淨无二无二分无別无斷故補特伽羅清淨
即預流果清淨預流果清淨即補特伽羅清
淨何以故是補特伽羅清淨與預流果清淨
无二无二分无別无斷故補特伽羅清淨即一
來不還阿羅漢果清淨一來不還阿羅漢果
清淨即補特伽羅清淨何以故是補特伽羅
清淨與一來不還阿羅漢果清淨无二无二
分无別无斷故意生清淨即預流果清淨預
流果清淨即意生清淨何以故是意生清淨
與預流果清淨无二无二分无別无斷故意
生清淨即一來不還阿羅漢果清淨一來不
還阿羅漢果清淨即意生清淨何以故是意

淨與一來不還阿羅漢果清淨无二无二
分无別无斷故意生清淨即預流果清淨預
流果清淨即意生清淨何以故是意生清淨
與預流果清淨无二无二分无別无斷故意
生清淨即一來不還阿羅漢果清淨一來不
還阿羅漢果清淨即意生清淨何以故是意
生清淨與一來不還阿羅漢果清淨无二无
二分无別无斷故儒童清淨即預流果清淨
預流果清淨即儒童清淨何以故是儒童清
淨與預流果清淨无二无二分无別无斷故
儒童清淨即一來不還阿羅漢果清淨一來
不還阿羅漢果清淨即儒童清淨何以故是
儒童清淨與一來不還阿羅漢果清淨无二
无二分无別无斷故作者清淨即預流果清
淨預流果清淨即作者清淨何以故是作者
清淨與預流果清淨无二无二分无別无斷
故作者清淨即一來不還阿羅漢果清淨一
來不還阿羅漢果清淨即作者清淨何以故
是作者清淨與一來不還阿羅漢果清淨无
二无二分无別无斷故受者清淨即預流果
清淨預流果清淨即受者清淨何以故是受
者清淨與預流果清淨无二无二分无別无
斷故受者清淨即一來不還阿羅漢果清淨
一來不還阿羅漢果清淨即受者清淨何以
故是受者清淨與一來不還阿羅漢果清淨
无二无二分无別无斷故知者清淨即預流
果清淨預流果清淨即知者清淨何以故是
知者清淨與預流果清淨无二无二分无別
无斷故知者清淨即一來不還阿羅漢果清
淨一來不還阿羅漢果清淨即知者清淨何

BD15135號　大般若波羅蜜多經卷一八九　（17–10）

故是受者清淨與一來不還阿羅漢果清淨
无二无二分无別无斷故知者清淨即預流
果清淨預流果清淨即知者清淨何以故是
知者清淨與預流果清淨无二无二分无別
无斷故知者清淨即一來不還阿羅漢果清
淨一來不還阿羅漢果清淨即知者清淨何
以故是知者清淨與一來不還阿羅漢果清
淨无二无二分无別无斷故見者清淨即預
流果清淨預流果清淨即見者清淨何以故
是見者清淨與預流果清淨无二无二分无
別无斷故見者清淨即一來不還阿羅漢果
清淨一來不還阿羅漢果清淨即見者清淨
何以故是見者清淨與一來不還阿羅漢果
清淨无二无二分无別无斷故
復次善現我清淨即獨覺菩提清淨獨覺菩
提清淨即我清淨何以故是我清淨與獨覺
菩提清淨无二无二分无別无斷故有情清
淨即獨覺菩提清淨獨覺菩提清淨即有情
清淨何以故是有情清淨與獨覺菩提清淨
无二无二分无別无斷故命者清淨即獨覺
菩提清淨獨覺菩提清淨即命者清淨何以
故是命者清淨與獨覺菩提清淨无二无二
分无別无斷故生者清淨即獨覺菩提清淨
獨覺菩提清淨即生者清淨何以故是生者
清淨與獨覺菩提清淨无二无二无別无斷
故養育者清淨即獨覺菩提清淨獨覺
菩提清淨即養育者清淨何以故是養育者
清淨與獨覺菩提清淨无二无二分无別无
斷故士夫清淨即獨覺菩提清淨獨覺菩提
清淨即士夫清淨何以故是士夫清淨與獨

BD15135號　大般若波羅蜜多經卷一八九　（17–11）

清淨與獨覺菩提清淨无二无二分无別无斷
故養育者清淨即獨覺菩提清淨獨覺
菩提清淨即養育者清淨何以故是養育者
清淨與獨覺菩提清淨无二无二分无別无
斷故士夫清淨即獨覺菩提清淨獨覺菩提
清淨即士夫清淨何以故是士夫清淨與獨
覺菩提清淨无二无二分无別无斷故補特
伽羅清淨即獨覺菩提清淨獨覺菩提清淨
即補特伽羅清淨何以故是補特伽羅清淨與
獨覺菩提清淨无二无二分无別无斷故意
生清淨即獨覺菩提清淨獨覺菩提清淨即
意生清淨何以故是意生清淨與獨覺菩提
清淨无二无二分无別无斷故儒童清淨即
獨覺菩提清淨獨覺菩提清淨即儒童清淨
何以故是儒童清淨與獨覺菩提清淨无二
无二分无別无斷故作者清淨即獨覺菩
提清淨獨覺菩提清淨即作者清淨何以故是
作者清淨與獨覺菩提清淨无二无二分无
別无斷故受者清淨即獨覺菩提清淨獨覺
菩提清淨即受者清淨何以故是受者清淨
與獨覺菩提清淨无二无二分无別无斷故
知者清淨即獨覺菩提清淨獨覺菩提清淨
即知者清淨何以故是知者清淨與獨覺菩
提清淨无二无二分无別无斷故見者清淨
即獨覺菩提清淨獨覺菩提清淨即見者清
淨何以故是見者清淨與獨覺菩提清淨无
二无二分无別无斷故
復次善現我清淨即一切菩薩摩訶薩行清
淨一切菩薩摩訶薩行清淨即我清淨何以

即獨覺菩提清淨獨覺菩提清淨即見者清
淨何以故是見者清淨與獨覺菩提清淨无
二无二分无別无斷故
復次善現我清淨即一切菩薩摩訶薩行清
淨一切菩薩摩訶薩行清淨即我清淨何以
故是我清淨與一切菩薩摩訶薩行清淨无
二无二分无別无斷故有情清淨即一切菩
薩摩訶薩行清淨一切菩薩摩訶薩行清
淨即有情清淨何以故是有情清淨與一切菩
薩摩訶薩行清淨无二无二分无別无斷故
命者清淨即一切菩薩摩訶薩行清淨一切
菩薩摩訶薩行清淨即命者清淨何以故是
命者清淨與一切菩薩摩訶薩行清淨无二
无二分无別无斷故生者清淨即一切菩薩
摩訶薩行清淨一切菩薩摩訶薩行清淨
即生者清淨何以故是生者清淨與一切菩薩
摩訶薩行清淨无二无二分无別无斷故養
育者清淨即一切菩薩摩訶薩行清淨一切
菩薩摩訶薩行清淨即養育者清淨何以故
是養育者清淨與一切菩薩摩訶薩行清
淨无二无二分无別无斷故士夫清淨即一切
菩薩摩訶薩行清淨一切菩薩摩訶薩行清
淨即士夫清淨何以故是士夫清淨與一切
菩薩摩訶薩行清淨无二无二分无別无斷
故補特伽羅清淨即一切菩薩摩訶薩行清
淨一切菩薩摩訶薩行清淨即補特伽羅清
淨何以故是補特伽羅清淨與一切菩薩摩
訶薩行清淨无二无二分无別无斷故意生
清淨即一切菩薩摩訶薩行清淨一切菩薩

菩薩摩訶薩行清淨无二无二分无別无斷
故補特伽羅清淨即一切菩薩摩訶薩行清
淨一切菩薩摩訶薩行清淨即補特伽羅清
淨何以故是補特伽羅清淨與一切菩薩摩
訶薩行清淨无二无二分无別无斷故意生
清淨即一切菩薩摩訶薩行清淨一切菩薩
摩訶薩行清淨即意生清淨何以故是意生
清淨與一切菩薩摩訶薩行清淨无二无二
分无別无斷故儒童清淨即一切菩薩摩訶
薩行清淨一切菩薩摩訶薩行清淨即儒童
清淨何以故是儒童清淨與一切菩薩摩訶
薩行清淨无二无二分无別无斷故作者清
淨即一切菩薩摩訶薩行清淨一切菩薩摩訶
薩行清淨即作者清淨何以故是作者清淨
與一切菩薩摩訶薩行清淨无二无二分无
別无斷故受者清淨即一切菩薩摩訶薩行
清淨一切菩薩摩訶薩行清淨即受者清淨
何以故是受者清淨與一切菩薩摩訶薩行
清淨无二无二分无別无斷故知者清淨即
一切菩薩摩訶薩行清淨一切菩薩摩訶薩
行清淨即知者清淨何以故是知者清淨與
一切菩薩摩訶薩行清淨无二无二分无別无
斷故見者清淨即一切菩薩摩訶薩行清
淨一切菩薩摩訶薩行清淨即見者清淨何
以故是見者清淨與一切菩薩摩訶薩行清
淨无二无二分无別无斷故
復次善現我清淨即諸佛无上正等菩提清
淨諸佛无上正等菩提清淨即我清淨何以
故是我清淨與諸佛无上正等菩提清淨无

BD15135號　大般若波羅蜜多經卷一八九　　（17–14）

以故是見者清淨與一切菩薩摩訶薩行清
淨无二无二分无別无斷故
復次善現我清淨即諸佛无上正等菩提清
淨諸佛无上正等菩提清淨即我清淨何以
故是我清淨與諸佛无上正等菩提清淨无
二无二分无別无斷故有情清淨即諸佛无
上正等菩提清淨諸佛无上正等菩提清淨
即有情清淨何以故是有情清淨與諸佛无
上正等菩提清淨无二无二分无別无斷故
命者清淨即諸佛无上正等菩提清淨諸佛
无上正等菩提清淨即命者清淨何以故是
命者清淨與諸佛无上正等菩提清淨无二
无二分无別无斷故生者清淨即諸佛无
上正等菩提清淨諸佛无上正等菩提清淨
即生者清淨何以故是生者清淨與諸佛无
上正等菩提清淨无二无二分无別无斷故
養育者清淨即諸佛无上正等菩提清淨諸
佛无正上等菩提清淨即養育者清淨何以
故是養育者清淨與諸佛无上正等菩提清
淨无二无二分无別无斷故士夫清淨即諸佛
无上正等菩提清淨諸佛无上正等菩提清
淨即士夫清淨何以故是士夫清淨與諸佛
无上正等菩提清淨无二无二分无別无斷
故補特伽羅清淨即諸佛无上正等菩提清
淨諸佛无上正等菩提清淨即補特伽羅清
淨何以故是補特伽羅清淨與諸佛无上正
等菩提清淨无二无二分无別无斷故意生
清淨即諸佛无上正等菩提清淨諸佛无上
正等菩提清淨即意生清淨何以故是意生

BD15135號　大般若波羅蜜多經卷一八九　　（17–15）

無上正等菩提清淨無二無二分無別無斷
故補特伽羅清淨即諸佛無上正等菩提清
淨諸佛無上正等菩提清淨即補特伽羅清
淨何以故是補特伽羅清淨與諸佛無上正
等菩提清淨無二無二分無別無斷故意生
清淨即諸佛無上正等菩提清淨諸佛無上
正等菩提清淨即意生清淨何以故是意生
清淨與諸佛無上正等菩提清淨無二無二
分無別無斷故儒童清淨即諸佛無上正等
菩提清淨諸佛無上正等菩提清淨即儒童
清淨何以故是儒童清淨與諸佛無上正等
菩提清淨無二無二分無別無斷故作者清
淨即諸佛無上正等菩提清淨諸佛無上正
等菩提清淨即作者清淨何以故是作者清
淨與諸佛無上正等菩提清淨無二無二分
無別無斷故受者清淨即諸佛無上正等菩
提清淨諸佛無上正等菩提清淨即受者清
淨何以故是受者清淨與諸佛無上正等菩
提清淨無二無二分無別無斷故知者清淨
即諸佛無上正等菩提清淨諸佛無上正等
菩提清淨即知者清淨何以故是知者清淨
與諸佛無上正等菩提清淨無二無二分無
別無斷故見者清淨即諸佛無上正等菩提
清淨諸佛無上正等菩提清淨即見者清淨
何以故是見者清淨與諸佛無上正等菩提
清淨無二無二分無別無斷故

大般若波羅蜜多經卷第一百八十九

BD15135號　大般若波羅蜜多經卷一八九　（17–16）

淨即諸佛無上正等菩提清淨諸佛無上正
等菩提清淨即作者清淨何以故是作者清
淨與諸佛無上正等菩提清淨無二無二分
無別無斷故受者清淨即諸佛無上正等菩
提清淨諸佛無上正等菩提清淨即受者清
淨何以故是受者清淨與諸佛無上正等菩
提清淨無二無二分無別無斷故知者清淨
即諸佛無上正等菩提清淨諸佛無上正等
菩提清淨即知者清淨何以故是知者清淨
與諸佛無上正等菩提清淨無二無二分無
別無斷故見者清淨即諸佛無上正等菩提
清淨諸佛無上正等菩提清淨即見者清淨
何以故是見者清淨與諸佛無上正等菩提
清淨無二無二分無別無斷故

大般若波羅蜜多經卷第一百八十九

庚午年五月[illegible]寫記

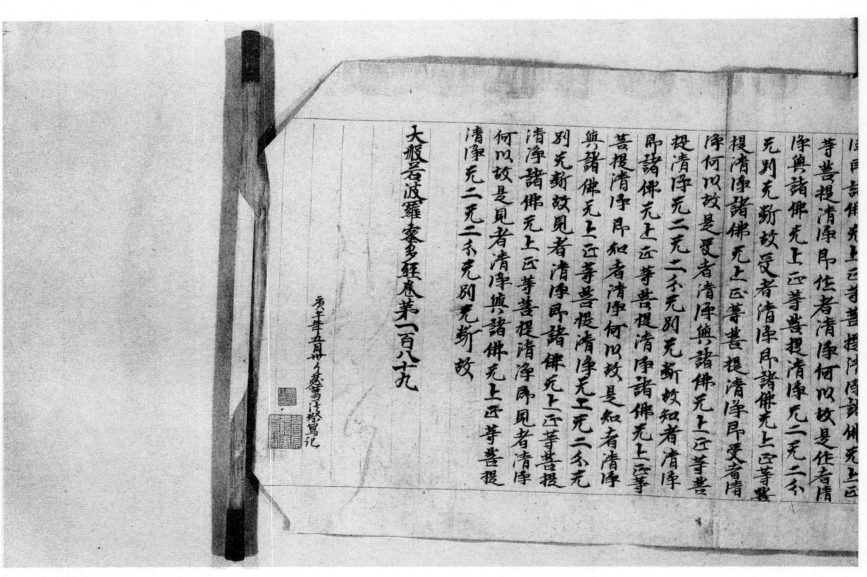

BD15135號　大般若波羅蜜多經卷一八九　（17–17）

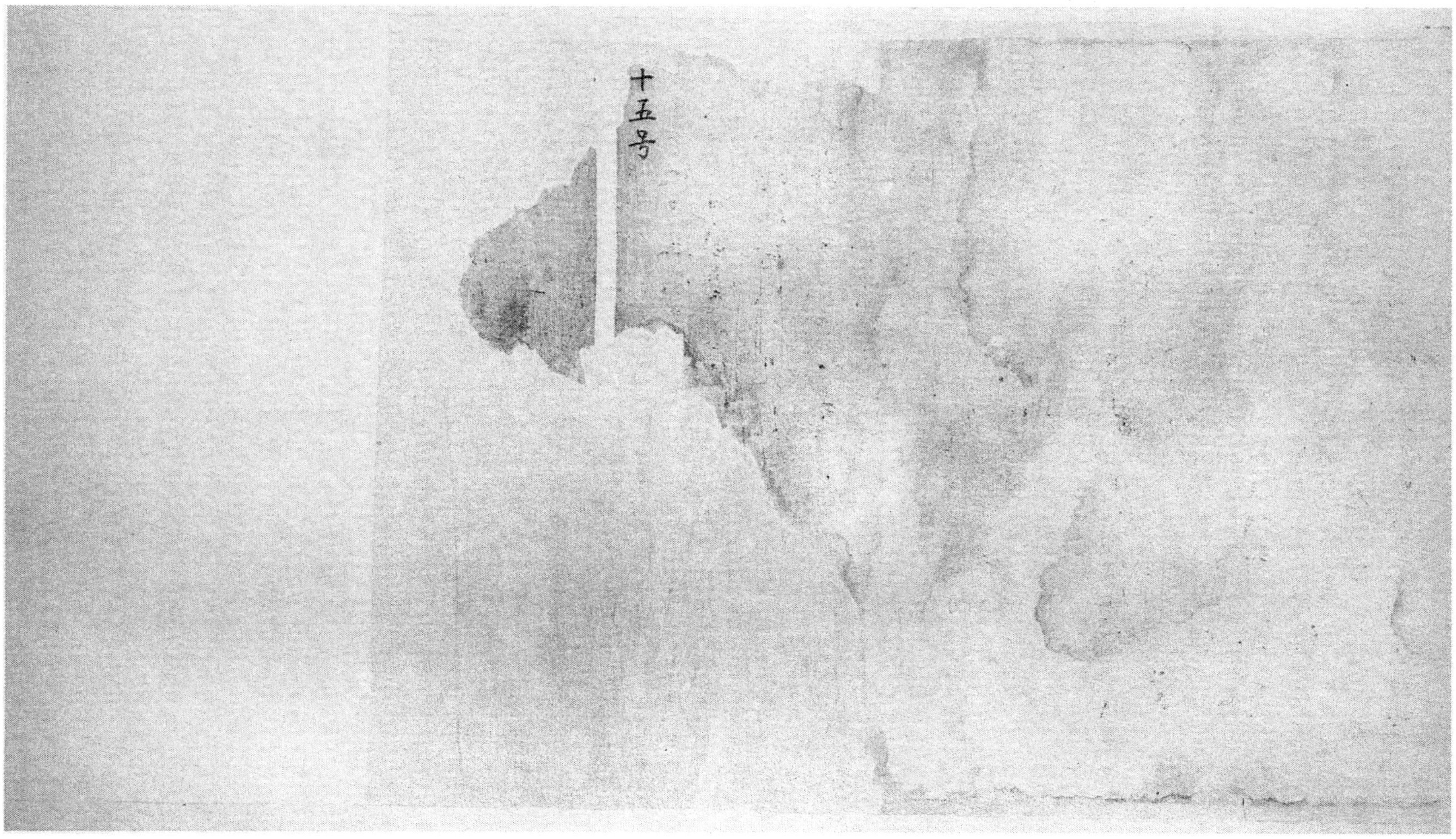

BD15135 號背　勘記　（1–1）

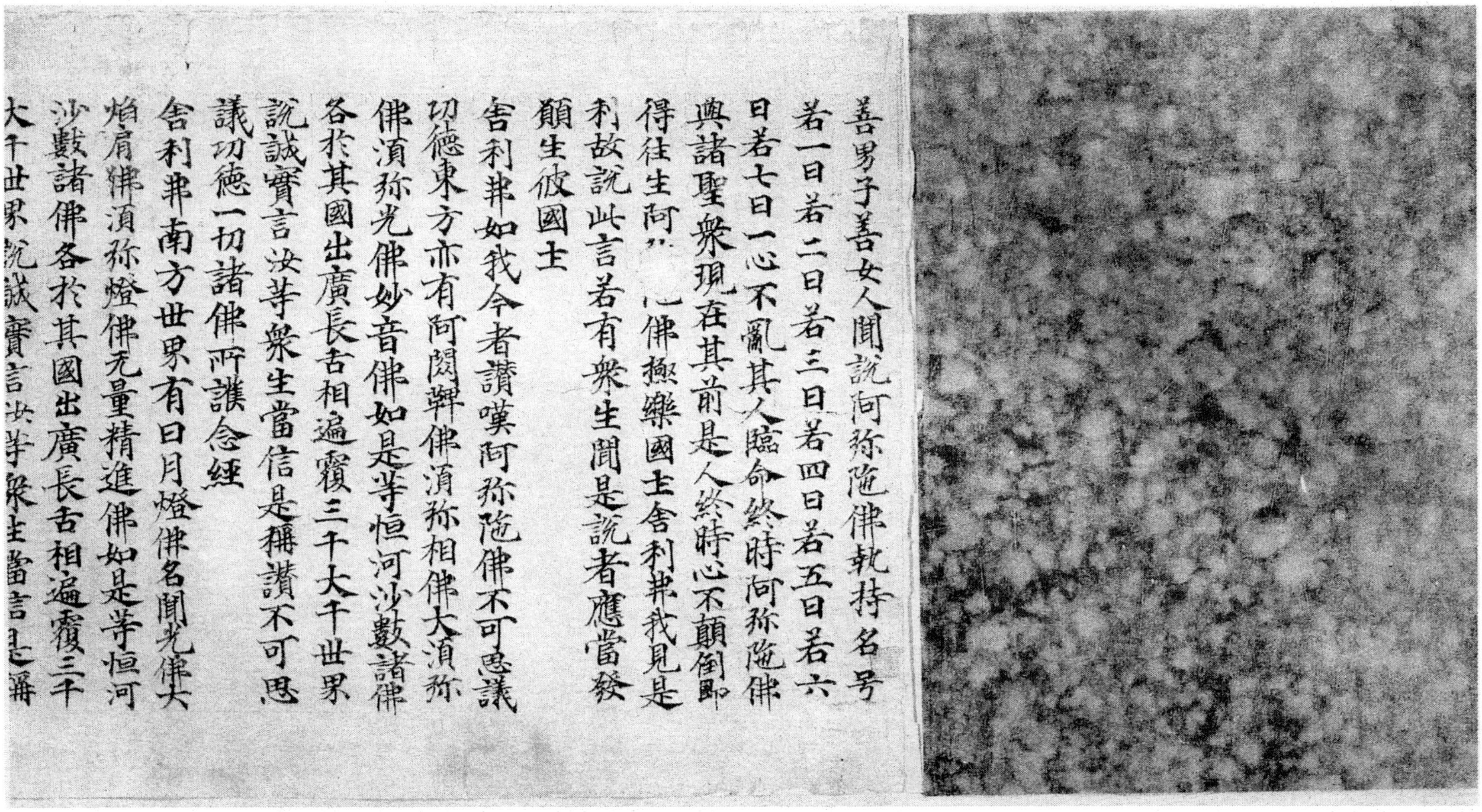

善男子善女人聞説阿弥陁佛執持名号
若一日若二日若三日若四日若五日若六
日若七日一心不亂其人臨命終時阿弥陁佛
與諸聖衆現在其前是人終時心不顛倒即
得往生阿〼〼〼佛極樂國土舍利弗我見是
利故説此言若有衆生聞是説者應當發
願生彼國土
舍利弗如我今者讃嘆阿弥陁佛不可思議
功德東方亦有阿閦鞞佛須弥相佛大須弥
佛須弥光佛妙音佛如是等恒河沙數諸佛
各於其國出廣長舌相遍覆三千大千世界
説誠實言汝等衆生當信是稱讃不可思
議功德一切諸佛所護念經
舍利弗南方世界有日月燈佛名聞光佛大
焰肩佛須弥燈佛无量精進佛如是等恒河
沙數諸佛各於其國出廣長舌相遍覆三千
大千世界説誠實言汝等衆生當信是稱

BD15136 號　阿彌陀經　（4–1）

說誠實言汝等衆生當信是稱讚不可思
議功德一切諸佛所護念經
舍利弗南方世界有日月燈佛名聞光佛大
焰肩佛須弥燈佛无量精進佛如是等恒河
沙數諸佛各於其國出廣長舌相遍覆三千
大千世界說誠實言汝等衆生當信是稱
讚不可思議功德一切諸佛所護念經
舍利弗西方世界有无量壽佛无量相佛无
量幢佛大光佛大明佛寶相佛淨光佛如是
等恒河沙數諸佛各於其國出廣長舌相遍
覆三千大千世界說誠實言汝等衆生當信
是稱讚不可思議功德一切諸佛所護念經
舍利弗北方世界有焰肩佛最勝音佛難沮
佛日生佛網明佛如是等恒河沙數諸佛各
於其國出廣長舌相遍覆三千大千世界說
誠實言汝等衆生當信是稱讚不可思議功
德一切諸佛所護念經
舍利弗下方世界有師子佛名聞佛名光佛
達摩佛法幢佛持法佛如是等恒河沙數諸
佛各於其國出廣長舌相遍覆三千大千世
界說誠實言汝等衆生當信是稱讚不可
思議功德一切諸佛所護念經
舍利弗上方世界有梵音佛宿王佛香上佛
香光佛大焰肩佛雜色寶華嚴身佛娑羅
樹王佛寶華德佛見一切義佛如須弥山佛
如是等恒河沙數諸佛各於其國出廣長舌
相遍覆三千大千世界說誠實言汝等衆生當
信是稱讚不可思議功德一切諸佛所護

BD15136號　阿彌陀經　（4–2）

佛各於其國出廣長舌相遍覆三千大千世
界說誠實言汝等衆生當信是稱讚不可
思議功德一切諸佛所護念經
舍利弗上方世界有梵音佛宿王佛香上佛
香光佛大焰肩佛雜色寶華嚴身佛娑羅
樹王佛寶華德佛見一切義佛如須弥山佛
如是等恒河沙數諸佛各於其國出廣長舌
相遍覆三千大千世界說誠實言汝等衆生當
信是稱讚不可思議功德一切諸佛所護
念經
舍利弗於汝意云何何故名一切諸佛所護念
經舍利弗若有善男子善女人聞是諸佛所
說名及經名者是諸善男子善女人皆為一
切諸佛共所護念皆得不退轉於阿耨多羅三
藐三菩提是故舍利弗汝等皆當信受我語
及諸佛所說舍利弗若有人已發願今發願
當發願欲生阿弥陁佛國者是諸人等皆得
不退轉於阿耨多羅三藐三菩提於彼國土
若已生若今生若當生是故舍利弗諸善男
子善女人若有信者應當發願生彼國土
舍利弗如我今者稱讚諸佛不可思議功德
彼諸佛等亦稱說我不可思議功德而作是
言釋迦牟尼佛能為甚難希有之事能於
娑婆國土五濁惡世劫濁見濁煩惱濁衆生濁
命濁中得阿耨多羅三藐三菩提為諸衆生
說是一切世間難信之法舍利弗當知我於

BD15136號　阿彌陀經　（4–3）

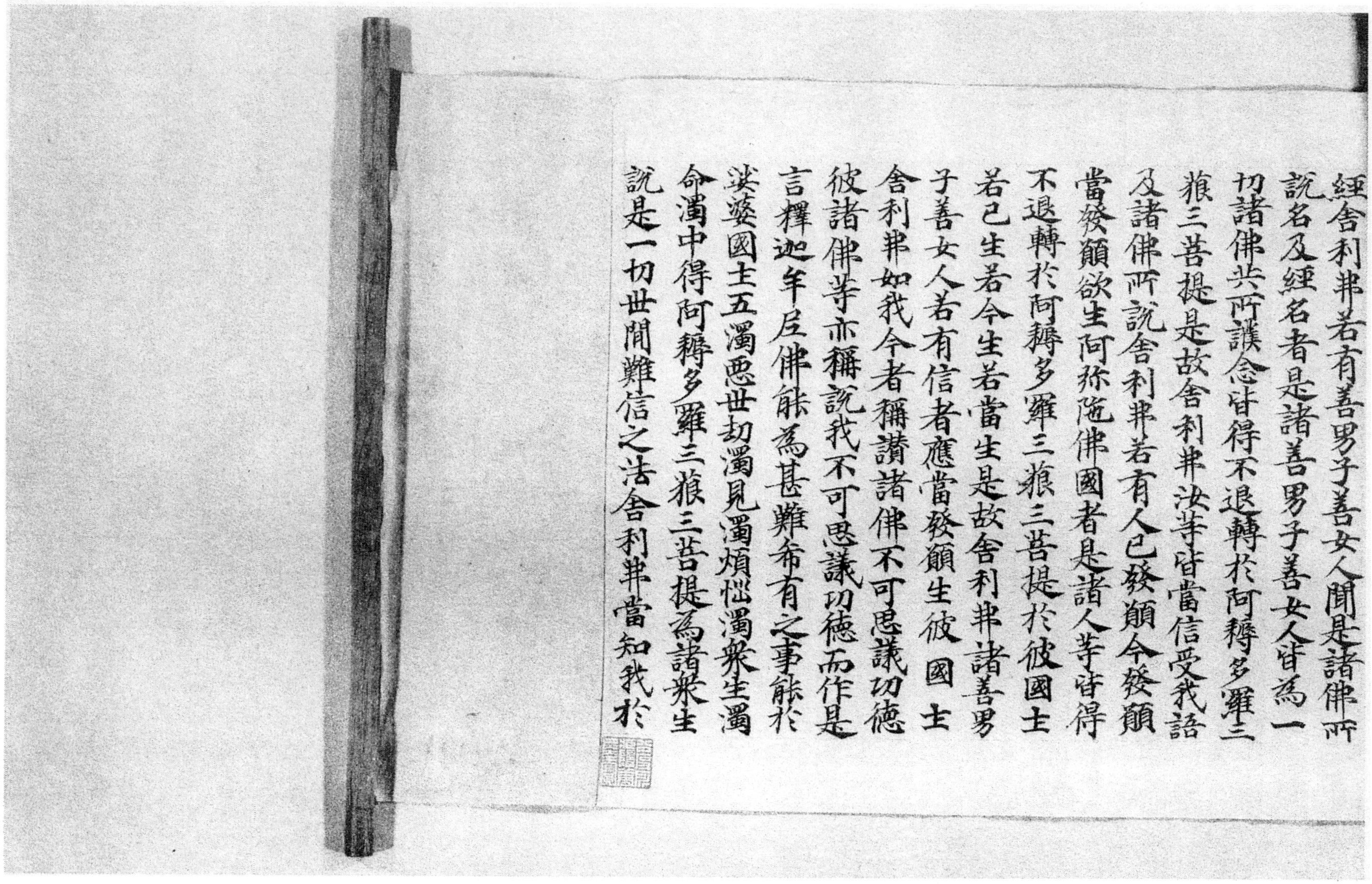
經舍利弗若有善男子善女人聞是諸佛所
說名及經名者是諸善男子善女人皆爲一
切諸佛共所護念皆得不退轉於阿耨多羅三
藐三菩提是故舍利弗汝等皆當信受我語
及諸佛所說舍利弗若有人已發願今發願
當發願欲生阿彌陀佛國者是諸人等皆得
不退轉於阿耨多羅三藐三菩提於彼國土
若已生若今生若當生是故舍利弗諸善男
子善女人若有信者應當發願生彼國土
舍利弗如我今者稱讚諸佛不可思議功德
彼諸佛等亦稱說我不可思議功德而作是
言釋迦牟尼佛能爲甚難希有之事能於
娑婆國土五濁惡世劫濁見濁煩惱濁衆生濁
命濁中得阿耨多羅三藐三菩提爲諸衆生
說是一切世間難信之法舍利弗當知我於

BD15136號　阿彌陀經　（4–4）

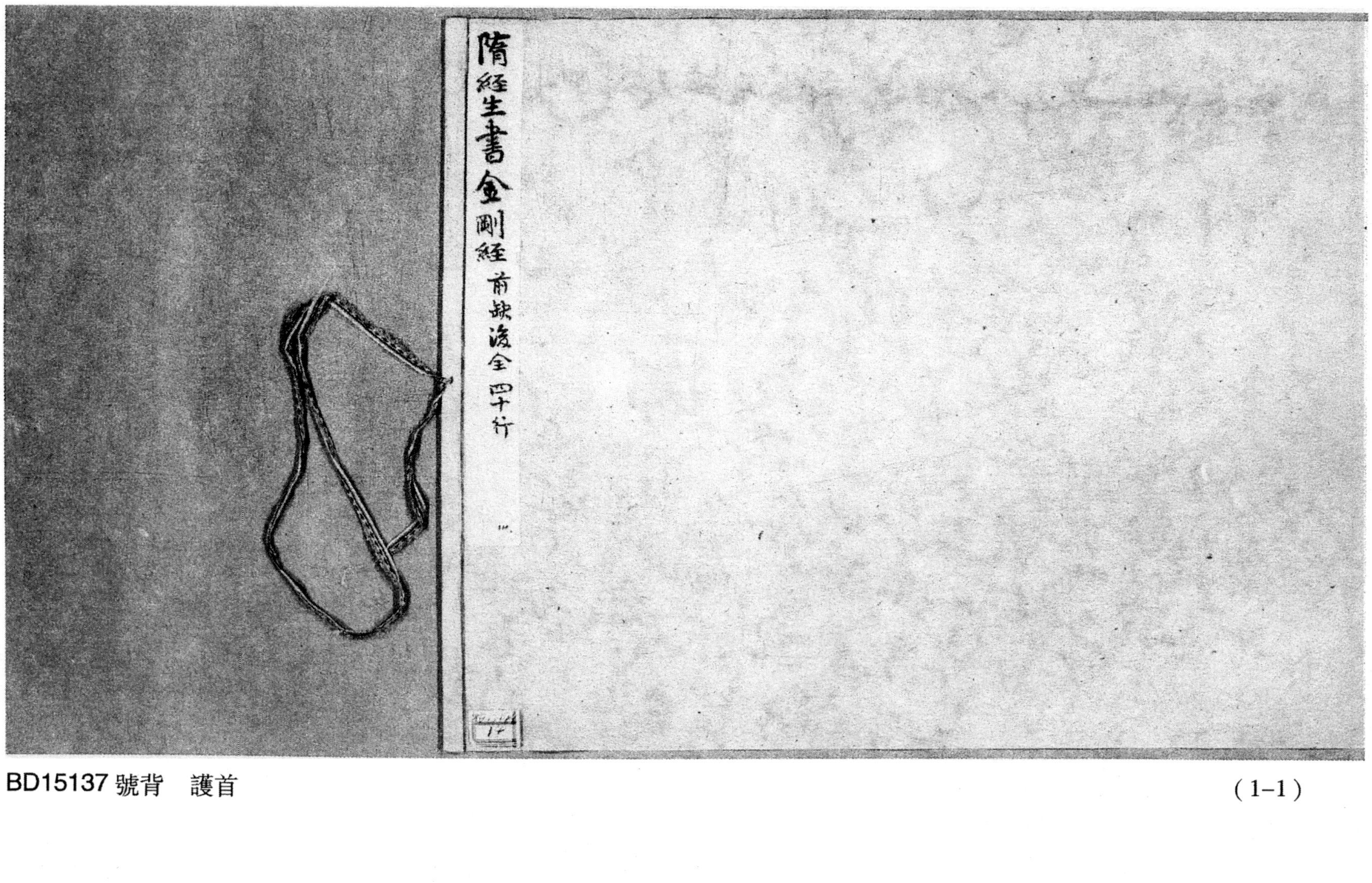
隋經生書金剛經　前缺後全　四十行

BD15137號背　護首　（1–1）

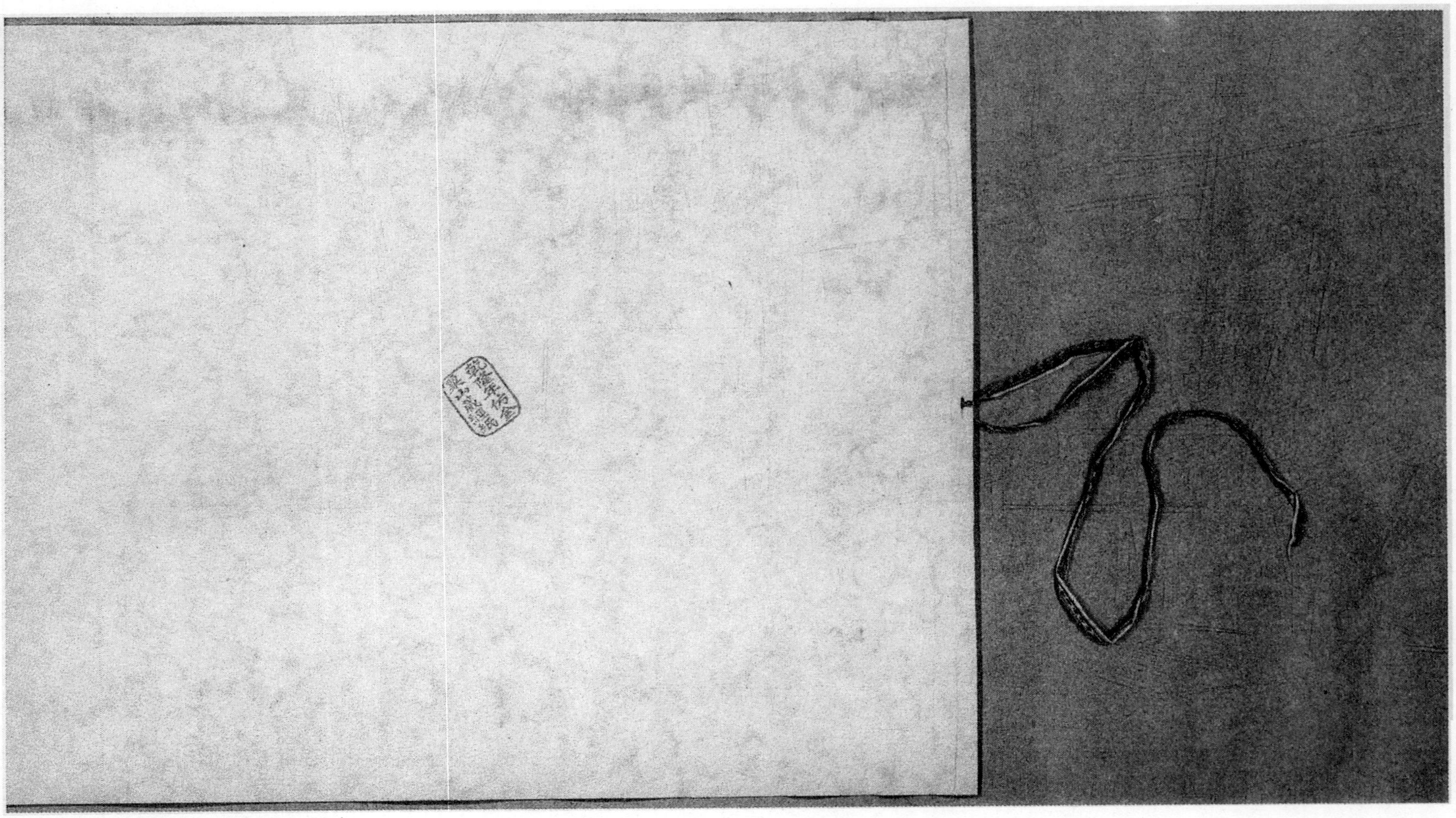

BD15137 號　金剛般若波羅蜜經　（5–1）

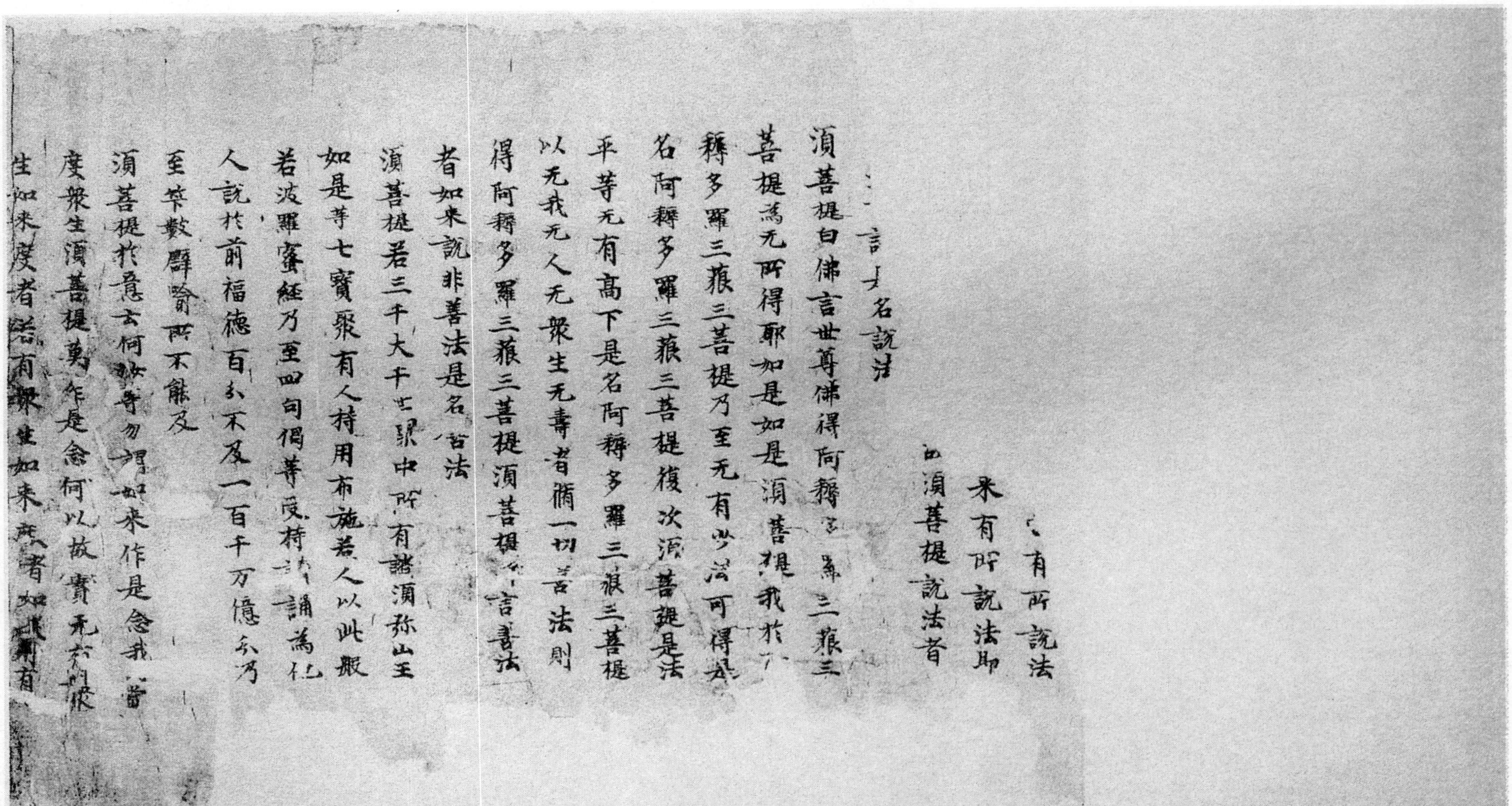

有所說法
來有所說法即
須菩提說法者
名說法
須菩提白佛言世尊佛得阿耨多羅三藐三
菩提爲无所得耶如是如是須菩提我於阿
耨多羅三藐三菩提乃至无有少法可得是
名阿耨多羅三藐三菩提復次須菩提是法
平等无有高下是名阿耨多羅三藐三菩提
以无我无人无衆生无壽者脩一切善法則
得阿耨多羅三藐三菩提須菩提所言善法
者如來說非善法是名善法
須菩提若三千大千世界中所有諸須弥山王
如是等七寶聚有人持用布施若人以此般
若波羅蜜經乃至四句偈等受持讀誦爲他
人說於前福德百分不及一百千万億分乃
至筭數譬喻所不能及
須菩提於意云何汝等勿謂如來作是念我當
度衆生須菩提莫作是念何以故實无有衆
生如來度者若有衆生如來度者如來則有

BD15137 號　金剛般若波羅蜜經　（5–2）

人說於前福德百分不及一百千万億分乃
至筭數譬喻所不能及
須菩提於意云何汝等勿謂如來作是念我當
度衆生須菩提莫作是念何以故實无有衆
生如來度者若有衆生如來度者如來則有
我人衆生壽者須菩提如來說有我者則
非有我而凡夫之人以為有我須菩提凡夫
者如來說則非凡夫是名凡夫
須菩提於意云何可以三十二相觀如來不
須菩提言如是如是以三十二相觀如
來佛告須菩提若以三十二相觀如來者轉
輪聖王則是如來須菩提白佛言世尊如我
解佛所說義不應以三十二相觀如來尒時
世尊而說偈言
若以色見我　以音聲求我　是人行邪道　不能見如來
須菩提汝若作是念如來不以具足相　得
阿耨多羅三藐三菩提須菩提莫作是念
如來不以具足相故得阿耨多羅三藐三菩
提須菩提汝若作是念發阿耨多羅三藐三
菩提心者說諸法斷滅相莫作是念何以故
發阿耨多羅三藐三菩提心者於法不說斷
滅相
須菩提若菩薩以滿恒河沙等世界七寶持
用布施若復有人知一切法无我得成於忍
此菩薩勝前菩薩所得功德須菩提以諸
菩薩不受福德故須菩提白佛言世尊云何
菩薩不受福德須菩提菩薩所作福德不應
貪著是故佛說不受福德

BD15137 號　金剛般若波羅蜜經　（5–3）

須菩提若菩薩以滿恒河沙等世界七寶持
用布施若復有人知一切法无我得成於忍
此菩薩勝前菩薩所得功德須菩提以諸
菩薩不受福德故須菩提白佛言世尊云何
菩薩不受福德須菩提菩薩所作福德不應
貪著是故佛說不受福德
須菩提若有人言如來若來若去若坐若卧
是人不解我所說義何以故如來者无所從
來亦无所去故名如來
須菩提若善男子善女人以三千大千世界
碎為微塵於意云何是微塵衆寧為多不甚
多世尊何以故若是微塵衆實有者佛則不
說是微塵衆所以者何佛說微塵衆則非微
塵衆是名微塵衆世尊如來所說三千大千
世界則非世界是名世界何以故若世界實
有者則是一合相如來說一合相則非一合
相是名一合相須菩提一合相者則是不可
說但凡夫之人貪著其事須菩提若人言
佛說我見人見衆生見壽者見須菩提於意
云何是人解我所說義不不也世尊是人不
解如來所說義何以故世尊說我見人見衆
生見壽者見即非我見人見衆生見壽者
見是名我見人見衆生見壽者見須菩提發
阿耨多羅三藐三菩提心者於一切法應如是知
如是見如是信解不生法相須菩提所言法相
者如來說即非法相是名法相
須菩提若有人以滿无量阿僧祇世界七寶
持用布施若有善男子善女人發菩薩心者
持於此經乃至四句偈等受持讀誦為人演

BD15137 號　金剛般若波羅蜜經　（5–4）

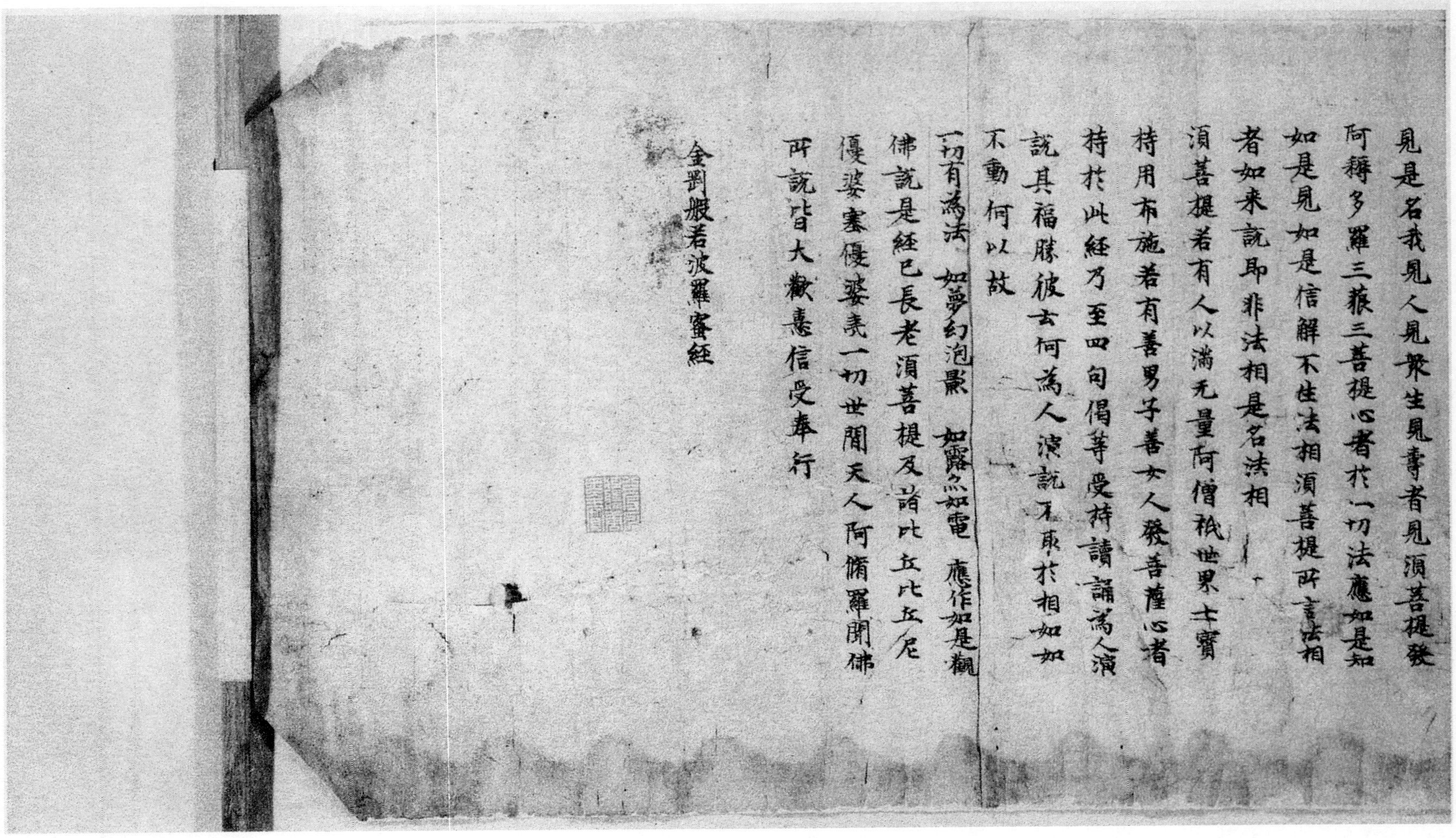

BD15137 號　金剛般若波羅蜜經　　（5–5）

BD15137 號背　題記　　（1–1）

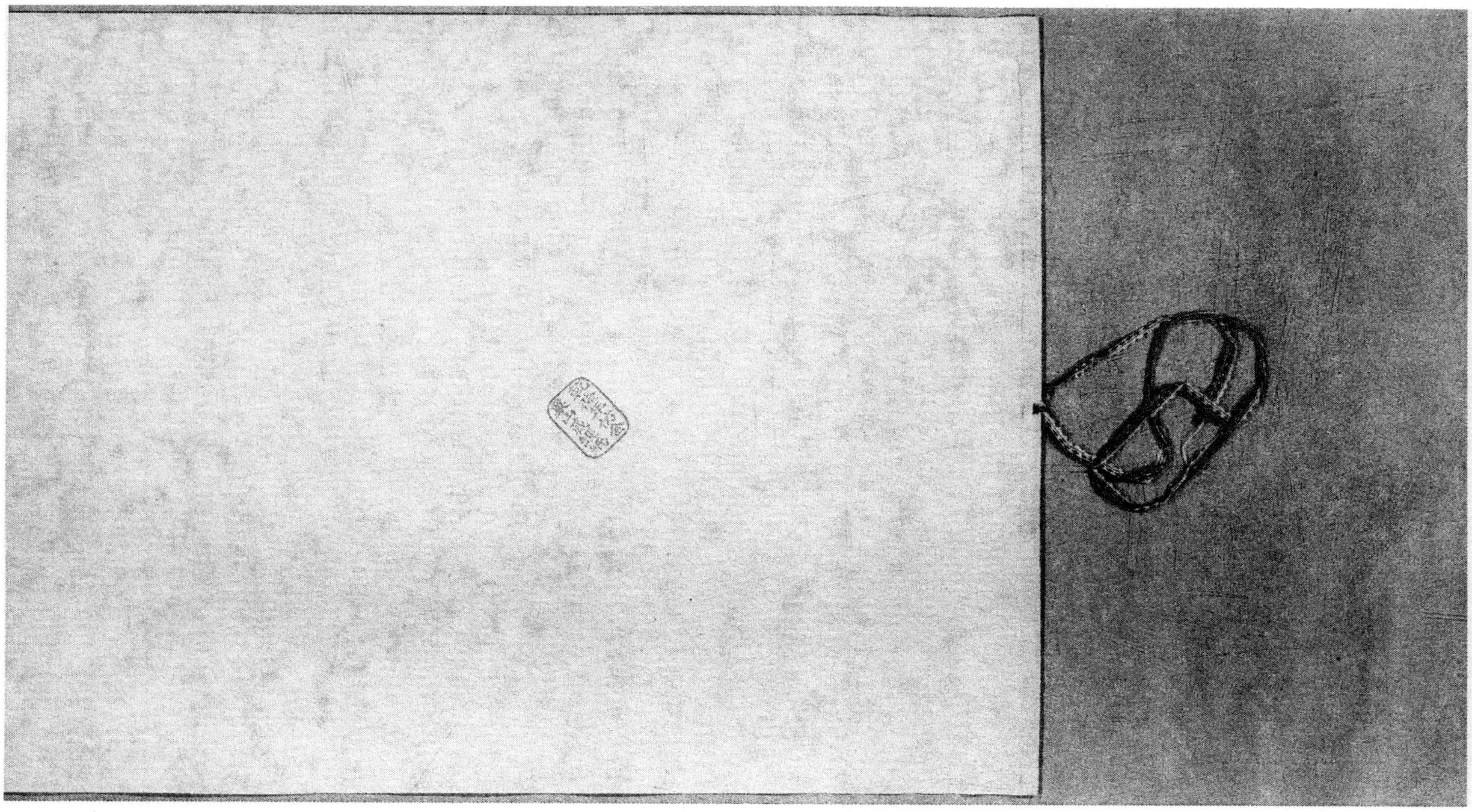

BD15138號　摩訶般若波羅蜜經卷二七　（5–1）

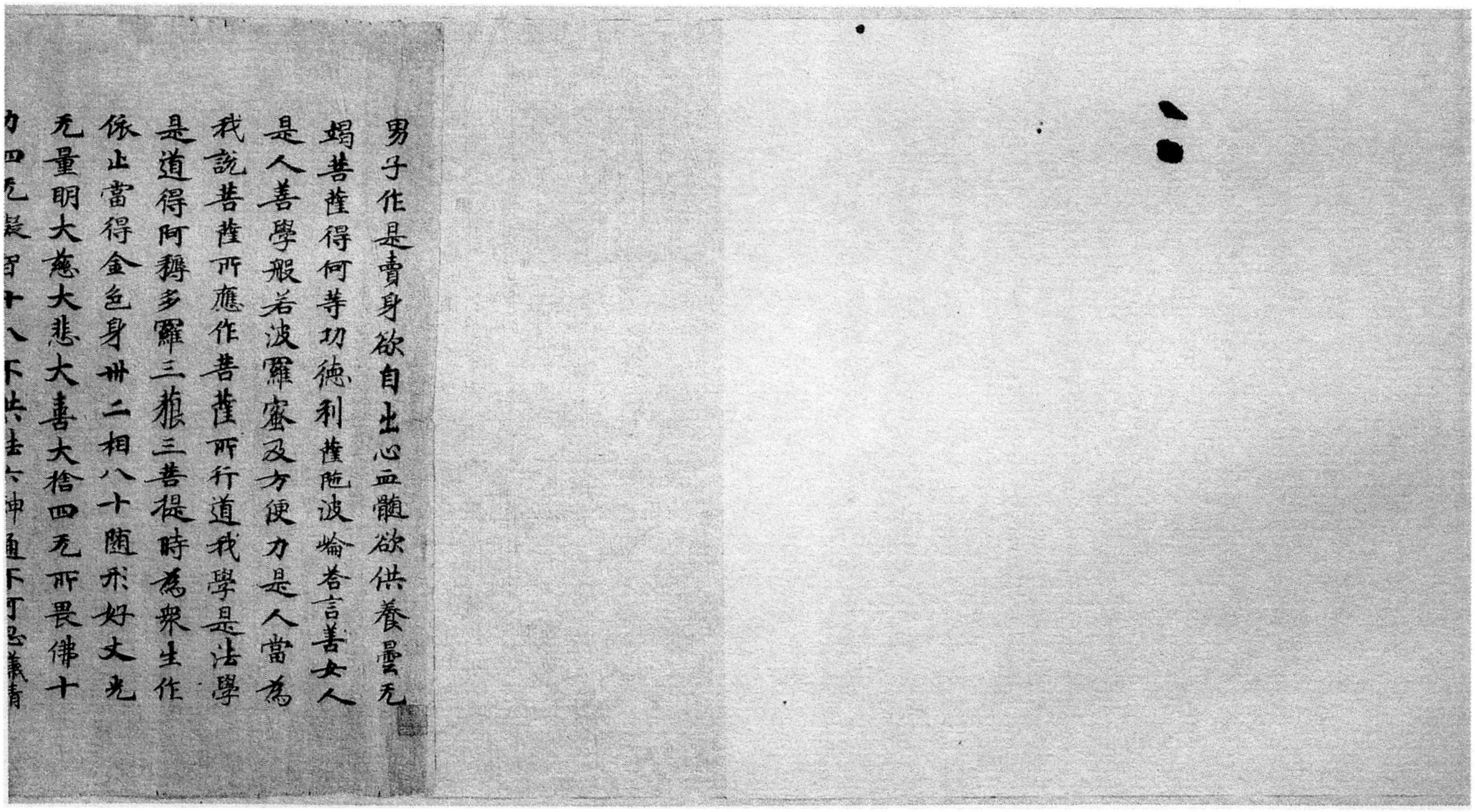

男子作是賣身欲自出心血髓欲供養曇无
竭菩薩得何等功德利薩陀波崘答言善女人
是人善學般若波羅蜜及方便力是人當為
我說菩薩所應作菩薩所行道我學是法學
是道得阿耨多羅三藐三菩提時為衆生作
依止當得金色身卅二相八十隨形好丈光
无量明大慈大悲大喜大捨四无所畏佛十
力四无㝵智十八不共法六神通不可思議清

BD15138號　摩訶般若波羅蜜經卷二七　（5–2）

我說菩薩所應作菩薩所行道我學是法學
是道得阿耨多羅三藐三菩提時為衆生作
依止當得金色身卅二相八十隨形好丈光
无量明大慈大悲大喜大捨四无所畏佛十
力四无礙智十八不共法六神通不可思議清
淨戒禪定智慧得阿耨多羅三藐三菩提於
諸法中得无礙一切知見以无上法寶分布
與一切衆生如是等諸功德利我當從彼得
之是時長者女聞是上妙佛法大歡喜心驚
毛竪語薩陁波崙言善男子甚希有汝所說
者微妙難值為是一一功德法故應捨如恒
河沙等身何以故汝所說者甚大微妙汝善
男子汝今所須盡當相與金銀真珠瑠璃頗
梨虎魄珊瑚等諸珍寶物及華香瓔珞塗香
燒香幡蓋衣服伎樂等供養之具供養般若
波羅蜜及曇无竭菩薩汝善男子莫自困苦
其身我亦欲往曇无竭菩薩所共汝殖諸善
根為得如是微妙法如汝所說故尒時釋提
桓因即復本身讚薩陁波崙菩薩言善哉善
哉善男子汝堅受是事其心不動諸過去佛
行菩薩道時亦如是求般若波羅蜜及方便
力得阿耨多羅三藐三菩提善男子我實不
用人心血髓但來相試汝願何等我當相與
薩陁波崙言與我阿耨多羅三藐三菩提釋
提桓因言此非我力所辦是諸佛境界必相
供養更索餘願薩陁波崙言汝若於此无力

BD15138號　摩訶般若波羅蜜經卷二七　（5–3）

力得阿耨多羅三藐三菩提善男子我實不
用人心血髓但來相試汝願何等我當相與
薩陁波崙言與我阿耨多羅三藐三菩提釋
提桓因言此非我力所辦是諸佛境界必相
供養更索餘願薩陁波崙言汝若於此无力
必見供養令我是身平復如故是時薩陁波
崙身即平復无有瘡瘢如本不異釋提桓因
與其願已忽然不現尒時長者女語薩陁波
崙菩薩言善男子來到我舍有所須者從我
父母索之盡當相與我亦當辭我父母與諸
侍從共汝往供養曇无竭菩薩為求法故即
時薩陁波崙菩薩與長者女俱到其舍在門
外住長者女入白父母與我衆妙華香及諸
瓔珞塗香燒香幡蓋衣服金銀瑠璃頗梨真
珠珊瑚虎魄及諸伎樂供養之具亦聽我身
及五百侍女先所給使共薩陁波崙菩薩到
曇无竭菩薩所為供養般若波羅蜜故曇无
竭菩薩當為我等說法我當如說行當得諸
佛法女父母語女言薩陁波崙菩薩是何等
人女言是人今在門外是善男子以深心求
阿耨多羅三藐三菩提欲度一切衆生无量
生死苦是善男子為法故自賣其身供養般
若波羅蜜般若波羅蜜名菩薩所學道為供
養般若波羅蜜及供養曇无竭菩薩故在市
肆上高聲唱言誰須人誰須人誰欲買人賣
身不售在一面立憂愁啼哭是時釋提桓因
化作婆羅門來欲試之問言善男子何以憂

BD15138號　摩訶般若波羅蜜經卷二七　（5–4）

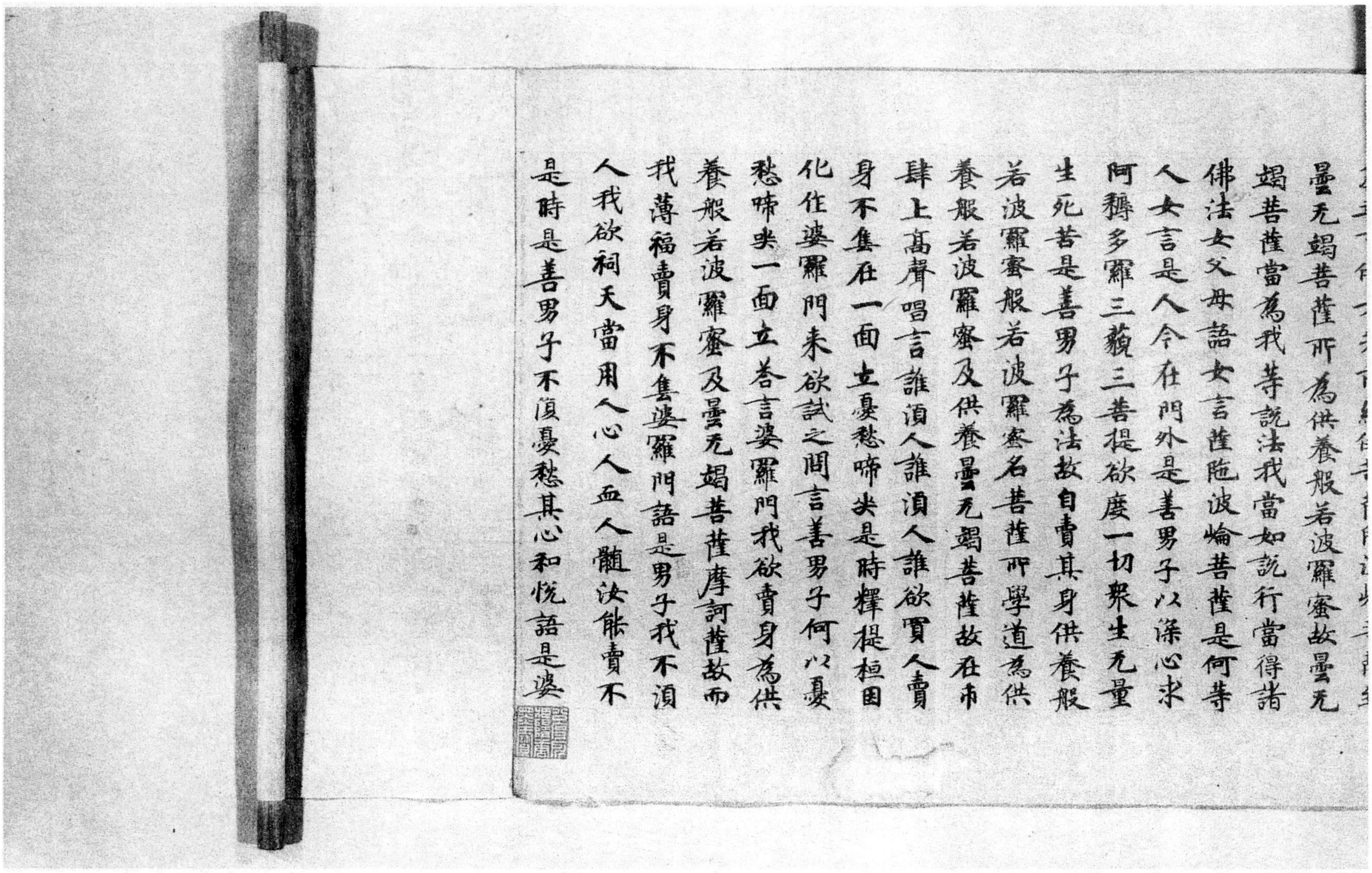
曇无竭菩薩所為供養般若波羅蜜故曇无
竭菩薩當為我等說法我當如說行當得諸
佛法女父母語女言薩陁波崙菩薩是何等
人女言是人今在門外是善男子以深心求
阿耨多羅三藐三菩提欲度一切衆生无量
生死苦是善男子為法故自賣其身供養般
若波羅蜜般若波羅蜜名菩薩所學道為供
養般若波羅蜜及供養曇无竭菩薩故在市
肆上高聲唱言誰須人誰須人誰欲買人賣
身不售在一面立憂愁啼哭是時釋提桓因
化作婆羅門來欲試之問言善男子何以憂
愁啼哭一面立荅言婆羅門我欲賣身為供
養般若波羅蜜及曇无竭菩薩摩訶薩故而
我薄福賣身不售婆羅門語是男子我不須
人我欲祠天當用人心人血人髓汝能賣不
是時是善男子不復憂愁其心和悅語是婆

BD15138號　摩訶般若波羅蜜經卷二七　（5–5）

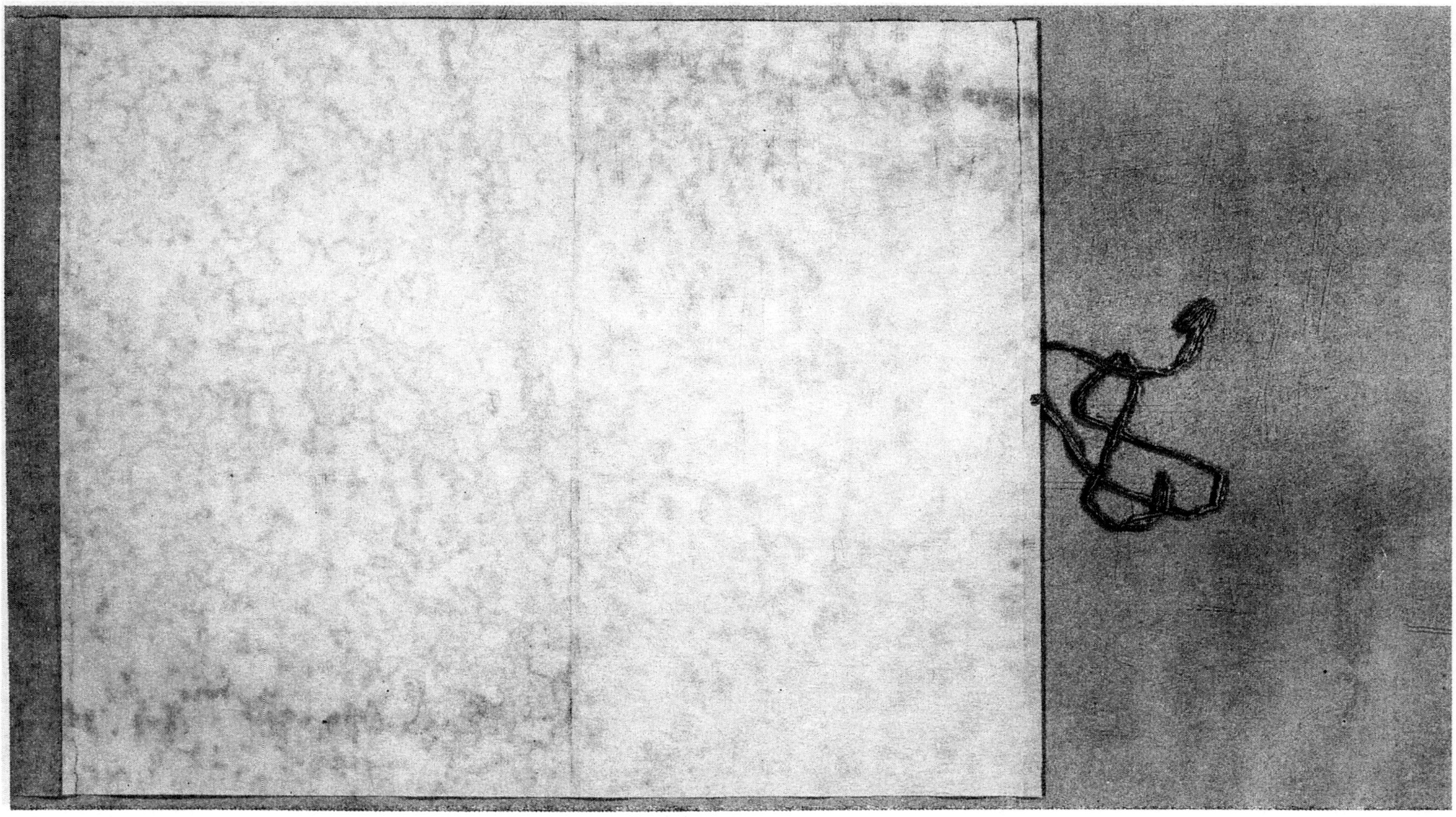

BD15139號　大般涅槃經（北本）卷二五　（4–1）

多羅三藐三菩提故名无常以得无漏八聖
道故名為淨樂善男子若如是知是知涅槃
不名佛性佛性如來法僧實相虛空云何菩薩知
於佛性佛性有六何等為六一常二淨三實
四善五當見六真復有七事一者可證餘六
如上是名菩薩知於佛性云何菩薩知如來
相如來即是覺相善相常樂我淨解脫真實
示道可見是名菩薩知如來相云何菩薩知
於法相法者若善不善若常不常若樂不樂
若我无我若淨不淨若知不知若解不解若
真不真若脩不脩若師不師若實不實是名
菩薩知於法相云何菩薩知於僧相僧者常
樂我淨是弟子相可見之相善真不實何以
故一切聲聞得佛道故何故名真悟法性故
是名菩薩知於僧相云何菩薩知於實相實
相者若常无常若樂无樂若我无我若淨无
淨若善不善若有若无若涅槃非涅槃若解
脫非解脫若知不知若斷不斷若證不證若
脩不脩若見不見是名實相非是涅槃佛性

BD15139 號　大般涅槃經（北本）卷二五　（4–2）

故一切聲聞得佛道故何故名真悟法性故
是名菩薩知於僧相云何菩薩知於實相實
相者若常无常若樂无樂若我无我若淨无
淨若善不善若有若无若涅槃非涅槃若解
脫非解脫若知不知若斷不斷若證不證若
脩不脩若見不見是名實相非是涅槃佛性
如來法僧虛空見名菩薩因脩如是大涅槃
故知於涅槃佛性如來法僧實相虛空等法
差別之相善男子菩薩摩訶薩脩大涅槃微
妙經典不見虛空何以故佛及菩薩雖有五
眼所不見故唯有慧眼乃能見之慧眼所見
无法可見故名為見若是无物名虛空者如
是虛空乃名為實以是實故則名常无以常
无故无樂我淨善男子空名无法无法名空
辟如世間无物名空虛空之性亦復如是无
所有故名為虛空善男子衆生之性與虛空
性俱无實性何以故如人說言除滅有物然
後作空而是虛空實不可作何以故无所有
故以无有故當知无空是虛空性若可作者
則名无常若无常者不名虛空善男子如世
間人說言虛空无色无㝵常不變易是故世
稱虛空之法為第五大善男子而是虛空實
无有性以光明故故名虛空實无虛空猶如
世諦實无其性為衆生故說有世諦善男子
涅槃之體亦復如是无有住處直是諸佛斷
煩惱處故名涅槃涅槃即是常樂我淨涅槃
雖樂非是受樂乃是上妙寂滅之樂諸佛如
來有二種樂一寂滅樂二覺知樂實相之體

BD15139 號　大般涅槃經（北本）卷二五　（4–3）

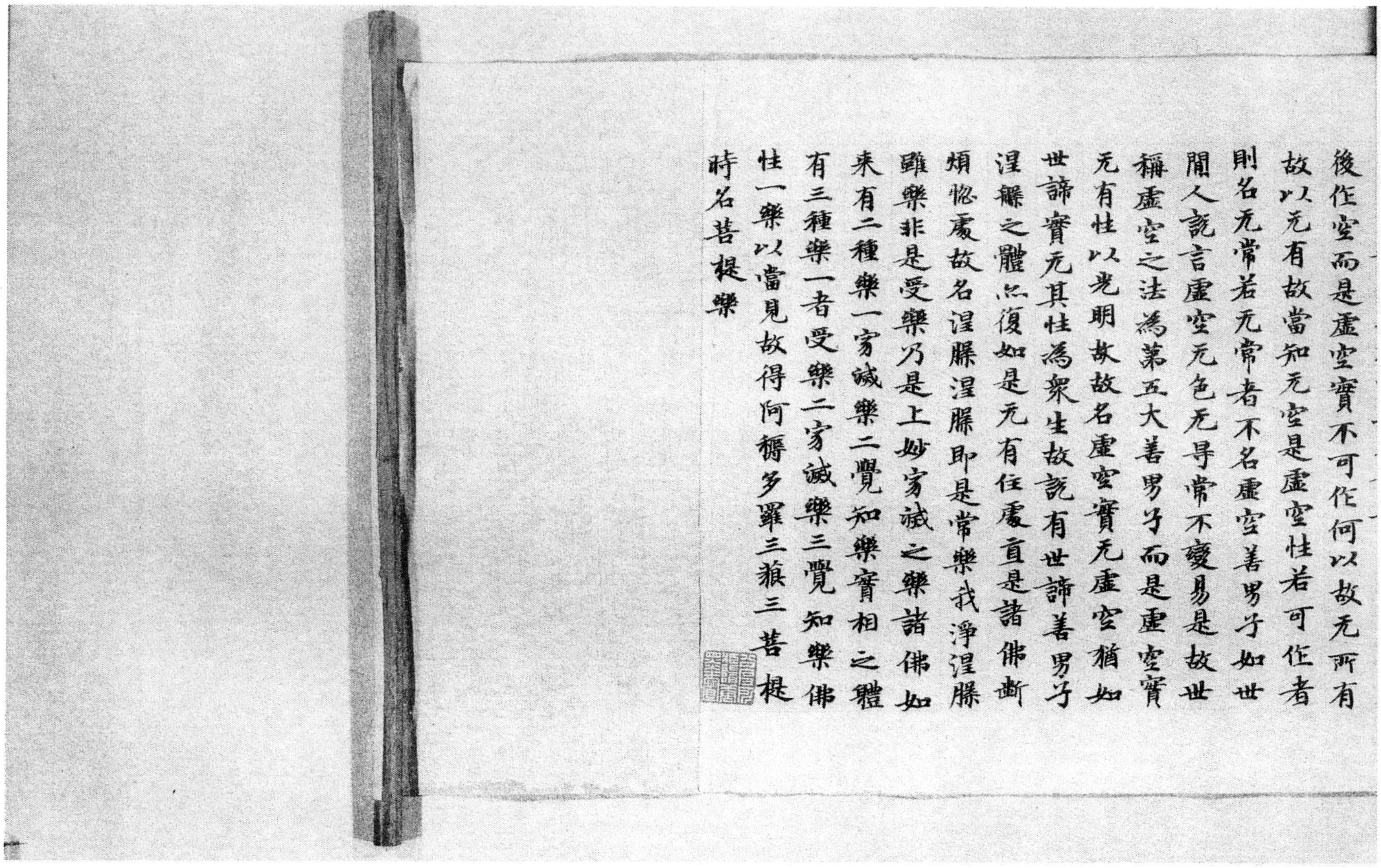
後作空而是虛空實不可作何以故无所有
故以无有故當知无空是虛空性若可作者
則名无常若无常者不名虛空善男子如世
間人說言虛空无色无㝵常不變易是故世
稱虛空之法爲第五大善男子而是虛空實
无有性以光明故故名虛空實无虛空猶如
世諦實无其性爲衆生故說有世諦善男子
涅槃之體亦復如是无有住處直是諸佛斷
煩惱處故名涅槃涅槃即是常樂我淨涅槃
雖樂非是受樂乃是上妙寂滅之樂諸佛如
來有二種樂一寂滅樂二覺知樂實相之體
有三種樂一者受樂二寂滅樂三覺知樂佛
性一樂以當見故得阿耨多羅三藐三菩提
時名菩提樂

BD15139 號　大般涅槃經（北本）卷二五　（4–4）

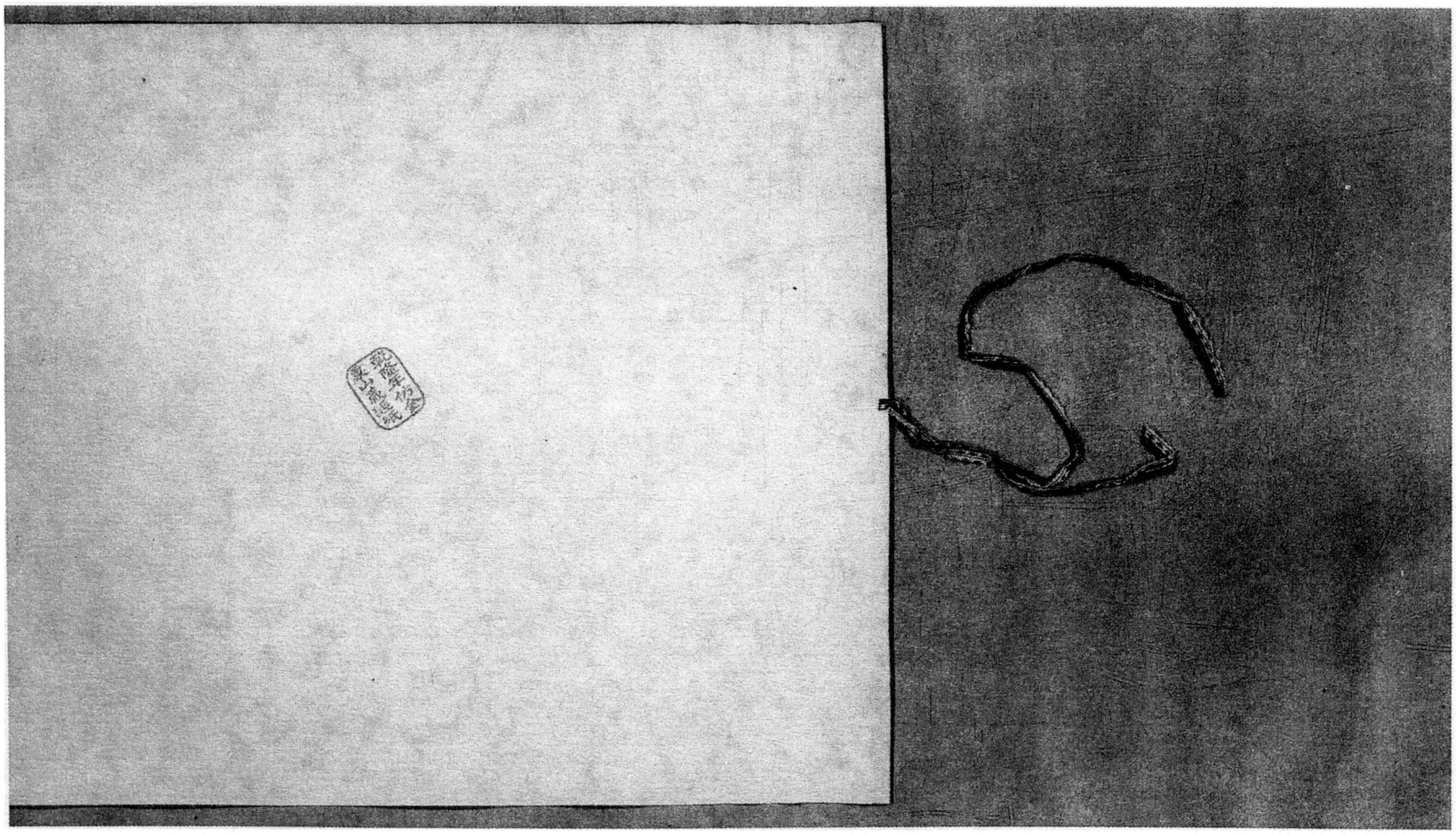

BD15140 號　妙法蓮華經卷五　（5–1）

受持之者斯人則為頂戴如來阿逸多是善
男子善女人不須為我復起塔寺及作僧坊
以四事供養衆僧所以者何是善男子善女
人受持讀誦是經典者為已起塔造立僧坊
供養衆僧則為以佛舍利起七寶塔高廣漸
小至于梵天懸諸幡蓋及衆寶鈴華香瓔珞
末香塗香燒香衆鼓伎樂簫笛箜篌種種儛
戲以妙音聲歌唄讚頌則為於无量千萬億
劫作是供養已阿逸多若我滅後聞是經典
有能受持若自書若教人書則為起立僧坊
以赤栴檀作諸殿堂三十有二高八多羅樹
高廣嚴好百千比丘於其中止園林流池經

BD15140號　妙法蓮華經卷五　　（5–2）

戲以妙音聲歌唄讚頌則為於无量千萬億
劫作是供養已阿逸多若我滅後聞是經典
有能受持若自書若教人書則為起立僧坊
以赤栴檀作諸殿堂三十有二高八多羅樹
高廣嚴好百千比丘於其中止園林流池經
行禪窟衣服飲食床褥湯藥一切樂具充滿
其中如是僧坊堂閣若干百千萬億其數无
量以此現前供養於我及比丘僧是故我說
如來滅後若有受持讀誦為他人說若自書
若教人書供養經卷不須復起塔寺及造僧
坊供養衆僧況復有人能持是經兼行布施
持戒忍辱精進一心智慧其德最勝无量无
邊譬如虛空東西南北四維上下无量无邊
是人功德亦復如是无量无邊疾至一切種
智若人讀誦受持是經為他人說若自書若
教人書復能起塔及造僧坊供養讚歎聲聞
衆僧亦以百千萬億讚歎之法讚歎菩薩功
德又為他人種種因緣隨義解說此法華經
復能清淨持戒與柔和者而共同止忍辱无
瞋志念堅固常貴坐禪得諸深定精進勇猛
攝諸善法利根智慧善答問難阿逸多若我
滅後諸善男子善女人受持讀誦是經典者
復有如是諸善功德當知是人已趣道場近
阿耨多羅三藐三菩提坐道樹下阿逸多是
善男子若坐若立若行處此中便應起塔一
切天人皆應供養如佛之塔尒時世尊欲重

BD15140號　妙法蓮華經卷五　　（5–3）

滅後諸善男子善女人受持讀誦是經典者
復有如是諸善功德當知是人已趣道場近
阿耨多羅三藐三菩提坐道樹下阿逸多是
善男子若坐若立若行處此中便應起塔一
切天人皆應供養如佛之塔尒時世尊欲重
宣此義而說偈言
若我滅度後　能奉持此經　斯人福无量　如上之所說
是則為具足　一切諸供養　以舍利起塔　七寶而莊嚴
表剎甚高廣　漸小至梵天　寶鈴千萬億　風動出妙音
又於无量劫　而供養此塔　華香諸瓔珞　天衣眾伎樂
燃香油酥燈　周帀常照明　惡世法末時　能持是經者
則為已如上　具足諸供養　若能持此經　則如佛現在
以牛頭栴檀　起僧坊供養　堂有三十二　高八多羅樹
上饌妙衣服　床臥皆具足　百千眾住處　園林諸流池
經行及禪窟　種種皆嚴好　若有信解心　受持讀誦書
若復教人書　及供養經卷　散華香末香　以須曼瞻蔔
阿提目多伽　薰油常燃之　如是供養者　得无量功德
如虛空无邊　其福亦如是　況復持此經　兼布施持戒
忍辱樂禪定　不瞋不惡口　恭敬於塔廟　謙下諸比丘
遠離自高心　常思惟智慧　有問難不瞋　隨順為解說
若能行是行　功德不可量　若見此法師　成就如是德
應以天華散　天衣覆其身　頭面接足禮　生心如佛想
又應作是念　不久詣道樹　得无漏无為　廣利諸人天
其所住止處　經行若坐臥　乃至說一偈　是中應起塔
莊嚴令妙好　種種以供養　佛子住此地　則是佛受用
常在於其中　經行及坐臥

BD15140號　妙法蓮華經卷五　（5–4）

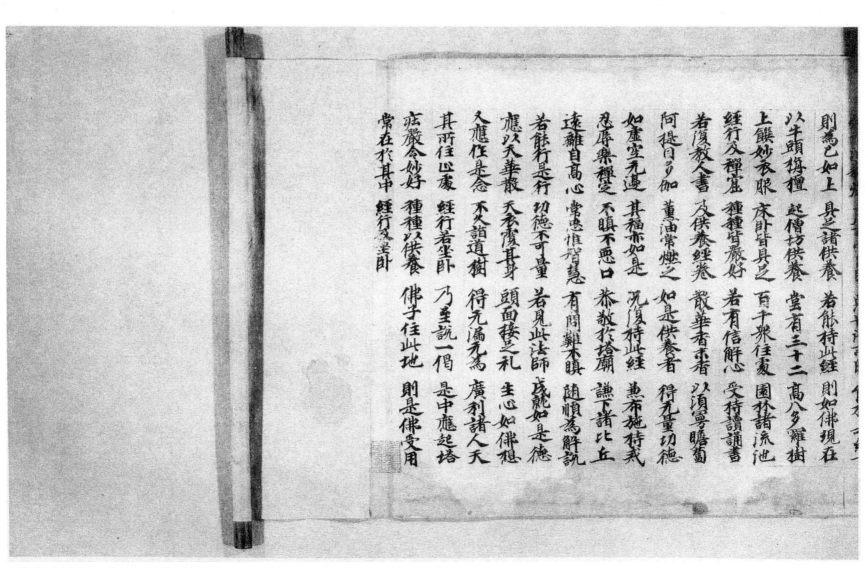

則為已如上　具足諸供養　若能持此經　則如佛現在
以牛頭栴檀　起僧坊供養　堂有三十二　高八多羅樹
上饌妙衣服　床臥皆具足　百千眾住處　園林諸流池
經行及禪窟　種種皆嚴好　若有信解心　受持讀誦書
若復教人書　及供養經卷　散華香末香　以須曼瞻蔔
阿提目多伽　薰油常燃之　如是供養者　得无量功德
如虛空无邊　其福亦如是　況復持此經　兼布施持戒
忍辱樂禪定　不瞋不惡口　恭敬於塔廟　謙下諸比丘
遠離自高心　常思惟智慧　有問難不瞋　隨順為解說
若能行是行　功德不可量　若見此法師　成就如是德
應以天華散　天衣覆其身　頭面接足禮　生心如佛想
又應作是念　不久詣道樹　得无漏无為　廣利諸人天
其所住止處　經行若坐臥　乃至說一偈　是中應起塔
莊嚴令妙好　種種以供養　佛子住此地　則是佛受用
常在於其中　經行及坐臥

BD15140號　妙法蓮華經卷五　（5–5）

在身是名菩薩初得成就无餘法忍復次不
著內身受不著外身受不著內外身受不著
過去未來現在身受乃至不著想行不著內
識不著外識不著內外識不著過去未來現
在識不著前世不著今世不著後世不著色
界不著无色界是名菩薩摩訶薩成就十法
得无生忍若能如是於如來所說法是時七
十二那由他百千菩薩得无生忍八万四千
那由他菩薩皆得順忍无量那由他百千聲
聞斷諸結漏得阿羅漢无量那由他百千衆
生未發菩提心者今皆發心復有无量衆生
亦得發於辟支佛心尒時世尊告金剛藏菩
薩若有衆生成就法忍者應得灌頂轉輪聖
王所有飲食无量財業其餘衆生不得法忍
者亦〃能得灌頂轉輪王位金剛藏菩薩白
佛言世尊為灌頂剎利王不得忍者云何而
得飲食財業佛言灌頂王雖不得法忍能成

BD15141 號　大方廣十輪經卷六　（2–1）

亦得發於辟支佛心尒時世尊告金剛藏菩
薩若有衆生成就法忍者應得灌頂轉輪聖
王所有飲食无量財業其餘衆生不得法忍
者亦〃能得灌頂轉輪王位金剛藏菩薩白
佛言世尊為灌頂剎利王不得忍者云何而
得飲食財業佛言灌頂王雖不得法忍能成
就十善者我亦聽作國主飲食財業任意自
在善男子灌頂剎利王若不得法忍又不具
足脩行十善名為剎利旃陁羅如是愚癡當
破甚深燈然佛法斷三寶種而便擾亂聲聞
弟子亦作无量種種讁罸奪其財物基業誹
謗善法而心覆藏不令顯現或奪塔物僧祇
物如是之人皆悉趣向阿鼻地獄金剛藏菩
薩白佛言世尊若灌頂剎利王不得法忍復
不具足脩行十善必當不得免斯惡耶佛言
假使灌頂剎利王不得法忍而復不脩十善
道者能成就信力歸依三寶不謗正法乃至
一句一偈亦不擾惱聲聞弟子持戒清淨有
德之者不取佛物僧祇物若人見有擾亂如
此比丘而復奪於佛物僧祇物者能為遮制
然无侵毀數數聽受順於實法於三寶中常
親近是人清[illegible]〃 [illegible]固願於摩

BD15141 號　大方廣十輪經卷六　（2–2）

BD15141 號背　勘記　（1-1）

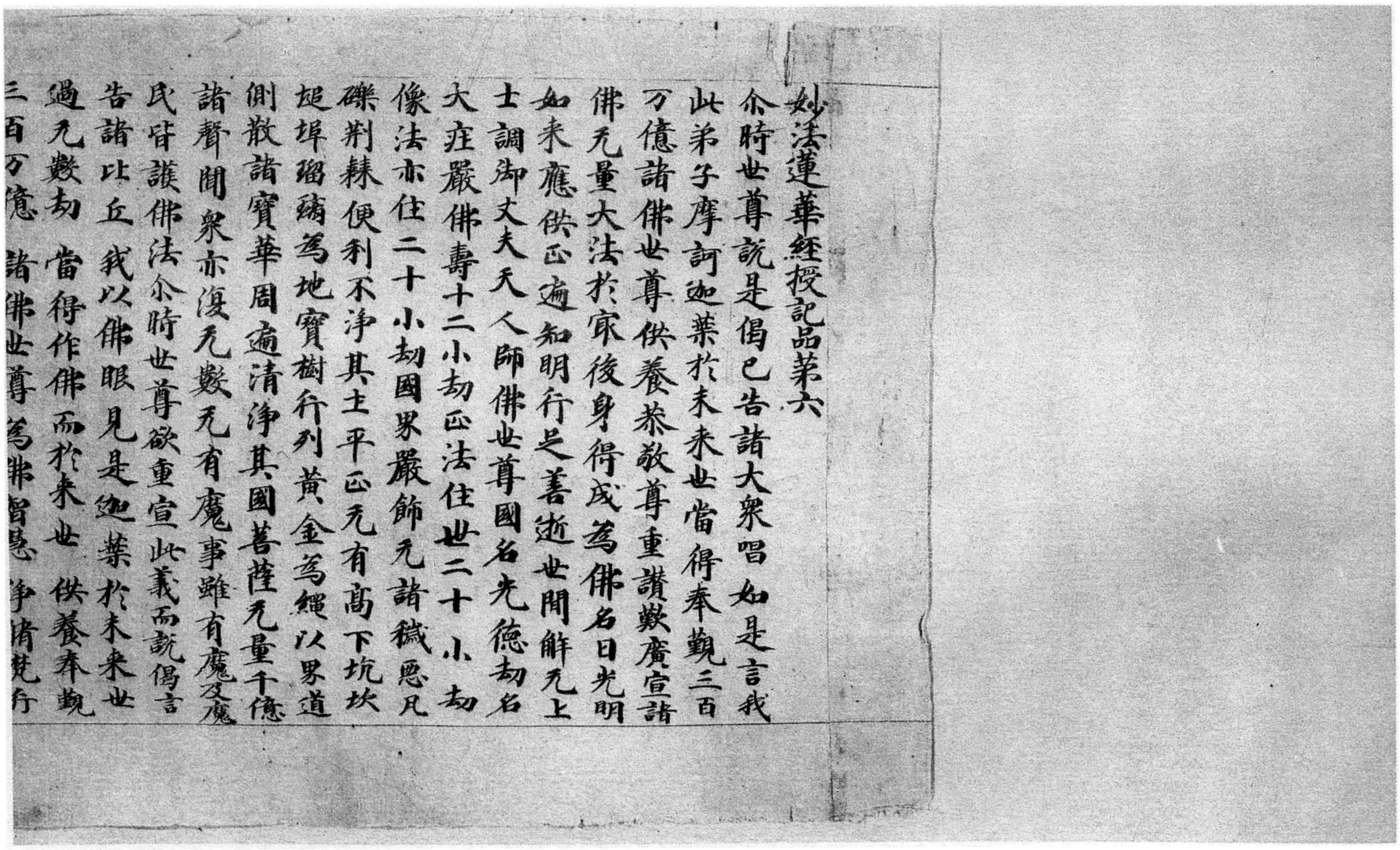
妙法蓮華經授記品第六
尒時世尊說是偈已告諸大衆唱如是言我
此弟子摩訶迦葉於未來世當得奉覲三百
万億諸佛世尊供養恭敬尊重讚歎廣宣諸
佛无量大法於㝡後身得成爲佛名曰光明
如來應供正遍知明行足善逝世間解无上
士調御丈夫天人師佛世尊國名光德劫名
大莊嚴佛壽十二小劫正法住世二十小劫
像法亦住二十小劫國界嚴飾无諸穢惡凡
礫荊棘便利不淨其土平正无有高下坑坎
堆阜瑠璃爲地寶樹行列黃金爲繩以界道
側散諸寶華周遍清淨其國菩薩无量千億
諸聲聞衆亦復无數无有魔事雖有魔及魔
民皆護佛法尒時世尊欲重宣此義而說偈言
告諸比丘　我以佛眼　見是迦葉　於未來世
過无數劫　當得作佛　而於來世　供養奉覲
三百万億　諸佛世尊　爲佛智慧　淨脩梵行

BD15142 號　妙法蓮華經卷三　（21-1）

諸聲聞衆亦復无數无有魔事雖有魔及魔
民皆護佛法尒時世尊欲重宣此義而說偈言
告諸比丘 我以佛眼 見是迦葉 於未來世
過无數劫 當得作佛 而於來世 供養奉覲
三百万億 諸佛世尊 為佛智慧 淨脩梵行
供養冣上 二足尊已 脩習一切 无上之慧
於冣後身 得成為佛 其土清淨 瑠璃為地
多諸寶樹 行列道側 金繩界道 見者歡喜
常出好香 散衆名華 種種奇妙 以為莊嚴
其地平正 无有丘坑 諸菩薩衆 不可稱計
其心調柔 逮大神通 奉持諸佛 大乘經典
諸聲聞衆 无漏後身 法王之子 亦不可計
乃以天眼 不能數知 其佛當壽 十二小劫
正法住世 二十小劫 像法亦住 二十小劫
光明世尊 其事如是
尒時大目揵連須菩提摩訶迦栴延等皆悉
悚慄一心合掌瞻仰世尊目不暫捨即共同
聲而說偈言
大雄猛世尊 諸釋之法王 哀愍我等故 而賜佛音聲
若知我深心 見為授記者 如以甘露灑 除熱得清涼
如從飢國來 忽遇大王饍 心猶懷疑懼 未敢即便食
若復得王教 然後乃敢食 我等亦如是 每惟小乘過
不知當云何 得佛无上慧 雖聞佛音聲 言我等作佛
心尚懷憂懼 如未敢便食 若蒙佛授記 尒乃快安樂
大雄猛世尊 常欲安世間 願賜我等記 如飢須教食
尒時世尊知諸大弟子心之所念告諸比丘
是須菩提於當來世奉覲三百万億那由他
佛供養恭敬尊重讚歎常脩梵行具菩薩

BD15142號　妙法蓮華經卷三　（21–2）

不知當云何 得佛无上慧 雖聞佛音聲 言我等作佛
心尚懷憂懼 如未敢便食 若蒙佛授記 尒乃快安樂
大雄猛世尊 常欲安世間 願賜我等記 如飢須教食
尒時世尊知諸大弟子心之所念告諸比丘
是須菩提於當來世奉覲三百万億那由他
佛供養恭敬尊重讚歎常脩梵行具菩薩
道於冣後身得成為佛号曰名相如來應供正
遍知明行足善逝世間解无上士調御丈夫
天人師佛世尊劫名有寶國名寶生其土平
正頗梨為地寶樹莊嚴无諸丘坑沙礫荊蕀
便利之穢寶華覆地周遍清淨其土人民皆
處寶臺珎妙樓閣聲聞弟子无量无邊筭
數譬喻所不能知諸菩薩衆无數千万億那
由他佛壽十二小劫正法住世二十小劫像法
亦住二十小劫其佛常處虛空為衆說法度
脫无量菩薩及聲聞衆尒時世尊欲重宣此
義而說偈言
諸比丘衆 今告汝等 皆當一心 聽我所說
我大弟子 須菩提者 當得作佛 号曰名相
當供无數 万億諸佛 隨佛所行 漸具大道
冣後身得 三十二相 端正姝妙 猶如寶山
其佛國土 嚴淨第一 衆生見者 无不愛樂
佛於其中 度无量衆 其佛法中 多諸菩薩
皆悉利根 轉不退輪 彼國常以 菩薩莊嚴
諸聲聞衆 不可稱數 皆得三明 具六神通
住八解脫 有大威德 其佛說法 現於无量
神通變化 不可思議 諸天人民 數如恒沙
皆共合掌 聽受佛語 其佛當壽 十二小劫

BD15142號　妙法蓮華經卷三　（21–3）

皆悉利根轉不退輪彼國常以菩薩莊嚴
諸聲聞衆不可稱數皆得三明具六神通
住八解脫有大威德其佛說法現於无量
神通變化不可思議諸天人民數如恒沙
皆共合掌聽受佛語其佛當壽十二小劫
正法住世二十小劫像法亦住二十小劫
尒時世尊復告諸比丘衆我今語汝是迦
栴延於當來世以諸供具供養奉事八千億
佛恭敬尊重諸佛滅後各起塔廟高千由旬
縱廣正等五百由旬以金銀瑠璃車𤦲馬瑙真
珠玫瑰七寶合成衆華瓔珞塗香末香燒
香繒蓋幢幡供養塔廟過是已後當復供養
二万億佛亦復如是供養是諸佛已具菩薩
道當得作佛号曰閻浮那提金光如来應供
正遍知明行足善逝世間解无上士調御丈
夫天人師佛世尊其土平正頗梨爲地寶樹
莊嚴黃金爲繩以界道側妙華覆地周遍清
淨見者歡喜无四惡道地獄餓鬼畜生阿脩
羅道多有天人諸聲聞衆及諸菩薩无量万
億莊嚴其國佛壽十二小劫正法住世二十小
劫像法亦住二十小劫尒時世尊欲重宣此
義而說偈言
諸比丘衆　皆一心聽　如我所說　真實无異
是迦栴延　當以種種　妙好供具　供養諸佛
諸佛滅後　起七寶塔　亦以華香　供養舍利
其冣後身　得佛智慧　成等正覺　國土清淨
度脫无量　万億衆生　皆爲十方　之所供養

BD15142號　妙法蓮華經卷三　(21–4)

諸比丘衆　皆一心聽　如我所說　真實无異
是迦栴延　當以種種　妙好供具　供養諸佛
諸佛滅後　起七寶塔　亦以華香　供養舍利
其冣後身　得佛智慧　成等正覺　國土清淨
度脫无量　万億衆生　皆爲十方　之所供養
佛之光明　无能勝者　其佛号曰　閻浮金光
菩薩聲聞　斷一切有　无量无數　莊嚴其國
尒時世尊復告大衆我今語汝是大目揵連
當以種種供具供養八千諸佛恭敬尊重諸
佛滅後各起塔廟高千由旬縱廣正等五百
由旬以金銀瑠璃車𤦲馬瑙真珠玫瑰七寶
合成衆華瓔珞塗香末香燒香繒蓋幢幡以
用供養過是已後當復供養二百万億諸佛
亦復如是當得成佛号曰多摩羅跋栴檀香
如来應供正遍知明行足善逝世間解无上
士調御丈夫天人師佛世尊劫名喜滿國名
意樂其土平正頗梨爲地寶樹莊嚴散真珠
華周遍清淨見者歡喜多諸天人菩薩聲聞
其數无量佛壽二十四小劫正法住世四十
小劫像法亦住四十小劫尒時世尊欲重宣
此義而說偈言
我此弟子　大目揵連　捨是身已　得見八千
二百万億　諸佛世尊　爲佛道故　供養恭敬
於諸佛所　常脩梵行　於无量劫　奉持佛法
諸佛滅後　起七寶塔　長表金剎　華香伎樂
而以供養　諸佛塔廟　漸漸具足　菩薩道已
於意樂國　而得作佛　号多摩羅　栴檀之香
其佛壽命　二十四劫　常爲天人　演說佛道

BD15142號　妙法蓮華經卷三　(21–5)

二百万億　諸佛世尊　為佛道故　供養恭敬
於諸佛所　常脩梵行　於无量劫　奉持佛法
諸佛滅後　起七寶塔　長表金剎　華香伎樂
而以供養　諸佛塔廟　漸漸具足　菩薩道已
於意樂國　而得作佛　号多摩羅　栴檀之香
其佛壽命　二十四劫　常為天人　演說佛道
聲聞无量　如恒河沙　三明六通　有大威德
菩薩无數　志固精進　於佛智慧　皆不退轉
佛滅度後　正法當住　四十小劫　像法亦尒
我諸弟子　威德具足　其數五百　皆當授記
於未來世　咸得成佛　我及汝等　宿世因緣
吾今當說　汝等善聽

妙法蓮華經化城喻品第七

佛告諸比丘乃往過去无量无邊不可思議
阿僧祇劫尒時有佛名大通智勝如來應供
正遍知明行足善逝世間解无上士調御丈
夫天人師佛世尊其國名好成劫名大相諸
比丘彼佛滅度已來甚大久遠譬如三千大
千世界所有地種假使有人磨以為墨過於
東方千國土乃下一點大如微塵又過千國
土復下一點如是展轉盡地種墨於汝等意
云何是諸國土若算師若算師弟子能得邊
際知其數不不也世尊諸比丘是人所經國
土若點不點盡末為塵一塵一劫彼佛滅度
已來復過是數无量无邊百千万億阿僧祇
劫我以如來知見力故觀彼久遠猶若今日尒
時世尊欲重宣此義而說偈言
我念過去世　无量无邊劫　有佛兩足尊　名大通智勝

BD15142號　妙法蓮華經卷三　（21–6）

際知其數不不也世尊諸比丘是人所經國
土若點不點盡末為塵一塵一劫彼佛滅度
已來復過是數无量无邊百千万億阿僧祇
劫我以如來知見力故觀彼久遠猶若今日尒
時世尊欲重宣此義而說偈言
我念過去世　无量无邊劫　有佛兩足尊　名大通智勝
如人以力磨　三千大千土　盡此諸地種　皆悉以為墨
過於千國土　乃下一塵點　如是展轉點　盡此諸塵墨
如是諸國土　點與不點等　復盡末為塵　一塵為一劫
此諸微塵數　其劫復過是　彼佛滅度來　如是无量劫
如來无礙智　知彼佛滅度　及聲聞菩薩　如見今滅度
諸比丘當知　佛智淨微妙　无漏无所礙　通達无量劫
佛告諸比丘大通智勝佛壽五百四十万億那
由他劫其佛本坐道場破魔軍已垂得阿
耨多羅三藐三菩提而諸佛法不現在前如
是一小劫乃至十小劫結跏趺坐身心不動
而諸佛法猶不在前尒時忉利諸天先為彼
佛於菩提樹下敷師子座高一由旬佛於此
座當得阿耨多羅三藐三菩提適坐此座時
諸梵天王雨衆天華面百由旬香風時來吹
去萎華更雨新者如是不絕滿十小劫供養
於佛乃至滅度常雨此華四王諸天為供養
佛常擊天鼓其餘諸天作天伎樂滿十小劫
至于滅度亦復如是諸比丘大通智勝佛過
十小劫諸佛之法乃現在前成阿耨多羅三
藐三菩提其佛未出家時有十六子其第一者
名曰智積諸子各有種種珍異玩好之具聞
父得成阿耨多羅三藐三菩提皆捨所珍

BD15142號　妙法蓮華經卷三　（21–7）

佛常擊天皷其餘諸天作天伎樂滿十小刧
至于滅度亦復如是諸比丘大通智勝佛過
十小刧諸佛之法乃現在前成阿耨多羅三
藐三菩提其佛未出家時有十六子其第一者
名曰智積諸子各有種種珍異玩好之具聞
父得成阿耨多羅三藐三菩提皆捨所珍
往詣佛所諸母涕泣而隨送之其祖轉輪聖
王與一百大臣及餘百千万億人民皆共圍
繞隨至道場咸欲親近大通智勝如來供養
恭敬尊重讚歎到已頭面礼足繞佛畢已一心
合掌瞻仰世尊以偈頌曰
大威德世尊　為度衆生故　於无量億歲　尒乃得成佛
諸願已具足　善哉吉无上　世尊甚希有　一坐十小刧
身體及手足　靜然安不動　其心常憺怕　未曾有散亂
究竟永寂滅　安住无漏法　今者見世尊　安隱成佛道
我等得善利　稱慶大歡喜　衆生常苦惱　盲瞑无導師
不識苦盡道　不知求解脫　長夜增惡趣　減損諸天衆
從瞑入於瞑　永不聞佛名　今佛得最上　安隱无漏法
我等及天人　為得最大利　是故咸稽首　歸命无上尊
尒時十六王子偈讚佛已勸請世尊轉於法
輪咸作是言世尊說法多所安隱憐愍饒益
諸天人民重說偈言
世雄无等倫　百福自莊嚴　得无上智慧　願為世間說
度脫於我等　及諸衆生類　為分別顯示　令是得智慧
若我等得佛　衆生亦復然　世尊知衆生　深心之所念
亦知所行道　又知智慧力　欲樂及脩福　宿命所行業
世尊悉知已　當轉无上輪
佛告諸比丘大通智勝佛得阿耨多羅三藐

BD15142號　妙法蓮華經卷三　（21–8）

世雄无等倫　百福自莊嚴　得无上智慧　願為世間說
度脫於我等　及諸衆生類　為分別顯示　令是得智慧
若我等得佛　衆生亦復然　世尊知衆生　深心之所念
亦知所行道　又知智慧力　欲樂及脩福　宿命所行業
世尊悉知已　當轉无上輪
佛告諸比丘大通智勝佛得阿耨多羅三藐
三菩提時十方各五百万億諸佛世界六種
震動其國中間幽瞑之處日月威光所不能
照而皆大明其中衆生各得相見咸作是言
此中云何忽生衆生又其國界諸天宮殿乃
至梵宮六種震動大光普照遍滿世界勝諸
天光尒時東方五百万億諸國土中梵天宮
殿光明照曜倍於常明諸梵天王各作是念
今者宮殿光明昔所未有以何因緣而現此相
是時諸梵天王即各相詣共議此事而彼
衆中有一大梵天王名救一切為諸梵衆而
說偈言
我等諸宮殿　光明昔未有　此是何因緣　宜各共求之
為大德天生　為佛出世間　而此大光明　遍照於十方
尒時五百万億國土諸梵天王與宮殿俱各
以衣裓盛諸天華共詣西方推尋是相見大
通智勝如來處于道場菩提樹下坐師子座
諸天龍王乾闥婆緊那羅摩睺羅伽人非人
等恭敬圍繞及見十六王子請佛轉法輪即
時諸梵天王頭面礼佛繞百千帀即以天華
而散佛上其所散華如須弥山并以供養佛
菩提樹其菩提樹高十由旬華供養已各以
宮殿奉上彼佛而作是言唯見哀愍饒益我

BD15142號　妙法蓮華經卷三　（21–9）

諸天龍王乾闥婆緊那羅摩睺羅伽人非人
等恭敬圍繞及見十六王子請佛轉法輪即
時諸梵天王頭面礼佛繞百千帀即以天華
而散佛上其所散華如須弥山并以供養佛
菩提樹其菩提樹高十由旬華供養已各以
宮殿奉上彼佛而作是言唯見哀愍饒益我
等所獻宮殿願垂納處時諸梵天王即於佛
前一心同聲以偈頌曰
世尊甚希有 難可得值遇 具无量功德 能救護一切
天人之大師 哀愍於世間 十方諸衆生 普皆蒙饒益
我等所從來 五百万億國 捨深禪定樂 為供養佛故
我等先世福 宮殿甚嚴飾 今以奉世尊 唯願哀納受
尒時諸梵天王偈讚佛已各作是言唯願世尊
轉於法輪度脫衆生開涅槃道時諸梵天王一
心同聲而說偈言
世雄兩足尊 唯願演說法 以大慈悲力 度苦惱衆生
尒時大通智勝如來黙然許之又諸比丘東南
方五百万億國土諸大梵王各自見宮殿光
明照曜昔所未有歡喜踊躍生希有心即
各相詣共議此事而彼衆中有一大梵天王名
曰大悲為諸梵衆而說偈言
是事何因緣 而現如此相 我等諸宮殿 光明昔未有
為大德天生 為佛出世間 未曾見此相 當共一心求
過千万億土 尋光共推之 多是佛出世 度脫苦衆生
尒時五百万億諸梵天王與宮殿俱各以衣裓
盛諸天華共詣西北方推尋是相見大通
智勝如來處于道場菩提樹下坐師子座諸
天龍王乾闥婆緊那羅摩睺羅伽人非人等

BD15142 號　妙法蓮華經卷三　（21–10）

過千万億土 尋光共推之 多是佛出世 度脫苦衆生
尒時五百万億諸梵天王與宮殿俱各以衣裓
盛諸天華共詣西北方推尋是相見大通
智勝如來處于道場菩提樹下坐師子座諸
天龍王乾闥婆緊那羅摩睺羅伽人非人等
恭敬圍繞及見十六王子請佛轉法輪時諸
梵天王頭面礼佛繞百千帀即以天華而散
佛上所散之華如須弥山并以供養佛菩提
樹華供養已各以宮殿奉上彼佛而作是言
唯見哀愍饒益我等所獻宮殿願垂納處尒
時諸梵天王即於佛前一心同聲以偈頌曰
聖主天中王 迦陵頻伽聲 哀愍衆生者 我等今敬礼
世尊甚希有 久遠乃一現 一百八十劫 空過无有佛
三惡道充滿 諸天衆減少 今佛出於世 為衆生作眼
世間所歸趣 救護於一切 為衆生父之 哀愍饒益者
我等宿福慶 今得值世尊
尒時諸梵天王偈讚佛已各作是言唯願世
尊哀愍一切轉於法輪度脫衆生時諸梵天
王一心同聲而說偈言
大聖轉法輪 顯示諸法相 度苦惱衆生 令得大歡喜
衆生聞此法 得道若生天 諸惡道減少 忍善者增益
尒時大通智勝如來黙然許之又諸比丘南方
五百万億國土諸大梵王各自見宮殿光
明照曜昔所未有歡喜踊躍生希有心即各
相詣共議此事以何因緣我等宮殿有此光
曜而彼衆中有一大梵天王名曰妙法為諸
梵衆而說偈言
我等諸宮殿 光明甚威曜 此非无因緣 是相宜求之

BD15142 號　妙法蓮華經卷三　（21–11）

明照曜昔所未有歡喜踊躍生希有心即各
相詣共議此事以何因緣我等宮殿有此光
曜而彼衆中有一大梵天王名曰妙法為諸
梵衆而說偈言
我等諸宮殿　光明甚威曜　此非无因緣　是相宜求之
過於百千劫　未曾見是相　為大德天生　為佛出世間
尒時五百万億諸梵天王與宮殿俱各以衣裓
盛諸天華共詣北方推尋是相見大通智勝
如來處于道場菩提樹下坐師子座諸天龍
王乾闥婆緊那羅摩睺羅伽人非人等恭敬
圍繞及見十六王子請佛轉法輪時諸梵天
王頭面礼佛繞百千帀即以天華而散佛上
所散之華如須弥山并以供養佛菩提樹華
供養已各以宮殿奉上彼佛而作是言唯見
哀愍饒益我等所獻宮殿願垂納處尒時諸
梵天王即於佛前一心同聲以偈頌曰
世尊甚難見　破諸煩惱者　過百三十劫　今乃得一見
諸飢渴衆生　以法雨充滿　昔所未曾覩　无量智慧者
如優曇波羅　今日乃值遇　我等諸宮殿　蒙光故嚴飾
世尊大慈愍　唯願垂納受
尒時諸梵天王偈讚佛已各作是言唯願世尊
轉於法輪令一切世間諸天魔梵沙門婆羅
門皆獲安隱而得度脫時諸梵天王一心同
聲以偈頌曰
唯願天人尊　轉无上法輪　擊于大法鼓　而吹大法螺
普雨大法雨　度无量衆生　我等咸歸請　當演深遠音
尒時大通智勝如來嘿然許之西南方乃至
下方亦復如是尒時上方五百万億國土諸

BD15142號　妙法蓮華經卷三　(21–12)

聲以偈頌曰
唯願天人尊　轉无上法輪　擊于大法鼓　而吹大法螺
普雨大法雨　度无量衆生　我等咸歸請　當演深遠音
尒時大通智勝如來嘿然許之西南方乃至
下方亦復如是尒時上方五百万億國土諸
大梵王皆悉自覩所止宮殿光明威曜昔所
未有歡喜踊躍生希有心即各相詣共議此
事以何因緣我等宮殿有斯光明而彼衆中
有一大梵天王名曰尸棄為諸梵衆而說偈
言
今以何因緣　我等諸宮殿　威德光明曜　嚴飾未曾有
如是之妙相　昔所未聞見　為大德天生　為佛出世間
尒時五百万億諸梵天王與宮殿俱各以衣
裓盛諸天華共詣下方推尋是相見大通智
勝如來處于道場菩提樹下坐師子座諸天
龍王乾闥婆緊那羅摩睺羅伽人非人等恭
敬圍繞及見十六王子請佛轉法輪時諸梵
天王頭面礼佛繞百千帀即以天華而散佛
上所散之華如須弥山并以供養佛菩提樹
華供養已各以宮殿奉上彼佛而作是言唯見
哀愍饒益我等所獻宮殿願垂納處時諸梵
天王即於佛前一心同聲以偈頌曰
善哉見諸佛　救世之聖尊　能於三界獄　勉出諸衆生
普智天人尊　哀愍群萌類　能開甘露門　廣度於一切
於昔无量劫　空過无有佛　世尊未出時　十方常暗瞑
三惡道增長　阿脩羅亦盛　諸天衆轉減　死多墮惡道
不從佛聞法　常行不善事　色力及智慧　斯等皆減少
罪業因緣故　失樂及樂想　住於邪見法　不識善儀則

BD15142號　妙法蓮華經卷三　(21–13)

善哉見諸佛　救世之聖尊　能於三界獄　勉出諸衆生
普智天人尊　哀愍群萌類　能開甘露門　廣度於一切
於昔无量劫　空過无有佛　世尊未出時　十方常闇瞑
三惡道增長　阿脩羅亦盛　諸天衆轉減　死多墮惡道
不從佛聞法　常行不善事　色力及智慧　斯等皆減少
罪業因緣故　失樂及樂想　住於耶見法　不識善儀則
不蒙佛所化　常墮於惡道　佛為世間眼　久遠時乃出
哀愍諸衆生　故現於世間　超出成正覺　我等甚欣慶
及餘一切衆　喜歎未曾有　我等諸宮殿　蒙光故嚴飾
今以奉世尊　唯垂哀納受　願以此功德　普及於一切
我等與衆生　皆共成佛道
尒時五百万億諸梵天王偈讚佛已各白佛
言唯願世尊轉於法輪多所安隱多所度脫
時諸梵天王而說偈言
世尊轉法輪　擊甘露法鼓　度苦惱衆生　開示涅槃道
唯願受我請　以大微妙音　哀愍而敷演　无量劫習法
尒時大通智勝如來受十方諸梵天王及十
六王子請即時三轉十二行法輪若沙門婆
羅門若天魔梵及餘世間所不能轉謂是苦
是苦集是苦滅是苦滅道及廣說十二因緣
法无明緣行行緣識識緣名色名色緣六入
六入緣觸觸緣受受緣愛愛緣取取緣有有
緣生生緣老死憂悲苦惱无明滅則行滅行滅
則識滅識滅則名色滅名色滅則六入滅六入
滅則觸滅觸滅則受滅受滅則愛滅愛滅則
取滅取滅則有滅有滅則生滅生滅則老死
憂悲苦惱滅佛於天人大衆之中說是法時
六百万億那由他人以不受一切法故而於

則識滅識滅則名色滅名色滅則六入滅六入
滅則觸滅觸滅則受滅受滅則愛滅愛滅則
取滅取滅則有滅有滅則生滅生滅則老死
憂悲苦惱滅佛於天人大衆之中說是法時
六百万億那由他人以不受一切法故而於
諸漏心得解脫皆得深妙禪定三明六通
具八解脫第二第三第四說法時千万億恒
河沙那由他等衆生亦以不受一切法故而
於諸漏心得解脫從是已後諸聲聞衆无量
无邊不可稱數尒時十六王子皆以童子出
家而為沙弥諸根通利智慧明了已曾供
養百千万億諸佛淨脩梵行求阿耨多
羅三藐三菩提俱白佛言世尊是諸无量千万
億大德聲聞皆已成就世尊亦當為我等說
阿耨多羅三藐三菩提法我等聞已皆共脩學
世尊我等志願如來知見深心所念佛自證
知尒時轉輪聖王所將衆中八万億人見十六
王子出家亦求出家王即聽許尒時彼佛
受沙弥請過二万劫已乃於四衆之中說是
大乘經名妙法蓮華教菩薩法佛所護念說
是經已十六沙弥為阿耨多羅三藐三菩提
故皆共受持諷誦通利說是經時十六菩薩沙
弥皆悉信受聲聞衆中亦有信解其餘衆
生千万億種皆生疑惑佛說是經於八千劫
未曾休廢說此經已即入靜室住於禪定八
万四千劫是時十六菩薩沙弥知佛入室寂
然禪定各升法座亦於八万四千劫為四部衆

弥皆悉信受聲聞衆中亦有信解其餘衆
生千万億種皆生疑惑佛說是經於八千劫
未曾休癈說此經已即入靜室住於禪定八
万四千劫是時十六菩薩沙弥知佛入室寂
然禪定各昇法座亦於八万四千劫為四部衆
廣說分別妙法華經一一皆度六百万億那
由他恒河沙等衆生示教利喜令發阿耨
多羅三藐三菩提心大通智勝佛過八万四
千劫已從三昧起往詣法座安詳而坐普告
大衆是十六菩薩沙弥甚為希有諸根通利
智慧明了已曾供養无量千万億數諸佛於
諸佛所常脩梵行受持佛智開示衆生令入
其中汝等皆當數數親近而供養之所以者
何若聲聞辟支佛及諸菩薩能信是十六菩
薩所說經法受持不毀者是人皆得阿耨
多羅三藐三菩提如來之慧佛告諸比丘是
十六菩薩常樂說是妙法蓮華經一一菩薩
所化六百万億那由他恒河沙等衆生世世
所生與菩薩俱從其聞法悉皆信解以此因
緣得值四万億諸佛世尊于今不盡諸比丘
我今語汝彼佛弟子十六沙弥今皆得阿耨
多羅三藐三菩提於十方國土現在說法有
无量百千万億菩薩聲聞以為眷屬其二沙
弥東方作佛一名阿閦在歡喜國二名須弥
頂東南方二佛一名師子音二名師子相南
方二佛一名虛空住二名常滅西南方二佛
一名常相二名梵相西方二佛一名阿弥陀

BD15142號　妙法蓮華經卷三　(21–16)

弥東方作佛一名阿閦在歡喜國二名須弥
頂東南方二佛一名師子音二名師子相南
方二佛一名虛空住二名常滅西南方二佛
一名常相二名梵相西方二佛一名阿弥陀
二名度一切世間苦惱西北方二佛一名多
摩羅跋栴檀香神通二名須弥相北方二佛一
名雲自在二名雲自在王東北方佛名壞一
切世間怖畏第十六我釋迦牟尼佛於娑
婆國土成阿耨多羅三藐三菩提諸比丘我
等為沙弥時各各教化无量百千万億恒河沙
等衆生從我聞法為阿耨多羅三藐三菩提
此諸衆生于今有住聲聞地者我常教化阿
耨多羅三藐三菩提是諸人等應以是法漸
入佛道所以者何如來智慧難信難解尒時
所化无量恒河沙等衆生者汝等諸比丘及我
滅度後未來世中聲聞弟子是也我滅度
後復有弟子不聞是經不知不覺菩薩所行
自於所得功德生滅度想當入涅槃我於餘
國作佛更有異名是人雖生滅度之想入於
涅槃而於彼土求佛智慧得聞是經唯以佛
乘而得滅度更无餘乘除諸如來方便說法
諸比丘若如來自知涅槃時到衆又清淨信
解堅固了達空法深入禪定便集諸菩薩
及聲聞衆為說是經世間无有二乘而得滅
度唯一佛乘得滅度耳比丘當知如來方便
深入衆生之性知其志樂小法深著五欲為
是等故說於涅槃是人若聞則便信受譬如

BD15142號　妙法蓮華經卷三　(21–17)

諸比丘若如来自知涅槃時到衆又清淨信
解堅固了達空法深入禪定便集諸菩薩
及聲聞衆為說是經世間无有二乘而得滅
度唯一佛乘得滅度耳比丘當知如來方便
深入衆生之性知其志樂小法深着五欲為
是等故說於涅槃是人若聞則便信受譬如
五百由旬險難悪道曠絶无人怖畏之處若
有多衆欲過此道至珎寶處有一導師聰慧
明達善知險道通塞之相將導衆人欲過此
難所將人衆中路懈退白導師言我等疲極
而復怖畏不能復進前路猶遠今欲退還導
師多諸方便而作是念此等可愍云何捨大
珎寶而欲退還作是念已以方便力於險道
中過三百由旬化作一城告衆人言汝等勿
怖莫得退還今此大城可於中止隨意所作
若入是城快得安隱若能前至寶所亦可得
去是時疲極之衆心大歡喜歎未曾有我等
今者免斯悪道快得安隱於是衆人前入化
城生已度想生安隱想尒時導師知此人衆
既得止息无復疲惓即滅化城語衆人言汝
等去來寶處在近向者大城我所化作為止
息耳諸比丘如来亦復如是今為汝等作大
導師知諸生死煩惱悪道險難長遠應去應
度若衆生但聞一佛乘者則不欲見佛不欲親
近便作是念佛道長遠久受懃苦乃可得成
佛知是心怯弱下劣以方便力而於中道為止
息故說二涅槃若衆生住於二地如来尒
時即便為說汝等所作未辦汝所住地近於

BD15142 號　妙法蓮華經卷三　（21–18）

度若衆生但聞一佛乘者則不欲見佛不欲親
近便作是念佛道長遠久受懃苦乃可得成
佛知是心怯弱下劣以方便力而於中道為止
息故說二涅槃若衆生住於二地如来尒
時即便為說汝等所作未辦汝所住地近於
佛慧當觀察籌量所得涅槃非真實也但
是如来方便之力於一佛乘分別說三如彼
導師為止息故化作大城既知息已而告之
言寶處在近此城非實我化作耳尒時世
尊欲重宣此義而說偈言
大通智勝佛　十劫坐道場　佛法不現前　不得成佛道
諸天神龍王　阿脩羅衆等　常雨於天華　以供養彼佛
諸天擊天鼓　并作衆伎樂　香風吹萎華　更雨新好香
過十小劫已　乃得成佛道　諸天及世人　心皆懷踊躍
彼佛十六子　皆與其眷屬　千万億圍繞　俱行至佛所
東方諸世界　五百万億國　梵宫殿光曜　昔所未曾有
諸梵見此相　尋来至佛所　散華以供養　并奉上宫殿
請佛轉法輪　以偈而讃歎　佛知時未至　受請嘿然坐
三方及四維　上下亦復尒　散華奉宫殿　請佛轉法輪
世尊甚難值　願以大慈悲　廣開甘露門　轉无上法輪
无量慧世尊　受彼衆人請　為宣種種法　四諦十二緣
无明至老死　皆從生緣有　如是衆過患　汝等應當知
宣暢是法時　六百万億姟　得盡諸苦際　皆成阿羅漢
第二說法時　千万恒沙衆　於諸法不受　亦得阿羅漢
從是後得道　其數无有量　万億劫筭數　不能得其邊
時十六王子　出家作沙彌　皆共請彼佛　演說大乘法
我等及營從　皆當成佛道　願得如世尊　慧眼第一淨

BD15142 號　妙法蓮華經卷三　（21–19）

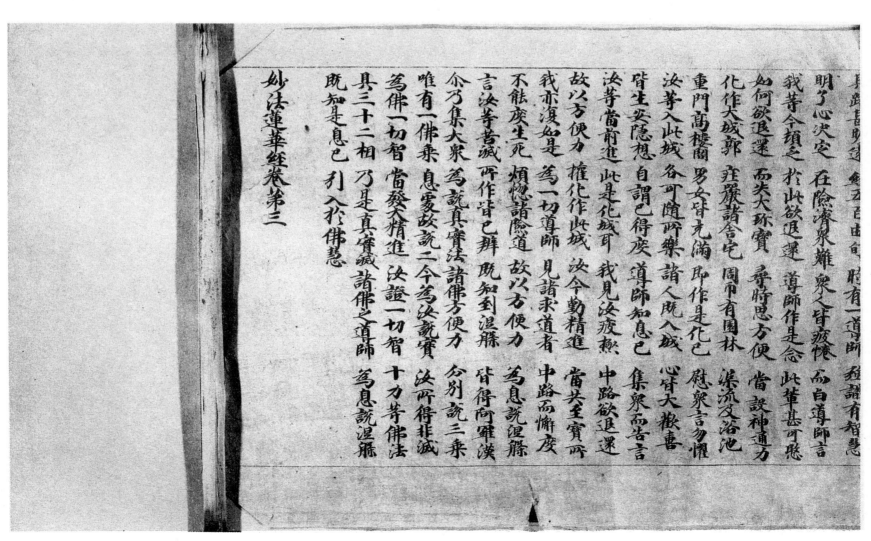

无明至老死　皆從生緣有　如是衆過患　汝等應當知
宣暢是法時　六百万億姟　得盡諸苦際　皆成阿羅漢
第二說法時　千万恒沙衆　於諸法不受　亦得阿羅漢
從是後得道　其數无有量　万億劫筭數　不能得其邊
時十六王子　出家作沙弥　皆共請彼佛　演說大乘法
我等及營從　皆當成佛道　願得如世尊　慧眼第一淨
佛知童子心　宿世之所行　以无量因緣　種種諸譬喻
說六波羅蜜　及諸神通事　分別真實法　菩薩所行道
說是法華經　如恒沙河偈　彼佛說經已　靜室入禪定
一心一處坐　八万四千劫　是諸沙弥等　知佛禪未出
為无量億衆　說佛无上慧　各各坐法座　說是大乘經
於佛宴寂後　宣揚助法化　一一沙弥等　所度諸衆生
有六百万億　恒河沙等衆　彼佛滅度後　是諸聞法者
在在諸佛土　常與師俱生　是十六沙弥　具足行佛道
今現在十方　各得成正覺　尒時聞法者　各在諸佛所
其有住聲聞　漸教以佛道　我在十六數　曾亦為汝說
是故以方便　引汝趣佛慧　以是本因緣　今說法華經
令汝入佛道　慎勿懷驚懼　譬如險惡道　迥絶多毒獸
又復无水草　人所怖畏處　无數千万衆　欲過此險道
其路甚曠遠　經五百由旬　時有一導師　强識有智慧
明了心決定　在險濟衆難　衆人皆疲惓　而白導師言
我等今頓乏　於此欲退還　導師作是念　此輩甚可愍
如何欲退還　而失大珎寶　尋時思方便　當設神通力
化作大城郭　莊嚴諸舍宅　周帀有園林　渠流及浴池
重門高樓閣　男女皆充滿　即作是化已　慰衆言勿懼
汝等入此城　各可隨所樂　諸人既入城　心皆大歡喜
皆生安隱想　自謂已得度　導師知息已　集衆而告言
汝等當前進　此是化城耳　我見汝疲極　中路欲退還

BD15142號　妙法蓮華經卷三　（21–20）

其路甚曠遠　經五百由旬　時有一導師　强識有智慧
明了心決定　在險濟衆難　衆人皆疲惓　而白導師言
我等今頓乏　於此欲退還　導師作是念　此輩甚可愍
如何欲退還　而失大珎寶　尋時思方便　當設神通力
化作大城郭　莊嚴諸舍宅　周帀有園林　渠流及浴池
重門高樓閣　男女皆充滿　即作是化已　慰衆言勿懼
汝等入此城　各可隨所樂　諸人既入城　心皆大歡喜
皆生安隱想　自謂已得度　導師知息已　集衆而告言
汝等當前進　此是化城耳　我見汝疲極　中路欲退還
故以方便力　權化作此城　汝今勤精進　當共至寶所
我亦復如是　為一切導師　見諸求道者　中路而懈廢
不能度生死　煩惱諸險道　故以方便力　為息說涅槃
言汝等苦滅　所作皆已辦　既知到涅槃　皆得阿羅漢
尒乃集大衆　為說真實法　諸佛方便力　分別說三乘
唯有一佛乘　息處故說二　今為汝說實　汝所得非滅
為佛一切智　當發大精進　汝證一切智　十力等佛法
具三十二相　乃是真實滅　諸佛之導師　為息說涅槃
既知是息已　引入於佛慧

妙法蓮華經卷第三

BD15142號　妙法蓮華經卷三　（21–21）

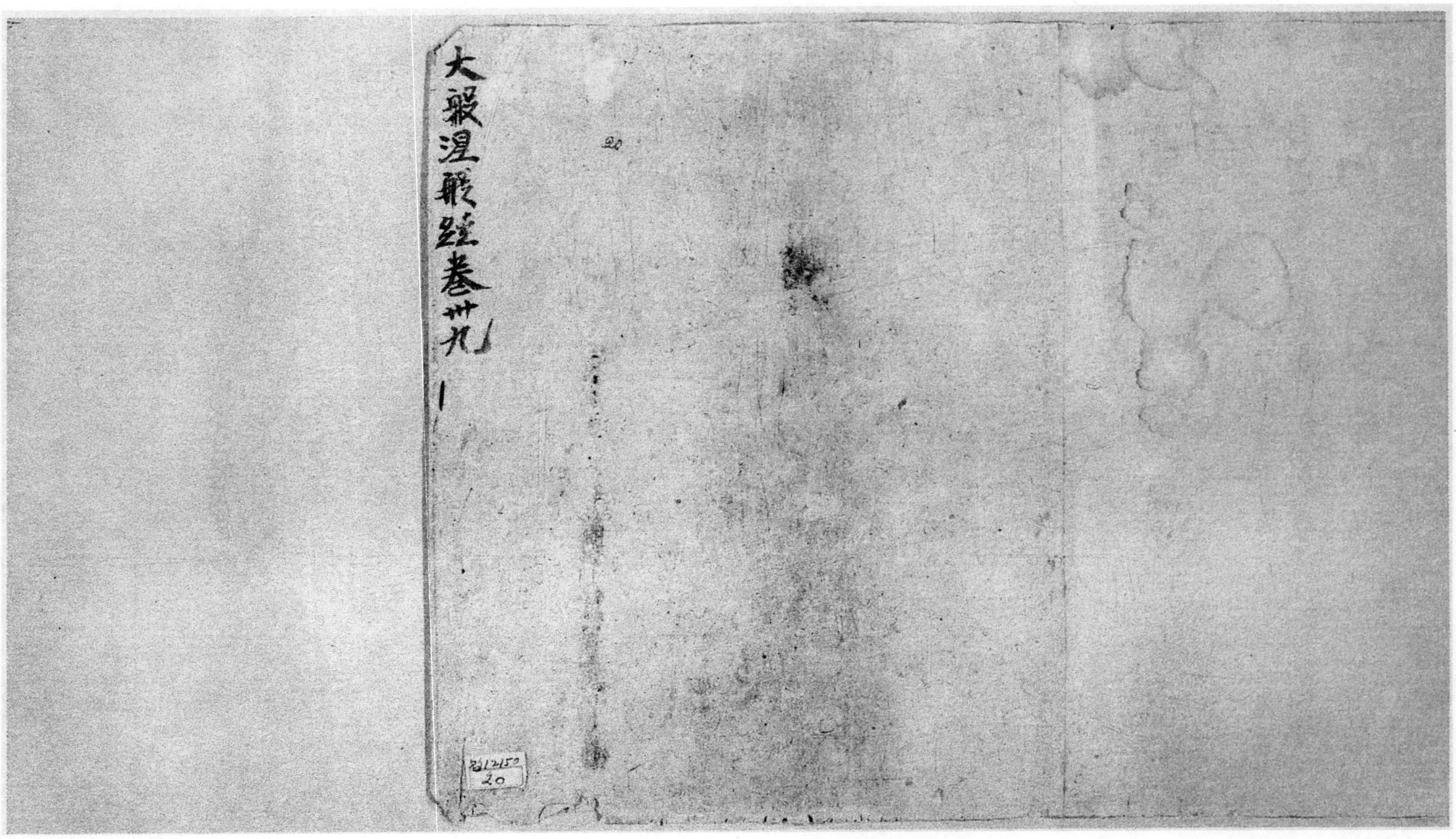
大般涅槃經卷卅九

BD15143 號背　護首　　（1–1）

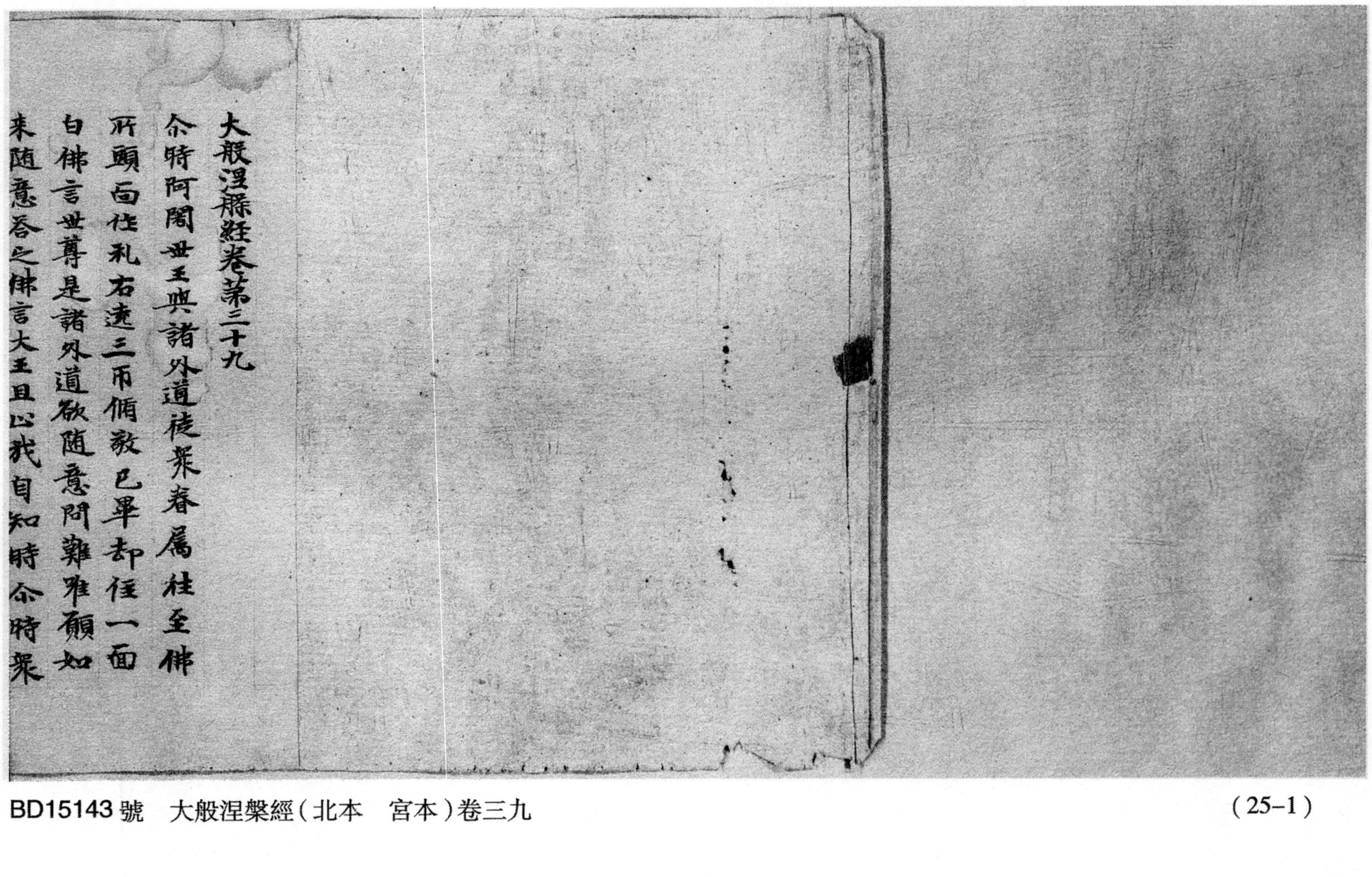
大般涅槃經卷第三十九
尒時阿闍世王與諸外道徒衆眷屬往至佛
所頭面作礼右遶三帀脩敬已畢却住一面
白佛言世尊是諸外道欲隨意問難唯願如
來隨意荅之佛言大王且止我自知時尒時衆

BD15143 號　大般涅槃經（北本　宮本）卷三九　　（25–1）

所頭面作礼右遶三帀脩敬已畢却住一面
白佛言世尊是諸外道欲隨意問難雅願如
来隨意荅之佛言大王且止我自知時介時衆
中有婆羅門名闍提首那作如是言瞿曇汝
說涅槃是常法耶如是如是大婆羅門婆羅
門言瞿曇若說涅槃常者是義不然何以故
世間之法從子生果相續不斷如從泥出瓶從
縷得衣瞿曇常說脩无常想獲得涅槃因是
无常果云何常瞿曇又說解脫欲貪即是涅
槃解脫色貪及无色貪即是涅槃滅无明等
一切煩惱即是涅槃從欲乃至无明煩惱皆
是无常因是无常所得涅槃亦應无常瞿
曇又說從因故生天從因故地獄從因得解脫
是故諸法皆從因生若從因故得解脫者云
何言常瞿曇亦說色從緣生故名无常受想
行識亦復如是如是解脫若是色者當知无
常受想行識亦復如是若離五陰有解脫者
當知解脫即是虛空若是虛空不得說言從
因緣生何以故是常是一遍一切處瞿曇亦說
從因生者即是苦也若是苦者云何復說解
脫是樂瞿曇又說无常即苦苦即无我若是无
常苦无我者即是不淨一切從因所生諸法皆
无常苦无我不淨云何復說涅槃即是常樂
我淨若瞿曇說亦常无常亦苦亦樂亦我
无我亦淨不淨如是豈非是二語耶我亦
曾從先舊智人聞說是語佛若出世

常苦无我者即是不淨一切從因所生諸法皆
无常苦无我不淨云何復說涅槃即是常樂
我淨若瞿曇說亦常无常亦苦亦樂亦我
无我亦淨不淨如是豈非是二語耶我亦
曾從先舊智人聞說是語佛若出世
言則无二瞿曇今者說於二語復言佛即我
身是也是義云何佛言婆羅門如汝所說我
今問汝隨汝意荅婆羅門言善哉瞿曇佛言
婆羅門汝性常耶是无常乎婆羅門言我性
是常婆羅門是性能作一切內外法之因耶
如是瞿曇佛言婆羅門云何作因瞿曇從性
生大從大生慢從慢生十六法所謂地水火風
空五知根眼耳鼻舌身五業根手脚口聲男
女二根心平等根是十六法從五法生色聲
香味觸是二十一法根本有三一者染二者
麁三者黑染者名愛麁者名瞋黑名无明瞿
曇是二十五法皆因性生婆羅門是大等法常
无常耶瞿曇我法性常大等諸法悉是无常
婆羅門如汝法中因常果无常然我法中因雖
无常果是常者有何等過婆羅門汝等法
中有二因不荅言有佛言云何有婆羅門言
一者生因二者了因佛言云何生因云何了因
婆羅門言生因者如泥出瓶了因者如燈照
物佛言是二種因因性是一若是一者可令
生因作於了因可令了因作生因不不也瞿
曇佛言若使生因不作了因了因不作生因

一者生因二者了因佛言云何生因云何了因
婆羅門言生因者如泥出瓶了因者如燈照
物佛言是二種因因性是一若是一者可令
生因作於了因可令了因作生因不不也瞿
曇佛言若使生因不作了因了因不作生因
可得說言是因相不婆羅門言雖不相作
故有因相婆羅門了因所了即同了不不也瞿
曇佛言我法雖從无常獲得涅槃而非无常
婆羅門從了因得故常樂我淨從生因得无
常无樂无我无淨是故如來所說有二如是
二語无有二也是故如來名无二語如汝所
說曾從先舊智人邊聞佛出於世无有二語
是言善哉一切十方三世諸佛所說无差是
故說言佛无二語云何无差有同說有无同
說无故名一義婆羅門如來世尊雖名二語
為了一語故云何二語了於一語如眼色二語
生識一語乃至意法亦復如是婆羅門言瞿
曇善能分別如是語義我今未解所出二語
了於一語尒時世尊即為宣說四真諦法婆
羅門言苦諦者亦二亦一乃至道諦亦二
亦一婆羅門言世尊我已知佛言善男子
云何知已婆羅門言世尊苦諦一切凡夫二是
聖人一乃至道諦亦復如是佛言善哉已解
婆羅門言世尊我今聞法已得正見今當歸
依佛法僧寶唯願大慈聽我出家尒時世尊
告憍陳如汝當為是闍提首那剃除鬚髮聽

亦一婆羅門言世尊我已知佛言善
云何知已婆羅門言世尊苦諦一切凡夫二是
聖人一乃至道諦亦復如是佛言善哉已解
婆羅門言世尊我今聞法已得正見今當歸
依佛法僧寶唯願大慈聽我出家尒時世尊
告憍陳如汝當為是闍提首那剃除鬚髮聽
其出家時憍陳如即受佛勅為其剃髮即下
手時有二種落一者鬚髮二者煩惱即於
坐處得阿羅漢果
復有梵志姓婆私吒復作是言瞿曇所說涅
槃常耶如是梵志婆私吒言瞿曇不說无
煩惱為涅槃耶如是梵志婆私吒言瞿曇世
間四種名之為无一者未出之法名之為无如
瓶未出泥時名為无瓶二者已滅之法名之
為无如瓶壞已名為无瓶三者異相互无名
之為无如牛中无馬馬中无牛四者畢竟无
故名之為无如龜毛兔角瞿曇若以除煩惱
已名涅槃者涅槃即无若是无者云何言有
常樂我淨佛言善男子如是涅槃非是先无
同泥時瓶亦非滅无同瓶壞无亦非畢竟无
如龜毛兔角同於異无善男子如汝所言雖
牛中无馬不可說言牛亦是无雖馬中无牛亦
不可說馬亦是无涅槃亦尒煩惱中无涅槃涅
槃中无煩惱是故名為異相互无婆私吒言
瞿曇若以異无為涅槃者夫異无者无常
樂我淨瞿曇云何說言涅槃常樂我淨佛

牛中无馬不可說言牛亦是无雖馬中无牛亦
不可說馬亦是无涅槃亦尒煩惱中无涅槃涅
槃中无煩惱是故名爲異相牟无婆私吒言
瞿曇若以異无爲涅槃者夫異无者无常
槃我淨瞿曇云何說言涅槃常樂我淨佛
言善男子如汝所說是異无者有三種无牛馬
悉是先無後有是名先无已有還无是名壞
无異相无者如汝所說善男子是三種无涅
槃中无是故涅槃常樂我淨如世病人一者
熱病二者風病三者冷病是三種病三藥能
治有熱病者蘇能治之有風病者油能治之有
冷病者蜜能治之是三種藥能治如是三種
惡病善男子風中无油油中无風乃至蜜中
无冷冷中无蜜是故能治一切衆生亦復如是
有三種病一者貪二者瞋三者癡如是三病
有三種藥不淨觀者能爲貪藥慈心觀者
能爲瞋藥觀因緣智能爲癡藥善男子爲除
貪故作非貪觀爲除瞋故作非瞋觀爲除癡
故作非癡觀三種病中无三種藥三種藥中无
三種病善男子三種病中无三種藥故无常
无我无樂无淨三種藥中无三種病是故得
稱常樂我淨婆私吒言世尊如來爲我說常
无常云何爲常云何无常佛言善男子色是
无常解脫色常乃至識是无常解脫識常善
男子若有善男子善女人能觀色乃至識是
无常者當知是人獲得常法婆私吒言世尊我

BD15143號　大般涅槃經（北本　宮本）卷三九　（25–6）

稱常樂我淨婆私吒言世尊如來爲我說常
无常云何爲常云何无常佛言善男子色是
无常解脫色常乃至識是无常解脫識常善
男子若有善男子善女人能觀色乃至識是
无常者當知是人獲得常法婆私吒言世尊我
今已知常无常法佛言善男子汝云何知常
无常法婆私吒言世尊我今知我色是无常
得解脫常乃至識亦復如是佛言善男子
汝今善哉已報是身告憍陳如是婆私吒已
證阿羅漢果汝可施其三衣鉢器時憍陳如
如佛所勑施其衣鉢時婆私吒受衣鉢已作
如是言大德憍陳如我今回是弊惡之身得
善果報唯願大德爲我屈意至世尊所具宣
我心我既惡人觸犯如來稱瞿曇姓唯願爲
我懺悔此罪我亦不能久住毒身今入涅槃時
憍陳如即往佛所作如是言世尊婆私吒比丘
生慚愧心自言頑嚚觸犯如來稱瞿曇姓不
能久住是毒蛇身今欲滅身寄我懺悔佛
言憍陳如婆私吒比丘已於過去无量佛所
成就善根今受我語如法而住如法住故
獲得正果汝等應當供養其身尒時憍陳如
從佛聞已還其身所而設供養時婆私吒於
焚身時作種種神足諸外道輩見是事已高聲
唱言是婆私吒已得瞿曇沙門呪術是人不
久復當勝彼瞿曇沙門

BD15143號　大般涅槃經（北本　宮本）卷三九　（25–7）

獲得正果汝等應當供養其身尒時憍陳如
從佛聞已還其身所而設供養時婆私吒於
其身時作種種神足諸外道輩見是事已高聲
唱言是婆私吒已得瞿曇沙門呪術是人不
久復當勝彼瞿曇沙門
尒時衆中復有梵志名曰先尼復作是言瞿
曇有我耶如來默然瞿曇无我耶如來默然
第二第三亦如是問佛皆默然先尼言瞿曇
若一切衆生有我遍一切處是一作者瞿曇
何故默然不荅佛言先尼汝說是我遍一切
處耶先尼荅言瞿曇不但我說一切智人亦
如是說佛言善男子若我周遍一切處者應
當五道一時受報若有五道一時受報汝等
梵志何因緣故不造衆惡為遮地獄脩諸善
法為受天身先尼言瞿曇我法中我則有二
種一作身我二者常身我為作身我脩離惡
法不入地獄脩諸善法生於天上佛言善男
子如汝說我遍一切處如是我者若作身中
當知无常若作身无云何言遍瞿曇我所立
我亦在作中亦是常法瞿曇如人失火燒舍宅
時其主出去不可說言舍宅被燒主亦被燒
我法亦尒而此作身雖是无常當无常時我則
出去是故我我亦遍亦常佛言善男子如汝
說我亦遍亦常是義不然何以故遍有二種
一者常二者无常復有二種一色二无色是
故若言一切有者亦常亦无常亦色亦无色

BD15143號　大般涅槃經（北本　宮本）卷三九　（25–8）

我法亦尒而此作身雖是无常當无常時我則
出去是故我我亦遍亦常佛言善男子如汝
說我亦遍亦常是義不然何以故遍有二種
一者常二者无常復有二種一色二无色是
故若言一切有者亦常亦无常亦色亦无色
若言舍主得出不名无常是義不然何以故
舍不名主主不名舍異燒異出故得如是我
則不尒何以故我即是色色即是我无色即
我我即无色云何而言色无常時我則得出
善男子汝意若謂一切衆生同一我者如是
則違世出世法何以故世間法名父母子女若
我是一父即是子子即是父母即是女女即是
母怨即是親親即是怨此即是彼彼即是
此是故若說一切衆生同一我者是則違背
世出世法先尼言我亦不說一切衆生同於一我
乃說一人各有一我佛言善男子若言一人各有
一我是為多我是義不然何以故如汝先說
我遍一切若遍一切一切衆生業根應同天得
見時佛得亦見天得作時佛得亦作天得
聞時佛得亦聞一切諸法皆亦如是若
天得見非佛得見者不應說我遍一切
處若不遍者是則无常先尼言瞿曇一切
衆生我遍一切法與非法不遍一切以是義
故佛得作異天得作異是故瞿曇不應說
言佛得見時天得應見佛得見聞時天得應聞
佛言善男子法與非法非業作耶先尼言瞿曇

BD15143號　大般涅槃經（北本　宮本）卷三九　（25–9）

處若不遍者是則无常先尼言瞿曇一切
衆生我遍一切法與非法不遍一切以是義
故佛得作異天得作異是故瞿曇不應說
言佛得見時天得應見佛得見聞時天得應聞
佛言善男子法與非法非葉作耶先尼言瞿曇
是葉所作佛言善男子若法非法是葉作者
即是同法云何言異何以故佛得葉處有天
得我天得葉處有佛得我是故佛得作時天
得亦作法與非法亦應如是善男子是故一切
衆生法與非法若如是者所得果報亦應不
異善男子從子出果是子終不思惟分別我唯
當作婆羅門果不與剎利毗舍首陁而作果也
何以故從子出果終不鄣㝵如是四姓法與非
法亦復如是不能分別我唯當與佛得作
果不與天得作果作天得果不作佛得
果何以故葉平等故先尼言瞿曇譬如一室
有百千燈炷雖有異明則无差燈炷別異喻
法非法其明无差喻衆生我佛言善男子汝
說燈明以喻我者是義不然何以故室異燈
異是燈光明亦在炷邊亦遍室中汝所言我
若如是者法非法邊俱應有我我中亦應有
法非法若法非法无有我者不得說言遍一切
處若俱有者何得復以炷明為喻善男子汝
意若謂炷之與明真實別異何因緣故炷
增明盛炷枯明滅是故不應以法非法喻於
燈炷光明无差喻於我也何以故法非法我三

法非法若法非法无有我者不得說言遍一切
處若俱有者何得復以炷明為喻善男子汝
意若謂炷之與明真實別異何因緣故炷
增明盛炷枯明滅是故不應以法非法喻於
燈炷光明无差喻於我也何以故法非法我三
事即一先尼言瞿曇汝引燈喻是事不吉
何以故燈喻若吉我已先引如其不吉何故復
說善男子我所引喻都亦不作吉以不吉隨
汝意說是喻亦說離炷有明即炷有明汝
心不等故說燈炷喻法非法明則喻我是故
責汝炷即是明離炷有明法即有我我即有
法非法即我我即非法汝今何故但受一邊
不受一邊如是喻者於汝不吉是故我今還
以破汝善男子如是喻者即是非喻是非喻
故於我則吉於汝不吉善男子汝意若謂若
我不吉汝亦不吉是義不然何以故見世間人自
刀自害自作他用汝所引喻亦復如是於
我則吉於汝不吉先尼言瞿曇汝先責我心
不平等今汝所說亦不平等何以故瞿曇今者
以吉向已不吉向我以是推之真是不平佛言
善男子如我不平能破汝不平是故汝平我
之不平即是吉也我之不平破汝不平令汝得
平即是我平何以故同諸聖人得平等故先
尼言瞿曇我常是平汝云何言壞我不平
一切衆生平等有我云何言我是不平
耶善男子汝亦說言當受地獄當受餓

之不平即是吉也我之不平破汝不平令汝得
平即是我平何以故同諸聖人得平等故先
尼言瞿曇我常是平汝云何言壞我不平
一切衆生平等有我云何言我是不平
耶善男子汝亦說言當受地獄當受餓
鬼當受畜生當受人天我若先遍五道中
者云何方言當受諸趣汝亦說言父母和合
然後生子若子先有云何復言和合已有是
故一人有五趣身若是五處先有身者何因
緣故為身造業是故不平善男子汝意若
謂我是作者是義不然何以故若我作者何因
緣故自作苦事然今衆生實有受苦是故當
知我非作者若言是苦非我所作不從因生一
切諸法亦當如是不從因生何因緣故說我作耶
善男子衆生苦樂實從因緣如是苦樂能作
憂喜憂時无喜喜時无憂或喜或憂智人
云何說是常耶善男子汝說我常若是常者
云何說有十時別異常法不應有歌羅邏時乃
至老時虛空常法尚无一時況有十時善男子
我者非是歌羅羅時乃至老時云何說有十
時別異善男子若我作者是我亦有盛時
衰時衆生亦有盛時衰時若我介者云何是
常善男子我若作者云何一人有利有鈍善男
子我若作者是我能作身業口業若是
我所作者云何口說无有我耶云何自疑
有耶无耶善男子汝意若謂離眼有見是義

衰時衆生亦有盛時衰時若我介者云何是
常善男子我若作者云何一人有利有鈍善男
子我若作者是我能作身業口業若是
我所作者云何口說无有我耶云何自疑
有耶无耶善男子汝意若謂離眼有見是義
不然何以故若離眼已別有見者何須此眼
乃至身根亦復如是汝意若謂我雖能見要
因眼見是亦不然何以故如有人言須蔓那
華能燒大村云何能燒因火能燒汝立我見
亦復如是先尼言瞿曇如人執鎌則能刈草
我因五根見聞至觸亦復如是善男子鎌人
各異是故執鎌能有所作離根之外更无別
我云何說言我因諸根能有所作善男子汝
意若謂執鎌能刈我亦如是我有手耶為
无手乎若有手者何不自執若无手者云何
說言我是作者善男子能刈草者即是鎌世
非我非人若我人能何故因鎌善男子人有
二業一則執草二則執鎌是鎌雖有能斷之功
衆生見法亦復如是眼能見色從和合生若
從因緣和合見者智人云何說言有我善男
子汝意若謂身作我受是義不然何以故世間
不見天得作業佛得受果若言不是身作我
非因受汝等何故從於因緣求解脫耶汝先
是身非因緣生得解脫已亦應非因而更生
身如身一切煩惱亦應如是先尼言瞿曇我
有二種一者有知二者无知无知之我能得

子汝意若謂身作我受是義不然何以故世間
不見天得作業佛得受果若言不是身作我
非因受汝等何故從於因緣求解脫耶汝先
是身非因緣生得解脫已亦應非因而更生
身如身一切煩惱亦應如是先尼言瞿曇我
有二種一者有知二者无知无知之我能得
於身有知之我能捨離身猶如坯瓶既被燒
已失於本色更不復生智者煩惱亦復如是既
滅壞已終不更生佛言善男子所言知者智
能知耶我能知乎若智能知何故說言我是
知也若我知者何故方便更求於智汝意若
謂我因智知同華喻壞善男子譬如剌樹
性自能剌不得說言樹執剌剌智亦如是智
自能知云何說言我執智知善男子如汝法
中我得解脫无知我得知我得耶若无知得
當知猶故具足煩惱若知得者當知已有五
情諸根何以故離根之外則更无知若具諸
根云何復名得解脫耶若言是我其性清淨
離於五根云何說言遍五道有以何因緣為
解脫故脩諸善法善男子譬如有人拔虛空
剌汝亦如是我若清淨云何復言斷諸煩惱
汝意若謂不從因緣獲得解脫一切畜生何
故不得先尼言瞿曇若无我者誰能憶念佛
告先尼若有我者何緣復忘善男子若念是
我者何因緣故念於惡念所不念不念所念
先尼復言瞿曇若无我者誰見誰聞佛言

BD15143號　大般涅槃經（北本　宮本）卷三九　（25–14）

故不得先尼言瞿曇若无我者誰能憶念佛
告先尼若有我者何緣復忘善男子若念是
我者何因緣故念於惡念所不念不念所念
先尼復言瞿曇若无我者誰見誰聞佛言
善男子內有六入外有六塵內外和合生六種
識是六種識因緣得名善男子譬如一火因
木得故名為木火因草得故名為草火因糠
得故名為糠火因牛糞得名牛糞火眾生意
識亦復如是因眼因色因明因欲名為眼識善
男子如是眼識不在眼中乃至欲中四事和合
故生是識乃至意識亦復如是若是因緣和
合故生智不應說見即是我乃至觸即是
我善男子是故我說眼識乃至意識一切
諸法即是幻也云何如幻本无今有已有還
无善男子譬如蘇麪蜜薑胡椒蓽茇蒲桃胡
桃石榴桵子如是和合名歡喜丸離是和合
无歡喜丸內外六入是名眾生我人士夫離
內外入无別眾生我人士夫先尼言瞿曇若
无我者云何說言我見我聞我苦我樂我憂我
喜佛言善男子若言我見我聞名有我者何
因緣故世間復言汝所作罪非我見聞善男
子譬如四兵和合名軍如是四兵不名為一而
亦說言我軍勇健我軍勝彼是內外入和
合所作亦復如是雖不是一亦得說言我作我
受我見我聞我苦我樂先尼言瞿曇如汝
所言內外和合誰出聲言我作我受佛言先

BD15143號　大般涅槃經（北本　宮本）卷三九　（25–15）

子譬如四兵和合名軍如是四兵不名為一而
亦說言我軍勇健我軍勝彼是內外入和
合所作亦復如是雖不是一亦得說言我作我
受我見我聞我苦我樂 先尼言瞿曇如汝
所言內外和合誰出聲言我作我受 佛言先
尼從愛无明因緣生業從業生有從有出生无
量心數心生覺觀覺觀動風風隨心觸喉舌
齒脣衆生想倒聲出說言我作我受我見我聞
善男子如幢頭鈴風因緣故便出音聲風大
聲大風小聲小无有作者善男子譬如熱鐵
投之水中出種種聲是中真實无有作者善
男子凡夫不能思惟分別如是事故說言有
我及有我所我作我受 先尼言如瞿曇說无我
我所何緣復說常樂我淨 佛言善男子我
亦不說內外六入及六意識常樂我淨我乃
宣說滅內外入所生六識名之為常以是
常故名之為我有常我故名之為樂常我樂
故名之為淨善男子衆生厭苦斷是苦因自
在遠離是名為我以是因緣我今宣說常樂
我淨 先尼言世尊唯願大慈為我宣說我當
云何穫得如是常樂我淨 佛言善男子一切
世間從本已來具足大憍能增長憍亦復造
作憍因憍業是故今者受憍果報不能遠離
一切煩惱得常樂我淨若諸衆生欲得遠離
一切煩惱先當離憍 先尼言世尊如是如是
誠如聖教我先有憍因憍因緣故稱如來祢

BD15143號　大般涅槃經（北本　宮本）卷三九　　（25–16）

云何穫得如是常樂我淨 佛言善男子一切
世間從本已來具足大憍能增長憍亦復造
作憍因憍業是故今者受憍果報不能遠離
一切煩惱得常樂我淨若諸衆生欲得遠離
一切煩惱先當離憍 先尼言世尊如是如是
誠如聖教我先有憍因憍因緣故稱如來祢
瞿曇姓我今已離如是大憍是故誠心啓請
求法云何當得常樂我淨 佛言善男子諦聽
諦聽今當為汝分別解說 善男子若能非自
非他非衆生者遠離是法 先尼言世尊我已
知解得正法眼 佛言善男子汝云何言知已
解已得正法眼 世尊所言色者非自非他非
諸衆生乃至識亦復如是我如是觀得正法
眼世尊我今甚樂出家脩道願見聽許 佛言
善來比丘即得具足清淨梵行證阿羅漢果
外道衆中復有梵志姓迦葉氏復作是言瞿
曇身即是命身異命異如來默然第二第三
亦復如是 梵志復言瞿曇若人捨身未得後身
於其中間豈可不名身異命異若是異者瞿
曇何故默然不答 善男子我說身命皆從
因緣非不因緣如身命一切法亦如是 梵志復
言瞿曇我見世間有法不從因緣 佛言梵
志汝云何見世間有法不從因緣 梵志言我
見大火焚燒榛木風吹絕炎墮在餘處是豈
不名无因緣耶 佛言善男子我說是火亦從
因生非不從因 梵志言瞿曇絕炎去時不因

BD15143號　大般涅槃經（北本　宮本）卷三九　　（25–17）

言瞿曇我見世間有法不從因緣佛言梵
志汝云何見世間有法不從因緣梵志言我
見大火焚燒樵木風吹絶炎墮在餘處是豈
不名无因緣耶佛言善男子我說是火亦從
因生非不從因梵志言瞿曇絶炎去時不因
薪炭云何而言因於因緣佛言善男子雖无
薪炭因風而去風因緣故其炎不滅瞿曇若
人捨身未得後身中間壽命誰為因緣佛言
梵志无明與愛而為因緣是无明愛二因緣
故壽命得住善男子有因緣故身即是命命
即是身有因緣故身異命異智者不應一向
而說身異命異梵志言世尊唯願為我分別
解說令我了了得知因果佛言梵志因即五
陰果亦五陰善男子若有衆生不然火者是則
无烟梵志言世尊我已知已我已解已佛言
善男子汝云何知汝云何解世尊火即煩惱
能於地獄餓鬼畜生人天燒然烟者即是煩
惱果報无常不淨臭穢可惡是故名烟若有
衆生不作煩惱是人則无煩惱果報是故如
来說不然火則无有烟世尊我已正見唯願
慈矜聽我出家尒時世尊告憍陳如聽是梵
志出家受戒時憍陳如受佛勑已和合衆僧
聽其出家受具足戒逕五日已得阿羅漢果
外道衆中復有梵志名曰富那復作是言瞿
曇汝見世間是常法已說言常耶如是義者
實耶虛耶常无常亦常无常非常非无常
有邊无邊亦有邊亦无邊非有邊非无邊是

BD15143號　大般涅槃經（北本　宮本）卷三九　（25–18）

聽其出家受具足戒逕五日已得阿羅漢果
外道衆中復有梵志名曰富那復作是言瞿
曇汝見世間是常法已說言常耶如是義者
實耶虛耶常无常亦常无常非常非无常
有邊无邊亦有邊亦无邊非有邊非无邊是
身是命身異命異如來滅後如去不如去亦如
去不如去非如去非不如去佛言富那我不說
世間常虛實无常亦常无常非常非无常有
邊无邊亦有邊无邊非有邊非无邊是身
是命身異命異如来滅後如去不如去亦如
去不如去非如去非不如去富那復言瞿曇今
者見何罪過不作是說佛言富那若有人說
世間是常唯此為實餘妄語者是名為見
見所見處是名見行是名見業是名見著
是名見縛是名見苦是名見取是名見怖是名
見熱是名見纏富那凡夫之人為見所纏不
能遠離生老病死迴流六趣受无量苦乃至
非如去非不如去亦復如是富那我見是見
有如是過是故不著不為人說瞿曇若見如
是罪過不著不說瞿曇今者何見何著何所
宣說佛言善男子夫見著者名生死法如來已
離生死法故是故不著善男子如來名為能
見能說不名為著瞿曇云何能見云何能說
佛言善男子我能明見苦集滅道分別宣說
如是四諦我見如是故能遠離一切見一切愛
一切流一切慢是故我具清淨梵行无上所

BD15143號　大般涅槃經（北本　宮本）卷三九　（25–19）

宣說佛言
離生死法故是故不著善男子如來名為能
見能說不名為著瞿曇云何能見云何能說
佛言善男子我能明見苦集滅道分別宣說
如是四諦我見如是故能遠離一切見一切愛
一切流一切慢是故我具清淨梵行无上寂
靜獲得常身是身亦非東西南北富那言瞿
曇何因緣故常身非是東西南北佛言善男
子我今問汝隨汝意荅於意云何善男子如於
汝前然大火聚當其然時汝知然不如是瞿
曇是大滅時汝知滅不如是瞿曇富那若有
人問汝前火聚然從何來滅何所至當云何荅
瞿曇若有問者我當荅言是火生時賴於衆
緣本緣已盡新緣未至是火則滅若復有
問是火滅已至何方面復云何荅瞿曇我當荅
言緣盡故滅不至方所善男子如來亦尒
若有无常色乃至无常識因愛故然然者即
受二十五有是故然時可說是火東西南北現
在愛滅二十五有果報不然以不然故不可說
有東西南北善男子如來已滅无常之色至
无常識是故身常身若是常不得說有東西
南北富那言請說一喻唯願聽採佛言善
善哉隨意說之世尊如大村外有娑羅林中
有一樹先林而生足之一百年是時林主灌之以
水隨時脩治其樹陳朽皮膚枝葉悉皆脫
落唯真實在如來亦尒所有陳故悉已除盡
雖有一切真實法在世尊我今甚樂出家脩

BD15143號　大般涅槃經（北本　宮本）卷三九　（25–20）

善哉隨意說之世尊如大村外有娑羅林中
有一樹先林而生足之一百年是時林主灌之以
水隨時脩治其樹陳朽皮膚枝葉悉皆脫
落唯真實在如來亦尒所有陳故悉已除盡
唯有一切真實法在世尊我今甚樂出家脩
道佛言善來比丘說是語已即時出家漏盡
證得阿羅漢果
復有梵志名曰清淨住如是言瞿曇一切衆生
不知何法見世間常无常亦常无常非有常
非无常乃至非如去非不如去佛言善男
子不知色故乃至不知識故見世間常乃至
非如去非不如去梵志言瞿曇衆生知何法
故不見世間常乃至非如去非不如去佛言
善男子知色故乃至知識故不見世間常乃
至非如去非不如去梵志言世尊唯願為我
分別解說世間常无常佛言善男子若人捨
故不造新業是人能知常與无常梵志言
世尊我已知解佛言善男子汝云何見汝云
何知世尊故名无明與愛新名取有若人
遠離是无明愛不作取有是人真實知常无
常我今已得正法淨眼歸依三寶唯願如來
聽我出家佛告憍陳如聽是梵志出家受
戒時憍陳如受佛勅已將至僧中為作羯磨令
得出家十五日後諸漏永盡得阿羅漢果犢
子梵志復作是言瞿曇我今欲問能見聽不
如來默然第二第三亦復如是犢子復言瞿

BD15143號　大般涅槃經（北本　宮本）卷三九　（25–21）

聽我出家佛告憍陳如聽是梵志出家受
戒時憍陳如受佛勅已將至僧中為作羯磨令
得出家十五日後諸漏永盡得阿羅漢果犢
子梵志復作是言瞿曇我今欲問能見聽不
如來默然第二第三亦復如是犢子復言瞿
曇我久與汝共為親友汝之與我義无有二
我欲諮問何故默然尒時世尊作是思惟如
是梵志其性儒雅純善質直常為知故而来
諮啓不為惱亂彼若問者當隨意荅佛言
犢子善哉善哉隨所疑問吾當荅之犢子言
瞿曇世有善耶如是梵志有不善耶如是梵
志瞿曇願為我說令我得知善不善法佛
言善男子我能分別廣說其義今當為汝
簡略說之善男子欲名不善解脫欲者名之
為善瞋恚愚癡亦復如是煞名不善不煞名
善乃至耶見亦復如是善男子我今為汝已說
三種善不善法及說十種善不善法若我弟
子能作如是分別三種善不善法乃至十種善
不善法當知是人能盡貪欲瞋恚愚癡一切
諸漏斷一切有梵志言瞿曇是佛法中頗有
一比丘能盡如是貪欲瞋癡一切諸漏一切有
不佛言善男子是佛法中非一二三乃至五百
乃有无量諸比丘等能盡如是貪欲恚癡一切
諸漏一切諸有瞿曇置一比丘是佛法中頗
有一比丘尼能盡如是貪欲瞋癡一切諸漏一
切有不佛言善男子是佛法中非一二三乃至

不佛言善男子是佛法中非一二三乃至五百
乃有无量諸比丘等能盡如是貪欲恚癡一切
諸漏一切諸有瞿曇置一比丘是佛法中頗
有一比丘尼能盡如是貪欲瞋癡一切諸漏一
切有不佛言善男子是佛法中非一二三乃至
五百乃有无量諸比丘尼能斷如是貪欲瞋
癡一切諸漏一切諸有犢子言瞿曇置一比丘
一比丘尼是佛法中頗有一優婆塞持戒
精勤梵志行清淨度疑彼岸斷疑网不佛
言善男子我佛法中非一二三乃至五百乃
有无量諸優婆塞持戒精勤梵行清淨斷
五下結得阿那含度疑彼岸斷於疑网犢子
言瞿曇置一比丘一比丘尼一優婆塞是佛
法中頗有一優婆夷持戒精懃梵行清淨度
疑彼岸斷疑网不佛言善男子我佛法中非
一二三乃至五百乃有无量諸優婆夷持戒
精勤梵行清淨斷五下結得阿那含度疑彼
岸斷於疑网犢子言瞿曇置一比丘一比丘尼
盡一切漏一優婆塞一優婆夷持戒精勤梵
行清淨斷於疑网是佛法中頗有優婆塞受
五欲樂心无疑网不佛言善男子是佛法中
非一二三乃至五百乃有无量諸優婆塞
斷於三結得須陁洹薄貪恚癡得斯陁含如
優婆塞優婆夷亦如是世尊我於今者樂說
譬喻佛言善哉樂說便說世尊譬如難陁婆難
陁龍王等降大雨如來法雨亦復如是平等

非一二三乃至五百乃有无量諸優婆塞
斷於三結得須陁洹薄貪恚癡得斯陁含如
優婆塞優婆夷亦如是世尊我於今者樂說
譬喻佛言善哉樂說便說世尊譬如難陁婆難
陁龍王等降大雨如來法雨亦復如是平等
雨於優婆塞優婆夷世尊若諸外道欲來出
家不審如來與月試之佛言善男子皆四月試
不必一種世尊若不一種唯願大慈聽我出
家介時世尊告憍陳如聽是犢子出家受
戒時憍陳如受佛勅已五衆僧中為作羯磨
於出家後滿十五日得須陁洹果既得果已復
作是念若有智慧從學得者我今已得堪任
見佛即往佛所頭面作礼脩敬已畢却住一面
白佛言世尊諸有智慧從學得者我今已得
唯願為我重分別說令我獲得无學智慧佛
言善男子汝勤精進脩習二法一奢摩他二毗
婆舍那善男子若有比丘欲得須陁洹果亦當
勤脩如是二法若復欲得斯陁含果阿那含果
阿羅漢果亦當脩集如是二法善男子若
有比丘欲得四禪四无量心六神通八背捨
八勝處无諍智頂智畢竟智四无礙智金剛
三昧盡智无生智亦當脩集如是二法善男
子若欲得十住地无生法忍无相法忍不可
思議法忍聖行梵行天行菩薩行虛空三昧
智印三昧空无想无作三昧地三昧不退三

有比丘欲得四禪四无量心六神通八背捨
八勝處无諍智頂智畢竟智四无礙智金剛
三昧盡智无生智亦當脩集如是二法善男
子若欲得十住地无生法忍无相法忍不可
思議法忍聖行梵行天行菩薩行虛空三昧
智印三昧空无想无作三昧地三昧不退三
昧首楞嚴三昧金剛三昧阿耨多羅三藐
三菩提佛行亦當脩集如是二法犢子聞已
礼拜而出在娑羅林中脩是二法不久即得
阿羅漢果是時復有无量比丘欲往佛所犢
子見已問言大德欲何所至諸比丘言欲往佛
所犢子復言諸大德若至佛所願為宣啓犢
子梵志脩二法已得无學智今報佛恩入般涅
槃時諸比丘至佛所已白佛言世尊犢子比
丘寄我等語世尊犢子梵志脩集二法得
无學智今報佛恩入於涅槃佛言善男子犢
子梵志得阿羅漢果汝等可往供養其身時
諸比丘受佛勅已還其屍所大設供養

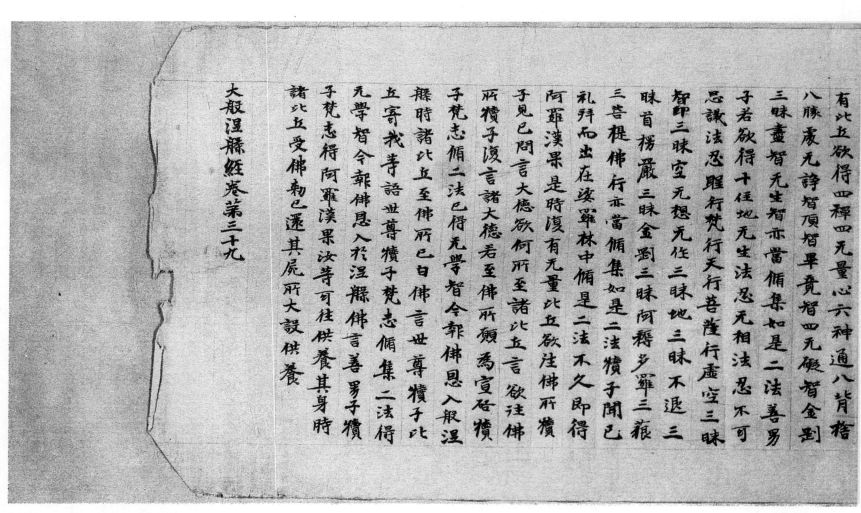

大般涅槃經卷第三十九

菩提言甚多世尊何以故是福德即非福德
性是故如来說得福德多若復有人於此經
中受持乃至四句偈等為他人說其福勝
彼何以故須菩提一切諸佛及諸佛阿耨
多羅三藐三菩提法皆從此經出須菩提
所謂佛法者即非佛法
須菩提於意云何須陁洹能作是念我得須
陁洹果不須菩提言不也世尊何以故須陁
洹名為入流而无所入不入色聲香味觸法
是名須陁洹須菩提於意云何斯陁含能
作是念我得斯陁含果不須菩提言不也世尊
何以故斯陁含名一往来而實无往来是名
斯陁含須菩提於意云何阿那含能作是念
我得阿那含果不須菩提言不也世尊何以
故阿那含名為不来而實无来是故名阿那
含須菩提於意云何阿羅漢能作是念我得
阿羅漢道不須菩提言不也世尊何以故實

BD15144號　金剛般若波羅蜜經　（13–1）

斯陁含須菩提於意云何阿那含能作是念
我得阿那含果不須菩提言不也世尊何以
故阿那含名為不来而實无来是故名阿那
含須菩提於意云何阿羅漢能作是念我得
阿羅漢道不須菩提言不也世尊何以故實
无有法名阿羅漢世尊若阿羅漢作是念我
得阿羅漢道即為著我人衆生壽者世尊佛
說我得无諍三昧人中最為第一是第一離
欲阿羅漢我不作是念我是離欲阿羅漢世
尊我若作是念我得阿羅漢道世尊則不
說須菩提是樂阿蘭那行者以須菩提實无
所行而名須菩提是樂阿蘭那行
佛告須菩提於意云何如来昔在然燈佛所
於法有所得不世尊如来在然燈佛所於法實
无所得須菩提於意云何菩薩莊嚴佛土不
不也世尊何以故莊嚴佛土者則非莊嚴是
名莊嚴是故須菩提諸菩薩摩訶薩應如
是生清淨心不應住色生心不應住聲香味
觸法生心應无所住而生其心須菩提譬如
有人身如須弥山王於意云何是身為大不
須菩提言甚大世尊何以故佛說非身是名
大身須菩提如恒河中所有沙數如是沙等
恒河於意云何是諸恒河沙寧為多不須菩
提言甚多世尊但諸恒河尚多无數何況其
沙須菩提我今實言告汝若有善男子善女
人以七寶滿尒所恒河沙數三千大千世界
以用布施得福多不須菩提言甚多世尊佛

BD15144號　金剛般若波羅蜜經　（13–2）

大身須菩提如恒河中所有沙數如是沙等
恒河於意云何是諸恒河沙寧為多不須菩
提言甚多世尊但諸恒河尚多无數何況其
沙須菩提我今實言告汝若有善男子善女
人以七寶滿尒所恒河沙數三千大千世界
以用布施得福多不須菩提言甚多世尊佛
告須菩提若善男子善女人於此經中乃至
受持四句偈等為他人說而此福德勝前福
德復次須菩提隨說是經乃至四句偈等當
知此處一切世間天人阿脩羅皆應供養如佛
塔廟何況有人盡能受持讀誦須菩提當
知是人成就最上第一希有之法若是經典
所在之處則為有佛若尊重弟子
尒時須菩提白佛言世尊當何名此經我等
云何奉持佛告須菩提是經名為金剛般若
波羅蜜以是名字汝當奉持所以者何須菩
提佛說般若波羅蜜則非般若波羅蜜須菩
提於意云何如來有所說法不須菩提白佛
言世尊如來无所說須菩提於意云何三千
大千世界所有微塵是為多不須菩提言甚
多世尊須菩提諸微塵如來說非微塵是名
微塵如來說世界非世界是名世界須菩提
於意云何可以三十二相見如來不不也世尊
何以故如來說三十二相即是非相是名三
十二相須菩提若有善男子善女人以恒河
沙等身命布施若復有人於此經中乃至
受持四句偈等為他人說其福甚多

BD15144 號　金剛般若波羅蜜經　（13–3）

於意云何可以三十二相見如來不不也世尊
何以故如來說三十二相即是非相是名三
十二相須菩提若有善男子善女人以恒河
沙等身命布施若復有人於此經中乃至
受持四句偈等為他人說其福甚多
尒時須菩提聞說是經深解義趣涕淚悲泣
而白佛言希有世尊佛說如是甚深經典我
從昔來所得慧眼未曾得聞如是之經世尊
若復有人得聞是經信心清淨則生實相當
知是人成就第一希有功德世尊是實相者
則是非相是故如來說名實相世尊我今得
聞如是經典信解受持不足為難若當來世
後五百歲其有衆生得聞是經信解受持是
人則為第一希有何以故此人无我相人相衆
生相壽者相所以者何我相即是非相人相
衆生相壽者相即是非相何以故離一切諸
相則名諸佛佛告須菩提如是如是若復有
人得聞是經不驚不怖不畏當知是人甚
為希有何以故須菩提如來說第一波羅蜜
非第一波羅蜜是名第一波羅蜜
須菩提忍辱波羅蜜如來說非忍辱波羅蜜
何以故須菩提如我昔為歌利王割截身體
我於尒時无我相无人相无衆生相无壽者
相何以故我於往昔節節支解時若有我
相人相衆生相壽者相應生瞋恨須菩提又念
過去於五百世作忍辱仙人於尒所世无我
相无人相无衆生相无壽者相是故須菩提

BD15144 號　金剛般若波羅蜜經　（13–4）

我於介時无我相无人相无衆生相无壽者
相何以故我於往昔節節支解時若有我
相人相衆生相壽者相應生瞋恨須菩提又念
過去於五百世作忍辱仙人於介所世无我
相无人相无衆生相无壽者相是故須菩提
菩薩應離一切相發阿耨多羅三藐三菩提
心不應住色生心不應住聲香味觸法生心
應生无所住心若心有住則爲非住是故佛
說菩薩心不應住色布施須菩提菩薩爲利
益一切衆生應如是布施如來說一切諸相
即是非相又說一切衆生則非衆生須菩提
如來是真語者實語者如語者不誑語者不
異語者須菩提如來所得法此法无實无虛
須菩提若菩薩心住於法而行布施如人入
闇則无所見若菩薩心不住法而行布施如
人有目日光明照見種種色須菩提當來之
世若有善男子善女人能於此經受持讀誦
則爲如來以佛智慧悉知是人悉見是人皆
得成就无量无邊功德
須菩提若有善男子善女人初日分以恒河
沙等身布施中日分復以恒河沙等身布施
後日分亦以恒河沙等身布施如是无量百
千万億劫以身布施若復有人聞此經典信
心不逆其福勝彼何况書寫受持讀誦爲人
解說須菩提以要言之是經有不可思議不
可稱量无邊功德如來爲發大乘者說爲發

BD15144 號　金剛般若波羅蜜經　（13–5）

後日分亦以恒河沙等身布施如是无量百
千万億劫以身布施若復有人聞此經典信
心不逆其福勝彼何况書寫受持讀誦爲人
解說須菩提以要言之是經有不可思議不
可稱量无邊功德如來爲發大乘者說爲發
最上乘者說若有人能受持讀誦廣爲人說
如來悉知是人悉見是人皆得成就不可量
不可稱无有邊不可思議功德如是人等則
爲荷檐如來阿耨多羅三藐三菩提何以故
須菩提若樂小法者著我見人見衆生見
壽者見則於此經不能聽受讀誦爲人解說
須菩提在在處處若有此經一切世間天人阿
脩羅所應供養當知此處則爲是塔皆應
恭敬作礼圍繞以諸華香而散其處
復次須菩提若善男子善女人受持讀誦此
經若爲人輕賤是人先世罪業應墮惡道以
今世人輕賤故先世罪業則爲消滅當得阿
耨多羅三藐三菩提須菩提我念過去无量
阿僧祇劫於然燈佛前得值八百四千万億
那由他諸佛悉皆供養承事无空過者若復
有人於後末世能受持讀誦此經所得功德
於我所供養諸佛功德百分不及一千万億
分乃至筭數譬喻所不能及須菩提若善
男子善女人於後末世有受持讀誦此經所
得功德我若具說者或有人聞心則狂亂狐
疑不信須菩提當知是經義不可思議果

BD15144 號　金剛般若波羅蜜經　（13–6）

於我所供養諸佛功德百分不及一千万億
分乃至筭數譬喻所不能及須菩提若善
男子善女人於後末世有受持讀誦此經所
得功德我若具說者或有人聞心則狂亂狐
疑不信須菩提當知是經義不可思議果
報亦不可思議
尒時須菩提白佛言世尊善男子善女人發
阿耨多羅三藐三菩提心云何應住云何降
伏其心佛告須菩提善男子善女人發阿耨
多羅三藐三菩提者當生如是心我應滅度
一切衆生滅度一切衆生已而无有一衆生
實滅度者何以故若菩薩有我相人相衆生
相壽者相則非菩薩所以者何須菩提實无
有法發阿耨多羅三藐三菩提者須菩提於
意云何如來於然燈佛所有法得阿耨多羅
三藐三菩提不不也世尊如我解佛所說義佛
於然燈佛所无有法得阿耨多羅三藐
三菩提佛言如是如是須菩提實无有法如來
得阿耨多羅三藐三菩提
須菩提若有法如來得阿耨多羅三藐三菩
提者然燈佛則不與我受記汝於來世當得
作佛号釋迦牟尼以實无有法得阿耨多羅
三藐三菩提是故然燈佛與我受記作是言
汝於來世當得作佛号釋迦牟尼何以故如
來者即諸法如義若有人言如來得阿耨
多羅三藐三菩提須菩提實无有法佛得阿

BD15144號　金剛般若波羅蜜經　（13–7）

三藐三菩提是故然燈佛與我受記作是言
汝於來世當得作佛号釋迦牟尼何以故如
來者即諸法如義若有人言如來得阿耨
多羅三藐三菩提須菩提實无有法佛得阿
耨多羅三藐三菩提須菩提如來所得阿耨
多羅三藐三菩提於是中无實无虛是故如
來說一切法皆是佛法須菩提所言一切法
者即非一切法是故名一切法須菩提譬如
人身長大須菩提言世尊如來說人身長
大則非大身是名大身須菩提菩薩亦如是
若作是言我當滅度无量衆生則不名菩薩
何以故須菩提實无有法名為菩薩是故佛
說一切法无我无人无衆生无壽者須菩提
若菩薩作是言我當莊嚴佛土是不名菩薩
何以故如來說莊嚴佛土者即非莊嚴是名
莊嚴須菩提若菩薩通達无我法者如來說
名真是菩薩
須菩提於意云何如來有肉眼不如是世尊
如來有肉眼須菩提於意云何如來有天眼
不如是世尊如來有天眼須菩提於意云何
如來有慧眼不如是世尊如來有慧眼須菩
提於意云何如來有法眼不如是世尊如來
有法眼須菩提於意云何如來有佛眼不如
是世尊如來有佛眼須菩提於意云何恒河
中所有沙佛說是沙不如是世尊如來說是
沙須菩提於意云何如一恒河中所有沙有

BD15144號　金剛般若波羅蜜經　（13–8）

有法眼須菩提於意云何如來有佛眼不如
是世尊如來有佛眼須菩提於意云何恒河
中所有沙佛說是沙不如是世尊如來說是
沙須菩提於意云何如一恒河中所有沙有
如是等恒河是諸恒河所有沙數佛世界如
是寧為多不甚多世尊佛告須菩提尒所國
土中所有衆生若干種心如來悉知何以故
如來說諸心皆為非心是名為心所以者何
須菩提過去心不可得現在心不可得未來
心不可得須菩提於意云何若有人滿三千
大千世界七寶以用布施是人以是因緣得
福多不如是世尊此人以是因緣得福甚多
須菩提若福德有實如來不說得福德多以
福德无故如來說得福德多
須菩提於意云何佛可以具足色身見不不
也世尊如來不應以具足色身見何以故如來說
具足色身即非具足色身是名具足色身須
菩提於意云何如來可以具足諸相見不不
也世尊如來不應以具足諸相見何以故如
來說諸相具足即非具足是名諸相具足須
菩提汝等勿謂如來作是念我當有所說法
莫作是念何以故若人言如來有所說法即
為謗佛不能解我所說故須菩提說法者无
法可說是名說法須菩提白佛言世尊佛得
阿耨多羅三藐三菩提為无所得邪如是如
是須菩提我於阿耨多羅三藐三菩提乃至

BD15144號　金剛般若波羅蜜經　（13–9）

莫作是念何以故若人言如來有所說法即
為謗佛不能解我所說故須菩提說法者无
法可說是名說法須菩提白佛言世尊佛得
阿耨多羅三藐三菩提為无所得邪如是如
是須菩提我於阿耨多羅三藐三菩提乃至
无有少法可得是名阿耨多羅三藐三菩提
復次須菩提是法平等无有高下是名阿耨
多羅三藐三菩提以无我无人无衆生无壽
者脩一切善法則得阿耨多羅三藐三菩提
須菩提所言善法者如來說非善法是名善
法須菩提若三千大千世界中所有諸須弥
山王如是等七寶聚有人持用布施若人以
此般若波羅蜜經乃至四句偈等受持讀誦
為他人說於前福德百分不及一百千万億
分乃至筭數譬喻所不能及
須菩提於意云何汝等勿謂如來作是念我
當度衆生須菩提莫作是念何以故實无有
衆生如來度者若有衆生如來度者如來則
有我人衆生壽者須菩提如來說有我者則
非有我而凡夫之人以為有我須菩提凡夫者
如來說則非凡夫須菩提於意云何可以三
十二相觀如來不須菩提言如是如是以三
十二相觀如來佛言須菩提若以三十二相
觀如來者轉輪聖王則是如來須菩提白佛
言世尊如我解佛所說義不應以三十二相
觀如來尒時世尊而說偈言

BD15144號　金剛般若波羅蜜經　（13–10）

如来說則非凡夫須菩提於意云何可以三
十二相觀如来不須菩提言如是如是以三
十二相觀如来佛言須菩提若以三十二相
觀如来者轉輪聖王則是如来須菩提白佛
言世尊如我解佛所說義不應以三十二相
觀如来尒時世尊而說偈言
若以色見我　以音聲求我　是人行邪道　不能見如来
須菩提汝若作是念如来不以具足相故得阿
耨多羅三藐三菩提須菩提莫作是念如来
不以具足相故得阿耨多羅三藐三菩提須
菩提汝若作是念發阿耨多羅三藐三菩提
者說諸法斷滅相莫作是念何以故發阿耨
多羅三藐三菩提者於法不說斷滅相
須菩提若菩薩以滿恒河沙等世界七寶布
施若復有人知一切法无我得成於忍此菩薩
勝前菩薩所得功德須菩提以諸菩薩不受
福德故須菩提白佛言世尊云何菩薩不
受福德須菩提菩薩所作福德不應貪著
是故說不受福德須菩提若有人言如来若
来若去若坐若卧是人不解我所說義何以
故如来者无所從来亦无所去故名如来
須菩提若善男子善女人以三千大千世界
碎為微塵於意云何是微塵衆寧為多不
甚多世尊何以故若是微塵衆實有者佛則
不說是微塵衆所以者何佛說微塵衆則非
微塵衆是名微塵衆世尊如来所說三千大千

BD15144號　金剛般若波羅蜜經　（13–11）

[illegible]
受福德須菩提菩薩所作福德不應貪著
是故說不受福德須菩提若有人言如来若
来若去若坐若卧是人不解我所說義何以
故如来者无所從来亦无所去故名如来
須菩提若善男子善女人以三千大千世界
碎為微塵於意云何是微塵衆寧為多不
甚多世尊何以故若是微塵衆實有者佛則
不說是微塵衆所以者何佛說微塵衆則非
微塵衆是名微塵衆世尊如来所說三千大千
世界則非世界是名世界何以故若世界實
有者則是一合相如来說一合相則非一合相
是名一合相須菩提一合相者則是不可說
但凡夫之人貪著其事
須菩提若人言佛說我見人見衆生見壽者
見須菩提於意云何是人解我所說義不不
世尊是人不解如来所說義何以故世尊
說我見人見衆生見壽者見即非我見人見
衆生見壽者見是名我見人見衆生見壽者
見須菩提發阿耨多羅三藐三菩提心者於
一切法應如是知如是見如是信解不生法
相須菩提所言法相者如来說即非法相是
名法相須菩提若有人以滿无量阿僧祇世
界七寶持用布施若有善男子善女人發菩
薩心者持於此經乃至四句偈等受持讀誦
為人演說其福勝彼云何為人演說不取於
[illegible]不動何以故

BD15144號　金剛般若波羅蜜經　（13–12）

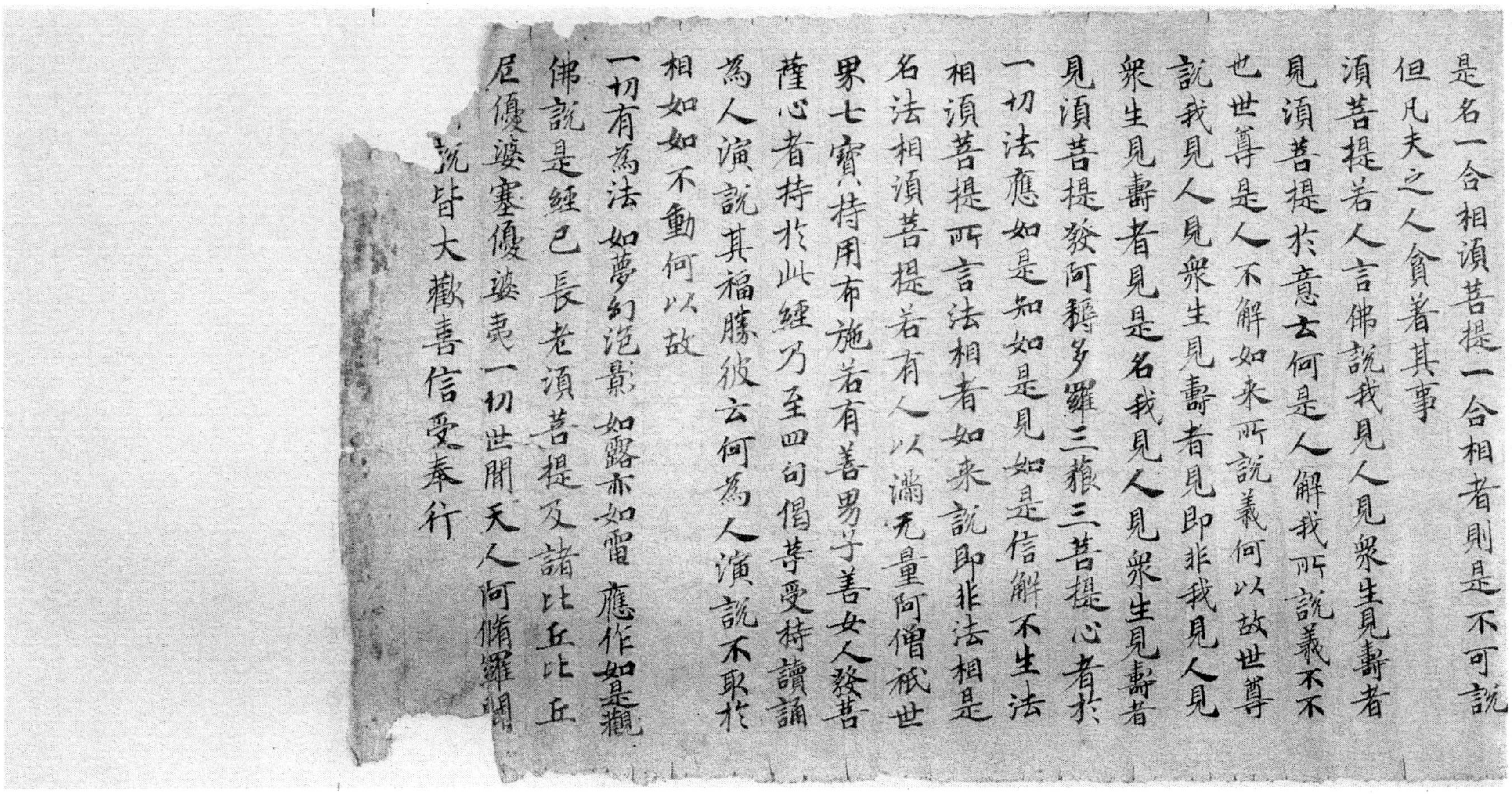

是名一合相須菩提一合相者則是不可說
但凡夫之人貪著其事
須菩提若人言佛說我見人見衆生見壽者
見須菩提於意云何是人解我所說義不不
也世尊是人不解如來所說義何以故世尊
說我見人見衆生見壽者見即非我見人見
衆生見壽者見是名我見人見衆生見壽者
見須菩提發阿耨多羅三藐三菩提心者於
一切法應如是知如是見如是信解不生法
相須菩提所言法相者如來說即非法相是
名法相須菩提若有人以滿无量阿僧祇世
界七寶持用布施若有善男子善女人發菩
薩心者持於此經乃至四句偈等受持讀誦
為人演說其福勝彼云何為人演說不取於
相如如不動何以故
一切有為法 如夢幻泡影 如露亦如電 應作如是觀
佛說是經已長老須菩提及諸比丘比丘
尼優婆塞優婆夷一切世間天人阿脩羅聞
佛說皆大歡喜信受奉行

BD15144號　金剛般若波羅蜜經　　（13–13）

BD15144號背　裱補紙文字　　（1–1）

妙法蓮華經信解品第四
尒時慧命須菩提摩訶迦旃延摩訶迦葉
摩訶目揵連從佛所聞未曾有法世尊捨舍
利弗阿耨多羅三藐三菩提記發希有心歡
喜踊躍即從座起整衣服偏袒右肩右膝著
地一心合掌曲躬恭敬瞻仰尊顏而白佛言
我等居僧之首年並朽邁自謂已得涅槃无
所堪任不復進求阿耨多羅三藐三菩提世尊
往昔說法既久我時在座身體疲懈但念空
无相无作於菩薩法遊戲神通淨佛國土成
就衆生心不喜樂所以者何世尊令我等出
於三界得涅槃證又今我等年已朽邁於佛
教化菩薩阿耨多羅三藐三菩提不生一念
好樂之心我等今於佛前聞授聲聞阿耨多
羅三藐三菩提記心甚歡喜得未曾有不
謂於今忽然得聞希有之法深自慶幸獲大
善利无量珎寶不求自得世尊我等今者樂
說譬喻以明斯義譬若有人年既幼稚捨父逃

BD15145號　妙法蓮華經卷二　　（10–1）

謂於今忽然得聞希有之法深自慶幸獲大
善利无量珎寶不求自得世尊我等今者樂
說譬喻以明斯義譬若有人年既幼稚捨父逃
逝久住他國或十二十至五十歲年既長大加
復窮困馳騁四方以求衣食漸漸遊行遇向
本國其父先來求子不得中止一城其家大
富財寶无量金銀琉璃珊瑚虎珀頗梨珠
等其諸倉庫悉皆盈溢多有僮僕臣佐吏民
象馬車乘牛羊无數出入息利乃遍他國商
估賈客亦甚衆多時貧窮子遊諸聚落經
歷國邑遂到其父所止之城父每念子與子離
別五十餘年而未曾向人說如此事但自思
惟心懷悔恨自念老朽多有財物金銀珎寶
倉庫盈溢无有子息一旦終沒財物散失无
所委付是以慇勤每憶其子復作是念我若
得子委付財物坦然快樂无復憂慮世尊尒
時窮子傭賃展轉遇到父舍住立門側遙見
其父踞師子床寶几承足諸婆羅門剎利居
士皆恭敬圍繞以真珠瓔珞價直千万莊嚴
其身吏民僮僕手執白拂侍立左右覆以寶
帳垂諸華幡香水灑地散衆名華羅列寶物
出內取與有如来等種種嚴飾威德特尊窮
子見父有大力勢即懷恐怖悔來至此竊作
是念此或是王或是王等非我傭力得物之
處不如往至貧里肆力有地衣食易得若久
[illegible]作是念已疾走而去

BD15145號　妙法蓮華經卷二　　（10–2）

子見父有大力勢即懷恐怖悔來至此竊作
是念此或是王或是王等非我傭力得物之
處不如往至貧里肆力有地衣食易得若久
住此或見逼迫强使作作是念已疾走而去
時富長者於師子座見子便識心大歡喜
即作是念我財物庫藏今有所付我常思念
此子无由見之而忽自來甚適我願我雖年
朽猶故貪惜即遣傍人急追將還尒時使者
疾走往捉窮子驚愕稱怨大喚我不相犯何
爲見捉使者執之愈急强牽將還于時窮
子自念无罪而被囚執此必定死轉更惶怖悶
絶躃地父遥見之而語使言不須此人勿强
將來以冷水灑面令得醒悟莫復與語所以
者何父知其子志意下劣自知豪貴爲子所
難審知是子而以方便不語他人云是我子
使者語之我今放汝隨意所趣窮子歡喜得
未曾有從地而起往至貧里以求衣食尒時
長者將欲誘引其子而設方便密遣二人形
色憔悴无威德者汝可詣彼徐語窮子此有
作處倍與汝直窮子若許將來使作若言欲
何所作便可語之雇汝除糞我等二人亦共
汝作時二使人即求窮子既已得之具陳上
事尒時窮子先取其價尋與除糞其父見子
愍而怪之又以他日於窻牖中遥見子身羸
瘦憔悴糞土塵坌汙穢不淨即脫瓔珞細軟
上服嚴飾之具更著麁弊垢膩之衣塵土坌

BD15145號　妙法蓮華經卷二　（10–3）

愍而怪之又以他日於窻牖中遥見子身羸
瘦憔悴糞土塵坌汙穢不淨即脫瓔珞細軟
上服嚴飾之具更著麁弊垢膩之衣塵土坌
身右手執持除糞之器狀有所畏語諸作人
汝等勤作勿得懈息以方便故得近其子後
復告言咄男子汝常此作勿復餘去當加汝
價諸有所須瓫器米麪塩酢之屬莫自疑
難亦有老弊使人須者相給好自安意我如
汝父勿復憂慮所以者何我年老大而汝少
壯汝常作時无有欺怠瞋恨怨言都不見汝
有此諸惡如餘作人自今已後如所生子即時
長者更與作字名之爲兒尒時窮子雖欣此
遇猶故自謂客作賤人由是之故於二十年
中常令除糞過是已後心相體信入出无難
然其所止猶在本處世尊尒時長者有疾自
知將死不久語窮子言我今多有金銀珎寶
倉庫盈溢其中多少所應取與汝悉知之我
心如是當體此意所以者何今我與汝便爲
不異宜加用心无令漏失尒時窮子即受教
勅領知衆物金銀珎寶及諸庫藏而无悕
取一飡之意然其所止故在本處下劣之心亦
未能捨復經少時父知子意漸已通泰成就
大志自鄙先心臨欲終時而命其子并會親
族國王大臣刹利居士皆悉已集即自宣言
諸君當知此是我子我之所生於某城中捨
吾逃走跉跰辛苦五十餘年其本字某我名

BD15145號　妙法蓮華經卷二　（10–4）

族國王大臣刹利居士皆悉已集即自宣言
諸君當知此是我子我之所生於某城中捨
吾逃走竛竮辛苦五十餘年其本字某我名
某甲昔在本城懷憂推覓忽於此間遇會
得之此實我子我實其父今我所有一切財物
皆是子有先所出內是子所知世尊是時窮
子聞父此言即大歡喜得未曾有而作是念
我本无心有所悕求今此寶藏自然而至世
尊大富長者則是如來我等皆以佛子如來
常說我等為子世尊我等以三苦故於生死
中受諸熱惱迷惑无知樂著小法今日世尊
令我等思惟蠲除諸法戲論之糞我等於
中勤加精進得至涅槃一日之價既得此已心
大歡喜自以為足便自謂言於佛法中勤精進
故所得弘多然世尊先知我等心著弊欲樂
於小法便見縱捨不為分別汝等當有如來
知見寶藏之分世尊以方便力說如來智慧
我等從佛得涅槃一日之價以為大得於此
大乘无有志求我等又因如來智慧為諸菩
薩開示演說而自於此无有志願所以者何
佛知我等心樂小法以方便力隨我等說而
我等不知真是佛子今我等方知世尊於佛
智慧无所悋惜所以者何我等昔來真是佛
子而但樂小法若我等有樂大之心佛則為
我說大乘法於此經中唯說一乘而昔於菩薩
前毀呰聲聞樂小法者然佛實以大乘教化

BD15145號　妙法蓮華經卷二　（10–5）

我說大乘法此經中唯說一乘而昔於菩薩
前毀呰聲聞樂小法者然佛實以大乘教化
是故我等說本无心有所悕求今法王大寶
自然而至如佛子所應得者皆已得之爾時
摩訶迦葉欲重宣此義而說偈言
我等今日　聞佛音教　歡喜踊躍　得未曾有
佛說聲聞　當得作佛　无上寶聚　不求自得
譬如童子　幼稚无識　捨父逃逝　遠到他土
周流諸國　五十餘年　其父憂念　四方推求
求之既疲　頓止一城　造立舍宅　五欲自娛
其家巨富　多諸金銀　車璖馬瑙　真珠琉璃
象馬牛羊　輦輿車乘　田業僮僕　人民衆多
出入息利　乃遍他國　商估賈人　无處不有
千万億衆　圍繞恭敬　常為王者　之所愛念
群臣豪族　皆共宗重　以諸緣故　往來者衆
豪富如是　有大力勢　而年朽邁　益憂念子
夙夜惟念　死時將至　癡子捨我　五十餘年
庫藏諸物　當如之何　爾時窮子　求索衣食
從邑至邑　從國至國　或有所得　或无所得
飢餓羸瘦　體生瘡癬　漸次經歷　到父住城
傭賃展轉　遂至父舍　爾時長者　於其門內
施大寶帳　處師子座　眷屬圍繞　諸人侍衛
或有計算　金銀寶物　出內財產　注記券疏
窮子見父　豪貴尊嚴　謂是國王　若是王等
驚怖自怪　何故至此　覆自念言　我若久住
或見逼迫　強驅使作　思惟是已　馳走而去

BD15145號　妙法蓮華經卷二　（10–6）

窮子見父　豪貴尊嚴　謂是國王　若是王等
驚怖自怪　何故至此　覆自念言　我若久住
或見逼迫　強驅使作　思惟是已　馳走而去
借問貧里　欲往傭作　長者是時　在師子座
遥見其子　嘿而識之　即勑使者　追捉將來
窮子驚喚　迷悶躄地　是人執我　必當見煞
何用衣食　使我至此　長者知子　愚癡狹劣
不信我言　不信是父　即以方便　更遣餘人
眇目矬陋　无威德者　汝可語之　云當相雇
除諸糞穢　倍與汝價　窮子聞之　歡喜隨來
為除糞穢　淨諸房舍　長者於牖　常見其子
念子愚劣　樂為鄙事　於是長者　著弊垢衣
執除糞器　往到子所　方便附近　語令勤作
既益汝價　并塗足油　飲食充足　薦席厚煖
如是苦言　汝當勤作　又以軟語　若如我子
長者有智　漸令入出　經二十年　執作家事
示其金銀　真珠頗梨　諸物出入　皆使令知
猶處門外　止宿草菴　自念貧事　我无此物
父知子心　漸已曠大　欲與財物　即聚親族
國王大臣　剎利居士　於此大眾　說是我子
捨我他行　經五十歲　自見子來　已二十年
昔於某城　而失是子　周行求索　遂來至此
凡我所有　舍宅人民　悉以付之　恣其所用
子念昔貧　志意下劣　今於父所　大獲珍寶
并及舍宅　一切財物　甚大歡喜　得未曾有

BD15145號　妙法蓮華經卷二　（10–7）

凡我所有　舍宅人民　悉以付之　恣其所用
子念昔貧　志意下劣　今於父所　大獲珍寶
并及舍宅　一切財物　甚大歡喜　得未曾有
佛亦如是　知我樂小　未曾說言　汝等作佛
而說我等　得諸无漏　成就小乘　聲聞弟子
佛勑我等　說最上道　脩習此者　當得成佛
我承佛教　為大菩薩　以諸因緣　種種譬喻
若干言辭　說无上道　諸佛子等　從我聞法
日夜思惟　精勤脩習　是時諸佛　即授其記
汝於來世　當得作佛　一切諸佛　秘藏之法
但為菩薩　演其實事　而不為我　說斯真要
如彼窮子　得近其父　雖知諸物　心不希取
我等雖說　佛法寶藏　自无志願　亦復如是
我等內滅　自謂為足　唯了此事　更无餘事
我等若聞　淨佛國土　教化眾生　都无欣樂
所以者何　一切諸法　皆悉空寂　无生无滅
无大无小　无漏无為　如是思惟　不生喜樂
我等長夜　於佛智慧　无貪无著　无復志願
而自於法　謂是究竟　我等長夜　脩習空法
得脫三界　苦惱之患　住最後身　有餘涅槃
佛所教化　得道不虛　則為已得　報佛之恩
我等雖為　諸佛子等　說菩薩法　以求佛道
而於是法　永无願樂　導師見捨　觀我心故
初不勸進　說有實利　如富長者　知子志劣
以方便力　柔伏其心　然後乃付　一切財寶
佛亦如是　現希有事　知樂小者　以方便力

BD15145號　妙法蓮華經卷二　（10–8）

以方便力　柔伏其心　然後乃付　一切財寶
佛亦如是　現希有事　知樂小者　以方便力
調伏其心　乃教大智　我等今日　得未曾有
非先所望　而今自得　如彼窮子　得无量寶
世尊我今　得道得果　於无漏法　得清淨眼
我等長夜　持佛淨戒　始於今日　得其果報
法王法中　久脩梵行　今得无漏　无上大果
我等今者　真是聲聞　以佛道聲　令一切聞
我等今者　真阿羅漢　於諸世間　天人魔梵
普於其中　應受供養　世尊大恩　以希有事
憐愍教化　利益我等　无量億劫　誰能報者
手足供給　頭頂禮敬　一切供養　皆不能報
若以頂戴　兩肩荷負　於恒沙劫　盡心恭敬
又以美饍　无量寶衣　及諸卧具　種種湯藥
牛頭栴檀　及諸珍寶　以起塔廟　寶衣布地
如斯等事　以用供養　於恒沙劫　亦不能報
諸佛希有　无量无邊　不可思議　大神通力
无漏无為　諸法之王　能為下劣　忍于斯事
取相凡夫　隨宜為說　諸佛於法　得最自在
知諸衆生　種種欲樂　及其志力　隨所堪任
以无量喻　而為說法　隨諸衆生　宿世善根
又知成熟　未成熟者　種種籌量　分別知已
於一乘道　隨宜說三

BD15145號　妙法蓮華經卷二　（10–9）

知諸衆生　種種欲樂　及其志力　隨所堪任
以无量喻　而為說法　隨諸衆生　宿世善根
又知成熟　未成熟者　種種籌量　分別知已
於一乘道　隨宜說三

妙法蓮華經卷第二

BD15145號　妙法蓮華經卷二　（10–10）

无人相无衆生相无壽者相是故須菩提菩
薩應離一切相發阿耨多羅三藐三菩提
心不應住色生心不應住聲香味觸法生心
應生无所住心若心有住則為非住是故佛
說菩薩心不應住色布施須菩提菩薩為利
益一切衆生應如是布施如來說一切諸相即
是非相又說一切衆生則非衆生
須菩提如來是真語者實語者如語者不誑
語者不異語者須菩提如來所得法此法无
實无虛
須菩提若菩薩心住於法而行布施如人入闇
則无所見若菩薩心不住法而行布施如人
有目日光明照見種種色
須菩提當來之世若有善男子善女人能於此
經受持讀誦則為如來以佛智慧悉知是人
悉見是人皆得成就无量无邊功德
須菩提若有善男子善女人初日分以恒河

BD15146 號　金剛般若波羅蜜經　（9–1）

悉見是人皆得成就无量无邊功德
須菩提若有善男子善女人初日分以恒河
沙等身布施中日分復以恒河沙等身布施
後日分亦以恒河沙等身布施如是无量百千
万億劫以身布施若復有人聞此經典信心
不逆其福勝彼何況書寫受持讀誦為人
解說
須菩提以要言之是經有不可思議不可稱
量无邊功德如來為發大乘者說為發最上
乘者說若有人能受持讀誦廣為人說如來
悉知是人悉見是人皆得成就不可量不可稱
无有邊不可思議功德如是人等則為荷擔
如來阿耨多羅三藐三菩提何以故須菩提
若樂小法者著我見人見衆生見壽者見
則於此經不能聽受讀誦為人解說須菩提
在在處處若有此經一切世間天人阿脩羅所
應供養當知此處則為是塔皆應恭敬作
禮圍遶以諸華香而散其處
復次須菩提若善男子善女人受持讀誦此
經若為人輕賤是人先世罪業應墮惡道以今
世人輕賤故先世罪業則為消滅當得阿耨多
羅三藐三菩提須菩提我念過去无量阿僧
祇劫於然燈佛前得值八百四千万億那由

BD15146 號　金剛般若波羅蜜經　（9–2）

羅三藐三菩提須菩提我念過去无量阿僧
祇劫於然燈佛前得值八百四千万億那由
他諸佛悉皆供養承事无空過者若復有
人於後末世能受持讀誦此經所得功德於
我所供養諸佛功德百分不及一千万億分
乃至筭數譬喻所不能及須菩提若善男子
善女人於後末世有受持讀誦此經所得功德
我若具說者或有人聞心則狂亂狐疑不信
須菩提當知是經義不可思議果報亦不可
思議
尒時須菩提白佛言世尊善男子善女人發
阿耨多羅三藐三菩提心云何應住云何降
伏其心佛告須菩提善男子善女人發阿耨多
羅三藐三菩提者當生如是心我應滅度一
切衆生滅度一切衆生已而无有一衆生實
滅度者何以故若菩薩有我相人相衆生
相壽者相則非菩薩所以者何須菩提實无
有法發阿耨多羅三藐三菩提者
須菩提於意云何如來於然燈佛所有法得
阿耨多羅三藐三菩提不不也世尊如我解
佛所說義佛於然燈佛所无有法得阿耨多
羅三藐三菩提佛言如是如是須菩提實无
有法如來得阿耨多羅三藐三菩提須菩提

BD15146 號　金剛般若波羅蜜經　（9–3）

有法如來得阿耨多羅三藐三菩提須菩提
若有法如來得阿耨多羅三藐三菩提然燈
佛則不與我受記汝於來世當得作佛号釋
迦牟尼以實无有法得阿耨多羅三藐三菩
提是故然燈佛與我受記作是言汝於來世
當得作佛号釋迦牟尼何以故如來者即諸
法如義若有人言如來得阿耨多羅三藐三
菩提須菩提實无有法佛得阿耨多羅三藐
三菩提須菩提如來所得阿耨多羅三藐三
菩提於是中无實无虛是故如來說一切法
皆是佛法須菩提所言一切法者即非一切
法是故名一切法
須菩提譬如人身長大須菩提言世尊如來
說人身長大則為非大身是名大身
須菩提菩薩亦如是若作是言我當滅度无
量衆生則不名菩薩何以故須菩提實无有法
名為菩薩是故佛說一切法无我无人无衆生
无壽者須菩提若菩薩作是言我當莊嚴佛
土是不名菩薩何以故如來說莊嚴佛土者
即非莊嚴是名莊嚴須菩提若菩薩通達
无我法者如來說名真是菩薩
須菩提於意云何如來有肉眼不如是世尊如
來有肉眼須菩提於意云何如來有天眼不

BD15146 號　金剛般若波羅蜜經　（9–4）

須菩提於意云何如来有肉眼不如是世尊如
来有肉眼須菩提於意云何如来有天眼不
如是世尊如来有天眼須菩提於意云何如
来有慧眼不如是世尊如来有慧眼須菩提
於意云何如来有法眼不如是世尊如来有
法眼須菩提於意云何如来有佛眼不如是
世尊如来有佛眼須菩提於意云何恒河中
所有沙佛說是沙不如是世尊如来說是沙須
菩提於意云何如一恒河中所有沙有如是
等恒河是諸恒河所有沙數佛世界如是寧為
多不甚多世尊佛告須菩提尒所國土中所有
衆生若干種心如来悉知何以故如来說諸心
皆為非心是名為心所以者何須菩提過去心
不可得現在心不可得未来心不可得須菩
提於意云何若有人滿三千大千世界七寶
以用布施是人以是因緣得福多不如是世
尊此人以是因緣得福甚多須菩提若福
德有實如来不說得福德多以福德无故如
来說得福德多
須菩提於意云何佛可以具足色身見不不
也世尊如来不應以具足色身見何以故如来
說具足色身即非具足色身是名具足色
身須菩提於意云何如来可以具足諸相見不

BD15146 號　金剛般若波羅蜜經　　（9–5）

也世尊如来不應以具足色身見何以故如来
說具足色身即非具足是名具足色
身須菩提於意云何如来可以具足諸相見不
不也世尊如来不應以具足諸相見何以故如
来說諸相具足即非具足是名諸相具足須
菩提汝勿謂如来作是念我當有所說法莫
作是念何以故若人言如来有所說法即為
謗佛不能解我所說故須菩提說法者无法
可說是名說法
須菩提白佛言世尊佛得阿耨多羅三藐三
菩提為无所得耶如是如是須菩提我於阿耨
多羅三藐三菩提乃至无有少法可得是
名阿耨多羅三藐三菩提復次須菩提是法
平等无有高下是名阿耨多羅三藐三菩提
以无我无人无衆生无壽者脩一切善法則得
阿耨多羅三藐三菩提須菩提所言善法
者如来說非善法是名善法
須菩提若三千大千世界中所有諸須弥山
王如是等七寶聚有人持用布施若人以此般
若波羅蜜經乃至四句偈等受持讀誦為
他人說於前福德百分不及一百千万億分乃
至筭數譬喻所不能及
須菩提於意云何汝等勿謂如来作是念我

BD15146 號　金剛般若波羅蜜經　　（9–6）

至笑數譬喻所不能及
須菩提於意云何汝等勿謂如來作是念我
當度衆生須菩提莫作是念何以故實无有
衆生如來度者若有衆生如來度者如來則
有我人衆生壽者須菩提如來說有我者則
非有我而凡夫之人以為有我須菩提凡夫者
如來說則非凡夫
須菩提於意云何可以卅二相觀如來不須
菩提言如是如是以卅二相觀如來佛言須
菩提若以卅二相觀如來者轉輪聖王則是
如來須菩提白佛言世尊如我解佛所說義
不應以卅二相觀如來尒時世尊而說偈言
若以色見我　以音聲求我　是人行邪道　不能見如來
須菩提汝若作是念如來不以具足相故得阿
耨多羅三藐三菩提須菩提莫作是念如來
不以具足相故得阿耨多羅三藐三菩提須
菩提汝若作是念發阿耨多羅三藐三菩提
者說諸法斷滅相莫作是念何以故發阿耨
多羅三藐三菩提者於法不說斷滅相須菩
提若菩薩以滿恒河沙等世界七寶布施若
復有人知一切法无我得成於忍此菩薩勝前
菩薩所得功德須菩提以諸菩薩不受福德
故須菩提白佛言世尊云何菩薩不受福德

BD15146號　金剛般若波羅蜜經　（9–7）

菩薩所得功德須菩提以諸菩薩不受福德
故須菩提白佛言世尊云何菩薩不受福德
須菩提菩薩所作福德不應貪著是故說不
受福德
須菩提若有人言如來若來若去若坐若卧
是人不解我所說義何以故如來者无所從來
亦无所去故名如來
須菩提若善男子善女人以三千大千世界
碎為微塵於意云何是微塵衆寧為多不甚
多世尊何以故若是微塵衆實有者佛則不
說是微塵衆所以者何佛說微塵衆則非微
塵衆是名微塵衆世尊如來所說三千大千世
界則非世界是名世界何以故若世界實有
者則是一合相如來說一合相則非一合相是名
一合相須菩提一合相者則是不可說但凡
夫之人貪著其事須菩提若人言佛說我見
人見衆生見壽者見須菩提於意云何是
人解我所說義不世尊是人不解如來所說
義何以故世尊說我見人見衆生見壽者見
即非我見人見衆生見壽者見是名我見人
見衆生見壽者見須菩提發阿耨多羅三
藐三菩提心者於一切法應如是知如是見
如是信解不生法相須菩提所言法相者如

BD15146號　金剛般若波羅蜜經　（9–8）

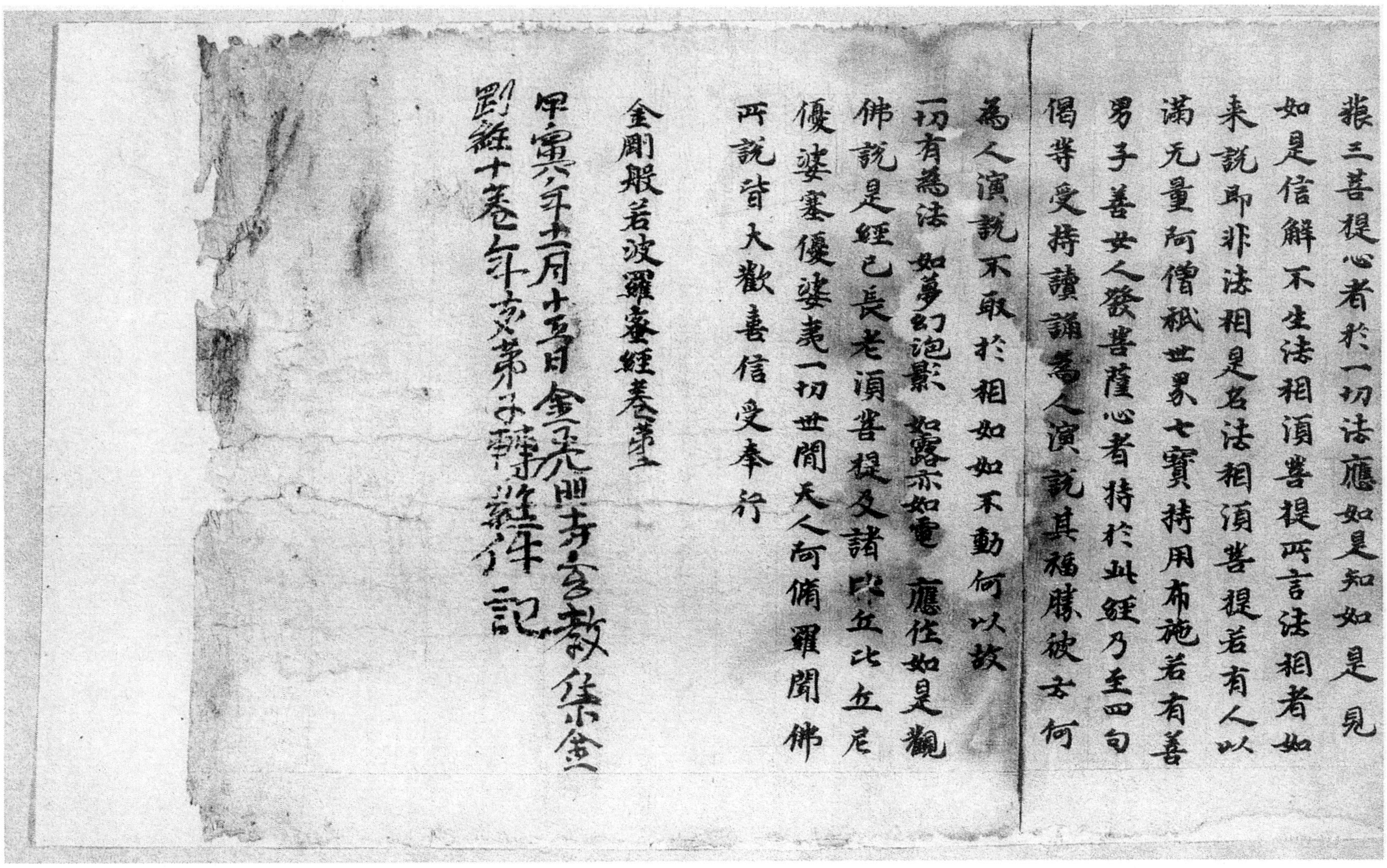

藐三菩提心者於一切法應如是知如是見
如是信解不生法相須菩提所言法相者如
来說即非法相是名法相須菩提若有人以
滿无量阿僧祇世界七寶持用布施若有善
男子善女人發菩薩心者持於此經乃至四句
偈等受持讀誦為人演說其福勝彼云何
為人演說不取於相如如不動何以故
一切有為法 如夢幻泡影 如露亦如電 應作如是觀
佛說是經已長老須菩提及諸比丘比丘尼
優婆塞優婆夷一切世間天人阿脩羅聞佛
所說皆大歡喜信受奉行

金剛般若波羅蜜經卷第一

甲寅年十二月十五日金光明寺李教信念金
剛經十卷今年弟子李轉讀經并記

BD15146號　金剛般若波羅蜜經　　（9–9）

金剛峻經金剛頂一切如来深妙秘密金剛界
大三昧耶脩行四十二種壇法經作用威儀法則
大毗盧遮那佛金剛心地法門必法戒壇法儀
則
大興善寺三藏沙门大廣智不空奉　詔譯
尒時佛於阿阅蓮花藏世界共會諸天菩薩

BD15147號　金剛峻經金剛頂一切如來深妙秘密金剛界大三昧耶修行四十二種壇法經作用威儀法則，
大毗盧遮那佛金剛心地法門必法戒壇法儀則卷一　　（28–1）

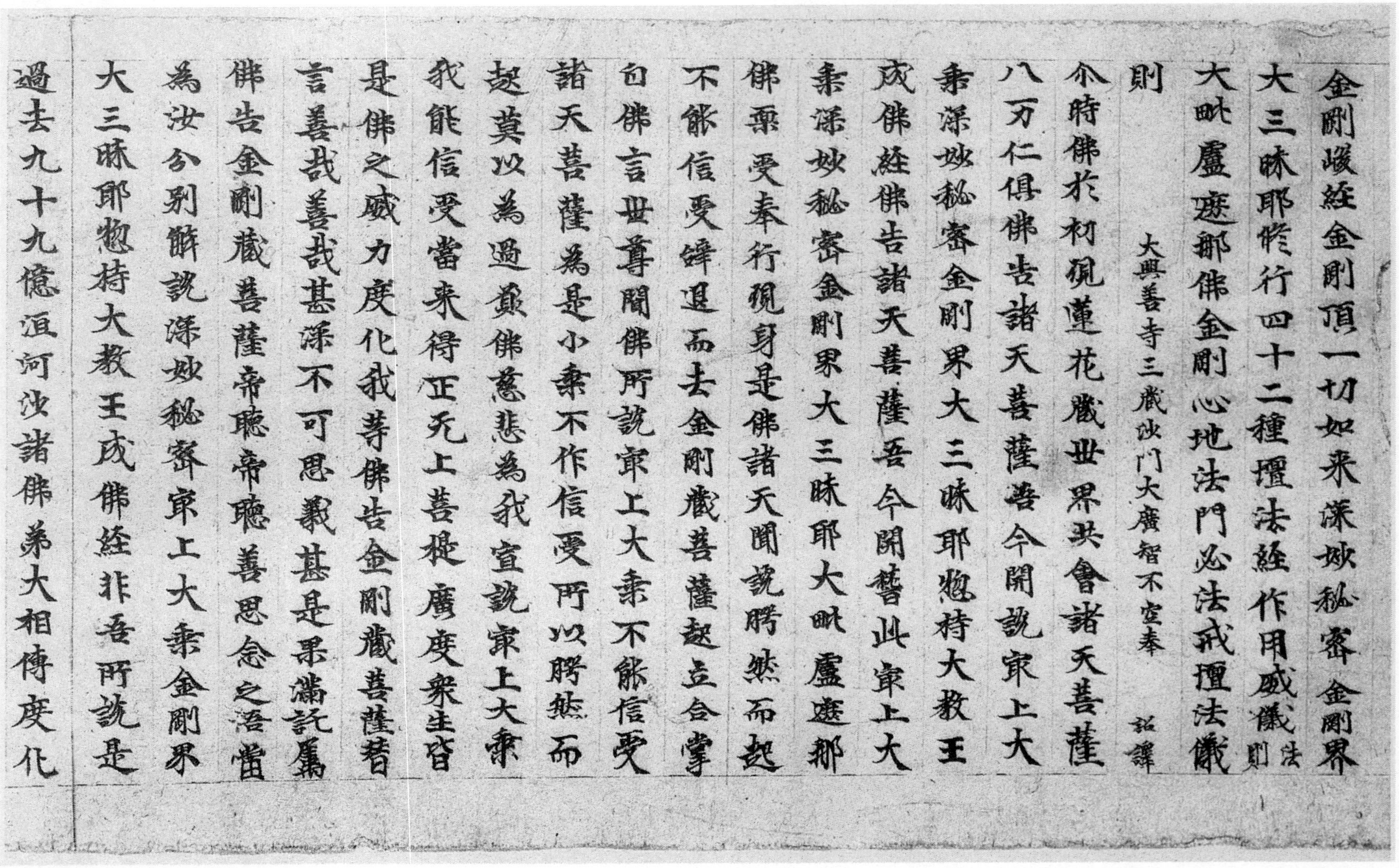

金剛峻經金剛頂一切如來深妙秘密金剛界
大三昧耶修行四十二種壇法經作用威儀法則
大毗盧遮那佛金剛心地法門必法戒壇法儀
則　大興善寺三藏沙門大廣智不空奉　詔譯
尒時佛於初現蓮花藏世界共會諸天菩薩
八万仁俱佛告諸天菩薩吾今開說最上大
乘深妙秘密金剛界大三昧耶惣持大教王
成佛經佛告諸天菩薩吾今開誓此最上大
乘深妙秘密金剛界大三昧耶大毗盧遮那
佛頂受奉行現身是佛諸天聞說將然而起
不能信受辭退而去金剛藏菩薩起立合掌
白佛言世尊聞佛所說最上大乘不能信受
諸天菩薩為是小乘不作信受所以將然而
起莫以為過願佛慈悲為我宣說最上大乘
我能信受當來得正无上菩提廣度衆生皆
是佛之威力度化我等佛告金剛藏菩薩善
言善哉善哉甚深不可思議甚是果滿託集
佛告金剛藏菩薩帝聽帝聽善思念之吾當
為汝分別解說深妙秘密最上大乘金剛界
大三昧耶惣持大教王成佛經非吾所說是
過去九十九億恒河沙諸佛弟大相傳度化

BD15147號　金剛峻經金剛頂一切如來深妙秘密金剛界大三昧耶修行四十二種壇法經作用威儀法則，
大毗盧遮那佛金剛心地法門必法戒壇法儀則卷一　（28–2）

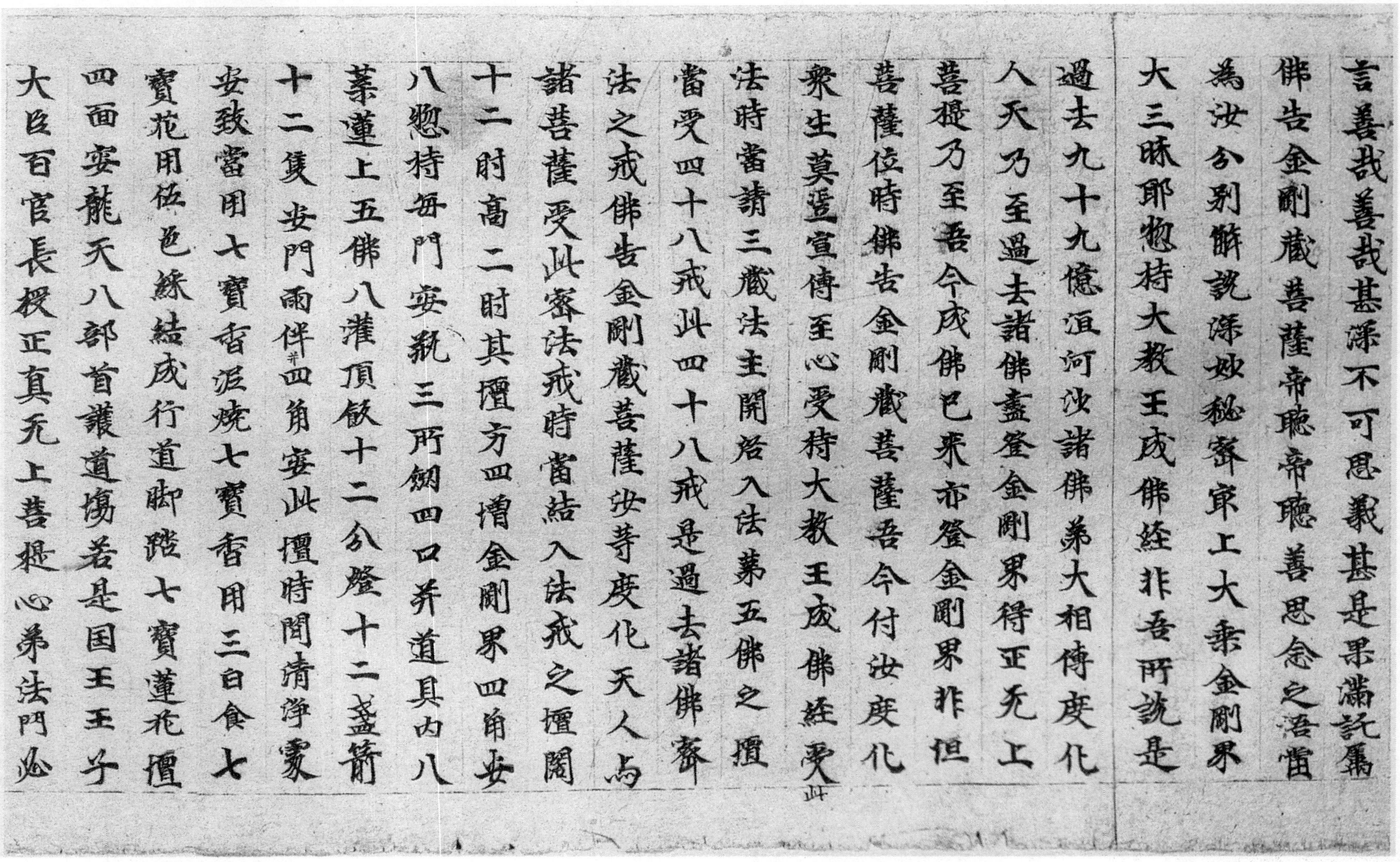

言善哉善哉甚深不可思議甚是果滿託集
佛告金剛藏菩薩帝聽帝聽善思念之吾當
為汝分別解說深妙秘密最上大乘金剛界
大三昧耶惣持大教王成佛經非吾所說是
過去九十九億恒河沙諸佛弟大相傳度化
人天乃至過去諸佛盡登金剛界得正无上
菩提乃至吾今成佛已來亦登金剛界非但
菩薩位時佛告金剛藏菩薩吾今付汝度化
衆生莫遣宣傳至心受持大教王成佛經受此
法時當請三藏法主開啓入法弟五佛之壇
當受四十八戒此四十八戒是過去諸佛密
法之戒佛告金剛藏菩薩汝等度化天人与
諸菩薩受此密法戒時當結入法戒之壇閣
十二肘高二肘其壇方四增金剛界四角安
八惣持每門安瓶三所劍四口并道具內八
葉蓮上五佛八灌頂鈸十二分燈十二盞箭
十二隻安門兩伴并四角安此壇時閑清淨處
安致當用七寶香泥燒七寶香用三白食七
寶花用伍色綵結成行道脚踏七寶蓮花壇
四面安龍天八部首護道場若是国王王子
大臣百官長授正真无上菩提心弟法門必

BD15147號　金剛峻經金剛頂一切如來深妙秘密金剛界大三昧耶修行四十二種壇法經作用威儀法則，
大毗盧遮那佛金剛心地法門必法戒壇法儀則卷一　（28–3）

十二隻安門兩伴卅四角安此壇時閒清淨處
安致當用七寶香泥燒七寶香用三白食七
寶花用伍色線結成行道腳踏七寶蓮花壇
四面安龍天八部首護道場若是國王王子
大臣百官長授正真无上菩提心弟法門必
法戒舍利佛起立合掌白佛言世尊曰何國
大臣得受密法戒佛告舍利佛莫生狐疑此
國王王子大臣是八弟解脫不可思議菩薩
遂乃受得密法之戒舍利佛頂礼佛足却住
一面諸天菩薩方乃悉疑佛告金剛藏菩薩
開此壇時後大留傳當與王臣授此法時諸三
藏法主開啓此壇七晝夜洗浴合淨著新淨
衣身被七寶袈裟七寶座具方乃入壇延請
聖衆仁王帝主手執香爐六時行道礼佛懺
悔燒香發願依師灌頂受於密法先著紫衣
座於白為受於灌頂後著黃衣座於七寶蓮
臺頂帶伍佛之冠手執如意之輪腳踏七寶
之蓮師授灌頂便是本尊之身夫受法者先
從師受四十八戒後去壇東北角上座於白
為受於灌頂後乃西南角座七寶蓮臺方受
正法淨心行道三七日行道僧三十七仁六

BD15147號　金剛峻經金剛頂一切如來深妙秘密金剛界大三昧耶修行四十二種壇法經作用威儀法則，
大毗盧遮那佛金剛心地法門必法戒壇法儀則卷一　（28–4）

臺頂帶伍佛之冠手執如意之輪腳踏七寶
之蓮師授灌頂便是本尊之身夫受法者先
從師受四十八戒後去壇東北角上座於白
為受於灌頂後乃西南角座七寶蓮臺方受
正法淨心行道三七日行道僧三十七仁六
時行道每行道四十九匝不得欠少一匝三
日散食度化水陸有情解散道場初結時右
轉解時左解受此法時不得嗔怒歡喜奉行
果滿成就佛說入法地深妙秘密金剛界大
三昧耶總持大教王密法戒成佛壇法經
部第一
尒時釋迦牟尼佛化身作密迹金剛降伏三千
大千世界一切惡賊天魔外道首護國界大降
魔將藏峻總惡甘露降伏一切毒惡夜叉羅剎
鬼神大猛烈根本大降魔將密迹金剛之壇法
佛告金剛藏菩薩此金剛之法若是自身欲作
金剛降伏一切惡賊天魔外道夜叉羅剎一切
鬼神秘密受持當結此壇闊二十四肘用七寶
泥七寶末七寶香水結淨安壇其四方四重
金剛界內一重黃色安八角火輪里面白色
八總持輪角外安八佛頂每門安劍六口輪
三帀壇四角蓮花內安火劍箭二十隻安壇

BD15147號　金剛峻經金剛頂一切如來深妙秘密金剛界大三昧耶修行四十二種壇法經作用威儀法則，
大毗盧遮那佛金剛心地法門必法戒壇法儀則卷一　（28–5）

鬼神秘蜜受持當結此壇闊二十四时用七寶
泥七寶末七寶香水結淨安壇其四方四重
金剛界内一重黄色安八角火輪里面白色
八惣持輪角外安八佛頂每門安劒六口輪
三所壇四角蓮花内安火劒箭二十隻安壇
四面東門白南門青西門赤北門兼用五色
結（殊）成斂十二分并道具安壇了後三藏法主
洗浴令淨著新淨衣身被七寶袈裟七寶
座具方乃入壇迎請聖衆持齋速金剛法陁
羅尼一百万遍手（座）擿金剛跋折羅不用人見一
百日座道場金剛法寔成除不至心要請用
金剛夬用但燒安睞香大將即來若是一切
惡賊天魔外道一切毒惡夜叉羅刹鬼神及
以惡賊很戚国界損害人民國界不安但請
三藏開啓金剛之壇至心受持齋速金剛陁
羅尼法燒安睞香大將即來首（守）護國界惡賊
退散不能很害衆魔消滅若是国王將兵入
陣兩家關戰齋持金剛之法結金剛之印輪
金剛之梓作金剛之法即兵事退散不能很
害此法功德靈驗說不可盡也若是學此金
剛之法死不成就除不至心受持此法寔無

BD15147號　金剛峻經金剛頂一切如來深妙秘密金剛界大三昧耶修行四十二種壇法經作用威儀法則，
大毗盧遮那佛金剛心地法門必法戒壇法儀則卷一　（28–6）

羅尼法燒安睞香大將即來首（守）護国界惡賊
退散不能很害衆魔消滅若是国王將兵入
陣兩家關戰齋持金剛之法結金剛之印輪
金剛之梓作金剛之法即兵事退散不能很
害此法功德靈驗說不可盡也若是學此金
剛之法死不成就除不至心受持此法寔無
所失佛說齋速金剛法并壇法之處

部苐二

尒時佛說天王護國壇法若是南閻浮提諸大國
諸小國王共相很害天魔外道狂口（寇）賊徒很
繞国度仁王不安人民不樂仁王帝主當請
三藏開啓天王之壇法護國護人結此壇時
其壇十二角闊十二时高二时用三增每增上
十二角惣安八角之輪内一增方亦安八角火
輪外安八佛頂八角火輪内安惣攝重輪安此
壇時用淨土七寶香泥如法開啓每門内增
安道具中增安瓶兩所外增安劒兩口并道
具安三重輪箭十二隻每角安一隻斂二十
四分安此壇了三藏法主洗浴令淨著身淨
衣身被七寶袈裟七寶座具方乃入壇替請
人王帝主手執香爐迎請聖衆念天王自

BD15147號　金剛峻經金剛頂一切如來深妙秘密金剛界大三昧耶修行四十二種壇法經作用威儀法則，
大毗盧遮那佛金剛心地法門必法戒壇法儀則卷一　（28–7）

具安三重輪箭十二隻每角安一隻餘二十
四分安此壇了三藏法主洗浴令淨着身淨
衣身被七寶袈裟七寶座具方乃入壇啓請
人王帝主手執香爐迎請聖衆念天王自
心真言及護身真言并護國真言合國内
大小各念十万遍至心啓請毗沙門天王并
四天門王各將天王眷屬并夜叉羅刹諸多
眷屬百千万億遍滿虚空首護國界盡帶
黄金之甲遍滿虚空一切惡賊天魔外道
當下消滅不能為害開此壇時或三七日或月日
請合道場僧四十九人六時行道燒香散花
念護國真言不論遍數所食三白之食不得相犯
仁王帝主日日三時燒香礼拜發願風雨順
五穀豐登万民歡樂國界清平佛說天王
護國之壇法毗沙門天王心願之重誓願首
護一切衆生不輪凡聖有請并赴誓當首護
令得安隱佛說天王護國壇法経

部苐三

尒時佛於峇巍山共會諸天菩薩万二千仁俱佛
告諸天菩薩悟觀娑婆世界一切衆生多造罪
業墮落三途受其惡報如何得免四生六趣佛

BD15147 號　金剛峻經金剛頂一切如來深妙秘密金剛界大三昧耶修行四十二種壇法經作用威儀法則，
大毗盧遮那佛金剛心地法門必法戒壇法儀則卷一　（28–8）

部苐三

尒時佛於峇巍山共會諸天菩薩万二千仁俱佛
告諸天菩薩悟觀娑婆世界一切衆生多造罪
業墮落三途受其惡報如何得免四生六趣佛
造諸大菩薩吾今開說水緣之壇度脫衆生吾
滅度後誰能受持度化衆生普賢菩薩起立
合掌白佛言世尊於佛滅後我能受持救度衆
生願佛慈悲為我宣說水緣之壇法我作受持
不感妄失救度衆生佛告普賢菩薩讚言善哉
善哉帝聽帝聽善思念之吾當為汝分別解說
此水緣之壇法是過去諸佛苐大相傳度化衆
生非吾所說吾今付汝莫令妄失至心受持度化
有情盡令解脫佛告普賢菩薩度化衆生先安
水緣之壇安壇之法其壇四方四增金剛界壇四
角安怱持壇心安八角之輪〻外安八佛頂每門安
三增道具亂是六个鈎兩口箭十二隻安門兩
伴并四角餘十二分安壇四門安此壇時間清淨
處如法安致用淨土七寶香泥七寶末塗七寶
香水結淨用五色線結成當請三藏法主洗浴
令淨着新淨衣身被七寶袈裟七寶座具燒
七寶香方乃入壇迎請聖衆仁王帝主手執香

BD15147 號　金剛峻經金剛頂一切如來深妙秘密金剛界大三昧耶修行四十二種壇法經作用威儀法則，
大毗盧遮那佛金剛心地法門必法戒壇法儀則卷一　（28–9）

伴并四角飯十二分安壇四門安此壇時間清淨
處如法安致用淨土七寶香泥七寶末塗七寶
香水結淨用五色絲結成當請三藏法主洗浴
令淨著新淨衣身被七寶袈裟七寶座具燒
七寶香方乃入壇迎請聖衆仁王帝主手執香
爐礼佛懺悔六時行道燒香發願受持深妙
秘密金剛界大三昧耶惣持大教王成佛經
晝夜六時如川流之水不令斷絕日日三時散施
飲食修羅餓鬼水陸有情盡令得是四生六道
遍此水陸道場盡得生天刹其惡趣次結水
陸燈壇之法其壇四方像於天地天有八山為
柱地有四海為還其壇是天地之輪閉此壇時間
清淨之處如法安致其壇外兩增方內三增
負界是七寶金剛界地是水波文里有衆生
其燈輪用三千六百福安作三增負安燈三
千六百盞外負是火輪外安八金剛手執五
色之當壇心安八角之輪內安八葉之蓮東
門安大慈金剛南門安大悲金剛西門大喜金剛北門大捨金剛
八供養安八山有四海燈輪外方里負有四天
王各執一當燈輪三百六十福燈是三百六十
盞三增金剛界壇心安八角之輪安一燈盞

BD15147 號　金剛峻經金剛頂一切如來深妙秘密金剛界大三昧耶修行四十二種壇法經作用威儀法則，
大毗盧遮那佛金剛心地法門必法戒壇法儀則卷一　（28–10）

色之當壇心安八角之輪內安八葉之蓮東
門安大慈金剛南門安大悲金剛西門大喜金剛北門大捨金剛
八供養安八山有四海燈輪外方里負有四天
王各執一當燈輪三百六十福燈是三百六十
盞三增金剛界壇心安八角之輪安一燈盞
安十六之尊八大金剛各執一當并道具其
燈輪壇並用七寶五色絲結成五方之壇普賢
之壇文殊之壇五佛之壇八方水陸之壇次結
文殊菩薩壇其壇外兩增方安八金剛每門安
甎兩个鉫兩口輪一所并道具內兩重負是十
六角輪角上安蓮花內一增方安八角之輪々
心八葉蓮花輪外安八佛頂四供養四惣持壇
外安箭十二隻飯十二分壇心安文殊菩薩安
此壇時闕十二時高二時用七寶香泥七寶金
剛界七寶末塗用五色絲結成如法閉啓當
請三藏洗浴令淨著新淨衣身被七寶袈
裟七寶座具方乃入壇迎請聖衆仁王帝主
手執香爐六時行道礼佛懺悔燒香發願至
心受持秘密深妙金剛界大三昧耶惣持大教
王成佛經若是國王王子大臣官長婆羅門居
士等興慈運悲度化有情現身是佛若是

BD15147 號　金剛峻經金剛頂一切如來深妙秘密金剛界大三昧耶修行四十二種壇法經作用威儀法則，
大毗盧遮那佛金剛心地法門必法戒壇法儀則卷一　（28–11）

㭬七寶座具方乃入壇迎請聖衆仁王帝主
手執香爐六時行道礼佛懺悔燒香發願至
心受持秘密深妙金剛界大三昧耶惣持大教
王成佛經若是國王王子大臣官長婆羅門居
士等興慈運悲度化有情現身是佛若是
国界不安人民疾病狂賊境起風雨不順
五穀不成但請三藏法主開啓水陸燈壇五
佛之壇普賢之壇文殊之壇共開八方之壇人
王帝主手執香爐六時行道礼佛懺悔燒香發
願受持惣持王真言祐能護國護人狂賊不能
侵害疾病自然消除風雨順時五穀（教）豐（豊）登万
（民）民歡樂国界清平人王安太（泰）諸佛歡喜龍天
八部長時擁護災禍不能侵害佛說護国水
陸燈壇之法

部第四

尒時佛於王舍城金剛座共會諸天菩薩万二千
人俱諸天菩薩起立合掌白佛言世尊今万二千
菩薩摩訶薩咨（欲）從世尊灌頂授記願佛慈悲
与我授記佛告諸天菩薩汝能受持吾為汝
等開啓授記金剛藏菩薩起立合掌白佛言世
尊我於往（昔）諸佛盡授灌（頂）之記令正无上菩提

BD15147 號　金剛峻經金剛頂一切如來深妙秘密金剛界大三昧耶修行四十二種壇法經作用威儀法則，
大毗盧遮那佛金剛心地法門必法戒壇法儀則卷一　（28–12）

与我授記佛告諸天菩薩汝能受持吾為汝
等開啓授記金剛藏菩薩起立合掌白佛言世
尊我於往（昔）諸佛盡授灌（頂）之記令正无上菩提
願佛慈悲為我宣說与我授記當來得正无上
菩提度化衆生皆是佛之威力佛告金剛藏菩
薩讚言善哉善哉甚深不可思議汝等帝聽帝
聽善思念之吾當今為汝分別解說此八吉祥
十六尊八供養灌頂之壇法此之壇法非吾所
說是過去九十九億諸佛地大相傳授灌頂
之記佛告金剛藏菩薩汝等受持莫妄宣傳
度化衆生當結八吉祥之壇結此壇時間清淨
之處如法安致其壇闊十二肘高二肘外四增
方四增金剛界內一增真里安八灌頂伍佛四
飄迎是安執四个每門安執三所劍兩口
輪一所并道具箭十二隻安門兩面并四角
飯十二分壇四角安惣持結此八吉祥灌頂
壇用淨土七寶香泥七寶金剛界七寶末塗
用五色線結成若是國王王子大臣官長婆
羅門居士等授正真无上菩提灌頂之記當
請三藏法主開啓此八吉祥之壇用十二月
八日正月一日四月八日九月九日洗浴合淨著

BD15147 號　金剛峻經金剛頂一切如來深妙秘密金剛界大三昧耶修行四十二種壇法經作用威儀法則，
大毗盧遮那佛金剛心地法門必法戒壇法儀則卷一　（28–13）

壇用淨土七寶香泥七寶金剛界七寶未途
用五色線結成若是國王王子大臣官長婆
羅門居士等授正真无上菩提灌頂之記當
請三藏法主開替此八吉祥之壇用十二月
八日正月一日四月八日九月九日洗浴合淨著
新淨衣身被七寶瓔珞七寶座具方乃
入壇迎請聖衆國王王子大臣官長手執
香爐六時行道礼懺悔燒香發願晝夜六
時如凡流之水隨羅尼印契不得文斷授
持深妙秘密金剛界大三昧耶大教王成佛
莊嚴師授於灌頂手執如意之輪却階七
寶蓮花頂帶五佛之官便受菩提之記佛
於王舍城金剛座共會諸天菩薩万二千
人俱說八吉祥灌頂受記付与金剛藏菩薩
之處

部苐五

尒時佛於嶺鷲山中共會諸天菩薩万
二千人俱佛告諸天菩薩吾今開說三種
月大乘灌頂授法之壇此三重月（是慈天 重月舉）定下足
無不是罪佛告諸天菩薩比丘比丘尼
優婆塞優婆夷國王王子大臣官長九欲修

BD15147 號　金剛峻經金剛頂一切如來深妙秘密金剛界大三昧耶修行四十二種壇法經作用威儀法則，
大毗盧遮那佛金剛心地法門必法戒壇法儀則卷一　（28–14）

二千人俱佛告諸天菩薩吾今開說三種
月大乘灌頂授法之壇此三重月（是慈天 重月舉）定下足
無不是罪佛告諸天菩薩比丘比丘尼
優婆塞優婆夷國王王子大臣官長九欲修
行求无上菩提授大乘心地法門大乘戒者
菩薩授四十八戒沙門授二百五十戒比丘
尼授五百戒優婆塞優婆夷授二十五戒
國王王子大臣授四十八戒善男子善女人
受三歸五戒受此戒時取二月八日五月十
五日九月九日此三重月授大乘戒若是沙
門座道場一月比丘尼座道場一月日國王
王子大臣座道場一七日優婆塞優婆夷座
道場一七日常應深心恭敬手執香爐六
時行道燒香礼佛懺悔求師灌頂受於大
乘之戒受此戒時當結八灌頂十六王子八
金剛之壇安此壇時去禪房内安取淨土
香泥用七寶未途其壇四方闊十二肘高二肘
四增金剛界四角安蓮華銅瓶口一增負安八
灌頂中心安八角火輪上安一水瓶内安七
寶每門安瓶三所銅瓶口并道具箭十二隻
飲十二分輪一所用五色線結成當請三藏法主

BD15147 號　金剛峻經金剛頂一切如來深妙秘密金剛界大三昧耶修行四十二種壇法經作用威儀法則，
大毗盧遮那佛金剛心地法門必法戒壇法儀則卷一　（28–15）

四壇金剛界四角安蓮華劍雨口一壇貟安八
灌頂中心安八角火輪上安一水瓶內安七
寶每門安瓶三所劍雨口并道具箭十二隻
飲十二分輪一所用五色絲結成當請三藏法主
洗浴令淨著身淨衣身被七寶袈裟七寶
座具方乃入壇迎請聖衆開啓此壇至心受
持深妙秘密心地法門金剛界大三昧耶總持
大教王成佛經國王大臣手執香爐六時行道礼
佛發願座道場七日滿足授於灌頂大乘之
戒散施飲食開禪解散道場佛說三重月為
諸天菩薩國王王子大臣比丘比丘尼優婆塞
優婆夷授法大乘金剛界心地法門灌頂之
壇受此法時得證八地令到彼岸無所障㝵

部業六

尒時佛於王舍城耆闍崛山中共會諸天菩薩万
二千人俱佛告諸天菩薩言五濁後五百劫脩行菩薩
多是業障之所障閡不能於進設有發心便即退
之不能進從佛告諸天菩薩吾今開說懺悔之
壇汝等後大新學菩薩於正无上菩提應先懺
悔業障消滅若是國王王子大臣官長婆羅門
居士比丘比丘尼優婆塞優婆夷等設求无上

BD15147號　金剛峻經金剛頂一切如來深妙秘密金剛界大三昧耶修行四十二種壇法經作用威儀法則，
大毗盧遮那佛金剛心地法門必法戒壇法儀則卷一　（28–16）

多是業障之所障閡不能於進設有發心便即退
之不能進從佛告諸天菩薩吾今開說懺悔之
壇汝等後大新學菩薩於正无上菩提應先懺
悔業障消滅若是國王王子大臣官長婆羅門
居士比丘比丘尼優婆塞優婆夷等設求无上
菩提應結懺悔之壇結此壇時其壇四方闊十二肘
高二肘用淨土七寶香泥七寶末塗四重金剛界四角
安輪內雨壇金剛界貟安八角火輪安八總持每
門安瓶雨所輪雨所劍雨口并道具箭十二隻
飲十二分壇心安八葉蓮華上安五佛即用五
色絲結成當請三藏法主洗浴令淨著新淨衣
身被七寶袈裟七寶座具方乃入壇迎請聖
衆仁王帝主手執香爐至心發願六時行道礼
佛懺悔至心受持深妙秘密金剛界大三昧耶總
持大教王成佛經罪如山岳頓皆消滅直取无上
菩提寔無所失開此壇時取正月一日三月一日五
月九月九日如法開壇授四十八戒灌頂之法受五佛
灌頂令道場僧四十九人行道四十九日不得欠
少一迹須帶戴五佛之觀冠脚踏七寶蓮華手執如意
之輪身座七寶蓮華臺用四中童子各執一瓶澆於
四面便受五佛灌頂之記佛說五佛灌頂懺悔之

BD15147號　金剛峻經金剛頂一切如來深妙秘密金剛界大三昧耶修行四十二種壇法經作用威儀法則，
大毗盧遮那佛金剛心地法門必法戒壇法儀則卷一　（28–17）

月九月九日如法開誓授四八戒灌頂之法受五佛
灌頂合道場僧四十九人行道四十九迊不得欠
少一迊頂帶五佛之觀脚踏七寶蓮華手執如意
之輪身座七寶蓮臺用四小童子各執一瓶澆於
四面便受五佛灌頂之記佛說五佛灌頂懺悔之
壇法竟
金剛頂經一切如來深妙秘密金剛界大三昧耶修
習瑜伽迎請儀
部第七
仰啓蓮花胎藏聖 无邊清淨總持門 普遍光明照十方
焰鬘應化三千果 如日寶印從心現 無餘聖主大明王
常住如來三昧中 超入瑜伽圓覺位 毗盧遮那尊滿說
金剛手棒妙真言 流傳密語在真經 悉地助修成就法
五濁愚迷心覺悟 誓求无上大菩提 豁然三昧觀本尊
故号金剛得自在 依法誦滿落叉遍 此生證居歡喜地
現身不遭諸狂橫 火焚水溺及刀傷 不為軍陣損其身
賊盜興心自歡喜 縱犯波羅十惡罪 无量煞劫大真仁
五逆根本七無遮 憶念隨聲自消滅 真言聖力切无量
故我宣讚難思議 願此福勝施含生 速證无為超悉地
佛說普遍光明纓絡无垢清淨總持思惟如意寶
印心無能勝大明王即得大自在總持大教王金剛界

BD15147 號 金剛峻經金剛頂一切如來深妙秘密金剛界大三昧耶修行四十二種壇法經作用威儀法則，大毗盧遮那佛金剛心地法門必法戒壇法儀則卷一 （28–18）

故我宣讚難思議 願此福勝施含生 速證无為超悉地
佛說普遍光明纓絡无垢清淨總持思惟如意寶
印心無能勝大明王即得大自在總持大教王金剛界
隨羅反啓請真言曰
部第八
尒時佛於王舍城金剛座共會諸天菩薩万二千人俱
說伍佛八菩薩之壇佛告諸天菩薩後五百劫十魔
境起眾生壽福切德教少煩惱甚多不能修其善法
佛告菩薩吾滅度後能為眾生作其福報增長善
法開啓伍佛八菩薩之壇作其善法晝夜六時礼念
不住如凡流之水侍吾教法能滅恒河沙劫罪能長
無量之福修習次法侍吾次教直正无上菩提結次
壇時闊二丈高三尺四或隨方所取好土用七寶香
泥如法開啓聖眾伽侍道俱供養用伍色絲結每
門安劍兩口用箭十二隻飯用十二分每日三時散
施四生六類一切有情盡令德足一切餓鬼總得生
天次之壇法是過去諸佛弟大相傳秘密受侍
不得斷傳伍佛壇天輪燈壇用八善神四金剛其
燈輪三千六百福三千六百盞燈四角安八方善
神各執一幡餅用三千六百分錢財用三千六百
分用金銀器三千六百分用散花四十二人用行

BD15147 號 金剛峻經金剛頂一切如來深妙秘密金剛界大三昧耶修行四十二種壇法經作用威儀法則，大毗盧遮那佛金剛心地法門必法戒壇法儀則卷一 （28–19）

天次之壇法是過去諸佛弟大相傳秘密受持
不得斷傳伍佛壇天輪燈壇用八方善神四金剛兵
燈輪三千六百幡三千六百盞燈四角安八方善
神各執一幡飾用三千六百分錢財用三千六百
分用金銀器三千六百分用散花四十二人用行
道僧四十二人每壇門用兵甲九十人每年三百
六十日此兵甲相應三百六十日三藏法主開此
壇時著身淨衣被七寶袈裟七寶座具
入王帝主日日三時首執香爐行道礼佛發
願懺悔諸佛歡喜龍神祐助風條雨順人民歡
樂國界清平天魔外道狂口賊徒不能侵害此
法靈驗說不可盡也

部第九

佛說水六燈壇一切德部第十三地輪燈壇闊二
丈四高三肘或丈二高二肘其燈輪三千六百
幡燈三千六百盞壇四角用八方善神各執
幡一口四門用四金剛地是水波又里有眾生天
輪地輪八方之壇其八十方壇有四善神各執幡一
口四金剛燈用三百六十盞燈輪用三百六十幡
此燈輪一切德靈驗第一身光遍照三千大千世
界第二照黑暗地獄眾生總持生天第三上

BD15147 號　金剛峻經金剛頂一切如來深妙秘密金剛界大三昧耶修行四十二種壇法經作用威儀法則，
大毗盧遮那佛金剛心地法門必法戒壇法儀則卷一　（28–20）

幡一口四門用四金剛地是水波又里有眾生天
輪地輪八方之壇其八十方壇有四善神各執幡一
口四金剛燈用三百六十盞燈輪用三百六十幡
此燈輪一切德靈驗第一身光遍照三千大千世
界第二照黑暗地獄眾生總持生天第三上
照三十三天諸天菩薩集會歡喜南閻浮
提憎我善法總為受記身謝命終生在
光音淨天正无上菩提　第四切德眼光照
見三千大千世界觀如掌內　第五切德求願
吉凶便知如意　第六切德照水陸有情遇此
水陸燈壇總得生天　第七切德生生世世眼有
光明　第八切德身光常隨不受黑暗　第九
切德常見佛光明不墮黑暗　第十切德
然燈界報切德無限教量不得當來正果號
燈王佛佛於王舍城金剛座入塞觀見後大
眾生多造罪業不修善法墮在地獄

部第十

佛告諸大菩薩吾滅度後十魔境起眾生
薄福多造罪業煞害眾生令墮地獄長劫
苦佛告菩薩能為眾生開啓水陸之壇度
脫眾生令得生天金剛藏菩薩起立合掌白

BD15147 號　金剛峻經金剛頂一切如來深妙秘密金剛界大三昧耶修行四十二種壇法經作用威儀法則，
大毗盧遮那佛金剛心地法門必法戒壇法儀則卷一　（28–21）

部弟十
佛告諸大菩薩吾滅度後十魔境起衆生
薄福多造罪業煞害衆生令墮地獄長劫
苦佛告菩薩能為衆生開啓水陸之壇度
脱衆生令得生天金剛藏菩薩起立合掌白
佛言世尊我能於佛滅後能為衆生開啓水
陸之壇度脱衆生惣令生天水陸之壇有十
二種燈壇十个天輪地輪八方之壇伍佛之壇
開啓之壇有八菩薩八金剛供養之道具香花
燈果飲食用十二分每門安劍兩口用薪十二
隻伍色綵結成此壇三藏法主洗浴令淨著
新淨衣身被七寶袈裟七寶座具之鞋入王
帝主首執香爐六時礼佛行道如凡流之水不
得間斷一懺悔發願興慈運悲度脱衆生待吾
教法不為惡魔外道狂枳賊徒不能侵害此法
靈驗教量不得是過去諸佛弟大相傳秘密
受持不得錯傳此法直要直取无上菩提此
壇是王舍城金剛座共諸天菩薩万二千人俱
佛傳受与金剛藏菩薩弟大相傳度脱衆生

部弟十一
佛於嶺鷲山中共諸天菩薩万二千人俱諸
天菩薩起立合掌白佛言世尊我於往昔曾

BD15147 號　金剛峻經金剛頂一切如來深妙秘密金剛界大三昧耶修行四十二種壇法經作用威儀法則，大毗盧遮那佛金剛心地法門必法戒壇法儀則卷一　（28–22）

壇是王舍城金剛座共諸天菩薩万二千人俱
佛傳受与金剛藏菩薩弟大相傳度脱衆生

部弟十一
佛於嶺鷲山中共諸天菩薩万二千人俱諸
天菩薩起立合掌白佛言世尊我於往昔曾
聞諸佛受持十吉祥惣持王速正无上菩提發
佛慈悲為我宣説佛告諸天菩薩讃言善哉
善哉汝等諦聽諦聽善思念之吾今為汝分
別解説十吉祥惣持王一名是十吉祥二名是
十金剛三名惣持王功德靈驗説不可盡也教
量不得至心受持無有障㝵无福憎者福无
壽者增壽者乃至惡魔鬼神聞持此
惣持王名字當下消滅設有外国賊徒皆悉遠
利設有國界不安疾病起時結此惣持王壇念
惣持王名字香花燈屬散施飲食晝夜六時
行道七晝夜國界青平人民安樂病疾消除
佛告諸大菩薩要成无上菩提但結惣持王壇
念惣持王名字直取无上菩提佛告菩薩設
有国内風雨不順伍穀不成但結此惣王壇香花
證屬散施飲食六時行道啓告發願諸佛歡喜
龍神祐助人王安太万民歡樂此惣持王壇是過
去諸佛弟大相傳秘密受持不得虚此法驗力

BD15147 號　金剛峻經金剛頂一切如來深妙秘密金剛界大三昧耶修行四十二種壇法經作用威儀法則，大毗盧遮那佛金剛心地法門必法戒壇法儀則卷一　（28–23）

佛告諸大菩薩要成无上菩提但結摠持王壇
念摠持王名字直取无上菩提佛告菩薩設
有国内風雨不順伍穀不成但結此摠王壇香花
燈燭散施飲食六時行道啓告發願諸佛歡喜
龍神祐助人王安太万民歡樂此摠持王壇是過
去諸佛弟大相傳秘密受持不得虛此法驗力
更无過也佛說摠持王安壇法取每月十伍日初
一日八日開壇一七日或三七日晝夜六時如川流之
水不得間斷其壇四方内貢内有八角之火輪八
灌頂八口大劍伍佛之蓮四摠持外三憎方每角
安三劍憎每門瓶三个并道俱用劍二十四口齋
十二長飯八分内外十六大金剛供養并本尊
佛於靈鷲山中為諸天菩薩說此壇法度脫衆生

部第十二

佛於王舍城金剛座共會諸天菩薩万二千人俱諸
天菩薩起立合掌白佛言世尊我於往息憎聞
諸佛受持百字明王得正无上菩提願佛慈悲
為我宣說令我得聞我今受持憶念不妄佛告
諸天菩薩汝等諦聽諦聽吾今為汝分別解說
是過去諸佛皆因受持此百字明王得正无上菩
提此百字明王是十金剛是十摠持是一切如來深
秘密金剛界大三昧耶心印摠持之法佛告諸大菩

BD15147 號　金剛峻經金剛頂一切如來深妙秘密金剛界大三昧耶修行四十二種壇法經作用威儀法則，
大毗盧遮那佛金剛心地法門必法戒壇法儀則卷一　（28–24）

諸天菩薩汝等諦聽諦聽吾今為汝分別解說
是過去諸佛皆因受持此百字明王得正无上菩
提此百字明王是十金剛是十摠持是一切如來深
秘密金剛界大三昧耶心印摠持之法佛告諸大菩
薩此法非吾所說是過去諸佛弟大相傳廣度衆
生佛告菩薩汝等受持當結百字明王壇其壇外
方里貢里有二十四角火輪尊者座其輪角三有
重金剛院每門用瓶兩个劍兩口并道齋十二長飯
八分用伍色綵結成此檀取每月初一日伍日開啓此
壇闊二丈四或丈二或隨方所高三肘高二肘取方
所高下取土香泥如法開啓燒香散花然燈六時
行道礼佛懺悔發願至心持念摠持王名字二名
百字明王此百字明王功德靈驗諸佛教量不得說
求无上菩提直正无上菩提无福者求福无壽
者憎壽无惠者憎惠設有惡魔外道不能為
害設有外国賊徒但持此摠持王名字不能很
害設有国内不安疾病起時但持摠持王名字
自然消除人民安樂設有国内風雨不順但結
摠持王壇念摠持王名字便得風雨順時伍穀
豐登人王安太万民歡樂結此壇時至心受持
帝主人王日〻三時手執香爐礼佛懺悔啓告發

BD15147 號　金剛峻經金剛頂一切如來深妙秘密金剛界大三昧耶修行四十二種壇法經作用威儀法則，
大毗盧遮那佛金剛心地法門必法戒壇法儀則卷一　（28–25）

若識有国內不安疾病起時但持惣持王名字
自然消除人民安樂識有国內風雨不順恒結
惣持王壇念惣持王名字便得風雨順時佐樂
若登人王安太万民歡樂結此壇時至心受持
帝主人王日〻三時手執香爐礼佛懺悔启告發
願六時行道不得間斷寔正无上菩提徐不至
心行道僧或一七人或二七人或四十九人三藏法
主入此壇時着新淨衣被身七寶袈裟七寶座具
方乃入壇開启此之壇法是過去九十九億諸
諸佛弟大相傳秘密受持不得虛傳應召罪咎
佛於王舍城金剛座傳受与諸天菩薩弟大相傳
度脫衆生佛說百字明王壇法化身作十金剛
之處

部弟十三

佛於嶺鷲山中共會菩薩万二千人俱金剛藏菩薩
起立合掌白佛言世尊我於往昔聞佛所說十
身之佛願佛慈悲為我宣說十佛之名号佛告
金剛藏菩薩言汝等諦聽諦聽吾今為汝分別
解說十佛之本身来處初為十吉祥金剛持明
讓過去九十九億諸佛盡令正无上菩提為十
金剛惣持王時亦護助過去九十九億諸佛令正
无上菩提今此十身盧舍那佛為此大衆略開

BD15147 號　金剛峻經金剛頂一切如來深妙秘密金剛界大三昧耶修行四十二種壇法經作用威儀法則，
大毗盧遮那佛金剛心地法門必法戒壇法儀則卷一　（28–26）

身之佛願佛慈悲為我宣說十佛之名号佛告
金剛藏菩薩言汝等諦聽諦聽吾今為汝分別
解說十佛之本身来處初為十吉祥金剛持明
讓過去九十九億諸佛盡令正无上菩提為十
金剛惣持王時亦護助過去九十九億諸佛令正
无上菩提今此十身盧舍那佛為此大衆略開
百千恒沙不可說法門中心地如毛頭許是過去
一切佛已說未来佛當說現在佛今說三世
菩薩已學當學我已百劫修行是心地号
吾為盧舍那汝諸轉我所說與一切衆生開
心地道時蓮花臺藏世界赫天光師子座
上盧舍那放光光千花上佛持我心地法門
汝等恒結此壇法至心座禪入寔觀自身
心不令散乱汝等受持一心而行尒時千蓮
花上佛千百億釋迦從蓮花藏世界赫師子
座起各各辭退擧身放不可思議光光皆
化無量佛佛以無量青黃赤白花供養盧舍
那佛受持上說我心地法門汝等受持十
身盧舍那佛當結此盧舍那壇如法修行此
盧舍那佛是過去九十九億諸佛祖師汝等
修學現此一身即是盧舍那佛說此壇戒
俱城皇或在山林樹下隨方所安此壇時

BD15147 號　金剛峻經金剛頂一切如來深妙秘密金剛界大三昧耶修行四十二種壇法經作用威儀法則，
大毗盧遮那佛金剛心地法門必法戒壇法儀則卷一　（28–27）

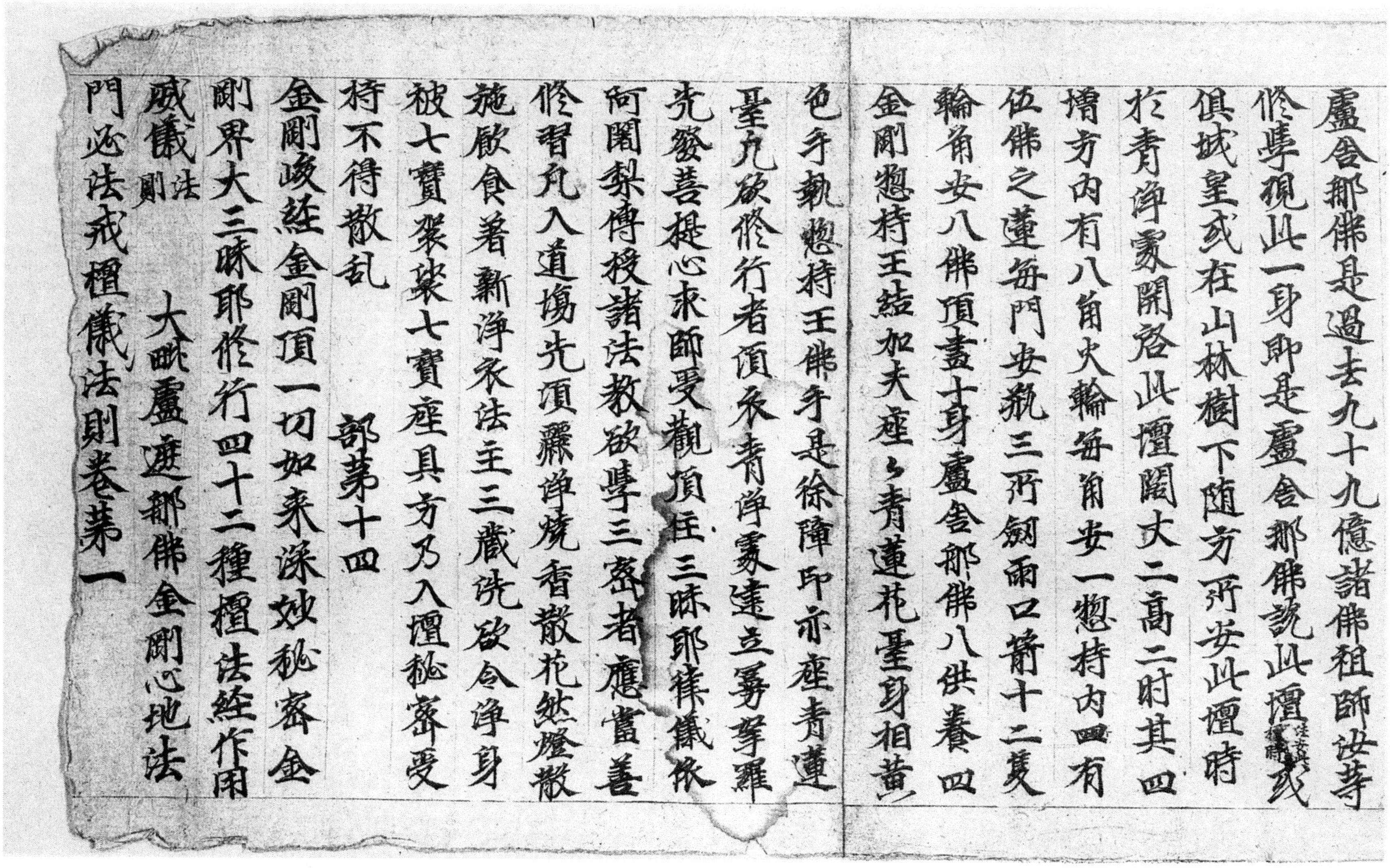

盧舍那佛是過去九十九億諸佛祖師汝等
修學觀此一身即是盧舍那佛說此壇[illegible]式
俱域皇式在山林樹下隨方所安此壇時
於青淨處開啓此壇闊大二高二肘其四
增方內有八角火輪每角安一惣持內四有
伍佛之蓮每門安執三所劍兩口箭十二夏
輪角安八佛頂畫十身盧舍那佛八供養四
金剛惣持王結加夫座〻青蓮花臺身相黃
色手執惣持王佛手是除障印亦座青蓮
臺凡欲修行者須於青淨處建立壇場羅
先發菩提心求師受灌頂住三昧耶律儀依
阿闍梨傳授諸法教欲學三密者應當善
修習凡入道場先須灑淨燒香散花然燈散
施飲食着新淨衣法主三藏洗欲令淨身
被七寶袈裟七寶座具方乃入壇秘密受
持不得散亂
部苐十四
金剛峻經金剛頂一切如來深妙秘密金
剛界大三昧耶修行四十二種壇法經作用
威儀法則　大毗盧遮那佛金剛心地法
門必法戒壇儀法則卷苐一

BD15147 號　金剛峻經金剛頂一切如來深妙秘密金剛界大三昧耶修行四十二種壇法經作用威儀法則，
大毗盧遮那佛金剛心地法門必法戒壇儀法則卷一　（28–28）

BD15147 號背　勘記　（1–1）

BD15148號　護首　（1–1）

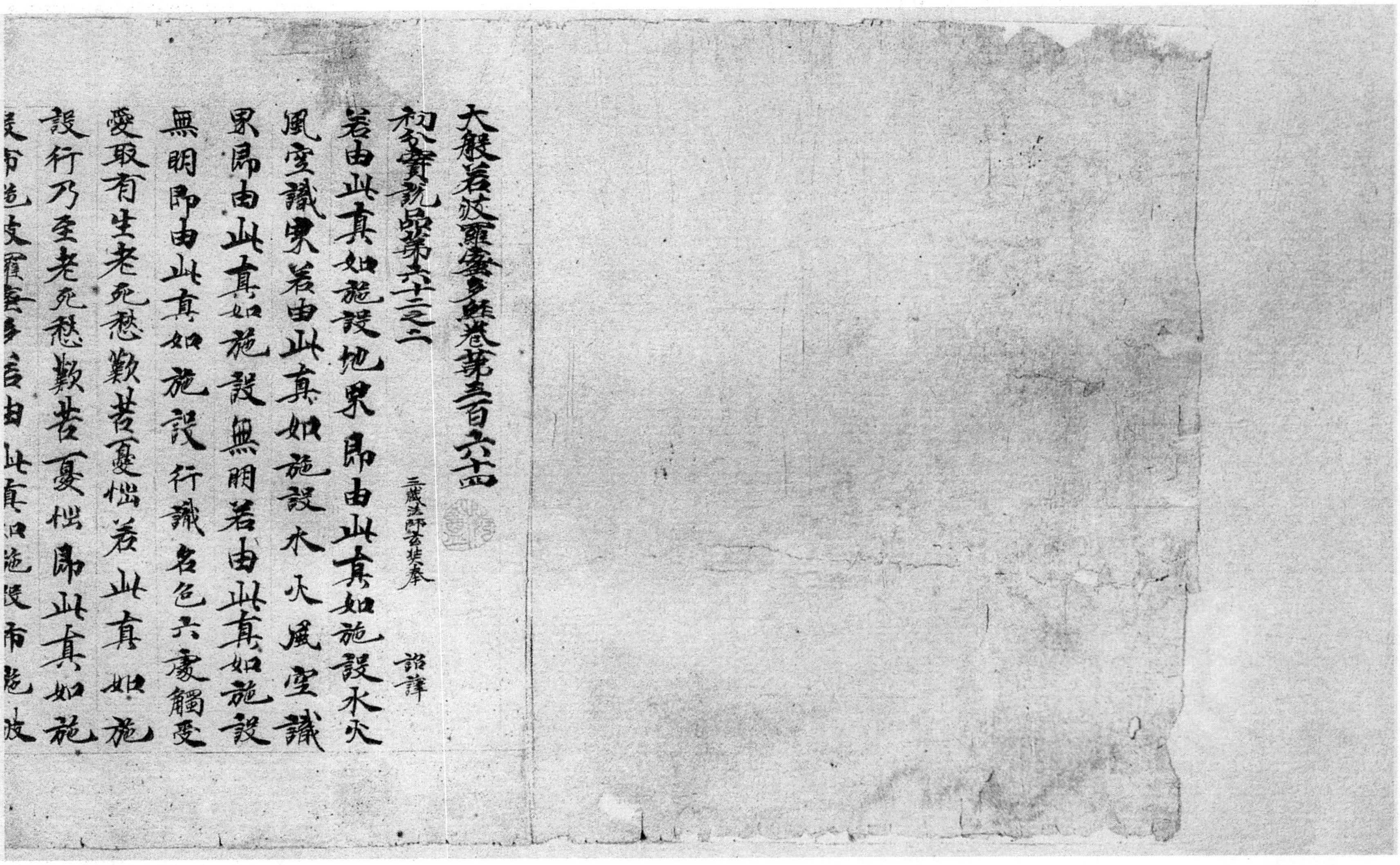

BD15148號　大般若波羅蜜多經卷三六四　（22–1）

無明即由此真如施設行識名色六處觸受
愛取有生老死愁歎苦憂惱若此真如施
設行乃至老死愁歎苦憂惱即此真如施
設布施波羅蜜多若由此真如施設布施波
羅蜜多即由此真如施設淨戒安忍精進靜
慮般若波羅蜜多若由此真如施設淨戒乃
至般若波羅蜜多即由此真如施設內空若
由此真如施設內空即由此真如施設外空
內外空空空大空勝義空有為空無為空畢
竟空無際空散空無變異空本性空自相空
共相空一切法空不可得空無性空自性空無
性自性空若由此真如施設外空乃至無性
自性空即由此真如施設四念住若由此真
如施設四念住即由此真如施設四正斷四
神足五根五力七等覺支八聖道支若由此
真如施設四正斷乃至八聖道支即由此
真如施設苦聖諦若由此真如施設苦聖諦
即由此真如施設集滅道聖諦若由此真如
施設集滅道聖諦即由此真如施設四靜慮
若由此真如施設四靜慮即由此真如施設
四無量四無色定若由此真如施設四無量
四無色定即由此真如施設八解脫若由此
真如施設八解脫即由此真如施設八勝處
九次第定十遍處若由此真如施設八勝處九
次第定十遍處即由此真如施設一切三摩

BD15148號　大般若波羅蜜多經卷三六四　（22–2）

九次第定十遍處若由此真如施設八勝處九
次第定十遍處即由此真如施設一切三摩
地門若由此真如施設一切三摩地門即由此
真如施設一切陀羅尼門若由此真如施
設一切陀羅尼門即由此真如施設空解脫
門若由此真如施設空解脫門即由此真如
施設無相無願解脫門若由此真如施設無
相無願解脫門即由此真如施設五眼若由
此真如施設五眼即由此真如施設六神通
若由此真如施設六神通即由此真如施設
佛十力若由此真如施設佛十力即由此真
如施設四無所畏四無礙解大慈大悲大喜
大捨十八佛不共法若由此真如施設四無
所畏乃至十八佛不共法即由此真如施設
無忘失法若由此真如施設無忘失法即由
此真如施設恒住捨性若由此真如施設恒住
捨性即由此真如施設一切智若由此真如施
設一切智即由此真如施設道相智一切相
智若由此真如施設道相智一切相智即
由此真如施設一切菩薩摩訶薩行若由此真
如施設一切菩薩摩訶薩行即由此真如
施設諸佛無上正等菩提若由此真如施設
諸佛無上正等菩提即由此真如施設有
為果若由此真如施設有為果即由此真如施

BD15148號　大般若波羅蜜多經卷三六四　（22–3）

諸佛无上正等菩提即由此真如施設有
為界若由此真如施設有為界即由此真如施
設無為界若由此真如施設無為界即由此
真如施設一切如來應正等覺若由此真如施
設一切如來應正等覺即由此真如施設一
切菩薩摩訶薩行若由此真如施設一切菩薩
摩訶薩行即由此真如施設一切有情若由此
真如施設一切有情即由此真如施設一切
法如是善現一切法真如一切有情真如一
切如來應正等覺真如一切菩薩摩訶薩
真如齊皆無異由無異故說名真如諸菩
薩摩訶薩於此真如修學圓滿證得無上正等
菩提故名如來應正等覺是故善現應知
菩薩摩訶薩即是如來應正等覺以一切法
一切有情皆以真如為定量故
如是善現菩薩摩訶薩應學真如甚深般
若波羅蜜多善現諸菩薩摩訶薩若學真
如甚深般若波羅蜜多則能學一切法真如
若能學一切法真如則能圓滿一切法真如若
能圓滿一切法真如則於一切法真如得自在
住若於一切法真如得自在住則能善知一
切有情根性勝劣若能善知一切有情根性
勝劣則能具知一切有情勝解差別若能具
知一切有情勝解差別則知有情自業受果

BD15148 號　大般若波羅蜜多經卷三六四　（22–4）

勝劣則能具知一切有情勝解差別若能具
知一切有情勝解差別則知有情自業受果
若知有情自業受果則能具足願智若能
具足願智則能淨脩三世妙智若能淨脩三世
妙智則能無倒行菩薩行若能無倒行菩
薩行則能成熟有情若能成熟有
情則能如實嚴淨佛土若能如實嚴淨佛土
則能證得一切智智若能證得一切智智則能
轉妙法輪若能轉妙法輪則能安立有情於
三乘道若能安立有情於三乘道則令有情
入無餘依般涅槃界善現諸菩薩摩訶薩見
如是等自利利他一切功德應發無上正等
覺心勇猛精進脩行般若波羅蜜多堅固
無退具壽善現白佛言世尊若菩薩摩訶薩
能發無上正覺心如說脩行甚深般若波
羅蜜多世間天人阿素洛等皆應稽首恭敬
供養佛言善現如是如是如汝所說若菩薩
摩訶薩能發無上正等覺心如說脩行甚深
般若波羅蜜多世間天人阿素洛等皆應稽
首恭敬供養
尒時具壽善現白佛言世尊若菩薩摩訶薩
普為度脫諸有情故初發無上正等覺心獲
幾所福佛言善現若菩薩摩訶薩普為度
脫諸有情故初發無上正等覺心其所獲福

BD15148 號　大般若波羅蜜多經卷三六四　（22–5）

聚所福佛言善現若菩薩摩訶薩普為度
脫諸有情故初發無上正等覺心其所獲福
無量無邊算數譬喻所不能及善現假使充
滿小千世界一切有情皆趣聲聞或獨覺地於
意云何是諸有情其福多不善現荅言甚多
世尊甚多善逝彼所獲福無量無邊佛言善
現彼所獲福於為度脫一切有情初發無上
正等覺心一菩薩摩訶薩所獲福聚百分不
及一千分不及一百千分不及一俱胝分不及一
百俱胝分不及一千俱胝分不及一百千
俱胝那庾多分亦不及一何以故善現聲
聞獨覺皆因菩薩摩訶薩有非菩薩摩
訶薩因諸聲聞獨覺而有善現置小千界一切
有情皆趣聲聞或獨覺地所獲福聚假使
充滿中千世界一切有情皆趣聲聞或獨覺地
於意云何是諸有情其福多不善現荅言甚多
世尊甚多善逝彼所獲福無量無邊佛言善現
彼所獲福於為度脫一切有情初發無上正
等覺心一菩薩摩訶薩所獲福聚百分不及
一千分不及一百千分不及一俱胝分不及一
百俱胝分不及一千俱胝分不及一百千
俱胝那庾多分亦不及一善現置中千界一
切有情皆趣聲聞或獨覺地所獲福聚假使
充滿三千大千世界一切有情皆趣聲聞或

BD15148號　大般若波羅蜜多經卷三六四　（22–6）

俱胝那庾多分亦不及一善現置中千界一
切有情皆趣聲聞或獨覺地所獲福聚假使
充滿三千大千世界一切有情皆趣聲聞或
獨覺地於意云何是諸有情其福多不善現
荅言甚多世尊甚多善逝彼所獲福無量無
邊佛言善現彼所獲福於為度脫一切有情
初發無上正等覺心一菩薩摩訶薩所獲福
聚百分不及一千分不及一百千分不及一
俱胝分不及一百俱胝分不及一千俱胝分
不及一百千俱胝那庾多分亦不及一善現
置大千界一切有情皆趣聲聞或獨覺地所
獲福聚假使有充滿三千大千世界一切有情
皆住淨觀地於意云何是諸有情其福多不
善現荅言甚多世尊甚多善逝彼所獲福無
量無邊佛言善現彼所獲福於為度脫一切
有情初發無上正等覺心一菩薩摩訶薩
所獲福聚百分不及一千分不及一百千分不
及一俱胝分不及一百俱胝分不及一千俱胝分
不及一百千俱胝那庾多分亦不及一善現置
大千界一切有情皆住淨觀地所獲福聚假使充
滿三千大千世界一切有情皆住種姓地於意
云何是諸有情其福多不善現荅言甚多世尊
甚多善逝彼所獲福無量無邊佛言善現
彼所獲福於為度脫一切有情初發無上正等

BD15148號　大般若波羅蜜多經卷三六四　（22–7）

云何是諸有情其福多不善現荅言甚多世尊
甚多善逝彼所獲福無量無邊佛言善現
彼所獲福於為度脫一切有情初發無上正等
覺心一菩薩摩訶薩所獲福聚百分不及一千分
不及一百千分不及一俱胝分不及百俱胝分不及
一千俱胝分不及一百千俱胝那庾多分亦不及一
善現置大千界一切有情皆住種姓地所獲
福聚假使充滿三千大千世界一切有情皆住
第八地於意云何是諸有情其福多不善
現荅言甚多世尊甚多善逝彼所獲福無量
無邊佛言善現彼所獲福於為度脫一切有
情初發無上正等覺心一菩薩摩訶薩所獲
福聚百分不及一千分不及一百千分不及
一俱胝分不及一百俱胝分不及一千俱胝分
不及一百千俱胝那庾多分亦不及一善
現置大千界一切有情皆住第八地所獲福
聚假使充滿三千大千世界一切有情皆住
見地於意云何是諸有情其福多不善現荅
言甚多世尊甚多善逝彼所獲福無量無邊
佛言善現彼所獲福於為度脫一切有情初
發無上正等覺心一菩薩摩訶薩所獲福聚
百分不及一千分不及一百千分不及一俱胝
分不及一百俱胝分不及一千俱胝分不
及一百千俱胝那庾多分亦不及一善現置
大千界一切有情皆住見地所獲福聚假使

BD15148號　大般若波羅蜜多經卷三六四　（22-8）

分不及一百俱胝分不及一千俱胝分不
及一百千俱胝那庾多分亦不及一善現置
大千界一切有情皆住見地所獲福聚假使
充滿三千大千世界一切有情皆住薄地於
意云何是諸有情其福多不善現荅言甚多
世尊甚多善逝彼所獲福無量無邊佛言善
現彼所獲福於為度脫一切有情初發無上
正等覺心一菩薩摩訶薩所獲福聚百分不
及一千分不及一百千分不及一俱胝分不
及一百俱胝分不及一千俱胝分不及一百
千俱胝那庾多分亦不及一善現置大千界
一切有情皆住薄地所獲福聚假使充滿三
千大千世界一切有情皆住離欲地於意云
何是諸有情其福多不善現荅言甚多世
尊甚多善逝彼所獲福無量無邊佛言善現彼
所獲福於為度脫一切有情初發無上正等
覺心一菩薩摩訶薩所獲福聚百分不及一
千分不及一百千分不及一俱胝分不及一百俱
胝分不及一千俱胝分不及一百千俱
胝那庾多分亦不及一善現置大千界一切
有情皆住離欲地所獲福聚假使充滿三
千大千世界一切有情皆住已辦地於意云何
是諸有情其福多不善現荅言甚多世尊甚
多善逝彼所獲福無量無邊佛言善現彼所

BD15148號　大般若波羅蜜多經卷三六四　（22-9）

[illegible]地於意云何
是諸有情其福多不善現荅言其多世尊甚
多善逝彼所獲福無量無邊佛言善現彼所
獲福於為度脫一切有情初發無上正等覺
心一菩薩摩訶薩所獲福聚百分不及一千分
不及一百千分不及一俱胝分不及一百俱胝分
不及一千俱胝分不及一百千俱胝那庾多
分亦不及一善現置大千界一切有情皆住
以辦地所獲福聚假使充滿三千大千世界
一切有情皆住獨覺地於意云何是諸有情
其福多不善現荅言甚多世尊甚多善逝彼
所獲福無量無邊佛言善現彼所獲福於
為度脫一切有情初發無上正等覺心一菩
薩摩訶薩所獲福聚百分不及一千分不及
一百千分不及一俱胝分不及一百俱胝分不
及一千俱胝分不及一百千俱胝那庾多分
亦不及一善現假使充滿三千大千世界一
切有情皆為度脫諸有情故初發無上正等
覺心是諸菩薩摩訶薩所獲福聚於入菩
薩正性離生一菩薩摩訶薩所獲福聚百分不
及一千分不及一百千分不及一俱胝分不
及一百俱胝分不及一千俱胝分不及一百
千俱胝那庾多分亦不及一善現假使充滿
三千大千世界一切有情皆入菩薩正性離
生是諸菩薩摩訶薩所獲福聚於行菩提

BD15148 號　大般若波羅蜜多經卷三六四　（22–10）

千俱胝那庾多分亦不及一善現假使充滿
三千大千世界一切有情皆入菩薩正性離
生是諸菩薩摩訶薩所獲福聚於行菩提
向一菩薩摩訶薩所獲福聚百分不及一千分
不及一百千分不及一俱胝分不及一百俱胝分
不及一千俱胝分不及一百千俱胝那庾多分
亦不及一善現假使充滿三千大千世界一
切有情皆行菩提向是諸菩薩摩訶薩所
獲福聚於一如來應正等覺所獲福聚百分
不及一千分不及一百千分不及一俱胝分不
及一百俱胝分不及一千俱胝分不及一百
千俱胝那庾多分亦不及一
尒時具壽善現白佛言世尊初發無上正等
覺心菩薩摩訶薩何所思惟佛言善現初發
無上正等覺心菩薩摩訶薩恒正思惟一切
相智具壽善現復白佛言世尊一切相智有
何性一切相智何所緣何增上何行相有何
相佛言善現一切相智無性為性無相無因
無所警覺無生無現又汝所問一切相智何
所緣何增上何行相有何相者善現一切相
智無性為所緣正念為增上寂靜為行相無
相為相善現一切相智如是所緣如是增上
如是行相如是相具壽善現復白佛言世尊
為但一切相智無性為性為色受想行識亦
無性為性為眼處耳鼻舌身意處亦無性為

BD15148 號　大般若波羅蜜多經卷三六四　（22–11）

如是行相如是相具壽善現復白佛言世尊
若但一切相智無性為性為色受想行識亦
無性為性為眼處耳鼻舌身意處亦無性為
性為色處聲香味觸法處亦無性為性為眼
界耳鼻舌身意界亦無性為性為色界聲香
味觸法界亦無性為性為眼識界耳鼻舌身
意識界亦無性為性為眼觸耳鼻舌身意觸
亦無性為性為眼觸為緣所生諸受耳鼻舌
身意觸為緣所生諸受亦無性為性為地界
水火風空識界亦無性為性為無明行識名
色六處觸受愛取有生老死愁歎苦憂惱亦
無性為性為內法外法亦無性為性為四靜
慮四無量四無色定亦無性為性為四念住
四正斷四神足五根五力七等覺支八聖道
支亦無性為性為空解脫門無相無願解脫
門亦無性為性為八解脫八勝處九次第定
十遍處亦無性為性為布施波羅蜜多淨戒
安忍精進靜慮般若波羅蜜多亦無性為性
為內空外空內外空空空大空勝義空有為
空無為空畢竟空無際空散空無變異空
本性空自相空共相空一切法空不可得空無
性空自性空無性自性空亦無性為性為苦
聖諦集滅道聖諦亦無性為性為一切三摩
地門一切陀羅尼門亦無性為性為佛十力四
無所畏四無礙解十八佛不共法亦無性為

地門一切陀羅尼門亦無性為性為佛十力四
無所畏四無礙解十八佛不共法亦無性為
性為大慈大悲大喜大捨亦無性為性為無
忘失法恒住捨性亦無性為性為一切智道
相智亦無性為性為初眼第二第三第四第
五眼亦無性為性為初神通第二第三第四
第五第六神通亦無性為性為有為界無
為界亦無性為性
佛言善現非但一切相智無性為性色受想
行識亦無性為性眼處耳鼻舌身意處亦無
性為性色處聲香味觸法處亦無性為性眼
界耳鼻舌身意界亦無性為性色界聲香味
觸法界亦無性為性眼識界耳鼻舌身意識
界亦無性為性眼觸耳鼻舌身意觸亦無性
為性眼觸為緣所生諸受耳鼻舌身意觸為
緣所生諸受亦無性為性地界水火風空識界
亦無性為性無明行識名色六處觸受愛
取有生老死愁歎苦憂惱亦無性為性內法
外法亦無性為性四靜慮四無量四無色定亦
無性為性四念住四正斷四神足五根五力七等
覺支八聖道支亦無性為性空解脫門無相
無願解脫門亦無性為性八解脫八勝處九
次第定十遍處亦無性為性布施波羅蜜多
淨戒安忍精進靜慮般若波羅蜜多亦無性

無願解脫門亦無性爲性八解脫八勝處九
次第定十遍處亦無性爲性布施波羅蜜多
淨戒安忍精進靜慮般若波羅蜜多亦無性
爲性內空外空內外空空空大空勝義空有
爲空無爲空畢竟空無際空散空無變異
空本性空自相空共相空一切法空不可得空
無性空自性空無性自性空亦無性爲性苦
聖諦集滅道聖諦亦無性爲性一切三摩地
門一切陁羅尼門亦無性爲性佛十力四無
所畏四無礙解十八佛不共法亦無性爲性
大慈大悲大喜大捨亦無性爲性無忘失法
恒住捨性亦無性爲性一切智道相智亦無
性爲性初眼第二第三第四第五眼亦無性
爲性初神通第二第三第四第五第六神通
亦無性爲性有爲界無爲界亦無性爲性
具壽善現白佛言世尊何緣一切相智無性
爲性何緣色受相行識亦無性爲性何緣眼
處耳鼻舌身意處亦無性爲性何緣色處聲
香味觸法處亦無性爲性何緣眼界耳鼻舌
身意界亦無性爲性何緣色界聲香味觸法
界亦無性爲性何緣眼識界耳鼻舌身意識
界亦無性爲性何緣眼觸耳鼻舌身意觸亦
無性爲性何緣眼觸爲緣所生諸受耳鼻舌
身意觸爲緣所生諸受亦無性爲性何緣地

界亦無性爲性何緣眼觸耳鼻舌身意觸亦
無性爲性何緣眼觸爲緣所生諸受耳鼻舌
身意觸爲緣所生諸受亦無性爲性何緣地
界水火風空識界亦無性爲性何緣無明行
識名色六處觸受愛取有生老死愁歎苦憂
惱亦無性爲性何緣內法外法亦無性爲性
何緣四靜慮四無量四無色定亦無性爲性
何緣四念住四正斷四神足五根五力七等
覺支八聖道支亦無性爲性何緣空解脫
門無相無願解脫門亦無性爲性何緣八解
脫八勝處九次第定十遍處亦無性爲性何
緣布施波羅蜜多淨戒安忍精進靜慮般
若波羅蜜多亦無性爲性何緣內空外空內外
空空空大空勝義空有爲空無爲空畢竟
空無際空散空無變異空本性空自相空共相
空一切法空不可得空無性空自性空無性自
性空亦無性爲性何緣苦聖諦集滅道聖
諦亦無性爲性何緣一切三摩地門一切陁羅
尼門亦無性爲性何緣佛十力四無所畏四
無礙解十八佛不共法亦無性爲性何緣大
慈大悲大喜大捨亦無性爲性何緣無忘失
法恒住捨性亦無性爲性何緣一切智道相
智亦無性爲性何緣初眼第二第三第四第
五眼亦無性爲性何緣初神通第二第三第
四第五第六神通亦無性爲性何緣有爲界

五眼亦無性爲性何緣初神通第二第三第
四第五第六神通亦無性爲性何緣有爲界
無爲界亦無性爲性
佛言善現一切相智自性無故若法自性無
是法無性爲性色受想行識自性無故若法
自性無是法無性爲性眼處耳鼻舌身意處
自性無故若法自性無是法無性爲性色處
聲香味觸法處自性無故若法自性無是法
無性爲性眼界耳鼻舌身意界自性無故若
法自性無是法無性爲性色界聲香味觸法
界自性無故若法自性無是法無性爲性眼
識界耳鼻舌身意識界自性無故若法自性
無是法無性爲性眼觸耳鼻舌身意觸自性
無故若法自性無是法無性爲性眼觸爲緣
所生諸受耳鼻舌身意觸爲緣所生諸受自
性無故若法自性無是法無性爲性地界水
火風空識界自性無故若法自性無是法無
性爲性無明行識名色六處觸受愛取有生
老死愁歎苦憂惱自性無故若法自性無是
法無性爲性內法外法自性無故若法自性
無是法無性爲性四靜慮四無量四無色定
自性無故若法自性無是法無性爲性四念
住四正斷四神足五根五力七等覺支八聖
道支自性無故若法自性無是法無性爲性空

BD15148號　大般若波羅蜜多經卷三六四　（22–16）

住四正斷四神足五根五力七等覺支八聖
道支自性無故若法自性無是法無性爲性空
解脫門無相無願解脫門自性無故若法自
性無是法無性爲性八解脫八勝處九次第
定十遍處自性無故若法自性無是法無性
爲性布施波羅蜜多淨戒安忍精進靜慮般
若波羅蜜多自性無故若法自性無是法無
性爲性內空外空內外空空空大空勝義空
有爲空無爲空畢竟空無際空散空無變異
空本性空自相空共相空一切法空不可得
空無性空自性空無性自性空自性無故若
法自性無是法無性爲性苦聖諦集滅道聖
諦自性無故若法自性無是法無性爲性一
切三摩地門一切陀羅尼門自性無故若法
自性無是法無性爲性佛十力四無所畏四
無礙解十八佛不共法自性無故若法自性
無是法無性爲性大慈大悲大喜大捨自性
無故若法自性無是法無性爲性無忘失法
恒住捨性自性無故若法自性無是法無性
爲性一切智道相智自性無故若法自性無
是法無性爲性初眼第二第三第四第五眼
自性無故若法自性無是法無性爲性初
神通第二第三第四第五第六神通自性無故
若法自性無是法無性爲性有爲界無爲

BD15148號　大般若波羅蜜多經卷三六四　（22–17）

神通第二第三第四第五第六神通自性無故
若法自性無是法無性為性有為界無為
界自性無故若法自性無是法無性為性
具壽善現白佛言世尊何緣一切相智自性
無佛言善現一切相智無和合自性故若法
無和合自性是法則以無性為性世尊何緣
色受想行識自性無善現色受想行識無和
合自性故若法無和合自性是法則以無性
為性世尊何緣眼處耳鼻舌身意處自性無
善現眼處耳鼻舌身意處無和合自性故若
法無和合自性是法則以無性為性世尊何
緣色處聲香味觸法處自性無善現色處聲
香味觸法處無和合自性故若法無和合自
性是法則以無性為性世尊何緣眼界耳鼻
舌身意界自性無善現眼界耳鼻舌身意界
無和合自性故若法無和合自性是法則以
無性為性世尊何緣色界聲香味觸法界自
性無善現色界聲香味觸法界無和合自性
故若法無和合自性是法則以無性為性世
尊何緣眼識界耳鼻舌身意識界自性無善
現眼識界耳鼻舌身意識界無和合自性故
若法無和合自性是法則以無性為性世尊
何緣眼觸耳鼻舌身意觸自性無善現眼觸
耳鼻舌身意觸無和合自性故若法無和合

何緣眼觸耳鼻舌身意觸自性無善現眼觸
耳鼻舌身意觸無和合自性故若法無和合
自性是法則以無性為性世尊何緣眼觸為
緣所生諸受耳鼻舌身意觸為緣所生諸受
自性無善現眼觸為緣所生諸受耳鼻舌身
意觸為緣所生諸受無和合自性故若法無
和合自性是法則以無性為性世尊何緣地
界水火風空識界自性無善現地界水火風
空識界無和合自性故若法無和合自性是
法則以無性為性世尊何緣無明行識名色
六處觸受愛取有生老死愁歎苦憂惱自性
無善無明乃至老死愁歎苦憂惱無和合
自性故若法無和合自性是法則以無性為
性世尊何緣內法外法自性無善現內法外
法無和合自性故若法無和合自性是法則
以無性為性世尊何緣四靜慮四無量四無
色定自性無善現四靜慮四無量四無色定
無和合自性故若法無和合自性是法則以
無性為性世尊何緣四念住四正斷四神足
五根五力七等覺支八聖道支自性無善現
四念住乃至八聖道支無和合自性故若法
無和合自性是法則以無性為性世尊何緣
空解脫門無相無願解脫門自性無善現空
解脫門無相無願解脫門無和合自性故若

無和合自性是法則以無性爲性世尊何緣
空解脫門無相無願解脫門自性無善現空
解脫門無相無願解脫門無和合自性故若
法無和合自性是法則以無性爲性世尊何
緣八解脫八勝處九次第定十遍處自性無
善現八解脫乃至十遍處無和合自性故若
法無和合自性是法則以無性爲性世尊何緣
布施波羅蜜多淨戒安忍精進靜慮般若波
羅蜜多自性無善現布施波羅蜜多乃至般
若波羅蜜多無和合自性故若法無和合自
性是法則以無性爲性世尊何緣內空外空
內外空空空大空勝義空有為空無為空
畢竟空無際空散空無變異空本性空自
相空共相空一切法空不可得空無性空自性空
無性自性空自性無善現內空乃至無性自
性空無和合自性故若法無和合自性是法
則以無性爲性世尊何緣苦聖諦集滅道聖
諦自性無善現苦聖諦集滅道聖諦無和合
自性故若法無和合自性是法則以無性爲
性世尊何緣一切三摩地門一切陁羅尼門自
性無善現一切三摩地門一切陁羅尼門無
和合自性故若法無和合自性是法則以無
性爲性世尊何緣佛十力四無所畏四無礙
解十八佛不共法自性無善現佛十力乃至
十八佛不共法無和合自性故若法無和合

BD15148號　大般若波羅蜜多經卷三六四　（22–20）

性爲性世尊何緣佛十力四無所畏四無礙
解十八佛不共法自性無善現佛十力乃至
十八佛不共法無和合自性故若法無和合
自性是法則以無性爲性世尊何緣大慈大
悲大喜大捨自性無善現大慈大悲大喜大
捨無和合自性故若法無和合自性是法則
以無性爲性世尊何緣無忘失法恒住捨性
自性無善現無忘失法恒住捨性無和合自
性故若法無和合自性是法則以無性爲性
世尊何緣一切智道相智自性無善現一切
智道相智無和合自性故若法無和合自性
是法則以無性爲性世尊何緣初眼第二第
三第四第五眼自性無善現初眼第二第三
第四第五眼無和合自性故若法無和合自
性是法則以無性爲性世尊何緣初神通第
二第三第四第五第六神通自性無善現初
神通第二第三第四第五第六神通無和合
自性故若法無和合自性是法則以無性爲
性世尊何緣有為果無為果自性無善現有
為果無為果無和合自性故若法無和合自
性是法則以無性爲性善現由是因緣諸菩
薩摩訶薩應知一切法皆以無性爲其自性

大般若波羅蜜多經卷第三百六十四

BD15148號　大般若波羅蜜多經卷三六四　（22–21）

自性無善現無忘失法恒住捨性無和合自
性故若法無和合自性是法則以無性為性
世尊何緣一切智道相智自性無善現一切
智道相智無和合自性故若法無和合自性
是法則以無性為性世尊何緣初眼第二第
三第四第五眼自性無善現初眼第二第三
第四第五眼無和合自性故若法無和合自
性是法則以無性為性世尊何緣初神通第
二第三第四第五第六神通自性無善現初
神通第二第三第四第五第六神通無和合
自性故若法無和合自性是法則以無性為
性世尊何緣有為果無為果自性無善現有
為果無為果無和合自性故若法無和合自
性是法則以無性為性善現由是因緣諸菩
薩摩訶薩應知一切法皆以無性為其自性

大般若波羅蜜多經卷第三百六十四

BD15148 號　大般若波羅蜜多經卷三六四　（22–22）

BD15148 號背　勘記　（1–1）

佛滅度之後　正法住於世　三十二小劫　廣度諸眾生
正法滅盡已　像法三十二　舍利廣流布　天人普供養
華光佛所為　其事皆如是　其兩足聖尊　最勝无倫匹
彼即是汝身　宜應自欣慶
尒時四部眾比丘比丘尼優婆塞優婆夷天
龍夜叉乾闥婆阿脩羅迦樓羅緊那羅摩睺
羅伽等大眾見舍利弗於佛前受阿耨多羅
三藐三菩提記心大歡喜踊躍无量各各脫身
所著上衣以供養佛釋提桓因梵天王等與
无數天子亦以天妙衣天曼陁羅華摩訶曼
陁羅華等供養於佛所散天衣住虛空中而自
迴轉諸天伎樂百千萬種於虛空中一時俱
作雨眾天華而作是言佛昔於波羅柰初轉
法輪今乃復轉无上最大法輪尒時諸天子
欲重宣此義而說偈言
昔於波羅柰　轉四諦法輪　分別說諸法　五眾之生滅
今復轉最妙　无上大法輪　是法甚深奧　少有能信者

BD15149號　妙法蓮華經卷二　（15-1）

昔於波羅柰　轉四諦法輪　分別說諸法　五眾之生滅
今復轉最妙　无上大法輪　是法甚深奧　少有能信者
我等從昔來　數聞世尊說　未曾聞如是　深妙之上法
世尊說是法　我等皆隨喜　大智舍利弗　今得受尊記
我等亦如是　必當得作佛　於一切世間　最尊无有上
佛道叵思議　方便隨宜說　我所有福業　今世若過世
及見佛功德　盡迴向佛道
尒時舍利弗白佛言世尊我今无復疑悔親
於佛前得受阿耨多羅三藐三菩提記是諸
千二百心自在者昔住學地佛常教化言我
法能離生老病死究竟涅槃是學无學人
亦各自以離我見及有无見等謂得涅槃而
今於世尊前聞所未聞皆墮疑惑善哉世尊
願為四眾說其因緣令離疑悔尒時佛告舍
利弗我先不言諸佛世尊以種種因緣譬喻
言辭方便說法皆為阿耨多羅三藐三菩提耶
是諸所說皆為化菩薩故然舍利弗今當復
以譬喻更明此義諸有智者以譬喻得解舍
利弗若國邑聚落有大長者其年衰邁財富
无量多有田宅及諸僮僕其家廣大唯有一
門多諸人眾一百二百乃至五百人止住其中
堂閣朽故牆壁隤落柱根腐敗梁棟傾危周
迊俱時欻然火起焚燒舍宅長者諸子若十
二十或至三十在此宅中長者見是大火

BD15149號　妙法蓮華經卷二　（15-2）

堂閣朽故墻壁穨落柱根腐敗梁棟傾危周
匝俱時欻然火起焚燒舍宅長者諸子若十
二十或至三十在此宅中長者見是大火
從四面起即大驚怖而作是念我雖能於此
所燒之門安隱得出而諸子等於火宅內樂
著嬉戲不覺不知不驚不怖火來逼身苦痛
切己心不猒患无求出意舍利弗是長者作
是思惟我身手有力當以衣裓若以几案從舍
出之復更思惟是舍唯有一門而復狹小諸
子幼稚未有所識戀著戲處或當墮落為
火所燒我當為說怖畏之事此舍已燒宜時
疾出无令為火之所燒害作是念已如所思惟
具告諸子汝等速出父雖憐愍善言誘喻
而諸子等樂著嬉戲不肯信受不驚不畏了
无出心亦復不知何者是火何者為舍云何
為失但東西走戲視父而已尒時長者即作
是念此舍已為大火所燒我及諸子若不時
出必為所焚我今當設方便令諸子等得免
斯害父知諸子先心各有所好種種珍玩奇
異之物情必樂著而告之言汝等所可玩好希
有難得汝若不取後必憂悔如此種種羊車
鹿車牛車今在門外可以遊戲汝等於此火
宅宜速出來隨汝所欲皆當與汝尒時諸子
聞父所說珍玩之物適其願故心各勇銳互

BD15149號　妙法蓮華經卷二　（15–3）

鹿車牛車今在門外可以遊戲汝等於此火
宅宜速出來隨汝所欲皆當與汝尒時諸子
聞父所說珍玩之物適其願故心各勇銳互
相推排競共馳走爭出火宅是時長者見諸
子等安隱得出皆於四衢道中露地而坐无
復障礙其心泰然歡喜踊躍時諸子等各白
父言父先所許玩好之具羊車鹿車牛車願
時賜與舍利弗尒時長者各賜諸子等一大
車其車高廣眾寶莊校周匝欄楯四面懸鈴
又於其上張設幰蓋亦以珍奇雜寶而嚴飾
之寶繩絞絡垂諸華瓔重敷綩綖安置丹枕
駕以白牛膚色充潔形體姝好有大筋力行
步平正其疾如風又多僕從而侍衛之所以者
何是大長者財富无量種種諸庫藏悉皆充
溢而作是念我財物无極不應以下劣小車與
諸子等今此幼童皆是吾子愛无偏黨我有
如是七寶大車其數无量應當等心各各與
之不宜差別所以者何以我此物周給一國猶
尚不匱何況諸子是時諸子各乘大車得未
曾有非本所望舍利弗於汝意云何是長
者等與諸子珍寶大車寧有虛妄不舍利
弗言不也世尊是長者但令諸子得免火
難全其軀命非為虛妄何以故若全身命便
為已得玩好之具況復方便於彼火宅而拔濟

BD15149號　妙法蓮華經卷二　（15–4）

弗言不也世尊是長者但令諸子得免火
難全其軀命非為虛妄何以故若全身命便
為已得玩好之具況復方便於彼火宅而拔濟
之世尊若是長者乃至不與最小一車猶不
虛妄何以故是長者先作是意我以方便令
子得出以是因緣无虛妄也何況長者自知
財富无量欲饒益諸子等與大車佛告舍
利弗善哉善哉如汝所言舍利弗如來亦復
如是則為一切世間之父於諸怖畏衰惱憂患
无明闇蔽永盡无餘而悉成就无量知見力
无所畏有大神力及智慧力具足方便智慧
波羅蜜大慈大悲常无懈惓恒求善事利
益一切而生三界朽故火宅為度衆生生老
病死憂悲苦惱愚癡闇蔽三毒之火教化令得
阿耨多羅三藐三菩提見諸衆生為生老
病死憂悲苦惱之所燒煮亦以五欲財利故
受種種苦又以貪著追求故現受衆苦後
受地獄畜生餓鬼之苦若生天上及在人間貧
窮困苦愛別離苦怨憎會苦如是等種種諸
苦衆生沒在其中歡喜遊戲不覺不知不驚
不怖亦不生猒不求解脫於此三界火宅東西
馳走雖遭大苦不以為患舍利弗佛見此已
便作是念我為衆生之父應拔其苦難與
无量无邊佛智慧樂令其遊戲舍利弗如

BD15149號　妙法蓮華經卷二　（15–5）

便作是念我為衆生之父應拔其苦難與
无量无邊佛智慧樂令其遊戲舍利弗如
來復作是念若我但以神力及智慧力捨於
方便為諸衆生讚如來知見力无所畏者衆
生不能以是得度所以者何是諸衆生未免生
老病死憂悲苦惱而為三界火宅所燒何由
能解佛之智慧舍利弗如彼長者雖復身
手有力而不用之但以慇懃方便免濟諸子
火宅之難然後各與珍寶大車如來亦復如是
雖有力无所畏而不用之但以智慧方便於
三界火宅拔濟衆生為說三乘聲聞辟支佛
佛乘而作是言汝等莫得樂住三界火宅勿
貪麤弊色聲香味觸也若貪著生愛則為
所燒汝等速出三界當得三乘聲聞辟支佛
佛乘我今為汝保任此事終不虛也汝等但
當勤脩精進如來以是方便誘進衆生復作是言
汝等當知此三乘法皆是聖所稱歎自在无
繫无所依求乘是三乘以无漏根力覺道禪
定解脫三昧等而自娛樂便得无量安隱快
樂舍利弗若有衆生內有智性從佛世尊聞
法信受慇懃精進欲速出三界自求涅槃是
名聲聞乘如彼諸子為求羊車出於火宅若
有衆生從佛世尊聞法信受慇懃精進求
自然慧樂獨善寂深知諸法因緣是名辟支

BD15149號　妙法蓮華經卷二　（15–6）

名聲聞乘如彼諸子為求羊車出於火宅若
有衆生從佛世尊聞法信受慇懃精進求
自然慧樂獨善寂深知諸法因緣是名辟支
佛乘如彼諸子為求鹿車出於火宅若有衆
生從佛世尊聞法信受勤脩進精求一切智佛
智自然智无師智如來知見力无所畏愍念
安樂无量衆生利益天人度脫一切是名大
乘菩薩求此乘故名為摩訶薩如彼諸子為
求牛車出於火宅舍利弗如彼長者見諸子
等安隱得出火宅到无畏處自惟財富无量
等以大車而賜諸子如來亦復如是為一切
衆生之父若見无量億千衆生以佛教門出
三界苦怖畏險道得涅槃樂如來尒時便作
是念我有无量无邊智慧力无畏等諸佛法
藏是諸衆生皆是我子等與大乘不令有人
獨得滅度皆以如來滅度而滅度之是諸衆
生脫三界者悉與諸佛禪定解脫等娛樂之
具皆是一相一種聖所稱歎能生淨妙第一
之樂舍利弗如彼長者初以三車誘引諸子
然後但與大車寶物莊嚴安隱第一然彼長
者无虛妄之咎如來亦復如是无有虛妄初
說三乘引導衆生然後但以大乘而度脫之
何以故如來有无量智慧力无所畏諸法之
藏能與一切衆生大乘之法但不盡能受舍

BD15149 號　妙法蓮華經卷二　（15–7）

說三乘引導衆生然後但以大乘而度脫之
何以故如來有无量智慧力无所畏諸法之
藏能與一切衆生大乘之法但不盡能受舍
利弗以是因緣當知諸佛方便力故於一佛
乘分別說三佛欲重宣此義而說偈言
譬如長者　有一大宅　其宅久故　而復頓弊
堂舍高危　柱根摧朽　梁棟傾斜　基陛頹毀
墻壁圮坼　泥塗褫落　覆苫亂墜　椽梠差脫
周障屈曲　雜穢充遍　有五百人　止住其中
鵄梟鵰鷲　烏鵲鳩鴿　蚖蛇蝮蠍　蜈蚣蚰蜒
守宮百足　狖狸鼷鼠　諸惡虫輩　交橫馳走
屎尿臭處　大淨流溢　蜣蜋諸虫　而集其上
狐狼野干　咀嚼踐蹋　嚌齧死屍　骨肉狼藉
由是群狗　競來搏撮　飢羸慞惶　處處求食
鬪諍齟掣　啀喍嘷吠　其舍恐怖　變狀如是
處處皆有　魑魅魍魎　夜叉惡鬼　食噉人肉
毒虫之屬　諸惡禽獸　孚乳產生　各自藏護
夜叉競來　爭取食之　食之既飽　惡心轉熾
鬪諍之聲　甚可怖畏　鳩槃荼鬼　蹲踞土埵
或時離地　一尺二尺　往返遊行　縱逸嬉戲
捉狗兩足　撲令失聲　以腳加頸　怖狗自樂
復有諸鬼　其身長大　裸形黑瘦　常住其中
發大惡聲　叫呼求食　復有諸鬼　其咽如針
復有諸鬼　首如牛頭　或食人肉　或復噉狗

BD15149 號　妙法蓮華經卷二　（15–8）

復有諸鬼　其身長大　裸形黑瘦　常住其中
發大惡聲　叫呼求食　復有諸鬼　其咽如針
復有諸鬼　首如牛頭　或食人肉　或復噉狗
頭髮蓬亂　殘害凶險　飢渴所逼　叫喚馳走
夜叉餓鬼　諸惡鳥獸　飢急四向　窺看窓牖
如是諸難　恐畏无量　是朽故宅　屬于一人
其人近出　未久之間　於後宅舍　欻然火起
四面一時　其焰俱熾　棟梁椽柱　爆聲震裂
摧折墮落　墻壁崩倒　諸鬼神等　揚聲大叫
鵰鷲諸鳥　鳩槃荼等　周章惶怖　不能自出
惡獸毒虫　藏竄孔穴　毗舍闍鬼　亦住其中
薄福德故　為火所逼　共相殘害　飲血噉肉
野干之屬　並已前死　諸大惡獸　競來食噉
臭烟熢㶿　四面充塞　蜈蚣蚰蜒　毒蛇之類
為火所燒　爭走出穴　鳩槃荼鬼　隨取而食
又諸餓鬼　頭上火燃　飢渴熱惱　周章悶走
其宅如是　甚可怖畏　毒害火災　衆難非一
是時宅主　在門外立　聞有人言　汝諸子等
先因遊戲　來入此宅　稚小无知　歡娛樂著
長者聞已　驚入火宅　方宜救濟　令无燒害
告喻諸子　說衆患難　惡鬼毒虫　災火蔓莚
衆苦次第　相續不絕　毒蛇蚖蝮　及諸夜叉
鳩槃荼鬼　野干狐狗　鵰鷲鵄梟　百足之屬
飢渴惱急　甚可怖畏　此苦難處　況復大火

BD15149號　妙法蓮華經卷二　（15–9）

衆苦次第　相續不絕　毒蛇蚖蝮　及諸夜叉
鳩槃荼鬼　野干狐狗　鵰鷲鵄梟　百足之屬
飢渴惱急　甚可怖畏　此苦難處　況復大火
諸子无知　雖聞父誨　猶故樂著　嬉戲不已
是時長者　而作是念　諸子如此　益我愁惱
今此舍宅　无一可樂　而諸子等　耽湎嬉戲
不受我教　將為火害　即便思惟　設諸方便
告諸子等　我有種種　珍玩之具　妙寶好車
羊車鹿車　大牛之車　今在門外　汝等出來
吾為汝等　造作此車　隨意所樂　可以遊戲
諸子聞說　如此諸車　即時奔競　馳走而出
到於空地　離諸苦難　長者見子　得出火宅
住於四衢　坐師子座　而自慶言　我今快樂
此諸子等　生育甚難　愚小无知　而入險宅
多諸毒虫　魑魅可畏　大火猛焰　四面俱起
而此諸子　貪樂嬉戲　我已救之　令得脫難
是故諸人　我今快樂　尒時諸子　知父安坐
皆詣父所　而白父言　願賜我等　三種寶車
如前所許　諸子出來　當以三車　隨汝所欲
今正是時　唯垂給與　長者大富　庫藏衆多
金銀琉璃　車𤦲馬瑙　以衆寶物　造諸大車
莊校嚴飾　周帀欄楯　四面懸鈴　金繩交絡
真珠羅網　張施其上　金華諸瓔　處處垂下
衆綵雜飾　周帀圍繞　柔軟繒纊　以為茵褥

BD15149號　妙法蓮華經卷二　（15–10）

真珠羅網　張施其上　金華諸纓　處處垂下
衆綵雜飾　周帀圍繞　柔軟繒纊　以爲茵蓐
上妙細疊　價直千億　鮮白淨潔　以覆其上
有大白牛　肥壯多力　形體姝好　以駕寶車
多諸儐從　而侍衛之　以是妙車　等賜諸子
諸子是時　歡喜踊躍　乘是寶車　遊於四方
嬉戲快樂　自在无礙　告舍利弗　我亦如是
衆聖中尊　世間之父　一切衆生　皆是吾子
深著世樂　无有慧心　三界无安　猶如火宅
衆苦充滿　甚可怖畏　常有生老　病死憂患
如是等火　熾然不息　如來已離　三界火宅
寂然閑居　安處林野　今此三界　皆是我有
其中衆生　悉是吾子　而今此處　多諸患難
唯我一人　能爲救護　雖復教詔　而不信受
於諸欲染　貪著深故　是以方便　爲說三乘
令諸衆生　知三界苦　開示演說　出世間道
是諸子等　若心決定　具足三明　及六神通
有得緣覺　不退菩薩　汝舍利弗　我爲衆生
以此譬喻　說一佛乘　汝等若能　信受是語
一切皆當　得成佛道　是乘微妙　清淨第一
於諸世間　爲无有上　佛所悅可　一切衆生
所應稱讚　供養禮拜　无量億千　諸力解脫
禪定智慧　及佛餘法　得如是乘　令諸子等
日夜劫數　常得遊戲　與諸菩薩　及聲聞衆

BD15149號　妙法蓮華經卷二　（15–11）

禪定智慧　及佛餘法　得如是乘　令諸子等
日夜劫數　常得遊戲　與諸菩薩　及聲聞衆
乘此寶乘　直至道場　以是因緣　十方諦求
更无餘乘　除佛方便　告舍利弗　汝諸人等
皆是吾子　我則是父　汝等累劫　衆苦所燒
我皆濟拔　令出三界　我雖先說　汝等滅度
但盡生死　而實不滅　今所應作　唯佛智慧
若有菩薩　於是衆中　能一心聽　諸佛實法
諸佛世尊　雖以方便　所化衆生　皆是菩薩
若人小智　深著愛欲　爲此等故　說於苦諦
衆生心喜　得未曾有　佛說苦諦　真實无異
若有衆生　不知苦本　深著苦因　不能暫捨
爲是等故　方便說道　諸苦所因　貪欲爲本
若滅貪欲　无所依止　滅盡諸苦　名第三諦
爲滅諦故　脩行於道　離諸苦縛　名得解脫
是人於何　而得解脫　但離虛妄　名爲解脫
其實未得　一切解脫　佛說是人　未實滅度
斯人未得　无上道故　我意不欲　令至滅度
我爲法王　於法自在　安隱衆生　故現於世
汝舍利弗　我此法印　爲欲利益　世間故說
在所遊方　勿妄宣傳　若有聞者　隨喜頂受
當知是人　阿鞞跋致　若有信受　此經法者
是人已曾　見過去佛　恭敬供養　亦聞是法

BD15149號　妙法蓮華經卷二　（15–12）

當知是人 阿鞞跋致 若有信受 此經法者
是人已曾 見過去佛 恭敬供養 亦聞是法
若人有能 信汝所說 則為見我 亦見於汝
及比丘僧 并諸菩薩 斯法華經 為深智說
淺識聞之 迷惑不解 一切聲聞 及辟支佛
於此經中 力所不及 汝舍利弗 尚於此經
以信得入 況餘聲聞 其餘聲聞 信佛語故
隨順此經 非己智分 又舍利弗 憍慢懈怠
計我見者 莫說此經 凡夫淺識 深著五欲
聞不能解 亦勿為說 若人不信 毀謗此經
則斷一切 世間佛種 或復顰蹙 而懷疑惑
汝當聽說 此人罪報 若佛在世 若滅度後
其有誹謗 如斯經典 見有讀誦 書持經者
輕賤憎嫉 而懷結恨 此人罪報 汝今復聽
其人命終 入阿鼻獄 具足一劫 劫盡更生
如是展轉 至无數劫 從地獄出 當墮畜生
若狗野干 其形頷瘦 黧黮疥癩 人所觸嬈
又復為人 之所惡賤 常困飢渴 骨肉枯竭
生受楚毒 死被瓦石 斷佛種故 受斯罪報
若作駱駝 或生驢中 身常負重 加諸杖捶
但念水草 餘无所知 謗斯經故 獲罪如是
有作野干 來入聚落 身體疥癩 又无一目
為諸童子 之所打擲 受諸苦痛 或時致死
於此死已 更受蟒身 其形長大 五百由旬

BD15149號 妙法蓮華經卷二 （15–13）

為諸童子 之所打擲 受諸苦痛 或時致死
於此死已 更受蟒身 其形長大 五百由旬
聾騃无足 宛轉腹行 為諸小虫 之所唼食
晝夜受苦 无有休息 謗斯經故 獲罪如是
若得為人 諸根暗鈍 矬陋攣躄 盲聾背傴
有所言說 人不信受 口氣常臭 鬼魅所著
貧窮下賤 為人所使 多病痟瘦 无所依怙
雖親附人 人不在意 若有所得 尋復忘失
若脩醫道 順方治病 更增他疾 或復致死
若自有病 无人救療 設服良藥 而復增劇
若他反逆 抄劫竊盜 如是等罪 橫罹其殃
如斯罪人 永不見佛 眾聖之王 說法教化
如斯罪人 常生難處 狂聾心亂 永不聞法
於无數劫 如恒河沙 生輒聾瘂 諸根不具
常處地獄 如遊園觀 在餘惡道 如己舍宅
駝驢猪狗 是其行處 謗斯經故 獲罪如是
若得為人 聾盲瘖瘂 貧窮諸衰 以自莊嚴
水腫乾痟 疥癩癰疽 如是等病 以為衣服
身常臭處 垢穢不淨 深著我見 增益瞋恚
婬欲熾盛 不擇禽獸 謗斯經故 獲罪如是
告舍利弗 謗斯經者 若說其罪 窮劫不盡
以是因緣 我故語汝 无智人中 莫說此經
若有利根 智慧明了 多聞強識 求佛道者
如是之人 乃可為說 若人曾見 億百千佛

BD15149號 妙法蓮華經卷二 （15–14）

告舍利弗　謗斯經者　若說其罪　窮劫不盡
以是因緣　我故語汝　无智人中　莫說此經
若有利根　智慧明了　多聞強識　求佛道者
如是之人　乃可為說　若人曾見　億百千佛
殖諸善本　深心堅固　如是之人　乃可為說
若人精進　常脩慈心　不惜身命　乃可為說
若人恭敬　无有異心　離諸凡愚　獨處山澤
如是之人　乃可為說　又舍利弗　若見有人
捨惡知識　親近善友　如是之人　乃可為說
若見佛子　持戒清潔　如淨明珠　求大乘經
如是之人　乃可為說　若人无瞋　質直柔軟
常愍一切　恭敬諸佛　如是之人　乃可為說
復有佛子　於大眾中　以清淨心　種種因緣
譬喻言辭　說法无礙　如是之人　乃可為說
若有比丘　為一切智　四方求法　合掌頂受
但樂受持　大乘經典　乃至不受　餘經一偈
如是之人　乃可為說　如人至心　求佛舍利
如是求經　得已頂受　其人不復　志求餘經
亦未曾念　外道典籍　如是之人　乃可為說
告舍利弗　我說是相　求佛道者　窮劫不盡
如是等人　則能信解　汝當為說　妙法華經

BD15149號　妙法蓮華經卷二　（15–15）

著　録　凡　例

本目録採用條目式著録法。諸條目意義如下：

1.1　著録編號。用漢語拼音首字“BD”表示，意為“北京圖書館藏敦煌遺書”，簡稱“北敦號”。文獻寫在背面者，標註為“背”。一件遺書上抄有多個文獻者，用數字1、2、3等標示小號。一號中包括幾件遺書，且遺書形態各自獨立者，用字母A、B、C等區别。

1.2　著録分類號。本條記目録暫不分類，該項空缺。

1.3　著録文獻的名稱、卷本、卷次。

1.4　著録千字文編號。

1.5　著録縮微膠卷號。

2.1　著録遺書的總體數據。包括長度、寬度、紙數、正面抄寫總行數與每行字數、背面抄寫總行數與每行字數。如該遺書首尾有殘破，則對殘破部分單獨度量，用加號加在總長度上。凡屬這種情況，長度用括弧標註。

2.2　著録每紙數據。包括每紙長度及抄寫行數或界欄數。

2.3　著録遺書的外觀。包括：(1) 裝幀形式。(2) 首尾存況。(3) 護首、軸、軸頭、天竿、縹帶，經名是書寫還是貼簽，有無經名號，扉頁、扉畫。(4) 卷面殘破情況及其位置。(5) 尾部情況。(6) 有無附加物（蟲繭、油污、線繩及其他）。(7) 有無裱補及其年代。(8) 界欄。(9) 修整。(10) 其他需要交待的問題。

2.4　著録一件遺書抄寫多個文獻的情況。

3.1　著録文獻首部文字與對照本核對的結果。

3.2　著録文獻尾部文字與對照本核對的結果。

3.3　著録録文。

3.4　著録對文獻的説明。

4.1　著録文獻首題。

4.2　著録文獻尾題。

5　著録本文獻與對照本的不同之處。

6.1　著録本遺書首部可與另一遺書綴接的編號。

6.2　著録本遺書尾部可與另一遺書綴接的編號。

7.1　著録題記、題名、勘記等。

7.2　著録印章。

7.3　著録雜寫。

7.4　著録護首及扉頁的内容。

8　著録年代。

9.1　著録字體。如有武周新字、合體字、避諱字等，予以説明。

9.2　著録卷面二次加工的情況。包括句讀、點標、科分、間隔號、行間加行、行間加字、硃筆、墨塗、倒乙、删除、兑廢等。

10　著録敦煌遺書發現後，近現代人所加内容，裝裱、題記、印章等。

11　備註。著録揭裱互見、圖版本出處及其他需要説明的問題。

上述諸條，有則著録，無則空缺。

為避文繁，上述著録中出現的各種參考、對照文獻，暫且不列版本説明。全目結束時，將統一編制本條記目録出現的各種參考書目。

本條記目録為農曆年份標註其公曆紀年時，未進行歲頭年末之換算，請讀者使用時注意自行换算。

條　記　目　錄

BD15098—BD15149

1.1　BD15098 號
1.3　法王經
1.4　新 1298
2.1　896.5×25.5 厘米；19 紙；共 477 行，行 17 字。
2.2　01：15.0，00；　02：50.5，27；　03：51.0，28；
04：51.0，28；　05：51.0，28；　06：51.0，28；
07：51.0，28；　08：51.0，28；　09：51.0，28；
10：51.0，28；　11：51.0，28；　12：51.0，28；
13：51.0，28；　14：51.0，28；　15：51.0，28；
16：51.0，28；　17：51.0，28；　18：51.0，28；
19：15.0，02。
2.3　卷軸裝。首全尾全。經黄打紙。有護首，已殘。首紙殘缺處，背有古代裱補，邊緣有圓形墨記。有燕尾。有烏絲欄。
3.1　首全→大正 2883，85/1384C06。
3.2　尾全→大正 2883，85/1390A18。
3.4　説明：
《大正藏》本首缺，故第 2～6 行無對照項。本遺書可補《大正藏》之不足。
4.1　佛說法王經一卷（首）。
4.2　佛說法王經一卷（尾）。
7.2　卷尾下方有長方形陽文墨印，1.2×6.5 厘米，印文為“淨土寺藏經”。
8　7～8 世紀。唐寫本。
9.1　楷書。
9.2　有硃筆行間校加字及校改。
10　卷尾有陽文硃印，6.5×6.5 厘米，印文為“敦煌縣政府印”。
護首背下方貼有特藝公司宣武經營管理處紙簽：“類別：雜。貨號：1751。品名：唐人寫經 1 卷。購 12062。”

1.1　BD15099 號
1.3　妙法蓮華經卷五
1.4　新 1299
2.1　787×25.5 厘米；19 紙；共 430 行，行 16～19 字。
2.2　01：23.0，13；　02：42.0，24；　03：42.0，24；
04：42.0，24；　05：42.0，24；　06：42.0，24；
07：42.0，24；　08：42.0，24；　09：42.0，24；
10：42.0，24；　11：42.0，24；　12：42.0，24；
13：39.5，24；　14：41.5，25；　15：41.5，23；
16：41.5，24；　17：41.5，24；　18：41.5，24；
19：35.0，09。
2.3　卷軸裝。首斷尾全。經黄打紙。第 13 紙後紙質不同。尾有原軸，兩端塗棕色漆。有烏絲欄。
3.1　首殘→大正 0262，09/0039C18。
3.2　尾全→大正 0262，09/0046B14。
4.2　妙法蓮華經卷第五（尾）。
7.2　尾題後下方有正方形陽文硃印，6.5×6.5 厘米，印文為“敦煌縣政府印”。
8　7～8 世紀。唐寫本。
9.1　楷書。
10　卷首背下方貼有特藝公司宣武經營管理處紙簽：“類別：雜。貨號：1751。品名：唐人寫經 1 卷。購 12063。”

1.1　BD15100 號
1.3　注維摩詰經卷四
1.4　新 1300
2.1　（2.8+1052）×26 厘米；25 紙；共 482 行，行 15～16 字。
2.2　01：33.3，16；　02：44.5，20；　03：44.5，20；
04：44.5，20；　05：44.5，20；　06：44.5，20；
07：44.5，20；　08：44.5，20；　09：44.5，20；
10：44.5，20；　11：44.5，20；　12：44.5，20；
13：44.5，20；　14：44.5，20；　15：44.5，20；
16：44.5，20；　17：44.7，20；　18：44.4，20；
19：44.5，20；　20：44.5，20；　21：44.5，20；
22：44.5，20；　23：44.5，20；　24：44.5，20；
25：42.5，06。

2.3　卷軸裝。首殘尾全。各紙間接縫處上端及卷尾下端有硃印佛像。尾有原軸，兩端塗硃漆。背部有多處古代裱補。護首有現代裱補，遮蓋住其上字；其中有一護首，上邊有字。有烏絲欄。
3.1　首3行上中殘→大正1775，38/0360C05～07。
3.2　尾全→大正1775，38/0370C09。
4.2　維摩經卷第四（尾）。
7.1　護首有勘記："□…□□摩品卷上故吉經。"
7.3　護首有袟號"香"，故知該護首原為《大寶積經》之護首。
8　8世紀。唐寫本。
9.1　楷書。
9.2　有硃筆斷句。
10　卷首背下方貼有特藝公司宣武經營管理處紙簽："類別：雜。貨號：1751。品名：唐人寫經1卷。購12064。"

1.1　BD15101號1
1.3　妙法蓮華經卷三
1.4　新1301
2.1　252×25厘米；6紙；共137行，行17字。
2.2　01：02.5，00；　02：77.5，44；　03：77.0，45；
　　04：02.0，01；　05：51.0，28；　06：42.0，19。
2.3　卷軸裝。首斷尾全。經黄打紙。紙張有錯簡，文字前後顛倒。正確紙序應為1→3→4→2→5→6。有烏絲欄。通卷有現代托裱。
2.4　本遺書包括2個文獻：（一）《妙法蓮華經》卷三，90行，今編為BD15101號1。（二）《妙法蓮華經》卷八，47行，今編為BD15101號2。
3.1　首殘→大正0262，09/0021B21。
3.2　尾殘→大正0262，09/0022C13。
8　7～8世紀。唐寫本。
9.1　楷書。
10　現代接出深灰底菊花織錦護首，有玉別子，已斷。
卷尾和托裱紙騎縫處有印章5枚：
（一）正方形陽文硃印，1.3×1.3厘米，印文為"藹庵寶源"；
（二）長方形陽文硃印，1.8×2.2厘米，印文為"陸軍軍法協都統印"；
（三）正方形陽文硃印1.8×1.8厘米，印文為"庚申第六人"；
（四）正方形陽文硃印1.9×1.9厘米，印文為"十七松齋"；
（五）正方形陽文硃印2.7×2.7厘米，印文為"藹庵珍藏"。
首背下方貼有特藝公司宣武經營管理處紙簽："類別：雜。貨號：1925。品名：唐人寫經1卷。購12065。"

1.1　BD15101號2
1.3　妙法蓮華經（八卷本）卷八
1.4　新1301
2.4　本遺書由2個文獻組成，本文獻為第2個，47行。餘參見BD15101號1之第2項。
3.1　首殘→大正0262，09/0061C05。
3.2　尾全→大正0262，09/0062B01。
4.2　妙法蓮華經卷第八（尾）。
5　與《大正藏》本對照分卷不同，屬於八卷本。
8　7～8世紀。唐寫本。
9.1　楷書。

1.1　BD15102號
1.3　金光明最勝王經卷一〇
1.4　新1302
2.1　625×33.8厘米；10紙；共370行，行17字。
2.2　01：03.0，00；　02：74.0，45；　03：74.0，45；
　　04：74.0，45；　05：74.0，45；　06：74.0，45；
　　07：74.0，45；　08：74.0，45；　09：74.0，45；
　　10：30.0，10。
2.3　卷軸裝。首斷尾全。有烏絲欄。通卷現代托裱。
3.1　首殘→大正0665，16/0451B07。
3.2　尾全→大正0665，16/0456C19。
4.2　金光明最勝王經卷第十（尾）。
5　尾有音義。
7.1　尾有題記："清信佛弟子屈榮子奉為合家願保平安敬寫。王瀚。"
8　8～9世紀。吐蕃統治時期寫本。
9.1　楷書。
10　現代接出彩花織錦護首。
卷尾和托裱紙騎縫處有印章5枚：
（一）正方形陽文硃印，1.3×1.3厘米，印文為"藹庵寶源"；
（二）長方形陽文硃印，1.8×2.2厘米，印文為"陸軍軍法協都統印"；
（三）正方形陽文硃印1.8×1.8厘米，印文為"庚申第六人"；
（四）正方形陽文硃印1.9×1.9厘米，印文為"十七松齋"；
（五）正方形陽文硃印2.7×2.7厘米，印文為"藹庵珍藏"。
下方貼有特藝公司宣武經營管理處紙簽，上寫"類別：雜。貨號：1925。品名：唐人寫經1卷。購12066。"

1.1　BD15103號
1.3　大般若波羅蜜多經卷三三六
1.4　新1303
2.1　774.5×26.5厘米；17紙；共449行，行17字。
2.2　01：46.0，26；　02：48.0，28；　03：48.0，28；

04：48.0，28；　05：48.0，28；　06：48.0，28；
07：48.0，28；　08：48.0，28；　09：48.0，28；
10：48.0，28；　11：48.0，28；　12：48.0，28；
13：48.0，28；　14：48.0，28；　15：48.0，28；
16：48.0，28；　17：08.5，03。

2.3　卷軸裝。首全尾全。有烏絲欄。通卷有現代托裱。

3.1　首全→大正0220，06/0721C19。

3.2　尾全→大正0220，06/0726C21。

4.1　大般若波羅蜜多經卷第三百卅六，/初分斷分別品第五十四之二，三藏法師玄奘奉詔譯/（首）。

4.2　大般若波羅蜜多經卷第三百卅六（尾）。

8　8～9世紀。吐蕃統治時期寫本。

9.1　楷書。

10　現代接出獨角獸灰底格花織錦護首。

其下貼特藝公司宣武經營管理處紙簽："類別：雜。貨號：1776。品名：唐人寫經1卷。購12067。"

1.1　BD15104號

1.3　大乘百法明門開宗義記

1.4　新1304

2.1　(44.5+1)×27.6厘米；2紙；正面27行，行26字。背面27行；共54行。

2.2　01：34.5，20；　02：11.0，07。

2.3　卷軸裝。首斷尾斷。薄皮紙。首紙有殘洞。地腳殘破。已修整。

2.4　本遺書包括2個文獻：（一）《大乘百法明門開宗義記》，27行，抄寫在正面，今編為BD15104號。（二）《慈童女緣》（擬），27行，抄寫在背面，今編為BD15104號背。

3.1　首殘→大正2810，85/1056C27。

3.2　尾1行上中殘→大正2810，85/1057B10～11。

8　7～8世紀。唐8寫本。

9.1　行書。

9.2　有硃筆斷句　刻分。

1.1　BD15104號背

1.3　慈童女緣（擬）

1.4　新1304

2.4　本遺書由2個文獻組成，本文獻為第2個，27行，抄寫在背面。餘參見BD15104號。

3.4　說明：

本文獻首尾殘。為依據《雜寶藏經》卷一"慈童女緣"所作的縮寫，有刪節，有改寫。參見《大正藏》，04/0450C19～0451C08。

8　7～8世紀。唐寫本。

9.1　章草。

9.2　有行間校加字及校改。有硃筆科分。

1.1　BD15105號

1.3　增壹阿含經（三十三卷本）卷三〇

1.4　新1305

2.1　(3.6+992.2)×26.3厘米；20紙；共520行，行17字。

2.2　01：54.6，28；　02：51.3，27；　03：51.3，27；
04：51.0，27；　05：51.1，27；　06：51.3，27；
07：51.3，27；　08：51.3，27；　09：51.6，27；
10：51.5，27；　11：51.5，27；　12：51.5，27；
13：51.7，27；　14：51.7，27；　15：51.8，27；
16：51.3，27；　17：51.4，27；　18：51.8，27；
19：51.5，27；　20：15.3，06。

2.3　卷軸裝。首殘尾全。卷面多水漬及殘破，有殘洞，接縫處上多有開裂。卷尾有蟲繭。有烏絲欄。已修整。

3.1　首行上殘→大正0125，02/0810B27。

3.2　尾全→大正0125，02/0817A15。

4.2　增一阿含經卷第卅（尾）。

5　與《大正藏》本對照，分卷不同，品次不同。此卷經文相當於卷第四十八後半部與卷第四十九前半部。根據歷代經錄，應為三十三卷本。

8　6世紀。南北朝寫本。

9.1　隸楷。

10　有一塊土黃色綢緞包裹皮。卷尾背貼有紙簽，上有鋼筆字"75"。

卷首背有雜寫。卷尾背有勘記。

1.1　BD15106號

1.3　思益梵天所問經卷二

1.4　新1306

2.1　349.5×26厘米；7紙；共203行，行16～18字。

2.2　01：50.2，29；　02：50.0，29；　03：50.0，29；
04：50.0，29；　05：49.9，29；　06：49.9，29；
07：49.5，29。

2.3　卷軸裝。首脫尾脫。首紙上邊殘破。有烏絲欄。

3.1　首殘→大正0586，15/0042B10。

3.2　尾殘→大正0586，15/0044C15。

5　與《大正藏》本相比，本文獻不分品。

8　9～10世紀。歸義軍時期寫本。

9.1　楷書。

9.2　有行間校加字。

10　卷首背下方有勘記"甲"字。卷尾背下方寫有勘記"湛(?)"。

1.1　BD15107號

1.3　灌頂章句拔除過罪生死得度經

1.4　新1307

2.1　(1.8+154.8)×26.3厘米；4紙；共185行，行17字。

2.2　01：42.3，24；　02：49.5，28；　03：49.2，28；

04：15.6，05。
2.3　卷軸裝。首殘尾全。經黄打紙。卷面有水漬，首紙地腳殘破。背面有古代裱補，上邊有字，難以辨認。有烏絲欄。
3.1　首行下殘→大正1331，21/0535B04。
3.2　尾全→大正1331，21/0536B05。
4.2　佛説藥師經（尾）。
8　7～8世紀。唐寫本。
9.1　楷書。
10　卷首背上方貼有紙簽："75"，並有鋼筆寫"108"。

1.1　BD15108號
1.3　金光明最勝王經卷七
1.4　新1308
2.1　202.9×26.5厘米；5紙；共100行，行17字。
2.2　01：18.4，10；　02：46.3，25；　03：46.1，25；
04：46.1，25；　05：46.0，15。
2.3　卷軸裝。首脱尾全。首紙地腳殘破，第1、2紙接縫下方開裂。有燕尾。有烏絲欄。
3.1　首殘→大正0665，16/0436B24。
3.2　尾全→大正0665，16/0437C13。
4.2　金光明經卷第七（尾）。
5　尾附音義2行。
8　8世紀。唐寫本。
9.1　楷書。
10　卷首背貼有紙簽，上寫"75"。

1.1　BD15109號
1.3　大般若波羅蜜多經卷四九七
1.4　新1309
2.1　317.5×26厘米；7紙；共170行，行17字。
2.2　01：42.0，23；　02：49.5，28；　03：49.5，28；
04：49.5，28；　05：49.0，28；　06：49.0，28；
07：29.0，07。
2.3　卷軸裝。首殘尾全。有燕尾。有烏絲欄。
3.1　首殘→大正0220，07/0530A23。
3.2　尾全→大正0220，07/0532A15。
4.2　大般若波羅蜜多經卷第四百九十七（尾）。
8　8～9世紀。吐蕃統治時期寫本。
9.1　楷書。
9.2　有行間校加字。
10　第1紙背下方貼有紙簽，上寫"8089"。

1.1　BD15110號1
1.3　大般若波羅蜜多經卷四七七
1.4　新1310
2.1　(33+416.5)×25.5厘米；10紙；共251行，行17字。
2.2　01：67.0，26；　02：46.0，28；　03：46.5，28；
04：46.5，28；　05：46.5，28；　06：46.5，28；
07：46.5，28；　08：46.5，28；　09：46.5，28；
10：11.0，01。
2.3　卷軸裝。首全尾殘，首殘尾全，拼接而成。第2紙起為經黄打紙。卷首右下殘缺，卷面多有破裂，第7、8紙接縫有開裂。卷尾殘破。有燕尾。有烏絲欄。
2.4　本遺書包括2個文獻：（一）《大般若波羅蜜多經》卷四七七，26行，今編為BD15110號1。（二）《金剛般若波羅蜜經》，225行，今編為BD15110號2。
3.1　首6行下殘→大正0220，07/0414C12～20。
3.2　尾殘→大正0220，07/0415A11。
4.1　大般若波羅蜜多經卷第四百七十七，/第二分正定品第八十一□…□/（首）。
8　8～9世紀。吐蕃統治時期寫本。
9.1　楷書。
10　卷首背貼有紙簽，上寫"75"。

1.1　BD15110號2
1.3　金剛般若波羅蜜經
1.4　新1310
2.4　本遺書由2個文獻組成，本文獻為第2個，225行。餘參見BD15110號1。
3.1　首殘→大正0235，08/0749C20。
3.2　尾全→大正0235，08/0752C02。
4.2　佛説金剛經一卷（尾）。
5　與《大正藏》本對照，本號經文無冥司偈，參見《大正藏》，8/751C16～19。
8　7～8世紀。唐寫本。
9.1　楷書。

1.1　BD15111號
1.3　妙法蓮華經卷四
1.4　新1311
2.1　953.2×27厘米；24紙；共533行，行17字。
2.2　01：21.0，12；　02：42.0，24；　03：42.0，24；
04：41.5，24；　05：42.0，24；　06：41.5，24；
07：42.0，23；　08：41.5，23；　09：41.5，24；
10：41.5，23；　11：41.5，23；　12：41.5，24；
13：41.5，24；　14：42.0，24；　15：41.5，24；
16：41.5，24；　17：41.5，24；　18：41.5，24；
19：42.0，24；　20：42.0，24；　21：41.5，24；
22：41.5，24；　23：40.7，21；　24：16.5，00。
2.3　卷軸裝。首斷尾全。打紙，研光上蠟。卷下邊多水漬，上邊有油污，第6紙上邊有破裂。尾有原軸，兩端塗棕色漆。有烏絲欄。
3.1　首殘→大正0262，09/0029B22。
3.2　尾全→大正0262，09/0037A02。

4.2　妙法蓮華經卷第四（尾）。
8　7～8世紀。唐寫本。
9.1　楷書。
10　卷首尾下方均有桃形陽文硃印，1.6×1.7厘米，印文為“悔盦”。

1.1　BD15112號1
1.3　賢劫十方千五百佛名經卷下
1.4　新1312
2.1　938.8×27厘米；20紙；共526行，行17字。
2.2　01：47.3，27；　02：47.5，27；　03：47.5，27；
04：47.5，27；　05：47.5，27；　06：47.5，27；
07：47.5，27；　08：47.5，27；　09：47.5，27；
10：47.5，27；　11：47.5，27；　12：47.5，27；
13：47.5，27；　14：47.5，27；　15：47.5，27；
16：47.5，27；　17：47.3，26；　18：47.3，27；
19：47.4，27；　20：37.0，14。
2.3　卷軸裝。首全尾全。第19、20紙地腳缺損，首紙背有古代裱補。有烏絲欄。
2.4　本遺書包括2個文獻：（一）《賢劫十方千五百佛名經》卷下，432行，今編為BD15112號1。（二）《佛名經》卷下，94行，今編為BD15112號2。
3.4　說明：
本文獻首尾均全。未為歷代大藏經所收。日本《大正藏》依據中村不折殘本收入《大正藏》第十四卷，為一卷本，形態與本文獻有較大差異。本號為兩卷本卷下，全卷完整，有較大的研究價值。
4.1　佛說賢劫十方千五百佛名經卷下（首）。
4.2　佛說賢劫十方千五百佛名經卷下（尾）。
8　8世紀。唐寫本。
9.1　楷書。
9.2　有行間校加字及倒乙。

1.1　BD15112號2
1.3　佛名經卷下
1.4　新1312
2.4　本遺書由2個文獻組成，本文獻為第2個，94行。餘參見BD15112號1。
3.4　說明：
本文獻實為BD15112號1《佛說賢劫十方千五百佛名經》卷下的附錄，由撰寫者依據十二卷本、二十卷本《佛名經》撰寫而成。從內容看，應在隋文帝修建舍利塔之後。文中與“皇帝”並列，特意提到“太皇太后”，應有所指，詳情待考。
4.2　佛名經卷下（尾）。
8　8世紀。唐寫本。
9.1　楷書。

1.1　BD15113號
1.3　大般若波羅蜜多經卷二〇六
1.4　新1313
2.1　（7+675）×26厘米；15紙；共392行，行17字。
2.2　01：15.0，08；　02：48.0，28；　03：48.0，28；
04：48.0，28；　05：48.0，28；　06：48.0，28；
07：48.0，28；　08：48.0，28；　09：48.0，28；
10：48.0，28；　11：48.0，28；　12：48.0，28；
13：47.5，28；　14：48.0，28；　15：43.5，20。
2.3　卷軸裝。首殘尾全。打紙，砑光上蠟。卷首右下殘缺，下邊多有破裂，第12、13紙接縫處上部開裂。有燕尾。有烏絲欄。
3.1　首4行下殘→大正0220，06/0027B19～23。
3.2　尾全→大正0220，06/0032A03。
4.2　大般若波羅蜜多經卷第二百六（尾）。
7.1　尾題有題記“唐再再寫”。
8　8～9世紀。吐蕃統治時期寫本。
9.1　楷書。
10　卷首背貼有紙簽：“75”。

1.1　BD15114號
1.3　妙法蓮華經卷七
1.4　新1314
2.1　425.5×26厘米；9紙；共251行，行17字。
2.2　01：48.0，28；　02：47.5，28；　03：47.5，28；
04：47.5，28；　05：47.5，28；　06：47.5，28；
07：47.5，28；　08：45.5，27；　09：47.0，28。
2.3　卷軸裝。首脫尾脫。有烏絲欄。
3.1　首殘→大正0262，09/0059A03。
3.2　尾全→大正0262，09/0062A29。
8　8世紀。唐寫本。
9.1　楷書。
10　卷背騎縫處有橢圓形陽文硃印，0.8×1.6厘米，印文為“顧二郎”。
卷首背上方寫有“第七”，“8107”。卷尾背墨書“卷七，廿六、廿七、廿八”。

1.1　BD15115號
1.3　妙法蓮華經卷三
1.4　新1315
2.1　572.5×25.5厘米；13紙；共340行，行17字。
2.2　01：10.0，06；　02：47.0，28；　03：47.0，28；
04：47.0，28；　05：47.0，28；　06：47.0，28；
07：47.0，28；　08：47.0，28；　09：47.0，28；
10：47.0，28；　11：47.0，28；　12：47.0，28；
13：45.5，26。
2.3　卷軸裝。首斷尾全。打紙，砑光上蠟。卷面有油污。卷尾有燕尾。有烏絲欄。現代用宣紙接出護首。

3.1　首殘→大正0262，09/0022A18。
3.2　尾全→大正0262，09/0027B09。
4.1　妙法蓮華經化城喻品第七（首）。
4.2　妙法蓮華經卷第三（尾）。
8　7～8世紀。唐寫本。
9.1　楷書。
10　護首寫有"初唐寫經十二節又六行"。

1.1　BD15116號
1.3　妙法蓮華經（八卷本）卷五
1.4　新1316
2.1　827×27厘米；19紙；共421行，行17字。
2.2　01：16.5，00；　02：25.5，15；　03：40.5，24；
04：40.5，24；　05：40.5，24；　06：40.5，24；
07：40.5，24；　08：40.5，24；　09：40.5，24；
10：40.5，24；　11：40.5，24；　12：40.5，24；
13：40.5，24；　14：40.5，24；　15：40.5，24；
16：40.5，24；　17：40.5，24；　18：40.5，24；
19：37.0，22。
2.3　卷軸裝。首斷尾斷。經黃打紙。有護首，已殘，係後補。背有古代裱補。有烏絲欄。
3.1　首殘→大正0262，09/0035C27。
3.2　尾殘→大正0262，09/0042A22。
5　本卷與《大正藏》本對照，分卷不同。相當於卷四第十三品和卷五第十四、十五品，屬於八卷本。
8　7～8世紀。唐寫本。
9.1　楷書。
9.2　有倒乙。
10　卷首尾均有桃形陽文硃印，1.6×1.7厘米，印文為"悔龕"。

1.1　BD15117號
1.3　金剛般若波羅蜜經
1.4　新1317
2.1　154×24.5厘米；4紙；共84行，行17字。
2.2　01：49.0，28；　02：46.5，27；　03：49.0，28；
04：09.5，01。
2.3　卷軸裝。首脫尾全。第2紙有豎裂，第3、4紙接縫處上方開裂。尾有原軸，兩端鑲蓮蓬形軸頭。背有裱補。有烏絲欄。
3.1　首殘→大正0235，08/0751B22。
3.2　尾全→大正0235，08/0752C03。
4.2　金剛般若波羅蜜經（尾）。
5　與《大正藏》本對照，本號經文無冥司偈，參見《大正藏》，8/751C16～19。
8　7～8世紀。唐寫本。
9.1　楷書。
9.2　有硃筆點標。
10　卷首背貼有粉紅色紙簽，上題經名"金剛般若波羅密經"。

1.1　BD15118號
1.3　妙法蓮華經（八卷本）卷七
1.4　新1318
2.1　（13.5＋711）×25.7厘米；15紙；共391行，行17字。
2.2　01：46.0，25；　02：50.7，28；　03：50.7，28；
04：50.7，28；　05：50.7，28；　06：51.0，28；
07：50.7，28；　08：51.0，28；　09：51.0，28；
10：51.0，28；　11：51.0，28；　12：51.0，28；
13：51.0，28；　14：51.0，28；　15：17.0，02。
2.3　卷軸裝。首殘尾全。經黃打紙，砑光上蠟。首紙下邊破裂，尾紙下邊殘缺。有燕尾。有烏絲欄。
3.1　首7行中下殘→大正0262，09/0051B28～C07。
3.2　尾全→大正0262，09/0056C01。
4.2　妙法蓮華經卷第七（尾）。
5　與《大正藏》本對照，分卷不同。經文相當於《大正藏》本卷六第二十、卷二十一、二十二、二十三品和卷七第二十四品，屬於八卷本。
8　7～8世紀。唐寫本。
9.1　楷書。

1.1　BD15119號
1.3　金剛般若波羅蜜經
1.4　新1319
2.1　（34＋511.5）×24.5厘米；12紙；共310行，行17字。
2.2　01：44.5，26；　02：49.0，28；　03：49.0，28；
04：49.0，28；　05：49.0，28；　06：49.0，28；
07：49.0，28；　08：49.5，28；　09：49.5，28；
10：49.0，28；　11：49.0，28；　12：10.0，04。
2.3　卷軸裝。首全尾全。卷首前部殘缺，首題殘缺一般。下部亦殘缺。有烏絲欄。通卷現代托裱。
3.1　首20行下殘→大正0235，08/0748C20～0749A11。
3.2　尾全→大正0235，08/0752C03。
4.1　金剛般若波羅蜜經（首）。
4.2　金剛般若波羅蜜經（尾）。
5　與《大正藏》本對照，本號經文無冥司偈，參見《大正藏》，8/751C16～19。
8　7～8世紀。唐寫本。
9.1　楷書。
9.2　有行間校加字。有硃筆點標。
10　現代接出黃底花紋織錦護首，玉別子有雲頭花紋。卷尾有軸，玻璃軸頭。
卷中貼有紙簽，上寫"二簽"。

1.1　BD15120號
1.3　大般若波羅蜜多經卷三一

1.4　新 1320
2.1　841×26 厘米；20 紙；共 498 行，行 17 字。
2.2　01：10.0，00；　02：42.0，26；　03：46.0，28；
04：46.0，28；　05：46.0，28；　06：46.0，28；
07：46.0，28；　08：46.0，28；　09：46.0，28；
10：46.0，28；　11：46.0，28；　12：46.0，28；
13：46.0，28；　14：46.0，28；　15：46.0，28；
16：46.0，28；　17：46.0，28；　18：46.0，28；
19：46.0，28；　20：07.0，00。
2.3　卷軸裝。首全尾全。有護首。前 2 紙有殘損及殘洞，第 1、2 紙接縫處上下開裂。背有古代裱補。尾有原軸。有烏絲欄。
3.1　首全→大正 0220，05/0170A24。
3.2　尾全→大正 0220，05/0175C26。
4.1　大般若波羅蜜多經卷第卅一，/初分教誡教授品第七之廿一，三藏法師玄奘奉詔譯/（首）。
4.2　大般若波羅蜜多經卷第卅一（尾）。
7.4　護首有經名“大般若經卷第卅一，四（本文獻袟次），恩（本文獻所有寺院敦煌報恩寺的簡稱），一（本文獻袟內卷次）”，半殘。有經名號。
8　8～9 世紀。吐蕃統治時期寫本。
9.1　楷書。
10　卷首尾下方均有桃形陽文硃印，1.6×1.7 厘米，印文為“悔盦”。

1.1　BD15121 號
1.3　金剛般若波羅蜜經
1.4　新 1321
2.1　481×26 厘米；12 紙；共 263 行，行 16～17 字。
2.2　01：13.0，07；　02：44.0，25；　03：44.5，25；
04：44.5，25；　05：44.5，25；　06：44.5，25；
07：44.0，25；　08：44.0，25；　09：44.0，25；
10：44.0，25；　11：44.0，25；　12：26.0，06。
2.3　卷軸裝。首殘尾全。第 3 紙有破裂 3 處，斷為兩截，第 8 紙有破裂。有燕尾。有烏絲欄。已修整。
3.1　首殘→大正 0235，08/0749B05。
3.2　尾全→大正 0235，08/0752C03。
4.2　金剛般若波羅蜜經（尾）。
5　與《大正藏》本對照，本號經文無冥司偈，參見《大正藏》，8/751C16～19。
8　7～8 世紀。唐寫本。
9.1　楷書。
9.2　有校改。
10　第 3 紙背有蘇州碼子“55”。尾紙背貼有紙簽“75”。

1.1　BD15122 號
1.3　佛名經（十六卷本）卷一六
1.4　新 1322
2.1　（7＋1183.6）×26 厘米；24 紙；共 658 行，行 17 字。
2.2　01：49.5，26；　02：50.0，28；　03：50.0，28；
04：50.3，28；　05：50.3，28；　06：50.3，28；
07：50.5，28；　08：50.5，28；　09：50.5，28；
10：50.5，28；　11：50.5，28；　12：50.5，28；
13：50.5，28；　14：50.2，28；　15：50.4，28；
16：50.4，28；　17：50.5，28；　18：50.5，28；
19：50.5，28；　20：50.5，28；　21：50.5，28；
22：50.5，28；　23：50.0，28；　24：33.0，16。
2.3　卷軸裝。首全尾全。經黄紙。卷面油污，首紙中下殘缺，接縫處多有開裂，卷尾中部殘缺。背有古代及現代裱補。有烏絲欄。
3.1　首 2 行上下殘→《七寺古逸經典研究叢書》，03/0794A01。
3.2　尾全→《七寺古逸經典研究叢書》，03/0839A12。
4.1　□說佛名經卷第十六（首）。
4.2　佛名經卷第十六（尾）。
5　與《七寺古逸經典研究叢書》本對照，文中及卷尾有“罪業報應教化地獄經”15 及 20 行。卷尾愿文前多懺悔文 30 行。
8　7～8 世紀。唐寫本。
9.1　楷書。
9.2　有行間校加字。
10　卷首背貼有特藝公司宣武經營管理處紙簽：“類別：雜。貨號：1711。品名：唐人寫經 1 卷。”

1.1　BD15123 號 A
1.3　十誦比丘波羅提木叉戒
1.4　新 1323
2.1　95.7×23.5 厘米；8 紙；共 54 行，行 17 字。
2.2　01：12.5，07；　02：12.0，07；　03：11.8，07；
04：11.5，07；　05：12.0，07；　06：12.0，07；
07：11.8，07；　08：12.1，05。
2.3　卷軸裝。首殘尾全。有烏絲欄。現代割裱為冊頁。
3.1　首 4 行下殘→大正 1436，23/0478A01。
3.2　尾全→大正 1436，23/0479A05。
3.4　說明：
本文獻割裱時裝幀錯簡，為保持冊頁原貌，未予更正。文獻的正確順序如下：圖錄第一拍（第 1、第 2 紙）→圖錄第三拍（第 5、第 6 紙）→圖錄第二拍（第 3、第 4 紙）→圖錄第四拍（第 7、第 8 紙）。
4.2　戒經壹卷（尾）。
5　與《大正藏》本對照，文字略有不同，本文獻祇抄錄偈頌。參見大正，23/478B22～479A5。
7.1　卷尾有題記“比丘法□所供養。/孝昌二年（526）十二月三日寫訖/”。題記中“法”下一字被刮去。
8　526 年。南北朝寫本。
9.1　隸書。
10　封面貼有紙簽，上寫“魏隋遺經。彭契聖題”。

扉頁有題跋：

“述敦煌石室寫經/

莫高窟又名三界寺，在甘肅敦煌縣南四十/餘里。因山為寺，分三重，石室以千計。上、中二重/雜以道觀，下重為僧院。前清光緒庚子（1900）孟夏，/佛龕傾頽，複洞頓露。內藏古畫暨番、漢字經卷，/銅、石造像甚多。相傳五季之難，寺僧避兵貯藏/於洞，故得留遺至今無損也。法人東亞文學博士/伯君希和，丁未（1907）冬遊歷迪化，道出肅州、安西，州牧/余承曾贈寫經一卷，即出於石室者。希和因詢其/地甚悉，遂密往瀏覽數月，甄奇選精，捆載以去。先/是，英之印度總督某氏，聞敦煌發現古物，派員司/待訥（斯坦因）君往窟搜取，携多種返國，陳列於倫敦博物/院。希和所獲，皆司氏之棄餘也。未幾希和入京，出/其餘以示吾國士夫。學部參事羅君振玉、禮學館纂/修王君仁俊等，好古家也。就希和宅手鈔數日。羅、王二/君各有記載行世。王君書名《敦煌石室真蹟錄》，記述尤/詳。會江督端方亦假希和各種寫經，拍影成冊，名曰《敦/煌縣鳴沙山石室祕寶》。自是海內人士漸知寫經之名，爭/先購致。學部旋備六千金為敦煌建文廟費，且施三百/金於寺，遂將所餘經卷搜括無遺。此宣統庚戌（1910）冬間事/也。《神州國光集》中，印有唐人寫經數頁。劉文清跋云：‘靈/文密語，在在當有吉羊雲湧現護持。’吳荷屋中丞亦/云：‘墨緣快幸。’二公所見寫經，實非上乘，且傾倒若此，所謂/於無佛處稱尊也。余於辛亥之秋西來，目覩晉魏六朝隋/唐人書，無慮數千百卷。其紙粗字率、塗乙滿紙者，為經之譯稿。正本則紙質工細，書法端楷。又當時薦亡祈福，皆以經卷/。書有士大夫、經生之別。隋唐書行十七字，二十八行爲一紙。隋/唐前書行字多寡不等，隨意為之。此其大較也。據考古家/鑑別，以字體似隸者為上品，法北碑及歐虞褚薛次之。別/以紙色，證以字體，風會所趨，毫釐不爽。至卷尾標題，足供/參考之助，尤當以鴻寶視之矣。/

鍾祥黃芝瑞識。/

通山陳鴻儒書。/

中華民國十年（1921）七月。/”

陳鴻儒名下有陽文硃印，1.4×1.4 厘米，印文為“陳鴻儒”。

文獻後有題跋 3 款：

（一）“魏孝明帝孝昌二年當梁武帝普通七年。/在民國前一千三百八十七年。/”後有長方形陽文硃印，1.3×1.8 厘米，印文為“許大”。

（二）“觀此書如對舜井堯階，令人/遐想太古淳樸之風。/庚申（1920）仲秋徐聲金題識。/”後有正方形陽文硃印，1.5×1.5 厘米，印文為“徐聲金印”。

（三）“孝明帝熙平元年（516）作永寧寺石窟寺，神龜元年（518）/遣使西域求佛書，至改元孝昌，是元詡在位之/第十年也。是時，佛教復盛，朝野響風。沙門/之徒，人人頂禮。此所寫《戒經壹卷》，末署‘孝昌二/年法杲所供養’。‘法’字下脫一字，其人無可考。其字/體變分隸為真楷，筆勢勁悍，古味盎然。北朝/寫經中上品也。惜不得完帙耳。曾佑識。/”其後有長方形陰文硃印，1×1.4 厘米，印文為“曾佑”。

册頁末貼有特藝公司宣武經營管理處紙紙簽：“類別：貼。貨號：5662。品名：魏隋遺經一本。購 12087”。

1.1　BD15123 號 B
1.3　大方廣佛華嚴經（晉譯六十卷本）卷三三
1.4　新 1323
2.1　6.8×13.5 厘米；3 紙；共 4 行，行 6～10 字。
2.2　01：01.7，01，　　02：01.7，01；　　03：03.4，02。
2.3　卷軸裝。首殘尾殘。此遺書原為 1 張小殘片，有經文 3 行。收藏者將其剪為 3 張，與 BD15123 號 C 拼接粘貼在同一册頁上，並貼在 BD15123 號 C 的右下方。粘貼時，未按照文獻固有次序拼接，以致文辭顛倒。有烏絲欄。
3.1　首殘→大正 0278，09/0613B15。
3.2　尾殘→大正 0278，09/0613B18。
3.4　說明：

本號圖版之第 4 行“味法水隨衆生器”與第 3 行“根不同故法雨差別佛”原為該小殘片之第 1 行，被剪為 2 行。圖版第 1、第 2 兩行“緣成等正覺出興于世菩薩/……譬如世界初如（始）/”為該小殘片之後 2 行。原經經文參見下面經文復原：

“一味法水隨眾生器 根不同故法雨差別佛
子是為第七因緣成等正覺出興于世菩薩
摩訶薩應如是知復次佛子譬如世界初始”
參見大正，09/0613B15～18。

8　5～6 世紀。南北朝寫本。
9.1　隸書。

1.1　BD15123 號 C
1.3　大方廣佛華嚴經（晉譯六十卷本）卷三三
1.4　新 1323
2.1　13.5×23.1 厘米；1 紙；共 8 行，行 17 字。
2.3　卷軸裝。首殘尾斷。卷面有油污，有 2 個殘洞。有烏絲欄。本號右下粘貼 BD15123 號 B。
3.1　首 4 行下殘→大正 0278，09/0611C09～13。
3.2　尾殘→大正 0278，09/0611C17。
8　5～6 世紀。南北朝寫本。
9.1　隸書。

1.1　BD15123 號 D
1.3　大方廣佛華嚴經（晉譯六十卷本）卷二四
1.4　新 1323
2.1　4.9×15 厘米；1 紙；共 3 行，行字不等。
2.3　卷軸裝。首殘尾殘。有烏絲欄。粘貼在 BD15123 號 E 的右下。
3.1　首殘→大正 0278，09/0551B03。
3.2　尾殘→大正 0278，09/0551B06。

8　5 ~6 世紀。南北朝寫本。
9.1　楷書。

1.1　BD15123 號 E
1.3　大方廣佛華嚴經（晉譯六十卷本）卷二四
1.4　新 1323
2.1　14 ×25.8 厘米；1 紙；共 8 行，行 17 字。
2.3　卷軸裝。首殘尾斷。中下部殘缺。有烏絲欄。右下粘貼 BD15123 號 D。
3.1　首殘→大正 0278，09/0551C20。
3.2　尾殘→大正 0278，09/0551C29。
8　5 ~6 世紀。南北朝寫本。
9.1　楷書。

1.1　BD15123 號 F
1.3　大方廣佛華嚴經（晉譯六十卷本）卷六
1.4　新 1323
2.1　5 +5 ×24 厘米；1 紙；共 6 行，行 17 字。
2.3　卷軸裝。首殘尾殘。卷尾殘缺，有烏絲欄。
3.1　首殘→大正 0278，09/0430B22。
3.2　尾 3 行中下殘→大正 0278，09/0430B27 ~28。
8　6 世紀。南北朝寫本。
9.1　隸書。
9.2　有倒乙。

1.1　BD15123 號 G
1.3　大方廣佛華嚴經（晉譯六十卷本）卷三九
1.4　新 1323
2.1　14 ×25.5 厘米；1 紙；共 8 行，行 17 字。
2.3　卷軸裝。首斷尾斷。有烏絲欄。
3.1　首殘→大正 0278，09/0645B22。
3.2　尾殘→大正 0278，09/0645C02。
8　6 世紀。南北朝寫本。
9.1　隸書。

1.1　BD15123 號 H
1.3　增壹阿含經卷二六
1.4　新 1323
2.1　14.4 ×25.1 厘米；1 紙；共 8 行，行 17 字。
2.3　卷軸裝。首斷尾斷。有烏絲欄。
3.1　首殘→大正 0125，02/0694C23。
3.2　尾殘→大正 0125，02/0695A02。
8　6 世紀。南北朝寫本。
9.1　隸楷。

1.1　BD15123 號 I
1.3　增壹阿含經卷一九
1.4　新 1323
2.1　14.4 ×25.8 厘米；1 紙；共 8 行，行 17 字。
2.3　卷軸裝。首斷尾斷。有烏絲欄。
3.1　首殘→大正 0125，02/0642A10。
3.2　尾殘→大正 0125，02/0642A19。
8　6 世紀。南北朝寫本。
9.1　隸楷。

1.1　BD15123 號 J
1.3　大般涅槃經（北本）卷二八
1.4　新 1323
2.1　14.2 ×25.8 厘米；1 紙；共 8 行，行 17 字。
2.3　卷軸裝。首斷尾斷。有烏絲欄。
3.1　首殘→大正 0374，12/0529B22。
3.2　尾殘→大正 0374，12/0529C01。
8　6 世紀。南北朝寫本。
9.1　隸楷。

1.1　BD15124 號
1.3　阿毗曇心論卷上
1.4　新 1323
2.1　209.9 ×27 厘米；7 紙；共 129 行，行字不等。
2.2　01：20.0，12；　02：39.5，25；　03：40.1，25；
04：40.3，24；　05：14.0，08；　06：40.1，25；
07：15.9，10。
2.3　卷軸裝。首殘尾斷。第 4、5 紙接縫處前後各有 1 空行。有烏絲欄。
3.1　首殘→大正 1550，28/0830B27。
3.2　尾殘→大正 1550，28/0833A02。
3.4　説明：
首尾存品名：阿毗曇心雜品第九。阿毗曇心論品第十，有十偈。
8　5 ~6 世紀。南北朝寫本。
9.1　楷書。
9.2　有行間校加字、行間加行、校改及刪除號。
10　卷背貼有紙簽：“書名：北朝寫經一冊，定價：10.00，編號：844。購 12092。”
另有鋼筆寫“4.00”。

1.1　BD15125 號
1.3　法句經卷上
1.4　新 1325
2.1　51.2 ×25.3 厘米；2 紙；共 36 行，行 20 字。
2.2　01：04.3，03；　02：46.9，33。
2.3　卷軸裝。首斷尾斷。有烏絲欄。通卷現代托裱。
3.1　首殘→大正 0210，04/0560B19。
3.2　尾殘→大正 0210，04/0561A14。

4.1　篤信品法句經第四，十有八章（首）。
8　5世紀。東晉寫本。
9.1　隸書。
10　現代接出護首，有絹裱天頭及界隔。護首有題簽“晉人寫經三十六行，海內鴻寶/陳誾偶得”。下有陰文硃印，1.5×1.5厘米，四周有動物紋樣，中間印文為“誾”。

梅花裂冰紋箋扉頁上有題跋：

“鳴沙奇寶/

季侃仁兄省長屬。歙縣許承堯題。/

此敦皇石室寫經之最古者，樸茂淵懿，/直逼漢分。所見數千卷，無出其右。余藏/奇古者三卷，無寫時題識。以日本人所得/元康六年寫之《諸佛集要經》證，知為晉/人所作，而較此不如。此件亦不著年代，要當/在羲、獻以前。真可謂宇內鴻寶矣。”

扉頁前上有長方形陽文硃印，1.3×1.8厘米，印文為“許大”。扉頁前下有長方形陽文硃印，0.9×2厘米，印文為“疑盦”。

題跋後有正方形陽文硃印，1.9×1.9厘米，印文為“許承堯印”。

拖尾及隔界由絹及梅花冰紋箋裱成，拖尾有軸。

護首下貼有紙簽：“1，購12131”。

1.1　BD15126號
1.3　大般涅槃經（北本　思溪本）卷一七
1.4　新1326
2.1　(13.8+894)×23.5厘米；17紙；共455行，行17字。
2.2　01：44.5，23；　02：54.2，28；　03：54.3，27；
04：54.3，28；　05：54.1，28；　06：55.2，28；
07：54.6，28；　08：54.7，28；　09：53.9，27；
10：54.4，27；　11：54.6，27；　12：54.6，28；
13：54.8，27；　14：54.6，27；　15：54.6，27；
16：54.6，27；
17：45.8，20。
2.3　卷軸裝。首殘尾全。有烏絲欄。通卷現代托裱。
3.1　首7行上殘→大正0374，12/0463B18~25。
3.2　尾全→大正0374，12/0468C25。
4.2　大般涅槃經卷第十七（尾）。
5　與《大正藏》本等照，分卷不同。此卷經文相當於《大正藏》本卷一七大部與卷一八前部。與《思溪藏》、《普寧藏》、《嘉興藏》分卷相同。
8　6世紀。南北朝寫本。
9.1　楷書。
9.2　有刮改。
10　現代接出織錦護首，有玉別子。護首有題簽：“北魏大般涅槃經第十七卷，無上神品”。

隔界上有題款：“北朝正宗。/陳誾題。/”

其後有題跋：

“敦煌石室藏經記/

清光緒庚子，甘肅敦煌縣莫/高窟砂磧中發見石室。室有/碑記，封閟於宋太祖太平興/國初元，距今千餘歲。以藏經/考之，將近二千年。所藏上自/西晉，下迄朱梁。紙書帛畫，燦/然備具。唐寫佛經為獨多，/晉魏六朝稍希有矣。紙背成/卷，束以絹帶，完好如新，誠天/壤間瓌寶也！吾國官民不知/愛惜。丁未歲（1907），法國文學博士/伯希和聞之，自新疆馳詣石/室，賄守藏道士，檢去精品數/巨篋。英人、日人繼之，咸大獲而/歸。迨端陶齋赴歐考察憲政，/見於倫敦博物院，詷知其由來。/歸而訪求，則石室已空，僅於處/士家搜得佛經三千卷，藏庋/北平圖書館，今不知尚有否？/余度隴之歲，購求唐寫精品，/已不易致。而著有年代及六/朝人書，則非以巨價求之巨室，/不可得也！昔蘇子贍云：紙壽/一千年。今茲發見，突破先例。/蓋燉煌流沙堆積如阜，高燥/逾恒。苟石室永閟，即再經千年，猶當完好。一入人手，則百十/年內可淪斃以盡。證之今日，藏/經已希如星鳳，此後可知。猶/憶在隴時，朋輩與余競購者，/所得多已散亡。余亦何能永保？/但求愛護有人，千百年珍物不致損毀於吾人之手，私願已畢。/風雨如晦，雞［鳴］不已，識者寶諸。/

癸未（1943）秋月，/前護隴使者陳季侃。/”

此題跋後復題：

“北魏人書，端重剛勁，深入顯出。深則/入木三分；出則鋒析毫尖。此卷筆/鋒犀利，如新出於硎。魏經長卷，殊所/罕覯，尤宜珍重！季侃。/”

卷尾亦附有現代裝裱，有拖尾。

1.1　BD15127號A
1.3　妙法蓮華經卷六
1.4　新1327
2.1　1017×25.5厘米；21紙；共551行，行17字。
2.2　01：15.0，08；　02：51.5，28；　03：49.0，27；
04：51.5，28；　05：51.5，28；　06：51.5，28；
07：51.5，28；　08：51.5，28；　09：51.5，28；
10：51.5，28；　11：51.5，28；　12：51.5，28；
13：51.5，28；　14：51.5，28；　15：51.5，28；
16：51.5，28；　17：51.5，28；　18：51.5，28；
19：51.5，28；　20：51.5，28；　21：26.0，12。
2.3　卷軸裝。首斷尾全。打紙，砑光上蠟。有烏絲欄。通卷現代托裱，同軸裝裱有BD15127號B。
3.1　首殘→大正0262，09/0047A12。
3.2　尾全→大正0262，09/0055A09。
4.2　妙法蓮華經卷第六（尾）。
8　7~8世紀。唐寫本。
9.1　楷書。
9.2　上邊有多處貼紙，上有校改字。
10　現代接出蝙蝠、石榴、菊花圖案的織錦護首，有綠玉別子。卷端有題簽：“金粟流香”。

第5紙上邊貼有紙塊，上寫“鬩諍”，第19紙上邊貼有紙

塊，上寫“苦一切”。

第20紙上邊貼有紙塊，上寫“後”字。

護首背下方貼有紙簽：“購12133，3”。

1.1 BD15127號B
1.3 大佛頂如來密因修證了義諸菩薩萬行首楞嚴經卷七
1.4 新1327
2.1 87×25.5厘米；2紙；共52行，行17字。
2.2 01：47.0，28； 02：40.0，24。
2.3 卷軸裝。首脫尾斷。有烏絲欄。與BD15127號A裝裱在同一軸上。
3.1 首殘→大正0945，19/0133B02。
3.2 尾殘→大正0945，19/0133C25。
8 8世紀。唐寫本。
9.1 楷書。

1.1 BD15128號
1.3 摩訶般若波羅蜜經（異卷）卷一八
1.4 新1328
2.1 125.5×26.5厘米；3紙；共69行，行17字。
2.2 01：40.5，24； 02：47.0，28； 03：38.0，17。
2.3 卷軸裝。首斷尾全。有烏絲欄。已修整。
3.1 首全→大正0223，08/0308B13。
3.2 尾全→大正0223，08/0309A27。
4.2 摩訶般若波羅蜜經卷第十八（尾）。
5 與《大正藏》本對照，分卷不同。品名不同。經文相當於《大正藏》本《摩訶般若波羅蜜經》卷第十二“無作品”第四十三。但《遼藏》作“面各千佛品”，與本遺書同。
7.1 尾題後有題記：“菩薩戒弟子令狐智達，大品”。
8 7~8世紀。唐寫本。
9.1 楷書。
10 現代用宣紙接出護首和拖尾。

護首背貼有紙簽：“購12135，5”。

1.1 BD15129號
1.3 妙法蓮華經卷五
1.4 新1329
2.1 745.5×25.5厘米；16紙；共427行，行17字。
2.2 01：45.0，27； 02：46.5，28； 03：47.0，28；
04：47.0，28； 05：46.5，28； 06：47.0，28；
07：47.0，28； 08：46.5，28； 09：47.0，28；
10：47.0，28； 11：46.5，28； 12：47.0，28；
13：47.0，28； 14：46.5，28； 15：47.0，28；
16：45.0，08。
2.3 卷軸裝。首斷尾全。打紙，研光上蠟。卷面有水漬，首紙中間有殘洞。有烏絲欄。
3.1 首殘→大正0262，09/0039C18。
3.2 尾全→大正0262，09/0046B14。
4.2 妙法蓮華經卷第五（尾）。
8 8世紀。唐寫本。
9.1 楷書。
9.2 有校改。
10 卷首背貼有紅色題簽“妙法蓮華經”。下方用圓珠筆寫有“2934號”。卷首背下方貼有紙簽“購12136，6”。

1.1 BD15130號1
1.3 大般若波羅蜜多經第十會般若理趣分序
1.4 新1330
2.1 735×26.3厘米；18紙；共472行，行17字。
2.2 01：21.5，00； 02：46.0，26； 03：47.5，28；
04：48.0，28； 05：48.0，28； 06：48.0，28；
07：48.0，28； 08：48.0，28； 09：48.0，28；
10：48.0，28； 11：48.0，28； 12：48.0，28；
13：48.0，28； 14：48.0，28； 15：48.0，28；
16：48.0，28； 17：48.0，28； 18：48.0，26。
2.3 卷軸裝。首全尾全。有護首，已殘破。前3紙多有破裂。尾有原軸，兩端塗棕色漆。背有古代裱補。有烏絲欄。前2紙字體、紙質與以後各紙不同。
2.4 本遺書包括2個文獻：（一）《大般若波羅蜜多經第十會般若理趣分序》，18行，今編為BD15130號1。（二）《大般若波羅蜜多經》卷五七八，454行，今編為BD15130號2。
3.1 首全→大正0220，07/0986A02。
3.2 尾全→大正0220，07/0986A21。
4.1 大般若經第十會般若理趣分序，西明寺玄則法師製（首）。
7.4 護首有殘存經名“大般若經卷第五百七十八”。有經名號。
8 8~9世紀。吐蕃統治時期寫本。
9.1 楷書。
10 護首貼有紙簽，上寫“購12137，7”。紙簽旁有藍圓珠筆字：“2935號，7”。

1.1 BD15130號2
1.3 大般若波羅蜜多經卷五七八
1.4 新1330
2.4 本遺書由2個文獻組成，本文獻為第2個，454行。餘參見BD15130號1。
3.1 首全→大正0220，07/0986A24。
3.2 尾全→大正0220，07/0991B09。
4.1 大般若波羅蜜多經卷第五百七十八，/第十般若理趣分，三藏法師玄奘奉詔譯/（首）。
4.2 大般若波羅蜜多經卷第五百七十八（尾）。
8 8~9世紀。吐蕃統治時期寫本。
9.1 楷書。有武周新字“正”、“日”，使用周遍。
9.2 有刮改。

1.1　BD15131 號
1.3　大乘稻芉經
1.4　新 1331
2.1　(3.5＋432)×27.5 厘米；9 紙；共 238 行，行 17 字。
2.2　01：48.5，27；　02：48.5，28；　03：48.3，28；
04：48.5，28；　05：48.3，28；　06：48.3，28；
07：48.3，28；　08：48.5，28；　09：48.3，15。
2.3　卷軸裝。首殘尾全。卷面有水漬，卷首殘損。背有古代裱補。有烏絲欄。已修整。
3.1　首行上殘→大正 0712，16/0823B22。
3.2　尾全→大正 0712，16/0826A27。
4.2　佛說大乘稻芉經（尾）。
8　8～9 世紀。吐蕃統治時期寫本。
9.1　楷書。
10　首紙背補紙上有藍圓珠筆寫“2936 號”。旁貼有紙簽，上寫“8，購 12138”。

1.1　BD15132 號
1.3　大般若波羅蜜多經卷二八〇
1.4　新 1332
2.1　(9.5＋290)×26 厘米；7 紙；共 167 行，行 17 字。
2.2　01：09.5，00；　02：47.5，27；　03：48.5，28；
04：48.5，28；　05：48.5，28；　06：48.5，28；
07：48.5，28。
2.3　卷軸裝。首全尾脫。有護首，已殘。首紙中下部殘缺，第 2 紙上下邊殘損，第 3、4 紙下邊殘損。背有古代裱補。有烏絲欄。已修整。
3.1　首全→大正 0220，06/0419A02。
3.2　尾殘→大正 0220，07/0420C26。
4.1　大般若波羅蜜多經卷第二百八十，/初分難信解品第卅四之九十九，三藏法師玄奘奉詔譯/（首）。
8　8～9 世紀。吐蕃統治時期寫本。
9.1　楷書。
10　護首背貼有紙簽：“購 12139，9”及鋼筆字“2937”。

1.1　BD15133 號
1.3　妙法蓮華經卷二
1.4　新 1333
2.1　279×24.4 厘米；6 紙；共 148 行，行 17 字。
2.2　01：46.5，28；　02：46.5，28；　03：46.5，28；
04：46.5，28；　05：46.5，28；　06：46.5，28。
2.3　卷軸裝。首脫尾脫。打紙。有烏絲欄。
3.1　首殘→大正 0262，09/0013C12。
3.2　尾殘→大正 0262，09/0016B01。
8　8 世紀。唐寫本。
9.1　楷書。
10　卷首背下方貼有紙簽：“購 12140，10”。卷首背上方有鋼筆寫：“2933，2940”。

1.1　BD15134 號
1.3　大佛頂如來密因修證了義諸菩薩萬行首楞嚴經卷九
1.4　新 1334
2.1　(1.5＋836.1)×25.1 厘米；12 紙；共 457 行，行 17 字。
2.2　01：37.0，20；　02：75.3，41；　03：76.1，41；
04：76.3，43；　05：76.7，43；　06：76.3，43；
07：76.4，43；　08：76.3，43；　09：76.2，43；
10：76.5，43；　11：76.0，43；　12：38.5，11。
2.3　卷軸裝。首殘尾全。卷首殘損，多油污，有水漬。有烏絲欄。有現代溜邊。
3.1　首行上下殘→大正 0945，19/0146A18～19。
3.2　尾全→大正 0945，19/0151B16。
4.2　大佛頂萬行首楞嚴經卷第九（尾）。
8　9～10 世紀。歸義軍時期寫本。
9.1　楷書。
10　現代用虎皮宣紙接出護首，上有題簽：“唐人書大佛頂萬行首楞嚴經第九，前缺後全，四百四十行”。下方貼紙簽寫有：“購 12141，11”。

扉葉虎皮宣紙中部有橢圓形陽文硃印，18×2.4 厘米，印文為“乾隆年仿金粟山藏經紙”。

首紙右下方及尾題後均有正方形陰文硃印，1×1 厘米，印文為“馮恕之印”。

尾題後“馮恕之印”下有正方形陰文硃印，1.8×1.8 厘米，印文為“公度所藏隋唐墨寶”。

後接拖尾，配楠木軸。

1.1　BD15135 號
1.3　大般若波羅蜜多經卷一八九
1.4　新 1335
2.1　(12＋595.5)×26 厘米；14 紙；共 373 行，行 17 字。
2.2　01：43.0，26；　02：45.0，28；　03：45.0，28；
04：45.0，28；　05：44.5.，28；　06：44.5，28；
07：44.5，28；　08：44.5，28　09：44.5，28；
10：45.0，28；　11：45.0，28；　12：45.0，28；
13：45.0，28；　14：28.0，11。
2.3　卷軸裝。首全尾全。卷首有殘缺，卷面油污。有燕尾。尾有原軸，兩端塗硃漆。背有現代裱補。有烏絲欄。
3.1　首 7 行上下殘→大正 0220，05/1014A24～B04。
3.2　尾全→大正 0220，05/1018B21。
4.1　□般若波羅蜜多經□…□，/□分難信解品第三十四□…□/（首）。
4.2　大般若波羅蜜多經卷第一百八十九（尾）。
7.1　尾題有題記：“庚午年（850）五月卅日苾蒭法璨寫記。”
8　850 年。歸義軍時期寫本。
9.1　楷書。

10　現代用虎皮宣紙接出護首。護首貼有紙簽“購 12149，12”。卷首背寫有“十五號”。

卷首尾下方均有正方形陰文硃印，1×1 厘米，印文為“馮恕之印”。卷尾有正方形陰文硃印，2.3×2.3 厘米，印文為“公度所藏隋唐墨寶”。

1.1　BD15136 號
1.3　阿彌陀經
1.4　新 1336
2.1　96×25.4 厘米；2 紙；共 56 行，行 17 字。
2.2　01：48.0，28；　　02：48.0，28。
2.3　卷軸裝。首脱尾脱。經黄紙。卷面有殘洞，背有古代及現代裱補。有烏絲欄。現代溜邊。
3.1　首殘→大正 0366，12/0347B10。
3.2　尾殘→大正 0366，12/0348A24。
8　7～8 世紀。唐寫本。
9.1　楷書。
10　現代用虎皮宣紙接出護首。護首下方貼有紙簽，上寫“購 12143，13”。扉葉有橢圓形陽文硃印，2.4×1.8 厘米，印文為“乾隆年仿金粟山藏經紙”。接出拖尾，配楠木軸。

卷首下部有正方形陽文硃印，1×1 厘米，印文為“馮恕之印”。卷尾下部有正方形陽文硃印，1.8×1.8 厘米，印文為“公度所藏隋唐墨寶”。

1.1　BD15137 號
1.3　金剛般若波羅蜜經
1.4　新 1337
2.1　（6.5+130.1）×25.6 厘米；4 紙；共 73 行，行 17 字。
2.2　01：33.0，20；　　02：39.7，24；　　03：39.7，24；　　04：24.2，05。
2.3　卷軸裝。首殘尾全。有燕尾。有烏絲欄。現代接出護首、拖尾，配楠木軸。有現代修補。
3.1　首 4 行上殘→大正 0235，08/0751C12～15。
3.2　尾全→大正 0235，08/0752C03。
4.2　金剛般若波羅蜜經（尾）。
5　與《大正藏》本對照，本號經文無冥司偈，參見《大正藏》，8/751C16～19。
7.1　尾紙背有念誦題記：“大中十年（856）二月記，比丘志顯（?）誦。”字跡與正文不同。
8　7～8 世紀。唐寫本。
9.1　楷書。
10　現代用虎皮宣接出護首，並有天竿及尾軸，天竿有絲帶。護首有題簽：“隋經生書《金剛經》，前缺後全，四十行”。護首貼有紙簽：“購 12144，14”。扉葉中部有橢圓形陽文硃印，2.3×2.5 厘米，印文為“乾隆年仿金粟山藏經紙”。

尾題後有正方形陽文硃印，1.8×1.8 厘米，印文為“公度所藏隋唐墨寶”。

1.1　BD15138 號
1.3　摩訶般若波羅蜜經卷二七
1.4　新 1338
2.1　99×25.4 厘米；2 紙；共 56 行，行 17 字。
2.2　01：49.5，28；　　02：49.5，28。
2.3　卷軸裝。首脱尾脱。經黄打紙。有烏絲欄。現代接出護首、拖尾，尾配楠木軸。
3.1　首殘→大正 0223，08/0419A17。
3.2　尾殘→大正 0223，08/0419C18。
8　7～8 世紀。唐寫本。
9.1　楷書。
9.2　有硃筆行間校加字。
10　現代用虎皮宣紙接出護首。貼有紙簽：“購 12145，15”。扉葉有橢圓形陽文硃印，2.4×1.8 厘米，印文為“乾隆年仿金粟山藏經紙”。

卷首下部有正方形陽文硃印，1×1 厘米，印文為“馮恕之印”。卷尾下部有正方形陽文硃印，1.8×1.8 厘米，印文為“公度所藏隋唐墨寶”。

1.1　BD15139 號
1.3　大般涅槃經（北本）卷二五
1.4　新 1339
2.1　72×25.5 厘米；2 紙；共 44 行，行 17 字。
2.2　01：46.0，28；　　02：26.0，16。
2.3　卷軸裝。首脱尾脱。經黄打紙。有烏絲欄。首尾有現代裱補。接出護首、拖尾，配楠木軸。
3.1　首殘→大正 0374，12/0512C28。
3.2　尾殘→大正 0374，12/0513B17。
8　7～8 世紀。唐寫本。
9.1　楷書。
10　現代用虎皮宣紙接出護首。護首下方貼有紙簽，上寫“購 12146，16”。

卷首下部有正方形陰文硃印，1×1 厘米，印文為“馮恕之印”。卷尾下部有正方形陰文硃印，1.8×1.8 厘米，印文為“公度所藏隋唐墨寶”。

1.1　BD15140 號
1.3　妙法蓮華經卷五
1.4　新 1340
2.1　94.5×25.7 厘米；3 紙；共 65 行，行 17 字。
2.2　01：19.5，11；　　02：49.0，28；　　03：26.0，15。
2.3　卷軸裝。首斷尾缺。卷面多水漬。背有古代裱補。有烏絲欄。現代溜邊。接出護首、拖尾，配楠木軸。
3.1　首殘→大正 0262，09/0045B24。
3.2　尾殘→大正 0262，09/0046B13。
8　7～8 世紀。唐寫本。
9.1　楷書。

10　現代用虎皮宣接出護首。護首下方貼有紙簽，上寫“購12147，17”。扉葉有橢圓形陽文硃印，2.4×1.8厘米，印文為“乾隆年仿金粟山藏經紙”。

卷首下部有正方形陽文硃印，1×1厘米，印文為“馮恕之印”。卷尾下部有正方形陽文硃印，1.8×1.8厘米，印文為“公度所藏隋唐墨寶”。

1.1　BD15141號
1.3　大方廣十輪經卷六
1.4　新1341
2.1　(54.7+1.5)×24厘米；2紙；共33行，行17字。
2.2　01：49.0，29；　02：07.2，04。
2.3　卷軸裝。首脱尾殘。有烏絲欄。
3.1　首殘→大正0410，13/0710B06。
3.2　尾1行上中殘→大正0410，13/0710C14～15。
8　似6世紀。南北朝寫本。
9.1　隸楷。
10　首紙背上方寫有“攷”。卷首背上方有殘紙簽，有殘號“69”。下方貼有紙簽，寫有“購12148，18”。卷尾背上部有鋼筆字“08499”。
13　此卷疑僞。

1.1　BD15142號
1.3　妙法蓮華經卷三
1.4　新1342
2.1　541×27.5厘米；18紙；共451行，行17字。
2.2　01：03.5，00；　02：45.5，27；　03：45.5，27；
04：45.5，27；　05：45.5，27；　06：45.5，27；
07：45.5，27；　08：45.5，27；　09：45.5，27；
10：45.5，27；　11：45.5，27；　12：45.5，27；
13：45.5，27；　14：45.5，27；　15：45.5，27；
16：45.5，27；　17：45.5，27；　18：37.0，19。
2.3　卷軸裝。首斷尾全。尾紙下邊有破裂。有燕尾。尾有原軸，兩端塗棕色漆，木軸縫隙中有1個蟲繭。有上下界欄，無竪欄。首紙現代所接。
3.1　首殘→大正0262，09/0020B25。
3.2　尾全→大正0262，09/0027B09。
4.2　妙法蓮華經卷第三（尾）。
8　8世紀。唐寫本。
9.1　楷書。
10　卷首背上方貼有紙簽，上寫“購12149，19”。

1.1　BD15143號
1.3　大般涅槃經（北本　宮本）卷三九
1.4　新1343
2.1　929.2×26.3厘米；18紙；共500行，行17字。
2.2　01：20.0，00；　02：50.0，27；　03：50.6，28；
04：50.7，28；　05：50.6，28；　06：50.5，28；
07：50.6，28；　08：50.4，28；　09：50.4，28；
10：50.6，28；　11：50.6，28；　12：50.6，28；
13：50.7，28；　14：50.5，28；　15：50.6，28；
16：50.6，28；　17：50.5，28；　18：50.0，25。
2.3　卷軸裝。首全尾全。經黄打紙。有護首，有竹質天竿，有紅色縹帶殘根。有燕尾。卷尾用香棒作軸，長26.5厘米，直徑1.1厘米，已脱落，一端已殘，一端粘有殘紙，軸上殘留金粉。香棒年代待考。有烏絲欄。
3.1　首全→大正0374，12/0592B27。
3.2　尾全→大正0374，12/0598B15。
4.1　大般涅槃經卷第三十九（首）。
4.2　大般涅槃經卷第三十九（尾）。
5　與《大正藏》本對照，分卷不同。此卷經文相當於《大正藏》本卷第三九大部與卷第四〇前部。分卷與《思溪藏》、《普寧藏》、《嘉興藏》及日本宮内寮本相同。
7.4　護首有經名“大般涅槃經卷卌九”。
8　7～8世紀。唐寫本。
9.1　楷書。
9.2　有硃筆行間校加字及刮改。
10　護首背貼有紙簽：“購12150，20”。另有鋼筆字“20”。

1.1　BD15144號
1.3　金剛般若波羅蜜經
1.4　新1344
2.1　447.3×23.4厘米；9紙；共251行，行17字。
2.2　01：49.0，28；　02：49.0，28；　03：50.0，28；
04：50.0，28；　05：50.0，28；　06：49.8，28；
07：50.0，28；　08：50.0，28；　09：49.5，28。
2.3　卷軸裝。首脱尾全。經黄打紙。卷面多有水漬及破損。背有古代裱補，裱補紙上有字，有的朝内，有的朝外，難以辨認。有烏絲欄。已修整。
3.1　首殘→大正0235，08/0749B20。
3.2　尾全→大正0235，08/0752C02。
5　與《大正藏》本對照，本號經文無冥司偈，參見《大正藏》，8/751C16～19。
7.3　首紙背有四塊裱補紙，均有字。其中3塊一面有字，向裏粘貼。一塊兩面有字，字跡辨認不清。
8　7～8世紀。唐寫本。
9.1　楷書。
10　卷首背貼有紙簽：“購12151，21”。

1.1　BD15145號
1.3　妙法蓮華經卷二
1.4　新1345
2.1　361.5×25.7厘米；9紙；共200行，行17字。
2.2　01：23.0，14；　02：42.0，26；　03：42.5，26；

04：42.5，26；　05：42.5，26；　06：42.5，26；
07：42.5 26；　08：42.0，24；　09：42.0，06。
2.3　卷軸裝。首斷尾全。紙張單面刷潢。有烏絲欄。
3.1　首殘→大正 0262，09/0016B07。
3.2　尾全→大正 0262，09/0019A12。
4.2　妙法蓮華經卷第二（尾）。
8　7～8 世紀。唐寫本。
9.1　楷書。
10　卷首背下方貼有紙簽："購 12152，22"。

1.1　BD15146 號
1.3　金剛般若波羅蜜經
1.4　新 1346
2.1　322×25 厘米；7 紙；共 176 行，行 17 字。
2.2　01：50.0，28；　02：49.5，28；　03：49.5，28；
04：49.5，28；　05：49.5，28；　06：49.5，28；
07：24.5，08。
2.3　卷軸裝。首脫尾全。經黄紙。有烏絲欄。已修整。
3.1　首殘→大正 0235，08/0750B19。
3.2　尾全→大正 0235，08/0752C03。
4.2　金剛般若波羅蜜經（尾）。
5　與《大正藏》本對照，本號經文無冥司偈，參見《大正藏》，8/751C16～19。
7.1　尾題後有題記 2 行："甲寅年十一月十五日，金光明寺玄教集《金/剛經》十卷，年支弟子轉經件記。"
尾題下有相同筆跡添寫"卷第二"，即本遺書為玄教所集第二卷。
8　7～8 世紀。唐寫本。
9.1　楷書。
10　卷首背貼有紙簽："購 12153，23"。
12　從本遺書背面揭下古代裱補紙 6 塊，今編為 BD16397 號（四塊）、BD16398 號（二塊）。

1.1　BD15147 號
1.3　金剛峻經金剛頂一切如來深妙秘密金剛界大三昧耶修行四十二種壇法經作用威儀法則，大毗盧遮那佛金剛心地法門必法戒壇法儀則卷一
1.4　新 1347
2.1　1041.2×29 厘米；22 紙；共 450 行，行 17 字。
2.2　01：22.9，00；　02：49.3，20；　03：49.6，22；
04：49.7，22；　05：49.7，22；　06：49.8，22；
07：49.7，22；　08：49.6，22；　09：50.0，22；
10：49.6，22；　11：49.9，22；　12：49.3，22；
13：49.6，22；　14：49.5，22；　15：49.2，22；
16：49.8，22；　17：49.5，22；　18：49.4，22；
19：49.4，22；　20：49.1，22；　21：49.8，22；
22：26.8，12。
2.3　卷軸裝。首全尾斷。有護首，有殘缺的竹質天竿，有藍色縹帶殘根，護首有殘洞。第 15 紙天頭殘破。有烏絲欄。
3.1　首全→《藏外佛教文獻》，11/022A02。
3.2　尾全→《藏外佛教文獻》，11/052A13。
4.1　金剛峻經金剛頂一切如來深妙秘密金剛界大三昧耶修行四十二種壇法經作用威儀法則大毗盧遮那佛金剛心地法門必法戒壇法儀則，大興善寺三藏沙門大廣智不空奉詔譯（首）。
4.2　金剛峻經金剛頂一切如來深妙秘密金剛界大三昧耶修行四十二種壇法經作用威儀法則 大毗盧遮那佛金剛心地法門必法戒壇法儀則卷第一（尾）。
7.1　護首有勘記"上"。
8　9～10 世紀。歸義軍時期寫本。
9.1　楷書。
9.2　有行間校加字、刮改、重文號及倒乙。
10　卷首有隨形陽文硃印，4.5×7.3 厘米，印文為"偉大的佛教"。下有長方形陽文硃印，1×2.3 厘米，印文為"果儼行貳"。
護首貼有紙簽："購 12155，25"。

1.1　BD15148 號
1.3　大般若波羅蜜多經卷三六四
1.4　新 1348
2.1　792.5×25.7 厘米；17 紙；共 443 行，行 17 字。
2.2　01：20.0，00；　02：46.0，26；　03：48.5，28；
04：48.5，28；　05：48.5，28；　06：48.5，28；
07：48.5，28；　08：48.5，28；　09：48.5，28；
10：48.5，28；　11：48.5，28；　12：48.5，28；
13：48.5，28；　14：48.5，28；　15：48.5，28；
16：48.5，28；　17：47.5，25。
2.3　卷軸裝。首全尾全。打紙，砑光上蠟。有護首，經名半殘，原非此經護首。首紙有横向破裂。有烏絲欄。
3.1　首全→大正 0220，06/0875A02。
3.2　尾全→大正 0220，06/0880A14。
4.1　大般若波羅蜜多經卷第三百六十四，/初分賨説品第六十二之二，三藏法師玄奘奉詔譯/（首）。
4.2　大般若波羅蜜多經卷第三百六十四（尾）。
7.1　卷尾背有勘記"勘了"。
7.4　護首有殘存經名"大般若波羅蜜多經卷第一百七十七，十八（本文獻袟次）"。
8　8～9 世紀。吐蕃統治時期寫本。
9.1　楷書。
10　卷首尾下方均有桃形陽文硃印，1.6×1.7 厘米，印文為"悔盦"。
卷首背上方貼有紙簽："購 12156，26"。

1.1　BD15149 號
1.3　妙法蓮華經卷二
1.4　新 1349

2.1　545.8×25.6 厘米；14 紙；共 312 行，行 17 字。

2.2　01：23.0，13；　02：42.3，24；　03：42.3，24；
04：42.3，24；　05：42.3，24；　06：42.3，24；
07：42.3，24；　08：42.3，24；　09：42.2，24；
10：40.5，24；　11：42.3，24；　12：42.3，24；
13：42.0，24；　14：19.5，12。

2.3　卷軸裝。首殘尾斷。卷面多水漬，卷首下部殘破。有烏絲欄。

3.1　首 1 行上下殘→大正 0262，09/0011C29～0012A01。

3.2　尾殘→大正 0262，09/0016B06。

8　7～8 世紀。唐寫本。

9.1　楷書。

10　卷首背貼有紙簽上寫“購 12157，27”。

新舊編號對照表

新字頭號與北敦號對照表

新字頭號	北敦號
新 1298	BD15098 號
新 1299	BD15099 號
新 1300	BD15100 號
新 1301	BD15101 號 1
新 1301	BD15101 號 2
新 1302	BD15102 號
新 1303	BD15103 號
新 1304	BD15104 號
新 1304	BD15104 號背
新 1305	BD15105 號
新 1306	BD15106 號
新 1307	BD15107 號
新 1308	BD15108 號
新 1309	BD15109 號
新 1310	BD15110 號 1
新 1310	BD15110 號 2
新 1311	BD15111 號
新 1312	BD15112 號 1
新 1312	BD15112 號 2
新 1313	BD15113 號
新 1314	BD15114 號
新 1315	BD15115 號
新 1316	BD15116 號
新 1317	BD15117 號
新 1318	BD15118 號
新 1319	BD15119 號
新 1320	BD15120 號
新 1321	BD15121 號
新 1322	BD15122 號
新 1323	BD15123 號 A
新 1323	BD15123 號 B
新 1323	BD15123 號 C
新 1323	BD15123 號 D
新 1323	BD15123 號 E
新 1323	BD15123 號 F
新 1323	BD15123 號 G
新 1323	BD15123 號 H
新 1323	BD15123 號 I
新 1323	BD15123 號 J
新 1323	BD15124 號
新 1325	BD15125 號
新 1326	BD15126 號
新 1327	BD15127 號 A
新 1327	BD15127 號 B
新 1328	BD15128 號
新 1329	BD15129 號
新 1330	BD15130 號 1
新 1330	BD15130 號 2
新 1331	BD15131 號
新 1332	BD15132 號
新 1333	BD15133 號
新 1334	BD15134 號
新 1335	BD15135 號
新 1336	BD15136 號
新 1337	BD15137 號
新 1338	BD15138 號
新 1339	BD15139 號
新 1340	BD15140 號
新 1341	BD15141 號
新 1342	BD15142 號
新 1343	BD15143 號
新 1344	BD15144 號
新 1345	BD15145 號
新 1346	BD15146 號
新 1347	BD15147 號
新 1348	BD15148 號
新 1349	BD15149 號